晚清重臣

李鸿章

于东来◎著

上册

中国铁道出版社有限公司
CHINA RAILWAY PUBLISHING HOUSE CO., LTD.

图书在版编目（CIP）数据

晚清重臣：李鸿章：全2册 / 于东来著. —北京：中国铁道出版社，2017.3（2021.9重印）
（中国历代风云人物）
ISBN 978-7-113-22779-1

Ⅰ.①晚… Ⅱ.①于… Ⅲ.①李鸿章（1823-1901）-传记 Ⅳ.①K827=52

中国版本图书馆CIP数据核字（2017）第019452号

书　　名：晚清重臣：李鸿章
作　　者：于东来

责任编辑：刘建玮　　**电　　话：**（010）51873038
封面设计：MXK DESIGN STUDIO　　**电子邮箱：**liujw0827@163.com
责任印制：赵星辰

出版发行：中国铁道出版社有限公司（北京市西城区右安门西街 8 号，100054）
印　　刷：三河市燕春印务有限公司
版　　次：2017年3月第1版　2021年 9月第 2 次印刷
开　　本：787mm×1092mm　1/16　**印张：**31　**字数：**591千字
书　　号：ISBN 978-7-113-22779-1
定　　价：78.00元（全二册）

目 录

【第一回】

李鸿章喜跃龙门，瑞芬女荣升凤阁

公元1823年2月15日，正是清道光三年的正月初五，根据民间的传说，这一天是五路财神的生日。

财神生日，自然不容忽视，于是，安徽庐州府合肥县磨店乡的各家各户，从初五的大清早，就忙乎开了，而其中气氛最热闹、上下最忙碌的，当然要数磨店乡的李氏家族了。

今年六十岁的老爷子李殿华，天不亮就起了身，丫鬟伺候着洗漱完毕，便坐在堂屋里一边喝茶抽水烟，一边等着儿孙们前来“定省”。

毕竟是上了点年纪，心里放不下事，一袋水烟还没抽完，李殿华便坐不住了，他轻咳一声，低声喊道：“李升！”

声音虽然不大，但马上就有了反应，李殿华话音未落，管家李升已经垂手肃立在桌前，低声下气地答道：“李升在，老爷安好！”

“李升啊，财神生日的一应事体都安排好了吗？”尽管李殿华对李升历来办事都很放心，但还是禁不住要过问过问，初五的事情太重要了，这可关系到李家的兴旺发达呢！

李升从老爷的语气中揣摩到了这一点，他恭声禀道：“老爷放心，一切都是照历年的老规矩办的。祭财神的席面已经让厨下预备好了，一共是十大碗，博个好彩头——‘十全富贵’。有安乐菜、豆腐果烧肉、大肉圆子、红烧全鱼……”

李殿华摆摆手，道：“这些不必细说了，你回头吩咐厨房大师傅，十大碗祭菜固然要丰盛，但洁净是最要紧的！事神最讲的便是一个敬字，敬，也就是净啊！”

李升连连点头，附和道：“老爷所言极是。磨店乡，不，整个合肥县，谁不知道我家老爷最是敬奉神明，不然，我们李家哪会有今天！”

李殿华啜了一口香茗，接道：“想我李家，祖上是许氏，居住在江右湖口。

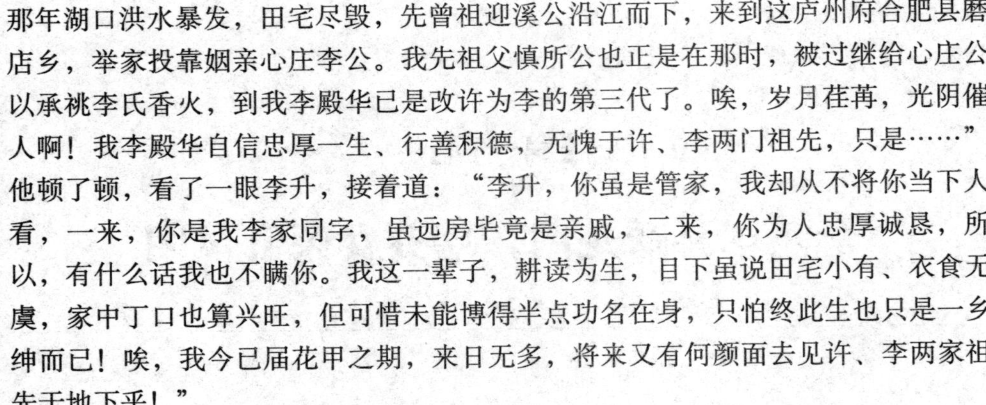

那年湖口洪水暴发，田宅尽毁，先曾祖迎溪公沿江而下，来到这庐州府合肥县磨店乡，举家投靠姻亲心庄李公。我先祖父慎所公也正是在那时，被过继给心庄公以承祧李氏香火，到我李殿华已是改许为李的第三代了。唉，岁月荏苒，光阴催人啊！我李殿华自信忠厚一生、行善积德，无愧于许、李两门祖先，只是……”他顿了顿，看了一眼李升，接着道：“李升，你虽是管家，我却从不将你当下人看，一来，你是我李家同字，虽远房毕竟是亲戚，二来，你为人忠厚诚恳，所以，有什么话我也不瞒你。我这一辈子，耕读为生，目下虽说田宅小有、衣食无虞，家中丁口也算兴旺，但可惜未能博得半点功名在身，只怕终此生也只是一乡绅而已！唉，我今已届花甲之期，来日无多，将来又有何颜面去见许、李两家祖先于地下乎！”

说到这里，李殿华眼中珠光闪闪，声音也哽咽起来。

李升怕主人过于伤感，便柔声劝慰道：“老爷，世事沧桑原有定数，名场争雄更非人力可恃。老爷您两次乡试虽未奏捷，但却是尽了人事，只是天时未和罢了。何况，您虽不入仕途，却能以诗书传家，文煜、文瑜、文球、文安四位公子，也都能苦读诗书、力求上进，十里八乡谁不知道咱磨店李家是耕读世家、书香门第？老爷您不必难过，依小的看，日后咱李家定然发达，将来出个公卿什么的，也不见得是什么难事呢！”

一番话，说得李殿华复又高兴起来。他点点头，道：“说得也是，儿孙自有儿孙福，将来真有朝廷封诰下来，只怕我是看不到了。不过，这财神生日倒是就在眼前，李升，除了祭神，其他事项像送穷什么的也不可忽视啊！”

李升道：“老爷嘱咐得极是，小的已命下人全都准备好了，府中十口大小缸，均已在四更天时换了净水，这‘填穷’的事情已经完毕，只等天一放亮，先送穷，再祭财神！”　“好，好！有你这样一位得力的管家，看来我李殿华真要安享田舍翁之乐了！”

说话间，只听堂屋外一阵脚步声，李殿华的夫人周氏为首，领着长、二、三、四四房子、媳和孙儿、孙女，鱼贯进了屋，老老少少，足有二三十口。

李殿华的夫人周氏，先向老爷行了礼，然后落座在丈夫的旁边，老两口一起等着接受儿孙和媳妇们的问安。

李殿华端坐在太师椅上，笑吟吟地看着满堂儿孙，心中甚是愉悦：“罢了罢了，说什么金榜题名，有这绕膝的儿孙，我意足矣！”

他睁大老眼，一个一个地逡视着四房儿孙。

长房文煜，今年四十三岁，领着长媳葛氏和三男三女六个孩子，先行跪拜。文煜道：“父亲、母亲安好！”

“嗯，起来吧！”李殿华看着垂手而立的长子，又问了一句：“文煜，你的

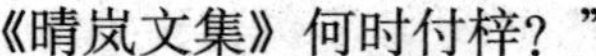

《晴岚文集》何时付梓？”

“禀父亲，儿这几日正在最后校勘，估计正月十五便可付梓。”

“好，好！文煜，你是李门长房，要为几个弟弟做个好样子，你现在虽已开馆授徒，但学问一事，须知永无止境，要日新日日新才是！印行文集，将所学昭告天下，自是读书人本分，但也不可沉溺其中，要知道，读书的本意，是辅佐君王平治天下，你还要在科场上再下点功夫才好！”

“是，儿子记下了。”

二房文瑜领着妻子夏氏和二男一女，也近前跪拜。

李殿华也叮嘱道：“文瑜，你比你大哥年少七岁，今年也已要而立之年喽！大正月的，不是为父说你，你喜爱吟诗作赋不是坏事，但是你要知道，如今天子取士，是靠制艺，不是看诗赋！从今日起，要多作些八股文章，才能有朝一日科场得意！”

李殿华也知道自己这个二儿子生性散淡，专好吟风啸月，却不是名场中人，因此，也不对文瑜抱多大希望。

三房文球，今年二十六岁，领了一男一女两个孩子也跪拜在地。

李殿华摆摆手：“罢了。文球，你元配储氏寿算不永，过门没几年便撒手西去，撇下一儿一女两个苦命孩子，唉！”他长叹一声，接道：“死生有命，富贵在天，这也不便强求，这样吧，等出了正月，为父再与你寻一头亲事，免得你孤雁无朋，终日里悲悲凄凄，也耽误学业！为父有一老友，日前还曾提过此事，女家姓完，据讲也是合肥县小有名气的才女哩！”

文球倒也是拿得起放得下的汉子，听了父亲的话，他毕恭毕敬地又叩了几个头，低声道：“请父亲放心，孩儿虽遭丧妻之痛，大志却不曾消磨，儿子这些日子也在开始草撰《妙香亭文集》呢！”

李殿华哈哈大笑，对周氏道：“好，好得很，我这几个儿子，倒也随我，一味地舞文弄墨，可算是痴心不改哩！”

最后跪拜的，是四房的文安，他搀着妻子李氏，正要往拜垫上跪，半天没说话的老夫人周氏发话了：“文安，你自己来问问安也就罢了，怎么还把你媳妇也带了来？你不知道她不方便吗？”

李文安尚未答话，他的妻子李氏却彬彬有礼地回复道：“婆母，媳妇的身子不碍的，郎中已计算过，临盆之期怕还有几天……”

李殿华咳嗽一声，端着老公爹的架子说道：“郎中之言不可不信，亦不可俱信，生产大事，关乎两条人命，焉能不百倍小心？我李家如今不图别的，但求一个人丁兴旺、家口平安！”他顿了顿，转对四子文安道：“虽说你在兄弟行中年龄最幼，但今年也是虚岁二十二，况又已经开馆授徒，为人师了，这些道理你

应该知道。你们对父母尽孝是好事，不过，凡事均应随机而处，不可过于拘泥古礼。你媳妇临盆在即，就算是一个特例，这几日的晨昏定省，就不必让她亲来，有你每日前来问安，有我那小孙孙瀚章代母行孝，也就足慰我心了。快，命婢女们将四少奶奶搀回房去吧！”

婢女们搀扶起李氏，正要回房，李氏又道：“公爹、婆母，多谢二老厚爱。媳妇昨夜赶制了一个五穷媳妇，请二老过目，等会儿家里送穷时，或许可以派上用场。”

周老夫人平素最是喜爱李氏这位四少奶奶，听得这话，连忙道：“快让人取来我看看！”

李氏的贴身丫鬟菊蕊，捧着五穷媳妇走近前来，众人一看，端的好手艺！

只见那五穷媳妇，有二尺来高，是用麦秸秆儿扎成，外面以各色彩纸制成衣裙，真个是活灵活现、神采飞扬，右手持着一个小小的扫帚，左手拿着一个小簸箕，里面装着五谷杂粮，肩上还背着一个纸口袋，上书两个楷字“送穷”。

周老夫人见了大喜，道：“还是我这四儿媳妇手艺巧！我方才也见过那三房媳妇所做的五穷媳妇，固然都不错，可惜只是剪纸，不似四房这个，是个站得起来的小人儿，好，好！”

李殿华见夫人如此高兴，也附和道：“文安媳妇果然内秀，这五穷媳妇如此精制，且又匠心独运，持帚箕负秽袋，这才是真正的‘送穷’呢！看来，我李家要想发达，恐怕真就应在四房这一支上呢！好，就让各房，去各自炕席下扫取少许尘土，盛放于纸袋中，少时天明，便将这五穷媳妇送出门去，置于大街之上，任人拾取，这就叫‘送穷’。对了，见有别人家送出的五穷媳妇，你们也要选一个精制的，拾来焚烧，这叫作‘得富’。千百年的老规矩了，你们千万不可忽视！”

李氏得了公婆夸赞，喜盈盈地挺着大肚子回房歇息去了。

转眼之间，天已见亮。

晴空里，只听传来一声吆喝：“老少街坊们，送出五穷媳妇来！”

这一声吆喝，仿佛是一道命令，磨店的大家小户顷刻之间全都敞开了街门，各式各样的五穷媳妇，统统被送了出来。送出自家五穷媳妇的人，并不立即回家，而是沿着大街小巷走去，寻觅着别人家送出来的五穷媳妇。

李家四少奶奶亲手制作的那个五穷媳妇，一来是由于太精美了，二来，因为李家是磨店数一数二的富户，他们家的五穷媳妇自然成了冀求“得富”的乡邻们拾取的首选对象，所以，当李升代表李老爷子把它送出大门的那一刻，马上就拥上来十几个乡邻，把那五穷媳妇团团围住，开始争抢。

送的穷很快就被别人抢走，这让李老爷子着实高兴，可接下来，“得富”这件事就不那么顺利了：派出去的几路人马，腿都跑细了，也没有拾回一个像样的

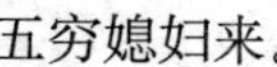

五穷媳妇来。

管家李升颇感内疚地向李殿华道：“老爷，今年也不知道是怎么回事，磨店的大街小巷都搜寻遍了，也没找到一个配得上咱李家身份的五穷媳妇。要不，让人到合肥县城再去找找？”

“这……”李殿华正在沉吟，忽然，一个怪腔怪调的声音在耳边响起：

“尼耗！忍次得珠牌窝来，箱尼闷吻耗！”

李殿华定睛看时，面前站着的，是一个身穿黑袍、胸佩十字架的外国传教士。

“你说什么？洋腔洋调的，我听不懂！”李殿华是个固守传统的人，对“洋和尚”十分看不惯，言语之间，便也带出三分的不客气。

那“洋和尚”却是十足的耐心，一板一眼地又说起那套洋味官话：“尼耗，窝收忍次得珠得尾脱，松尼蚁哥离屋！”

这次李殿华勉强听懂了，这“洋和尚”，是受他仁慈的主的委托，要来送他一个礼物。

李升最知主人秉性，他对那“洋和尚”喝道：“呔！不要纠缠不清，我们主人信的是大成至圣先师孔圣人，不信你们那个什么耶稣！”

“洋和尚”怪声一笑：“珠啊，远亮者些五只得忍闷！尼献刊刊，者哥离屋耗补耗啊？”

说着，他从黑袍的大袖里，变戏法似的拿出了一个洋娃娃！

洋人的手艺也是不得了，这小洋娃娃端的是惟妙惟肖，两只小蓝眼珠一眨一眨，一头黄发闪着金光，最绝的是，它居然会随着那“洋和尚”的拍打，发出婴儿一样的啼哭声！

“啊哇……啊哇……”

大正月的，家门口站着这么个“洋和尚”，还让洋娃娃弄出这么个响动，李升觉得挺不吉利，便大声喝道：“我们老爷不爱你们的洋玩意，快走吧！”

“洋和尚”道：“尼闷中国人什么都耗，就是不喜欢洋玩意，这早晚要吃亏的！”

李殿华看着“洋和尚”摆弄那小洋娃娃，心头一动，财神生日有人送来小洋娃娃，这可是添丁进口之兆哇！刚才见四儿媳妇步履艰难，想来临盆在即，虽说家里佣妇颇多，其中也不乏有接生经验的女仆，可是，想想还是应当去请一个正规一点儿的接生婆来……

正想着，只听自家院里一片嘈乱，文安连颠带跑地抢出门来，上气不接下气地喊道：“父亲，生了，生了！”

“生了？弄璋弄瓦？”李殿华急忙问道。

“璋！弄璋！”

一颗心扑通落地，李殿华欣喜万分：“我又得一孙儿！走，看看去！”

李殿华拔腿待走，却被“洋和尚”拉住了衣袖：“离屋，妖补妖？”

被喜悦冲昏了头脑的李殿华，竟也学起了“洋和尚”的腔调：“妖！当冉妖！”

转身对李升道：“李升，赏他点钱，收了那洋五穷媳妇！”

边说，李殿华边快步向院内走去，全不管身后那“洋和尚”还在七高八低地说些什么。

李升捧着那“洋五穷媳妇”，却犯了难。按照规矩，拾来的五穷媳妇有两种处置方法：一种是焚烧，烧剩的灰烬，在播种时和在谷物种子中一齐播下，据说这样可以避免鸟雀啄食庄稼；另一种是不焚烧，将它留下，遇到阴雨天气，取出悬挂在屋檐下，据说这样可以祈求老天爷早些让天放晴。如今，这“洋五穷媳妇”，如此精美，烧了当然可惜，可是，如果留下来遇雨悬挂，又怕老爷见了怪罪。

左思右想，李升忽然心头一亮：“我也真是转不过弯来，洋玩意不必照土规矩办，四少爷添了公子，这不正好可以给小公子当个玩具嘛……”

在财神生日这一天，和洋娃娃一齐降临李家大院的，就是我们这部小说的主人公——李鸿章。

李鸿章这个名字，是李文安取的，并没有按照宗谱的规定办。李氏这一支，因是由许氏过继而来，所以最初并没有宗谱，直到嘉庆年间，才篡修了《李氏宗谱》，议定了十六字的字辈排行，即“文章经国，家道永昌，福寿承恩，勋荣世享”。后来又四次续修宗谱，增十六字字辈，为：祖德积厚，克绍辉光，宗绪延长，同敦孝友。

李鸿章算是章字辈的，按照宗谱的规矩，辈分字一般应放在名的首字，如章字辈，就该叫李章什么，可这李文安有点标新立异，他的六个儿子，除了叫李章什么的本名外，还都另有一个把章字放在末尾的名字，叫李什么章。到后来，六个儿子的本名反倒没有什么人知道了。这六个儿子分别是：老大李瀚章，本名李章锐；老二李鸿章，本名李章铜；老三李鹤章，本名李章锬；老四李蕴章，本名李章钧；老五李凤章，本名李章铨；老六李昭庆，本名李章钊。

字渐甫、号少荃、本名李章铜的李家老二李鸿章，后来竟然成了中国近代史上的一位著名人物。有人说，李鸿章之所以热衷于洋务运动，跟他出生那天“洋和尚”的闯门送礼不无关系，更有人说，那个被李升当作“洋五穷媳妇”压在李家四房箱子底的洋娃娃，对幼年的李鸿章曾经施展过勾魂摄魄的魔力，而且把这种魔力一直保持到李鸿章登台阁、入庙堂之后很久很久。第一种说法到底是否合乎逻辑，我们可以不去管它，但有一点我们可以肯定：中国历史的那几页，正是因为有了磨店李家这个在财神生日呱呱坠地的二小子，才变得又苦又涩又酸又甜。

当然，这都是后话，而此刻，刚刚离开母亲那黑甜温暖的子宫的李鸿章，也同其他所有新生儿一样，正扯着嗓子大声宣告自己的存在：“啊哇，啊哇……”

日月如梭，转眼之间，距“洋和尚”闯门送礼的那个财神生日，已经二十年过去了。按公历算，这是一八四三年，但按大清历法，却是道光二十三年。

这一年夏天，刚满二十一虚岁的李鸿章，终于干了一件让李家上下庆幸不已的事情：他通过了庐州府试，被选为“优贡”。

大清制度，能够被列入优贡的，全国也才不过百余人，而且是三五年一次。这天赐良机居然落到李家大院来了，众人何等欣喜！到京师国子监读书，虽然并不一定意味着能够在仕途上平步青云，但这毕竟是踏入官场的重要一步啊！

李殿华不顾八旬高龄，亲自调度，在李家大院为自己这个争气的孙子摆下酒席，一来庆贺，二来饯行。

酒酣耳热之际，李殿华放开苍老的喉咙，向着京师方向高喊道：“文安，你家老二被选为优贡了，你可知道？”

李鸿章非常理解祖父此刻的心情。父亲李文安通过多年坚持不懈的努力，终于跻身仕途，于戊戌年（道光十七年，即公元一八三八年）得中进士，在京师刑部任督捕司郎中，并因功绩卓越，被记名为御史，一旦有缺，即可奏名，实援履任。而今，自己又得赴京师就读于国子监，到时父子相见于天子脚下，那将是何等快事！

李鸿章斟满一杯酒，恭恭敬敬地递到祖父手中，道：“祖父，孙儿此去京师，定不负祖父、祖母、母亲期望，学成文武艺，货卖帝王家！”

李殿华举杯在手，颤巍巍地说道：“我李家祖上阴德相佑，才有今日！唉，有道是‘万般皆下品，唯有读书高’！鸿章，此去京师，发愤攻读，定能金榜题名，光宗耀祖！”

李鸿章点头道：“孙儿记下了。孙儿若能科场得意，当为朝廷效犬马之劳，便是呕心沥血、肝脑涂地，也在所不辞！”

“说得好！来，大家倾此一杯，为我这好孙孙送行！”

丁零当啷，众人将杯儿碰了个山响，尽欢方散。

次日一早，李鸿章便辞别祖父、祖母和母亲李氏，直奔京师而去。

连日里，车马劳顿，风餐露宿，终于到了他向往已久的京师。

抵京当日，天色已晚，李鸿章在安徽会馆借宿一夜，次日清晨便在狮子胡同九号赁下一处房屋，作为在京读书下榻之处，虽说房租月金是一两二钱白银，但房东马文虎温厚诚笃，且与李鸿章意气相投，倒颇让李鸿章满意。李鸿章并没有同父亲住在一处，一来，刑部公务繁忙，他不愿打扰父亲，二来，既是赴京攻读，便当排除杂念，若住在一起，难免被父子之情堕了青云之志。

李文安也同意儿子的这种安排，大丈夫四海为家嘛，何必作小儿女态！

在国子监读书期间，最让李鸿章高兴的是，他的老师竟然就是大名鼎鼎的曾国藩！

曾国藩与李文安是同一年的进士，长李鸿章十二岁，这时约三十三四岁年纪。正因为与李鸿章年岁相差不大，曾国藩并不以“年伯”和“师长”自居，而是以同辈人的身份，与李鸿章交流对于圣贤经典的心得，这更让李鸿章感动不已。

有号称湘江第一才子的曾国藩点拨，李鸿章学业进步很快。他到京师的第二年，适逢顺天恩科乡试，三场下来，李鸿章文章得意，中了第四十八名举人。

由贡生而举人，李鸿章在通往官场的道路上又前进了一大步。接下来，便是准备迎接三年一次的大比了。为了让李鸿章进一步得到实践的锻炼，同时也为了让他在待考期间能有收入，曾国藩亲自推荐李鸿章到何仲高府上就馆，为何公子讲授经书。

这何仲高少年入第，是一位学问渊博的老翰林，平日燕居在家，与李鸿章切磋学问，令李鸿章受益匪浅。何公子也聪慧好学，对李鸿章这位家塾老师也很敬重。这样，李鸿章在授徒之余，便多了不少时间温习自己的学业，以待大比。

终于，在夜以继日的备考中，李鸿章与全国各地的举子一样，迎来了道光二十七年的会试，也迎来了青云直上的机遇。

各省由乡试选拔上来的举人数以千计，都从各地赶来，云集京师。应考的举人和送考的亲友加起来逾万人，好像要把整座北京城挤破了似的。由于机会难得，有些富裕人家虽未报名应考，亦专程前来见识见识，更有附近州、县的人赶来看热闹，使本来宽阔的京城大街顿时显得短了，窄了，好像京城并不大，只不过一次会试，就能让它人满为患。各同乡会馆、旅店、客栈、胡同、僧寺、道观等可以暂且用作夜宿的场所，生意也为之火爆，一些举子连找三四天，没有合适的落脚处，最后只好借宿于民宅。

李鸿章很欣赏这幅万人大比的匆忙场景，书读得累了，就步出门槛，伫立于街巷一侧细观着。眼前闪过的情景各异，众举子入都应试，既想顷刻之间跃过龙门，从此飞黄腾达；又恐怕三场考试下来，名落孙山，白费了数年心血不说，也无颜叩见爹娘，甚至短缺了回乡的盘缠。

想到这里，李鸿章心里怎么也平静不下来，他也不想名落孙山。

会试结束后一个月，万众瞩目的龙虎榜挂出来了。金榜题名者称之为进士，这个头衔在六十五岁的道光皇帝眼中称为人才，而在得中者本人及其家族说来则是“千年等一回”，弄不好千年、万年也等不到一回。中了进士，就意味着步入仕途，唯有如此，才算真正拥有了升官发财的机会，最光彩地决定了考生的命运。李鸿章是站在了妹婿张绍棠的身上去看榜文的。这小哥俩原以为自己有力气

往榜文跟前挤，谁知愣是挤不进去。于是妹婿说："二哥，你踩上我的肩膀，站高一点看看中了没有。"李鸿章拿眼扫视了一下那水泄不通的人墙，点头道："也只有如此了，那就委屈你了！"张绍棠蹲下身来，靠着贡院外的一根旗杆让李鸿章高高地立在了自己的肩头之上。李鸿章看了好一会儿，终于看到了自己的名字，惊叫道："我中了，我中进士了！"

张绍棠一边用肩膀扛着李鸿章，一边说："喂，你别激动，睁大眼看清楚一点，再看看我中了没有？"

李鸿章仍然激动万分，几乎是在喊叫着说："是中了，是中了！我中的是二甲第十三名进士！"

"你再看看有没有我！"张绍棠还是提醒着。

张绍棠刚一说完，李鸿章已从他肩膀上跳了下来，纵身一跃落了地。然后摇摇头说："我只看到了张之万、李鸿章、郭嵩焘等等。我没有注意到你，还是你自己看吧！"说完丢开张绍棠，飞也似的往狮子胡同九号狂奔。

此次会试由潘世恩出任正考官，副考官由杜受田、朱凤标、福济等人担任。共有二百三十一名得中进士，三四十举人中一人为进士。他们真正是过五关、斩六将，一路闯荡过来，出类拔萃。李鸿章自然为自己这番脱颖而出激动万分。金榜高中，他自然想到要把喜讯告知家人。父亲已于几个月前回乡奔丧去了，祖父李殿华走了，带着没能亲耳听到孙儿告捷的遗憾走了。李鸿章心头一阵紧缩，但很快，悲伤又被喜悦之情给冲淡了。

春闱告捷的李鸿章把自己的特大喜讯一纸寄往家乡。一连几个晚上，兴奋过度的李鸿章怎么也睡不着觉，脑海里总是在翻腾着那一决命运的场景。

丁未科一甲一名状元是直隶南皮人张之万。李鸿章没有中状元也不要紧，只要入翰林他就心满意足了。次日皇上坐镇太和殿，文武大臣和新科进士列队肃立于丹陛之下。不一会儿，庄严肃穆的丹陛突然鼓乐齐鸣。

这是一个隆重的仪式。正值青春年华的李鸿章哪里见过如此令人心跳的场面？只见传胪官走上前列，鼓乐演奏完毕，他就高声唱名，如同在考场上点卯一样，把新科二百三十一名进士的姓名全部传唱三遍。这三唱算是皇上的正式宣布，那可非同小可，李鸿章就算是真正成了朝廷命官。李鸿章在这庄严的气氛中，在这终身难忘的场合里惊喜交集，连呼吸也变得急促起来。他的脚步有些慌乱，毕竟是平生第一次见皇帝，真龙天子就在眼前，他崇拜得无法形容，不敢抬头正眼瞅上一回，害怕自己一不小心犯了哪一条清规戒律：他一句话既能让你飞黄腾达，也能让你人头落地、株连九族呀！但他还是在前移，用慌乱的零碎的小步子走着。这些新科进士是要依次走上前去，给皇帝行三跪九叩的大礼，以示感谢皇上隆恩。李鸿章每跪一次，都用他那略带颤抖但也算响亮的声音道："吾皇

万岁、万岁、万万岁！”细听别人，也都这番鹦鹉学舌似地给皇帝谢恩。

行礼完毕，大学士进殿，从御前东侧的黄绸铺盖着的案台上，捧了丁未科二百三十一名进士的名册授予礼部尚书，礼部尚书用云盘托举着，由十名銮仪军校作前导，张了大黄伞出太和门而去。此时突然鞭炮齐鸣，皇帝回宫，仪式结束。李鸿章以“榜眼”名分由贞度门出宫，回到了暂住的何仲高府。

返乡治丧的李文安料理完家中事务后，奉命入浙江学政赵光的幕府。离开合肥时，鸿章的家书捷报还未到达。到浙江后不几日，妻子李氏亲笔写下喜讯一封，派人加急送往浙江。李文安得知李鸿章会试高中，激动万分，喜极赋诗，赠与李鸿章。

李鸿章于京城里得到父亲两首赞诗，喜上眉梢，暗自下定决心，争取再进一步，应朝试，点翰林，不中不罢休。他知父亲已去浙江，大哥、三弟均离家做事或读书，唯四弟李蕴章病盲双目，居家治事，很是挂念，写下一封书信，即寄合肥。

李鸿章给四弟蕴章的信中讲了些学业闱事的道理，其实也是在讲述自己的体会。他一想到蕴章已是半个残废人，心里就觉得不好受。兄弟姊妹共八人，最小的弟弟昭庆这年才十三岁，多少事情还得由蕴章来调教，蕴章才是亏了。而且，就因为病盲双目，他在自己的人生道路上将要失去许多机遇。但李鸿章对四弟仍不死心，发誓要拉四弟一把，让李氏家族人人风光，个个高人一等。

父亲已来信，不久就会从浙江返回京城。春闱大捷，亲人都在千里之外，只有恩师曾国藩想见马上就能见到。榜已发过，报卒手持红纸捷报仍在满街飞奔，把一个个会试高中的喜讯带到深宅大院，也传遍了整座京城。料想曾国藩是不会不知道的。既是如此，该上门去谒见的，而且一定得快快前去。

想到这里，李鸿章要了一辆双骡套车，捎带上一些礼物，直奔曾国藩府上而去。这礼物当然不是在京城大街上掏钱就可以买下的。大街上能买到的东西，曾国藩他不稀罕。李鸿章动了一些脑子，把母亲从合肥带来的吃、用之物选了一些：合肥张顺兴的大麻饼两盒，安徽亳州上等的烟叶一大包。这是给恩师享用的。他还特意给曾国藩在京的夫人带上一件礼物，即用家乡的庐阳花布精工制作的挑花头巾。这头巾采用蓝线和黑线织成的底布，疏密相间的条纹，呈现黑、白、灰三种和谐的色调，表现质朴、清新的韵味。李鸿章想那恩师的在京夫人——三姨太吧那长得真算得漂亮。送上这条挑花头巾，便更能衬托出她面庞的俊美。再细看这头巾，是一幅蜜蜂采花的图案，正面好看，反面也好看，使用时正、反兼可，两全其美。不过，李鸿章决定把这条头巾送给曾夫人之前，倒是稍稍犹豫了一下。原因有二：一是这头巾是母亲从合肥捎来，用于李鸿章在京娶妾的礼物。此物送了出去，今后再次定亲以何物代替？二是送曾国藩夫人的礼物要格外小心，以防恩师吃醋，反闹个不欢而散。

李鸿章今天乘坐双骡套车，心情与往日不同。今天科场得意，他觉得自己才是这车的主人。年轻的赶车人挥动着长鞭，一声吆喝，倒不像是在驱马前行，而是在有意引人注目："瞧，新科进士李鸿章在此！"一路上果然有人驻足观望，步履匆匆的行人也侧目一看。李鸿章心里甜蜜蜜的，不觉已到了一个青灰色雕花照壁前。车子停了下来，骡夫打开车门，李鸿章踩着踏板下了车，取出名帖，那上面是李鸿章亲笔写下的——门生李鸿章。

曾国藩的新来管家严泰迎上来。尽管这管家来曾府不过两月，但已很熟悉李鸿章了。他是曾府门上的常客，于是管家道："李二少爷不必呈名帖了，我家老爷正在府上等着呢，估计你这一两天会来的。他让我留心，今科高中的李二少爷来了，要直接引到厅前会面。"

李鸿章微笑着，从举止上看，与以前来曾府没有什么不同，仍是那么恭敬而稳重。李鸿章道："那就多谢管家引路了。"说着，用眼神示意随从男仆塞给严泰一个红包。严泰先是用手挡了一下，又向李鸿章深深地鞠了一躬，用眼睛的余光看了李鸿章一眼，见李鸿章是诚心要赏他的，这才收了红包，道："谢谢了。"

严泰在李鸿章身旁微微躬着腰引路，边走边把右手抬起，对李鸿章道："李二少爷请走好。"

走过三道大门，到了曾国藩所在的厅前。曾国藩已起身相迎，道："少荃来啦，恭喜你呀。功夫不负有心人，我已料定你此次会试必然高中。"李鸿章见恩师起身了，这还是李鸿章在曾府从来没有领受过的礼遇，慌忙一步跨上前去，躬身将曾国藩的身子拦在了太师椅上，说："门生前来给恩师请安了。"说着，从随从仆人手中接过礼物，又亲手放在案台上，道："是家母特意从合肥捎来的，让门生转赠恩师及师母的。"

曾国藩笑道："不必破费了。既是合肥你家高堂的心意，我也就领受了。"

李鸿章突然双膝跪地，给曾国藩磕头道："门生这些年来蒙恩师训诲，耗费了您无数心血。没有这么长时间的点拨，鸿章我是不会有今日的。如今刚刚才侥幸中第，一切都得益于恩师的栽培。滴水知恩当涌泉相报，何况您对我恩重如山，今儿是特来叩谢的！"李鸿章叩谢着，眼眶已闪出泪花儿。

曾国藩见了，也动了真情，上前一把扶起李鸿章，道："贤弟哪能行如此大礼？快快请起。"曾国藩把李鸿章搀扶到椅子上坐定后，道："贤弟才高八斗，聪明过人，又刻苦用功，非一般常人所能比拟。你读了多少书，用了多少心血，我是亲眼目睹过的。为此，愚兄我常常于心中叹服不止。几年来，我只是略加指点，讲了一点个人的酸甜苦辣和体会而已。你的高中，一是你的才气，二是你的勤奋，愚兄我怎敢贪天之功为己有呢……"

曾国藩正说着，忽见管家严泰上前来送过一个名帖，曾国藩接过名帖看了

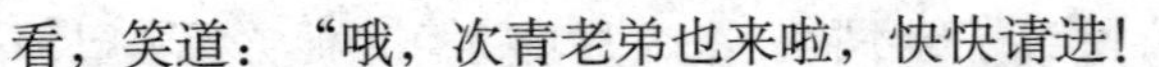

看，笑道：“哦，次青老弟也来啦，快快请进！”

严泰退下堂去，曾国藩对李鸿章说：“来的这个人名叫李元度，次青是他的字，比你年长两岁，虽至今还未及第，但人才难得，也是我的旧友了！”说着，李元度已被严泰领进了客厅。只见这李元度果然风度翩翩，英气凛人，黑缎瓜皮小帽后面拖着一条乌黑的长辫，令人不敢小视。他向曾国藩行了礼后，又转向李鸿章，双拳抱在胸前，不卑不亢地说：“请问这位……”李鸿章慌忙起身还礼，曾国藩笑了起来，道：“我来介绍一下。这位是新科进士李鸿章，字少荃，年方二十四岁，是与我同年的合肥李文安翁的二公子哩！”

李元度道：“原来是少荃呀，久仰，久仰了！我早已慕名，今日才得一见，幸会幸会。”

曾国藩又对李鸿章说：“刚才我还没有说完。次青妙笔生花，下笔如神来之势。所著《国朝先正事略》考证赅博，鸿篇巨制，是我朝多年来少有的佳作，许多人研读后都拍手称赞。愚兄我也正在啃他的书本，受益匪浅。少荃弟今后若闲来无事，也奉劝一读。”李鸿章道：“恩师指点，次青兄赐教，我一定抓紧拜读。”

李元度说：“国藩大师过奖了。少荃贤弟也不必在意。拙作粗浅得很，不值一读。这一辈子或许与科举无缘，但愿潜心研究一点学问，混一碗饭吃罢了。少荃老弟前途无量，正值青春年华，还望今后多多关照！”

三人正闲谈，忽见曾国藩好像浑身奇痒起来，不停地用手在腿上抓着。而且愈抓愈猛，不过瘾时，卷起了裤管，直接在那腿皮上抓着。不几时，指甲缝中已抓得满是皮屑，轻轻一弹，皮屑如雪花般飞落在地。椅子旁边的地上落满了白白的一片。

李鸿章问：“恩师是不是得了癣疾？”

曾国藩说：“可不是么？早年在湖南老家，空气湿润，呆得久了，落下了这一身牛皮癣。虽经几个郎中调治，就是除不了根，时常见犯，看来是难以痊愈了。”

李元度此时开了腔：“《黄帝内经》等书中对此疾都有过相关的论说。小弟我先研读了这些资料，后按照书中的配方，为大师您抓的土方，可曾用过？”

曾国藩道：“用啦用啦，也确有些效果。但药一停下来，癣疾便又犯了。”

李鸿章眼珠一转，立即起身来看曾国藩的腿，笑道：“如此癣疾，只凭一些中草药恐怕难以根除。洋药已进入我国，据说甚是灵验，药到病除。门生认识东交民巷法国使馆里的洋人，他那里都是洋药，等找到机会我来找他要点洋药试试，摸不准比中草药效果好。”

李鸿章刚一说完，突然见曾国藩脸上没有了笑容，满脸的阴云密布：“洋药进了中国，我早有耳闻，可有谁用过这些药？又有谁因用洋药治好了病？听说洋枪洋炮非常厉害，一炮能把那八达岭的长城轰塌一块，可又有谁曾见过？我们泱

泱大清国，人口众多，堪称世界第一，四大发明不正是中国人的创造吗？中国人要用中国药，道听途说，一味相信洋玩意儿，便失了我们中国人的志气！”

“是的，是的，恩师所言极是！”李鸿章其实听这话很不舒服，但也只能顺着曾国藩的话喏喏称是。在李鸿章看来，恩师聪明一生，但在这样的问题上反却糊涂透顶了。无论是“中”还是“洋”，只要管用，都应当乐于接受，为我所用。况且，洋人的大炮枪支都是明摆着厉害，不容你不信。他那洋玩意儿既然厉害，就得承认，就得向人家学习，就得设法弄过来为我所用。你恩师什么都好，怎么在这个问题上如此不明事理呢？看来金无足赤，人无完人。

曾国藩已从李鸿章的表情上看出了什么，明白他虽然点头称是，内心却是不服的。于是又加以劝告。

李鸿章仍勉强满脸堆笑地答应着。可是在骨子里面，对曾国藩的崇敬之情却被冲淡了一些。

但曾国藩毕竟是学问大家，所言无论正确与否，用心都是好的。李鸿章这样想着，才不至于闹出个不愉快的局面。

在曾国藩看来，既是收了李鸿章这个门生，凡事就要点拨，不管你李鸿章是在表面上接受，还是在心里面承认。想到了朝试在即，曾国藩理了一把小胡须，又打开了话匣子：“少荃老弟，如今你已中在二甲，不几日就是朝试，万万不可自满。除了三鼎甲陪考以后，所有新科进士都得参加。这次考试一看文学，二看书法。主考大臣看中的，才能选进翰林院当庶吉士，此谓点翰林，非同小可，定要认真准备。近日里除了必须应酬的事要办外，应一律潜心静居，不要枉费了为数不多的时间。”

曾国藩说着站起身来，引着李元度、李鸿章进了一间藏书库。这书库诗书成山，足有四五千册之多。最显眼的还要数曾国藩亲笔手书的许多条幅。李鸿章原来曾多次进过这间藏书室，但不曾见过曾国藩的书法条幅。正想问一声时，曾国藩开口道：“这些都是在恩师唐鉴的指点下一挥而就的。以前收在柜中，最近才装裱起来，悬于墙上，以示自勉。”李鸿章环视了一周，又有《立志箴》《居敬箴》《主静箴》《谨言箴》《有恒箴》各一首，笔迹流畅，龙飞凤舞，一手的好字。

李元度看了曾国藩的条幅后，很是钦服，大加赞赏。

李鸿章原本不大重视书法之艺，听李元度如此评价，也只好顺水推舟，说：“次青兄说得极是。不过我倒更喜欢《立志箴》和《谨言箴》两幅。这字才真叫做技艺精湛、笔墨酣畅、阔笔纵横、炉火纯青了。若能收藏一二，门生我定当视若珍宝。”

曾国藩道：“那好那好，我就为我们的新科进士送上几字。”他立刻铺开案

台，写下了一幅，道：

“不为圣贤，则为禽兽。只问耕耘，不问收获。涤生与少荃弟共勉。”

李鸿章眼儿睁得老大，只觉得这字写得果然端庄秀美，令人叹为观止。但他对恩师写的内容却不甚理解，有点不知所云的感觉。

曾国藩瞅了一眼李鸿章茫然的表情，说：“这是唐鉴恩师送我的字句，如今我直录于你。我也不很理会，但已有所悟。今天送你，不求理解，只当书法。”说完，曾国藩又取来一本字帖，递给李鸿章，要他回去好好临摹。

李鸿章捧在手中一看，这是刘墉的《清爱堂帖》。李鸿章凝神观赏，看起来天趣自然，既有小桥流水之美，又有远山淡墨之趣，笔笔刚健有力，字字雄放，包含着长江、黄山风光般的豪壮气概和意境。他收下了这本字帖后，对恩师说：“门生明白了，一定好好临摹，朝试用功。如果能选中庶吉士，门生也不敢懈怠，继续苦读苦练三年，力争在散馆后再考优等，留院做个编修，才是正途。请恩师放心，门生已立下誓言，不到正途时，决不罢休！”

曾国藩颔首，又赞扬了一番。

曾国藩说着转过头来，对李元度笑道：“次青老弟啊，你虽才高八斗，但在名场的争斗上就不如少荃啦。奉劝老弟回头是岸，若能步入科举之途，定当不在少荃之下。”

李元度皱起了眉头，一声冷笑道：“大师抬举我了。人各有志，我向来不以为自己才华过人，但也还能读书。只是对这个科举的考法不感兴趣了。这科举制度实在是害人不浅……”

说到这里，他稍稍停了一下，见曾国藩表情还不算十分难看。突然神秘兮兮地问：“大师可知，前些年因乡试卷中犯了圣讳而落第的广东秀才洪秀全，如今闹起了一件稀奇事！”

李鸿章惊奇地望了一眼李元度，曾国藩却不动声色，淡淡地说：“什么稀奇之事？道来便是了！”

李元度道：“洪秀全落第之后，便对皇上心怀不满，到处煽风点火，在他那小村庄里闹腾起来了。起先，人们只发现经常有人从四面八方赶到这个村庄，都聚在洪秀全的名下。他们男女分座，每次先唱一首赞美上帝的诗，然后由洪秀全上台宣讲上帝的仁慈，劝大家改恶从善，真心崇拜上帝。有时候，他们还举行入教仪式，只见神台上放着两盏明灯，三杯清茶，新入教的人大声念着自己的名字，再把一张写着自己名字的《忏悔状》当众焚烧。入教者必须跪下回答洪秀全的问话。问完以后，洪秀全就把一杯清水浇在他的头上，口中念念有词：‘要洗尽从前罪恶，要除旧生新……’入教的人站起来把清茶一饮而尽，并用清水擦洗胸口，表示已经洗净了内心，忠心不二了。”

李鸿章听到这，有些莫名其妙，道："这不是跟洋人的基督教洗礼仪式差不多吗？有甚要紧之处？"

李元度呷了一口香茶继续说道："正是。这些人和基督教徒一样，都只信仰上帝和耶稣，不要当今皇上。洪秀全也是在去广州参加考试时，偶尔从一个基督教徒手里得到一本传道书，回去后决定不求功名，组织拜上帝会的。他有个好友叫冯云山，和另外一个朋友，都积极参加进来，在附近乡村中进行联络，宣传宗教，反对朝廷。"

"这不是在煽动造反么？！"曾国藩拍案而起。

"这还了得，若是在京城，有一百个洪秀全的脑袋也要砍下来的！"李鸿章说。

李元度又说："听说今年初洪秀全又去了广西桂平县的一个金田村，在那里与冯云山正式组建了一个拜上帝会，发展了三千多人啦。他们不再是只讲上帝了，而是聚众占领村舍，罢免乡官。"

"那广西的官府干什么去了？"曾国藩问。

"吃干饭去了，如此聚众煽动民心，官府眼睛瞎了吧？"李鸿章也插言道。

"官府注意到了，弄成这整个县、乃至几个县的大动作，官府岂有不管之理？官府已把冯云山抓住了。可洪秀全还逍遥法外，设法拿钱买通官员，又把冯云山放出来了！"李元度说。

"可恨这县、省的官府中也有见利忘义的势利小人，查了出来，该当杀头之罪。"曾国藩愤愤地说。

"坏就坏在这儿了。官府查办不力，拜上帝会的活动越来越猖獗。冯云山放了出来，活动更加频繁，还聚集在一起高呼口号，公开捣毁庙堂偶像，同有钱的地主及官府发生对抗，大有推翻官府之势。那儿的官府衙门，整天关门闭户，见了拜上帝会的人们绕道走，正不压邪了。听说洪秀全已公开声称要成立什么'团营'，集中组建队伍，欲与当今朝廷一比高低呢！"

曾国藩已听得很不耐烦，他几乎是狂吼起来："这洪秀全犯上作乱，痴心妄想。一百三十年前的三藩之乱，最终也没有夺了天下。这洪秀全一次科场失利，泄起私愤，也不过是螳臂当车、飞蛾扑火，没有好结果，成不了大气候的！"

李元度摇头道："大师呀，不一定呢！依我看，那洪秀全终非池中之物，他的志向，是在九五之尊……"

曾国藩再也不吭声了。他把眉头紧锁着，咧着有胡茬的嘴巴，露出白晃晃的牙齿，眯着两只三角眼，陷入了痛苦的沉思之中。

在曾国藩家的一顿午餐吃得很没有兴致，满桌的菜肴，李鸿章和曾国藩似乎都少了往日的胃口。整个气氛令人压抑，笼罩在说不清、道不明的情绪之中。或许曾国藩比李鸿章看得更远、更透一些，吃完饭他对李鸿章道："回去潜心准

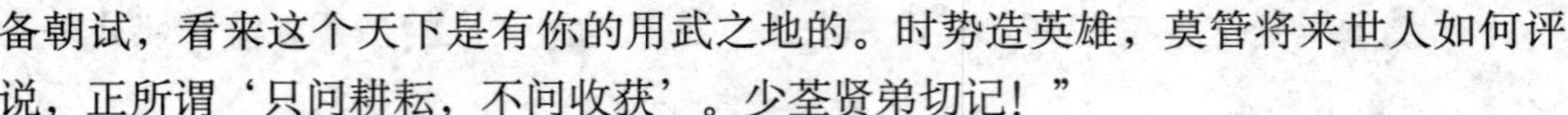

备朝试，看来这个天下是有你的用武之地的。时势造英雄，莫管将来世人如何评说，正所谓‘只问耕耘，不问收获’。少荃贤弟切记！”

李鸿章打躬作揖，颔首谢恩，表示永志不忘。

翌年，李文安服丧期满，从浙江学政赵光处重返北京。父子二人团聚事小，同在京师为官实在令人高兴。道光三十年，李鸿章以优异成绩被授翰林院编修。

入了翰林之后，李鸿章第一次穿上朝服，脚蹬布靴，头戴顶戴进了武英殿，任国史馆编修。这差事清闲得要命，是一处读书的“世外桃源”。此时，这泱泱大国东南西北的风云变化如何？扑朔迷离的《穿鼻条约》是真是假？飘扬着“米”字旗的英国战舰，怎就能耀武扬威地开进了中国美丽的香港岛？还有那刚刚签订不久的《南京条约》，为何使几万万中国人败在一个英国女人手里？广东省花县的那个火秀娃子怎么样了？他正闹腾到什么地步？数百万平方公里的国土上旱灾怎样？水灾怎样？人祸又是怎样……？这一切，此时的李鸿章都可以不管不问。他的任务就是：做翰林，搞纂修。正所谓“两耳不闻窗外事，一心只读圣贤书”。

翰林院里聚集着众多来自全国的义士俊杰，这使李鸿章感到自豪。面对如林名师、如云嘉朋，李鸿章踌躇满志，意气风发，决心要干出一点名堂。

他写了《通鉴》一书后，又精心写作了一篇《文以载道赋》。这篇洋洋大观的长文在翰林院国史馆传开后，反响很大。他反对雕章琢句而内容空虚的文风，赞赏以委曲婉转、平易流畅的文体宣扬纲常伦理、孔孟之道的唐宋八大家及桐城派古文。李鸿章特别推崇唐代古文大家韩愈的《论佛骨表》和北宋古文大家苏轼的《代张方平谏用兵书》。他认为《论佛骨表》尊儒排佛，道理深刻，读来气势感人，鼓舞人心。

李文安知晓李鸿章的想法后，赞赏之余，不由慨叹道：“你恩师曾国藩公与我私下谈起过你，说你为人处世心气高傲，性格疏懒，为人也不够实在，表现得用心眼多，真说真干少，细节上还不大检点，这些都是要努力克服的呀！”

李鸿章的脸上略布下了一丝阴云，低了头说道：“父亲大人教导的极是，等于为儿迷途指津了。”

一连几天里，李鸿章为此寝食不安。恩师指点的这些毛病他心里也绝大多数承认，只是从别人嘴里说出来，他心不舒服。这天吃过晚饭，他有意走出城外，到远一点的地方去散步。时值深秋季节，草木凋零，北京城外一片萧条。李鸿章触景生情，脑子里浮起了宋玉悲秋的句子：“悲哉，秋之为气也，萧瑟兮草木摇落而变衰，栗兮若在远行，登山临水送将归。”吟到这里，他突然觉得宋玉毕竟是宋玉，我李鸿章正值青春年华，路还很长，不会被埋在书堆里一辈子走不出来。

想到这里，他蓦地大喜过望，犹如一根拉紧的弦猛地一松，一时不能控制，双手向空中一挥，双脚猛地跳起，向远方喊：“虎在深山，天生我材必有用！”

这一声呼喊在夜幕中传得很远，很远。

北京城万籁俱寂。正阳门东的兵部街，由南边飞也似地来了一骑快马。街道两旁民宅里已睡熟的人们被马蹄声惊醒，侧耳一听那銮铃叮当，便知是外省的折差到了。果然，那骑快马越过兵部衙门，直奔各省驻京提塘官们的公所。快马奔至门前，骑马人猛地把马缰绳一勒，一声刺耳的长嘶，马背上的那人被掀了下来。一顶红缨帽子滚落在街门旁的阴沟里。此人也顾不上去阴沟里打捞顶戴，挣扎着爬起了身子，踉踉跄跄地摇晃着，向前跨了几步，人还未踏进门槛，一歪身便倒了下去，口中直吐白沫，一会儿不省人事了，吓得公所的门差赶忙围了上去。

这公所里的人有人认出了他，是广西那边的折差，姓田，因给僧格林沁当过亲兵，便叫作田军了。这田军据说很会些武术，平时习武弄掌，很是机灵，几次救下过僧格林沁的性命，保一次升一次官。此时他已不在僧格林沁部下，打道回府进了广西府衙做了个把总。由于是初来乍到，府衙里没有为他补缺，拿一个把总当折差使用。

北京的初春虽然还有些天寒地冻，可是这田军经长途奔驰，早已是大汗淋淋，人也累得昏倒在地。公所里的门差七手八脚地把田军抬进房里，一面撬他的牙关，一面把整瓶的“诸葛行军散”往他嘴里灌。这边在救人，那边有人慌忙从他的折包里取出奏折。奏折的外包装已被汗水湿透。广西的提塘官赶快接了过来，照例先看一看兵部所颁的“勘合”，然后用手小心地一揭，看到油纸包上的“传票”，不由惊得面如土色。

传票上盖有广西总督及府衙的紫色大印，上面还写明的是新任两江总督李星沅、广西巡抚郑祖琛、广西藩司劳崇光等会衔由广西拜发。拜折的日期是三月四日，还特别用红枣一般大小的字批明：“八百里加急飞奏，严限三月十三日到京。”

如此加急飞奏，谁敢怠慢？这提塘官一见如此奏折，赶忙从腰间摸出银表看了看，长短针都指在十一上，只差一小时，一交午夜子时，便算违限了。一旦超过了期限，历朝以来的老规矩：军法从事。怪不得这田军不顾性命，累昏在公所门前。

现在是折差已到，责任全落到提塘官的头上了。他是广西督抚派驻在京城的官员，专门负责传递有关本省文书的，以本省武举人、进士或低级候补武官充任。一想到“八百里加紧”这几个字，提塘官的细毛孔都张开了，眼睛同火一样红了起来，上颚骨同下颚骨“呷呷”地发起颤来，失声喊道：“是不是广西桂平县那边出事了？！”

他这失声一喊，惊动了其他省的几个提塘官，于是一齐围拢上来，想看个究

竟。但这提塘官把手一推，吼叫起来："快点闪开！"他已急得如热锅上的蚂蚁了。谁不知这驿递的规矩特别严厉，最紧急的用"八百里加急"。这仅仅限于奏报督抚、将军、学政在任病故、阵亡，以及当地失守或者光复城池。其他一律不得滥用。广西提塘官自到任以来，还没有接过一次这样的奏折。"六百里加急"仅次于"八百里加急"，非重大情况绝对不会破例使用，严限到京的。这提塘官上任以来也仅接过一次有如此严限的奏折：那是京城里传说广东花县的落第文人洪秀全跑到广西，意欲组织暴动，公开提出反对朝廷的主张。李星沅和郑祖琛用纸包火的办法，向道光皇帝报送了一个"六百里加急"的奏折，谎称广西暴乱倾向早已制服，刁民一扫而尽。提塘官送这奏折到道光皇帝手中，他信以为真，心中甚喜，准备飞报下谕，以奖赏李星沅等的功绩。从上次这"六百里加急"到现在不过三四个月时间，京城里传知：乱匪不仅没有被剿灭，反而势如破竹，蔓延整个广西，有向边省发展的苗头了。提塘官心想，上次报了个假情报，这会儿该是对皇上实话实说了吧？

他正在猜想，有人推了他一把，道："还不快快递上，不要命啦？！"

"是，是！我这就飞奔进宫去递。"说完，广西提塘官抬脚就跑，立即消失在夜幕之中。提塘官传递文书要经过层层关卡，传来传去，已经是下半夜快一点钟了。殊不知宫内今晚似乎也不同寻常，大总管正率领有关各处首领太监，在乾清门外丹陛旁肃立伺候，大内东、西十二宫万盏黄灯齐亮，灿然如同白昼一般。

广西奏折已由内奏事处太监呈到大总管手上，正巧毓庆宫北殿皇四子手下的回事太监赵荣兴也站在一旁，问："什么？八百里加急？还很少见过这新鲜事呢！道光老佛爷此时龙体欠安，病情凶险，非同往常，哪还有精力管你这八百里加急哦？！"

内奏事处太监王国营听这话，无奈正色道："我已问过外奏事处，广西的提塘官亲口所言，那边飞奔而来的折差田军为赶限期，已累昏死了过去。一定紧急万分，请快快呈上！"

赵荣兴见这王国营回话口气很生硬，便道："那好，你自个儿呈吧！现在宫中上下已陷入惶惶不安的忧思之中，担心着皇上的安危，你还拿什么八百里加紧吓唬谁呢？！"

二人说得不愉快了，大总管摆了摆手，道："我来接内奏事处这个黄匣子吧，假使不接，内奏事处的责任未了，延误了期限，他内奏事处是万万担当不起的。"

王国营谢天谢地，立刻把那黄匣子双手举过头顶，单腿跪下，呈给了敬事房大总管。这大总管也有自己的心思：八百里加急无论怎么僵持，最终还是要接下的，否则自己的责任也不可推卸，此其一。其二，都在传说皇上病危，又传皇四子奕詝立为皇太子。皇帝一死，奕詝就是皇上。所以这毓庆宫北殿里的回事太

监王国营才敢如此狗仗人势，出言不逊。自己接了黄匣子，既压了压王国营的威风，也有机会到皇上身边看看究竟，机会难得，不可错过。其三，若是这奏折奏得皇上高兴，弄不好还有奖赏，如此何乐而不为呢？

大总管接了黄匣子，就命小太监送内奏事处的太监由西二长街出月华门回去，自己则进了敷华门，绕过了四壁绘满三国演义故事的曲径回廊，到了道光皇上的寝宫。这里果然气氛异常沉重，御医们步履匆匆，大小太监不开笑脸。坐更的太监见大总管来了，迎上前几步，说："皇上病重。"

大总管道："我知道了，但这里有要紧事呈奏，非得要请驾不可！"坐更太监也很为难，但大总管的话也不能不听，只好硬着头皮进去叩报。

过了一会，坐更太监出来了，忙给大总管磕头说："大总管好运气，皇上这会儿清醒多了，还能喝汤，说既是八百里加紧，那就进去回明吧。"

大总管大喜，小声对坐更太监说："好，明儿我给你奖赏。"说完就随坐更太监进了皇上的寝宫。道光皇帝果然面如土色，整个脸盘儿一点儿血丝都没有，此时正由几个宫女、太监在给他喂汤。见有人进来，皇上仍微闭着双眼，用几乎听不到的声音说："哪里来的……奏折？"

大总管把黄匣子高举过顶，直挺挺地扑通跪下，低着头回话："广西折差飞报皇上的。"说完，他打开了黄匣子，取出奏折，拆除油纸的包装，这才见到一块夹板。夹板上系着一根细细的黄丝绳，丝绳挽结成一个龙头，只需轻轻一扯，就全松开了。他又从夹板中取出一个黄纸包封，里面是两黄一白的三道奏折。黄奏折照例是请皇上、皇后的安，叫请安折，没有具体内容，只是礼节性的问候。大总管递上去以后，皇上看都未看，就丢在床边。再取就是最里面的一道白折。皇上已无力自己看奏折，示意御前大臣念。这一念不要紧，却把在场的人吓得目瞪口呆。

奏折上告知：广西桂平县的拜上帝会已经死灰复燃。洪秀全号召各地会员到金田村集中，成立了一个"团营"。团营里的人都在私下议论，说不久就要举行起义反清。为此，几十里开外的乡民有的扔下了农活，有的变卖了家产，有的丢下妻小，纷纷奔向金田村。有一个叫谷架塘的人，还有一个叫赖元伟的人，女儿马上就要出嫁了，一听说金田村有个团营，立即烧毁了嫁妆，带女儿们一起投奔金田村。对于这种犯上作乱的行为，广西各部已采取坚决措施，可是到底无法制止。

这些人到金田村洪秀全的团营后，把变卖田产家业所得的钱财全部集中到一起，说是上交"圣库"，他们吃饭穿衣和杂用全都由"圣库"按规定发放。有饭同吃，有衣同穿，有钱同使，人人都兴高采烈。吃完饭，青壮之人加紧编练队伍，还用土法制造武器，俨然是一个大军营。这团营敢公然与地方县、府对抗，连清廷大军也不许人内过问。

李星沅、郑祖琛的奏折还说：上次所奏刁民铲除是事实，但几个月后死灰复燃也是事实。就在奏报的前天下午，洪秀全下令打开西北通道，分派队伍在村外扎营，开大会宣称："天父赐给我们每人一件武器，要我们斩妖除魔，我们必须为上帝英勇战斗！"顿时，只听千万人同声高呼口号："感谢上帝，求上帝保佑！一打南京，二打北京！斩妖除魔！"有探子在大会散场后发现，洪秀全早已在金田村的犀牛潭埋下武器，有大捍刀、长矛、剑戟、板斧、铁杖、铁鞭上万件之多。武器上面用浮土盖着。洪秀全谎称这是上帝赐给的，要每人拿一件武器，加紧操练。

李星沅、郑祖琛等奏折后面请求皇上恕罪，表示伺机而动，迎头一击，剿灭民匪。

念完奏折，皇帝寝宫内鸦雀无声，死一般的寂静。道光皇帝大口喘着粗气，气愤至极，差一点儿断了气。好一会，他才勉强用微弱的声音道："李星沅继任钦差大臣，将功赎罪；革去郑祖琛巡抚之职，由广西藩司劳崇光署理巡抚之责……"

圣旨传了下去，这"九州清宴"慎德堂的道光皇帝寝宫里立刻不平静起来，据御医的诊断，皇上驾崩的日子已逼到了眼前。他仰卧在床上，背后垫了一大叠枕头，两只手抖个不停，好像因为心里难受要撕抓身上的被子。这双过去曾经重权在握、呼风唤雨的洁白的手，此刻已隐露出缕缕青筋。如今这双手看了让人害怕，变得骨瘦如柴，灰白不堪。他的嘴唇已经向里抽缩起来，每次都带着很大的痛苦在呼吸，就像有东西在嘴里却又难以吞咽一样，不停地一张一合。他的一双眼窝明显下陷的眼睛时睁时闭，一会儿瞧瞧这，一会儿瞧瞧那。有时又仿佛怀着无限嫉恨似的死死盯住某一个方向。就这样终于熬到了天明，他好像只剩下一颗赤裸裸的灵魂了。

到该吃过了早饭的时候，道光皇帝的脸上似乎有了一点起色，变得细腻了，有了一些微微的光彩。他甚至可以从喉咙里发出声音，想讲话了。此时自然无需他再张口指派什么，该往这儿汇集的人都争先恐后地来过了。跑得最快的、心情最复杂、最紧张的恐怕要数四阿哥奕訢了。几天里，他暗自派回事太监赵荣兴四处打探皇上的病情，一步也不敢离开毓庆宫北殿大院。直到下半夜鸡鸣时分，赵荣兴才匆匆掀开帘子进入东暖阁向他禀报道："四阿哥，奴才打听实了，老佛爷快不行了，广西李星沅等的一个奏折更使他难过明天。哦，对了，那个落第文人洪秀全在金田村组织团营，要聚众造反了。哦，对了，还有宗人府宗令内务府大臣统统奉诏往圆明园受命去了，不知究竟要干什么。"

"知道了！"四阿哥奕訢答道。只见这奕訢此时身穿一件金黄色九蟒五爪的蟒袍，头戴一顶红绒结顶貂皮暖帽，足穿厚底建绒的尖头鸟靴，不过二十岁的年

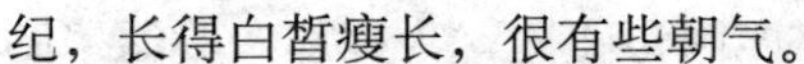

纪，长得白皙瘦长，很有些朝气。

这夜的他心里矛盾极了，亦喜亦忧的表情始终挂在脸上。他有些失魂落魄似的，如痴如醉，一会儿想到自己可能该当皇上了，沾沾自喜，洋洋得意；一会儿又觉得老皇上危在旦夕，心中不免增添了几许忧伤。在他隔着花墙瞟一眼皇六子奕訢所居的南殿时，不免又添了一份担心：传言皇阿玛近来很看重奕訢，曾有意由他继位。

这种纷纷乱乱的复杂心情折磨着四阿哥。最终，他还是平静了下来。在座椅上靠了一会儿，他突然想到：皇六子继位不大可能！乾清宫正殿上正大光明匾额后面的立储匣始终没有人去动过呀。自从皇阿玛私下对他透露：皇位继承人是四阿哥，立储谕旨就放在匣子里时，他一天也没有忘记派人监视，看有无人奉命取下来置换。好久了，那立储匣可能都落满灰尘了，也从来未见过有人动过。

想到这里，奕詝放心了，大步迈向南炕，半躺半靠着。今晚谁也不许睡觉，皇阿玛病重，须随时听从召唤。众皇子不敢睡，也没有人能睡得着。奕詝拿眼望着炕几上那盆玲珑晶丽的御赐象牙牡丹盆景，脑袋瓜儿又转开了。父皇一生得了九位皇子，前边三个早就离开了人世。这样，他不是长子也成了长子，又是已故的孝全皇后所生，名正言顺，按常规也应由他继位。但近年来，父皇不知为何很宠爱皇六子奕訢。

奕訢是静皇贵妃所生，脑子聪颖，读书用功，仪表端庄，相貌与举止都很像皇上。可能正是由于这些缘由，皇上格外看中皇六子。其实奕詝与皇六子关系也算甚好，奕詝十岁时，生母孝全皇后病故，由皇六子的生母静皇贵妃一手拉扯长大。多少年里，他与皇六子同出同进，同读同玩，就像一娘所生一样。静皇贵妃在他生母去世以后，有机会统摄六宫，大权在握，可是也没有把他奕詝看外，反而给予了更多的关照。对于这些，已长大成人的四阿哥心里异常清楚。只不过，继承皇位不像争一块糖果吃那样无关紧要，这可是有你无我，有我无你的天大事情，来不得半点的马虎和谦让。

四阿哥正沉浸在忆想之中，赵荣兴气喘吁吁地奔了进来，也顾不上礼节，张口就道："四阿哥，诸位王公大臣已从圆明园回城了，径直进了乾清宫，殿上首领太监已命人去取梯子，要取正大光明匾额后面的立储匣子了。诸位大臣都在现场，一起护送匣子去老佛爷的寝宫呢！"

"啊！那么赶快更衣前去慎德堂皇上寝宫！"奕詝慌了手脚，旁边早已站立一位女子，手持着风雪长袍笑盈盈地等待为他披上。这女子与一般的宫女不同，身穿绸袄丝裙，上套云纹黄缎坎肩，梳一条乌黑的长辫，耳鬓插了两朵红宝石宫花，脚穿厚底绣鞋，十分的甜美。她虽然只有十四岁多一点，但已透出少女的成熟和娴美。她之所以与一般宫女不同，不是因为长相，而是由于身份。她的父亲

穆阳阿做过广西右江道的道台，入宫才一年多，四阿哥奕詝就为她那一股温馨的柔情所倾倒，想立她为侧福晋。奕詝的嫡福晋萨克达氏于年前去世后，年轻人感情的空缺是这个姓钮祜禄的姑娘来填补的。她的芳名叫瑞芬，四阿哥曾坚决地向她许过愿：如能登基，一定册立她为皇后，用一百五十两黄金制成金册，让她享尽荣华富贵。

现在机遇就在眼前了，略显忠厚老实的瑞芬仅仅是脑子里一闪念，并没有多想，只顾为奕詝披上外衣，送他出门。而四阿哥此时已到了高度紧张的关头，两旁的宫灯由太监、宫女们为他照着，他还是步履不齐，走到路沿下去。

进了父皇的寝宫，只见宗人府宗令定郡王载铨、内务府大臣文庆、御前大臣怡亲王载垣、郑亲王端华、科尔沁郡王僧格林沁、军机大臣穆彰阿、赛尚阿、何汝霖、陈孚恩、季芝昌都在这里。这些人列队在前，跪成两排，面朝皇上躺着的方向，低头不语。

在后队跪立的文武京官们更多了，黑压压的一大片。四阿哥进来时，脚步仍然慌乱，一不小心踩到了一个人。只听这人“哎哟”一声，但一听便知他在强忍着疼痛，“哎哟”的声音轻得几乎听不见。他就是被人称作“翰林公”的李鸿章。李鸿章被踩得心里发毛，但万不敢有半点抱怨，甚至没有敢抬头看看踩住他的是谁。他只知道此人官比他大，比跪成一片的所有文武大臣的官还大。否则，他进来时就不会径直走甬道，旁若无人地往最前排而去。他心想：混在这中间的或许就数自己这正七品的编修官职最小了。原本是轮不上他来的。可以说，在这样的场合里，他是边儿也不应该沾上的。只是偏偏凑巧了：早上一进武英殿的国史馆视事，就碰到了自己的恩师礼部右侍郎曾国藩，与曾国藩一同路过于此的还有工部右侍郎吕贤基。

吕贤基，字鹤田，安徽旌德人。早年以翰林院编修改御史，近日才改任工部右侍郎，与恩师曾国藩在职位上相当，平起平坐的。李鸿章入翰林时，吕贤基正在任编修，同在武英殿视事，又是同乡，况且父亲李文安因安徽同乡关系与他也交往甚密，无话不谈。在一起共事的时间久了，吕贤基喜欢上李鸿章了。他见李鸿章年轻有为，文才尚好，也能写得一手好字，便把自己应干的那一份抄抄写写的事交于他干。吕贤基是与李文安同辈的，年岁也大了李鸿章许多。

这天，吕贤基与李文安又凑到一起了，两个人谈笑风生，好不开心，就家乡的事情怎么叙也叙不完。突然吕贤基说：“喂，老兄，我们两家结一门亲家如何？”

“怎么个结法？我的几个孩子，大的去了湖南出任县令，其他均还在乡不能立事做人，只有老二鸿章算是有了些功名，可家中已有元配周氏了。周氏媳妇为我李家生过一个孩子，取名叫李经毓，可不久就夭折了。至今，因鸿章与我同在京城，不得返乡，小夫妻俩几年一面未见，更谈不上生儿育女了。”李文安如此说道。

吕贤基道：“正是因为如此，我才想到了此事。鸿章已授七品编修，是个名副其实的翰林了。何况鸿章才华出众，熬到个侍讲、侍读的不成问题。那时，他就可以入值内廷乾清门西侧的南书房，与当今皇上朝夕相见了，永为京城官宦是心想事成的了。这样，鸿章在京城供职，身边没有个家眷照顾着，怕也不行吧。我已想好，把我女儿淑云许配于鸿章，也算满足了我的心愿。”

“如此不是亏待了小姐了吗？鸿章已有元配，且在乡时已向他那岳丈大人讲过，一般不再另娶侧室，与周氏白头偕老的。这回再娶了你的小姐，我李家自食其言不说，亏了你的小姐做一房侧室，不就更是错上加错了么？”李文安摆手道。

吕贤基大笑起来，说：“文安兄呀，您也太过于迂腐了。他李鸿章以前在乡是个秀才，那时还未想到来京城做翰林编修。如今位子也变了，环境也变了，条件也变了，总不能再抱着一句不成文的话不放罢？再说，鸿章照现在的情势看。三年五载也离不开京城，总不能让他当一辈子实际上的光棍汉，身边没有人侍候吧？”

李文安抓了抓头皮，也笑了，道：“说来也是。家父过世我回乡丁忧守制时，那媳妇周氏还恳切地劝我，在京城为鸿章娶一房妾，让鸿章也有一个照应。”

“这就对啦！我已想好了，实际上有一个关系，也不一定要明媒正娶，过在一块了就行。”吕贤基道。

“本来就亏了你小姐淑云了，那还是要托个媒人过来，小范围地办一下。让鸿章从幕府搬出来，到正阳门内碾儿胡同西头路北朝南的寓所去住，把淑云用花轿抬过来，正式成立一个家庭，你我也有个两家往来共聚的地方。”李文安高兴地说。

事情就这样定下来了。没几天，吕家真的来了媒人，三言两语就把婚期定了，接着热热闹闹办了十几桌，婚后小两口过得甜甜蜜蜜。

今天早晨在这武英殿碰到曾国藩和吕贤基，李鸿章稍稍红了一下脸。岳丈已离开翰林院，见面不太多。所以今天早晨见了，还是有几分激动，赶忙上前施礼。曾国藩一把上前搀住，道：“少荃贤弟呀，我这里就免礼了，向你岳丈大人拜一拜吧！”

吕贤基摆摆手，道：“自家人免了，还是办正经事要紧。”说完拉着曾国藩的胳膊就要走。可是，刚走出几步，这二人又回来了，道：“鸿章呀，你赶紧穿戴整齐，与我们一起到‘九州清宴’慎德堂去！”

李鸿章大惊，问：“那不是皇上的寝殿么？我如何能去得？”

吕贤基道：“顾不上那许多了，一会儿事情出来了，写写画画，忙里忙外，没有人手不行……”说到这，他小声对李鸿章耳语道：“可能要改朝换代啦！老皇上真的驾崩了，够你这编修忙些日子的！”

李鸿章听了这话，拿眼望了望恩师曾国藩，好似在征求恩师的意见。曾国藩点点头，道："就这样，一块去吧，各道关口我来打点。"

此时李鸿章跪在这最后面的甬道旁，给那四阿哥踩了一脚，真觉得有些冤枉。可转念一想，这种场合实在难逢，有人在朝廷做了一辈子官，也不曾见过如此场面，要不是恩师和岳丈大人在朝廷里有些头脸，怕是想带也带不进来呢。

沉浸在忆想中的李鸿章突然被一阵骚动惊了过来。忽听前面的人说："皇上醒过来了！皇上醒过来了！"于是大家都想往前靠，想看一个究竟。无奈人人都不敢站起来，只拿个膝盖当脚板使，小心地慢慢向前移动。李鸿章也向前移动了大约几步远，队也不成队了，拥挤在一块儿，大家全部的心思都集中在前面。这时，只见一个身穿金黄色蟒袍的年轻人走上前去，然后再跪下，拉着皇上的手，已泣不成声，道："皇阿玛，四子在此，恭请父皇圣安……"李鸿章这才明白：刚才踩了自已一脚的原来就是四阿哥奕訢。传说由他继承皇位，如真是那样，今日倒是被"龙脚"一踩了。李鸿章想笑，但万不敢笑出声来。

又见定郡王载铨走上前去，好像是代表着满屋的文武大臣，奏道："老佛爷，奴才与全体在京文武大臣们前来给老佛爷请安了！愿吾皇早日康复龙体，保我大清江山社稷永盛不衰！老佛爷呀，奴才们在这里候旨了……"

载铨说着也哭出声来，众文武官员预感情况不妙，都憋住了呼吸似的，满堂静得让人害怕。

道光皇帝终于断断续续吐着听不清的字眼，大意好像是说：朕快不行了，托各位大臣辅佐嗣君，共保江山社稷。他还用瘦弱的手指着什么，让载铨当众去办。他还说广西洪秀全什么的，点了向荣、僧格林沁、曾国藩等一串名字……李鸿章实在听不清楚。

道光皇帝真的驾崩了，临朝三十年整，终年六十九岁，庙号宣宗，通称道光皇帝。一个朝代结束了。满堂垂泪啼哭声。

一个黄布包袱捧上去了，上面积满了灰垢。载铨用手拂拭了几下后，解开了一层黄布。里面又是一层红绫包袱，载铨又把它解开，这才出现一具璀璨夺目的小匣子。这匣子很精美，通体的金黄颜色，远看就像是一块硕大的金砖。这"金砖"上还有一把精巧无比的白铜滚轴五言四句回文密码小锁，不知这回文密码，是打不开的。载铨好像也不知道究竟如何能打开这只匣，他在等专门的工匠前来。这工匠是内务府营造司的人，他很快受命被人领上前去。工匠果然知其秘密，不用片刻就开启了。锁是打开了，但匣子还没有掀开。载铨与诸位文武要臣一同将其送到皇上寝宫的炕几上，然后诸要臣闪成"人"字形的两排，不挡大家的视线。有人上前去了，那是御前大臣怡亲王载垣，他好像是不敢碰一样，极其小心翼翼地移步向前，然后慢慢地伸出双手，把里面的金黄色盖子掀开，从匣子里取出了一张纸，这张纸很厚，像一块硬纸板似的，上面还有梅花图案。众文武官员急忙又向前靠近，李鸿章也顾不得许多，挤到前排去了。载垣把这纸片高高举过头顶，众目同观，只见上面有两行汉字，乃道光皇帝亲笔谕旨：

皇四子奕詝立为皇太子
皇六子奕䜣册封为亲王

这两行汉字下边又用满文写道：

皇四子奕詝立为皇太子

最下面的还有一行小字，写的是：

道光二十六年六月十六日御笔

众人看清楚了，发出“啊”的一声。载铨却亮开了嗓门，道：“诸位大臣且慢，我这里还有一道立储谕旨，现在来看！”难道如此滴水不漏的立储谕旨不算数么？

载铨道：“大行皇帝临终前当着我和诸位要臣的面授予我一只锦囊，这锦囊里也有一道谕旨，如果与此匣内的谕旨内容一模一样，那就说明这立储谕未被人从中换过。但愿一模一样！”

载铨把锦囊高举起来，让大家看清，表示是老皇上临终时所授的那个袋子。他撕开了密封的盖有玉玺的纸条，从袋子里取出一纸宫笺，上面仍是老皇上的御笔，内容与匣子里的一模一样，半字不差。此时人们的目光一下子投向了一个人，他就是皇四子奕詝。

李鸿章注意到这个即将成为皇上的四阿哥，那微笑突然间布满了他的整个脸庞，他那神情好像在告诉诸位大臣：我早就知道会是如此。他很得意。

众人不解，正在议论着，忽听宗令定郡王载铨以主持人的口气说话了：“诸位郡王大臣都亲眼所见了。现在我宣布：立储谕旨真实有效，皇四子奕詝立为皇太子！”在载铨的带领下，众大臣又一次跪在堂前，也是第一次给这位新皇上叩拜，齐声喊道：“恭——请——圣——安！”这喊声在老皇上寝宫里回荡，揭开了清咸丰时代的序幕。

出了慎德堂，走在这金光灿灿的黄琉璃瓦覆盖着的、密如茂林的大片殿宇宫阙之中，曾国藩、吕贤基在深思，初为京官的李鸿章同样在揣测。他们三人一路

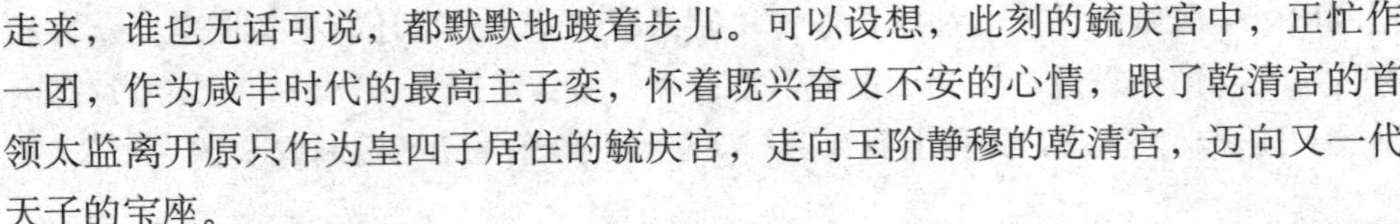

走来，谁也无话可说，都默默地踱着步儿。可以设想，此刻的毓庆宫中，正忙作一团，作为咸丰时代的最高主子奕，怀着既兴奋又不安的心情，跟了乾清宫的首领太监离开原只作为皇四子居住的毓庆宫，走向玉阶静穆的乾清宫，迈向又一代天子的宝座。

他们该有事情干了。曾国藩是礼部右侍郎，吕贤基是工部右侍郎，老皇帝死了，新皇帝登基，白喜、红喜都得办。死者为大，老皇帝的事得先办。朝廷有令：曾国藩协助主持祭祀大礼，吕贤基等各有分工。李鸿章成了恩师和岳丈私下里的帮手，布置现场，撰写挽联，都办得庄严而隆重。

仅一天时间，皇宫里的一座座用松枝和白花扎成的牌楼耸立起来了。万盏宫灯一律换成了白绢制作的素灯，长长的、高高的招魂幡随处可见。乾清宫前的草坪正中搭起了一座比宫顶还要高的碑亭，碑亭里供奉着道光老皇帝的牌位。在这碑亭的四周，四座金山、四座银山一律用上等的色纸堆成，一经点燃，浓烟中窜出火光，将黄白相配的锡纸送到空中，在空中翻卷飘飞。在位三十年的老皇帝就这样去了。李鸿章一边忙碌着，一边仰头看这纷飞的烟火灰烬和那铺天盖地的白色幔帐，自言自语道："是非功过，让后人如何评说？陛下您是随风而去了，今人却在由屈辱构筑的痛苦中继续艰难跋涉……"

过了一会儿，李鸿章来到高大的碑亭前，见碑亭之上供着影亭，影亭里竖着的是道光皇帝的画像。他仿佛看见的是个饱受屈辱的皇帝，一个愧对祖宗的皇帝。入翰林，李鸿章读史，深知自己所处的这个时代，从道光皇帝开始意味着什么。他只有一点郁积在胸："何以一向跻身世界文明古国之列，有泱泱大国之称的中国一朝落到如此地步，在列强的欺侮面前又为什么如此软弱，如此招架无力呢？"

月余后，紫禁城变了世外桃源，一派祥和喜庆的气氛。李鸿章一进紫禁城，就想到月余前那道光皇帝弥留之际，他是让恩师曾国藩、岳丈大人吕贤基"拉差"进去的。现在回想起来，那一趟去得还值得，尽管让"龙足"踩了一下，但那毕竟是刚才登基的咸丰皇帝的慌张所为，自己亦算得今生有幸，亲眼目睹新老交替的难得情形。现在的四阿哥已不再慌张了，他已坐上了江山，又要举行册封皇后大典了。紫禁城已不是老皇帝驾崩时的那种情形了。到处布置一新，喜气洋洋。李鸿章今天进得紫禁城，感觉非常新鲜，就好像是平生头一回进来似的。还离这明清两代的皇宫老远时，他就贪婪地眺望着，听说这地方占地一千余亩，有高大屋宇九千多间，建筑面积就超过两百三十亩，周围宫墙都达六里地长。远看去，四角矗立着风格绮丽的角楼，墙外有十几丈宽的护城河环绕着，形成一个独立于京城正中的森严壁垒的城堡，令人望而生畏，不敢亲近。

这次又是恩师曾国藩、岳丈吕贤基把李鸿章拖来忙活的。恩师这次露脸了，显眼了，作为礼部右侍郎，协助册立使主持整个大典活动。李鸿章能忙上的活，

依然是写写画画，贴贴挂挂。眼下最热闹的还在内廷的东西六宫里头。金灿灿的琉璃瓦覆盖下的东西六宫，在阳光的抚摸下华光闪烁，富丽堂皇；高达四十余级的太和殿龙墀三重，丹陛五出，恢宏壮丽。这个在康熙三十四年兴建的大殿，底座竟然是高约六七尺的汉白玉台基。台基四周矗立着成排的云龙云凤望柱。台阶中间以巨石雕刻着蟠龙，衬托以海浪和流云，这便是只能供皇帝走的御路。册立大典将在这太和殿举行，一帮工匠早已把殿内的木柱、蟠龙藻井等用沥粉金漆粉刷一新。殿中最显眼的恐怕就是金漆雕龙宝座了，那是皇权的象征，也只有皇帝才能入座，此刻也清扫得一尘不染。

内廷自乾清门开始，也是溢金飞彩、珠光闪耀。乾清门居中，沿着它的东西两翼有东一、东二和西一、西二两条长街。内廷里的人都叫它内东路、内西路。内东路串起钟粹宫、承乾宫、景阳宫、永和宫等六宫；内西路连接着长春宫、储秀宫、咸福宫、翊坤宫等六宫。东西十二宫中，此时正人来人往，居住着两千多名太监，上千名宫女和数不清的妃嫔。后殿东耳房绥履殿如今是咸丰皇帝的寝宫，此刻不知有多少双妃嫔和秀女们的眼睛盯上了这里，希望自己有朝一日能在皇上身边侍奉左右。

册封皇后之前，各宫妃嫔都在忙着排选秀女。挑选的场所在养心殿。这养心殿地处紫禁城乾清宫墙外的西南角。不要小视这养心殿，它虽非正殿，但自雍正王朝以后，历朝皇帝便在这里阅览奏折，处理朝政。今天这儿不见文武大臣出出进进，倒见美貌少女云集此殿院里，如一片彩云降落养心殿。

这些待选的秀女们，哪里受过这等待遇，冻得哆嗦，却又不甘心离去。定定地站在那里，等待着自己的命运。

这其中有个胆大可爱的姑娘，调皮地跟老太监逗了起来，老太监本是心慈善良之人，见这姑娘也实在胆大得可爱，便笑道："你是哪家的妞儿，离开父母才几天，就把我们老人不放在眼里了？"

姑娘撅起小嘴，答道："怎么啦，我叫叶赫那拉氏，闺名叫兰儿，是已故安徽宁池太广道道台惠征的女儿，今年十七岁。怎么样？该不是什么坏人吧？"

老太监这才细细打量名叫叶赫那拉氏的姑娘，长得果然水灵秀气，生得齿白唇红，长脸，高高的个条，极其美貌。已走向成熟的年龄把她身上蕴藏的少女之美表现得很充分，正所谓花儿一般，花朵苞儿半放的那种可爱的姿态和色泽，全体现在她的身上了。当她和老太监撅嘴时，那一半是刚强气概、一半是娇软动人的言语举止，显得格外妖娆。一对略显大一点的黑眼睛，在浓而长的睫毛下面活泼地转动，满含着媚、怨、狠三种不同的摄人的魔力。老太监被她镇住了，想张口说她几句，话到嗓子眼里又咽回去了。他心想：这些年在宫廷见得多了，别看她今天是一个冻得发抖、饥渴难忍的小小秀女，一旦选入宫中，摸不准哪一天得

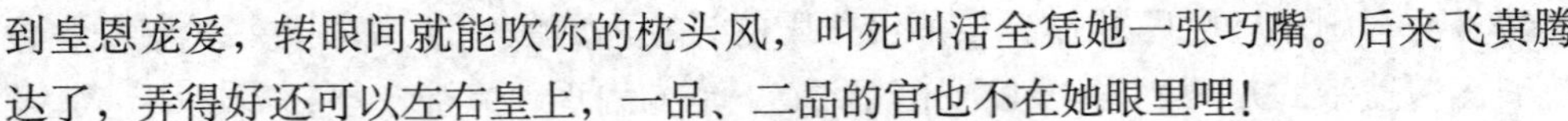

到皇恩宠爱，转眼间就能吹你的枕头风，叫死叫活全凭她一张巧嘴。后来飞黄腾达了，弄得好还可以左右皇上，一品、二品的官也不在她眼里哩!

算是让老太监估摸到了，这叶赫那拉氏日后便是那慈禧太后，一跃而成为大权独揽的人物。不过此时，该她遭罪受惊，也是躲不过去的。

这丫头天生倔强，胆子又大，后来得罪了张总管，差点被扔出紫禁城，还该她命好，贞妃这时候过来巡查，千求万谢才留了下来，却也被分到了圆明园当差，那里地域宽广，终日见不到几个人，让兰儿压抑得很，不过这倒是个修心养性的好地方。

秀女分发完毕，接下来便是册立皇后的大典。曾国藩、吕贤基、李鸿章等忙得不可开交，有时粗活细活都要干，人累得直不起腰。此时紫禁城里最清闲、最舒心的恐怕就剩下咸丰皇帝奕詝和他的贞妃瑞芬了。挑选完秀女，两人便甩开了文武大臣、妃嫔、贵人、太监、宫女们，这会儿双双坐在东暖阁的龙床上亲热去了。

两人躺在床上，谈论着册封皇后的人选。奕詝悠闲地逗着贞妃。

奕詝皇帝倍感欣慰，难得有这么一个贤惠的、踏踏实实的人儿。有她在身旁，自己便没有后顾之忧了。他实在太喜欢她了，他决心已定，选她做皇后定会少许多不必要的纷争。

册立皇后的大典是在咸丰二年六月初十日隆重举行的。大清皇宫在这之前，早已张灯结彩，场面奢华、隆重，声势浩大。这当是普天下姑娘出嫁中，最为隆重，最大富大贵的一种仪式了。文武大臣、大小太监、宫女等浩浩荡荡地来到太和殿前，把整个殿前广场挤得水泄不通。

负责大典活动的朝中各级官员约一千二百名，以大学士裕诚出任册立使，礼部满尚书奕湘为副使，曾国藩协助，吕基贤、李鸿章等听差。

李鸿章看得清楚，心中亦喜亦忧。喜的是场面宏大，一饱眼福，算是大大长了见识。忧的是自己正房、侧室尽娶在室，但无论如何也没有想到如此地办一场新婚大喜。在合肥与原配夫人周氏结婚，在合肥老家也算得像模像样了，但怎比得今日之所见。更内疚的是侧室吕淑云，家境、长相均能对得起自己了，而自己却不能尽一切所能为她讨一个脸面，甚至不算明媒正娶，至今也还没有正式通报给在老家的原配周氏。也就是说，假如哪一天能携淑云回合肥，左右沾亲带故的以及家里的老小还不知称她什么为好，弄不好还不承认她已是李家的媳妇。李鸿章想到这里，心中凄然，内疚万分。

眼下，是无比激动人心的情景：只见恩师曾国藩已率领官员列队了。李鸿章听曾国藩使唤，将刚才搬上来的金册、宝玺及金节等，一一恭敬地摆放在太和殿正中央和左右两旁的紫檀木案台之上。

一切都是严格按程序进行的。以上准备齐了以后，礼部满尚书奕湘领曾国藩、李鸿章等前往乾清门，在那里等候，迎接御驾。皇帝奕詝身穿朝服、头戴皇冠出来了。他今天满面春风，神采奕奕，乘金顶舆座出了内廷，亲手接过大臣们递上来的金节、金册、宝玺，一一细看了一遍，满意地朝着宣制官们微微点了点头，表示赞赏。宣制官站到殿中门的左边，大声宣制道：

"咸丰二年六月丁亥（初十日），册立贞贵妃为皇后，命卿等持节行礼！"

册封仪式热热闹闹地结束后，新皇后瑞芬就被众多宫女打扮得雍容华贵，接到了养心殿。

刚到养心殿，瑞芬的心儿又一次剧烈跳动起来。以前与奕詝在养心殿亲亲热热的情景立即映入脑海。养心殿她并不陌生呀！或许今天乘舆而来与往常不同：贞贵妃已变成了瑞芬皇后，以皇后的身份前来与他相会，今天是第一次。她激动地掀开锦帘，忍不住向养心殿望了一眼。养心殿门已大开，两旁百官站立迎候。她到了，以急切的碎步直奔养心门，见皇上正坐在那里含笑等待，心中涌起一股热浪，真想一下子扑过去。但她没有失控，她还没有忘记屈膝谢过皇上，向皇上请安呢！当她羞红了脸跪下去时，奕詝立即起身将她扶起，道："免了，免了，你是当之无愧的！"

皇帝拉着皇后的手，面对面站着。两双含情脉脉的眼睛对视着，用眼神传递着各自的喜悦之情。好长一会，两个人就是这样站着，太监王国营禁不住道："皇上、皇后，奴才祝……"

话没有说完，皇帝一挥手挡住。他这才意识到身边还站着那么多太监、宫女，门外还有那么多王公大臣。皇帝松了瑞芬的一只手，只用另一只手牵着她说："朕陪你到后殿寝宫去看看，一切都是朕亲自布置的，不知合不合乎你的喜好。"

瑞芬道："全凭皇上做主，臣妾无论怎样都是喜欢的。"

二人手拉着手到后殿东耳房绥履殿去。众太监、宫女不知何意，都跟着走。奕詝皱了一下眉头，向身后挥挥手，太监、宫女们这才退下。这寝宫大变模样了，一切摆设全是崭新的，龙凤床放在正中位置，粉红色罗帐内，可见龙凤百子织锦被叠放得整整齐齐，大概有四五床吧，全是苏州府为大典特意精工巧织而成，丝光闪闪。

寝宫里就剩下他们俩了，在这里侍候着的宫女也退到了门外。皇后这才猛扑过去，紧紧地抱着皇帝的脖颈，把那樱红小嘴合在了皇帝滚烫的嘴唇之上。皇帝热烈地亲吻着瑞芬，道："朕终于等到这一天了，我要与你朝夕相伴，白头偕老。"

瑞芬毕竟还天真幼稚，听这话儿高兴得欢快异常，趁着皇帝抱紧了她，把两腿高高抬起，交叉着盘在了皇帝的腿上。皇帝也索性把瑞芬抱起来，在龙凤床边甩起了圈子，直到甩得头晕眼花了，才伴着俩人忘情的大笑声，一齐倒在

了龙凤床上。

俩人相拥在床上，说不尽的亲热话。渐渐地，俩人都觉得有些累了。皇上道："还是早点歇着吧，明早朕还要去乾清门听政，并选放去各省主持乡试的主考官。"

曾国藩、李鸿章他们忙了几天的大典，待到皇帝、皇后双双拥入寝宫以后，他们才得休闲。尤其是李鸿章，虽说比恩师小了十二岁，但因跑前跑后，干的力气活多，更觉得腰酸腿痛。一到家中，浑身像散了架似的。淑云倒还体贴，要刘斗斋打了几担水，烧得烫烫的，倒进浴桶里，让李鸿章好好地泡个澡。

一个澡泡得十分舒服，在太师椅上靠了一会，反觉得来了精神，困乏全无。李鸿章对淑云道："说这也怪了，刚回到家里，累得话都不想讲，这会儿稍歇了一会，一点也不累了。"淑云笑道："你这是还年轻，正值力壮之时，体力恢复得快。若是到了七老八十的岁数，怕就累倒了，再也爬不起来了。既是饭也吃了，澡也洗了，快点上床歇息吧！"李鸿章早已摸透了淑云的温情，答应了一声便跃上床头。他一想到白天见到的立后大典的场面，又少了一些精神，有些心事重重的。淑云也已解衣上床，靠在李鸿章的臂弯里问："翰林公在想什么呀？"李鸿章叹了一口气，道："淑云，细想来真是对不住你。一个大家闺秀，跟了我一个穷编修做二房，既没有像样地办婚事，婚后也没有让你风光过一回。瞧今天的朝廷立后大典，那真叫开了眼界。唉，我若是能让你过上一天皇后的日子，也不枉做一个大男人了。"

淑云故作嗔怪地说："那么，你得首先要当一天皇帝呀！否则，我是到老死也享不了那种清福的哟！"

李鸿章听这话后接连叹气。淑云道："其实呀，我想得十分开，当那皇帝、皇后的也不好过。整天的明争暗斗，提心吊胆的。恩爱没个自由，做人没个真假。你也不要羡慕那皇帝，我也不稀罕那个皇后，平平安安过日子，舒舒服服做夫妻，比什么都好。"淑云用手推了推李鸿章，问："你说呢？"

李鸿章道："你说的也是实在话。不过我这心里，总觉得对不住你。干了两三年的编修了，还是不见长进。进了紫禁城，我认得皇上，可是皇上不认得我。这也罢了，收入也只够家用开支的，尚不敢大手大脚地花，恐怕这月用完了，下月没有了。从小到现在，为了这科举仕途操劳了二十年了，到头来一头钻进翰林院，都说是光宗耀祖了。可其实呢？一无重权，二无金钱。你说我这是混个啥呀？！"

"翰林公可是不能这样说，在我看来，你是才高八斗，心想事成。大清帝国几万万人，能进紫禁城，能入翰林院的又有几人？如今是比上不足，比下有余。而且这个'下'字下面，却是绝大多数。先前几年在安徽旌德乡下做姑娘时，穷的苦的难的满眼都是，吃了上顿没有下顿的人家，那还少吗？但凡遇到水旱之灾，或兵荒马乱之年，方圆几十里，能有几家有吃饱饭的日子过？所以，如今不要跟皇上、皇后比，那是天下绝无仅有。与他们比，越比越没有劲，越比越丧气。要跟普天下的一般人家比，你就会比出满足，比出信心，比出笑脸来。如今这京城里，该是最有奔头的所在了吧？许多人见了我的小日子过得红火，都还在眼红呢！”

淑云又推了推李鸿章，道：“我说得对吗？”

李鸿章把这话听进去了，心中十分佩服淑云的劝导，心想：到底是从小读诗书长大的，不仅说话在理，心胸也很宽阔。他突然转过身来，将淑云一把揽在怀里，心潮翻腾，不觉涌起了一种甜蜜的温暖之意，与淑云紧紧相拥着。淑云娇喘低问：“我们熄灯睡了吧？”

李鸿章“嗯”了一声，表示了恩爱以后，渐渐进入梦乡之中。

李鸿章自从入了翰林院以后，生活很有规律。每天天刚亮就起床，给院中的花草浇点水，有时还帮着佣人们打扫院子。然后，走出胡同，到大街的林间下去走走。从正阳门内碾儿胡同西头的家门——京师里最中心的地带开始走，走不出半袋烟的功夫，便见着正阳门了。老百姓管这正阳门叫“前门”，相对于紫禁城为“前”，又是京师内城的正门。李鸿章几乎没有一天的早晨不来这里，但到这里就为止了，再走就是向家返回，到家正好吃早饭。

今天早上日头刚露半个脸儿，他就已来到了正阳门下。或许是稍早了一些，他有时间在这正阳门下多呆一会。他仰头看着这个建于明朝永乐十九年的正阳门，心头忽然觉得开阔了许多。不禁自言自语道：中国地大物博，人才济济，如此建筑早在四百余年前就能拔地而起，为何四百多年后，反而让那洋人踩在了脚下？他正在嘀咕着，蓦地肩膀被人拍了一下。回头一看，原来是恩师曾国藩也散步于此。李鸿章拱手见过恩师，两人便一同走上一段。

曾国藩今早的情绪好像特别好，并肩走了一段路下来，便对李鸿章笑道：“少荃贤弟哇，我不久恐怕要去江西一趟。”

李鸿章大惊失色，问：“去江西做什么？”

“蒙皇帝圣恩，去江西做一次乡试的主考，该说是千里迢迢了。”

李鸿章道：“这虽是千里迢迢，但却是难得的美差呀！谁不知道京官们清苦得久了，就那么一点俸银不够花销，都在钻山打洞想当一次乡试的主考。这回也算皇上讲了点良心，凭你鞍前马后地干了这么些年，也该让你去弄点‘棚费’了。俗话说‘马无夜草不肥，人无外财不富’，终于有这么一天了！”

李鸿章对恩师得到的机遇羡慕极了，眼珠子都兴奋得鼓了起来。因为这乡试的主考，明白地说，就是皇上为嘉奖久做京官的人，而诚心让他去捞一次外快的。不论谁做主考，一到那省里，上下都得热情接待，细心地侍候。最后，地方

上要按比例向全省商民摊派一些银两，俗称“棚费”，在主考官离开时，赠送给主考官。除此以外，省里的督抚州县也有私下的馈送，还有盼望乡试得中，希望捞个举人的贡生们，也少不了偷偷地塞些银子给主考，不管有用没有，总算表达了心意。所以，不论谁去出任这个角色，一次回来，少说也可以收入数千两银子，多的上万。你说说，这样的差事哪能不令人做梦都要得到呢？

曾国藩得此美差并非偶然。

新皇帝奕詝即位，即留心观察了曾国藩，见此人果然可用，且忠心耿耿，学识渊博，尤其协办立后大典，功不可没，从撰写册文到吉日大典，带领吕贤基、李鸿章等跑前忙后，有条不紊，办得庄严而隆重。所以，在选放去各省主持考选举人的乡试主考官时，咸丰皇帝不仅传旨奖赏了曾国藩等人，而且亲点了曾国藩为江西的主考官。也是有意调剂、关照、起用他的意思。

曾国藩虽然忌讳说一个“钱”字，但也深知有钱能使鬼推磨的道理。况且，自己自京师为官以来，已有十三个年头没有回乡省亲了，心中也十分盼望能有一次衣锦还乡的机会，会会家乡父老、亲戚朋友。此番一举两得，何乐而不为呢？

这事刚定下来，便在正阳门外碰到李鸿章了。李鸿章得知曾国藩不仅去江西主考，且能顺道风风光光，随行数人地回乡省亲，更是羡慕无比。这种羡慕之情表现在一般人身上，那是大惊，大叫，大喜地表示出来。李鸿章一切都暗中效仿着恩师，在“鬼精”这一点上，比起恩师曾国藩来，是有过之而无不及的。他对此的羡慕是以淡淡的表示祝贺的话儿表达的，而把真正的情感藏在心中。

几年来，李鸿章审时度势，就自己未来的发展做过盘算，在京师中，只有曾国藩、吕贤基和自己的父亲李文安这三人可以真正依靠。而这三人中，首推曾国藩是最可利用的。如今曾国藩要暂离京城了，而且黄道吉日已经敲定：咸丰二年六月二十四日。一种失落的、空荡荡的感觉啃噬着李鸿章的心。曾国藩也注意到：他的嘴唇变成苍白色了，抖动着想说什么，但好像又说不出来。

他木然地陪着曾国藩走着，但一声不响，一句话不说。其实曾国藩已猜着了他的暂时失去恩师的情绪，所以，曾国藩也才打心眼里有些感动，以安慰的长辈似的口吻劝道：“少荃哇，我也不是一去不回返了，仅仅是前后三四个月的工夫，然后还要回来的。你好好地读书、视事，希望能见长进。”

李鸿章泪水出来了，但仍是不说话。直到已走到自家胡同口时，才含着泪花说：“恩师呀，六月二十四日，门生要去送行的。”曾国藩点点头，二人这才分手。

六月二十四日这天一早，李鸿章收拾完毕，淑云递给他一块方帕，他接过来拢在了袖口，腰间系了一个香荷包，带了一把折扇，在大门外跨上了一匹栗色长鬃马，由刘斗斋随后，提了一包礼品，一声吆喝，向西而去……

【第二回】

岂肯愿甘老笔墨，心意决整顿山河

曾国藩离京赴任学差前，住在南横街一处深院大宅。李鸿章策马经宣武门外长街，不一会便到了门下。只见门外已停了两辆崭新的骡车，家人及亲友们正在忙碌着。一箱又一箱东西正在往骡车上搬，但曾国藩还未出门。李鸿章快步进了曾府大门，穿过三道院落，这才见恩师已吃完早饭，正在品茗小憩。

李鸿章立刻上前见过恩师，又转身一看，众多同乡中的京官已经到来。李鸿章来晚了一步，觉得不好意思，便捧上礼品道："这里有一点土特产小吃，供恩师在路上当零嘴吃吃。还有一套书，是门生特意去琉璃厂买来的本朝笔记掌故，让恩师在路上消遣，也好一路看着这些故事，还想着门生的心意。"

曾国藩笑道："亏得少荃贤弟想得周全，送礼送得让人时刻想起，这才算送得高明哪！"

这一说把满屋的人逗得哈哈大笑。笑了一阵以后，曾国藩起身，双拳抱在胸前，向大家拱手道："诸位请回吧，我这里就要登车上路了，长则三四个月，短则两三个月便可返京，请各位善自珍重。"

李鸿章不干了，道："我这刚进门半会儿工夫，就此告别了，心中不安。我已与家里人讲好了，要送恩师一程。至少，要把恩师送到城门处，方才可以回转。"

曾国藩道："送君千里，终有一别，何必耗费那些时间？你还是早回吧！"

李鸿章坚持道："门生是铁定了心要送出城的。恩师此去没有什么让门生担心的，只是千里迢迢，一来一回两三个月是定然不够的。况且皇上已朱批允准恩师探亲两月，加起主持乡试，前后总得要半年吧？说两三个月是在安慰我的。其实门生心中明白，此去半年也未必能回，万一……"

李鸿章刚说到"万一"二字，立即打住话头，改口道："万一恩师另有高用，让皇上亲派了别处，门生恐怕就一辈子见不到恩师了。"说着，李鸿章眼里竟闪出了泪花。

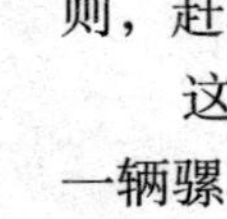

曾国藩道："好吧，好吧，既然少荃你执意送我一程，那就快快上路吧。否则，赶不到驿站天就黑了，你想让愚兄我夜宿山林啊？"

这话又把送行的人连同李鸿章在内，都逗乐了。于是，李鸿章扶恩师上了第一辆骡车，随从严泰等上了后一辆车。李鸿章骑马跟在第一辆车后。

不觉已到了永定河边，这才见绿色喜人，河水虽然不多，但沿河一带还是长了一些庄稼的。在这永定河上，一座气势如虹的石拱长桥就在眼前。李鸿章提高嗓门道："恩师，你看这卢沟桥到了呢！"曾国藩抬眼望去，自知此地已离京师三十里有余。

不知何故，骡车上了桥就停了下来，曾国藩下了骡车。见此，李鸿章也赶快翻身下马。

曾国藩笑盈盈地说："少荃，我们就在这卢沟桥分手吧。当年送我的九弟国荃回湖南，也是与他在这座桥上分手的。"

李鸿章手扶恩师走到桥中部位，他俩驻足南望，冥冥漠漠，浑不知飘浮的雾气和白云之下，何处是各自的家乡。李鸿章道："恩师不久就要回到故乡了。门生我不知何日才能回合肥省亲。"他感触遐想，很是伤感。

曾国藩有意转移他的注意力，用手向前一指，道："少荃你看，远处青山叠翠，绿野如茵，看来沿河一带百姓还是富足的，全不像刚出京城那一段路。"

李鸿章道："恩师所言极是，门生极目远眺，旷野如此辽阔，自己却好像变得微不足道了。登上卢沟桥，感觉到天空何其玄奥，连北京也不算大了。门生视事的那个翰林院，在这旷野之上，又能算作什么呢？

曾国藩对这话并不吃惊，笑道："少荃呀，其实你不讲，我也早就看出来了。为什么没有点出来提醒你注意？因为依愚兄看起来，不满足于现状，恰恰是难能可贵的。俗话说'好男儿志在四方，有志者四海为家'。如果你在那编修的位子上一坐就不想动了，那是没有出息的。所以，我早就感觉出来你不安于现状，而并没有责怪之意，原因就在于我支持、赞同你的想法。"

李鸿章听了这句很高兴，但转而又道："男子汉当以廓清天下为己任，但苦于没有机会，心想而事业难成。老实说，我不想再与这舞文弄墨的差事打交道了，倒想有机会投笔从戎，在封疆大事上干一点名堂。恩师如有机会，可一定要给我引荐一二哟！"

曾国藩大笑起来："少荃呀，有一件事我一直没有讲，如今不仅是英人在沿海与我们滋扰，内忧更是成为大患了。皇上才登基几个月呀，南方已经闹腾起来了。这件事今天来不及细说了，你回京师以后，相信不久就会有所耳闻的。我只向你介绍一个人。我有一个旧交，是湖南举人江忠源。此人曾出任过知县，先前书生气十足，与你无异。但渐渐地变得气宇轩昂、极有志气了。前不久，他给

我写信，说在湖南老家已举办起了团练，募集乡民训练成军，在湖南一带号称楚勇，已成为一支不可多得的队伍，正式收编成官军，保卫一方平安有功，皇上一道谕旨，已升任知府了。我在想，此人胆略超群，日后定能有大的作为，就如同你一样，对你们我是同样充满信心的。”

他略停了一会儿又说：“但愿江忠源一事能对少荃贤弟有所启发。不是英雄无用武之地，首先要看你是不是真正的英雄；也不是这个世界没有为我们创造机遇，而是要看我们每个人是不是会发现机遇，创造机遇，并紧紧地抓住机遇，利用机遇。少荃，你说我这番话对么？如果心中已有三分承认，那就算是愚兄给你的临别赠言吧！”

曾国藩一席话，的确对李鸿章有所震动，更有所启发。他忽然惊喜起来，亮开嗓门道：“听君一席话，胜读十年书。今儿我是又一次听进去了，定会记在心中，永世不忘。”

曾国藩此时确信李鸿章讲的是真话，不是随口的应付，又想到此别恐怕就是久别，不禁又说：“当然，你是男儿有志，不安于现状。此为优点，从侧面说，也暴露一些弱处。人不可有傲气，傲气太甚，干一行厌一行也是没有多大出息的。这山望着那山高，终无定数，便会一事无成。干什么事情，单凭一时的热血冲动、孤芳自赏，便是致命的弱点。愚兄我常以‘五箴’自勉，现说与你听，是希望与贤弟共勉。这‘五箴’一曰立志，二曰居敬，三曰主静，四曰谨言，五曰有恒。即志、敬、静、言、恒五字，当字字体会，落实到行动之中。今儿时候也不早了，说得也不少了，我须赶路君须回府，就此握别吧！”

李鸿章泪水夺眶而出，向恩师屈膝行礼，把曾国藩扶上骡车，送过桥去，才上马回城。

转眼间半年过去了。恩师曾国藩像远飞的苍鹰，一去不复返。李鸿章仍在翰林院，连看书的那个案台都不曾移动半步。一切照旧，毫无变化。身边只有父亲李文安及岳父吕贤基经常来走动走动。父亲已日见衰老，身子骨大大不如以前了。他老人家对曾国藩的消息也不大了解，只是挂到嘴边嘀咕：“该回京城了！该回京城了！”

李鸿章感到在翰林院中已是度日如年了，但还是不得不去，不得不在那个枯燥无味的国史馆中混他的太平日子。其实，这时的大清，哪有什么太平日子？南边的太平军已经闹翻了半边天！自金田举义起来，太平军在天王洪秀全的率领下，一路斩关夺寨，如今，又攻占了安庆。

“这帮贼匪攻占了我们安徽安庆？”翰林院里的李鸿章听到这个消息，再也坐不住了。

安徽的安庆，那是离他故乡合肥不远的一座江城。那里本来是有总兵王鹏飞统率山东万余清兵在驻守的，怎么会说攻陷就被攻陷呢？李鸿章哪里知道，洪秀全

的太平军抵达安庆时，正遇南风大作，万余兵船顺流而下，以蜂拥之势聚于安庆城南。一时间，江面上喊声阵阵，陆地上也是人山人海，清一色的红头人，实在是势不可挡。王鹏飞的清军不战自溃，所有藩库饷银三十余万两、总局饷银四万余两、制钱四万余千、仓米一万余石、太湖仓米两万余石及安庆地方的储粮，全部被太平军所得。加上城头一百八十九门重炮及小型军械，也成了太平军的战利品。

李鸿章感到了一种黑暗，但又好似看出了一线光亮。

次日，李鸿章照常来到紫禁城。紫禁城仍然同以前一样，巍然肃立，宛若世外桃源。

李鸿章走进了自己的右厅厢，感到了一种死一般的寂静。院中有五十名满族的办事人员，叫作“笔帖式”，他们分处在东、西二厅和四驿馆中，整天都在埋头缮写、校对文史章奏，翻译满、鞑靼、回、缅甸、暹罗、西番等各种文字。向院中望一眼，空荡荡的，偶尔才能见到一两个人影在走动。这些人走路也是不出声的，脚步儿十分地小心。李鸿章今天是什么事也不想干，只泡了一杯清茶，呆呆地坐在屋里。他满脑子都是太平军、安庆、合肥，犹如身临战场，心无论如何也难得平静。

同屋的翰林检讨邓文恭晚来了一步。他进屋后见李鸿章坐着发呆，也不问缘由，便慌慌张张地对李鸿章说：“少荃呀，这下坏了大事了！我听军机上的一个同乡说，太平军几十万人马攻了武昌，又打到安庆去了。这可怎么得了呀？！”

邓文恭说着，在屋里毫无头绪地来回踱着步子，然后又用自己的拳头猛击自己的手掌，跺起脚道：“小弟我的家乡里上有父母双亲，下有兄弟姐妹，一大家几十口人都在武昌。听说太平军贼匪见人就杀，见物就抢，也不知我那一大家人怎么样了……”他说着，不禁泪下。

其实，此时的李鸿章心中同样焦急万分。谈到自己家乡，他更是百般牵挂，担惊受怕。自己一家，连同以知县分发湖南的长兄瀚章在内，就是三个清廷命官了。太平军扫荡合肥，能够放过自己家人吗？

李鸿章沉默了一会，忽然从椅子上跃起，重重地一拳捶在案台之上，厉声道：“就这样办了，回乡去！”

邓文恭惊愕地睁大了双眼，问：“回乡去干什么呢？你我一介书生，那儿可用不上你去舞文弄墨。”

李鸿章激动起来，亮开了嗓门：“听说朝廷不是在号召各省人等回乡办团练吗？我已横下一条心，丢了这翰林公不当了。当也实在没有味道，还不如回乡闯荡闯荡。古往今来，弃文从武之人屡见不鲜。湖南就出了一个江忠源，人家同样是文人出身，不是同样干得风风火火，屡建战功么？！”

邓文恭明白了：李鸿章已早有思想准备，不完全是一时冲动，而是坚决要弃文就武了。于是，他十分欣赏，积极表示支持，道：“少荃果然志气不小，相信你回乡后定会干出名堂来的。哦，对了，我听说你的恩师曾国藩赋闲在家，也开始办理全省团练了。”

李鸿章道：“我也听说了，听说的是他还没有答应下来。不过，我料想他是迟早要出山的。”

“不对，我是昨天才听说，皇上已经下了圣旨，令他帮同湖南巡抚办理团练的。”邓文恭说。

李鸿章半信半疑，问：“皇上下旨了？果有其事，老师他不办也不行了。这样太好了！”

“千真万确。我这也是从军机处同乡那儿得来的消息。”邓文恭说。

这便给了李鸿章又一个启发：皇上下旨，名正言顺地回去，岂不更好？

李鸿章归心似箭，他激动地跳起来，然后冲出这厅屋，冲出了这崇阁流丹的翰林院，自言自语道：“别了，这翰林生涯！别了，这紫禁城！”

李鸿章急匆匆出了翰林院，雇了一辆街头上的骡车，去了东四牌楼岳丈吕贤基家，商议心中大事。不料吕贤基外出未归，只好转道回家。李鸿章下车进入家门，已是万家灯火的时候了。李鸿章大步跨进正屋厅堂，正巧老父李文安已先前一步在厅堂等候。妻子淑云已摆下了桌面、碗筷，就等李鸿章到家吃晚饭了。

李鸿章掀帘来到厅堂，向父亲大人请了安。仅仅向父亲瞥了一眼，他猛然觉得父亲老了许多，满脸的憔悴，好像刚得过一场病，瘦了。眼泡儿有些浮肿，失掉了往日的光芒。

李鸿章看了父亲一眼后，极力地把对父亲的一种怜悯、敬爱之情抑制着，恭恭敬敬地把老父扶在饭桌前。

“你今天好像回来晚了一点，公事多么？”父亲轻声问。

“哦，我退公后，去岳丈大人家走了一趟，岳丈大人不在家，这才赶回来的。”

李文安问：“找岳丈大人有要事相求么？”

李鸿章犹豫了一下，回道：“是的。父亲大人，你晓得洪秀全打到安庆了吗？”

李文安吃了一惊，脸色突然变得煞白。本来已经心事重重的李文安显得更加闷闷不乐，好像已有几滴泪水从眼角溢出，嘴角有些微微颤动。李鸿章看在眼里，动情地对父亲道：“您老也不用太着急了。我有一个想法正要来与您商量。当前内忧外患已搅得朝廷不得安宁。据说皇上已下诏令曾国藩大人在湖南帮办全省团练。如今贼匪已打进安徽了，料想皇上也会派人去安徽办团练的。儿想抓住这个机会，要求回乡办团练。这样，母亲、弟弟、妹妹们都有一个照应的，儿回去后，会设法保护他们，以解您的后顾之忧。”

李鸿章的这个想法又把李文安吓了一跳。他万万没想到二儿子好好的编修不准备干了，要重返故乡去弃文从武。因此，他不无担心地惊呼起来：“这怎么能

行呢？你年纪轻，还不懂血肉拼搏方面的事，拿笔杆子是行的，动枪动炮的，即便你能行，为父我也着实放不下这颗心啊！”

李鸿章预计到父亲会反对的，说：“儿虽身为翰林，但早已在这死一般寂静的翰林院中待够了。自古乱世出英雄。儿虽不敢妄自称大，但也心中有数，不想当一个熊汉子。乱世是一场灾难，也是一次机遇，儿已经等了几年了，以为这便是机遇。我想把它抓住，接受一次锻炼，干一番事业。再说，家里也需要我回去，此所谓一举两得，儿已下了决心了。”

李文安是了解自己的儿子的。从内心来说，他也承认李鸿章回乡，或许更有出息。但这近似于一种赌博，赌赢了才叫出息，赌输了弄不好要搭上一条命。这赌本也太大了。李文安想到这一点，害怕得浑身直发抖，于是还是坚持自己的反对意见，百般劝阻，并说皇帝根本不会同意他一个书生的做法。

李鸿章信心十足地说：“这一点儿已盘算过了。我呈上奏折当然不行，这就是我今天退了公以后去了岳丈大人家的用意。我想请求岳丈大人出面，向皇上主动请战，那便十拿九稳了。”

“那怎么能行呢？你岳丈大人大多数沾亲带故的人已在京城。安徽仅仅是他的第一故乡，而京城却是他全家赖以生存的地方。你让他现在丢下这一家人回乡办团练，实在是在为难他老人家呢！万一办得不好，再把一条命搭上，那便后悔莫及了！”

正说到这儿，吕淑云来了，捧上了热气腾腾的饭菜。李文安赶快打住话头，不敢让儿媳听见。淑云在厨房里安排饭菜，虽没有听见他们父子二人说些什么，但心中却在担心。自从得知太平军到了湖北、安徽一带后，她就放心不下：一虑安徽旌德家乡的安全；二虑朝廷要点将回乡，若是点了自己的父亲，恐怕他老人家是吃不了这份苦的。在朝廷中，侍郎以上官职的安徽人太少了，朝廷又是根据原籍点将的。若点到了自己的父亲，十有八九是要把李鸿章带走的。带走了他，自己又怎么办？跟李鸿章回合肥，淑云心中是不太踏实的。在京城，她是李鸿章唯一的妻子。回到了合肥，他家中还有原配夫人周氏，相处得来吗？再说……

淑云不敢想下去了，只拿一双清秀如水的眼睛在李鸿章脸上扫来扫去，想从他的表情里猜出些什么。老公公在席，吕淑云也不便多问。李鸿章向妻子瞥了一眼，已看出了她的心思。但又不好当着父亲的面安慰妻子，只好突然提高嗓门道：“菜都齐了，来，我们干几杯！”

李文安应了一声，一听说喝酒，精神也上来了：“喝几杯，活活血，提提精神，好！”

父子二人此时都心照不宣，左一杯、右一杯地对饮起来。忽然李鸿章想到了在前面厨房里的刘斗斋，便对淑云道：“去把斗斋也喊过来喝几杯！”

刘斗斋过来以后向李文安、李鸿章躬身施礼道："奴才怎么好与主人们同桌而饮？"李文安笑道："叫你坐你就坐嘛，什么奴才不奴才的。来，坐下喝！"

喝酒讲究个气氛，桌上多了一个人，就多了一层气氛。李文安平日是举起酒杯细细地抿一口，今天却是一仰脖子整杯地喝下去了。

父亲情绪好转了，李鸿章心里也高兴，举起酒杯，起身对父亲说："来，儿子敬您老人家一杯，但愿酒助人兴，忘掉那贼匪的事情，在儿子背后猛击一掌，催儿迈向正途！"李文安听出了儿子的话中之话，瞥了一眼李鸿章，道："顺其自然，听天由命，为父喝了这一杯！"说完，他又一饮而尽。

李鸿章清楚，父亲李文安喜饮几杯，但酒量不大。自从上了岁数以后，只要他在场，一般都控制着父亲，最多让他喝五六杯。

刘斗斋又起身敬主人的酒了，他虽不善言辞，但性格爽快，让主人少喝一点，他自已一口喝得半滴不剩。

李文安或许真的是想借酒消愁了，刘斗斋手抬起，挡住他举杯，他却把刘斗斋的胳膊一推，道："喝酒也要讲个意思。你喝了，我岂能不喝？！"说完，又把一杯酒喝了个底朝天。

轮到淑云敬酒了，她是小心翼翼，只让老公公举一下杯子就行，谁知也没有拦住，李文安照喝不误。

四人正饮酒间，忽听一声："好不热闹！"原来是吕贤基到了。

李文安借着酒兴，笑哈哈地起身相迎。李鸿章上前扶他一把，一起把吕贤基让到了正位上。他坐下后说："今天去了一趟军机处，探听一些贼匪们的消息，说来也真是让人不安：这太平军攻克了我们安庆后，仅过了两天就攻下了池州，接着又占领了铜陵，再攻克芜湖，再下去就是一路势如破竹，把安徽沿江及近江一带的城市几乎全部占领了。几十万贼匪呀，哪里的官军能挡得住？"

李鸿章起身敬了他一杯酒后，他面朝李文安道："回家后就想到这儿来，听说鸿章去过我家了，更得急匆匆地往这里赶，没想到还赶上了一顿酒……"说着，举杯就喝尽了。

吕贤基放下酒杯又说："现在岂止是我们安徽遭了殃呀，洪秀全占领半个安徽后，一下又闯进江苏去了。他们从安庆出发时，已分成几路人马，不仅占领着已攻下的城池，而且由洪秀全、杨秀清亲率一批贼匪，把金陵给包围了……"

几个人都睁大了眼睛，好像正是他们面临大敌一样。李文安急问："合肥被攻了没有？"

"暂时还没有听说合肥被攻的消息。或许离大江远了一些，江北几十里以外的城市目前还未受惊扰。他们现在的目标已经很清楚了，就是要攻占南京，在金陵小天堂建立他们自己的天地。我估计是想以南京为中心，建伪都、篡正鼎，再

逐步向四周扩展。所以，合肥目前算躲过去了，他们眼下也顾不上……”

李文安这才松了一口气，与亲家公吕贤基同饮了一杯后，悄悄凑着吕贤基的耳边道：“朝廷要是点了你回安徽办团练，鸿章想随你一起回去。”

吕贤基点了点头，又赞赏地瞅了一眼李鸿章，只说了三个字：“多谢了！”

因为此时在吕贤基看来，如果朝廷万一点了自己去安徽帮办团练，不去是绝对不行的。而自己岁数已大了，既是去了，总得有几个帮手跟在左右才好。大事小事有他们去办，自己只要出出主意动动嘴。这样的人选，李鸿章无疑是最合适的，又贴己，又能干，当然是求之不得的。不过他也有许多担心。还没有容他往下细想，李鸿章开了腔：

“岳丈大人，我可是不想眼看着故乡遭受蹂躏而无动于衷、袖手旁观呀，请岳丈大人留心提携小婿，我当跟随左右，全力照应。”李鸿章说着，瞅了一眼岳丈，见他脸上漾着一种感激之情，心中不免添了几分得意之情。

李文安好像有些醉了，在儿子和亲家公的一再阻拦下，又仰头干了一杯。自吕贤基入席后，淑云、刘斗斋都退了下去。李文安便更无拘无束了一些，放下酒杯后，胆子也壮了，把喝酒前的那些担心全部抛到九霄云外，一反原来的态度，极力赞成李鸿章。

吕贤基道：“亲家公言之有理。不过……”

李文安打断他的话，道：“还‘不过’什么？当断则断，给皇上上一个折子，保准你能挥师千里，心想事成！”

李鸿章见议到了这个火候上，顿时兴高采烈，道：“对，给皇上递一个折子，毛遂自荐，回老家办团练去！”

吕贤基叹了一口气，说：“只恐怕我这是光着头往刺窝里钻，自找罪受哩！”

李鸿章道：“岳丈大人多虑了。凭您的声望和才华，回到那老家，不说是衣锦还乡，料那些县呀府呀州的，一个个地方官员也要把您捧起来。更何况，皇上谕旨一下，您就是帮办团练的钦派大员，有谁敢在您老面前说一个‘不’字？土生土长的，拉一帮团练起来，斗得他们那些长毛贼人仰马翻，这一辈子也算是风光了一回，死而无憾了！”

李鸿章这番话把岳丈说得动了心，也是酒助人兴，吕贤基顿时来了精神，把拳头往桌上一捶，道：“就这么定了。少荃贤婿呀，你今晚辛苦一下，以我的名义给皇帝写个折子，明早就递上去。我已老眼昏花，又多饮了几杯，文采也不如你的漂亮，就由你执笔吧！”

“好样的！亲家公先行一步，我李文安也将随后赶到，统统打回老家去，真正为那些家乡父老乡亲们做点实事，也不枉那一方水土养育了我们一场。”李文安说完，又要举杯来喝，手往前一伸，把酒杯打翻了，酒洒了一身。

李鸿章起身，为父亲擦拭了几下，道：“父亲大人，您真醉了，我扶您去休息一会儿吧！”

李文安把手儿直摆，嘴里喃喃说道：“我没有醉，你才醉了呢！哈——哈！”

李鸿章把父亲扶到自己书房里的一张小床上躺下，淑云绞了个滚烫的手巾把子，给他擦了个脸，又在他床边放个痰盂，以防他呕吐。但李文安并没有吐，很快晕晕乎乎地睡着了。

吕贤基要走了，李鸿章与淑云、刘斗斋等送出门外。出了门，吕贤基就奏折怎么写，向李鸿章交代了几句，临别时道：“写一个折子，只是表明我愿意回安徽帮办团练的态度，不必坚持，言辞既要恳切，又须灵活。我想只是做做样子，皇上未必就要我这个老东西真去。朝廷那些会做表面功夫的王公大臣们都写了奏折，表示要替皇上分忧的心情了。结果，我看皇上也并没有准他们的奏……”

门外的凉风一吹，吕贤基好似清醒多了，气势已消散了一多半，只不过还没有反悔罢了。李鸿章现在是不管他真的也好，假的也好，铁了心要把他推上前去，跟随他一块回乡办团练。他让刘斗斋随骡车送岳丈后，急匆匆擦了一把脸，伏案写了起来。他想把这份奏折写得铿锵有力、气冲霄汉、有声有色。写好了不仅自己可以如愿以偿，或许也可以传于后人，让自己的名字连同这篇奏折一起，流芳百世。

夜，已经很深了。李鸿章翻翻写写，改改抄抄，要以斑斓的文采、传神的文字来表达心境，感动皇帝。李鸿章越写越兴奋，浑身热流滚滚。“告别枯燥无味的翰林生涯，打回老家去，在与贼匪的抗争中建功立业！”李鸿章几乎要把这话从嗓子眼里呼喊出来。

一篇长达十六页的奏折写完了，李鸿章满心的舒坦，伸一个懒腰后，再从头到尾通读一遍，署上“微臣吕贤基”。本该洗一洗睡觉了，但李鸿章还是坐在椅子上，习惯性地捏着笔管。虽然写好了，但笔仍没有放下，仍在他手指之间翻来覆去地转动着。他终于迫不及待了，虽明知已是下半夜了，也就是说，再过个把时辰就天明了，他还是腾地一下从座椅上弹了起来，又小心移步来到刘斗斋的卧房，叫醒了他，一道给岳丈大人送了过去。他想让咸丰皇帝尽快看到这份奏折，批准他们的请求。

把奏折送到岳丈家，再返回家中，已是鸡叫两遍的时分。李鸿章实在困得极了，来不及脱衣，便在刘斗斋的小床上睡着了。李鸿章做了一场梦，他梦见自己已经回到了合肥，与洪贼大战。正拼得你死我活之际，猛地从睡梦中惊醒。

李鸿章揉揉眼睛，嘴角还在神经质地抽搐，心在狂跳。他坐起身来发着呆，要不是妻子淑云闻声赶来，他还不知道自己是躺在刘斗斋的小床上睡了一觉。走出门去，来到青石铺成的院子中间，他仰脸一看，已是临近中午。淑云把午饭已经备好，本想让他多睡一盏茶工夫，听到他大叫一声，知道是做了噩梦，才上前去的。

肚子的确饿了，李鸿章却没有心思好好地吃一顿午饭。因为这时他才把整个

事情回忆起来。昨晚连夜为岳丈吕贤基赶写了奏章，到下半夜写好，连夜送过去的。今早，岳丈必然上朝具奏，递上折子。那么，现在已是中午，早朝已过，岳丈大人把事情办得怎么样他还不得而知。他心急火燎地要去岳丈家中打听消息，但淑云硬是叫他吃完饭再说。所以，他只能慌忙扒上几口，嘴一抹便疾步而去。

岳丈吕贤基家住得不远，拐过一条小巷，再走不足两百米就到了。李鸿章心中焦急，这么近的路程竟还是雇车代步的。刚到岳丈家门前，忽听岳丈家里传出男女老少的一片哭声。李鸿章大惊，以为他家出了什么大祸，竟是这般哭丧似的。他两步并作一步冲进府内，听得哭声来自岳丈的书房。其中还有岳丈本人的哭诉声，凄凄惨惨，听声音就很让人心酸。李鸿章心想：一定是岳丈大祸临头无疑了。他冲进堂厅，再由堂厅闪进书房。岳丈全家人果然在此抱头痛哭。

李鸿章的出现，立即引起了反响：岳丈吕贤基好像变成了疯人一般，从太师椅上一跃而起，见了李鸿章如同见了仇人似的，乱跳乱嚷："君祸我，上命我往；我亦祸君，奉调偕行！"李鸿章惊呆了，一句安慰他的话也说不出口，只是傻乎乎地、不知所措地望着岳丈大人。吕贤基四肢乱动着，活像狂欢节里一个没有化装的老丑角。这个丑角叫李鸿章看了很不开心，而且令李鸿章十分尴尬，几乎无地自容。他可怕的举动和哭诉声令人毛骨悚然。再看他那布满泪痕的脸，还有那没有理顺的发辫及那双绝望的眼睛，让人感到他似乎马上就要被绑赴刑场了。

吕贤基又把手指向李鸿章："是你！就是你鬼迷心窍，非让我递什么奏折不可！这下好了，皇上下诏令我立即赶赴安徽，回乡帮办团练。"说着，吕贤基又哭了起来，他是舍不得离开家人，还是舍不得离开紫禁城？或是怕此一去，永无返回的机会了？或许……李鸿章弄不清楚。感觉起来，都好像是他痛哭的原因，好像又都不是。

但诏令既然已下，吕贤基、李鸿章此时都没有退路了。吕贤基原来只是想表一表为国分忧、报效君王的赤诚之心，没想到那咸丰皇帝与吕贤基想到一块儿去了。皇帝得知太平军闯入安徽，又冲进了江苏，惊慌失措，且在查问宫廷中的文武大臣，有谁是安徽人呢！正在这里，吕贤基一到早朝大殿，跪拜了圣上，就双手捧呈上了由李鸿章捉刀的奏折。咸丰皇帝其实只看了几眼，最多把后一段看清了，感动得落下泪来，亲自步入堂下，将吕贤基扶起，道："爱卿虽然年迈，仍有如此报效朝廷之心，可敬可佩。朕命你出任安徽团练大臣，明日启程，快快上路吧！"

吕贤基万万没想到自己弄假成真了。在咸丰皇帝面前，当场老泪横流。他懊悔极了，但已铸成事实，只能用无声的泪水来代替语言。他还能说什么？所以，他忍不住哭了起来。他哭，咸丰皇帝不知底细，也受到了传染，跟着落下了泪水。

吕贤基奏请，除李鸿章跟随外，还有刑部员外郎孙家泰、刑部主事朱麟祺等皖籍官员。咸丰皇帝一一准奏。

李鸿章劝了一番吕贤基，他才停止了哭诉，擦了一把泪水道："其实也怪不得你的。你不替我写那份奏折，皇上一一查找，也会找到我头上来的。懊悔是懊悔了，去还是得去的，只恐怕一路上需要你多多辛苦了，回到安徽后也要你去见机行事、挑上重担的。我已老了，不中用了，只能挂名敷差，死马当作活马医了……"

说到这里，李鸿章打断了岳丈大人的话，道："您老只管放心，有小婿在身边，苦的、累的、难的，当然有我去顶着，您只管放宽心。"

吕贤基又道："我还担心你跟我回了安徽以后，我那可怜的女儿淑云怎么办？她可真正是一个好姑娘呀！"说到这里，吕贤基控制不住，又一次哭出声来，而且越哭声音越大，劝都劝不住了。李鸿章正在束手无策时，父亲李文安听说皇上准奏，命吕贤基回乡，匆匆赶来了。李文安挺硬气，对吕贤基道："有什么难过的？如此一哭，知情的能理解，不知情的还以为你对皇上阳奉阴违了，一边递折子要求回乡办团练，一边又懊悔得死去活来，如此传到皇上耳朵里去了，看你吃不了兜着走！"

李文安这几句话果然厉害，吕贤基的哭诉声戛然而止。李文安这才好声劝道："淑云那边你尽管放心。告诉你，我也准备打道回府，去合肥助故乡一臂之力。到那时，我会把淑云一块儿带回合肥去，让她堂堂正正地做我的儿媳妇！你看怎么样？"

"那就多谢了！"吕贤基说。

当天各自准备，收拾行装，约定次日动身，前往安徽。

吕贤基、李鸿章告别京城时，就已听说洪秀全的太平军包围了南京。是时金陵城内，千家万户及各处衙门里早已人心惶惶。许多人闭门不出已有多日，有些在北方省份有亲戚朋友可以投靠的，也已举家搬迁，逃难而去。

太平军从水陆两路抵达南京，江面上、陆地上连接营帐数十里。水营自新洲戴胜关上游夹江泊起，一直到七里洲下游夹江泊止，船只挨着船只，一营挤着一营。洪秀全乘坐的"龙船"位居正中，旗杆最高，非常显眼。金陵周边的陆上营垒多达二十四座，每营数百人不等。营垒大部分用黄土、沙石筑起。除了二十四座营垒，还有专门建起的高台十多座。头戴鲜红方巾的太平军将士登上高台，向城中或逃散或路过的百姓宣传太平天国的主张和太平军决不扰民的纪律，还不断号召清军将士缴械投诚。

清军方面也在紧张调遣兵力。咸丰皇帝已下谕令：要江宁总督陆建瀛严防死守，保卫金陵；令钦差大臣琦善、直隶提督陈金阁、内阁大学士胜保等人统领直隶、陕西、山东、黑龙江马步各军，迅速赶往江宁，以缓解金陵之围。金陵的防守由陆建瀛统一指挥，陆建瀛也豁出去了，带兵在外城抵抗，而令部将祥原、副都统霍隆武率兵驻防内城。也就是说，此时的南京城内外，已筑起两道防线。

这陆建瀛身负重任，但却力不从心。他本是个文吏出身，长得也文质彬彬，

身架单薄。坐衙门尚可，领兵打仗实属一个门外汉。洪秀全围城已经七八天，陆建瀛凭借城中少量武器、粮草勉强坚持了下来。但是，再往下防守，陆建瀛只能是弹尽粮绝。外援的清军还不见踪影，陆建瀛对天长叹：“天绝我也！”

太平军为何围定了金陵，但还迟迟不攻城？因为金陵是一座历史十分悠久的古城，历代防筑修缮，城池十分坚固。洪秀全一抵达金陵城下，就亲自到城西北的清凉山后察看，只见墙城高耸，城基为赭红色，内有大量河光石，系自然山岩凿成。中段几块突起的红色水成岩，酷似丑脸。城墙高六丈有余，人力根本无法攀登。险山筑城，易守难攻；另一面因江为池，得天独厚，故有“石城虎踞”之称。环绕金陵的这些城墙，不仅高大，而且厚实，最宽处达三十七八丈，多系大条石和巨砖灌石灰、糯米浆筑成，极为坚固，而各处城门，都是瓮城，前后四重，每道墙正中只留一座拱门，各门除双扇大门外，还有可以上下启动的千斤闸。说是千斤闸，其实何止千斤？首道城门就有三层千斤闸。在城门的底层外围还筑有十个藏兵洞，内部结构复杂，规模宏大，为全国罕见。洪秀全的太平军若要死攻硬拼，难如登天。

杨秀清、石达开等早已指挥将士开挖地道，从太平军营垒一直挖到城墙内围，挖出的泥水再筑成营垒。太平军抵达金陵城下七八天后，已有数处地道直达城内了。炸药也已经放了进去，只等一声令下，引爆炸墙。这日午夜时分，从南门内城突然跑来千余名和尚，人人身披袈裟，手持盾牌。他们好像要冲出城外去逃命似的。守护城门的清兵哪敢开门让和尚结队而出？上前拦住，不让出城。和尚们蜂拥而上，与清兵纠缠争吵。大量守城清兵上前劝阻，不料和尚们蓦地从身上摸出短枪，一对一地向清兵开起了火。那些清兵尚未反应过来，就一个个饮弹倒下。和尚们打开城门，迎太平军进城。埋在地道里的炸药也一处处引爆了，天崩地裂一般，把那号称“石城虎踞”的古老城墙炸得砖石乱飞，砸死清兵和百姓无数。

陆建瀛统领的外城将士一见城墙被炸开，太平军人喊马叫地冲进金陵城外城，根本抵挡不住了，下令撤回内城。石达开指挥的先锋敢死队冲在最前面，与撤退的清军只一箭之遥。石达开命令紧追不舍。清军都统富明阿率残兵败将刚刚逃进内城，正要关闭城门时，太平军已挤入内城，大门关不上，富明阿见内城又陷，策马狂奔，去报告早一步入了内城的陆建瀛。陆建瀛正跪在大堂之上对佛像焚香磕头，富明阿仓皇上前道：“大人，你还拜佛么？正是这些和尚与太平军里应外合，才使得整座金陵城失守了！”

陆建瀛惊呼道：“坚持住！再过三两日，援军必到……”话没有说完，耳听得衙门外已是喊杀声阵阵，枪炮声四起。陆建瀛带上妻子张氏随富明阿从后门逃奔而去。

这是咸丰三年二月十一日，即一八五三年三月二十日，洪秀全的太平军分别

从南城聚宝山、水西门、旱西门大举入城，并破了内城，清军及百姓死伤惨重，总计达四万多人。大量尸体被抛进滚滚长江之中，这古老的大江百余里水面顿时成了红色。江宁都统祥厚、副都统霍隆武等人也死于乱刀之下。而从太平军围城到占领南京，共计不过十二天。洪秀全要营造金陵小天堂的梦想实现了。攻取南京，太平军共得洋枪两万余支，白银六十万两，另有城内城外清军将士三万人投降。如此，太平军现已有百万将士，财力、物力、人力今非昔比。太平军威声又一次大振。

占领南京城的第二天，洪秀全召集检点以上的大员开会。会上，洪秀全按照杨秀清的建议，把金陵改称为“天京”，把陆建瀛的总督衙门改建为天王宫。又选择原金陵城里的一些知名大宅分与各位要员。

天王宫是南京城里最大的一处建筑，位于现今的长江路。洪秀全定都南京，对清王朝设在南京的总督衙门并不满足。他大兴土木，使得这官府亭台楼阁更精致细腻，大殿内气势更恢弘，更金碧辉煌。洪秀全住进天王宫后，经常在这里召集会议或与女官们嬉戏。

杨秀清的官府地处瞻园路，整座建筑也十分气派。内建有戟门、前厅、后厅、工字厅等。其西部为园林，占地面积仅次于天王宫。

入了王宫，洪秀全像是完全变了一个人似的，穿上了龙袍，坐上了御座。他入天王宫的第一件事就是制定官制：以天王位最高，统摄天国一切军政要务。封杨秀清为东王，石达开为翼王，韦昌辉为北王，等等。王位之下有众多名目，并设置了女官。

几天后，洪秀全又一次大集群臣开会，各臣、将以职位高低入座。洪秀全重申天条法律，道：“朕已建都立鼎，今后朝仪设立君臣座位，免去一切跪拜礼仪。要求发言者起身以示，方许开口讲话。如今，国有个国法，西方国家有戒条，朕的天国有天条。这就是，蓄妾有禁，买娼有禁，缠足有禁，鬻奴有禁，吸鸦片有禁。凡天京城内军民，自今日起分为男行和女行。男人归男馆，女人进女馆。城中男人除参加太平军外，有手艺的编入各处匠营或百工衙，从事各类手工生产；女的编入女营和锦绣营，为我天京军民纺布制衣。太平天国设立天朝圣库，以此总管全国公有财产，废除一切私有财产；所有军民不得私藏私带金银财宝，一律上缴天朝圣库，登记造册，集中使用，统一配给。一经查出私藏私带财物者，斩首示众！”

会后，钱江等留下，向洪秀全建议道：“废除私有财产是我天朝战事之必须。但令军民分文不藏，既不现实，也不利于偶尔性的单兵行动。另外，有罪也未必都斩首示众，可视其情节轻重，重则斩首，轻则鞭笞就是了。”洪秀全一听言之有理，遂下令改为：“允许每人可拥有私钱五两，超出者有罪，按情节轻重论处！”

由此开始，天京内一切衣食全由天朝供给，主食米粮以足食为原则。食物的分发按官职和劳动强度各有不同。为保证人民的吃穿问题，洪秀全建都后，又增设

了一些新军种，同时在天京城里还设置了许多牌屋馆，专门收容老弱病残之人。

洪秀全颁布的最重要的一项政策就是《天朝田亩制度》，这使得天京的局势初步稳定了下来。

大局初步稳定之后，一段时间以来，洪秀全忽视了前方战事，只顾眼前享乐，因妻妾成群，忙于治理后宫。外界传言种种，只有洪秀全依旧沉醉其中，并为整肃后宫制定了翔实的方案。

杨秀清不满洪秀全所为，所以种种办法加以提示规劝，甚至不惜装成天父当众责罚洪秀全，洪秀全虽心知肚明，但无奈众人在旁，只能忍气吞声，不过倒是就此收敛了很多。

此后，两人经过推心置腹的交谈，达成了共识：共创天国大业，全力加固天京防守，及早开辟江宁、安徽后方，拓展天朝土地的计划亟待抓紧进行。具体由杨秀清全权决策定计，尽快见效。

从这次谈话以后，天京城里气氛变了，大街小巷，到处是各营紧张操练的场面。

天京城内还贴出告示，另立“九通鼓”办法，紧张备战，防止清兵来犯。

一时间，天京城里搞得轰轰烈烈。经洪秀全批准，杨秀清下令在天京周围的太平军占领区，广泛建楼设垒，兴造军营，整顿军制，并将久负盛名的雨花台建成了一座对天京城安危举足轻重的特大营垒。

太平军在殿左王指挥唐正才的率领下，大大发展了水营，还设立了一个造船厂，已造成兵船上万条。

几个月后，洪秀全的太平军在金陵城里渐渐扎下根来。到咸丰三年二月二十二日，即一八五三年三月三十一日，太平军殿左一指挥罗大纲、木一总判吴如孝率兵进攻镇江、扬州二城，三日后全部得手。太平军队伍大了，地盘也在扩展，洪秀全甚为高兴，只管养尊处优，在天王宫里享他的清福了。

然而洪秀全却不知，就在他乘坐龙舆，登上雨花台纵目观景的时候，清军方面大批将士已云涌而来。钦差大臣向荣、帮办军务许乃钊、提督苏布通阿、总兵和春等在太平军攻克镇江的同一天，已率清兵万余人马驻扎到孝陵卫。孝陵卫地处金陵城东部的钟山南麓独龙阜玩珠峰下，原是明太祖朱元璋的陵寝。洪武十四年开始营建，次年葬入马皇后。马皇后谥号“孝慈”，故名“孝陵”。洪武十六年完全建成，朱元璋死后葬入。殉葬宫人十余名，从葬嫔妃四十六人。向荣在这里扎下大营后，从下马坊起，到神烈山、大金门、红门、西红门、四方城、石刻止，全部搭建起了营寨。向荣走过长约两里地的神道石刻，又登石桥，经过正门、碑亭、享殿、方城等，到了廊庑。这儿有各式建筑三十间，门外有御厨，左有宰牲亭，右有具服殿。向荣就在这里住下，建立了自己的指挥中心。

清军另一路由钦差大臣琦善等统领吉林、黑龙江及各路马、步兵由安徽滁州

经浦口抵近扬州。琦善在扬州城郊的邵伯埭、帽儿墩、雷塘集等处扎下大营，兵勇数万人，基本上从三个方向把扬州城包围了。

向荣因孝陵卫地处江南，故名“江南大营”。琦善在江北，故名“江北大营”。一场鏖战就在眼前。

太平军谋求安徽，发展天京后方，此时也将面临他们的劲敌：吕贤基带领李鸿章、袁甲三、孙家泰、朱麟祺等清廷官员已抵达安徽宿州。在宿州的兵部侍郎、皖北团练周天爵备下酒宴，犒劳吕贤基、李鸿章等人，为他们接风洗尘。

酒桌之上，吕贤基无心饮酒，周天爵频频相劝。李鸿章代为还酒，道：“我等星夜就道，奉皇上之命赶赴安徽，还望周大人多多关照，尽早派下差事，举办团练要紧！”周天爵道：“李翰林所言极是。我奉廷旨署理皖抚，实属心有余而力不足。安徽地盘大，兵力少，能率兵打仗的部将更是少得可怜。安庆被太平军攻占后，省衙只有移至合肥。但宿州一地特别重要，又不能不管。合肥离宿州又是那么遥远，鞭长莫及，正所谓顾得头，便顾不了尾了。吕大人、李翰林你们来了，我是打心眼里欢迎，皇上也正是雪中送炭，军机事务，便只有仰仗你们了。你们可先在宿州休息几日，走走看看。过几日，我们再坐下来研究，分头行动，操办正事。”

几天后，一道圣旨飞马送到宿州，咸丰皇帝诏令：改派李嘉端为安徽巡抚，命周天爵以兵部侍郎衔在安徽办理防剿太平军事宜，并命吕贤基会同周天爵、李嘉端及早办起团练。咸丰皇帝想依靠这三大要员形成支柱，“靖寇氛而固疆圉”，希望他们能共同携手合作，稳定安徽局势，牵制太平军兵力。咸丰皇帝想得看似周全，这吕、周、李三大员也不敢推辞，领命谢恩了。

接了圣旨以后，李鸿章心中有些隐隐不快。如今一片火热的心肠回乡帮办，咸丰皇帝竟然从未提及他，好像根本就没有李鸿章这个人似的。他坐在客栈的房间里生闷气的时候，同是正七品的袁甲三踱入了他的房间，一看便猜中了李鸿章的心思，劝道：“李翰林呀，你我都不要生闷气。在皇上眼里，我们都还是芝麻小官，只是追随吕贤基大人，来安徽随营帮助杂务的。你岳丈吕贤基是头，而我们随他回来，只是他的一个随从。皇上下达诏命，布置军政要务，自然不会提及我们。要想一展才华，在皇上面前争得头脸，只有在下一步先干起来。干出名堂了，皇上不认这个账，也由不得他了！”

袁甲三这话，李鸿章听得入耳，一拍脑袋道：“哦，看来我还没有调整好情绪，没有摆正自己的位置。多谢老兄提醒了。”

李鸿章想通了。袁甲三却长吁短叹起来。李鸿章从自己对他的短促的一瞥中，也看出了袁甲三心中藏着抑郁。他冷落的面孔中深锁着焦虑与不安。在李鸿章的一再追问下，袁甲三说出了自己的焦虑所在。他说：“太平军队伍已逾百万之众，且都是集中在江宁、安徽、湖北、江西这一带。主要是江宁和安徽。从长

远计，安徽比江宁一带军务更为吃紧。因为洪秀全既然已经在金陵建都，金陵便是他的老巢了。朝廷的主要力量当然也会集中在江宁一带，要设法破了他的老巢。安徽呢，其重要性就远不及江宁了。朝廷只会在顺便之中，顾及安徽军务，钱、财、物及兵力的投向，都不会重点考虑安徽。此为其一……”

他略微犹豫了一下，又道：“其二是皇上现在所依靠的三大员。恕我直言，这三大员都不是领兵打仗的料，包括你岳丈大人在内。你看看这三个人吧，周天爵已是一个体弱多病、行将就木的八旬老翁，屁都快放不动了，一有紧急军务，他能干什么？他虽办理全省防务，但皖北常住，合肥及合肥以南广大地区，他根本就无心顾及。那些地方他也不敢去，因为合肥一带才是太平军最为活跃的地区。再看吕贤基大人，虽然一片热心肠，人也极聪明，岁数也不算太大，但到了安徽，他只能是书生谈兵，与实际情况始终有一段距离。对周天爵来说，吕贤基纯属初来乍到，他老家在旌德，对皖北，对合肥一带也不甚了解，人生地不熟。因此，在现实方面，必然不如周天爵办起事来顺手。但他既为大臣，就不能不管。一管，与周天爵的麻烦就出现了。还有一个是新任巡抚李嘉端，倒是年富力强，血气方刚。据我的观察，此人锋芒太重，且不善思考。他与周天爵这个老翁接下来不会合作愉快，信息不通，呼应不灵，三大员怎么办？如今这三人都是平起平坐的，谁也管不了谁，谁也帮不了谁。更可怕的是，他们不仅不会互相帮忙，而且很有可能会互相拆台。为什么会这样，毛病就出在三帅并立这一点上。三大员谁也不受谁的管束，必然是事权不一，各争雄长。而安徽目前呢，都已是兵临城下了，且门户又如此众多，纵使他们三大员不计权欲，真诚相帮，团结一致，也很难抵抗如此强大的贼匪之兵。所以，依我的估计，至少在目前，我们是凶多吉少呢！”

李鸿章听了袁甲三的这段分析，思想上清晰了许多，打心底里佩服袁甲三的见解。李鸿章正想夸奖一下袁甲三，扭头一看，新任巡抚、三大员之一的李嘉端从门前走过。李鸿章立即起身，将本来不准备进来的李嘉端迎进屋里来了。由于李鸿章、袁甲三毕竟是京官回乡，李嘉端也十分注意礼貌，互相间客套了一番，便坐下来喝茶、说话。

彼此客气了一番，也算说上了正题，因此李嘉端开始诉苦了：“作为一省巡抚，我所管辖的省份可以说是多灾多难的。你们或许还有所不知，这么大的安徽，并非是长毛贼们一家在此兴风作浪。说出来你们可能不信，洪秀全的长毛贼，眼下并不十分可怕。可怕的倒是安徽各地其他土匪啸聚，各乡、各庄都有，少者几十人、数百人，多者数千人、上万人。官府是一股甫平，另一股又起，顾得了东面，顾不了西边。而在我省可以动用的兵力有多少呢？总共不过四千人，分散各地，又都是各自为营，只顾看自己的门户，调遣困难。像合肥这样的省府所在地，也只有五十余名守兵，东、南、西、北门，每门分不到十人，怎么去抗击贼匪呀？兴办团练的确是当务之急。你们回来帮办团练固然是好事，但此事亦难。我未来任职之前，全省已招募了一千多名乡勇，这些乡勇不仅年岁偏大，体质不支，而且器械不齐，难以上阵参战。由于招募的是乡勇，朝廷不给军饷，要各地自筹。地方上哪有银两呀？所以，你们办团练，将要面临许多困难。鸿章贤弟说到要听从我的派遣，那我也就不客气了。我知道鸿章是合肥人氏，故待我与吕大人、周大人商议以后，就请鸿章先回合肥协办此事吧！不知贤弟意下如何？”

李鸿章正想回合肥，那儿有他的亲人们。人已回皖几天了，还没有见着他们任何一人呢。李鸿章起身谢过李巡抚，然后恭送李巡抚出门。

次日，岳丈吕贤基来找李鸿章，道：“我们三人商量妥了，你随我一起去合肥吧。合肥兵勇奇缺，此一去不知是凶是吉，一切就要靠你支撑了。我已是一把老骨头了，不中用了，只能为你掌掌舵儿，你切不可急功近利，也不要过分顾及我的安危，只管干你自己的事情。有一条必须注意：当地土匪四起，推过去了，他们就是土匪，就是我们的又一个劲敌；拉过来了，我们就是伙伴，就是可以利用的盟友。我已想好：对他们宜拉不宜推，拉过来壮大我们的队伍，定有益处。”

这一回该要轮到李鸿章来大显身手了。晚上，他陪岳丈在宿州冷清清的街头散步，聊一聊日后的对策。李鸿章百感交集，他面向南方祈祷：“保佑我李鸿章旗开得胜，一路顺风！”

可是，不知为什么，李鸿章越是祈祷，却越是感到心惊肉跳。袁甲三分析的那些情况，李嘉端所诉的苦处，岳丈大人的抑郁以及洪秀全势如破竹的声势，又一一浮现在眼前。正如袁甲三所言，太平军还没有扫荡到合肥，但捻匪却早已遍地都是，那才是可怕的。对于捻匪，他到宿州后就有所了解了。他们自称捻党，又称捻军，安徽一带百姓们都称之为“捻子”。这捻子没有太平军的时候就有了，是清朝嘉庆年间以来，活动在安徽淮河流域广大地区的一种秘密的民间武装。人多的叫“大捻”，人少的叫“小捻”，横行乡里，与太平军一样，矛头直指清廷，也叫着要铲除赃官，杀富济贫。

李鸿章在宿州听说这些捻子们经常云来雾去，在安徽凤阳、颍上、泗县、蒙城、寿县和庐州等地区神出鬼没，从事抗粮、抗差、吃大户、杀富济贫等活动。这些人多为农民、盐贩、船夫、渔夫、饥民和无家可归者。他们完全没有明确的政治纲领，随心所欲的成分很大，想抄了哪家就抄了哪家，想杀了谁就杀了谁。他们往往几十人或几百人为一股，谓之一捻。各部分自号为捻，很不统一。各部分首领通称捻头或趟主。他们居则为民，出则为捻。白天，他与你面对面有说有笑，晚上，他把那蒙头蒙脸，只露两眼的帽子一戴，把你家的钱粮抢了，你还不知系谁所为。

在宿州，李鸿章亲眼见到一个被砍断了双手的财主。这财主在庄上为人处世恐怕也太心狠了一些，有一天，便被捻子们收拾了一下。说是那天，他正在家中睡

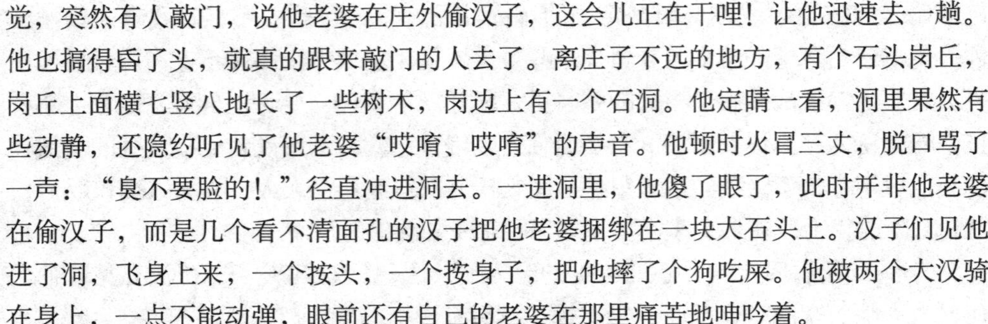

觉，突然有人敲门，说他老婆在庄外偷汉子，这会儿正在干哩！让他迅速去一趟。他也搞得昏了头，就真的跟来敲门的人去了。离庄子不远的地方，有个石头岗丘，岗丘上面横七竖八地长了一些树木，岗边上有一个石洞。他定睛一看，洞里果然有些动静，还隐约听见了他老婆“哎唷、哎唷”的声音。他顿时火冒三丈，脱口骂了一声：“臭不要脸的！”径直冲进洞去。一进洞里，他傻了眼了，此时并非他老婆在偷汉子，而是几个看不清面孔的汉子把他老婆捆绑在一块大石头上。汉子们见他进了洞，飞身上来，一个按头，一个按身子，把他摔了个狗吃屎。他被两个大汉骑在身上，一点不能动弹，眼前还有自己的老婆在那里痛苦地呻吟着。

大汉们的拳头雨点般地砸在他身上，边打边抽出一把大刀，将他两只手按在石头上，一刀下来，又是一刀，把他的两只手砍掉了。他痛得死去活来，喊爹叫娘，却仍然不放他走。又一个汉子抓了一把细沙子，往他眼里一揉，才一脚把他踢出洞外。他的眼睛也痛，手也没有了，撞撞跌跌地往回奔。

回到家一看，自己的衣褂襟上有了两行血字，这血也肯定是他的血，写的是：

欺压百姓，捻军不容；

砍掉双手，日后小心！

可怜他吃了这么大的亏，变成了终身残废，却报仇无门，只知是捻子，却不知是哪一帮捻子所为。

李鸿章听了这个故事，毛骨悚然。他人在宿州，心早就飞到了合肥。正好明日要回去了，且李嘉端、岳丈等都一路同行。刘斗斋也跟着他回来了。他要以最快的速度回到家中。否则，对家中亲人们，他是一天也放不下心来。

一抹抹绚丽的朝霞，把皖北平原衬得格外坦荡无垠。由宿州经蚌埠的一条马车道通向庐州城。大道两旁的树木，饱吸了一夜的清露，显得苍翠欲滴，在晨风的吹拂下枝摇叶颤，好似晃荡的绿波，在李鸿章乘坐的马车后起伏着。这条道上很久没有出现四辆马车一路同行的场面了。他们车队的出现，使明朗气清的皖北大地呈现出一种凝重、庄严而又生机勃勃的景象。

陈胜、吴广起义的涉故台在路边一闪而过。李鸿章皱了一下眉头，心想这车队怎么走到这条路上来了？同车的刘斗斋指着那北高南低、树木成荫的涉故台道：“皖北大地道路交错，从这涉故台看一眼也还不错。”

李鸿章猛瞪了他一眼，什么话也不说。他只在心里暗自道：上路就见了陈胜、吴广为坛而盟的所在，实在太不吉利了！陈胜、吴广因遇雨受阻，怕过期斩首而被迫举事，你洪秀全是为自己名落孙山而起义的；那陈胜玩的是鱼腹藏锦的把戏，自封了陈胜王，你洪秀全假借天父下凡，自封了洪天王，如此一丘之貉，怎么都让我遇上了？！

李鸿章只想闭上眼睛，他不愿再看到这些。这就是他熟悉的故乡，这条路

也是他多年前入都攻读时所走过的路，眼前的景物慢慢地变得愈来愈熟悉了。不过，他还是要闭上双眼，不想让这些历史悲剧进入他的脑海，更不愿看到现实中的某一事件、自己的经历与这些过去的故事产生丝毫的巧合。多年受恩师曾国藩的影响，他也不知不觉地接受了一些“近取诸身、远取诸物”的说教，凡事希望讨一个吉利，而不愿让那凶兆扫了兴致。

“到家了！到家了！”李鸿章心儿直跳，油然体会出了“楼前绿暗分携路，一丝柳，一寸柔情”的心境。他的马车打庐州城里的淮河路穿行而过，往南不远，过了淝河石桥，再扬两鞭，便到了李家庄园了。

远远地，他看见自家门前有两抬小轿停在门口，心里猜想是家中来了贵客了，便跳下马车就狂奔进门。李鸿章万万没有料到：父亲李文安、侧室夫人吕淑云竟先他一步回到了家中。合家大团圆，李鸿章禁不住眼泪一串串流下来。

原来，自吕贤基与李鸿章离京回皖后，李文安听说清军在金陵败局已定，太平军择日就可能进攻庐州，更加忧虑家乡遭难。正巧儿媳吕淑云也格外为父亲吕贤基和丈夫李鸿章担惊受怕，两人一商量，也很快收拾了行装，回到了合肥。由于吕贤基、李鸿章在宿州呆了好几日，结果，李文安与淑云后走反而先到，岂不是意外的惊喜么？

大哥瀚章在湖南益阳做知县了，大弟鹤章与小弟昭庆都留在家中。母亲李氏身体硬朗，精神饱满。李鸿章跪拜了母亲大人后，把母亲从头到脚端详了一遍，见母亲长胖了。她的面貌更加轮廓分明了，并且具有一种宁静的、柔和的、从容的贵妇人的神情。她的脸上没有了先前那种近乎于在燃烧的生气，而多了一层稳重、临危不惧的庄严。母亲是拉着李鸿章的双手细细打量的。打量的时间过长，以至于原配夫人周氏、侧室吕氏都有了些意见，双双拥着李氏老夫人，道：“您老人家让二公子去洗一把脸嘛！”李氏老夫人这才松开儿子的手，爽朗地大笑起来。

家中的房间好像还没收拾，侧室吕淑云住在哪一间似乎也还没有安排好。母亲说话了：“连日来庐州城到处是人心惶惶，有钱的地主豪绅之家都搬到城西大蜀山去了。那儿有多处丘陵山冈，虽不很高，但乱世也可以作为避难的屏障。所以，我们也在合肥西乡购置了一块宅地，盖了房子，准备立即搬过去。这儿暂时丢下，借与乡邻们住。待天下太平后再说。要不是你们父子二人及早赶回来了，我们怕明后天就搬走了！”

李鸿章这才明白过来。他突然想到以前曾经向母亲做过的许诺：他要为家里在庐州城里造房建楼，把家搬到城里去。因而，他向母亲道：“西乡房子已建也就罢了。但从长久计，儿还是主张在城里建房，让李家大宅在庐州城里响起来。若苍天有眼，让我李鸿章发迹了，我还要把庐州城里的名胜古迹统统修缮一遍……”

李文安笑了，道：“我儿好志气！父母就等着这一天了！”

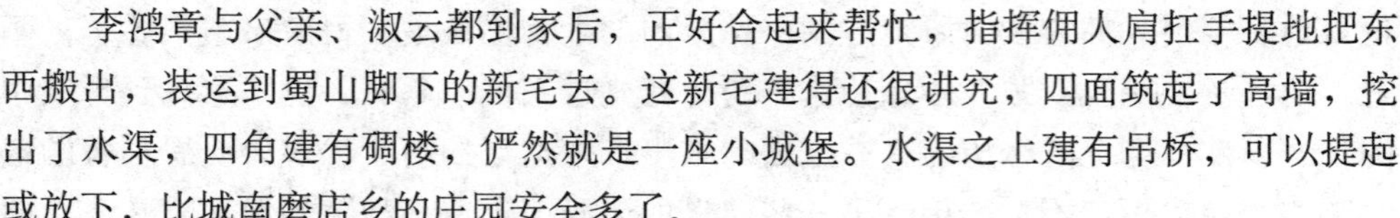

李鸿章与父亲、淑云都到家后，正好合起来帮忙，指挥佣人肩扛手提地把东西搬出，装运到蜀山脚下的新宅去。这新宅建得还很讲究，四面筑起了高墙，挖出了水渠，四角建有碉楼，俨然就是一座小城堡。水渠之上建有吊桥，可以提起或放下，比城南磨店乡的庄园安全多了。

李鸿章到了这个新宅，算是英雄有了用武之地。他按照周天爵、李嘉端与岳丈商定的办法，负责在庐州一带募集乡勇，开办团练，操刀持枪，以求自保。

在李鸿章新宅周围，堡寨连着堡寨，大小不等，规模不一，但建造的式样都大同小异。刚搬进新宅的第二天，李鸿章家里来了许多人。这些人，李鸿章多数极为陌生，而父亲李文安却相当熟悉。他们是：桐城的马三俊、庐江的吴廷香和世袭云骑尉出身的吴长庆父子、合肥的张树声和张树珊兄弟俩、周盛波和周盛传兄弟俩。还有大名鼎鼎的潘鼎新、解光亮，等等。

这些来客，在合肥一带都是名副其实的“地头蛇”，是地方名人。李鸿章只是弄不明白：这些人为何都与父亲混出了交情？父亲知道李鸿章大惑不解了，笑道：“这些朋友中，有长辈者都曾是我的好友。你祖父仙逝时，我回乡守制数月，交道打得更为热烈。我在京师时，还常常与他们有书信往来……”

李鸿章高兴极了，没有想到：有福之人不用忙，得来全不费功夫！马三俊、吴廷香、张树声这些富于胆略的地方骁勇在李鸿章家的新宅里，一致推选李文安为团练的团董，李鸿章协办。大家商定，统属李文安调遣，一寨有警，寨寨出兵援救，建立一种联动的互助武装势力。

由李文安牵头，各庄各寨还凑出了银两，购买了一批武器弹药，充实到团练中去。团练每日操练刀枪，李鸿章也参加进去，摸爬滚打，满身汗水，练得有滋有味。渐渐地，李鸿章与这帮“地头蛇”们也混得熟了，跟有些人已经无话不谈，有了交情。

这日，李鸿章与吴长庆、周盛传带领新招的百余名乡勇苦练到日落西山。李鸿章令他们停止操练，回营休息。李鸿章和吴长庆散步来到蜀山半坡之上。吴长庆用手向西南一指道：“翰林公请看，那边有一个什么？”

李鸿章看了半天，揉揉眼睛又看了一会，道：“我什么也没有看见呀，要说看见了什么，无非是山林、田野和村庄。”

吴长庆笑了，道：“我知道你看不见那个地方。就在那个方向，有一个小镇，名叫官亭镇，镇西南有一个小村庄，叫刘老圩子。刘老圩子里有一个人，他叫……”

李鸿章不耐烦了，说：“长庆呀！你跟我绕什么弯子嘛！有什么照实说来！”

吴长庆仍是不紧不慢地笑着说：“这个人，确是不同凡响的，从小丧父离母，备受地主老财们的欺压，过着非人一般的生活。他在逆境中锻炼出无比倔强和刚强的性格。稍稍长大以后，与一帮志同道合的穷哥们结成拜把兄弟，因他排行老六，脸上又有几块伤疤，所以兄弟们都叫他刘六麻子！”

“刘六麻子？是不是那个揭竿而起，在大潜山招兵买马，办起自己武装的刘铭传？”李鸿章顿时来了精神，他急切地问。

“正是，正是，正是刘老圩子的那个刘铭传！”

李鸿章道：“你认识他么？与他有无交情？”李鸿章蓦地想到岳丈吕贤基的叮嘱：对此类人宜拉不宜推。他有心要拉刘铭传加入他的团练，所以，急切地问起了吴长庆。

吴长庆指着一块山石，示意李鸿章坐下，自己也坐下后，道：“我不仅与他认识，而且还有交情。我不知你是不是想拉他入伙。如是想拉他入伙，定要下一番工夫才行哩！”李鸿章问：“为什么？”

吴长庆道：“此人经历与你我不同，从小穷苦人出身，既不信太平军，也不信捻子军，更不信你们的官军。他是独往独来，天马行空，对谁都多长了一个心眼。如今已经形成气候了，有了自己的队伍了，他还会投靠我们么？”

李鸿章又问：“他既是穷苦人出身，是如何闹腾起来的呢？”

吴长庆叹了一口气，开始讲叙刘铭传的经历。原来，这刘铭传果然吃尽了人间之苦，背负血海深仇，因受不了恶霸的欺压才被迫走上这条道的。而且，他与周盛波曾在患难中相遇，极有交情。

李鸿章听了刘铭传的经历，大腿一拍，说了两个字：“不凡！”

他突然转头问吴长庆：“嗳，真是看不出来啊！周盛波既然与刘六麻子有风雨同舟的交情，怎么从来没有听他讲过呢？”

吴长庆答道：“翰林公呀！你们才接触几天？哪能什么陈芝麻烂谷子都倒出来呢？再说，你不用看周盛波是一个黑脸汉子粗气得很，在这方面可是很有心眼的！”

“此话怎讲？”李鸿章问。

“那一段经历，周盛波还愿意讲吗？毕竟是当过水面上的强盗，在你们名正言顺的朝廷命官面前，是羞于开口的。他不怕让你们知道了，脸上无光？”吴长庆说。

“那么，刘铭传呢？”李鸿章又问。

“依我分析来看，刘铭传虽然闹腾得队伍大了，势也壮了，但心底里或许还有一些自卑感。认为自己是穷苦人出身，不想与官们打交道。”

“这就好办啦！我们去主动找他，不是很容易就把他拉过来了么？”李鸿章道。

吴长庆摇头，说：“我看未必吧？此事不是太好办。正因为他有些自卑，才必须与官府保持距离，以此维护自己的自尊和独立性。你说呢？”

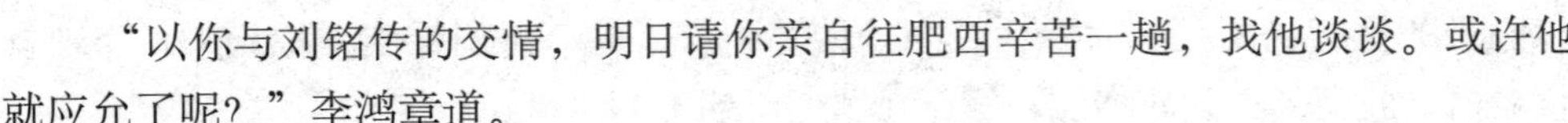

“以你与刘铭传的交情，明日请你亲自往肥西辛苦一趟，找他谈谈。或许他就应允了呢？”李鸿章道。

“实不相瞒，自从我们推举令尊大人为我们团练的团董以后，我曾去过他那里，向他建议过。他也知道你们父子二人从京城里回来办团练了，但是，他回绝了。说万一靠过来了，朝廷有一天会说他对抗过官军，治下罪来，要闹不愉快的。所以，去那里没有谈成，我也就再未提及了。”

“嗳，我这里又猛然想起一个人来。你说那刘铭传的同族叔侄，是他的老师，叫什么来着？”李鸿章道。

“叫刘盛藻呀。”吴长庆道。

“哎呀，他一定是我小时的学友，同在费氏墨庄学馆里读过两年私塾。如若真是那个刘盛藻，事情就好办了。请他出面，你看如何呀？”李鸿章十分急切地说。

“那就可以试试的。刘盛藻与铭传关系甚密，或许比我面子大。”

次日，李鸿章想着要寻找刘盛藻的事，怎么也睡不着了。他准备安排周盛波去打探刘盛藻的下落，于是披起衣服就出门了，走出了新宅，又过吊桥，来到平时舞棍弄棒的训练场上。

黎明前的天空，显得更加黑暗。不远处的蜀山脚下，有一群黑影在跳跃。那是周盛波、吴长庆他们在练拳脚。周盛波身强力壮，步伐灵活，出拳有力，李鸿章看着，心中十分羡慕。他心想：自己虽然已经从武了，但骨子里还是书生气，舞枪弄棒，是怎么也敌不过他们的。但他很想学几招，练好了，平时可用来强身健体，遇有意外的急事，还可以防身自卫。李鸿章已经练了几个早晨了，但周盛波教他那一招一式，他怎么也记不住，觉得比书本里的东西难记多了，刚要了两招，就忘了下一个动作。他立在一边，看周盛波等人练得正起劲，也不去打搅他们，坐在一块石头上边欣赏，边呼吸一些新鲜空气。

“李二少爷，快闪身，您身后有人！”李鸿章闻声赶忙起身，闪在一边，果然见有一个黑影已冲了过来，听见周盛波大喊一声，又转身向来时的方向跑去。周盛波、吴长庆等一个箭步奔上去，紧追不放，仅跑出几十步远，就把那人给抓了过来。

这人是个刺客，是冲着李鸿章而来的。他手持一把匕首，腰系一条红布带，脚蹬一双布靴，长得单薄，但机智灵活。众人将这个刺客拖到宅子里，五花大绑起来。早饭后，李鸿章亲自来到看守间审讯这个刺客。

李鸿章道：“我与你无冤无仇，你何以前来刺杀本官？”

这刺客就是不开口，问他哪里人氏，姓甚名谁，一概不答。吴长庆提议要用刑，李鸿章摆手道：“严刑逼供，说出来也未必是真话。”

李鸿章吩咐家丁去弄些稀饭来，给这刺客松了绑，亲自把一碗白米稀饭递到

这刺客手上。他饿得太厉害了，只几口就把一碗稀饭喝尽了。家丁奉命又端来一碗，他照喝不误。吃过以后，只见他一抹嘴，道："好吧，我如实招来。我原是合肥城北罗集乡人，姓叶，名礼宏，从小家境贫寒，跟着表哥刘盛藻身边读了几本书，主要是帮他家做些杂活……"

李鸿章听得一惊，道："是不是墨庄的那个刘盛藻？"

"是的，他是个有学问的人，离乡多年了。"

"他现在人在何方？"李鸿章提高嗓门问。

"刚刚从安庆一带回乡来，就住在墨庄家中。"叶礼宏答道。

"是不是他让你来刺杀本官的？"

"不是的。他根本不知道我溜到这里来，是我自己急于立功，要提一个朝廷命官的人头献给太平军的。"叶礼宏慢声慢语地说。

"你是太平军，是长毛？！"李鸿章睁大了眼睛厉声问道。

"我不是太平军，但我想加入太平军。"叶礼宏照实答道。

原来，这叶礼宏跟了表哥刘盛藻以后，没有多久，刘家的日子也难过起来。合肥地区不是干旱，就是洪水，到处民不聊生。地方穷了，能够送孩子上私塾读书的人家就少了。刘盛藻在乡，一年招不到两三个学生，养不了家，也糊不了口，就带着表弟叶礼宏投奔到和州一个亲戚家去了。那和州离长江北岸不远，水源丰富，老百姓生活要好过一些。刘盛藻就在和州乡下办了一个学馆，带了十六、七个孩子读书，勉强维持生计。大抵是在三个月前，刘盛藻和叶礼宏所在的张洼村来了一队人马，个个背刀拿枪的，威风凛凛，头上戴着红布方巾，在村口搭起了营帐，让刘盛藻把学馆抽出来两间，给队伍里的头头住，其他人全部住在营帐里。刘盛藻、叶礼宏都听说过长毛的事，说太平军是长毛，一身毛茸茸的，人不是人，鬼不是鬼。可是，眼前见到的这些长毛，并不像乡间里的人们传说的那样，为人还挺好，也很和气，不偷不抢，很有规矩。在老百姓的心目中间一比较：太平军竟比官军出色得多。多少年来，那官军耀武扬威，不可一世，好像只会欺压百姓，而很少知道要替百姓做点什么实事、好事。太平军就不同了，连女的都很出色。张洼村太平军里就有一个女头领，讲话听不太懂。一问，才知道她的老家在广西。几天混熟了，大伙儿都称她"广西蛮子"。这女头领待人非常和气，二十来岁，还没有找婆家，是个老姑娘，因此村里又有人叫她"蛮姑"。有天晚上，蛮姑带一队人马出去了，不想天蒙蒙亮时，蛮姑竟被大伙抬回来了。蛮姑是被官军用箭射伤的，身上中了好几箭，血糊糊的，拉回村时，人还在昏迷中。

村里人听说蛮姑受了伤，都去看她。不几天，太平军走了，把蛮姑留在村子里休养。穷家小户的都愿把蛮姑接到自己家中照顾。蛮姑一摆手道："你们谁家我也不能去，因为若是清军来了，知道谁家曾收留过太平军，会遭殃的。"于

是，蛮姑就住到祠堂里去了，好几家轮流偷偷送饭给她吃。有一天傍晚，邻村送信来说，清军到他们那里搜太平军，没有搜到人，把鸡、鸭都抓走了，连一根毛都未剩。这消息令大家非常着慌，怕清军再搜过来，于是村里百十号人都准备暂时离开村庄躲一躲。蛮姑与大家商量一下，决定也只有这么办了。

等大家各自回家准备好以后，已经鸡叫了。蛮姑带领大家驾船渡河，船是太平军撤走时留下的，陆续装了十几条船的人，浩浩荡荡地向对岸撑去。蛮姑从广西出来好几年了，养成了心细、勇敢的品性。她回头一看，在百十步远的芦苇丛里有一条小船。她说：要是把小船留给清军，全村百把条性命就有危险。她一个人跳下水，踉踉跄跄地摸过去，把小船拖了过来。就在这时，听到村子里人呼马嘶，浓烟和尘土弥漫了半边天。不一会儿，清军从村子冲了出来，乱哄哄地向河湾涌来。他们见十几条船已划到了河中央，拉起弓箭就放。老百姓谁见过这场面？都惊慌失措，乱成了一团。蛮姑直着腰，一面叫大家镇静，一面操起篙，自己撑起船来。只听清军在岸上喊："女长毛，快投降，我们已摸清楚了，你们跑不了！"

蛮姑完全不理睬他们，只管撑自己的船。清军下手了，数箭齐射。蛮姑身上中了一箭又一箭，还是坚持撑着船，而让村里人都躲在船肚里。眼看离对岸只有两步远了，蛮姑一闪身，栽到河里去了。当大家把她从水里捞出来，人已经断气了。乡亲们过了河把蛮姑埋了，村庄也回不去了。因为不是今天清军来，就是明天太平军来。叶礼宏和刘盛藻一路讨荒要饭，又回到墨庄来了。二人没有了生计，就想去投靠太平军。听说太平军就要打到肥西县了，这会儿正向三河去。还有人告诉说合肥的李鸿章就是清军的头目之一，如果能提着他的脑袋去投太平军，不仅会很容易加入太平军，而且还会受到奖赏，当上头领。所以，他连夜摸到这里，其实也不认识谁是李鸿章。只见大清早有人披衣从李鸿章家出来，年岁又差不多，就准备下手了。没想到没有得逞，反而被抓住了。

听完叶礼宏的陈述，李鸿章叹了一口气，然后很和气地对叶礼宏说："君子一言，说不杀你就不杀你。不过，我写下一封书信，你若能保证尽快送到你表哥刘盛藻手里，我定免你一死。"

"这好办！我保证亲手交给表哥。"叶礼宏高兴地拍了一下胸口说。

"那好，我这就去写！"李鸿章走了。

吴长庆笑着坐在叶礼宏面前，道："你看李鸿章像坏人吗？"

"不像！"叶礼宏答道。

"还是呀！李鸿章不但不坏，而且对国家、对家乡都是很热爱的。他不仅满腹的道德文章，还有一股很强的热情。所以说：朝廷命官，有坏的，也有不坏的。关键看他是什么人。当长毛的，也有好与坏之分。那太平军在全州城，不是同样杀心大作，屠城三日，万人遭难后，始行封刀的么？"

吴长庆正与叶礼宏聊着，李鸿章已把书信写好，装进了信封，递于叶礼宏，道："快快送去。把此信送到后，如不想回来，你只管走你的阳关道。如果还想到我这儿来，我表示欢迎。"说着，拍拍他的肩膀，又给了他一些碎银子，叫他去了。

次日上午，李鸿章正在书斋里读史，一个幕僚拿着名帖进了书斋，报："刘盛藻来了。"

李鸿章道："快快有请！快快有请！"

李鸿章刚至中门，已见刘盛藻来到了门口。他连忙迎上去拱手道："少时一别，这才相逢，实在是多年不知下落，未能及时登门造访，原谅！原谅！"

刘盛藻一抬手臂，拱手还礼道："少荃果然发达了，一副朝廷命官的派头，只险些误伤在我那不懂事的表弟的手下。如今您是国家栋梁之才，我等乡野小儒，此来便是高攀了！"

李鸿章并不在意刘盛藻的言语，真正是少时伙伴见面，亲热占了上风。他携住刘盛藻的手，一同跨进书斋，互相叙说了这些年来的风风雨雨之后，走上了正题，谈起了刘铭传的事来。

刘盛藻知道了李鸿章的意思后，道："拉刘铭传入伙，恐怕得要一个人的人头，方能让他感受到您的诚意。"

"人头？谁的人头？"李鸿章吃惊地问道。

"瘦猴的人头！"刘盛藻态度坚决地答道。

李鸿章慢慢起身，在书斋里踱来踱去，然后下意识地摇摇头，道："这瘦猴我已经知道了，不仅知道了刘铭传与他那一段恩仇，还知道他的现在。有一点你或许不知，瘦猴结交上了一个人，这个人便是清军的将军福剂。福剂靠他的钱，他靠福剂的权，现在已是绑在一条板凳上的蚂蚱，谁也离不开谁了。如果杀了瘦猴，福剂会善罢甘休么？你再想想，刘铭传与瘦猴有杀母冤仇，而刘铭传自己也是统领两千人马的头目了，这些年来仍没有动得了瘦猴一根毫毛，我李鸿章初来乍到，又能拿那瘦猴如何？"

刘盛藻道："这种分析听来似乎有些道理，但实际上您是太多虑了一些。在福剂那里，不管他与瘦猴关系有多深，若他一条狗命不在了，福剂会马上转向到您这一边。他不会因为一个已经死了的人与您过意不去。即便是瘦猴不死，如果叫他二者必选其一，我料定福剂宁可甩了瘦猴也不敢轻易得罪您李二少爷的。这次您回安徽跟随吕贤基大人帮办团练，消息已传遍了整个庐州。您上有岳丈吕贤基，又有令尊大人李文安做后盾。就您本人而言，大小也是个朝廷命官，比县太爷不小吧？杀一个瘦猴，还怕他福剂拔了您一根毫毛？"

李鸿章听了这话，既没有表示不赞同，又没有表示肯定。他只问道："刘铭

传就只要瘦猴一个人的人头吗？”

刘盛藻十分肯定地答道：“是的，我保证！”

李鸿章拿定主意了，拳头往案头上一捶，道：“就这么办！不过，容老学友寻找一个合适的时机。”

李鸿章说完，就邀刘盛藻去寨外草坪上观看新募兵勇们的操练。刚走上吊桥，突然有人来报：“从肥西官亭镇方向来了一个车队，前有官军开道，其实是护送瘦猴府上的主子往上海去的。”

李鸿章听报，心中一阵暗喜：摸不准正是瘦猴坐在车上。若真是这样，那真正是踏破铁鞋无觅处，得来全不费工夫了。李鸿章又派出探子前去侦察清楚，一面命令团练兵勇们拦住要道，无论是官，还是民，一律不准离乡逃奔，待查明去向后，再予放行。

瘦猴的车队共七辆骡车，除瘦猴本人及三个太太以外，另有四个家丁。车上装的全是贵重物品，由福剂派兵护送前往上海。去上海是因为瘦猴听说太平军要进攻合肥，想去上海暂时躲避几月。此时瘦猴已被押到李鸿章的新宅门前。那几个清兵见拦车人是李鸿章，也没有人敢再吭气，瘦猴却满不在乎，大摇大摆地来到李鸿章面前，递上一张名帖，道：“久闻李二公子大名，京城回来的七品少爷，多日来没有登门拜访，失敬，失敬！”

李鸿章没有回答他的话，用眼睛的余光扫了一下瘦猴，果然骨瘦如柴，干瘪得就像一根棍子，但那不可一世的表情和语调倒是足足可以证明他在庐州一带与众不同，不是等闲之辈。

李鸿章一直没有正面瞅他一眼，只给兵勇们一个眼色，便扬长而去。李鸿章回到宅子里去了，剩下的事情由周盛波、吴长庆等人来收拾了。周盛波先打发护送瘦猴的几个清兵驾车回庐州城里，给福剂报告，就说：李府另有安排，暂不需要官府出面护送了。

清兵一走，吴长庆亲自动手把瘦猴揪下车来，砍了他的头颅，扣了他的财物，让他的女人和家丁们各自逃命去了。这几车财物真够让人眼馋的：光是白银就有七万多两。得了这些钱物，活动在合肥城西蜀山脚下的团练便如鱼得水了，添了粮草自不必说，还购置了一百多条洋枪。

当日下午，刘盛藻带着瘦猴的人头，在潘鼎新、周盛波的陪同之下，骑快马赶到了肥西县城。见到了刘铭传，刘盛藻道：“李鸿章不仅满腹的文章，做事也有武将的风度。他对你刘铭传叹服不已，一片真心相邀。他冒着得罪福剂的风险拦车杀了瘦猴，足以表示了他的果敢与诚意。瘦猴与你有杀母冤仇，如今冤仇已报，滴水之恩，当涌泉相报。这是其一。其二，长毛起事广西，一路喊杀而来，能有几天的风光？即便将来长毛得势，料你也不会拿长毛们做后盾。如今你虽有两千人马，但总不能看着一座小城等死，必须找一个靠山。靠山是谁？当然是朝廷，是替你报了大仇的李鸿章……”

刘铭传掂量着刘盛藻的话，表示了赞同。其实他与李鸿章无冤无仇，如今李鸿章又是回乡协办团练的朝廷命官，他没有理由拒之于千里之外。再说，自己孤军守城，无论如何也是坚持不长久的。清军眼下是被太平军困扰着，又由于自己没有继续与官军作对，所以暂时没有成为官军剿灭的对象。如果清军控制住了太平军，或者是自己公开以清军为敌，那自己的铭军自然是难以为继的。李鸿章既是找上门来，正好给自己一个台阶下，也是提供了一个机会，不投靠他，又能投靠谁呢？

翌日，刘铭传随同刘盛藻，潘鼎新、周盛波一行人，来到蜀山脚下。李鸿章闻报，亲自迎出门外，当天就与李文安等高兴地会面了。

李鸿章家的新宅里，华灯高悬，锦幕大张，鼓乐齐鸣。摆下的酒宴多达八桌，李文安父子频频向刘铭传敬酒。

酒喝到正高兴时，李鸿章对刘铭传道：“刘将军一念归朝，既是给了我李鸿章的面子，又是为国尽忠，可敬可佩。不久的将来，一定会鹏程万里，前途大展。从今以后，铭军与我们的团练便是一家了，一致对外，于内仍由您刘将军统领。不知刘将军意下如何？”

刘铭传道：“既是合为一家了，自然就是令尊文安公所统团练的一部分了。文安公是团练的团董，自今日开始，也是我铭军的主人了。这一点说到做到，一心归朝了。”

李文安听得眉飞色舞，李鸿章更是洋洋得意。收编了刘铭传的队伍，李文安、李鸿章的团练名声大起，由数百人一跃而成了数千人的队伍，庐州府署不敢小视，就连团练大臣吕贤基、兵部侍郎周天爵及安徽巡抚李嘉端也大加赞赏，要奏明咸丰皇帝，为李鸿章请功。对此，李鸿章心中暗暗欢喜，希望背靠着这几棵大树好乘凉，踩着他们的肩膀攀升。在这方面，李鸿章是得天独厚，周围的环境对他十分有利。父亲李文安虽为团董，但他在具体事务方面，实际上是把李鸿章推在前面，大小事情一律由李鸿章做主。李鹤章也成了李鸿章的好帮手，到处联络感情，发展关系，置办军械、训练兵勇等，不仅安排得周到，而且很让李鸿章放心。吕贤基那边一如既往，岳丈的家也让李鸿章当了一半。巡抚李嘉端也很顺手，李鸿章暗中给了他不少好处，凡李鸿章团练的事，李巡抚一概支持。要进一步做工作的倒是周天爵，别看他年已八旬，仍不可小视，李鸿章对他格外用功。

到了咸丰三年九月，公元一八五三年十月，不仅在江宁、安徽一带太平军满天飞，连北京城里也很不安稳了。太平军要挥师北上、攻打北京城的消息不胫而走，一些富足人家纷纷打点行装，收拾起贵重物品，准备投奔他乡。

北京城里的大小官员比老百姓更加恐慌不安，一些官员借口休假或干脆就不

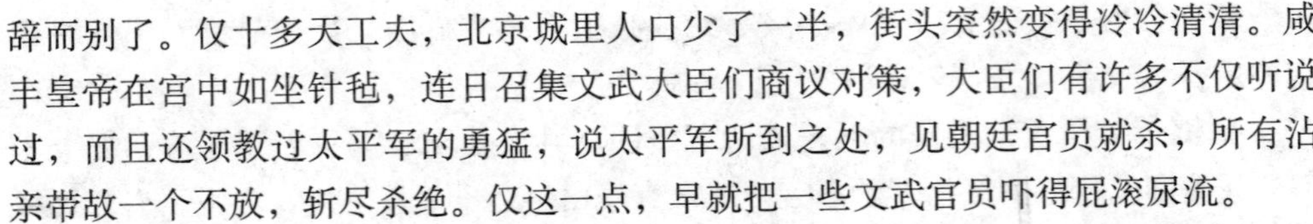

辞而别了。仅十多天工夫，北京城里人口少了一半，街头突然变得冷冷清清。咸丰皇帝在宫中如坐针毡，连日召集文武大臣们商议对策，大臣们有许多不仅听说过，而且还领教过太平军的勇猛，说太平军所到之处，见朝廷官员就杀，所有沾亲带故一个不放，斩尽杀绝。仅这一点，早就把一些文武官员吓得屁滚尿流。

咸丰皇帝见这些平日里口口声声喊着“万岁，万岁，万万岁”的朝廷命官们，大难当头时全无了主张，又听说一些人已弃官而逃，气得当堂大骂，他谕令惠亲王绵愉、科尔沁王僧格林沁和钦差大臣胜保，合力加强防范，对北京城实行全面戒严，修筑城池，一定要把太平军堵在北京城外，确保紫禁城的安全。

绵愉、僧格林沁、胜保三人领命去办，但心中也惶惶不安。他们发现：宫廷也做好了搬迁准备，咸丰皇帝已命人将贵重物品偷偷转移到承德行宫去了，他自己也随时准备逃离京师。

奇怪的是，谣传到底只是谣传，都说太平军已打进保定了，但过了月余，北京城周围，仍然不见一个红头人。咸丰皇帝又谕令：将防守重点推到天津，以加强天津防范，保证北京安全。

其实金陵城里，洪秀全的确已开始动作，计划是：“巩固金陵，再图四扰”，把与清军的战争拉到天京以外的战场上去。一面北伐，矛头直指北京；一面西征，延长江宁、苏杭、安徽一带的战线。

北伐太平军由林凤祥、李开芳、吉文元率领，计两万余人从扬州向北挺进。洪秀全亲自布置了这次北伐远征。临行前，洪秀全令人快马加鞭送去了他的谕令，要求林凤祥等各位将领汲取太平军自金田起义到金陵建都以来的经验教训：“略城堡，舍要地。”不要见了城市就手头发痒。方向就是：以最快的速度直取北京。到北京附近时，伺机而动，能攻则攻，攻不了可先占领天津，等待援军，合力攻取北京。

北伐大军遵命出发，浩浩荡荡，势如排山倒海，不多日就杀进河南境内，占领了归德府，准备取道向东，从刘家口渡过黄河，直抵北京城下。

林凤祥心中只装着一条：不能违背洪秀全的谕令。历尽艰辛，黄河无船，清兵围攻，一路下来，损兵折将，终于到了天津城郊，北伐太平军就地驻扎下来，派出十名军士骑快马飞奔金陵，向洪秀全报告一路行程情况，请求速派援军北上，按原计划合力先攻天津，再取京城。

却说北伐太平军到达天津城郊时，不知命运如何，洪秀全的西征行动即已开始了。太平军由赖汉英、曾天养、林启容、白晖怀等分别率领，自安徽安庆发兵，沿长江攻克江西鼓泽、湖口、南康等州县，几天后兵临南昌城下。这时清廷命江忠源出任按察使，咸丰皇帝要江忠源与江西巡抚张芾鼎力合作，据城抵抗。江忠源早有准备，防守严密，太平军对南昌城屡攻不克。赖汉英动起了心计，决

定先攻取南昌附近州县，斩去南昌外围枝叶，断其接济，再图谋南昌。依照这个计划，太平军暂时放弃了南昌，一连攻克了丰城、瑞州、饶州、乐平、景德镇、浮梁、都昌七个外围城镇，南昌城里这才惶恐不安。

但即便如此，太平军对南昌仍然是可望而不可即。洪秀全、杨秀清火了，把赖汉英调回天京，已攻取的江西一带城镇由殿右八指挥林启容率兵镇守；派翼王石达开赶赴安庆，巩固扩大安徽后方阵地，兼以抚民，经营安徽；令国宗石祥祯率两万人马继续沿江西进，攻占湖北武穴等地。

此时的湖北，由湖广总督张亮基派遣臬司唐树文到田家镇设防，拦截石祥祯的西进。田家镇一带盛产木材，绿竹成林。臬司唐树义就地取材，编造了大量巨筏，在竹筏上放置大炮，横放在江面上。石祥祯的太平军到达这里，水路受阻，便分兵自南岸富池口登陆，抢占了长江南岸的半壁山要塞，对江面上的清军呈居高临下之势。这日太平军部署完毕，于鸡叫三遍时分，以殿左一检点曾天养为总指挥，水陆并进，向田家镇发起总攻。太平军在半壁山上枪炮齐鸣，当场击毙清湖北粮道徐丰玉、张汝瀛等清军要员，使万余清兵顿时慌了手脚。专程从江西南昌赶来增援的江忠源部也无力抵抗，被打得大败。

面对太平军的强大攻势，唐树义只好率清军退至广济，所有战船、炮位均为西进太平军所得。太平军攻占了田家镇后并未就此罢休，一路直取蕲州、黄州，第二次兵临武汉三镇。此时武汉三镇城外，尽是舍城出逃的百姓，城中只有千余名清兵据城死守。兵力悬殊，武汉城关口又太多，经不起太平军一个回合的炮火强攻，武汉很快被太平军占领了。

湖北大面积失陷，地处金陵与武汉之间的安徽各城镇已是危在旦夕了。

翼王石达开受命率地官副丞相刘承芳、殿左二十一检点覃炳贤、殿左二十三检点梁立泰等，统领兵船六百余艘，攻占安徽沿江一带城镇；石祥祯为配合“经营安徽”的行动，退守蕲州、黄州一带；胡以晃、曾天养率两万人马向安徽北方席卷而去，一路连克集贤关、桐城、舒城。

李鸿章所在的庐州城，由于安庆失陷，便成了清廷在安徽的临时省城。庐州一带风景秀丽，物产丰富，有米乡之称，洪秀全早已瞄准了这座城市，非要拿下庐州不可！

李鸿章露一手的机会来了。正当石达开率兵船攻占安徽沿江城市时，庐州的周边地区已开始频频告急。李鸿章的团练必须走出操练场，到真枪实弹、烽火连天的战场上去拼杀了。

庐州城中，周天爵派人急召李鸿章：“少荃呀，你回乡办团练劳苦功高，我已会同李巡抚禀奏皇上，为你表功了。几月来，你的队伍虽然人数不多，但操练认真，已到了该出战的时候了。本侍郎想派你去定远一趟，围剿活跃在那儿的陆

遐龄。这一仗你若打好，首次出师，旗开得胜，定会奏奖加官的。”

李鸿章领命后，心情久久不能平静。一方面想一展抱负，一方面胆战心惊。

陆遐龄，年已半百。他是定远县荒坡桥旗杆村人。家庭富足，本人系武秀才出身，是方圆几十里闻名的地主。三年前，他因水田纠纷，对邻里大打出手，伤人致残，被衙门捉拿归案，投进了安庆监狱。刑期未满，适逢太平军攻克安庆，将他从监狱中拯救出来。太平军成了他的救命恩人，此大恩大德，陆遐龄岂可不报？太平军派他回乡，组织百姓起兵响应。

回到故乡定远仅一个多月时间，陆遐龄就竖立起了“随天王百战百胜”“定远起义军”等大旗，公开聚众造反，与太平军遥相呼应。巡抚李嘉端、兵部侍郎周天爵得知后，曾严令定远县令督兵剿灭，但这县令在当地已无号召之力。城内的一些兵勇，在县太爷的带领下，只会盘剥百姓，吃喝玩乐，真正打起仗来，个个怕得要死，没有人敢于拼命。所以，定远县虽然组织了两次围剿，无奈两战两败，不仅没有动了陆遐龄的半根毫毛，还激起民怨，许多百姓主动站出来为陆遐龄助阵，甚至当场加入了陆遐龄的地方起义军，公开对抗县衙。一时间，陆遐龄的兵勇猛增至近万人。

陆遐龄腰杆子硬了，已不满足在定远县里小打小闹，准备冲出定远，杀向省城庐州府，迎接太平军进城。他已与合肥北乡夏村的夏金书联络好了，约定了期限，准备在近日向庐州发起总攻。正是在这个节骨眼上，兵部侍郎周天爵想到了李鸿章，让他率队出击，赶在陆遐龄进犯庐州之前给他以重挫。

李鸿章领命的当晚，就开始了一个不声不响的行动：他并未开赴定远，而是在庐州北乡布下了天罗地网。第一步先拿夏金书开刀。李鸿章派出探子，把夏金书晚上的活动摸得一清二楚：他要带自己的儿子去朋友家喝酒。李鸿章听报，亲率百余号兵勇，埋伏在夏金书可能经过的地方，只等他出现。夏金书果然落入了李鸿章设下的伏击圈，刚从朋友家出门，还没有拐过巷口，就被七八个兵勇闪身上前按倒。他的儿子尚未成年，见父亲遭到袭击，顺手从地上抓起半块青砖就向李鸿章的兵勇砸去，当场将一个兵勇砸倒，血流如注，痛得喊爹叫娘。正准备把夏金书捆绑好带走的兵勇们恼火了，也未征得上司李鸿章的应允，拔出管枪，对准夏金书父子二人的脑袋就愤然开火了。可怜一对父子，顿时一命呜呼。夏金书死了，他手下有队伍千余人。李鸿章及早布下了包围圈，还派出十余名大小头目，对夏金书的乡勇进行了改编，成立“北乡团防”，纳入李鸿章团练之中。李鸿章的队伍又得到壮大，次日收编仪式一结束，李鸿章就乘轿进城，面见周天爵、李嘉端、吕贤基等要员，把前后情况有声有色地讲叙一番，引得满堂喝彩。

收拾了夏金书及其乡勇，李鸿章这才亲率数千兵勇挥师定远。李家老三李鹤章陪二哥同时出发，作为帮手来到了定远县荒陂桥一带。此地为江淮之间的丘陵地带，既无高山，又无大河，站在一处高地，方圆十几里地一览无余。抵近荒陂桥时正是日落西山，夕阳的余晖红透了半边天，就如同血染的一般。

李鸿章望着西边的一片血红天色，自知一场你死我活的血战已拉开了帷幕。他思索了一番，平定了紧张的情绪，决定乘夜间动手，分兵包围陆遐龄分散开了的营寨，争取一举歼灭，天明前结束战斗。

李鸿章召集了一个战前会议，决定由自己亲督千余人包围陆遐龄的老巢旗杆村；由李鹤章督兵五百人包剿小洼村，由吴长庆带四百兵勇包围吴店村，周盛波带领三百人剿灭三口塘村的乡勇。这几个村庄都是旗杆村的邻村，数旗杆村最大，通常情况下，陆遐龄就住在这里。大家约定：分兵以后，同时行动，各个击破，逐步向旗杆村靠拢，天明前在旗杆村汇合。

“新官上任三把火”，李鸿章新组建的团练刚上阵也果然勇猛。正值午夜，李鸿章一声令下，几路人马各自冲进了自己的目标。陆遐龄的乡勇们大多数正在睡梦中，有些来不及穿上衣服，就被一剑刺死在床上。最为激烈的战斗是旗杆村。李鸿章指挥队伍还没有过护庄河，就被碉楼上的乡勇发现，一阵枪炮乱射，双方都有伤亡。但陆遐龄的主力好像不在旗杆村，打到鸡叫头遍时，村寨内已无还击之力。李鸿章率部冲进村内，捣毁了陆遐龄的家院，杀尽他全家老小，却找不到陆遐龄及他的儿子。经盘问俘兵才知：陆遐龄在得知合肥北乡夏金书父子及乡勇出事后，已率兵数千人前往寿州东乡了。就在李鸿章的队伍刚进入定远境内时，陆遐龄先一步离开了，双方几乎是擦肩而过。李鸿章懊悔不已。

天明后，各路人马汇合，经清点，李鸿章这边死伤三百余人，对方伤亡惨重，共计超过了两千人。李鸿章的脸上绽出胜利的微笑，迎着早晨初升的太阳，他决定乘胜追击，向寿州挺进，将陆遐龄的起义军一网打尽。李鸿章以吴长庆为先锋，自己与李鹤章居中，周盛波殿后，分三段出发。沿途派出探子搜寻陆遐龄的行踪，得知与陆遐龄的队伍相距约二十里左右。接近寿州东乡时，李鸿章命令大队人马加速，分右、中、左三队并列挺进，包剿陆遐龄的乡勇。

陆遐龄不知李鸿章的队伍尾随而至，在东乡还没有站住脚跟，李鸿章的三路人马已呐喊着杀来。待陆遐龄反应过来，乡勇们已四处逃奔，一时指挥失灵。短兵相接不过两三个钟头，寿州东乡一带已是尸横遍野，血流成河。陆遐龄被杀得大败而逃，全军人马大多数阵亡。陆遐龄逃也未能逃出多远，几天后，仍中了他的对手一个圈套，与儿子一起被诱捕杀害，一支“随天王百战百胜”的起义军队伍从此消失了。

李鸿章回安徽初战告捷，大获全胜。庐州官府里大小官员对李鸿章刮目相看，赞誉声不绝。李鸿章满面春风地回到省城合肥，周天爵奏请咸丰皇上恩准：升李鸿章六品衔。

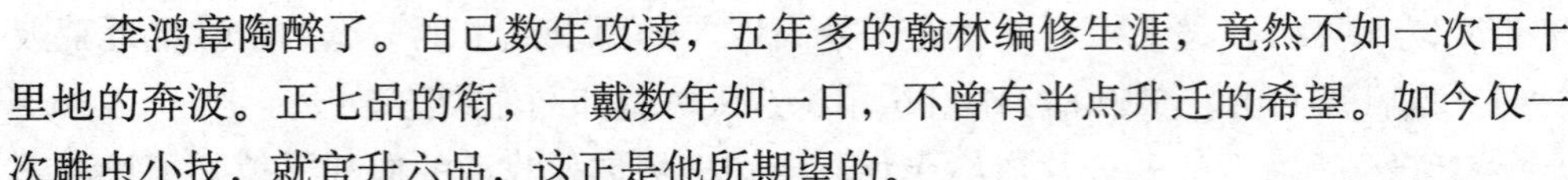

李鸿章陶醉了。自己数年攻读，五年多的翰林编修生涯，竟然不如一次百十里地的奔波。正七品的衔，一戴数年如一日，不曾有半点升迁的希望。如今仅一次雕虫小技，就官升六品，这正是他所期望的。

李鸿章欢欢喜喜地回到家中，全家人也欢天喜地，父母连连称善，妻子周氏及偏房夫人吕氏来到跟前，恭喜他高升。

这一夜，李鸿章在周氏的房中休息。与周氏相拥而卧，但久不能寐。墙上悬挂的一把宝剑在灰暗的烛光下熠熠发光，他注视着宝剑，好像自己的拳拳之志正是在这剑尖上找到了归宿。他在心中暗思：自己已经实现了一生中的重要转折，未来任重而道远，他为自己的明天祝福、祈祷着。

周氏细软的手抚摸到他脸上来了，他这才意识到原配的夫人此时正含情脉脉地注视着自己，于是拉回飞奔的思绪，一把将周氏搂在怀里。多年来，他很少有机会像这晚这样亲近一下周氏。入京数年，妻子周氏无怨无悔，甚至在自己又从京都带回一室偏房时，也能以礼相待，姊妹相称，和好相处。李鸿章忽然动情地向周氏说："鸿章能有今日，多亏了你的理解和支持。家有贤妻，是我的福分。"

周氏听李鸿章讲到这里，紧紧地搂住丈夫，亲热起来。一番销魂的动情之后，周氏好像仍没有困意，不禁唉声叹气道："我们是结发的夫妻，明媒正娶，我生是你李家的人，死也是你李家的鬼了。不论你将来有几房姬妾，我作为原配，总要替你多想一些。你有满腹经纶，一腔爱国、报国之情。如今弃文就武，本是我不愿看到的。但于心来说，你是对的。故乡人在疾苦中，好男儿岂能安坐不管？只是安徽这地方，自古以来多是兵家争夺之地，这回轮到我们这辈人，就更是倒霉透顶了：太平天国弄得鸡犬不宁，北边的捻军也不甘示弱，南北呼应，府衙里是绝无回天之力了。恕我直言，你那乡里、县里、省里是一片腐败，拿老百姓不当人看，正所谓官逼民反，在所难免，不造反就死路一条，也难怪他们了。不知鸿章你留心了没有，凡是这匪们闹得最凶的地方，一定是当地的官员最腐败的地方。由于这个原因，你回乡办团练，个人生死暂且不论，一生功过名声还不知后人如何评说呢。最近在乡间走动，无意中听得一些老百姓在私下里嘀咕，说李家父子几人都成了杀人魔王了，尽跟咱穷苦人过不去，他们到底在为谁呀？你说你冤不冤？"

周氏说到这里，忧心忡忡，几乎落下泪来。李鸿章安慰道："你不必为我如此的挂心，我自有我的主张。当然，这当中亦包括了我们许多难处。世人评说，也有正误之分，不仅是'后人难断分明'，即便是今人，也未必就能给你一个公道的说法。做人、做官、做事，当然要考虑别人怎么看，但我想也不能为别人怎么看去做人、做官、做事。绝对的公道，在这个世上从来没有。我现在只知'自古乱世出英雄'的道理。之所以要从京城里回来，就是想立志报国，以微薄之力解万民之忧，当一个有识之士。这样做结果未必就好，但古来多少王侯将相，戎马一生，未遂其志的早有‘冯唐易老、李广难封’之鉴，但他们本身的贡献连同他们的名字一起，是铭镌千古的。而那些竹林酒肆、清谈妄议者，在这个世上可以说遍地皆是，但有哪一个人留下了名声，不都是身腐骨朽了么？这样说，你别以为我想流芳百世，我做不到。但应该在这个世上留下点什么，无论是美名，还是骂名。真到有一天逼上梁山，明知要得骂名，我也在所不辞……”

周氏接过这话说：“名声，那是以后的事情。我现在最担心是你既已身为行伍，小命便不全抓在自己手里了。万一有个三长两短，我可如何活下去哟！现在都有了那洋枪洋炮，这东西是不长眼的……”说到这里，周氏又紧搂起李鸿章，呜呜哭了起来。

李鸿章用自己的手指为周氏抹泪，笑道：“我自己是福大命大的。我出生时的那一段传说便是个吉兆，姑且不论这一点，此后的许多年来，也基本上是一帆风顺，可曾有过什么大的惊险？过去没有，相信下一步以至将来，也定会心想事成。夫人尽管放心吧！”

周氏这才止住了忧伤，破涕为笑，向李鸿章怀里钻了一钻，道：“我相信，我会日日焚香祈祷，求菩萨保佑你一生平安！”

夫妻二人亲热叙话，不觉已近天明。李鸿章稍微睡了一会，便听母亲李氏在房外叫喊：“鸿章儿呀，安徽巡抚李嘉端遣人来请你去庐州府衙一趟，说有事相商哩！”

李鸿章应了一声，匆忙穿上衣服洗漱了，吃了点饭，便随省府里的人匆匆忙忙地去了。拜见了李嘉端，略事寒暄后，李嘉端谈起了正事：“我已与兵部侍郎周天爵大人商量好了，想请你再辛苦一趟，率兵勇赶赴皖北颍州、雉河集一带，堵剿捻匪。如今事情紧急，太平军正要向庐州扑来，北面的捻匪打算与太平军合力，南北呼应，夹击庐州城。事不宜迟，定远荒陂桥一战，你老弟劳苦功高，旗开得胜，名声大振，什么‘黄牛会’呀，‘扁担会’呀，有些也闻风丧胆了。但愿你此行能凯旋而归，在皇上那里再积一功。”

李嘉端请李鸿章率兵出征是经过深思熟虑的。首先，他确信李鸿章是个人才，在宿州的数日接触已使他对李鸿章有所了解。办团练的几个月来，李嘉端更是对李鸿章高看一眼：文人从武，原来也毫不逊色。他还一心要把李鸿章调到自己手下，协办团练。此次派遣李鸿章出征，他心中也万分忐忑，熟知内情的人都知道此行非比寻常。

李鸿章也知此去非同小可，父亲李文安也为儿子捏着一把汗，千叮咛，万嘱咐，让他千万小心谨慎，绝不打无把握之仗，见机行事，摸清情况，搞稳妥了再动手。

按照父亲大人的提醒，李鸿章决定先带着百十名精兵，扮作盐商，到安徽北

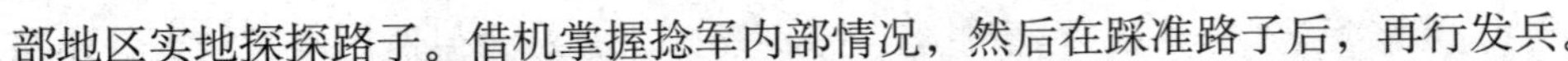

部地区实地探探路子。借机掌握捻军内部情况，然后在踩准路子后，再行发兵。

这天，阴霾笼罩着皖北大地。通往雉河集的大道上，推车、挑担及提袋的行人，组成了里把路长的人流，向前涌着。李鸿章所率领的百十名精兵，此刻全部扮成了盐商，就混在这涌动的人流中。到了叉道口，人群中有些人神情紧张起来，不时提心吊胆地互相低语：“前边就是盐局子了，要小心一点！”

人流中有不少人是从河南贩盐回雉河集一带的。清廷在各个地方设立了许多盐局，专门缉拿私盐贩子。一经查出，盐要充官，人要下狱。离盐局子近了，有些人本能地加快了脚步。突然，前面“砰”的一声枪响，从旁边冲出来一队县衙里的盐警。其中打枪的头目道：“哈哈，我说你们能上天入地呢！来呀，把这几个抓到局子里去！”

“我们有押镖的！”人流中突然有人冲上前高喊起来。

“你们的镖谁来保的？”那头目厉声问道。

“老乐！我们的老乐！”这一声非同一般，是上百人齐声喊叫。只见那众盐警听了，个个脖子顿时短了三寸，那头目也立马向路边一退，闪出了大道。盐警们躬着腰，笑盈盈地站在路边，好像见到了皇帝老子，乖巧得龟孙子似的。

一路走着，李鸿章佯装与人聊天似的套着别人的话，原来，“老乐”名叫张乐行，家住雉河集张老家村。他生性豪放，广交豪杰，称雄一方。他最早靠贩盐维持生计，后来组织了捻子军，当地人叫他“趟子头”。

趟子头张乐行有两个老婆：第一个老婆马氏，她温柔善良，是个典型的农家妇女。当了趟子头后，他又娶了第二个老婆，名叫杜金蝉，她中等个条，瓜子脸盘，细眉细眼，满腹韬略，还有些武功。

杜金蝉原先是贫苦人家出身，小时候被卖给张老家村的张财主。杜金蝉到十八岁时，出落得水仙花一般。有天夜里，张老财的儿子要强奸杜金蝉，被杜金蝉用镰刀砍成重伤。张老财毒打了杜金蝉后，准备把她卖到妓院去。这时正好被张乐行的老婆马氏遇见，马氏拿出私房钱，求张乐行的大哥张向行出面，将杜金蝉买下来，收作自己的丫鬟。

杜金蝉二十一岁那年，张乐行父亲张慰祖和大哥相继去世。张乐行与二哥张敏行为分家、分遗产闹得不可开交。一天下午，亲兄弟俩争吵不休，竟打了起来。兄弟俩正在厮打，突然从内屋闯出一个人来，抓起桌上的茶壶，“啪”地一声摔碎在地上。兄弟俩一惊，松开手一看，摔茶壶的人原来是丫鬟杜金蝉。

杜金蝉把兄弟二人教训了一顿，张乐行由此对杜金蝉高看一眼，家中大小事情也愿意与杜金蝉商量，不久便睡到一张床上去了。张乐行得了杜金蝉为妾，如虎添翼，由她内外一把抓，而且结交了乡间大量义士，队伍越拉越大，聚众打粮、抢当铺、砸盐局、闯官府，闹腾得方圆数百里人见人怕，连县里衙门都躲得远远的。

杜金蝉帮张乐行出主意，张乐行很快就在地方称雄了。

李鸿章率精兵穿便服闯进雉河集。这天万里无云，风和日丽。只见雉河集异常的热闹，做生意的人倒是不多，却到处都是说大鼓书的人。

李鸿章等挤进一群人中间，见一中年男子，皮肤黝黑，方脸淡眉，一脸络腮胡须如钢针一般，他正在“咚咚咚”地敲着皮鼓。鼓槌一停，说书人开口便滔滔不绝地说了起来。李鸿章听了几处，心中不是滋味，急急离开这是非之地。

李鸿章没敢在雉河集久呆，很快率随从精兵赶到涡阳县衙。他们百姓打扮，身藏官文，只递上李鸿章自己的名帖，立刻就把那些衙役们吓得不敢直腰。涡阳县令已多日不在衙中，说是生病回乡了。李鸿章自知这是为避捻军，借故逃脱的。不见县令也好，反正自己是前来暗访捻军的，只要腾出房子来让兵勇们住下就行。

当晚约三更时分，有两个蒙面人飞身跃上县衙的墙头，略一扫视，飘然而下。李鸿章没有布置自己的兵勇在院中站岗，只有亲兵在屋内监视动静。他们怕暴露了身份，探不到情况不说，还要惹出麻烦事。所以，在院中只有一个更夫，“梆梆梆”地打着更。蒙面人下来，只见刀光一闪，可怜的更夫无声倒下。其中一个蒙面人捡起梆子，假充更夫，没事一般地在院子中敲了起来。另一个蒙面人则东张西望，好像在寻找什么。

守在屋里的值班兵勇见了这个情景，也不敢弄出半点响声，只轻手轻脚地推开了李鸿章的房门，小声把所见的经过讲述了一遍。李鸿章随值班兵勇移步来到大门前，透过门缝往院内看，果然是有两个蒙面人在东张西望。一会儿，只听一个蒙面人说：“下午明明看见百十个陌生的汉子来到了县衙，怎么会不见了呢？看来确实不是什么队伍，或许真是盐商，到县衙办完事就走了！”

李鸿章听了这话，吓出了一身冷汗。看来自己已被盯梢，当格外小心才是。大约四更过后，蒙面人才出了衙门。隐约听见衙门院墙外脚步声杂乱，渐渐远去，李鸿章才松了一口气，令兵勇四面加强防范，自己回床上休息去了。

次日，李鸿章沉思良久，觉得涡阳不是久留之地，仍扮作盐商，率众兵勇来到了蒙城。这蒙城的知县戴贤沛刚刚上任，正所谓“新官上任三把火”，很有些大智大勇的做派。李鸿章暗中到来，更给他增添了不少勇气，他与李鸿章商议：要整肃地方，就先拿张乐行开刀。

二人正商议到兴头上，忽然，李鸿章的探子来报，道：“张乐行率众捻子到外地打粮去了，去向不明，有说是河南，有说是山东，尚在继续查探之中。”

李鸿章叹了口气，道：“刚刚准备要拿他开刀，他倒溜了……”

戴贤沛道：“跑了和尚跑不了庙。他走了正好，把他家眷抓来问罪！”

当天，戴县令就派出十几名衙役，李鸿章也派出几名兵勇，飞骑奔向雉河集。他们先在集镇外埋伏下来，等天黑后摸进了张乐行的府上，把张乐行的老婆马

氏、杜金蝉二人装进麻袋，摔在马背上就往蒙城赶。却不料在回蒙城的路上，突然从杂树丛生的墓地里，奔出了几匹蹄子裹着布的快马，闪电般地冲开了戴县令、李鸿章的马队，把两个麻袋抢了过去。等众衙役回过神来，这些人马已奔得远了。

其实抢劫马氏、杜金蝉的张乐行手下人，也没有能保护好张乐行的两个老婆。他们从衙役手里劫得以后，又将马氏、杜金蝉带回了雉河集。人刚一落脚，又被几个蒙面大汉抢了去，一时间四处寻找，也找不到下落了。张乐行留守在雉河集的手下们心急如焚，不知张乐行打粮回来后，如何向他交代。

张乐行此时已跨进河南境内，一路抢劫地主豪富，收获颇丰。一天，有十几个陌生人来到张乐行的大帐中，要面见这捻头。他们道："你家出事了，两个妻子都被蒙城新任县令会同庐州来的李鸿章抓去了。我们获悉后，半路打劫，把马氏、杜金蝉救了下来，现安排在离这儿不远的一个村庄里。"

张乐行一听，二话没说，就带上义子王宛儿和两个枪手上马匆匆奔去。来报信的人在前带路，不时回头看张乐行，还找空儿给同伙们打手势。大约跑出去四五里地时，张乐行开始警觉起来，留心看这些人，个个手按刀剑，一副临战姿态。张乐行双腿一用力，扬起一鞭，他那坐骑顿时冲到了前面。果然，这些陌生人不让张乐行在前，也扬鞭上前，压住张乐行的马头。张乐行一看，猛勒缰绳，那马一声长嘶，前蹄扬起，停住脚步。两边的人因来不及勒马，飞闪而过。张乐行掉过马头就往回走。

"张乐行，请留下人头再走！"冲过去的马队见张乐行掉头，纷纷回马将张乐行夹在中间，舞刀弄剑地对张乐行露出了凶相。

张乐行的随从枪手已看出了异样，正准备上前保护张乐行，不料其中一个枪手已被对方一刀砍下马来。另一个枪手举枪回击，打死对方两人，这才脱身而逃。但对方人马仍紧追不舍，并开枪射击。张乐行的义子王宛儿也还机智勇猛，向自己身边的枪手使了一个眼色，两匹马陡然人立。说时迟，那时快，王宛儿的坐骑前蹄未落，紧追而来的对方已有四人被砍下马了。捻子们称这个动作叫"大漠篦沙"。

张乐行马不停蹄，继续回奔。王宛儿和枪手将马横在道中，想挡住对手。一阵刀剑交锋，终于杀得对方多数人身首异处。剩下两三人胆战心惊，逃奔而去。张乐行这才脱险。

蒙城戴县令与李鸿章这边因抓人抓到手却被人劫去，心中大为不快。李鸿章四处派出探子搜寻，终于得知是马桥一带老牛会的捻子所为，他们要以此控制张乐行，计划把张乐行及其全家铲除了以后，打通张乐行内部，收编张乐行的队伍。张乐行在河南边境被骗出门，险些丢了性命，也是老牛会的精心安排。

打听到张乐行两个妻子被关在马桥，李鸿章下令由自己的精兵出动，仅派出四人化妆到了马桥，用银子买通更夫，得知马氏、杜金蝉被关的准确位置在西院，几下工夫便把张乐行的两个妻子又抢了过来，关进了蒙城郊外的一个监房里。

张乐行在河南受惊，加之得知两个妻子被俘，马上急匆匆地回到了雉河集。他要救出马氏和杜金蝉，便亲率一支队伍，精选几十名枪手向蒙城扑来。

入夜，阴云蔽月，几十条黑影闪进蒙城监房大院，他们砍死看守，捣破后窗，割断马氏和杜金蝉的绑绳，把人救了出去。

李鸿章与蒙城县令得知杜金蝉、马氏被救，张乐行已从河南打粮回来，立即派出一班捕快，要逮张乐行。班头带一帮人来到张乐行府第，见警卫森严，大门两旁各有四尊铜炮，自知不是张乐行的对手，脑瓜一转，便毕恭毕敬地向张乐行施礼道："张三爷，我们戴大人及省府来的李大人久闻您的大名，请您到县衙里叙话。"

"告诉你们大人，要用文的，他书来我信往；要动武的，村外相见，兵马派来！"张乐行十分不客气地回道。

班头回去禀报，添油加醋地说了一番张乐行如何拒捕。戴县令与李鸿章自然无比愤怒，调出清兵数百人就包围了张乐行的村子，大喊着要张乐行跟他们走，不然就要炮火轰去。张乐行见真的要动武，便命义子宛儿将大旗插上屋顶，集合自己的队伍。

不一会儿，一面杏黄色大旗在张乐行的屋顶上冉冉升起，迎着劲风猎猎作响，数十只大海螺也向四面八方吹响。张乐行指挥枪手们轮番向清兵射击，进行坚决抵抗。

清军统领见数百人攻不下一个小村庄，便派出快骑飞报李鸿章等，要求再派援兵。李鸿章与那戴县令一想：这回已经把张乐行围住了，料他这一次插翅难逃。因此，便向邻县求助，增派两千人马赶来，将张乐行层层围定。

张乐行见清兵人多，恐自己弹药不济，便组织突围。他率队执刀而出，与清兵展开了白刃战。一时间，兵刃撞击声、吼叫声响成一片。张乐行纵马来回冲杀，想杀出一条血路。突然，一套索绳向张乐行的头顶飞来，张乐行躲闪不及，被套住了脖子。之后，张乐行一刀将索绳砍断，又挥起一刀，他直取手捏绳头的清兵管带的人头。清兵越上越多，步步向张乐行逼近。张乐行杀红了眼，一手抓着一把大刀，以"花开两朵"之势，玩起了"鸳鸯连环腿"，刀舞腿踢，但仍摆脱不了一阵又一阵冲上来的清兵。就在这时，只见马桥的清军兵营里浓烟滚滚，火光冲天。清军一见兵营被劫，大吃一惊。清军统领急忙率兵回头相救。

原来，张乐行杏黄大旗在屋顶一插便是信号，外围早有张乐行的捻子军去包围了清军的老营，以劫营调虎离山，使张乐行得以脱离险境。张乐行见清军回头而去，纵身上马，率众去追。追到马桥附近，见清兵并不救马桥兵营，丢下大火不管，一阵人喊马叫，向蒙城方向逃奔。

眼见血战在即，清军忽然逃散了，张乐行不知何故。这时，捻子军里三个探子来报："永城捻首冯金标、张凤山前来支援！"

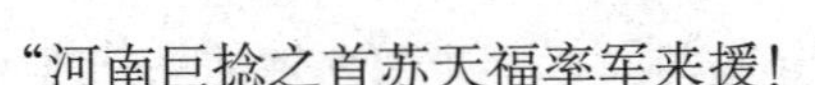

“河南巨捻之首苏天福率军来援！”

“王贯三两千捻军到达！”

张乐行心情异常激动，立即下马拜见了几位首领，然后同回雉河集。在雉河桥，张乐行以东道主的身份摆下酒宴，盛情接待四方捻首。张乐行道：“自上次十八家捻军携手结盟后，皖北一带捻军有很大发展，但时聚时散，威力没有得到充分发挥，所以地方州县的清军才敢不断与捻军作对。现在看来，还要真正结为一家，共举大义。”

众捻首一致赞同，说：此次既是来驰援张乐行，也是前来结盟的。于是，张乐行向周边孙葵心、任化邦、侯士伟等发出结盟邀请，决定结为一军。

一日，众首领集中议事，只见张乐行义子宛儿急匆匆地走上来，呈上一封刚刚收到的官方来函。

张乐行当众拆开一看，勃然大怒，道：“众家兄弟，我这儿刚刚收到蒙城县令及李鸿章的联名来信，说：‘我们以朝廷命官的名义，奉劝众捻匪们悬崖勒马，回头是岸，归附朝廷。如能杀了苏天福、任化邦、孙葵心等捻首以明心迹，保证相安无事。如能率众投奔团练，与官军联合共御洪秀全的长毛，则保证加官晋爵。’众家兄弟，你们看如何是好呀？！”

众首领大哗，一致要求捣毁蒙城县衙，杀了戴、李两个人。

张乐行将信丢在脚下，一拍桌子，道：“宛儿，送信的人给我宰了！”

众捻首一致拥护，迅速结盟，会上议定张乐行为“大汉明命王”。又根据张乐行的提议，按五种不同颜色，将捻军分五旗，选出五位总旗主：

黄旗总旗主：张乐行；

白旗总旗主：孙葵心；

蓝旗总旗主：任化邦；

黑旗总旗主：苏天福；

红旗总旗主：侯士伟。

接着，众捻首讨论了各旗内部如何编制，制定了军律。

结盟会议仍在进行中，张乐行见自己面前匣子上的香快要燃尽，便动手换香，没留神把香碰断了一根，小孔里的香头取不出来，只得翻转匣子来倒，哪知一磕磕下许多黑色粉末，不由惊呼：

“炸药！这是炸药！”

众首领一惊，一齐动手，掐断了燃香，待撬开匣子一看，里面果然装满了炸药。

张乐行把义子宛儿喊来，斥道：“会场是你负责布置的，你说这炸药到底是不是你放的？！”

宛儿大呼冤枉，也不知炸药是什么人在何时放进去的。于是赶快查看其他匣

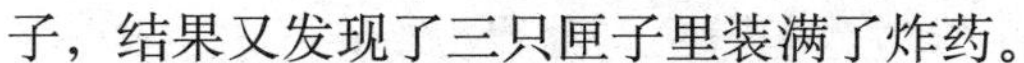
子，结果又发现了三只匣子里装满了炸药。

张乐行十分恼火，下令要杀了宛儿。众捻首一齐上前阻拦，苏天福道：“宛儿多年跟您出生入死，绝不会干这种事情。依愚之见，既然有人在此安放炸药，必有人埋伏在附近。待我等被炸后，他们再包围而来！”

于是，几个头领私下商议，想出一个计策，分别开始行动。

张乐行装作没事一般，以吵嚷声太大、扰乱议事为由，传令各路捻军后撤二里。张乐行带众捻首来到前院，命人在后院将炸药点燃，只听得山崩地裂般的一阵爆炸，后院房屋墙倒屋塌。硝烟刚过，果然从周围矮墙后、草丛中窜出一百多名彪形大汉，手持各种兵器扑来。为首的清兵头领冲到爆炸现场，一见瓦砾之中没有尸体，情知不妙，倒头就跑。此时哪还能跑得掉？张乐行一声大吼，众捻军蜂拥而上，拦住了这一百多清军兵勇，杀死过半，其余俘虏。

据清兵俘虏交代：此乃李鸿章和蒙城知县共同定下的计策。他们得知上万捻军要在雉河集结盟举义，自知强攻无效，便派出兵勇，打入捻军内部，装上炸药，布下伏兵，想一举把众捻首剿灭。不想此计被识破，前功尽弃了。

雉河集结盟已经完成。张乐行完成了结盟以后，决定要给蒙城官衙一点颜色瞧瞧，连同李鸿章，决不轻饶。他率队出发，先要踏平蒙城四周的清军营垒，然后直冲县衙，活捉仇人。

这日夜，张乐行来到蒙城郊外的清军营垒附近，观察了一会，见营外竟然没有岗哨，便命大队人马在营垒外里把路的地方隐蔽下来，自己带精兵飘然溜进营寨，在寨内转了一圈，杀了几个熟睡的清兵，然后悄悄打开大门，发出信号，让捻军士兵高抬腿，轻落步，分成小队按手势向各营帐摸去。一时间寨内砍脖子的“咔咔”声响成一片。

“有人摸营了！”突然有清兵惊呼，接着有三四十人，跳上马就跑。

“吹号！”张乐行下令。数十只海螺号在夜幕下吹响。捻军各队听得号声，纷纷上马，奋勇拼杀、追剿。这一仗，清兵死伤超过五百人，损失惨重。

不久，李鸿章从庐州一带调集的团练计五千余人抵达蒙城、颍州、亳州一带。经探子侦察，张乐行的捻子军大部分向蒙城集结，准备攻占蒙城，并口口声声要活捉县令戴贤沛和六品团练帮办李鸿章。其势如洪水一般，来得猛烈，在蒙城死守定然一败涂地。李鸿章还得知：张乐行的老巢雉河集仍有四千多名捻子驻扎，大量军械、粮草都藏匿在那里。李鸿章在心中盘算：你张乐行要到蒙城来取我的人头，还不如让你前来，我却打到你的老家去，直捣你的老窝。主意一定，便令自己的团练大军分头向雉河集靠拢，彻底捣毁张乐行的老巢。

刘铭传带两千人从肥西出发，已进驻涡阳城，吴长庆、张树声带一千五百兵勇就到雉河集南部二十里待命，周盛波、周盛传兄弟俩所统一千五百人已越过雉

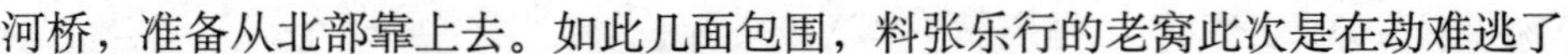

河桥，准备从北部靠上去。如此几面包围，料张乐行的老窝此次是在劫难逃了。

一边是张乐行包围了蒙城，一边是李鸿章包围了雉河集。真正是鸭子吃稻——一报还一报。李鸿章出了蒙城，带上自己的护身兵勇到了涡阳城。与刘铭传见面后，二人共同商量了进攻方案，决定乘黑夜埋下伏兵，天明就打，速战速决，进占雉河集。方案部署下去以后，李鸿章随铭军一同出发，在雉河集西面扎下营帐。派出的几十名探子连夜已摸到了雉河集几处民房内，与四面包围过来的团练兵勇们里应外合。天色刚刚能看出人影，太阳尚未出山，刘铭传开出第一炮，东、西、南、北便四方进击，打得雉河集的捻军措手不及。大多数捻子们还躺在被窝里睡大觉，炮弹落在窗下，这才被炸醒，慌忙摸枪起来应战。进攻的炮火也实在猛烈，雉河集里的捻子军无法躲避，一时间墙倒屋塌，人喊马叫，许多捻子还没有穿好衣服，就饮弹而倒了。在炮位上的捻子，绝大多数刚进入阵地，大炮就被炸倒，成了死炮。待重新整理，装弹发射时，雉河集内已是满街的尸体。

刘铭传久经沙场，不怕吃苦，他沉着勇敢，机智善战，此次是第一次与其他团练协同作战，也同样英勇无畏，打得十分出色。刘铭传正在营垒指挥，准备在炮火轰击一阵后，发起进攻，直冲街头。正在这时，他发现一颗炮弹落在身边，还未爆炸，同时雉河集内已有一批又一批捻军突围而来。眼见这颗炮弹就要爆炸，刘铭传的营垒乱作一团，兵勇们有的跑，有的叫，有的抱头就趴倒。可是，刘铭传却沉着地飞起一脚，将炮弹踢向突围而来的捻军，只见那炮弹还未着地，就发出一声巨响，在捻子们中间炸开了花。捻子们被炸得腿、脚横飞，血肉模糊。刘铭传这一脚，踢得军威大振，士气高昂。一阵进军号角吹响之后，四周的兵勇如猛虎下山，全线占领了雉河集。经清点，此次突袭张乐行的老窝，共歼捻军三千余人，另有一千余人投降。张乐行及其二老婆杜金蝉此时正在蒙城作战。战斗中，他的大老婆马氏死于乱刀之下，所有枪炮、粮草均被李鸿章的团练所获。

攻陷了雉河集，李鸿章等又整顿队伍，乘胜进军，扑向蒙城，前来解救蒙城一难。李鸿章仍分三路，对蒙城外的捻军实行反包围。张乐行此时已获悉雉河集被攻陷，攻打蒙城也心不在焉了。见李鸿章大队人马包抄而来，他不敢贪恋攻城，挥师而去，直奔山东境内。

大军进入蒙城，戴县令出城迎接，在城中摆下酒宴，敲锣打鼓，与李鸿章等同庆胜利。

李鸿章再战又胜，心中异常欢喜。庐州城里很快得报，对李鸿章一片夸赞之声。安徽巡抚李嘉端也说话算数，将李鸿章奏上朝廷，朝廷因功赏李鸿章一个知府的头衔，又奖授其弟李鹤章一个空名：“剿匪模花。”李鸿章回到庐州城，百感交集。他的情感是细腻的，这似乎倒与他高大的外表有些不相称。他下意识地摸了一下嘴角，连日奔波，已生了许多髭须，好像几个月中老了许多……

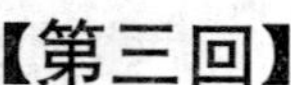

【第三回】

围凶兵泸州遭陷，守坚城庆远更名

就在李嘉端为李鸿章请功后不久，太平军翼王石达开在皖南沿江一带奉命改守为攻，长驱直入地攻取了集贤关、桐城。清兵望风而退，向庐州城靠拢。舒城，是省府庐州城的西南门户，此时只有帮办团练大臣吕贤基在这里驻守。他手下兵勇死的死，逃的逃，已全无招架之力。李鸿章对岳父的处境十分挂念，听说他率官军迎击不利，两名从三品的游击在出城征战中阵亡。他便骑上快马，赶到舒城探望，帮助商议防御之事。一边又从刘铭传、张树声、周盛波手下共调集了千名兵勇，同期到了舒城，支援吕贤基。

翁婿二人见面，没有欢声笑语。吕贤基说到危难处，老泪横流，道：“少荃呀，你的心意我已经领受了，但这一千兵勇既救不了我吕贤基，也救不了舒城，或许也救不了你的庐州城。你不要管我了，反正我已活得够了，也不想再活了，你只要好好待淑云，我死也闭眼了！”

翁婿二人正说着话，忽有探子来报：“胡以晃、曾天养率领太平军已兵临城下！”吕贤基听报并不吃惊，表现得异常麻木，好像并不关他什么事似的。他只顾推着李鸿章的后背，催道：“少荃快回庐州吧！你快快逃走吧！”

李鸿章本想再多呆一会，怎奈岳丈大人催得紧急而又坚决，便含泪上马而去。舒城军中有不知情者，见李鸿章在危急关头抛下主帅吕贤基，逃奔庐州，纷纷私下责骂李鸿章，说他不仁不义，见死不救。其实不仅是吕贤基催他回庐州，李鸿章自己也重任在肩，心急如焚。他的兵勇驻扎在庐州城西北的岗集一带，眼下庐州告急，他的军中群雄无首，也急等他回去安排。安徽一地，因太平军屡屡得手，陷落了将近一半的城池，咸丰皇帝盛怒之下，将巡抚易人，由太平军的老对头江忠源接任。

江忠源刚抵庐州，便接到曾国藩书信一封，希望他能与李鸿章“铖芥契合”，并力荐李鸿章。李鸿章与江忠源是在同一天接到曾国藩书信的。李鸿章心

情异常激动，见信如见人，久久不能平静。他深知江忠源是受命于危难之时，于是暗暗决定，要鼎力助江忠源一把。所以，快马扬鞭赶回庐州，亦有情可原。

李鸿章父亲的情况更令他日日放心不下。李文安回安徽老家后，虽被推为团董，但伤感国事，忧郁成疾，病势一天天地加重。就在李鸿章前往蒙城、雉河集一带时，已经卧床不起。家中所有人都对他瞒得严严实实，不让他知道时局的危急。李鸿章日日奔波在外，母亲李氏及夫人周氏、侧室夫人吕氏也十分担心他。吕淑云尤其心焦，既忧父亲，又虑李鸿章。每日里满脸愁云，稍有鸡飞狗叫，她便心悸惊骇，担心李鸿章及父亲吕贤基遭遇了不幸。

这日，李鸿章从舒城回到岗集，作了一番部署以后，至深夜才回到家中。两位老人家都睡下了，只有周氏、吕氏还与往常一样，守在灯下读书，等候李鸿章归来。李鸿章见了吕氏就道："今天去看岳丈大人了。他那舒城也不安宁，我派去了千余兵勇相援，已布置停当，估计可以抵挡住的。"

吕氏听了很感动："你能有这般心意，真让人高兴。"说完，安排了李鸿章洗脸、洗脚，准备迎李鸿章到自己房中休息。这夜残星冷月，万籁俱寂。吕氏与李鸿章都感到两眼朦胧，睡意困人，便解衣躺下。刚想闭眼，猛听得院外一阵犬吠，且几条狗越叫越烈。伴着狗叫声，又听得一阵急速的脚步声传来。不一会儿，这脚步声似潮水一般地涌入院中。吕淑云披衣起床，推开纸窗向外窥望，依稀辨得出是在前方打仗的乡勇们回来了。还有几个人抬了一扇门板，上面好像躺着一个人，看不清是男是女，用白布盖着全身。吕淑云本能地唤起李鸿章，心儿顿时提到了嗓子眼。她用手捂住自己的胸口，心想：不好了！谁？是死？还是活？但是，那明明是兜头兜脚，整个人用布覆盖住的，肯定是死了。她拉着李鸿章开门出屋，只见刘铭传、张树声等人呆呆地站在院子中间，也不说话。吕氏上前揭开白布，顿时觉得天昏地暗、五雷轰顶一般。只听她"啊"地一声哭了起来：躺在门板上的不是别人，正是她的父亲吕贤基！

父亲死了，吕氏抑制不住痛哭，惊动了卧床不起的李文安。李文安用微弱的声音喊醒了夫人李氏，道："你快去院子中看看，出了什么事了？好像是淑云的哭声哩！"

李氏慌忙起床，边穿衣服边侧耳听着淑云的哭声，心中一惊，来到院中。一切都瞒不住了。李鸿章见吕氏哭得凄惨，自己不觉也落下泪来，见母亲大人来到院中，便向母亲道："淑云她父亲在舒城殉难了！"

这话如一声惊雷，躺在病床上的李文安听得真切，张大了嘴，"啊！啊"地说不出话，喘不过气来。见李文安老泪横流，李鸿章母亲李氏喊着跑到床边，用手轻拍着接不上气的李文安。李文安神情十分古怪，眼角挂着泪水，身子却歪倒在一边，用力扶也扶不起来。李夫人也急得大哭起来："我的天啦，老爷子好像

中风了，不省人事了，这该如何是好啊！快，快！快派人去城里请胡太医前来，快去呀！”

李鸿章闻声，奔到父亲的床前。老人淌着泪水，痛苦地、直勾勾地望着李鸿章，嘴大张着，却说不出话来。李鸿章连声喊着父亲，他一声也答应不出来。见情况不好，他忙转身吩咐刘斗斋与佣人萧升立刻骑马去合肥城里请医生。去安慰一下父亲及母亲大人后，他又急急忙忙来到淑云的卧房，见夫人周氏正与淑云在一间房里，相拥在一起哭诉着。李鸿章动情地拉起吕氏的手说：“淑云呀，我对不起你。白天时我去舒城，本该留下与老人一块儿抗敌的。但老人一定要我回来，我也的确有事要回岗集，孰料这一次竟成永诀！请你原谅！”李鸿章忽然想起了什么，急步来到院中，见刘铭传已带领弟兄们离去，只有周盛波、张树声还坐在院中，闷闷地抽着旱烟。他们见了李鸿章，慌忙起身，问：“可有什么吩咐？”李鸿章道：“吕大人是怎么阵亡的？”

周盛波、张树声二人一听问话，你看看我，我看看你，没有一个人愿意开口答话。李鸿章又追问一句，声音明显提高了一些，道：“该不是你们贪生怕死，把老人家推到绝境的吧？”

这句问话非同小可，周、张二人都紧张起来，道：“不是，不是！”

周盛波说：“李大人息怒，容我如实禀告。就在你前脚离开了舒城，太平军胡以晃、曾天养后脚就到了城下，枪炮齐鸣，仅半个时辰就轰塌了城墙，长毛军潮水一般地涌进了内城。两军在街巷中肉搏，终因我军寡不敌众，无力抗争，让太平军逼到了城东。团练大臣吕大人虽率兵在舒城，但无守土之职。因而我们都劝他放弃舒城，向庐州撤退。但吕大人不肯，知道城破，就坚持要学古人以身殉城。他自己不走，倒反过来劝我们先撤退。刑部主事朱麟祺当场战死，吕大人见他被太平军斩杀，更是痛不欲生。此时我们已被太平军逼出城外，舒城尽失，太平军在城中一阵欢呼。吕大人只觉自己无地自容，纵身跃入河中……我们从桥上快步奔到桥下，也跳入水中，但好一会才找到吕大人的尸体。幸好有刘铭传等指挥兵勇掩护我们，不然，我们连寻找吕大人尸体的机会都没有。大家乘黑夜突围出来，侥幸回到这里，在路上将吕大人潮湿的外衣换了，才抬进这院子中来的……”

李鸿章听得明白：岳丈大人虽是投河自尽，但也死得壮烈。他紧锁了眉头，吩咐人去东院设置了灵堂，又对周盛波、张树声道：“团练大臣吕大人以身殉城，死得重如泰山。他不是跃入河中，而是不慎跌入河中！是跌入河中！记住了么？！”

周盛波、张树声心领神会，加重了语气道：“对！是失足跌入河中，跌入河中的！”李鸿章让周盛波、张树声二人去营里休息，自己返回到吕淑云的房中。

淑云还在失声痛哭。李鸿章把岳丈大人如何坚守城池，又如何“跌入”河中的情节绘声绘色地向两位夫人讲述一番后，又安慰了许久。

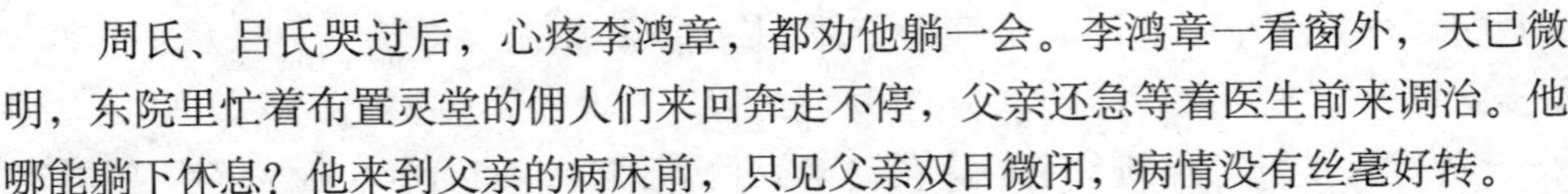

周氏、吕氏哭过后，心疼李鸿章，都劝他躺一会。李鸿章一看窗外，天已微明，东院里忙着布置灵堂的佣人们来回奔走不停，父亲还急等着医生前来调治。他哪能躺下休息？他来到父亲的病床前，只见父亲双目微闭，病情没有丝毫好转。

刘斗斋及萧升二人连夜赶到城中，用一抬大轿抬着胡太医急奔蜀山脚下。到了李鸿章的府中，已是天色大亮。胡太医费尽了心机，用了多种名贵药材为李文安诊治，怎奈他体力太差，长久卧床，下床行走已是不可能了。

吕贤基在合肥没有更多的亲人，只有儿子吕锦文身在京师。这会儿，吕锦文正匆匆赶往合肥，尚在途中。吕贤基的丧事由李家操办，按说本不该，但也是没有办法。

一连几天里，李府东院里哭声震天，愁云惨雾，花钱雇来的几十名乡间妇女在灵堂中哭得更是凄凄惨惨。李鸿章在灵堂中无法落脚，次日便赶到庐州城里去了。因为舒城一破，庐州城危在旦夕，他要忙于御敌事务。吕贤基的丧事全交由李鹤章和四弟昭庆操办。合肥已是兵临城下，讲不得过分的排场，所幸是李府在合肥的威望，让吕贤基死后沾了不少光，也算得风风光光了。皇上得到申奏，追念吕贤基因公殉国，特旨赠以尚书衔。儿子吕锦文因其父之功，赏世袭骑都尉，并由正七品的翰林院编修，升为从五品的翰林侍读。朝廷还赐银三千两，命吕锦文带回合肥治丧。吕锦文一路快马加鞭，匆匆赶到合肥，不仅带回了银两，还带来了咸丰皇上御赐的祭文和清廷中大小官员所送的挽词、挽联。有许多合肥人是一辈子没有见过这样的风光的。

李、吕两家人研究了一下，因庐州城告急，不敢长时间祭祀，遂决定暂将吕贤基筑坟安葬在西乡蜀山半坡之上，待战事稍缓时，再择日移葬皖南旌德原籍。

太平军果真蜂拥而来了，势不可挡。江忠源初进庐州，街巷尚不熟悉，便要匆匆应战了。他深知咸丰皇帝寄予他的厚望，决意率领他自江西带过来的一千多名兵勇，誓死抗争。

咸丰三年十二月十六日，即一八五四年一月十四日，太平军数万人马云集庐州。这庐州府城高池深，一看的确不同于安徽的其他城市。胡以晃、曾天养奉翼王石达开之命到达庐州后，马不停蹄地察看地势地貌，决定强攻，并同时打援。一声令下，数万太平军呐喊着向庐州七个城门同时发动猛攻。胡以晃统一指挥攻城，曾天养率兵勇将城外的清兵死死地挡在城外。咸丰皇帝深知庐州地处重要位置，若被攻陷，洪秀全的太平军在金陵便可长治久安了。因此咸丰皇帝不仅派出悍将江忠源出任安徽巡抚，而且调集了玉山、张印塘、音德布、舒兴阿、戴文澜共约万余清军紧急支援合肥，加上李鸿章、刘铭传、周盛波的团练，此时在庐州城外集结的清军总兵力已接近一万五千人。在庐州城中，江忠源所能指挥的清兵也有万人，人数虽然不少，但新兵所占比例过大，缺少训练，纪律涣散，兵无斗志。江忠源初入庐州，马上就发现了这一问题，但已来不及调教了。

到发动总攻时，太平军集结在庐州及周边地区的总兵力达到十万人。他们人多势众，加之一路破城，士气正高，且大多数人身经百战，经验丰富，显然占有很大的优势。胡以晃、曾天养命令全军在城外修筑两道防线，一道对城内进攻，一道对城外防御，各自为阵，伺机互援，有条不紊。

李鸿章率团练在城西北约十五里地处扎下大营。舒兴阿手下的清兵在蜀山脚下筑营，与太平军猛烈交锋。打了大半天，舒兴阿、李鸿章等都未能靠近庐州城一步，只能在原地抵抗。

夜幕降临了，太平军在组织着一场大规模的轰城。他们乘着夜雾，轰塌了庐州城水西门的城墙数丈，江忠源率兵阻挡，只打了几个回合，太平军便奋勇入城。到天明时，已全线攻占了庐州城。此次入城，寿春镇总兵玉山被当场击毙，陕西总督舒兴阿所率骑兵被击溃。清廷布政使刘裕钤、前任布政使李本仁、副将松安、都司戴文澜及马良勋逃跑不及，均被活捉处斩。新任巡抚江忠源被太平军兵勇穷追不舍，他虽时不时转身抵抗，一把大环刀砍来砍去，但早已血染征袍。英雄固健，但出路难寻，太平军几十人一直把江忠源追到包河岸边。他自知回天无力，丢了城池罪责难逃，只好投水自尽了。

李鸿章在岗集一带，明知蜀山脚下的家中定然有难，但想到恩师曾国藩要他鼎力相助江忠源的话，不由得陷入了深深的痛苦之中。他站在一个小岗顶上，亲眼目睹了不远的庐州城炮火连天的景象，但他无力去救。凭他那一点团练的兵力，怎么能冲垮翼王铁军？

一会儿，探子来报："庐州失守了，新任巡抚江忠源投河身亡……"李鸿章闻讯，大吃一惊，从岗头上跌落下来。他清楚这个江忠源，满肚子才华，自从蓑衣渡那一仗成名以来，为朝廷立下了汗马功劳，如今刚当上巡抚才几天，这就一死了之了？！他为江忠源之死深感悲痛，也为自己的所需所求打上了一个问号：自己面临的又是什么？他失望至极，难道自己到头来也难免一死么？

正在李鸿章泄气之际，又有探兵来报：说李鸿章在磨店乡的老宅和蜀山脚下的新宅，都被太平军一把火烧成灰烬，亲人四处逃散。李鹤章与太平军拼杀，被人认出，身中数枪，受了重伤；他的妻子李氏不幸遇难……

李鸿章痛不欲生了。悲恸之中，他不禁对太平军涌起了一股铭心刻骨的仇恨，这仇恨使他从彷徨之中走了出来。他咬牙切齿，决计与太平军争个你死我活。

又一个探兵来，才使得他渐渐恢复了常态：卧床不起的父亲、母亲、兄弟及妻子都还平安，在家丁们的保护下得以移居他处……李鸿章双手握拳，对天长叹："多谢苍天保佑！"

硝烟过后，合肥照样是绿水环绕，绿树拥抱着。这座绿色之城是李鸿章的

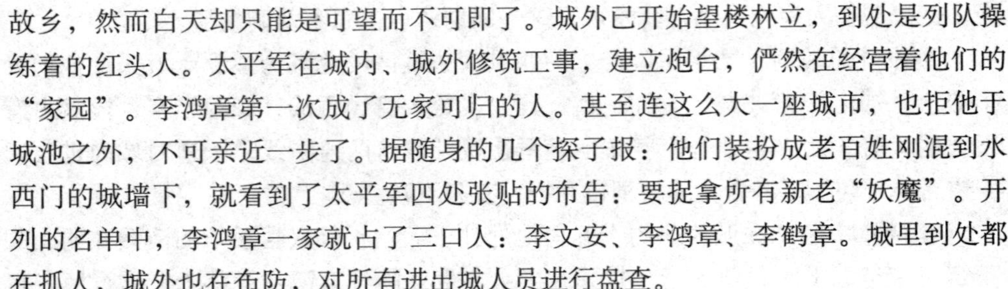

故乡，然而白天却只能是可望而不可即了。城外已开始望楼林立，到处是列队操练着的红头人。太平军在城内、城外修筑工事，建立炮台，俨然在经营着他们的“家园”。李鸿章第一次成了无家可归的人。甚至连这么大一座城市，也拒他于城池之外，不可亲近一步了。据随身的几个探子报：他们装扮成老百姓刚混到水西门的城墙下，就看到了太平军四处张贴的布告：要捉拿所有新老“妖魔”。开列的名单中，李鸿章一家就占了三口人：李文安、李鸿章、李鹤章。城里到处都在抓人，城外也在布防，对所有进出城人员进行盘查。

李鸿章一直在寻找家人的下落。最早听说他们混入难民堆里，集体住在蜀山上的一个破庙里。后来又听说有家丁、佣人们帮忙，转到合肥西的一个乡下去了。但到底在谁家，在什么地方，李鸿章暗中寻找了几天也毫无结果。

这是一次刻骨铭心的生死离别，他越发感到世事维艰。他挂念着家人，料想家人也在为他的处境担心，一定同样在四处探听他的下落。然而，庐州易主，他人在故乡这块土地上，却不敢抛头露面，从早到晚躲躲藏藏，唯恐撞到太平军手里。幸亏有一天在北乡青州镇遇上了老同学蒯德标，这才有了安身之处。

太平军攻克庐州城的消息传到金陵城，洪秀全、杨秀清的精神为之一振。洪秀全大摆宴席，论功行赏。石达开开辟了安徽这片辽阔的后方基地，他就成了安徽这片土地上的最高统治者，代表洪秀全在那里运筹帷幄。石达开一占领庐州，就在街头搭建起高台，让将士们登台演讲，宣传天朝政策。胡以晃、曾天养等还深入民间，访贫问苦，救济难民。按照洪秀全的谕令，石达开在安徽占领区宣布实行新的税收政策，其收取额度比清廷低得多；没有田地耕种的百姓还分到了一些田地，让穷人们欢欣鼓舞。整个地区很快稳定下来，开始出现一些生机。

然而，不久洪秀全的一封诏令又飞马送抵庐州。他要翼王石达开在安徽境内全面推行天朝圣库制度。石达开虽左右为难，但仍旧奉命遵守，结果民众普遍抵制。

石达开得到这个信息，决定易制。他在庐州易制获得成功，并全面推广，得到百姓的热烈拥护。

这一步成功后，洪秀全准备将队伍向江西、湖北推进。

不久，方案定下，两路主力大军同时出发，一路由韦俊、石镇仑率领，一路由曾天养、石祥祯、石凤魁、韦以德、林绍璋率领，再度入鄂，逼攻武汉。

清军这边，早已得到报告。湖广总督兵败丧命，太平军乘胜再次攻占了汉阳、汉口、金口。两路太平军集结武汉之后，重新调整了编队：一路由石祥祯、林绍璋率兵进军湖南，一路由韦俊、石凤魁率兵驻守武汉，伺机向四川逼近。

合肥北乡青州镇，李鸿章在蒯德标家一住就是五六天。李鸿章心急火燎，在这里虽然平安无事，但消息全无，不知庐州府那边有何进展。这日，李鸿章在街头闲逛，隐约听到人们议论：清廷里的咸丰皇帝得知安徽大面积失陷，非常恼火，令满洲正白旗人福济出任安徽巡抚，统带安徽军、政要务。李鸿章心头一惊，想到自己为拉刘铭传入伙拦杀瘦猴，恐怕已经得罪了福济大人。但转念一想：这时局正乱，瘦猴早已骨头打鼓去了，谅他不会为一个死人计较。况如今安徽人才异常缺乏，我李鸿章无论如何也是六品顶戴、朝廷的命官，福济尽可不用，也不至于反目为仇，拒我李鸿章于千里之外。

李鸿章清楚：福济系必禄氏后孙，字元修，道光年间的进士。他的出众之处就在于：曾出任过丁未科进士副考官，当过李鸿章的座师。他对李鸿章有很深的了解。正如李鸿章自己估计的那样：他不会因为一个已死的地方恶霸而与李鸿章过意不去。何况，此时正是急需用人的时候。福济在官场上浮沉多年，知道这个巡抚的头衔在没有夺回庐州之前是虚的，几乎一钱不值。他只有联络当地有识之士，把像李鸿章这样的人用起来，才有希望重新跨进庐州城，名副其实地当他的巡抚。所以，当他打听到李鸿章在青州镇一带寻找家人时，一面帮助打听，一面派人快马赶到青州，诚心实意地召李鸿章入幕，助他一臂之力。

李鸿章是求之不得的，他已落到如此地步，只要能有个名分，安下身来，便不会讲究价钱了。他急需一个政治和经济上的靠山，福济是他一心追求的目标。所以，在接到福济的邀请以后，他半天也没敢耽搁，快马加鞭，在六安城外的一个客栈里见到了福济。

李鸿章与福济一番长谈，已很投机。福济为其安排了手下，李鸿章由此鼓足了劲头。

次日开始，李鸿章投入了紧张的准备之中。他召集到了刘铭传、周盛波、吴廷香、吴长庆、刘斗斋等人，会同莫清云、吉顺和副都统忠泰等人，加紧招募新兵，训练队伍，筹集粮草、军械。仅十多天，就拉起了一万余人的混合军。这当中有他的团练乡勇、刘铭传的铭军将士及莫清云、吉顺和忠泰的老牌子官军。

这已是咸丰五年的二月初，李鸿章与忠泰、刘铭传等分别向合肥东南的含山、巢县和西南的舒城进攻，一阵紧走慢赶，队伍在四日后都分别到达了指定地点。各路大军约定：二月七日同时向三个地方的太平军发起进攻，以此防止太平军互援。二月六日，李鸿章率莫清云、吉顺的官军马队抵达含山附近，在山岭间扎下大营，准备次日天明就开炮攻城。

这天清晨，东起含山县城的小东门，西至小西门，清军两千多马队兵勇向含山发起了狂烈的进攻。含山城内外，经过太平军的重新部署，防守也更加严密。太平军也早得探报，知道李鸿章已率清军而来。太平军因为西征，大部分兵力调走，城中只有一千五百名兵勇，但许多城市的老百姓参加进去了，而且有的百姓居然手持农具登上了城墙。太平军对这些参战的老百姓发放银两，这对调动老百姓参战的积极性起到了一些作用。因此，这场争斗既艰苦，又激烈，四座城门附

近的拼杀尤为残酷。李鸿章的清军占领了制高点，又安放了三尊重达五千斤的巨炮，火力强大，太平军一时没有占到上风。在炮火的掩护下，李鸿章指挥兵勇靠近墙根架设云梯，一个接一个向墙上攀登。这些兵勇在离墙头还有丈把远时，就抛出带有铁钩的软绳。有时一抛，钩子挂住了守城太平军的衣裤，下面的清兵用力一拖，就连人带军械一起拖了下来。之后，清兵们就收起绳子，抽出腰刀杀了上去。李鸿章在城墙下看得十分高兴。他此时似出山之虎，在墙下奔跑，为清军呐喊。一些兵勇听到他的喊声，士气高昂，以一当十，一段又一段的城墙被李鸿章的清兵占领了。

突然一声巨响，含山城的北城门被炸开，清军将士冲进大门，直奔内城。百姓们纷纷出城逃奔，人挤着人，有的不慎跌倒者就惨死在乱脚之下。含山城里的太平军无处藏身，头领与一千多名太平军将士，全部被杀。李鸿章兴奋不已，就如同大仇已报一般，失态地狂呼起来。

在含山城内，李鸿章设下宴席，犒劳各路头领，又为所有士兵分发了赏钱。当晚，李鸿章接到巢县战场上的飞报：巢县战事紧急，强攻不下，请求李鸿章支援。李鸿章不敢怠慢，留下一千马队驻守含山，自己率兵勇连夜离开含山，直奔巢县而来。

李鸿章一路上的心情十分愉快，好像从来也没有像今夜这么舒畅过。一路思绪万千，不觉已靠近巢县。副都统忠泰早已命人打着火把在路上迎候。李鸿章立即吩咐变换队形，分别配合忠泰的部下投入战斗。李鸿章见了忠泰，二人商量决定：天明打响！

于是，下令所有将士暂时席地而卧，休息一会后，立即开炮。

李鸿章在迷迷蒙蒙的时候，只听得“轰”地一声，好似山崩地裂。他睁眼一看，天已大亮。这一炮正打在他的营帐不远处，钻出帐篷一看，连在不远处的两个帐篷已经着火，兵勇正四处躲避，有三个马队的士兵已被炸得血肉模糊。李鸿章一惊，用手比划着令炮手们开炮还击。就在这时，又一发炮弹从巢县南山城头上打来，落在离李鸿章三四丈远的地方。他只觉得有人猛推了他一把，他身子向前一倾，整个身子被人压在底下。随着一身巨响，尘飞土扬。响声过后，扭头一看，压着他的是刘斗斋。刘斗斋受伤了，腿上和臀部被炸伤，人已昏迷不醒。

刘斗斋救了李鸿章一命。李鸿章在站起身来，发现自己完好无损时，才意识到刘斗斋这一推，等于送了他一条命。救命之恩，当涌泉相报。李鸿章动情了，急得掉下泪来，命人赶快将刘斗斋抬到帐篷中救治。忠泰在一旁安慰李鸿章道：“你别紧张，没有伤到要害部位，很快就会痊愈的。”李鸿章想到刘斗斋被父亲李文安救过一命的事，在心中感慨万千。人在这个世上，若能替别人做一两件好事，摸不准到什么时候便会受益无穷的。由此，李鸿章又想到了父亲，正所谓前

人栽树，后人乘凉……

一匹快马直奔李鸿章的营帐而来，在李鸿章身边停下。骑马人向李鸿章躬了一下身子，急切道：“禀报李大人，您的家人现在肥西紫篷山找到。福济大人差我前来报信，让你火速前去探望！”

李鸿章喜极忘形。突然，他摇手道：“多谢了，但现在我正在攻城之中，军不可一时无首。你先去禀报福济巡抚大人，就说我李鸿章深深谢恩了，待收复了巢县，再去探视我的亲人们！”

“这样不行呀，福济大人有交代，定要我引你速去合肥西乡紫篷山的！”

“你先去嘛！打完这一仗不用你说，我也会快马回奔的！”李鸿章仍坚持不离战场。

“令尊大人在乡下仙逝了……”

“什么？！”李鸿章大吼起来，这回不是热烈地去抓送信人的手，而是上前一把揪住他的衣领，又喊叫一声：“什么？！”

送信人又把话儿重复一遍。李鸿章只感到天旋地转。父亲李文安已经去世的消息差点儿让他当场一头栽倒。

在回乡奔丧的路上，李鸿章的心情沉重得像灌了铅似的，泪水不干。

来到家人临时寄居的紫篷山下的一排平房里时，父亲的尸体已经下地了。福济派人找到李鸿章家人时，李文安过世已经七八天了。由于气温过高，尸体不宜久放，便在附近的小山坡上临时筑坟安葬。

李家老少齐聚，抱头痛哭。痛失亲人的悲痛让李鸿章晕了过去。

醒来的时候，李鸿章才得知父亲大人是在睡梦中走的，走时没有痛苦，只在枕下留有字条，上面写的是：“贼势猖獗，民不聊生。吾父子世受国恩。此贼不灭，何以家为，汝辈努力以成吾志……”这算是给李家兄弟的遗训。

次日清晨，李鸿章独自一人来到父亲的新坟前。尖尖堆起的坟前，仍见纸灰萦萦。李鸿章想起一路走来的风风雨雨，不禁悲从心起，失声痛哭。

此后几日里，李鸿章天天来到父亲的坟前。周氏、吕氏知道了，跟亲姐妹一般，每次都手拉着手站在李鸿章的身后，跟着来到荒冢之外，远远地陪着她们的丈夫。

设灵堂守孝的四十九天不知不觉过去了。以后的日子，便不能随意到坟头来了。这是合肥的风俗，只在每逢单七日那一天，才来坟上祭吊一次。

这天，家中又来一人，让李鸿章自回家守制后，第一次显露出了笑容。刘斗斋，自巢县战斗打到一半时下来，被人送到巢湖边上的一个渔民之家，养了一段时间伤，这才伤疤愈合，恢复如初，又奔李鸿章来了。

刘斗斋大难不死，而且还告诉李鸿章，清军大败，要不是他回家奔丧，恐怕

也性命不保，是他父亲救了他一命。

李鸿章醒悟过来，身上已吓出了冷汗，长叹一声："苍天保佑，父亲大人保佑！"

这天是父亲去世后第八个七日祭吊日。上午，兄弟几人连同刘斗斋等一行二十几人来到李文安坟头磕头、烧纸。祭吊完毕后，李鸿章坚持要在父亲的坟头旁坐上一会。他让其他人全部回家，自己静静地待着。

坟头已经长出了一些青草，经几场雨水后，全然不像新坟了。或许是头天晚上与大哥聊天时间长了一些，聊到兴奋处，到下半夜都未能入睡。这会儿独坐坟旁，微风吹来，渐渐地向坟堆的嫩草上一歪，不觉睡着了。

他梦见了父亲，梦见李文安颤颤巍巍地向他走来。父亲手中高扬着一张字条，对李鸿章道："少荃呀，为父来啦，来看看我儿今日如何？我儿终究命大福大造化大，将来必成大器！为父已为你写下训谕一幅，鸿章你定要铭记在心，照此行事啊！"说完，李文安随一股青烟隐身而去。

李鸿章激动地大声呼喊着："父亲大人！父亲大人！"但，他再也听不到父亲的回声了。李鸿章急忙来看父亲给他的那幅字，只见上书：

"以贼为板，以曾为山"。

他看一眼就明白了：父亲是嘱他以继续讨伐太平军为今后升迁的跳板，而把恩师曾国藩当作自己前途的靠山。

李鸿章大喊，道："父亲大人，鸿章我记下了！"就这么一喊，他只见手中那字条自己飞走了，随风在空中飘浮，渐渐地看不见了……

梦还未做完，妻子周氏推醒了他。周氏见李鸿章很长时间没有回去，独自找到坟地来了。她看到李鸿章在草地上睡着了，担心受凉了，便叫醒了他，一同回家去。回家的路上，李鸿章欲言又止，在心里反复推敲此梦的来由。当晚，兄弟们各自要回家时，他喊住了大哥，和他聊起了曾国藩的近况。

原来曾国藩看到红毛作乱，家乡一片狼藉，报国之心顿起，也回乡协办团练了。

一八五四年，即咸丰四年，曾国藩一到衡阳，就大量招募沿江习水的年轻人，又在衡阳、湘潭两地办起了造船厂，训练船工和水手，组建了湘军水师。李瀚章就是在这个时候到曾国藩的湘军里出任粮台，从此深受曾国藩赏识的。李瀚章一到曾国藩这里，曾国藩少不了要打听李鸿章的情况。当曾国藩听说李鸿章也回合肥老家协办团练后，非常高兴，道："殊途同归，少荃壮志在胸，将来必有大用！"

李瀚章作为长兄，时刻挂念着弟弟李鸿章的前途。他一直在十分留意地为李鸿章寻找政治靠山，听说曾国藩与自己弟弟李鸿章有过非凡的师生之情时，十分高兴，不断把李鸿章对恩师曾国藩崇敬的心情转告曾国藩，以博得曾国藩的欢心。在李瀚章兄弟六人中，数李鸿章与大哥关系最为密切，往来书信不断。李瀚章把李鸿章往年的来信一一收藏在手，到曾国藩幕中以后，从中挑选出数封，给曾国藩过目。给曾国藩所看的家书中，李鸿章多次提及曾国藩对自己的学业帮助，人生修身处世的警示，师生友谊等。曾国藩看了李鸿章的一些家书，大为感动，情谊更为加深。只可惜造物弄人，曾国藩刚想重用李鸿章，李瀚章便接到消息回家奔丧，从此失去消息。

到了咸丰五年十一月初，李瀚章、李鸿章仍在乡守制，无所事事。而家乡庐州仍然被占，那是太平军的天堂，李鸿章兄弟几人只能望乡兴叹，一筹莫展。

后来，李鸿章在家中再也待不住了。他一心想尽快收复庐州，于公于私，这收复庐州对李鸿章都显得异常重要。大哥李瀚章劝他：“你看人家曾国藩，守制三年未满，三请四邀都不动摇，还是皇上下谕，才勉强出山。你倒好，守制不过数月，就一天也坚守不住了，天天想着往外跑，不怕别人有一天指责你不尽孝道？”

李鸿章说：“国家事大，守制家事不可与之相比。父亲临终留下遗训，兄弟们都见了。不灭绝长毛，老父在天有灵，也不会安稳的。我能为国尽忠，便是最大的孝道，此理还用多说么？！”

于是，李鸿章一边在乡守制，一边派刘斗斋出门，四处打探消息，网罗原来的团练的人马，决定尽快促动福济出兵，收复庐州。不久，他与潘鼎新、张树声、吴长庆等团首取得了联系。到咸丰五年十一月间，已集合旧部团勇五百余人，在紫篷山一带加紧练习，配备军械，偷袭散落在庐州城外的小股太平军，以游击战法，频频得手，缴获颇丰。这消息传到安徽巡抚福济的耳朵里，福济大加赞赏，约李鸿章面谈，商定了日子，调集官军及团勇四千余人，分兵四路，终于一举攻下庐州城。李鸿章从战有功，受到奖赏，因功授予按察使衔。

李鸿章激动万分，不仅为自己的升迁高兴，更为自己能全家重返故乡兴奋不已。他进了庐州城，所做的第一件事就是在庐州城选择购房或建房地点。其实，他早就想要在最繁华的地段上建造自己的家园。他买了大片土地，请来上百的建筑民工，加紧建设。李鸿章日日转到工地上来，亲自指挥，亲自设计，督促加快进度。大抵只有一个多月的时间，李府在庐州城的新宅建成了，成为庐州城又一道亮丽的风景，老街坊们都以“李府半条街”来形容李氏住宅的恢弘气势。

李府建好后，城中官员及街坊邻居数百人前来道贺，李家热热闹闹地办了好几天的酒席。

本来想接着将父亲李文安的灵柩移葬到葛洲去的，但李鸿章已抽不出身来了。他的团练已南北转战，但成效甚微，到处碰壁。收复了庐州以后，福济一头钻进抚衙，不再关心庐州城四周的战局，把抵御太平军的艰苦差事一脚踢给和春和李鸿章了。和春所带绿营兵的军饷、粮草虽然不很充裕，但毕竟有些着落。而

李鸿章的团练在官军面前就如同小娘养的一般：要钱没钱，要粮没粮，只有打仗，才派有他的任务。官军将士阵亡，抚衙给予一定的抚恤，团练乡勇惨死沙场，官府里一个铜板也不给。乡勇们怨声载道，士气全无，灰心丧气。

庐州城以南的巢县还在太平军手里。福济光知道下达命令让和春、李鸿章协同剿灭，其余的事情他却不管了。和春与李鸿章率两千多人马而去，还未抵达城郊，就被太平军几炮轰散了队伍。团练的乡勇们逃跑起来比进攻要快，还没有见到人家太平军人在哪儿，只要听到枪炮声就躬起了腰身，能躲就躲，能逃则逃。

李鸿章进退两难了，心中充满了懊丧，但又不愿意甘当落伍者。面对团练的生存困难，他只好四处求爹爹、拜奶奶的，设法募集一些银子勉强维持团勇们吃饭。由于手中无钱，无法扩大队伍，招募乡勇，多一个人多一张嘴，有嘴就要吃饭，李鸿章找不到更多的粮食来养活他们。能够使用的乡勇只有四百多人了，抵御太平军的苦差事却一天比一天重。到了咸丰六年八月间，李鸿章的团练几乎是名存实亡了。

在荒凉的明共镇向南延伸的乡间土路上，李鸿章威严而默然地伫立在路边，张目凝思，想到自己如今的处境，心中充满了酸楚。长时间苦苦征战，昔日白净的脸盘，如今颧骨微耸、细须绕腮。整日憔悴的神情，让相处较好的团首们见了都觉得心疼。李鸿章不敢再想了，可虑的、可气的地方太多，想多了，恐怕由此就永远站不起来了。

几个月后，李鸿章回到了庐州。他找到了一个局势稍微稳定的机会，将父亲李文安的灵柩葬到葛洲新茔去了。这使得他了却一桩心事。他期盼着永远在那块金龙地下安息的父亲能保佑他时来运转，官运亨通，翻开他官宦生涯崭新的一页。然而，令他想象不到的是，到咸丰八年七月，咸丰皇帝因福济驻守庐州，一筹莫展，将其免职，以翁同书继任安徽巡抚，督办军务。这本来又给他带来了一线希望，但仅一个月后，太平军陈玉成率部再次攻破庐州，李鸿章携老母仓皇北逃，最终是跑了和尚跑不掉庙：太平军一把烈火，将他费尽心血盖起来的城中新宅焚毁一空。明光镇，他携老母逃经此地，比咸丰六年路经此地时更惨，因而再次赋诗一首，其中两句道："国难未除家未复，此身虽去也踟蹰。"

更令李鸿章心灰意冷的是：有人暗地里向皇上奏了他一本，说他亲丧而没有守制。如此不孝、不忠之人，岂能留在军中协办团练？李鸿章不得不离开庐州了。只是，他万万没有想到，奏报他回乡而没有守制的人，竟是他视作政治靠山的福济！官场险恶使李鸿章伤心无比。而福济也没有料到：在他刚刚奏报了李鸿章之后，自己也被免职，成了丧家之犬。这个以旗籍贵族而中进士的大员，在学问上倒不能说不学无术，但在那种纷乱复杂的动乱中，实在缺少应变之才，更不懂得用兵打仗之事，是个典型的贵族老爷。李鸿章后悔至极：在他手下近四年

了，悔不该把宝押在他的身上！

一八五八年九月，即咸丰八年的八月间，李鸿章领着老母李氏、兄弟及妻妾们风尘仆仆地逃到镇江来了。

李鸿章是初到镇江，虽是人生地不熟，但眼前这美丽的风景使他一时忘记了连日来的旅途辛劳，甚至也忘记了无颜再见“江东父老”的耻辱。就在几个月前，太平军分别摧毁了清军的江北大营和江南大营，洪、杨大军声势大震，对安徽方面加强了攻势，安徽清军如惊弓之鸟，逃避尚且不及，何敢轻易言战？但他李鸿章挺身而出了。他为了显露自己的才干，依然力主出击，建议大举反攻，要夺回被太平军占领的安徽广大失陷地区。

只可惜，他李鸿章现在才醒悟：他实在还不懂得宦海浮沉的奥秘，不明白愈是“表现自我”，便愈可能成为同僚及上司所忌的“小道理”，从而成为众矢之的。

李鸿章承认，自己在协办庐州团练的几年中，或许是犯了急于邀功的毛病了，以至在守制期间也跃跃欲试，不甘寂寞，主动请战了。

李鸿章自己也承认：在太平军的坚壁之上，他已经碰得头破血流了。满腔豪情壮志，几乎被扫荡干净了。暂来江苏镇江躲避一时，实属迫不得已。这儿与洪秀全的金陵小天堂在咫尺之间，但仍是处于清军的严密控制之下的。只有在这里，自己的老母、兄弟及妻妾们才能拥有一份安全感。而更重要的是，自己可以随时寻找到再度出山的机会，以图再举。

李鸿章是不甘寂寞的。镇江城内外集结了清军多路人马，他连日出门，走访清军各营统领，联络感情。各统领的盛情接待令他感动。

但他很快发现，他这个败军之将，是不可言勇的。

他来镇江不久后，又重新遭受了一种失望、落寞的痛苦。他为清军在江南、江北大营所遭到的失败而痛心疾首。近日里又听到清军将领张国梁、德兴阿、向荣等同太平军激战的消息，深为自己不能一显才干而暗自伤心。他等待着命运之神的到来。

他想到了父亲临终的遗训，想到梦中的父亲那“以贼为板，以曾为山”的叮嘱。眼下还能指靠谁呢？恩师曾国藩说不定才是自己真正的靠山。李鸿章一想到曾国藩就涌起一种由衷的渴望。不久，机会终于来了，他在镇江的清军营垒中听说：曾国藩的湘军在江西北部同太平军作战，终于攻陷了九江。这对李鸿章来说，真正是一剂强烈的兴奋剂。这倒不是因为湘军的这点胜利对他有多少鼓舞，而是因为湘军的统帅曾国藩当年曾与他有过师生关系，而这些年来，他一直期盼着曾国藩在走红以后能拉他一把。他确信曾国藩永远也不会拒绝他的请求。从自己已经过世的父亲开始，一直到大哥李瀚章，一直到自己那几年情真意切的崇敬，曾国藩早已与李氏家族结下了不解之缘。

李鸿章获悉曾国藩在江西打了胜仗是一次惊喜。而更令他欣喜若狂的是几天后，哥哥李瀚章意外地收到了曾国藩通过镇江官府转来的书信，要李瀚章赴江西总理粮台报到。尽管调的是大哥，尽管李鸿章在得知这一消息后，对曾国藩闪念过几丝抱怨，但他很快想通了。只要大哥能到曾国藩手下，自己迟早一天也必然能去。曾国藩信任、赏识李瀚章，而李瀚章毕竟是自己的胞兄。由大哥牵线搭桥，沟通自己与恩师之间的情谊，不愁曾国藩不收。

或许曾国藩同样也是想调自己的。只是他与自己之间长时间信讯不通，或许还在为自己愿不愿去他手下而大伤脑筋呢！李鸿章这样猜测着，越想越兴奋。

大哥走了，不仅是他自己走了，还奉母同往，一起到曾国藩那里去了。李鸿章心中已做好了一种盘算：在不长时间后，他会通过大哥这块跳板，跃上彼岸的。

此后，李鸿章在镇江更为活跃了。他四处打探湘军的情况，了解、掌握着曾国藩的行踪。大哥不断有书信过来，更使得他很容易地掌握着曾国藩及其湘军的第一手资料。

曾国藩自衡阳石鼓嘴挥军北进后，水陆两万人马第一站便到了长沙。曾国藩此次进长沙城，已是今非昔比了。

也正是在这天夜里，仍沉浸在初战告捷兴奋中的曾国藩，受到了太平军的突然袭击。共死伤五百多兵勇。曾国藩平静下来仔细分析：太平军既然分兵占领了湘潭，北面兵力一定空虚，不如乘虚而入，攻破武昌，方才能震动天下。但部将李续宾却提出了另一个计划：探知有五百太平军驻守靖港，不如派出强兵扫平了靖港，鼓舞一下士气，再去攻打武昌也为时不晚！

曾国藩此时求胜心切，采纳了李续宾的建议，以五千人马剿洗靖港。可是，却遭到埋伏在此的太平军的重创。

曾国藩自衡阳出师以来，不过十天的工夫，与太平军两战两败，被逼无奈，差点儿投水自杀。消息传到长沙城，巡抚骆秉章惊得半天说不出话来。一班抚衙官员冷嘲热讽，使得曾国藩心灰意冷，无脸见人了。万念俱灰之下，仍想一死了之，他给皇上写下遗折，并给家人写了遗书。最后，是左宗棠使用激将法才使得曾国藩收了一死之心。

紧接着曾国藩在湘潭与太平军一战，大获全胜。收复湘潭，给曾国藩增添了信心。

可是接下来几经辗转，终于还是落败，不仅损兵折将，还中了官府中人的奸计。曾国藩心中郁闷，大病一场。

经过一番调整之后，曾国藩决定找亲信李瀚章商量。李瀚章极力赞成他的主张。曾国藩很满意他的态度，并将饷银这一军中最重要的问题交给他解决。

李瀚章闻听曾国藩对自己的信任，说道："请老师放心，门生一定为老师分忧。只是学生不才，恐怕难胜重任。在才学方面，我不及胞弟鸿章哩！”

聪明的李瀚章，很自然地点出了二弟。这使得曾国藩心头一惊，就如同突然想起了什么事似的，一下子惊叫起来：“哦，对了，少荃贤弟现在如何？他人现居何方？”

李瀚章见鱼儿上了钩，便不急不慢地说开了：“鸿章自从回乡后，招了一帮兄弟办了团练，也打了不少胜仗，但父亲及岳父吕大人亡故，他在庐州这地方，官府黑暗，既无谋士，又无勇将。鸿章是长时间孤军奋战，四处无援。家父过世后，对他打击太大，一边守制，一边还时常出兵参战。那儿绿营兵大都是十足的少爷作风，贪生怕死亦罢，连一点苦都吃不了。上前线打仗，是个官，不是骑马，就是坐轿。大队伍在前，后面跟着十几顶小轿，您说这叫什么打仗？如此不败才怪呢！绿营兵不行，就把艰苦、危急的差事推到鸿章跟前。鸿章却不怕吃苦，一心报国。常对家母说：‘要以恩师曾夫子为楷模’。但他没有您的职权，更没有您的人际关系，率勇丁出师，一无粮草，二无兵饷，许多次在外，连他自己都吃草根树皮……”

李瀚章添油加醋地说到这儿，两行热泪滚滚而下，弄得曾国藩都觉得心中难受。李瀚章接着说：“二弟这些年真是不容易呀！吃了许多苦头。家中新宅、老宅让长毛贼烧得一干二净。后来鸿章又拿出全部积蓄在庐州城里盖了私宅，又被长毛贼毁于一炬。他是个大孝子，老师召令我来湘军效力后，我自知他已无力孝敬老母，就把家母带来了。他痛哭了一夜，这几天就要到南昌看望老母。只可惜我也无法去南昌与他兄弟一见……”

李瀚章又落下泪来，用泪眼瞅瞅曾国藩，见曾国藩脸上立即露出了惊喜之色，于是，又重复了一句：“说不定他这时正在前往南昌的途中了，兄弟也不得一见。”

曾国藩提高了嗓门，问：“少荃要来南昌看望老母？那么，我批准你在他到南昌后，代表我专程去看看他。如果少荃方便的话，可把他引来与我见面。我还真想念他呢！不知他有没有忘记了这个世上，还有一个曾国藩？”

李瀚章心中暗暗大喜：曾国藩已主动请鸿章前来见面，这就有门了。在听了后一句话后，他立即起身，道：“老师说的哪里话。我在乡守制时，天天听他念叨恩师，回忆在京城里拜您为师以及送您到卢沟桥握别的情况。他十分敬重恩师，潜心钻研恩师的道德学问。守制在家时，将恩师以前所讲授的学问一一回忆下来，写成笔记，择其要点，转录他人……”

曾国藩突然想到江忠源，道：“江忠源与我骨肉之交，在我组建湘军过程中立下了汗马功劳。可惜刚到皖省上任几天，就命归黄泉。听说长毛贼还将他悬尸三日，有这事吗？”

李瀚章点了点头。

曾国藩又道："我曾致书江忠源，推荐少荃贤弟助他一臂之力，遇有征伐之事，可携之同往。少荃知其事么？"

李瀚章已听出了曾国藩话中有话，隐约感觉到曾国藩在江忠源之死上，对李鸿章有一种抱怨。于是灵机一动，主动把话说开了。李瀚章道："老师的书信鸿章也收到了，当时欣喜若狂，激动不已，正想去庐州城拜见江大人，不料他与团练勇丁已被长毛贼团团围住。当时长毛贼像是风驰电掣一般，从天而降。我已说过，庐州城绿营兵毫无作战能力，长期驻扎在城里找享受，官府里也是狗眼看人，把鸿章的团练当作小娘养的，安置在庐州城西北十几里以外的岗集，一般不准团练进城。鸿章是在自己被围之后，才得知庐州城也遇险了。对新任巡抚江忠源，鸿章只要有一线可能，当然会按恩师教诲鼎力救助的。可是，鸿章团练乡勇被围，溃不成军。他自己奋力冲杀，终于夺路而出，捡了一条性命。最后与鸿章一起冲出重围的只有二十多人。鸿章还想去救助江大人。可是，庐州已经失守了，江大人也已投水自尽了。二弟鸿章得知消息，真是痛不欲生！"

曾国藩认真听着，皱着眉头，好像正在思考着李瀚章这段话中的真实性能有多大，显然半信半疑，最终道："也难为少荃啦！其实我也知道，就是在那次庐州失陷中，你们家的老宅、新宅被毁成废墟，可怜啦，可怜啦……"

李鸿章的确上路了，大哥估计得没错。到镇江一带避难，本是家园被毁所逼。然而真正到了镇江后，也无事可干。按照大哥临行前与自己的约定，他这回是从镇江去南昌。大哥携母同往，把老母安置在江西南昌城中。李鸿章一方面是探母，更主要的是借此机会，设法拜见曾国藩。依李鸿章的估计，凭那一层师生关系，凭大哥李瀚章的从中撮合，曾国藩对他李鸿章一定会另眼相看，予以重用的。

这是一八五八年，咸丰八年深秋的日子了，从镇江到扬州之间的江面上，风卷巨浪，浩浩瀚瀚。几艘大号的乌篷船从镇江驶向北岸扬州瓜洲渡口。李鸿章身穿灰呢夹袍，外套玄缎马褂，头戴嵌玉瓜皮小帽，背着双手站在船头。他神情庄重，不停地眺望着远处隐隐出现的金山、焦山及灰暗的村落。两撇向下微弯的胡须和清瘦的颧骨微翘的脸颊，已和出京回乡时大不相同了。整个装扮也不及那时神气，唯有走到哪儿就跟到哪儿的刘斗斋依然跟随在后，一如既往。

在波涛汹涌的扬子江面上望着慢慢退在身后的景物，李鸿章如这澎湃之水，心中鼓荡着一种激情和几分忧伤。

"难道李氏望族就要败在我们兄弟这一代手里么？"他喃喃自问。

李鸿章一路毫无头绪地思来想去。离开江苏地界时，不禁回首怒目相对：你江苏不用我李鸿章，自有用人处！这些年不是因为功业无成，愧见恩师，我何曾想到要来你江苏谋个差事呢？！我李鸿章无非是想就近照应家眷，你那两江总督

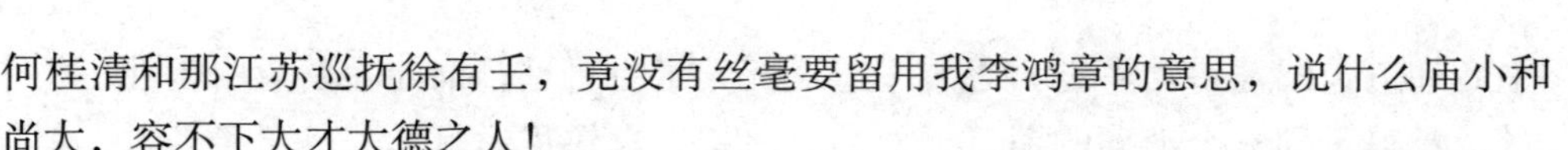

何桂清和那江苏巡抚徐有壬，竟没有丝毫要留用我李鸿章的意思，说什么庙小和尚大，容不下大才大德之人！

转念一想：天下乌鸦一般黑，江苏的官员如此，当初安徽的官员们不更是有过之而无不及么？

此次若能投奔湘军，李鸿章铁了心要干出一番事业来。有一点在李鸿章心里瞅准多日了：太平军内部出现了大裂变，内乱此起彼伏，东王杨秀清、北王韦昌辉先后被杀，翼王石达开已经领兵出走，太平军数万精兵强将都在内乱中丢了性命，真是天助朝廷，天助曾国藩、李鸿章。

“长毛贼已元气大伤了，我李鸿章要乘虚而入了！”李鸿章自言自语着，不觉丢下了许多烦恼，心中涌起了一种兴奋的感觉。

咸丰八年十二月初，李鸿章一路风尘，终于到达了江西南昌。老母李氏早得了信息，天天都来门口张望。这一天终于盼到了二少爷鸿章的到来，母亲热泪盈眶，相依着半天说不出话来。

次日，大哥李瀚章从军中赶来，兄弟见面，又是亲热无比。更令李鸿章惊喜的是大哥为他带来了恩师曾国藩对他的口头邀请。邀请他在看望老母方便的时候，去军中与曾国藩会面。这个邀请正是李鸿章所期待的。

因此，既是大哥专程前来，而且主要是为了传达曾国藩的盛情邀请，李鸿章便有些迫不及待了。李鸿章和大哥与母亲匆匆作别，使得李夫人又落了一堆的眼泪。

李鸿章跟大哥很快到了湘军营地，但曾国藩却因奉旨督师改援福建，去了他处。到底人在什么地方，一时半刻也说不准。太平军行踪飘忽不定，湘军水、陆两军也疲于奔命。况且，翼王石达开从金陵出走后，由苏、皖交界一带左右游动，后来竟一下子攻下了安庆。这消息传到清廷，咸丰皇帝大惊。摸不准是不是受了曾国藩的影响，咸丰皇帝对石达开格外看中。曾国藩曾对咸丰皇帝上奏有言：像石达开这样一个文武兼备且很年轻的人物，如果能遇上一个开明君主，必定是一代名臣。朝廷里见了这个折子，真不知道曾国藩到底是在吹捧石达开，还是奉承咸丰皇帝？反正，咸丰皇帝见了曾国藩这个奏折的确非常舒心，连连下了圣旨，要曾国藩设法将石达开招降。曾国藩已亲笔写下三封书信送到石达开军中了。由于这些缘故，他对石达开的行踪格外关注，时时不忘要招降石达开。再说，石达开的队伍是二十万人，比七八个湘军的总和还要多，哪敢掉以轻心呢？石达开如给曾国藩的面子还好，如果不给，他曾国藩的日子就更难过了。不说整个太平军，就是一个石达开所部，就够他曾国藩周旋一辈子了。所以，连日来，这位湘军的总头目是没有固定歇脚地点的，忽东忽西，忽南忽北，让对手们牵着鼻子走。

李鸿章满怀希望地住在湘军营盘中，大哥李瀚章也军务繁忙，三天两头不见人影。李鸿章原以为一到湘军营地，曾国藩一定是笑盈盈地在等待着他。到军

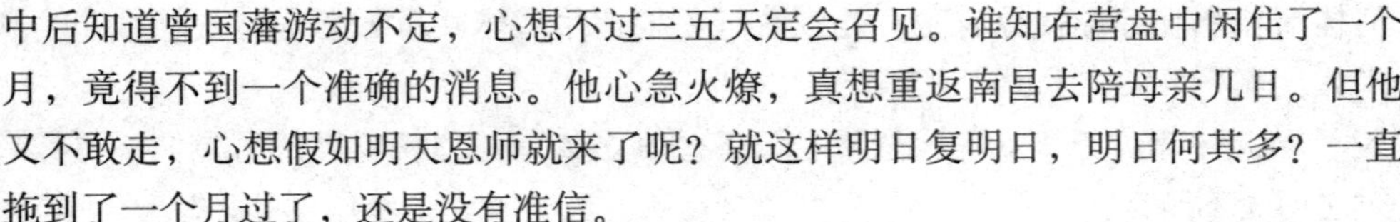

中后知道曾国藩游动不定，心想不过三五天定会召见。谁知在营盘中闲住了一个月，竟得不到一个准确的消息。他心急火燎，真想重返南昌去陪母亲几日。但他又不敢走，心想假如明天恩师就来了呢？就这样明日复明日，明日何其多？一直拖到了一个月过了，还是没有准信。

李鸿章焦急难耐时，忽然在湘军大营之中遇到了一个故友陈鼐，而且他也充过翰林院的庶吉士，又算是同僚。两人见面，甚是高兴，仔细地谈到了太平军现在的情况，以及曾国藩现在的处境，都感到心中不安。

李鸿章在陈鼐离开之后，陷入了沉思之中。看来长毛贼并非日落西山了。自己投身湘军，还要做一番更充分的思想准备。

就在他找到同僚的第二天，李鸿章收到了曾国藩写自江西建昌府城的一封信。信上要他立即赶到建昌去，由陈鼐陪他一同前往。于是，李鸿章骑上了一匹枣红马，踌躇满志地上路了。一路打听，一路快马扬鞭地赶到了建昌。在建昌东门外一座古老的祠堂内，李鸿章找到了恩师曾国藩的行营。他与陈鼐在祠堂前翻身下马，把马拴在了门前的旗杆上。

李鸿章下意识地整了整衣领，又掸了掸身上的灰尘，挺了挺胸膛，与陈鼐一起兴冲冲地进了内房。李鸿章明白，内房或内客厅是主人会见知己朋友、心腹要员的场所，一般外人是不得入内的。主人也不会在这样的地方会见一般客人。今天曾国藩既能让自己和陈鼐直接去内房与他见面，可见曾国藩不把他们看作外人了。他走到内房门口时，不禁又挺了挺胸膛，昂昂然阔步而入。

坐在内房中的曾国藩已从中门看见了李鸿章，忽然觉出了李鸿章的一种得意洋洋的神情，脑中一闪，竟闪出了李鸿章在京都时那种志得意满、不可一世的傲气，不禁皱了皱眉头。但到底李鸿章是远道而来的客人，又是久别重逢的门生，曾国藩的些许反感瞬间即逝，马上露出了满脸的笑容，主动高声叫道：“少荃来啦！真正千呼万唤始出来呀！”

李鸿章慌忙拿右膝一跪，道：“门生拜见恩师大人！”

曾国藩上前扶起，一阵寒暄，便问起李鸿章的打算。

李鸿章立即起身，向曾国藩拱手道：“鸿章此来，就不打算回去了，若恩师可以收下我当差，门生我定要竭尽全力，肝脑涂地，在所不辞。”

李鸿章如此表态，令曾国藩打心眼里高兴。其实他心中已有估计：李鸿章此次前来，不光是为了看望恩师，而是为了投奔湘军，为自己找一条出路。曾国藩了解李鸿章，也急切需要像李鸿章这样的人投身湘军事业。所以，曾国藩欢迎道：“少荃前来辅佐，大有用武之地，我这里早已为你敞开了大门。目前要进军皖中，我已做了部署，一场大战即将开始，且可能是残酷的，长期的。各位要有思想准备。但进军皖中，必先扫平景德镇，了却江西一带的后顾之忧，然后才能

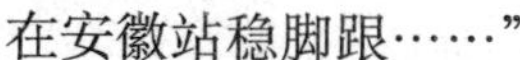
在安徽站稳脚跟……”

曾国藩说着，李鸿章倒并没有在意恩师说些什么，因多年未见，只留意看着恩师的面容，觉得恩师老多了。如果没记错的话，恩师今年该是四十七岁了。昔日庄重威严的神情如今已憔悴不堪了。

李鸿章看着曾国藩，不觉从眼角渗出了两滴泪水，道：“恩师这些年以一身系天下之安危，从脸上就可以看得出来。想想过去在京城里时，恩师吟诵诗书，那是何等的清闲大雅，自得其乐呀！”

曾国藩看出了李鸿章的动情，叹了一口气，拈着胡须跟李鸿章讲了这些年南征北战的艰辛，感慨之余，难免有些抱怨。

听了曾国藩这些话，李鸿章确信是他的肺腑之言。他说的都是真话、实话、心里话，曾国藩是真正没有把自己当作外人，信得过自己才讲出来的呀！李鸿章很感谢恩师对自己一如既往的信任，慨然道：“恩师的功绩，尽人皆知；恩师的苦衷，学生我也能体会。恩师您是上对得起朝廷，下对得起将士，唯有对不起自己。学生认为，虽有怨声载道的经历，也最终必将被人理解。我此次投奔而来，从心里说是想为恩师分忧，为湘军效力。恩师只要有用得着我的地方，我必定全力以赴。今后，恩师您就可以多多歇息一下子。天塌下来，让门生为您顶着，请您相信我！”

曾国藩听这前一段话，还觉得入耳。但听到这后两句话，不觉皱起了眉头。曾国藩以审视的目光打量着这个英气凌人、锋芒毕露的李鸿章，心中又涌起一种不满。曾国藩早就听说李鸿章回安徽后吃了不少苦头。他大哥李瀚章介绍的更多，本想此番投奔而来，一定少了不少锐气，多了几分稳重和谦逊。却不料江山易改，本性难移，纵使经历了那么多磨难，今天仍是这样心高气浮，太欠含蓄，简直是不知天高地厚。因此，曾国藩立刻沉默下来，一言不发。

沉默了一会后，曾国藩竟然委婉拒绝了李鸿章的请求，并先行告辞了。

李鸿章一愣，连陈鼐都吃了一惊。他们都熟悉：曾国藩会见知己朋友，从来就不用官场规矩，何以今日突然来一个端茶送客呢？李鸿章原以为千里迢迢奔来，久别重逢，恩师定会摆上一桌酒菜，亲自参加，为自己接风洗尘的。不料一脚踢给陈鼐，还让去城中租房住下，又不分派差事，李鸿章大惑不解了。看着曾国藩那头也不回的身影，李鸿章觉得自己尴尬极了，几乎无地自容。

李鸿章红着脸跟着陈鼐出门，牵了自己的马儿，一脚跨上马背，晃晃悠悠地离开了曾国藩的行营。李鸿章回头瞅一眼行营，蓦地觉得这儿的一切陌生极了。他看见守卫们仍直挺挺地站在门口，目不斜视，感到今日的恩师不好接近了。于是，李鸿章对陈鼐道：“陈兄呀，恩师今天前后反常，正说得心里热乎乎的，不料最后却被他浇了一盆冷水。我此行看来不妙，眼下该如何是好呢？”

陈鼐看出了李鸿章尴尬的表情，连连安慰。

一路上，李鸿章默默不语，他百思不得解恩师如此冷落自己的原因。

从节约费用考虑，陈鼐带李鸿章在建昌府城府前左街找到一个悦来客栈。来行营公干的官员临时歇脚，多数都是住在这家客栈的。陈鼐去找了店老板，不一会，老板笑盈盈前来，亲自把李鸿章领进了一个小四合院，打开北屋一间小房，倒也干干净净，家什齐全。李鸿章道："挺好，挺好！"

店老板热情招待，派店小二好生照顾。两个人吃了点饭，又聊了一会。对李鸿章再三安慰之后，陈鼐才离开。

李鸿章在小店连住了数日，只有陈鼐和军中的故友前来看望，不见曾国藩有什么指示，不禁起了怨气，甚至恼火了。他暗自跺起了脚：去与留，讲明了！何必如此让我苦等，进退两难？！这天晚上，陈鼐又来看望李鸿章了。李鸿章铁青着脸说道："陈兄呀，感谢这些日子来，你对我的关照！思来想去，曾大人是不会用我了。我准备明天启程回南昌，然后在看望了老母以后回安徽去了。我四弟昭庆还在南昌等我的消息。这么长时间没有一个着落，再也不能等下去了。等下去，不仅仅等得费了时日，也把一点薄面等尽了。明天一早，我也没有脸去向恩师辞行了，烦你代致问候。门生虽去，对恩师永志不忘。一定要讲清，门生不是生气而去，实在是等不及了，不放心南昌的母亲和昭庆弟弟……"

陈鼐一听这话急得脸都变了色，道："少荃呀，无论如何，你千万不能不辞而别，待我连夜去找到曾大人，说明了情况。如曾大人同意你先回南昌，那么，我也不加阻拦了……"

他见李鸿章已动手收拾衣物，就上前一把夺去行李箱，将李鸿章拉到床边坐下，又说："少荃，我劝你认真想一想，依我的估计，曾大人是必定要用你的。如若不用，在一开始就会打发你走的。他将你留得时间越长，就越不能打发你走了，且非用不可的。他难道不晓得你在这里，就是等他一句话么？这句话憋在他肚子里时间越长，说明越有分量；将你留得时间越长，说明他对你越是准备派大用场。俗话说：好事多磨。你千万不可操之过急，一定耐心等待一下。我这就去找曾大人，去为你问个明白。"

李鸿章对陈鼐的热情十分感激，道："陈兄呀，你对我的情谊，不知这一辈子有没有能力报答了。那么，今晚我听你的，就是等上一夜，我也会听你消息的。辛苦你跑回营里问一问恩师，到底收不收我李鸿章？"

陈鼐出了客栈，骑上马就向曾国藩的行营奔去。他进了营门，灭了灯笼，大步跨进签押房，让人去禀报：要见曾大人。曾国藩早已吃过晚饭，正在读书，一听说陈鼐有急事求见，便召他进来。陈鼐见曾国藩一副悠悠自得的面容，出口就问："曾大人！李鸿章已等了这些天了，您到底是留他？还是不留他？请您今晚无论如何给一个明确的答复！如果根本就不准备用他，尽快放人家走好了！”

曾国藩见陈鼐一脸的不愉快，也不生气，慢慢放下手中的书本，请陈鼐坐下，道：“我怎么可能放一个大才子走呢？当然要用的！李鸿章走不得，叫他既来之，则安之！”

陈鼐道：“既然要用，为何前后这么长时间把他撇在一边？”

曾国藩笑了，说：“我原来是让你给他租房子住的。住在小客栈里时间长了，就是破费了。现在既然等得急了，那我也只好直说不误。我原打算让他等得更长一点，少则两个月，多则三五月，让他闭门读书，做一些冷静的思考。少荃很有才气。他的才气不仅装在肚子里，也常常放在脸面上，这便是傲气。傲气不除，很难成为大器之人。所以，从他长远的发展考虑，我决计要磨磨他的锋芒。谅你还能记得，那天我们久别重逢后，我据实讲了一番心里话。他也应该由此想到他自己离京回乡后，也同样是吃尽了苦头，栽了跟头的。但话讲到最后，仍自负太高。若立即为他派了差事，他定难以循循默默、勤勤恳恳做事。小事不愿做，大事又做不来，这便糟糕了。我今天虽然要为他派事了，但也得从小事做起，让他一步一个脚印地走下去。这样，对他今后会有好处的。真正的知己，应会如此去替人考虑。否则就是对人的不负责任，对一个有才气的人的不负责任。”

陈鼐听得明白了，道：“原来大人有如此考虑，可谓独具眼光。但少荃虽有些清高自负，这一个多月已算经历了磨炼，有了长进了。依我看来，现在你无论给他安排什么差事，他都会接受的。大抵不会这山望着那山高。只是不能再让他苦等下去，没有一个着落了。”

曾国藩笑了，说：“原来我准备最少要在下个月底给他派事。现在不可能了，因各路人马调集基本到位，过两天就要大举拨营皖中了。我们统统都走，怎么会把他一个人留在小客栈里呢？你去告诉少荃，叫他尽快到我这里来，我来征求一下他的意见。先搬到行营里住，开赴皖中时，肯定要跟我们一块儿走的。”

陈鼐心中的一块石头落了地，道：“那就谢谢曾大人尽快安排了，明天我就叫鸿章过来，当面听恩师的训示。”说完，陈鼐抬脚就要出门，急着去通知李鸿章。

曾国藩突然喊住陈鼐，道：“慢着！你去了以后，不能把我讲的话‘原汁原味’地倒给他。自负甚高的人，自尊心都是很强的。如若让他知道我对他还有一些看法，这么多天是在有意消磨他的傲气，会让他觉得难堪的。一难堪，效果就受到了破坏，弄不好要恨我一辈子的。我的真实想法，不仅不能向少荃透露，也不能跟其他人说起。说出去了对少荃在营中做事不利哩！”

陈鼐点头称是，向曾国藩做了保证，然后顺着话音追问一句：“既是来营了，曾大人准备让少荃做什么事？”

曾国藩道：“看来不摸清楚了，你去小客栈也交不了差事呀！那我就告诉

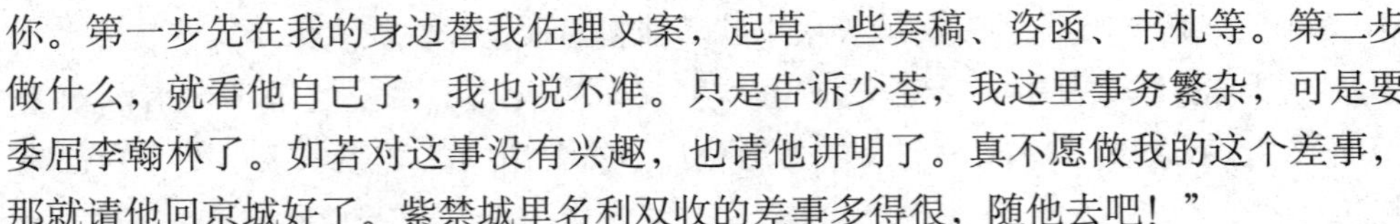

你。第一步先在我的身边替我佐理文案，起草一些奏稿、咨函、书札等。第二步做什么，就看他自己了，我也说不准。只是告诉少荃，我这里事务繁杂，可是要委屈李翰林了。如若对这事没有兴趣，也请他讲明了。真不愿做我的这个差事，那就请他回京城好了。紫禁城里名利双收的差事多得很，随他去吧！”

陈鼐笑道：“少荃要感谢您了，佐理文案的差事适合他。我想少荃是会愉快接受的。”

陈鼐好像了却了一桩大事，心情陡然好了起来，命人替他点上了灯笼，跃马扬鞭往城中客栈奔来。

李鸿章既不在看书，更没有睡觉，他早已站在街口，在一家小饭馆附近张望。远远地听见“嘀嗒嘀嗒”的马蹄声，估猜是陈鼐回城来了，又迎出几十步，把陈鼐接下马来。见陈鼐满脸大汗，脸上露出了笑容，李鸿章在心里已经猜出了几分。但他到底是迫不及待，不等陈鼐站稳脚跟，就问：“怎么样，恩师的态度如何？”

陈鼐故意想激一激李鸿章，道：“不妙呀！不妙！曾大人就是不开口，他说‘你想走就走吧！’”李鸿章的心一下子凉透了，只感到腿有些发软，眼有些发黑，一声不吭了。

陈鼐扭头瞅了李鸿章一眼，不禁心中暗笑。但他没有笑出声来，仍佯装失望的样子，将李鸿章往小饭馆中推，道：“别生气啦，这么晚了，我的肚子也饿了，请店小二辛苦一下，为我们忙两道菜，喝几杯怎么样？”

“哪还有那个心思喝酒呀？我只想现在就离开这个鬼地方，一辈子再也不来此地！最好是连江西也决不沾边！我要走了！”李鸿章真的拉也拉不住，一甩膀子就向客栈走去。陈鼐快步追了上去，还是一把拽住李鸿章，道：“要冷静！就是要走，也得明天早晨再走。今晚痛饮几杯，就算是我为李翰林饯行，也借此代表恩师曾国藩大人，敬你两杯酒哩！”

李鸿章提高了嗓门：“别提曾大人了！我真是悔此一行。千不该，万不该，不该厚着脸皮在建昌等这么长时间，到头来，是等得时间愈长，失望得愈重呀！”

陈鼐将马拴在门口一棵小树上，死拉硬拽地把李鸿章弄进了小饭馆。好歹店主人还未关门，立即摸刀弄勺地忙开了。

陈鼐也真能沉得住气，直到菜上齐了，酒斟满了，才笑哈哈乐开来，大声道：“来，端起这杯酒，祝贺老兄明日去军中走马上任！”

李鸿章顿时心头一热，但没有笑，好像是要定一定神，又好像是没有听清陈鼐说的是什么。他不禁以惊疑的目光看了一眼哈哈大笑的陈鼐，只觉得陈鼐的脸部表情与刚才已大不相同：现在他脸上是一种捉弄了人后那种无比快乐的样子。李鸿章联想到陈鼐刚下马时的那张笑脸，已猜到了事情的结果，但还是怕自己失

态，慌忙收回了目光，说：“喝就喝嘛，不用跟我卖关子了。恩师到底是个什么意思？你快快说来！”

陈鼐仍坚持，道：“别急，喝了这杯酒再说也不迟！”

李鸿章端起酒杯，一饮而尽。

陈鼐这才亮了底牌：“曾大人已让我正式通知你明天搬进营里去，先与我、程桓生等做佐理文案的事，其他的待以后再说。”李鸿章一听说让自己佐理文案，好像心头又是一凉，刚刚升腾起的热情马上落下去许多，心想：终于给面子使用了，但却不是对自己的重用。如今寄人篱下，也只好听之任之了，不能再挑挑拣拣了。于是答道：“这样也好，能与你们几个共砚，整天厮守，且是在恩师身边，鸿章已是心满意足了。”

陈鼐已觉出了李鸿章一闪而过的不快，劝道：“我知你志向远大，将来是大有用场的。曾大人亦是这样估计的。他曾道‘第二步做什么，就靠他自己了’。我有一种预感，在这个位置上做事，你的时间不会太长。要不了多久，定会给你安排到更重要的位置上去的。”

李鸿章从这话里得到不少安慰，但还是谦虚了一番。

第二天清晨，陈鼐带了两个侍役来到了小客栈，收拾了李鸿章的行李，一块儿向城外的曾国藩行营去了。走出小客栈，李鸿章回头张望了一眼，心中轻松了许多。

不一会儿的路程，已到了那座古老的祠堂门前。曾国藩的老管家严泰笑盈盈地上前，向李鸿章拱手请安，道：“恭喜李师爷今日上任了！小人在这里迎您多时了，房间已安排妥当，只等李师爷入住呢！”

李鸿章不觉脸上像火烧一般，他听不惯这“师爷”的称呼，就如同受了污辱一样，极其含糊地答应了一声，跟随严泰进了大门。到了签押房门口时，李鸿章强打精神，又很自然地挺起了胸膛，见了恩师曾国藩。曾国藩讲了几句客气话，表达了抱歉的意思后，所有交代与陈鼐所传达的一模一样。李鸿章心里冰凉冰凉的。

曾国藩见李鸿章入了行营，也好像一块石头落地，心中踏实了。在李鸿章听训离去后，他目送着李鸿章的背影，自言自语道：“少荃呀，愚兄我正因为想让你入幕，才这番动了心计，要磨圆了你的棱角。没有老成世故的基本功，你是不能在官场站住脚的。这也算得我对你的一番苦心吧！”

李鸿章，好似一匹骏马，终于被曾国藩驯服了。既是端了曾国藩的饭碗，就要服曾国藩所管了。在行营里住下的第一个早晨，就发生了一件令李鸿章、曾国藩双方都不快的事情。

这件事李鸿章本来应该注意到的：恩师十分讲究修身养性，为自己，也为他的部下们规定了严格的“日课”，其中包括吃饭有定时，虽在战争时期，也不例

外。而且，按照曾国藩的要求，每顿饭都必须等所有幕僚们到齐了才能开饭。差一个人，大家都不能动筷子吃饭。一个是湖南人曾国藩，一个是安徽人李鸿章，两人习惯不同。曾国藩是每天一起床，洗漱以后就要开早饭，早吃早点干上午应干的事情。而李鸿章的习惯则不然。这当中既有地方习惯，又有个人成长环境所形成的习惯。就地方来说，合肥地区的人们大多数是一起床，先做活，太阳老高了，才来吃早饭。而李鸿章家境富足，又以其不惯拘束的文人习气而晚睡迟起，对曾国藩这条“日课”规定，既不习惯，也不理解。

这是他当“师爷”的第一个早晨，太阳还未露头，幕僚们正坐等在饭营。不一会，曾国藩大步流星地到了。他刚要坐下吃饭，用他那三角眼一扫，就发现了新任“师爷”李鸿章未到，饭是不能开了。曾国藩皱了一下眉头，对陈鼐说：“去喊一下少荃，他可能还不知我的这个规矩。我是要利用与大家在一起吃饭的机会，讲讲话，叙叙事，不可不来！”

李鸿章头天晚上睡得迟了，一则心中的事情很多，翻来覆去睡不着；二则又不断有幕友前来聊天，互相认识了，话儿越扯越多，直到下半夜才昏昏睡去。陈鼐奉命去喊他吃早饭时，他还躺在床上呼呼大睡。陈鼐摇醒了他，又掀掉他的被子，才把李鸿章领进了饭营。他红着脸看了一眼大家，又走到曾国藩跟前请了安，才不好意思地在饭桌前坐下。

由于是第一次迟到，曾国藩只是用一副冷面孔点了点头，示意可以开饭了。李鸿章闷闷不乐地吃了一顿早餐。饭后，他借口要去方便一下，一抹嘴走了。他实在想不通，幕中不是一线营寨，连吃早饭也要绝对定时，缺一不可，这何苦呢？自己既是佐理文案，少不了在今后要带晚做事，难道次日清晨就非要准时起床不可么？再之，万一幕友们中间有人生病了，也得让他带病起床，去定时就餐么？还有，眼一睁就叫人吃饭，没有口味，能吃得下去吗？对这个早餐问题，李鸿章在脑子中打了几个问号，很有抵触情绪。他决定试一试曾国藩。

这天早晨，他虽已醒来，但没有起床，而是继续蒙头躺在床上。他估计饭营里的幕友们又在等他开饭，索性就是不起来了，让人来喊他。不一会儿，果然有严泰来催他起床，道：“李师爷，曾大人喊您速去饭营呢！”

李鸿章道：“麻烦你转禀一声，就说我头疼得厉害，实在起不了床了，让各位先吃吧！”

严泰应了一声，无可奈何地走了。不料过了一会，曾国藩又派程桓生来了，还是催他起床一同吃早饭。李鸿章心中顿生怒气，坚持说自己头疼。程桓生不好强勉，只好回到饭营向曾国藩如实禀报。谁知曾国藩早已猜到了李鸿章这是在耍滑装病，大动肝火，道：“今早就是去人抬，也得把他给我抬来！”

陈鼐一看情况不妙，他深知曾国藩的脾气，立即起身自告奋勇，道：“容

我去看看，把少荃叫来好了。”曾国藩点头应允，陈鼐小跑着冲进了李鸿章的房间，将他一把从床上拖起来，道：“你也是太浑了，难道要让这桩小事毁了你一辈子的锦绣前程吗？！”

如此接二连三地派人前来，是李鸿章始料不及的。他听得出来：为这一顿早饭，恩师定是大发雷霆了。他到底还是顶不住了，翻身下床，来不及洗漱，披上衣服就跟陈鼐走了。他踉踉跄跄地进了饭营，见曾国藩的脸盘早已气得灰白，低着头上前请了安，不声不响地坐到了自己的饭桌前。他哪还有心吃饭，把一勺稀饭往嘴里送，只用舌头舔一舔，就倒回了饭碗里。然后装作再舀一勺，再往嘴里送，再舔一下。如此反复着，别人都吃罢了，他还没有喝完一碗稀饭。

李鸿章拿眼不停地瞄着曾国藩，见他一言不发，其他幕友们也不敢言语，知是得罪了曾国藩。他感到这种气氛太压抑人了，自己不是在吃早饭，而是在受刑！他诅咒这该死的、必须定时来吃的早饭，心里只想早早离开，于是加紧喝了几口，终于把一碗稀饭灌到肚子里去了。他想起身就走，不想刚一动身，曾国藩重重地放下勺子，把饭碗向桌前一推，竟把还没有吃完的半碗稀饭泼洒在桌面上，厉声道：“李少荃慢行！你好像太随便了一些。既已到了我的幕下，我有一句话要告诉你！我这里崇尚的只一个‘诚’字。无‘诚’而不能成事！请你切记！”曾国藩说完，拂袖而去，把在座的人们都吓得不轻。

李鸿章从未听恩师直呼他的姓名，且当众如此严厉地训斥他，脸儿一阵红，一阵白，几乎是无地自容了。他立在饭桌前，呆若木鸡，不知该走，还是不该走。还是陈鼐走了过来，“同年”之谊，在这时更显得非同一般。他拉起了李鸿章，道：“没事的，没事的。曾大人就是这样，做学生的不应计较。”

李鸿章回到房间，想想真是可怕，但也不敢发作，倒是从自己身上检讨出许多不是来。他硬着头皮来找恩师，承认了错误，表示引以为鉴，改掉贪睡懒散的坏毛病，勤奋做事。从这天以后，李鸿章慢慢养成了早睡早起、按时就餐的习惯。

曾国藩并非是有意跟李鸿章过不去，只是在思想深处，是把他当作大有希望的学生来严格要求的。所以，当他发现李鸿章是真心承认错误、且从此再也不迟到了后，立即高兴起来，在饭桌上谈笑风生，妙语连珠。

这日饭后，曾国藩高兴，留幕僚们围坐一起聊天。李鸿章发现，幕友们都十分希望能多听一些曾国藩的讲话，一个个的神情十分专注，就像是小学生要听老师讲课了。

曾国藩把脸转向李鸿章，道：“人活靠精神，没有精神，心情长期闷闷不乐，是很可怕的！”

侍役替他泡了一杯茶，他喝了一口，道：“我不久前读了一本书，叫《灵枢经》。这本书上说，五脏已成，神气舍心，魂魄毕具，乃成为人。可见神乃人之

君。而又一本书叫《素问经》，说得更绝了，认为得神者昌，失神者亡。少荃呀，想来这个道理于你是不难理解的。在京都时，我第一次见到你，是令尊文安公送你来的。我第一眼就觉得，你是堂堂一表人才，肩可担万民之重任，腹可藏安邦之良策。那时，我就对你格外留心了一些，所以才全力为你在学业上作一点指点。但这回来建昌，是久别重逢，我见你有些变了。你表现出了一种压抑在内心的精神不振，目光黯淡，恍惚不安，这便是失神的症状，我见了真为你焦心。”

李鸿章道：“恩师所言，一针见血。自京都回乡以后，一再遇到坎坷，久而久之，郁结在胸，精神便就低落了。只是门生尚不明白，精神是无形的，何以能像一件看得见、摸得着的有形的物一样，在心中积郁下来？”

曾国藩笑道：“这个问题问得好。凡病魔的起因，多数由于积郁。所谓积郁，就是指哪个地方因滞留而不通了。人有七情六欲，都可以导致人的积郁成疾。喜则气缓，怒则气上，忧则气凝，悲则气消，恐则气下，惊则气乱，思则气结，行气紊乱，这些都是导致积郁的根由。所以，应当加以注意。”

李鸿章又问：“自从回皖以来，常常夜不能寐，睡不安稳。即便睡着了，也是一个梦接一个梦，梦醒便天亮了。所以早晨往往起不来，耽误了与恩师共进早餐。请教恩师：这是为什么？”

曾国藩抬眼瞧了一眼李鸿章十分虔诚的面孔，缓缓答道：“人为什么会夜不能寐，也是七情所伤之故。情志伤于心则血气便不知不觉地被消耗了，神不守舍；伤于脾则食欲减小，消化不足，营血亏虚，不能滋养于心，心失所养，以致心神不安而夜不能寐。人的各种情状都是要消耗精血的，精血供应不上，血不养心，也容易夜不能寐。《景岳全书》对此就有记载。”

在场的人都感到受益匪浅，李鸿章更是觉得恩师知识面超人，无人能比。他又问道：“恩师所言，切中学生实际。然学生今年还未至不惑，却落下个精力亏欠的毛病。请问恩师，若积郁也算得一种病，可有药能医？”

曾国藩道：“少荃呀，你这种情状，多数人在事业不顺时都会有的。情志不正常了，人才会精力亏欠，形成积郁。若一切都正常了，此症状自然消除。无情的草木，岂能医治有情的疾病呢？愚兄我送大家一个字——‘静”！这‘静’字作用非凡，可医积郁之疾。清静天下正，如果为名、为利、为妻室、为子孙以致为我们目前的剿匪之事，心静不下来，就是不治了。要治，必须心静。然而这世上又有几个人能凡事都静得下来呢？静不下来也不要紧，只是尽量超脱大度，能静则静，拿得起，放得下。芝麻粒大的小事也放在心里，这就是能静不静了。人须想得开，但绝不是凡事都无所谓、无所为。讲的只是尽可能排除俗念，不为俗事所累。”

李鸿章反反复复地咀嚼着恩师曾国藩的见解，觉得字字入心，句句在理。细

想起来，从曾国藩身上，他得到的教益太多了。而自己的学术见识、道德修养，与恩师比起来相差太远了。李鸿章想到来湘军后的言行举止，心中懊悔不已。

在曾国藩看来，几天里，李鸿章好像换了一个人。在一些方面有了许多脱胎换骨的转变。精神好了，腿也勤了，手也快了，脑也灵了。当然，李鸿章素有才气，善于把管行文，批阅公文，起草书牍，极为得体。尤其是代为拟定奏折，大有过人之处，比陈鼐、程桓生等都技高一筹。曾国藩曾不止一次地当众夸奖李鸿章："少荃天资聪明，文才出众，将来一定大有作为，也许会青出于蓝而胜于蓝哩！"

李鸿章听了他的话，心里如同灌了蜜一般，更加发愤，更加勤恳。他甚至学起了曾国藩，写起了日记，将恩师的言语训导和个人感受一一记下。

曾国藩见了，倍感欣慰，准备重用李鸿章。他想编练皖北马队，附于湘军，并派李鸿章主持。

李鸿章心中又惊又喜。这么些年来，他盼的不正是这一天么？可说来也怪，当李鸿章听了曾国藩郑重的宣布以后，虽是喜在心头，但很快冷静了下来，双手向前一抬，恭敬地向曾国藩施了一礼，道："恩师对学生的栽培，鸿章永世难忘，感谢不尽。只是编练皖北马队一事，既已获皇上恩准，事情就无比重大了。学生虽已有了几年协办团练的经历，但仍然缺少经验，没有把握。因此，恳请恩师从我的实际考虑，仍把我放在幕下效力。至于编练马队，还望另选高明罢！"

李鸿章这个回答，自然令曾国藩大吃一惊。但曾国藩仍不气馁，且态度坚决，道："少荃呀！我看此事你就不用推辞了。我做出的决定是经过慎重考虑的，且已与左宗棠大人、胡林翼大人都商量过了。让你出阵主持编练皖北马队，是几位大人的共识。你就接下这个差事吧！事成之后，奏到皇上那里，保准能有你一份实实在在的名分。弄了个二品、三品的大员干上以后，只要别忘了我们几个就行了！"

李鸿章低下了头，思索了片刻后，说："感谢了！但鸿章实在没有能力领此重任。如果硬是想让鸿章我去试试，我也不敢坚辞。只是大哥李瀚章又到南昌去了，家母也在那里。可否容我快去快回，与我大哥及家母商议一下，征求一下他们的意见。这样，我心中还有一些底，届时定会给恩师一个回答。"

话已说到这个份上了，曾国藩对李鸿章这点要求也不好坚决回绝，道："那就这样吧！你明天就去南昌，把我的想法如实向令堂、令兄禀告一声，争取他们的支持，尽量不要打退堂鼓哟！"

次日，李鸿章带着极其复杂的心情去了南昌。令李鸿章吃惊的是：哥哥李瀚章在听了他的一番想法以后，竟然同意拒绝曾国藩的派遣。李瀚章道："此

事非同小可，胜败难卜。而且，据我的分析，如要此行一去，可能是凶多吉少。你已不好坚辞了。这样吧，由我来出面，代替你给曾大人致函一封，婉言拒绝了吧！”

于是，李瀚章当天写下书信一封，言明李鸿章经验缺乏，信心不足，还是另派他人。

曾国藩很快见到了李瀚章代弟辞谢的书信，十分恼火，骂道：“一对糊涂蛋！”他也立即抓起笔来，给李氏兄弟二人复信，言辞激烈，几乎是在命令李鸿章必须遵命，尽快亲赴安徽亳州一带，招募善骑之勇。如果确有困难，难以在短期招足三千，可先招一千人，五百人也行。总之，一定要把马队编练起来。

李鸿章不好推辞了。他已尝过曾国藩发火的滋味，估计如果再次拒绝，必然从此要与曾国藩、与湘军分道扬镳了。如果那样，“以曾为山”就会化为泡影，自己的远大前程或许就无从谈起了。

李鸿章决定应命。他派小弟昭庆先行一步，赶到安徽亳州去招募马勇。计划待有了眉目后，自己才前往，把皖北马队办起来。曾国藩批准了李鸿章的计划。但李昭庆到亳州转了一圈，灰溜溜地逃回来了，报告说：“两淮地区的长毛贼与捻匪已经联合起来，协同作战，声势很大，清军处于被动挨打的地位。亳州一带局势动荡不安，青壮的汉子不是投奔了长毛贼，就是投奔了捻匪，许多村庄找不到一个青年男子，几乎全是老、弱、病、残和妇女、儿童，招募马勇十分困难……”

曾国藩其实也早有耳闻。洪秀全自天京内乱、石达开出走后，并没有遭受灭顶之灾。他尚有复兴的条件。就在曾国藩要李鸿章去皖北编练马队时，洪秀全正在金陵城里大集群臣，一个重要的军事会议刚刚开完。

洪秀全仍具有强大的号召力。在杨秀清执掌军、政大权时，许多人私下里只把洪秀全看成是一块毫无内容的招牌。但如今经历了磨难，方显出英雄本色。他果然不同凡响，有一代君主之气！这次军事会议上，众将领纷纷对洪秀全立下誓言：定与太平天国共存亡，与清军、湘军决战到底！洪秀全就此提醒各路将领：太平军的劲敌已非清军，而是曾国藩的湘军。

得知曾国藩要进军皖中后，洪秀全决定把重点兵力放在安徽，以保护天京的这个大后方。洪秀全自石达开离开后，又重整了队伍，进行改制，使整个队伍焕然一新、士气大振。

李昭庆到当地了解了情况，空手而归，没有募得一个兵勇，让曾国藩顿感失望。但这个局势并非李昭庆编造，加之李鸿章也毫无信心，只好暂时把编练皖北马队的计划放弃了。

五月里，曾国藩移军抚州，李鸿章仍作为佐理文案的师爷同到抚州。六月，

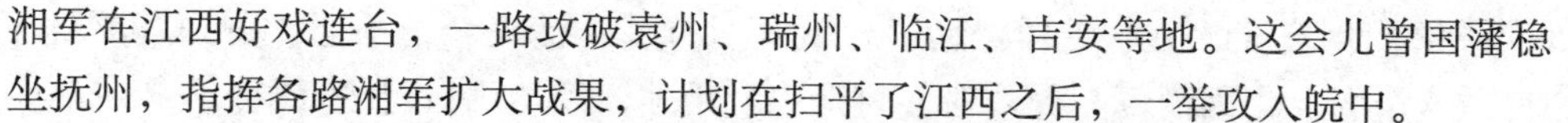

湘军在江西好戏连台，一路攻破袁州、瑞州、临江、吉安等地。这会儿曾国藩稳坐抚州，指挥各路湘军扩大战果，计划在扫平了江西之后，一举攻入皖中。

太平军这边，江西处处失陷，把洪秀全搞得晕头转向。可气的是，石达开就在江西，一直是见死不救。那日，湘军刘腾鸿率兵攻打瑞州，石达开就在瑞州旁边，是眼看着瑞州失陷，仍一枪不发，袖手旁观。直到太平军在瑞州全军覆灭，他才移军而去。洪秀全感到，石达开是在看他的笑话。

石达开见湘军在江西一路势如破竹，便把难题丢给了洪秀全，躲开曾国藩，撤出江西，专找自己曾驻扎过的地方走。

一八五九年六月，李秀成从皖中率军来攻景德镇，曾国藩暗吃一惊，预感到太平军要反扑江西，便紧张起来。此时景德镇由张运兰率湘军坚守，兵员不多，危在旦夕。曾国藩急派曾国荃率部驰援，并命李鸿章同往。曾国荃作为曾国藩的胞弟，自然也是曾国藩的嫡系了。倘不是如此，李鸿章或许会欣然领命的。而与曾国荃同往驰援景德镇，自己当然只是个配角。心高气盛是李鸿章固有的特点，虽然曾国藩再三调教，仍难以改变。李鸿章希望独统一军，不愿寄人篱下，去为他人作嫁衣裳。于是，他找到曾国藩，希望恩师为他另派一处，不愿与曾国荃一同出征。

曾国藩恼火了，对其骄虚之见十分不满，道："这回你是愿意也得去，不愿意也得去！"说着，竟亮出皇上的谕旨，令其立即启程。李鸿章不敢抗旨，又感戴曾国藩是有意重用自己之恩，才决计遵命前往了。

就在这个时候，石达开要率大军挺进四川的消息传到京城。咸丰皇帝惊慌不已，下令湘军入川堵截石达开。

曾国藩看出皇帝对自己的猜疑，要李鸿章代为起草奏折，道："兵力太单，难以入蜀，且景德镇未克，不可遽行抽动……"

李鸿章想起自己所受的待遇，感同身受，向曾国藩讲了自己的想法和见解，支持曾国藩拒绝入川的设想。

李鸿章还以自己的名义给正在皖南督办军务的张芾写了一封情意真切的书信，请求张芾奏明朝廷：请求朝廷将曾国藩留在江西。因为江西不保，皖中也就无救了。张芾给了李鸿章一个面子，以自己的名义递上奏折。但咸丰皇帝哪管这些？他仍下旨催促曾国藩：限期入川。

曾国藩无奈，与李鸿章等商量，带兵打算从湖北入川，去防堵石达开。曾国藩与李鸿章移军到了武穴。曾国藩决定亲笔给湖广总督官文写封信，请求他出面再次奏请朝廷，暂缓入川而进军皖中。这官文是满洲正白旗人，出身军人世家，年纪轻轻时便作了殿前蓝翎侍卫，屡升至头等侍卫，出为广州汉军副都统，走的是满洲贵族子弟的特权道路。可谓一帆风顺，青云直上。他是接替杨霈就任湖广

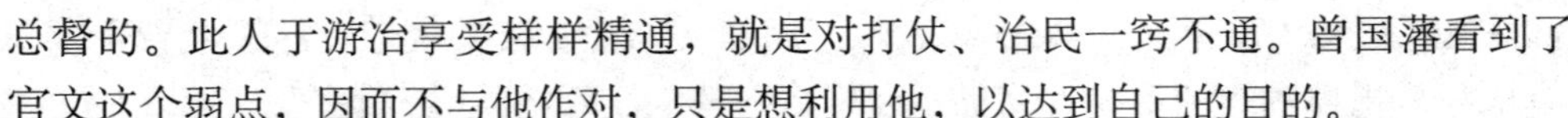

总督的。此人于游冶享受样样精通，就是对打仗、治民一窍不通。曾国藩看到了官文这个弱点，因而不与他作对，只是想利用他，以达到自己的目的。

曾国藩把给官文的信刚写好，李鸿章来见，道：“恩师慢点，我看还是亲自到武昌去一趟，当面陈述。而且此行有一个理由：学生听说过几天是官文六姨太三十岁的生日，总督衙门向武昌官场大发请柬，要为他的六姨太热闹一番。您不如借机前去凑一份热闹，把事情办了！”

曾国藩大喜，道：“少荃呀，你又成熟了许多。此次你陪我共同前往，正好也可借机结识一下这些要员们！”二人商量已定，备下重礼，就向武昌赶来。

官文在武昌要为六姨太办生日，请柬是发了许多，但湖北司、道、府、县的大部分汉人官员平日里对官文并无好感，所以日上三竿，总督衙门仍是冷冷清清，无大员要人登门。官文着急，六姨太气得嘤嘤哭泣。正在这时，几顶绿呢大轿抬来，前面仪仗森严。一个家丁飞奔来接，曾国藩递上名刺，管家一看，喜出望外，连忙进府报告官文。官文高兴极了，亲自到大门外迎接。

曾国藩、李鸿章进了总督衙门。官文得这样一个脸面，高兴得合不拢嘴。

酒足饭饱以后，由胡林翼从中撮合，官文满口答应上奏朝廷。这回理由也很充足。原来，石达开率部到达宝庆城下时，两个多月攻不下这个城池，他心灰意冷了，便有了新的打算：改庆远为龙兴，意欲借“龙兴”两字讨个吉利，在这里建立一个独立王国。至此，他决定不走了，入川之事丢之一边。

石达开既然放弃了入川，官文奏折递上，咸丰皇帝当然也改变了主意，令曾国藩停止入川，会剿皖贼。

在武昌一蹲十多日，曾国藩、官文、胡林翼及李鸿章亲亲热热，沟通了信息，深化了感情。李鸿章更是机会难得，在这些朝廷要员那里赢得好感。他们商量了计划，决定共同配合，分四路进军安徽，而其中心目标是夺取安庆。曾国藩负责从宿松、石牌进军安庆，李鸿章仍跟随曾国藩，一边佐理文案，一边协办军务。

武昌此行，很快有了结果。官文仅在奏折中提了一句，咸丰皇上便准了他的保举，实授李鸿章为福建延建邵道，即刻就要上任。终于有了一个实际的职务了，李鸿章心头一喜。但前往福建任职，李鸿章为难了：一则离家乡太远；二则在曾国藩的湘军里刚刚才干出一点名堂。如去福建，便打破了自己“以曾为山”的计划。

曾国藩正好也有挽留李鸿章的打算。他见李鸿章并不想去福建当道员，顺水推舟，给朝廷上了一份奏折，声称急需李鸿章在湘军里协办军务，目前进军安徽也是需人之时，李鸿章又系皖籍人氏，请求朝廷将李鸿章留在军中戎幕。

咸丰皇帝这一回答应得爽快。与此同时，更让李鸿章窃喜的是，官文、曾

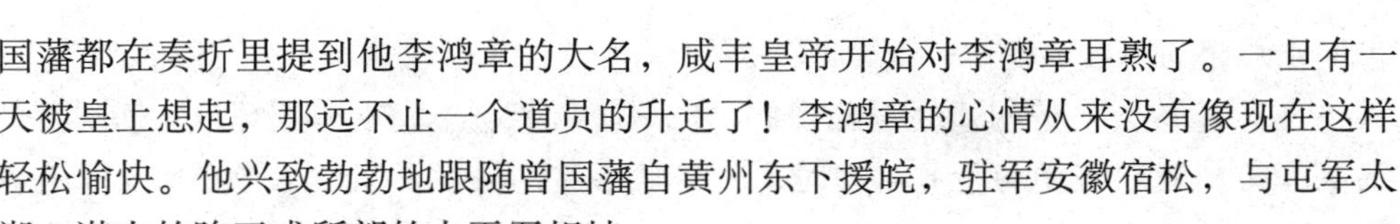

国藩都在奏折里提到他李鸿章的大名，咸丰皇帝开始对李鸿章耳熟了。一旦有一天被皇上想起，那远不止一个道员的升迁了！李鸿章的心情从来没有像现在这样轻松愉快。他兴致勃勃地跟随曾国藩自黄州东下援皖，驻军安徽宿松，与屯军太湖、潜山的陈玉成所部的太平军相峙。

在清廷里，攻打天京，一举歼灭太平军已成为既定方针。然而如何歼灭？清廷各路将领争吵不休，各持己见，一直坐不到一张桌子上来。因此，攻打金陵之事迟迟不能决断。

到了一八六零年初，清廷才定下“上下夹攻，南北合击”太平天国的战略决策，命令江南大营和曾国藩的湘军分别围困金陵、进攻安庆、分捣桐城。而洪秀全自然知道自己的不利局面，采取了先救天京，后保安庆的方针。

咸丰十年五月的皖北宿松，湘军各路将领云集在曾国藩的行营。曾国藩在这里召开一个重要的军事会议。会议盛况空前。李鸿章到了宿松以后，是满面春风，一副神采飞扬的样子，马不停蹄地奔波在各路大军之中，上传下达，忙得不亦乐乎。李元度主持曾国藩的营务处，也很有起色。而更让曾国藩愉快的是，曾与自己有过一段交往的左宗棠也从湖南赶到了宿松；李鸿章大哥李瀚章也应召从南昌来皖。还有湖北巡抚胡林翼同样是准时抵达宿松，专程来参加会议，商议进兵方略。

湘军中，原老将江忠源、罗泽南、李续宾、塔齐布以及在李续宾营中参谋军事的曾国华早年殉难以后，后起的湘军将领曾国荃、曾国葆、鲍超、李续宜等也开始崭露头角，开始成长、成熟起来，这会儿已各带兵马驻扎在宿松城外。还有曾国藩的水师彭玉麟等，都从长江两岸赶到了宿松。如此济济一堂，水陆齐集，群英毕聚，在湘军组建以来，是绝无仅有的一次盛会。李鸿章正是在这个会议上，才第一次拜见了大名鼎鼎的左宗棠。

最热闹的场所自然是曾国藩的行营了，那里彩灯高悬，红旗招展。有些不知情的人还在纳闷：曾国藩为何把一次本不该铺张浪费的军事会议办得如此隆重？原来，这里面另有一件好事：曾国藩终于当上两江总督了！

是年五月间，李秀成、陈玉成在洪秀全的命令下，联军一举击溃了再度恢复起来的清军江南大营。紧接着，李秀成开始实施扩充兵源的计划，计划完成后，立即回师金陵，先破浦口，再攻江北，仅二十多天，就攻占了江北沿岸的江浦、天长、六合、扬州等城镇。

江北失利，使咸丰皇帝大为恼火，急令曾国藩夺取失地。湘军各路兵马出动，接连又从太平军手中夺回了黄梅、潜山、石牌、桐城、舒城等地。

这次争夺战使咸丰皇帝看到：要对抗太平军，还得依靠曾国藩来支撑危局。所以，于六月初，军机处以罕见的八百里加急廷寄谕旨给曾国藩兵部尚书衔，署

理两江总督的军政实权。

这个职位，是曾国藩朝思暮想的，也是曾国藩自出山主办团练以来所得到的最高职位。此时是受命于危难之时，也是皇帝迫不得已。因此，他心中不禁充满酸楚，并油然而生出了一股被玩弄的反感。但他手下的文武将佐却全然不理会他内心的辛酸与不快，借宿松大集群雄开会之机，大操大办，以示庆贺。

李鸿章对恩师的升迁尤为兴奋，仿佛觉得自己也得到了攀龙附凤的机会，从此前途无量了。他激动地掉下了热泪，对恩师一再表示道贺。曾国藩黯然处之，李鸿章免不了一番劝慰，他觉得被朝廷认可总归比不认可强。

宿松军事会议，因为左宗棠的到来达到了高潮。就是这样一位自视甚高，把曾国藩不放在眼里，书札往来一律称曾国藩为兄弟的左都老爷，来宿松前也获一喜——被咸丰皇上赏给四品京堂的虚职，令其来湘军中为曾国藩襄办军务。左宗棠连自己也未曾想到，冤家路窄，撞到曾国藩门下来了。曾国藩虽对左宗棠多有抱怨，但于心中，还是挺佩服他的才气的。此人反应敏捷，熟悉形势，精于运筹，在湘军内外和湖南官府上下享有很高的声望。宿松会议开始前，一班将领听说左宗棠奉旨来到了湘军之中，倍受鼓舞。大家争先恐后，都想尽早一睹这左都老爷的风采。

也有人对左宗棠的清高不屑一顾。不过，曾国藩确实认为他人才出众，满腹的兵书方略。只是脾气有些古怪，自视太高罢了。

李鸿章并未见过左宗棠，但已早闻大名，他于内心深处是希望多结交有才之人，尤其是很有实力的人的。他听了大家的话后，对曾国藩说，当前的主要任务是调动一切力量拯救两江，而不是把脑筋用于人际关系及是是非非上……

曾国藩听了，朝李鸿章点点头，道："少荃的看法果然站得高些。当前主要的难题自然不是左宗棠来襄办军务，而是如何挽救这两江危局。以前我没有地方官职，到哪里都是客人，到哪里都可以拍拍屁股就走。如今戴上了两江总督这顶帽子，便有了守土之责，既要听朝廷的指挥，又不可拒绝各地州县的请求，甚至连一方百姓也有权要求我出兵保护他们。在京中的达官显贵更会不断奏明皇上，对我的事情评头论足，甚至指手画脚。一件事考虑不周，不仅可能会得罪一大圈人，弄不好还会遭受责难。现在看来，皇上给了我两江总督的头衔，实际上是把我推到了风口浪尖之上。我有这个思想准备，但愿各位今后不要受了我的连累。"

李鸿章听了最后一句话，抢先表示："合肥地区有句俗话，叫作'嫁鸡随鸡，嫁狗随狗'。如今既是跟了恩师，任凭您一损俱损、一荣俱荣。好了固然更好，栽了，我等也绝无半句怨言！"

几人正在说着话，忽见刘巡捕捧了一张名帖进了签押房。

这个来访的人是谁呢？

【第四回】

舟车劳顿气不馁，鞠躬尽瘁心自坚

曾国藩正在府中与李鸿章等说话，忽然刘巡捕送来一张名帖，他接过名帖，举在眼前一看，上面印的并无官衔，只有“侍愚弟左宗棠”六个字。曾国藩一笑，心想这左宗棠印个名帖都与别人的不一样，也算得别出心裁。他顺手把名帖递给李元度看。李元度亦笑了，道：“这名帖倒是放下了臭架子，本来应该在上面再印上‘湖南老亮’或‘二抚台’什么的！”

曾国藩用手有力地向半空中一挥，沉下脸来，道：“各位休要再胡言乱语了，人已来在门外。请他与各位见面时，各位应放尊重一点。不说他一肚子才华，单就年龄而言，已有四十九岁了，总该大你们一大截吧！你们先到后园里回避一下，我去迎来，然后再安排大家互相见见面。”

李鸿章等人都退出了签押房。曾国藩挺了挺身子，用手指习惯性地弹了一下衣袖，破例起身迎出门外。他老远看见左宗棠身穿蓝袍马褂，头戴瓜皮小帽，背后拖了一条细细的发辫，打扮得比在长沙见到时要利索得多。

左宗棠在门外倒背着手徘徊，耐心等候。他这次奉了皇上的旨意，千里迢迢从湖南长沙来到皖北宿松，心情是愉快的。在骆秉章幕下多年，虽受敬重，但真正想建功立业，实现远大抱负，仕途通达，必须跳出那个“安乐窝”，到军中来干。他已苦读兵书多年，各种谋略揣在肚子里发挥不出来，早已盼望到军中施展才华。但真正来到湘军之中，左宗棠又有了几分忧虑。自己不肯屈居人下，与曾国藩很难合得来。曾国藩已实授两江总督，比自己这个四品京堂尊贵了许多。如果因为如此，曾国藩在自己面前摆起总督的架子，处处让自己下不了台，那可怎办呢？左宗棠对此十分担心。他怀着忐忑不安的心情在仪门下来回踱着步子，正等待刘巡捕传呼引见，忽听有人大声唱起：

“曾大帅出迎左宗棠大人了！”

这声音从里一直向外传出，每道门都有人喝唱一遍。左宗棠大出意外。听那

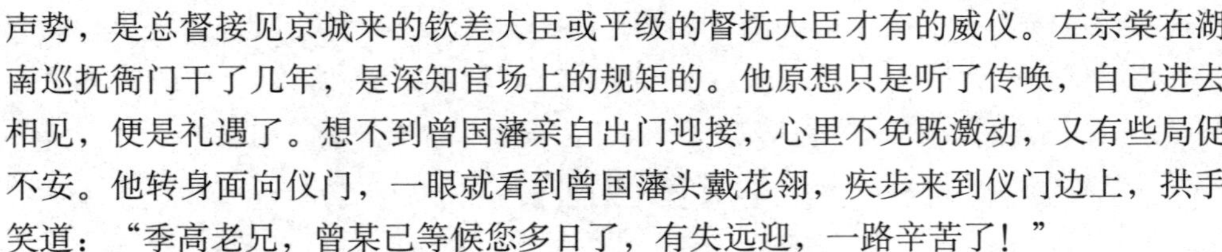

声势，是总督接见京城来的钦差大臣或平级的督抚大臣才有的威仪。左宗棠在湖南巡抚衙门干了几年，是深知官场上的规矩的。他原想只是听了传唤，自己进去相见，便是礼遇了。想不到曾国藩亲自出门迎接，心里不免既激动，又有些局促不安。他转身面向仪门，一眼就看到曾国藩头戴花翎，疾步来到仪门边上，拱手笑道："季高老兄，曾某已等候您多日了，有失远迎，一路辛苦了！"

此时的左宗棠又涌起一阵激动。身为总督的曾国藩一身官服打扮，拱手相迎，这使得他把一切的担心、疑虑都抛到九霄云外去了。见曾国藩满面友善，连忙也拱手道："小弟一介寒儒，怎敢有劳大人远迎到仪门之下？惭愧！惭愧呀！"

曾国藩上前拉了拉左宗棠的手，以主人的身份为左宗棠引路说："快进去吧，军中许多事务还等着季高老兄前来商议呢！"

左宗棠随曾国藩从夹道中往签押房走去，十分欢欣。曾国藩走到夹道中间，与左宗棠并起肩来，右手拉起了左宗棠的左手，好像在做出一种姿势给人们看。左宗棠感受到了曾国藩的真诚，暗暗下了决心：他曾国藩敬重了我，我更要百倍地敬重他。

曾国藩边走边说："季高老兄，湘军中许多将领都盼望你能前来入幕，今天就有许多朋友们在等着你的会见呢！"

二人客套一番，一起走进签押房，众人对曾国藩用此礼节迎接左宗棠感到惊讶。

落座之后，曾国藩委请左宗棠回湖南招募兵勇，自己编练成军，自己统带。

左宗棠欣然接受，初涉战场，终于有了用武之地，他高兴不已。

当晚，曾国藩摆下两桌酒宴，并要李瀚章、李鸿章、李元度、曾国荃、曾国葆等作陪。席间，李元度也提出要回乡招募兵勇，曾国藩高兴地应允了。李鸿章见李元度的要求被答应下来，也趁着酒兴提出回庐州编练新军，曾国藩却摆手道："少荃弟不要性急，将来有机会再说吧！"

李鸿章的要求遭到拒绝，心中十分不快。散席后，李瀚章陪李鸿章回到房中。李鸿章唉声叹气不止，怅然道："大哥呀，我感到失望了。现在看来，这湘军是不能久待的。我真后悔在酒席桌上当众提出回乡募勇。这里是湘军，左宗棠、李元度都是湖南人，他们回乡招募兵勇，编练成军后，便是湘军的一部分。我是安徽人，回安徽募勇，招来的也是皖勇。所以，恩师怎么会答应呢？或许在恩师看来，我李鸿章在湘军中当个文案师爷还可以，若是招兵练勇，那就不行了。由于我是个安徽人，不仅不能自己去编练新勇，甚至连统带一路湘军也是永远不可能的……"

李瀚章劝道："鸿章，你多虑了。依我看不是这样的。你来湘军不及一旬，恩师不就曾奏请皇上，要你回安徽主持编练皖北马队么？而且讲明这马队附于湘军。现在之所以不让你回乡募勇，并不是恩师不信任你，而是：一，左宗棠、李

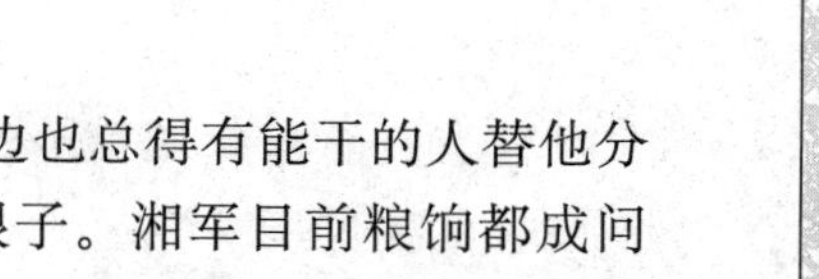

元度等都离营回乡了，幕中的事还得有人去干，他身边也总得有能干的人替他分忧，都走了怎么行呢？二，招募新勇，要有足够的银子。湘军目前粮饷都成问题，有的营中已经数月未发兵饷了，哪有更多的钱拿出来让你去安徽招募兵勇呢？还有一点，依我分析看来，恩师是觉得你在幕下时间太短，或许认为你还不具备独当一面，自带一军的才能。这恰恰是需要你自己认真考虑的……”

说到这里，李瀚章深深地叹了一口气，道：“少荃，不是大哥我要挑你的毛病。你还欠成熟，遇事心胸不宽广。恩师待我们兄弟二人都不薄，可谓情深意厚。有一件事本来不想说的，怕你又要多虑。就在恩师被实授两江总督的当月，他曾向皇上奏保你出任两淮盐运使，奏保黄翼升为淮扬镇总兵，筹办淮扬水师。但朝廷的诏令下来，却只准了黄翼升为淮扬镇总兵。我想皇上或许不是不准你的任职，而是稍稍推迟一下，看你是如何建功立业的。皇上没有恩准是一回事，曾大人推举了却是事实。你难道还不应该扪心自问么？曾大人对我们兄弟是‘君子成人之美，不成人之恶’的，我们也应像韩非子主张的那样‘君子不蔽人之美，不言人之恶’。请你切记！”李鸿章无言以对了。他望着窗外星星点点的灯火，陷入沉思之中。

皖北宿松，一个全面规划湘军下一步军事行动的重要会议仅两天就结束了。散会后，湖北巡抚胡林翼未能与曾国藩长谈，就立即带三十名护卫亲兵先回武昌了。左宗棠、李元度参加了会议，按照会议部署，也于次日就动身去湖南了。他们将分别回乡募勇，就地编练新军，计划在三至五月内加入湘军整体行动，发挥作用。宿松会议作出一个重要决定，即：立刻集中湘军主要兵力，进攻安庆，以此逐步拓宽战线，最终围剿金陵，彻底捣毁洪秀全的大本营。会议也出现了分歧，就是在进军苏浙一事上，胡林翼、左宗棠都认为，应该取道皖南，然后再进兵浙江，由浙江向北，解救苏南及上海一带。李续宜的主张更让曾国藩吃惊，他建议用水师舟船运送陆勇，从镇江登陆，直捣洪秀全的后背，以此收复常州和苏州等。他认为唯有如此，才是捷径。曾国藩岂能同意冒如此风险？他主张稳扎稳打，步步为营，逐渐向金陵推进。他了解自己的湘军，虽说名声大了，但实力却很一般，兵员太寡，不足以抵抗几十万太平军。

曾国藩竭力主张：先将大营移至皖南祁门，以祁门为中心，站稳脚跟后，再向浙江、苏南、上海一带，慢慢渗透。占领一块，巩固一块，最后使金陵成为一座孤城，一举捣毁它。会上，包括李鸿章在内的幕僚们都反对曾国藩的主张，认为曾国藩太过于保守，由于过分保守，或许会丧失了战机。而曾国藩不改初衷，坚持要这样用兵。因此，会议虽经过激烈的辩论，最后还只有听曾国藩一个人的。他是两江总督，又是湘军统帅，当然听凭他拍板。

会后，左宗棠、李元度与李瀚章联袂而行，离开皖北宿松。左宗棠、李元

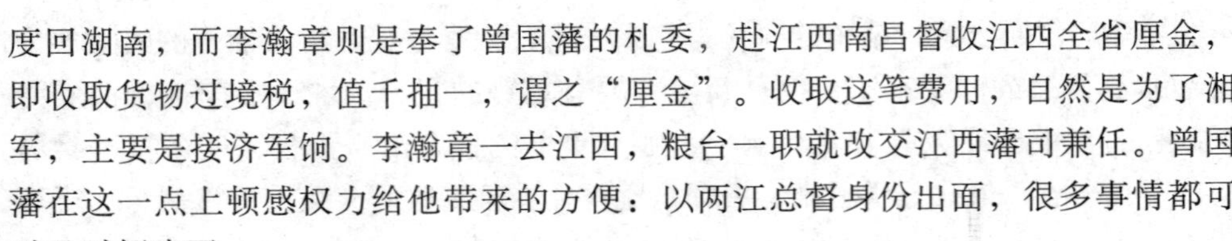

度回湖南，而李瀚章则是奉了曾国藩的札委，赴江西南昌督收江西全省厘金，即收取货物过境税，值千抽一，谓之“厘金”。收取这笔费用，自然是为了湘军，主要是接济军饷。李瀚章一去江西，粮台一职就改交江西藩司兼任。曾国藩在这一点上顿感权力给他带来的方便：以两江总督身份出面，很多事情都可以及时解决了。

曾国藩从宿松动身了。他统带了鲍超、朱品隆、唐品训等部一万人马，经望江县渡江到达南岸的东至，于六月十一日进入崇山峻岭之中的祁门扎下大营。幕僚中有李鸿章、陈鼐、程桓生和亲兵随从数百人。李鸿章四弟昭庆也从南昌来到军中，在曾国藩手下办理营务处事务。排行老六、花钱买了个员外郎头衔的昭庆由此驰逐军旅，开始崭露出一些头角来。

曾国藩狠心地把胞弟曾国荃、曾国葆留下来了，他要这兄弟二人各带自己的兵马驻守原地，伺机进攻安庆。途中，他专门拜访了多隆阿，并对他恭维了一番，还私下向多隆阿个人赠送了贵重礼品。但湘军到哪里去，他闭口不言，更不把宿松会议的情况向多隆阿透露一句，只建议他移防到安徽滁州、和州一带。其实曾国藩是想让他从东线堵住从金陵、苏杭一带过来的太平军，为曾国荃、曾国葆充当一道防线，以助曾氏二兄弟攻打安庆成功，掩护湘军的行动。

祁门县城北门外，有一座绿荫环绕、风景秀丽的大庄园。曾国藩的行营就设在这个庄园之中。这庄园占地数百亩，是祁门县第一号乡绅之家，远看楼阁成群，回廊曲径，被一道两人多高的白色粉墙包围着。这庄园主久闻曾国藩大名，一听说新任两江总督曾大帅要移营至此，根本没有半句讨价还价之意，马上动员家族上下，在三天内腾出了整个庄园。

曾国藩到了庄园外，并没有急于进去。他喊了李鸿章、陈鼐等陪他策马在庄园四周逛了一圈。李鸿章以为他是查看设防情况，道：“恩师只管放下心来住进去，外围早已营帐林立，一切布防以您为中心哩！”

曾国藩笑道：“可记得在宿松时，包括你在内，是都反对我移军祁门的。这会儿已到了祁门，我想请你们看看这庄园，看看这壮丽无比的山山水水，再看看这层层叠叠的天然屏障，正所谓一夫当关，万人莫入。此处能攻易守，进出自如，他洪秀全的长毛贼虽多，到这崇山峻岭之中，能奈我何！”

曾国藩眺望着远山近岭，得意洋洋，满脸“当今之世，舍我其谁”的表情。随从的几个侍卫官跟在曾国藩身后，纷纷恭维。

曾国藩捋着胡须，笑道：“你们也不必吹捧我的神算。本人虽略通韬略，习过兵法，但在左宗棠面前，还略微逊色了一点。但圣人也有失误的地方，比如说我决定移军祁门，他也是极力反对的。若这时他也同来了祁门，看到这块有利于征战的地形地势，他不知会作何感想？”

李鸿章沉不住气了，以极低的声音接着曾国藩的话说：“即便左宗棠大人真的来了祁门，门生以为他也未必会改变在宿松的看法。或许，他会更激烈地反对恩师的主张，建议移军别处的！”

“此话怎讲？！”曾国藩正在兴头上，让人冷不防泼了一盆凉水，脸部表情马上“由晴转阴”，十分不高兴地向李鸿章发问。若不是曾国藩如此厉声喝问，李鸿章或许会忍住不言的。经曾国藩掷地有声的喝问，李鸿章反而提高了嗓音，道：“请恩师留意一下，别看这里风景如画，群山叠翠。其实这祁门是一块盆地的盆底，四面高，祁门最低。若长毛贼从四面进攻，居高临下，我军腹背受敌，防守是十分困难的。而如想突围，便是由低向高攀登，比正常条件又多了一分困难；如一路攻入，山口被贼人占领，我们就没有退路了。门生我不懂兵法，但也读过一些兵书，像祁门这样的地势，在兵法上谓之为绝地，是没有前途的。就祁门与东至一带比较，沿江而守，能上能下，能水能陆，又与安庆隔江相对。湘军有水师可以利用，优势大增，皖北、皖南都可以兼顾。仅从防守上考虑，比祁门的驻防兵力少一半也无妨。不知恩师是如何看中祁门这个地方的？把行营设在祁门，交通也不便。日后长毛贼来犯，恐我们的大营难保哩！”

曾国藩皱起了眉头，想拦住李鸿章的话。但一瞧李鸿章那认真、固执的表情，怕拦不住反而伤了自己的面子。好不容易忍住性子听完了李鸿章的话，总兵鲍超也亮开了嗓门嚷道：“曾大帅，我也是在这么想。长毛贼探报灵得很。祁门虽地处深山之中，但毕竟不是世外桃源。要不了多久，他们就会发现我们的大营，甚至能把大帅您的行营打听得清清楚楚。到那时候，藏是藏不住的，必然大举来攻。我们走到那一步可怎么办呢？”

这鲍超字春霆，比李鸿章稍微年轻一些，刚刚三十出头，个子不大，却骁勇善战，他那一路军号称“霆军”，在湘军中虽无太好的名声，但也有自己的特色：鲍超最喜欢打恶仗，往往以少胜多，拼死而上，常立战功。鲍超是四川人，但曾国藩却并没有把他当作外乡人加以排斥，而是用了他这一特点，很有些器重。

曾国藩听着鲍超声若洪钟的说话，心中更添了几分不快，摆手道：“无需诸位多虑，本帅自有本帅的主张，相信不会出错！”

李鸿章此时把一贯的机敏丢得一干二净，明知再多说一句，都会引起恩师的反感，可这会儿他好像是豁出去了，不管三七二十一，照样顶风而上，同样大着嗓门，道：“恩师还须耐着性子听听大家的意见。俗话说‘当局者迷，旁观者清’。我以为恩师是钻进牛角尖里去了，不愿意跳出自己思路，从旁观者的立场上分析一下各位的意见有无可取之处……”

曾国藩突然把右手挥得老高，然后重重地落下，那样子好像要挥拳打人了。

曾国藩气极了，大发怒威，无人再敢顶撞了。李鸿章刚要张口，被陈鼐猛捣一下后背，也默不作声了。

曾国藩祁门大营，就这么在文武将佐的忧虑、甚至是反对中驻扎下来。曾国藩住进了美丽的庄园，李鸿章等也在园中各得其所。但为了驻扎祁门的争执，他心中不快，认为恩师太过于刚愎自用、听不进别人之言了。曾国藩呢，也知李鸿章对他窝了一肚子意见，但仍笑脸如初。他在原谅李鸿章，他想他应该原谅李鸿章。他在心中暗想：或许李鸿章等人的意见是对的。因为，就在不久前，李鸿章还力排众议，帮助他度过了一次北上“勤王”的难关。那一次，若不是李鸿章挺身而出，提出建议使曾国藩茅塞顿开，那么，遵旨北上“勤王”，其结果必定是断送了湘军的前程。

原来，北京城里，血气方刚的咸丰皇帝又刚刚经历了一场“手枪抵在咽喉上”的屈辱与磨难。李鸿章刚回乡协办团练不久的一八五四年，是《南京条约》签订的第十二个年头。英国驻华公使包令伙同法国驻华公使布尔布隆、美国驻华公使麦莲，又向清廷发出了一份别有用心的照会：修约！

英、法的军队欲再次来侵，皇宫中一片混乱。就在这时，咸丰皇帝想到了湘军，想到了曾国藩可以一用。他立即下了诏令，要曾国藩火速派悍将带兵北援，抵御英、法等联军进犯北京。皇帝的圣旨送达曾国藩时，李鸿章立在一旁。他们面面相觑，曾国藩一时举棋不定，道：“不料与长毛贼的交道还未打完，此时又要与洋人贼寇交锋了，这可如何是好？”

李鸿章道：“依门生之见，眼下洪秀全的长毛贼正是凶狠之时，湘军应全心全意担负起剿灭洪秀全之职，不可分军北上。”

曾国藩深深地叹了一口气，道：“此事非同小可呀！事关北上‘勤王’，是无可推诿的！”

李鸿章不以为然。

曾国藩无奈，召集文武参佐讨论对策，要求每个人提出一种方案供他参考。结果，绝大多数人都认为北上“勤王”事关重大，必须立即发兵北援京师。否则，皇上不保，京师不保，会成为千古罪人。国家被列强侵占，光剿灭太平军又何用之有？唯有李鸿章独具他见，坚决反对北上。他认为联军进占天津，兵临北京城下已成事实，现在发兵去保卫皇帝，保卫北京，实属雨后泼街，无济于事。他断言：英、法、美、俄四国联军，目的不是攻占北京，更不是像洪秀全那样，占领一地，在那里统治一方，建都立鼎，而是谋取利益，捞取钱财，最终无非金帛议和，断无他变！

当着文武参佐的面，李鸿章大声疾呼：“湘军已威震天下，一举一动事关天下安危。如果一步走错，可能就会前功尽弃，使结局不可收拾。因此，应立即奏明皇上，危及大清社稷的不是英、法等四国联军，而是游动于半壁江山之内的长毛贼。长毛不除，天下不得安宁，那时还会有更多的洋人乘虚而入，盘剥于我的！”

曾国藩从李鸿章的主张中得到了启发，暗下决心，暂时按兵不动，静待时局之变。于是，他跟咸丰皇上玩了一个小手段：冠冕堂皇地上疏奏折，表示应积极北上勤王，请求皇上在胡林翼与自己的湘军之间酌派一人进京保卫根本。而且，曾国藩要求的是自己亲率湘军前往，事情如此重大，不可以他人替代……奏折以八百里加急送出以后，曾国藩松了一口气，又派探子去京城打探英、法联军及皇上的举动，做到既按兵不动，又心中有数。

天津谈判到了一八五九年六月二十五日，那桂良实际上已不待朝旨，在英方代表普鲁斯、李泰国的再三逼迫之下，私下答应了英方提出的全部条件。

六月二十八日，桂良才将应允的理由上奏朝廷，讲了种种理由，归结成一句话：不与联军开战，只有全部从速允准英方的条件。

就在咸丰皇帝接到桂良这个奏折的当天下午，英国公使额尔金率从官二十余人，乘二十顶大轿，另带兵五百六十人，吹鼓乐队五十人，威风凛凛地来到海光寺。而中方桂良、花沙纳所率计十余人，依次在《中英天津条约》上签字画押，然后大摆宴席，豪饮一番。

咸丰皇帝接到桂良奏报签订了条约的消息之后，诚知已无法挽回，只好就细枝末节上加以补救：颁布新的清规，竭尽全力布置防务，防止侵略者的进一步侵犯。

这一切被英、法联军探知，他们也加紧了武力准备。同时利用换约，想重新挑起战争。

此时咸丰皇帝得知：江南战事正酣，内战无休无止，而北方俄舰多艘已强行驶进乌苏里江，欲从北边霸占中国领土。他无可奈何。

六月二十五日晨，海口内第一道铁戗已被英军拆除，到下午三时，英、法、美、俄军舰突然蜂拥而上，向陆地猛烈开炮。清军忍无可忍，向联军还击。战斗打响后，英、法联军损失惨重，无力再战，只得再次南撤。

胜利鼓舞了清军将士，英、法联军做出让步，清军继续加强防卫。不料英、法联军得寸进尺，组织新的联军，大举向清军进攻，烧杀抢掠，无恶不作，先后和中国政府签订了《天津条约》《北京条约》，火烧了圆明园，大肆地强占了我国东北的大片土地。

消息传到皖南祁门湘军大营中，群情激奋，军心混乱，大家都对洋人的掠夺义愤填膺。唯有曾国藩、李鸿章沉得住气，不加评说，袖手旁观，一副泰然自若的神情。几个丧权辱国的条约传到他们耳朵里，他们反而感到由此得到了解脱：

不用北上“勤王”了，可以专心对内镇压、剿灭太平军了。对外妥协，这本来就在这一对师生的预料之中。

李鸿章协助恩师度过了北上“勤王”的难关。他庆幸自己的主张得到了“果不出所料”的验证，因而不失时机、洋洋自得地向恩师曾国藩炫耀。

曾国藩道：“此次多亏贤弟力排众议，给我以启发，方才按兵不动，没有被牵扯进去呀！若要是真的去‘勤王’了，现在还不知是一个什么下场？至少，是没有今天在祁门的这个四野营寨林立的湘军大营了。”

在北上“勤王”问题上，李鸿章与曾国藩从不一致发展到了惊人的一致。但说到祁门，李鸿章仍坚持异议，主张立即撤离祁门，移军东至，以此防止将来被动挨打，防止救不了安庆。

曾国藩并非不懂祁门在战略全局上对湘军无特别重要的意义，在心中也承认李鸿章着眼于军事地位而坚持移军的主张是有道理的。但李鸿章哪里知道，曾国藩之所以驻守祁门，主要是做给令其督军往赴苏杭的咸丰皇帝看的一种姿态。

在祁门一晃已到了六月底。面临英、法联军兵临北京城下，咸丰皇帝四处调兵遣将后，再次想到曾国藩。或许他已意识到让湘军于数千里之外来救北京是不现实的，便指望他在江南能稳住阵脚，牵制太平军，保一方平安无事。于是，他下了一道圣旨：授予两江总督曾国藩为钦差大臣，督办江南军务。

如此喜讯，曾国藩心中清楚，也不出李鸿章所料：皇帝无非是让曾国藩更加积极地为他卖命。圣旨到达军中以后，朝廷督责严厉，催促出兵的上谕如雪片一般飞来。七月十四日下旨催促曾国藩派兵援救宁国；十五日又命他东赴赶往浙江；十七日又令湘军迅速南下，收复苏常郡县。二十一日，要曾国藩派兵救援浙江的上谕才到军中，二十二日又奉上谕：“上海危急，着火速设法救援！”由于曾国藩是两江总督并任钦差大臣，这些地方即苏、浙、上海的地方官员和士绅也纷纷羽书告急，公牍私函不断，每天都有十多件请求出兵的信函。

此时的曾国藩一坐上钦差的宝座后，或许司空见惯了。他稳坐签押房中，见到雪片似的来函，有时看也不看，往李鸿章那里一推：“酌情处置吧！”李鸿章哪有调兵之权？因此只传于曾国藩知道，并无动作。时间长了，李鸿章心里清楚：凡推到他这里由他处置的公牍私函，都是可以不予理睬的。连咸丰的圣旨，曾国藩也经常顺手推给李鸿章。李鸿章也学会了见怪不怪。天塌下来，也不慌不惊。

李鸿章私下里向陈鼐等嘀咕，道：“我恩师官做得大了，人好像也麻木了。”

在咸丰皇帝的圣旨一个一个接连到来时，曾国藩终于烦得发起了脾气。他不敢公开骂皇帝，就大骂军机处。

李鸿章在一旁，安慰道：“世界上的事情从来如此，总有苦乐不均。还有一条，好心未必就有好报，恶人先告状，有时常常就是赢家。我老家合肥也有一句话，叫作‘会哭的孩子多吃奶’，世事哪有那么多公平呀？”

曾国藩喘着粗气，道：“少荃呀，你看！几个月过去了，左季高、李元度所招募的新兵还在湖南加紧操练。我如今连他们兵勇是个什么样子都没有见过。可是，新任督办四川军务的那个骆大人，一封加急送来，倒要将左宗棠新招募的队伍派给他，让左宗棠迅赴四川去打石达开了！”李鸿章一惊，道：“石达开真的进入四川了？”

曾国藩道：“那还有假，就在不久前，就一路不知不觉地闯进四川了。”

“石达开不是在庆远府驻扎下来，四处游山玩水、参观访问，要在庆远建立自己的独立王国么？”李鸿章问。

曾国藩便说起了石达开的近况。原来石达开本想在庆远不走了。但弹尽粮绝，将士们大多悲观失望，怨声载道，队伍四分五裂，几个月里，内外交困，不得已才要兵入四川。

李鸿章道：“既是这样，可见石达开也是一个胸无大志之人。料他进了四川，也会惨遭失败，不久就会走投无路的。”

曾国藩说：“事情的结局可以这么预测。我敢断定，就连洪秀全的长毛贼也会最终全军覆灭的，金陵一定会被收复。但这只能是久远的估计。问题在于现在。苏、浙、上海被李秀成搅得不能安宁，石达开又兵入四川，两地几乎横跨大半个中国，我湘军就这么一点人，能顾得了哪头？即使是明知顾不了这么多，还得去设法兼顾。石达开虽然不会再有什么作为了，可他要是真把四川搅乱了，最终也还得奉旨而去。不信你等着瞧吧！”

经过一番分析商讨，曾国藩决定先丢下苏、浙、上海和四川不管，先解自己的燃眉之急，派兵去救援宁国、广德。这两地都在安徽境内、自己的身边。舍近求远，曾国藩做不到。曾国藩派出一路大军先赴广德，再救宁国。经过激烈争夺，湘军最终未能如愿：广德得而复失，宁国虽勉强坚守，但也不断遭袭。

曾国藩着急了，立即写下书信一封，派人急送湖南给李元度，要他停止训练，火速率本部新兵赶到祁门来，准备参加战斗。正巧，到八月七日，送信人在半途中遇见了李元度，他正率新招募的兵勇快马加鞭而来。新募来的兵勇共三千人，多出自湖南平江。

曾国藩见来了救兵，甚是欢喜，立刻布置任务，要李元度守住徽州城，城外事无需他管，若有危机，当立刻援助。李元度立下军令状，并要了两个月的兵饷。

李鸿章按曾国藩的指令，为李元度提取了兵饷，次日骑马送李元度到徽州上任。李鸿章在出了祁门后，回头看一眼李元度浩浩荡荡的队伍，心中羡慕极了。

却也免不了一再嘱咐，要其慎之又慎。

李元度在临别时仍然气势非凡，指着身后的队伍，道："少荃呀，你还不了解我么？不用说有这支队伍，就是再少一半，我守那座小城还怕丢了不成？"

李鸿章摇头，道："次青兄，你的为人及胆识，我向来敬佩。可是，你此去任务非凡。恩师他不听我的劝告，非要驻扎于祁门这个鬼地方不可。扎营祁门，不久就可以看出，接下来是有大麻烦的。那么，祁门将来如何？关键就要看你徽州了。你可能还没有体会出恩师他反复交代你的用心。我是看出来了，恩师自己也在为祁门担心，他是要你看守好徽州，以徽州保祁门。因为，在战略上，祁门的门户就是你的徽州。徽州不失，祁门难破；徽州一失，祁门就难保了。所以，他才在你还没有回来之前，就保奏你为皖南道，目的就是让你为他看好徽州这个门户呀！"李元度点了点头，那表情仍是信心十足的样子。李鸿章与他握别之后，策马回到祁门大营，一路上忧心忡忡。他已看出曾国藩的心思，但曾国藩虽有心思，但又不肯承认，更不同意移军别处。好像他在将错就错，暗中采取补救措施，加强祁门北面大洪岭和大赤岭两个山口的防务。

李元度以皖南徽宁池太广道身份进驻徽州才过半月，太平军李世贤就率部来攻。

原来，太平军的内部形势发生了很大变化。清廷忙于对抗英、法、美、俄联军，无暇顾及太平军，洪秀全族弟洪仁玕的加入，使得太平军士气大振，已经恢复了元气。

湘军这边，曾国藩一年多来，一直就想吃掉安庆。为此，他扎营祁门，已调集多路大军先后下彭泽湖、东至，过江经潜山，在安庆周边地区布防。曾国藩又命道员赵景贤、提督周凤山、道员王珍、李元度等坚守太平、石棣、铜陵、徽州等处。曾国藩此举是要断了安庆太平军的后援，割断金陵与安庆的通道。

然而，即使曾国藩百般担忧，太平军和捻军还是很快得手，占领了宁国等地。

这是八月二十五日，李鸿章正在祁门大营的卧房中审校恩师曾国藩编纂的《十八家诗钞》，四弟昭庆神色惊慌地来找李鸿章。来到二哥门前，他匆匆掀帘立在门口，道："二哥，大事不好，探子来报，徽州城失陷了！我这就去禀报曾大帅！"

李鸿章吓得面如土色，从椅上一跃而起，跟着四弟快步来到签押房，向曾国藩禀报。昭庆道："大人，据探报，徽州被长毛攻陷了。皖南太广道李元度李大人下落不明，逃散兵勇也不知奔往何方……"

听报后，曾国藩的心情可想而知。他很长时间一言不发，好像生命受到威胁一般，在等待着一种死亡的宣判。

李鸿章上前，将一杯热茶递到他的手上，道："事已至此，恩师也别太急了，以免伤了身子。"曾国藩这才好像从梦中惊醒，把手往案台上一拍，道：

“次青误我，次青误我大事了！”曾国藩这声音有些变样，听起来很怕人，就像人处于弥留之际的一种绝望的呼唤。随即他又喊道：“快来人啦！快来人啦！”

李鸿章道：“门生及四弟昭庆就站在您的身后，有事可以吩咐。”

“快去把鲍超鲍大人传到签押房来，我有话要讲！”

李鸿章转身叫人去找鲍超，然后回到曾国藩身旁，轻声道：“恩师千万不可感情用事，还得冷静一下才好。次青是湘军中的宿将，早年在靖港、九江和樟树镇败绩后的艰难岁月里，不改初衷，跟随您鞍前马后，立下了许多战功。他对您情谊深厚，始终不渝。这次驻守徽州，可能是新募兵勇，不通战术，才把徽州丢得这么快。如此一来，祁门大营的南方门户洞开，情形危殆，后果实在不敢设想。眼下不是要追究次青什么责任，他也一定是尽力了，这会儿人都不知是死是活。因此，当务之急是想想祁门这大营怎么保住，或者移军……”

曾国藩一脸怒气，十分不耐烦地打断李鸿章的话，大骂李元度。

李鸿章不以为然，仍好言劝慰。

曾国藩鼓起了三角眼，直瞪瞪地望着李鸿章。他实在听不清李鸿章到底是在为李元度求情，还是在反过来推李元度一把，让李元度下水。他搞不清李鸿章的态度时，只好说：“我要把感情丢在一边了，但愿次青能够理解我治军的处境……”

曾国藩正说着，鲍超一脸病容地进了签押房，向曾国藩施了一礼，道：“曾大人有何事吩咐？”

“李元度把徽州丢了！”曾国藩扬起脸道。

鲍超也一惊，道：“这就麻烦了！大帅是否让我带兵去收复徽州？请下令吧！”

鲍超带病请战，让曾国藩很受感动，他命令其带领从宁国撤下来的人马，立即移军渔亭镇固守，想尽办法控制渔亭镇。同时马上就派人去请左季高。他要求鲍超一定要坚守到左季高先生驰援之前。

鲍超领命去了。曾国藩让李鸿章执笔写了檄令，又吩咐昭庆打点行装，带着他的檄令，飞调左宗棠大人的新军迅速赶到祁门来。

这天，李鸿章正在签押房忙着为曾国藩整理各地战报，忽听门外响起了一阵杂乱的脚步声。回头一看，是李元度带了几十名亲兵冲到了前院。李元度衣服零乱，满脸灰尘，好像也黑了许多，十分狼狈。他让亲兵在院子中等候，自己直奔签押房来。李鸿章迎了上去，李元度张口就道：“我这下子完了，徽州丢了，无颜来见了，但还是要来请罪啊！”

曾国藩回头一看李元度，又喜又怒。只见他脸上现出了惊愕的表情，三角眼里却闪烁着笑意。突然，曾国藩的脸红了起来，一直红到了耳根，两眼死死地盯住李元度，光色全无，双眼变暗了。眼睛里闪烁的不再是笑意，而是燃起了不可

遏制的怒火。

曾国藩忍不住大骂李元度，并要上奏皇上，要对他革职处理，并交由刑部下狱。

李元度请求将功赎罪。不过，曾国藩盛怒之下不予理睬，李元度一气之下就转身离去。

李鸿章见李元度离去，劝慰无效，立刻慌了手脚，偷偷去找了陈鼐，一起来到签押房。他见曾国藩仍坐在太师椅中生闷气，就轻手轻脚地来到曾国藩面前，压低声音说："恩师息怒，李元度有错在前，您处罚他是对的。但却不可过分……"

曾国藩一扬脸，怒视着李鸿章，道："快去起草参劾李元度的奏折，不用再变着法子前来求情了！"

李鸿章听了，仍然又是求情又是劝慰。曾国藩不听还好，一听火气便上来了，连同李鸿章一起骂起来。

他把李鸿章骂得面红耳赤。陈鼐怕他二人争出新的不快，上前一步对曾国藩说："老师呀，听我一句话，正在气头上，不要轻易做什么决定。以防今天决定了，待明日气消了以后，又后悔了。那时后悔便迟了。今天我们既不说您做得对，也不论您做得不对。对与不对，等过了气头再说。只要是您平静下来做出的决定，我相信一定会妥当的。"

"没有什么妥当不妥当，我现在做出的决定，往后不会后悔的。你们各自忙自己的事情去吧！"曾国藩有些不耐烦了。

陈鼐见劝说无效，再坚持下去效果更不好，这就想离开，另择机会来谈。但李鸿章用眼神瞄了他一下，示意不让他走，留下来继续做工作。陈鼐坐下了，李鸿章开口又道："恩师，无论您是在气头上，还是不在气头上，那是您的事。我只是觉得，革职，就已经是不轻了。如果要押解京师拿问，便是您小题大做，轻罪重处了！如果这样做，伤害的不仅仅是跟随了你多年的李元度，也会伤害其他无数将士的。我想至少他那些新招募的湘勇是不会答应的！"

曾国藩火气又涌，手一摆，道："少废话，行不行？你赶快替我拟稿！"

李鸿章也不示弱，回道："参劾李元度的奏稿，门生不能拟！"

"你不拟没关系！我自己来写好了！"曾国藩圆睁了双眼道。

李鸿章没有退路了，他两眼炯炯地望着曾国藩，就像是人在受了委屈之后，突然找到了要报复人的机会时的表情，脚一跺地，道："好呀，您自己拟稿吧！若依然是参劾了李元度，门生我就不能再留在这里了。我也要走了！"

曾国藩一愣，抚摸着胡须沉吟了一会。他觉出了自己坚持要拿问李元度或许是有些过火了。因此，在听了李鸿章要离他而去的话后，尽管表情上仍佯装无动于衷，但语气显然缓和了一些，音量也低得多了，道："你走也好，留也好，听君自便。那是你的权利，我无权强留，反正不是我赶你走的！”

李鸿章应道：“是我自己做出的决定，一切后果由我自己承担，与您无关！”说完，李鸿章抬脚就走。陈鼐一把拉住李鸿章，道：“少荃呀，本来我们是请求老师不要拿问李元度的。你怎么把自己卷进去了呢？而且，老师不是还没有拟稿吗？你怎么知道拟稿后就一定有要拿问李元度的内容呢？”

曾国藩道：“不要再有什么幻想了。我拟稿一定会奏请皇上拿问他的！”

李鸿章的脾气也让人吃惊，曾国藩从未见过他会有这等脾气。在北上“勤王”问题上，他见过李鸿章力排众议时发过一场脾气。那一次他的脸是惨白的，说话的声音就好像是一只受了伤的狮子发出的吼声。当时要不是李鸿章那么激动，或许不会引起曾国藩注意，从而耐下心来听听他反对北上“勤王”的意见的。这一次不同了，造成矛盾的根源不同，李鸿章所作出的反应也比上一次强烈得多，不仅脸色惨白，声音吓人，连两片嘴唇都在发抖，一双眼睛好似发热病一般地闪烁，让人感觉到他已经失去理智了。

陈鼐仍在死死地拖住李鸿章，不让李鸿章走出签押房。曾国藩坐在太师椅上，动也不动，也不回头，更没有阻止李鸿章离去的意思。李鸿章瞅了一眼曾国藩，突然想到去建昌第一次见到曾国藩时的情形，心中涌起一股力量，道：“你不要再拦我了。这里是不能容人的地方，我铁了心要走了！”他一使劲，挣脱了陈鼐的双手，加紧跑出几步，穿过月洞门，进了一座别有天地的小庭院，推门进了自己的房间。他没有想到，李元度正躺在自己的床上，两手举在后脑门上托着，满脸生闷气的样子。他见李鸿章也是满脸怒气地回来了，估计是为了自己的事与恩师闹得不愉快。正好陈鼐也后脚跨进门来，一问才知果然如此。李元度很感动，上前拉了李鸿章的手，却劝慰起他来。

无奈李鸿章决心已定，觉得自己在这里，终有一天也会落得李元度一样的下场，原有的抱负也无法施展，心中充满凄迷，便不顾陈鼐和李元度的劝阻，坚持收拾行囊，次日，便真的离开了祁门大营。他仍然骑着那匹枣红马，又雇了一个挑夫，便郁郁愤愤、凄凄惶惶地上了路。

天，才微明。他一路上走走停停，心中充满了矛盾，似乎在期待恩师能派人出门叫他，可是走了很久也不见身后有半个人影。不觉心中又是一阵轻松，因为他料定此地乃是非之地，说不定此去正好让自己捡了一条性命。

李鸿章想了很久，最后决定要先去一趟湖北武昌。胡林翼大人就在武昌。他不仅是给胡林翼一个交代，也是要去向胡大人讨一个公道，向他诉说一下自己心中的担忧与积怨。李鸿章清楚胡林翼与曾国藩的关系。在曾国藩那里，说话真正有分量的，唯有胡林翼大人。今天这样不明不白地走了，还不知道大营上下会怎么议论呢。他必须找到胡林翼。

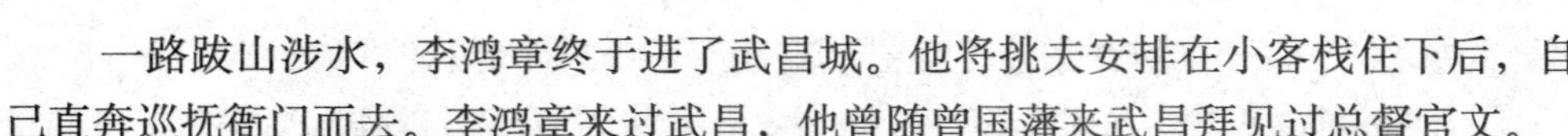

一路跋山涉水，李鸿章终于进了武昌城。他将挑夫安排在小客栈住下后，自己直奔巡抚衙门而去。李鸿章来过武昌，他曾随曾国藩来武昌拜见过总督官文。

在抚衙大门口，他递上名帖，由一名当差的领了进去。穿过两道小院，来到了一座宏伟的建筑前，胡林翼已笑盈盈地站在了门前高高的台阶上。李鸿章几乎是扑过去的，激动地向胡林翼行了大礼。胡林翼一把挽起李鸿章，道："少荃老弟，这使不得，快进屋去！"

"我离开祁门大营，自行出走了。"李鸿章一开口，就流下了眼泪。

胡林翼不觉一惊："这是为什么？"

李鸿章语声哽咽地细说了辞幕原委，然后道："润芝大兄呀，请您让我讨一个公道的说法，我该何去何从呀？"

胡林翼望了一眼略显疲惫的李鸿章，亲热地劝慰，说了曾国藩种种好处及优点，并力劝李鸿章与曾国藩两人和好，军中正是用人之际，劝李鸿章以大局为重。

李鸿章听得把头儿直点，感慨于恩师的教导和对其人品才能的钦佩，同时也说出了此次离开湘军还有一个原因便是希望祁门移军，那里乃是非之地，可是曾国藩不听劝阻，一意孤行，总有一天会吃了大亏的。他更希望自己此番离开能让老师细细思考，做出明智之举。

胡林翼听了李鸿章这番表露心迹的话，连连点头，道："少荃呀，你是很有主见的。而且依我之见，请求从祁门移军的想法也是正确的。我也认为驻扎祁门是一个不妥当的决定，在祁门扎营不如移往别处。你回去以后，我会马上写信给涤生兄，请他充分考虑你的意见，尽快从祁门移军。你还是尽快回到他行营去吧！"

李鸿章道："请润芝兄宽限我一段时日。马上就返回行营，我还做不到。因为，我人既然已经迈了出来，回去也得找一个机会。否则，我便羞于见人了。再就是我出走的动意之一，是要激他从祁门移军，他还没有一个可听取我意见的表示。如他无动衷，此次出走就一点作用没有了。最好是等到他有所醒悟时，再投入幕中，效果肯定要好得多。所以，恕我暂时不能从命，容我去南昌，在大哥瀚章那里住一段时间，借此机会，向家母尽一尽孝道，亦算了却了我一桩心愿。"

胡林翼凝神思考了片刻，道："如此亦好！你先去南昌，待我快点写信去，让他从祁门移军东至后，你再回幕中。"

武昌之行，李鸿章收获不小，心情顿时变得舒畅起来。在武昌逗留了两天后，他骑上枣红马，一路哼着江淮小调，向江西南昌急驰而来。

进了南昌城，李鸿章找到了藩台衙门旁，在衙门的左侧，就是通省牙厘总局。总局两扇大门虽没有藩台衙门气派，但也竖了“肃静”“回避”的牌子，四名湘勇佩刀守卫在大门两侧。李鸿章跳下马来，带着挑夫从容迈上台阶。守卫着的湘勇将李鸿章与挑夫拦住时，门上的差人见了，吓了一跳：这个人怎么如此面熟，与总局里的李大人长得十分相像。可大人刚才花翎补服地坐着小轿出门了呀，他是去抚台大人门上了……怎么这会儿便衣小帽地骑着一匹枣红马回来了？牙厘总局里也没有这样的马嘛。门差以惊奇的目光打量着李鸿章，细看以后，才断定李鸿章并非是他们大人。他与大人长得太像了，年龄也相仿，个头也大差不差，一样的长腿长臂膀，一样的神态。但他们大人的眉毛要浓一些，眼睛也大一些。

李鸿章知是门差在把他与李瀚章作比较，就索性让他细瞧一会。直到那门差摇着头，张开了笑脸，对李鸿章拱手一揖时，李鸿章才开口，道：“你家大人在么？”

门差笑道：“要不是你这样问，我差点儿把您当作我家大人了。我家大人刚刚出门，去谒见抚台大人了。请问您是？”门差刚要问李鸿章尊姓大名，转头一见有个挑夫站在一旁，似乎明白了：李瀚章大人有个二弟也在曾国藩的幕中，还是个道台，说不定正是李二大人来了。因此改口道：“二大人吧？我是李大人的听差，快请进屋。我去请少爷出来迎接。”

李鸿章立即有了一种回到家的感觉。他让挑夫把行李挑到号房。门差机灵得很，赶快让门仆付了挑夫应得的脚钱，打发挑夫走了。忽听得一阵“二叔、二叔”的喊叫声，李鸿章知是胞侄经畬来迎了，抢先迈开两步，将经畬搂在怀中，又使劲地高高托起。李鸿章感到举托困难了，毕竟是胖乎乎的几岁的男孩子了。因此哈哈大笑：“经畬啊，一年多未见，你长高了，倒像个小胖墩了！”

经畬给李鸿章请了安，道：“我妈正在家里呢，您过去吧！让我妈做些好吃的给二叔尝尝！”他说话奶声奶气，一听就是教养极好的。

李鸿章已知大哥出门了，自觉得不便先见嫂嫂，便对经畬说：“你看二叔这一身的灰尘，也累得不轻，想先洗个澡再去见你妈，好不好呀？”于是，李鸿章径直来到一间堂房，往常要见李瀚章的客人一般都在这里等候。李鸿章进门一看，屋里已坐了好几个人，都是州县候补的大小老爷们。他们拿着京中大员及省里抚台或司道们的信函，或来求职，或来请求减免关卡厘金。这些人一见李鸿章进门来，大都把他当成了总局的李大人。与李瀚章只见过一两面的大小老爷们实在分不清哪个是李瀚章，哪个是李鸿章。这帮人打躬作揖，一个个奴才似的。李鸿章由此悟出：原来大哥所做的这个差事还是个肥缺，油水大得很哩！比在大营里忙里忙外风光多了。无论如何，在这个通省牙厘总局里，就是他说了算，抚台直管不了，曾国藩远在祁门，正所谓“山高皇帝远”，独当

一面，多么自在！

李鸿章正想着这些时，经畲又来喊他去洗澡了。跟经畲穿过一条甬道，进了一间小屋，一大木桶的热水已经备下。李鸿章洗得好舒服。浴罢，换上了一套干干净净的新衣服，外穿夹袍，脚蹬双梁布鞋。一个女仆过来，替李鸿章重新梳理了发辫，对着镜子照照，完全不同于路上的情形了，他变得神采奕奕，满面红光。他仍没有去拜见嫂嫂，但不见嫂嫂便见不到老母。正巧这时大哥瀚章回来了。

此时的李瀚章已经不同以往，连回府都风光无限了。下人见他回来，连忙迎了出去，笑着对李瀚章道："禀大人，二大人从祁门大营来了，很有一会儿了，已让少爷迎进府中去了！"

李瀚章暗吃了一惊，脑海中各种想法翻腾着，估测着，不禁加快了脚步，迈进中门向府中走来。

李鸿章正急着要去后厢屋见母亲和嫂嫂，听说大哥李瀚章从抚衙回来了，赶忙迎出门外，见了大哥，屈了右膝，道："大哥近来可好？兄弟鸿章给您请安了！"

李瀚章上前一把扶住李鸿章，神色紧张地问道："二弟呀，你怎么突然来南昌了？有什么急事么？"

李鸿章知道大哥还不清楚缘由，道："大哥莫急，一两句话也说不清楚。没有出什么大事，大营那边目前还好，只是李元度把徽州丢了。待我们见过母亲大人及嫂嫂以后，再做详禀吧！"

"母亲大人上月回老家庐州去了。她实在想念在老家的鹤章、蕴章及一大帮孙子、孙女们了，非让我派人把她老人家送回庐州去不可。噢，差点忘了告诉你，弟媳思仪又为你生了一个千金小姐了。老太太急着回去，多半也是想看看这个未见过面的孙女吧！昭弟的儿子经方也带走了，老太太儿孙满堂了。只是这么好几房的孙子、孙女，弄不好要把老太太累坏了……"

李鸿章心头一惊：不想自己又添了个女儿。"咳！"李鸿章叹了一口气，猛然觉得自己身为一个父亲、一个丈夫，都是不称职的！自从随父去北京攻读科举，再回乡协办团练，然后投奔恩师曾国藩的幕府，自己极少过问过妻子、孩子们的事情。大女儿镜蓉该有十岁了吧？他甚至说不清自己亲生女儿的出生年月。

那年他随岳父大人回乡协办团练，进了阔别已久的家门，见了母亲大人、妻子周氏以及众兄弟，畅叙五年的在京经历，不禁泪如雨下。妻子周氏对丈夫李鸿章突然回乡更感意外，这意外使她兴奋不已。正激动得热泪盈眶时，她拉过来一个小女孩。这小女孩生得俊俏伶俐，乖巧可爱，李鸿章一见便意识到了什么，于

是便问："这是谁家的……"

话还没说成句，妻子周氏就道："还能是谁家的？这是你的亲生女儿！"

"我的女儿？真是我的女儿？！"李鸿章心头如同灌了蜜一般，忽然想到："我们已有了女儿，为什么一直不告诉我呢？"

周氏道："因是生了个女儿，羞于向你报喜了。若是能为你传后，当然会加急去报的。"李鸿章道："你好糊涂呀！第一胎谁能保证生男生女？如今已有了女儿，我怎么会责怪你呢？！"李鸿章说着，把女儿抱在怀中，问："好女儿，你叫什么名字呀？"

周氏答道："生下来至今，我们只叫她小名。正式的大名还需等你回来取定才好。"

李鸿章凝神端详着自己的女儿，抚摸着女儿的小脑袋，半晌，抬头对周氏说："就叫镜蓉吧，明镜的镜，蓉花的蓉，取其通身亮丽，才溢流呈之意。如此也是个女孩之名，你看如何？""就依你，叫镜蓉了。正好也与她应有的辈分'经'字谐音。"

"我有名字了！我有名字了！"小镜蓉高兴地蹦跳起来。李鸿章看得高兴，又一把搂过女儿，在她小脸蛋上亲了又亲。周氏看在眼里，没有想到丈夫这么喜欢自己的女儿，并没有在意她生下的不是儿子。一时间，几年来压在心头的担忧顿时烟消云散了，两行激动的泪水顺着她的脸颊淌了下来。

无论生男生女，第一次当爸爸的感觉总是很甜蜜的。但这么多年过去了，侧室淑云肚子始终是扁扁的，怎么在一起也大不起来。周氏倒是会生，第一胎是女孩，第二胎还是个女孩，这就不能不让李鸿章心头涌起了一种失落感了。然而，一个至今未生，一个又接连单生女孩，李鸿章能责怪两位感情甚好的娇妻么？他不能责怪任何人，他也不能责怪自己。男人的事业永远是大于一切的，其他的只能往后放一放。或者说，就听天由命吧！

末弟昭庆早几年已经成家了，就在李鸿章刚回乡那年结的婚，当年就生了个胖小子。四弟媳郭氏真够争气的，生了一个男孩后，又生了个男孩。大儿子取名叫经方，二儿子取名叫经乐。昭庆或许是啥多了厌啥，倒没有把男孩子看得太重，甚至说："希望他们中有一个能是女孩。"李鸿章心想：昭庆这是在有意从侧面安慰我哩！

李瀚章发觉李鸿章一讲到孩子的问题就开始发愣，心里猜到了李鸿章所忧，道："嗳，又生一个千金还不高兴吗？你还早呢，又有两位夫人，都还是少妇一般的模样，肯定会有男孩的！你看看我，都四十岁出头的人了，又是家中的老大，结婚也在你们之前，可是有孩子却在你们之后。镜蓉侄女都十岁了，我的经畬才刚刚断奶不久。这么多年后才得到一个儿子，不是照样等到了么？你如果是

急着要男孩，我把经畲先过继给你好了！”

李鸿章笑了，双手拱起，道：“使不得，使不得。大哥四十岁才得子，兄弟急什么呢？”

李瀚章又安慰了一番，兄弟俩说了好一会，李瀚章才想到进自己的书房，摘去红缨帽，脱去补褂，让差役泡上茶水，二人坐下来。李瀚章凝视了李鸿章好一会儿，才问起了李鸿章此行的目的。

李鸿章毫不掩饰地答道：“我与恩师曾大人闹翻了，一气之下自己跑出来的！”

李瀚章认真地听完了李鸿章的叙说，紧锁了眉头，半晌未语，然后便教训起李鸿章来。他说起了他们父亲的临终遗训；说起了他不失时机向曾国藩举荐他；说起了他把母亲和昭庆带到南昌，目的也是为李鸿章创造能常来南昌看望老母的机会，只要他来南昌，曾大人就会留他；还说到曾大人少了他李鸿章，两江总督照样当，湘军照样办，可李鸿章离开了曾国藩，却失去了靠山，甚至一文不名。

李鸿章听了连连称是。他不敢反驳李瀚章的话。在李家祖上，向来是尊敬兄长的。所谓“长兄如父”，尤其是在父亲过世以后，更是如此。李鸿章也的确听了进去。大哥的话句句是实情。离开祁门这么多天了，脑子中也冷静了许多。甭说李瀚章是掏心窝子地劝说，就是骂他几声，李鸿章这会儿也是要忍的。因此，他始终低着头，一边喝茶，一边听大哥讲，不急不躁。

李瀚章见李鸿章低头不语，又接着说道：“今天我去了抚台骆秉章那里，从他那里得知，祁门危险了。长毛贼已调集兵力，并联合了捻匪，一保安庆，二攻祁门。祁门已暴露在长毛的眼皮子底下，而大营本身只有九千人。可以预料，若一旦接上火了，大营必破。曾大人已处危急之中了。其实在你还未离开祁门时，我想曾大人就已经预感到了。李元度违反军令，出城接仗而丢了徽州，曾大人当然恼火。你为他请求轻处是可以的，但不该赌气出走。知道底细的人承认你是赌气出走，不知底细的人一定会猜想你是临阵出逃。因为，很多人都知道你断定祁门是个绝地，无法坚守。如今真的危急了，你却跑到南昌来了。这不是怕死逃跑又是什么呢？左宗棠大人以前与曾大人不和，内心里的别扭很多，但他得了四弟昭庆带来的檄令，二话没说，仍以大局为重，释去前嫌，日夜兼程地去了。不过，他没有去祁门，而是去了景德镇救援了……”

“左大人去了景德镇？这不是让恩师失望了么？”李鸿章睁大了眼睛问。

李瀚章道：“曾大人原先是要他去祁门的。可是左宗棠大人以为：景德镇必须先救，一则牵制长毛，二则守住景德镇，才能保住皖中到江西的通道。为此，左大人遣人送信，向曾大人陈述观点。曾大人也觉得在理，同意他先援救了景德镇，再赴九江，暂不去祁门了。少荃呀，形势如此危急，各方面都在紧张地应付局面，你却一个人跑到南昌来，让我脸往哪里搁呢？可以断定：要不了两天的工夫，南昌的同僚们都会知道你从大营跑出来了。我总不能一个一个去替你解释原因吧？再说，你这个原因实在也让大哥我说不出口呀！你看看，你看你把我、也包括你自己，推到了一个什么样的境地上来了？！”

李鸿章听到这里，额上冒出了细汗。他叹道：“大哥呀，您别说了，兄弟做事太不知道深浅了，听大哥一席话，已是无地自容了。只是今天后悔也来不及了。祁门那里，我目前是无脸重返了。胡林翼大人那边会给我疏通的，湘军的大营，我迟早还会回去的。但这一段时间不行。我看南昌也是呆不下去的。母亲大人既已回了庐州家乡，我来南昌就失望了一半。过几天，我会另想办法，要么去福建，要么先回庐州。总之，请大哥放心，我会尽快离开南昌的。”

李瀚章愣了一下，心想这兄弟还是任性脾气不改，说了半天，好像是听进去了，却就是改变不了他那错误的主张。因此缓缓说道：“少荃，你不用多心，不是大哥怕你在南昌会给我丢人。如今战事频繁，你能到哪里去？除了恩师曾国藩以外，谁又是你可以依靠的人呢？福建那儿人生地不熟，又远离家乡，万一家中有事，召之难回。那儿是去不得的。家乡安徽那边，刘铭传、张树声与三弟他们目前还成不了气候，只能勉强保护村寨，你去了怎么用你？再说，这两江范围内，都属恩师曾国藩的管辖。你是赌气出走，到哪里谁还敢用你？再说，你是翰林出身，总不能就在某一省、某一团勇里呆住了吧？他们就那么一点儿大范围，又是在人家的手下做事，你就能舒心了？所以说，待我来周旋一下，求得恩师的谅解，尽快回到他身边去。此乃上策！”

李鸿章点了点头，道：“说了这半天话，到现在还没有拜见大嫂呢！”

李瀚章道：“估计饭菜已备好了，你跟我去见过大嫂，她经常惦记着你呢！”

大嫂王氏是地道的合肥人，一口的合肥土话，李鸿章听得十分亲切。李鸿章的房间是大嫂亲自安排的。所有铺盖、用具多数是新的，收拾得清清爽爽、干干净净。

李鸿章在南昌大哥家中过得忧忧郁郁。大哥李瀚章很忙，每天不得安闲。官场上应酬也多，有时很晚才能碰面。他还经常去周围州、府、县里办事，多方交涉事务。这使李鸿章感到自己在南昌碍手碍脚了，是一个闲人，很难受。转眼已是隆冬季节，湘军兵马增多，冬需物资总量加大，铺的，盖的，穿的，加之粮饷，都紧张起来。江西由于战乱，再加上闹水灾，使厘金收入呈下降趋势。李瀚章急得整天不安，有时亲自带员到各地去设立关卡，现场坐地抽税。路远的地方，一去几天不归。

李鸿章寂寞无聊，度日如年。这天午饭后，他来到赣江边闲逛。

李鸿章正在凭窗眺览，突然听到阁楼上响起登楼的脚步声，知是有游人上来

了，扭头一看，不由失声惊叫起来："次青兄！你好啊！"

李元度身穿长袍马褂，满面春风地登上了阁中最高处。他被李鸿章这一声喊叫吓得一跳，抬头一看，立刻扑过来，与李鸿章拥抱在一起。

李鸿章问道："次青兄，你怎么也来南昌了？怎么也不去牙厘总局找我？"

李元度笑道："我是昨天才到的，本来想一到南昌就去找你，但恐你大哥瀚章已对我有了看法，去那里见面，引起不愉快就不好了。正想着怎么与你联系一下，却不料在此碰见你了。真是幸运！"

李鸿章脸色沉了下来，又问："你的事情到底是怎么了结的？是不是革职了？拿问了？"

李元度哈哈大笑起来，道："既已到了这样的地步，曾大人还能放过我？你前脚离开大营，他后脚就写下了奏章，既要把我革职，又要把我拿问，至少要让我充军。陈鼐出面求他了，他根本不答应。奏章飞报京城前，陈鼐无奈，做了个小小的手脚，仅改了几个字。结果，职是没有了，却没有拿问一说了。通过这件事，我的心也凉透了。为曾大人再怎么卖命，他也不会给你一点点让步的。这回是他不要我了，我也不在乎。他不要我，有人要我。浙江巡抚王有龄大人得知我赋闲了，立刻咨请曾大人把我调到浙江去。说也怪了，王大人要我，他却不肯给，就是不放我走。王大人又派人私下里找到我，说只要我去了浙江，能打几个胜仗，保证奏请皇上，让我官复原职。曾大人让我表态，我当然说愿意去浙江。结果他不说话了。问他让不让我走，他也不回答。我才不管他呢！这不，跑到南昌来了。"

"去浙江当然也不错，既是王有龄大人要你，去了一定会重用你的。只是，我恩师还没有答应，你若坚持要走，不就更是让他对你不高兴了么？多年的感情，由此便化为乌有了！"李鸿章说。

"那就顾不了这么多了。他不义在前，还不允许我不仁在后！"李元度说。

之后，李元度搂起了李鸿章的肩膀，要请李鸿章去茶座喝茶。二人走进茶楼，要了一壶庐山云雾，斟在杯中，顿时香气扑鼻。李鸿章转了大半个下午，正好也口渴了，一仰脖子喝了一杯。李元度替李鸿章又斟一杯，李鸿章捧在手中，问："那么次青呀，你真的下定决心去浙江了？"

"那还有假？我既已答应下来，浙江便非去不可了。这一回去浙江，不比在湘军中了，干一点屁事都要看他曾国藩的脸色行事，一言一行都怕惹了他不高兴。去浙江就没有这么多顾虑了。正所谓'山中无老虎，猴子称大王'。我想去那里是可以甩开膀子干一场的。要干，就要比在曾国藩手下干得漂亮一些，也好报答王大人的收留之恩哪！因此，我第一步准备先去平江老家那边，招募几千兵勇，组成几个营头，像模像样地拉起一支队伍，既效力于浙江的王大人，也要给

他曾国藩看看——我李元度是东方不亮西方亮，不是个窝囊废！”

李鸿章睁大了眼睛，兴奋地向李元度竖起了大拇指，道：“有志气，好样的！跌了一跤，再爬起来，或许会比原来跑得更快！”李鸿章真的渴了，又把一杯茶喝了个底朝天，然后自己斟上，又替李元度斟满，问：“祁门大营怎么样了？有谣传说长毛们已准备围攻祁门了……”

李元度手一摆，打断了李鸿章的话，说：“还是什么谣传呀？本来就是事实了。你的见解是正确的，曾国藩是固执己见。那祁门果然是一块军事绝地，危险着啦！长毛们已打进了大洪岭和大赤岭。我临离开祁门时，黟县已经失守了，让长毛们一夜就夺了去。而黟县离祁门只有几十里地了，骑马杀来，只是一会儿工夫。现在的祁门大营，已不是当初只有你坚持叫他移营了，几乎是幕僚全体、各军将领们，都在建议他移军别处了。可是，这家伙是不见黄河不落泪，彻底的一个老顽固，就是不听劝告。听说湖北巡抚胡林翼大人也专门给他送来了书信，信中还夸你颇识时务，很有主见，希望他能及早移军，以防后患无穷。胡大人建议他能移军湖口或者是东至县一带，这样可以联络长江南北两岸，进退自如，便于水陆齐进，互为补充。据陈鼐说，胡林翼大人还委婉地批评了曾国藩，说他驻扎祁门是因小失大，不顾战略全局……曾大人他见了胡大人的来信，起初有些不高兴，把信向书案上一摔。但后来，或许是想通了，对陈鼐说：‘我恐怕真的错了。胡大人言之有理，不能不考虑移军了……’”

李鸿章惊喜起来，道：“他真的这么说了？”

李元度道：“那还有假？陈鼐对我说的。胡大人的来信陈鼐也读过了。他若再不从祁门移军，说不定连他自己的性命也难保全了！”

李鸿章低下了头，唉声叹气，过了一会说道：“次青呀，我怎么觉得，现在祁门真的危急了，自己反而心里紧张了。我这次赌气出走，要是在平常倒没有什么。可是，祁门正处危难之时，我这一走，心里却茫茫然，不是个滋味。就如同欠了什么人的债似的，很是内疚哩！”

李元度略愣了一下，缓缓道：“少荃啊！今天是你自己说出来了，我也就直说了吧！当然，这次你是因替我打抱不平而与你恩师闹翻的。我领你这个人情。但，同其他人一样，我是不赞成你赌气出走的。你人走了，看起来只是赌气，而实际上跑出来赋闲来了。如果祁门危急，你在事实上也是躲过了一场灾难，所以你才感到不安和内疚。你恩师在你离开大营之后，精神状况一直不好，常常无故地发脾气，还喜欢摔东西。看他情绪不好时，陈鼐、程桓生他们都躲得远远的，不敢靠近他。现在每天的早饭，他还是等大家一块儿吃。可是，听说他常常在吃饭时，呆呆地望着你以前坐过的位子，忘记了自己动筷子吃饭。即便是别人提醒了，他动筷子吃饭了，话也极少，闷闷不乐。不像以前那样，把饭堂当成了讲

堂，侃侃而谈，天南地北，奇闻轶事，一讲就是大半天。你恩师是想着你的。依我看，你还是尽早回去吧！”

李鸿章听了，叹气不止，道：“次青兄，你不是不了解我。正所谓‘人要脸，树要皮’。如今已经走到这一步了，没有后悔药吃了。我如果现在自己回去了，不仅军中上下看不起我了，就连恩师也会说我没有骨气的。要想重返军营，只有等恩师他自己表态了，诚心邀我回去，我才有那个脸去见他们。”

李元度道：“说来也是，现在莫名其妙地回去了，脸儿是没有地方搁了。但是，老是不回去，万一你恩师也赌气，就是不发出邀请，你下一步该怎么办呢？”

李鸿章觉得完全有这个可能性，于是更加忧心忡忡，道：“真是走到那一步，我自己也只好认了。”

李元度道：“也只有如此了。不过，我相信凭你的满肚子才华，到哪里都会有用武之地。没有他的湘军，我们一辈子都不混啦？我看饭还是一样吃，我们照样要挺直了腰杆做人！”

李鸿章拍掌道：“次青兄讲得好！老弟我记下了。这辈子要么不做事，要做就要做几件大事，也好让那些认识的、不认识的、远的、近的人们都瞧瞧：我们不是吃干饭的！”

李元度在南昌见到李鸿章以后，一席长谈，次日便回湖南老家招募新勇去了。

送走了李元度，李鸿章开始为自己打算起来。他首先给丁未同年沈葆桢写了一封信。这沈葆桢与李鸿章同年中了进士后，去福建任职已有多年。他去信询问了福建的情况，想在福建的巡抚衙门里谋一个差事，最好去福建任道员之缺。不料沈葆桢回信竭力劝阻李鸿章前往，说福建巡抚衙门里糜烂透顶，人事关系十分难处，物质也不丰富，若真的去了，后悔都来不及。

李鸿章又想到了另一位丁未同年郭筠仙，希望他能给自己推荐一个职位。郭筠仙对李鸿章与曾国藩的祁门内讧十分吃惊，回信把李鸿章狠狠地批评了一顿。来信最后道：

“……试念今日之天下，舍曾公谁可因依者？即有拂意，终须赖以立功名，仍劝令投曾公！”

李鸿章读了郭筠仙的复信，怦然心动。他心想：是呀，如今不依靠恩师，又能依靠谁才能实现自己的抱负呢？筠仙也可谓一言中的了。即便自己有离去之意，现在也不是时候，不等功成名就，就这么与恩师决裂，吃亏的到头来还不正是自己么？李鸿章感到自己的翅膀还很稚嫩，现在比任何时候都更需要借助于他人的力量向上攀登。

转眼到了第二年四月，李鸿章在南昌城牙厘总局的大哥府上一呆已近一年。他仍然是无所事事，吃吃睡睡，读读写写，走走逛逛，构成了他近一年来的主要

生活内容。

这日从外面闲逛回来，走进已花红柳绿的牙厘总局时，忽听门上差人急切地喊他一声：“二大人，二大人，这里有一封皖南东至送来的私函，是给您的。”李鸿章心头一喜，立即迎上去几步，接过信来一看：是陈鼐写的。

他慌忙打开来看。陈鼐告诉他：

“自兄别后，祁门大营屡遭环攻。三月初，左季高军失利，景德镇失守，祁门四面被围，米粮接济已断。老师愤而率军南攻徽州，短衣操刀，亲临城下督战，以求打通祁门对外通道。但贼甚剽悍，一旦开城迎战，官军便即败退。老师虽挥刀劈砍后退之人，亦无济于事。老师愤而自刎，被弟抱住。当夜退兵休宁，贼跟踪来犯，老师闻警愤怒，仓促写遗书两千余言，誓抱必死之心，准备冲入贼阵以殉节，为弟等所劝阻，乃回驻祁门。幸而左季高翁舍生忘死，六战六捷，景德镇一举收复，军气稍伸矣。方危急之时，弟亦已留下遗书，与兄诀别，今附上，以见当时之危殆。大营已于四月初一日移驻东至，此亦当初兄与次青极力主张者，惜老师迟了这么长时间始改弦易辙，兄应引以自慰了……”

李鸿章读完几页书信，再看后面，果然有陈鼐“遗书”两页，写道：

“今夜贼跟踪来犯休宁，前哨相距不过十余里，无兵可守，无路可退，老师已抱必死之心，弟亦当与吾师共存亡。若有不幸，即以此书与兄诀别，并以区区骸骨与后事托付吾兄……”

李鸿章读着陈鼐的“遗书”，不觉泪水盈眶，双手捧着书信，微微颤抖。陈鼐在信中介绍的情况及描述的惊险遭遇，让李鸿章心跳加快，惊骇不已。同时，他更加增添了一份内疚，面对炮火连天，大营危急的战场，自己却成了袖手旁观者。而恩师遭难，誓抱必死之心时，陈鼐等甘与老师共存亡，连一向并不和睦的左宗棠大人都拼死相救，自己多年对恩师虽感恩戴德，却临危出走，扬长而去。相比之下，李鸿章惭愧极了，恨不得自己把自己痛打一顿。

这时，李鸿章虽然人在南昌，心儿早已飞到了皖南前线去了。只是，苦于没有机会，他总不能放下脸面不要，当一个不速之客，莫名其妙地送上门去让人笑话吧?

终于，咸丰十一年六月二十五日，李鸿章盼望已久的机会来了。分手近一年的恩师曾国藩，给李鸿章写来了亲笔书信，请他回去。

李鸿章收到恩师这信，见信犹如见人，一切怨气顿时烟消云散，不觉热泪滚滚，自言自语道：“恩师敦促门生出山，门生永世不忘。门生对不住恩师，只有在重返湘军以后，全力以报！”

七月十三日，李鸿章雇了一辆骡车，直奔东至湘军的行营而去。可以说，曾国藩的信让他有了一种成就感。

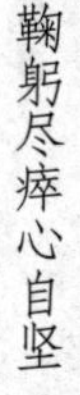

车至行营中时，曾国藩心情极好。因为，他昨天刚收到了江苏巡抚薛焕派专人送来的前任两江总督何桂清交卸的总督关防。也就是说，这么些年来，曾国藩算是第一次有了自己正式的印信。

上午，曾国藩举行了一个隆重的拜印、启用典礼。所有幕僚、在东至的各路将领都参加了典礼仪式。曾国藩发表了一番话，就进攻安庆、推进皖中、围剿金陵做出了安排。一段时期以来，曾国藩极少有今天这样的心情，嗓门洪亮，抑扬顿挫，这极大地鼓舞了人心。

典礼仪式后，曾国藩摆下了酒宴，共七桌主客，喝得欢天喜地。酒后，众将领各自回营，曾国藩回到签押房，与幕僚们喝茶说话。正说到高兴处，刘巡捕满面春风地前来禀报："李鸿章大人求见曾大帅！"

曾国藩心头一喜："人在哪儿？"

刘巡捕答道："李大人已在签押房门口候见了！"

"快请鸿章进来！"曾国藩话音一落，李鸿章已抢先一步，跨到曾国藩脚前，深深地鞠了一躬。陈鼐闪身上前，不待李鸿章直起腰来，就抓住了李鸿章的手，道："少荃终于回来了，太好了，太好了！"

曾国藩正要起身，李鸿章一把按在恩师的肩头上。久别重逢，倍觉亲热。大家好像完全忘记了过去的不愉快，都抑制不住激动的心情。李鸿章道："恩师呀，门生实在是太想念您了。今日得见，还得感谢恩师宽宏大量，不计门生无知固执。门生此次回来，定要为恩师效犬马之劳……"

曾国藩见李鸿章神采依旧，潇洒从容，知是近一年的赋闲，把人养好了。又听李鸿章如此一说，心头高兴，道："少荃快不要这么讲，你能重返大营就好。愚兄我正盼着哩！现在是危机已过，形势大不像祁门那么糟糕了。你来得正巧。再过几天，若你还没有来到，可能就只能到安庆去找我们了！"说着，曾国藩哈哈大笑。

陈鼐接过曾国藩的话说："攻打安庆已筹划了几年了，真正着手部署也有近两年时间了。没想到鸿章还是赶上这一仗了。攻下安庆，也少不了鸿章一份功劳了。真是'有福之人不用忙，得来全不费工夫'呀！"

李鸿章显得有些不自在，明知道陈鼐这话毫无恶意，是一种无拘无束的玩笑，但还是以提醒的口气回道："我还不知道安庆尚未攻下。如此说来，鸿章要抢陈鼐老弟的一份功劳了。鸿章我心中实在不安哩！"他拿眼瞪了一下陈鼐，然后把脸凑向曾国藩，问："恩师呀，请您评评理：陈鼐在抱怨我回来是抢了他的功劳哩！"

曾国藩大笑，笑得很开心，道："抢就抢嘛！我倒希望人人都能从我手下抢走一份功劳。唯有这样，湘军才有希望，国家才有希望。能攻下安庆，只能算小功，不足挂齿。我是要湘军最后拿下金陵，把长毛一扫干净。那才能算得是一份大功。到那一天，我会保奏你们这些弃文从武的幕僚们，都搞一个一品、二品的大员当当，让你们光宗耀祖。”

李鸿章和曾国藩又聊了一会，曾国藩客观地讲明了情况，接受了李鸿章的道歉，并也当着众幕僚的面诚恳地承认了自己的一意孤行。他的字字句句说得李鸿章惭愧难当，后悔不已。李鸿章当即表示：要拼死为朝廷效力，肝脑涂地也甘愿。

曾国藩听了，异常高兴，道：“这就好！有你们几个在我幕中，我就放心了。”说着，他把庞际云介绍了一番，李鸿章这就算认识庞际云了。然后又介绍了丁日昌。这庞际云、丁日昌都是在李鸿章负气出走以后新入幕的。庞际云曾做过一任知州，后又保举了知府的头衔，是个老于刑名、热衷于仕途的小官僚；丁日昌，字雨生，广东风顺人，贡生出身，长得又黑又瘦，个头还很矮小，与李鸿章是同龄人，这年是三十九岁。此人脑瓜精明，办事实在，曾做过一任江西万安的知县。后来因万安县失守，被革职后才投身曾国藩幕下的。丁日昌文笔清畅，很受曾国藩好评。曾国藩留他在文案上办事后，才恢复了官衔。此人不拘小节，因此在官场上也很坎坷，颇不得意。

不知为什么，这两位新人与李鸿章见面寒暄了一番后，李鸿章独对瘦矮黧黑的丁日昌发生了兴趣，有了好感。丁日昌也对李鸿章感觉极好，一见如故。只是他此时还未曾想到：他丁日昌在日后竟成了李鸿章举办洋务的得力助手，由此开始，共事多年。

重返大营的头一个晚上，李鸿章天一黑就来看望曾国藩了。午后见面是一个公开场合，私下里他希望从恩师那里获得更多的信任。尤其是自己初返军中，情况不熟，该干什么不该干什么，都还得求教于恩师。曾国藩好像预感到李鸿章要来找他。见他进门请安，曾国藩没有半点的惊讶。李鸿章给恩师捎来一些小礼物，主要是滋补品。东西不多，价值很重，是大哥李瀚章在李鸿章临行前精心为他安排的。这些礼物以李鸿章的名义递给曾国藩时，曾国藩笑盈盈地收下了。

曾国藩并不缺少营养补品，但收下时还是表示了兴趣。李鸿章还有一件东西要送，这是李瀚章想方设法弄到手的。他为了使李鸿章重返大营后能顺利修复与恩师的关系，也把它交给李鸿章，让李鸿章亲手献给曾国藩。

这会儿，曾国藩热情地请李鸿章坐下。李鸿章道：“门生还有一件小小的礼物要献给恩师。”说着，他将这礼物拿了出来。曾国藩见是几张稍大一点的纸，大惑不解，问：“是什么宝贝呀，快让愚兄瞧瞧！”

李鸿章展开一张大纸，那是一幅绘制精美的皖省全图。曾国藩拔亮油灯，

起身来看。图上把安徽全省的大小山川、府县界线、重要城镇都标得清清楚楚，一目了然。曾国藩道："甚好！甚好！但若是标得更详细一些，那便是宝贝了！"

李鸿章忙掀去第一张大纸，道："恩师请细看！"曾国藩眼睛一亮，一看是几幅安徽分府的地图。依次有庐州的、凤阳的、安庆的，等等。这些图上密密麻麻地标明了山名、水名、县名、镇名。连较大一点的村庄和神庙的名称也写上去了。曾国藩异常兴奋，凑着油灯细细看起来，一边看，脸上一边闪出微微的笑容。

李鸿章已看出这几张地图在恩师眼中的分量，心中一阵激动。曾国藩此时顾不得李鸿章了，他用右手食指在地图上快速地移动着，仿佛自己的食指就是湘勇的战旗，食指移动到哪里，战旗就插到了哪里。突然，曾国藩的食指按在庐州府地图中三河的标志上不动了。李鸿章注意到：此时恩师的两只三角眼正死死地盯住三河不放。

李鸿章把脸凑了上去。这三河镇李鸿章去过几次，具有"外环两岸，中峙三洲"的独特地貌。曾国藩对三河的历史早有耳闻，但他此时眼睛盯住三河镇，流泪不止，感慨万千：对于初入皖中的湘军来说，三河镇一战的确是一场巨大的灾难。那还是一八五八年十一月，即咸丰八年十月，曾国藩按照进军皖中，攻陷安庆的计划，为了吃掉安庆周围的太平军外围兵力，与胡林翼商定，派遣很有作战经验的浙江布政使李续宾及六弟曾国华率领七千精锐围攻三河镇。结果兵败三河，近七千湘勇葬身在那里，湘军元气大伤，精锐力量毁于一旦。当时，曾国藩以为六弟也已身死，更是悲痛不已。更糟糕的是，湘军中上自将军，下至勇丁，几乎人人都与三河阵亡的人员有联系；或亲戚，或同乡。因此，不待曾国藩吩咐，各营各哨便自动烧纸燃香，挂起招魂幡。一连几天里，军营里哭声一片，阴影重重。

可没有想到，宾字营、华字营全军覆没了，曾国华却大难不死，曾国藩又惊讶又高兴。

李鸿章了解了情况，愤然道："这长毛贼欠我血债累累，毁我城池无数，已是罄竹难书！如今湘军在恩师的统帅下已军威重振，我等定要报仇雪恨，方才是大丈夫之所为。此次攻打安庆，门生愿意披甲上阵，与长毛决一死战。门生即便战死沙场，也绝无半点怨言！"

曾国藩笑道："少荃呀，你的心思我知道了。但我让你来，并非是要你阵前杀敌，效一勇夫，而是要你派上大用场。你只管好好休息两天，到时候自然就会有你用武之地的。"

这一夜，师生二人一直谈到次日鸡鸣方止。李鸿章的一颗心彻底收回来了。

湘军形势大变，实力日益增强。攻击安庆的外围战斗已经打响，李鸿章决心在湘军中建功立业，心情也轻松了。

曾国藩的行营里人来人往，到处拴的是战马，到处也都有陌生的面孔来来去去，一片繁忙。李鸿章暂时要在文案上帮忙，为恩师草拟奏折，处理各地送来的文书、战报，代拟发往前线的命令，等等，忙得不亦乐乎。

李鸿章渐渐进入了角色，摸清了头绪：恩师的胞弟曾国荃在安庆方面的兵力这几天显著加强，在集贤关一带的湘军大营已有四十多座。其他兵力已在安庆周围开始散开，沿安庆城四周挖下数十里长壕，防止安庆城里的长毛乘机突围出城。曾国藩又让李鸿章拟定一道命令：在菱湖扎下大营，广修工事。仅几天工夫，菱湖来报：已筑起营垒五座，与长毛大营对峙，与曾国荃大营互为犄角，攻城阵势已铺定。

曾国藩又派其小弟曾贞干自湖南统领新募兵勇三千人，直接赶到了曾国荃的大营中，使曾国荃在集贤关的兵力猛增至一万三千人。配合曾国荃攻城的水师是杨载福所部。李鸿章按恩师口述的命令写去指示：要杨载福驻守在城南沿江两岸，一是为了保证曾国荃大营的弹药、粮草接济；二是为了封锁安庆一带的江面，防止城中长毛由此外逃或得到接济。

皖北方面，曾国藩已做布置，分三路攻守。

这日得消息：长毛陈玉成率三万大军直扑集贤关，逼攻曾国荃的围城之兵，由此想对曾国荃构成内外夹击之势。曾国藩捋着胡须在李鸿章身旁踱来踱去，对李鸿章道："速令曾国荃耐心坚守，不要盲动。"

陈玉成见自己已在安庆湘军大营外围扎下大营后，湘军并不反击，很是纳闷。他亲率一队亲兵骑马在湘军大营外围跑了一圈，见湘军大营显然人多势众，坚固难摧。于是，他立即挥笔写成几封军书，派人飞马送出。他是要调留守天长、六合一带的李秀成部将吴定彩、黄金爱、朱兴隆等前来安庆助战。并令吴定彩率千人直进安庆内城，充实城中守兵力量。

曾国藩得到这些情报后，虽然并不吃惊，但已忧心忡忡。

他要李鸿章火速查清安庆城与外围还有什么通道可以往来，立即将它堵死。李鸿章得令，立即派人送达指令，要求严查。曾国荃按行营的指示，亲自率亲兵在四周察看，发现在城中尚有一条小水道可以通行小船。这条水道可通菱湖。陈玉成的援军就是从这条水道入城的，所有军需物资也是从这条水道送进城中的。

曾国荃检讨了自己的粗心大意后，立即召来杨载福商议：调杨载福水师部将蔡国祥带二十余条战船，偷偷由东岸进入菱湖，从湖上向陈玉成营垒开炮，乘机切断这条通道。战斗打响后，蔡国祥令一批战船开炮掩护，另一批人马由岸上搬

运石块、泥土填入湖口与河道的接头处，终于让菱湖与安庆城里的水道断流。

曾国藩在行营里仍在左右盘算。在李鸿章看来，已经万事俱备，可以攻城了，但曾国藩向李鸿章打着手势，连声道："稳！稳！稳！"李鸿章素知恩师做事，"稳"字当头，便问："恩师以为，安庆方面还有哪些不妥呢？"

曾国藩用手指在李鸿章送他的分府地图上指指点点道："定要形成环形合围攻势！令副都统多隆阿及总兵雷正绾率一万绿营兵增援，驻扎高路铺。如此便真的万无一失了！"

李鸿章起草了指令，派人飞马送到桐城。

陈玉成见高路铺又来了一万清军，知事已不妙，急令部下送信，向金陵城中的洪秀全报告详情，请求增援安庆。洪秀全的眼光盯在各处的战场上，早已坐卧不安了。此时太平军中已乱了，各番王无心作战，可说是人心惶惶。

这日，曾国荃得报："城外上万长毛已在营外大喊'自愿投降湘军'！"

这消息报到曾国藩行营中，曾国藩道："不要轻信！陈玉成的长毛军是向来会玩花招的……"

李鸿章道："门生以为此时的长毛们玩花招的意义不大。力量如此悬殊，就是将这一万人马放到大营里，也兴不起大的风浪。不如指令他们先让投降的长毛全部缴械，然后再受降！"曾国藩笑道："少荃果然长进了许多。此主意甚好，就这样发出指令吧！"

李鸿章草拟了给曾国荃的指令，递于曾国藩过目后发出。曾国荃照此办理，仅半天就收到太平军主动缴上来的洋枪六千多支，大炮及其他武器三千余件，长矛八千多柄，火器千余件，明火枪八百余支，骡马两千余匹。

曾国荃十分高兴，得意地盯着一堆又一堆武器，面孔上出现了一种非常古怪的微笑。他的表情中还含有一种讥讽的神色，一种奸诈的阴影。只见他招来几个部将，对他们耳语一番，然后独自回营帐休息去了。

就在收缴了太平军武器的当天晚上，太平军已经受降的营地上突然火光冲天，各种火器、弹药在营帐内外炸个不停，顷刻间降军尸积如山。按照曾国荃定下的诡计，万余太平军缴了武器后，全部被杀死，无一人能够幸免。

战报送到东至行营里，李鸿章最先接到，惊得目瞪口呆。他立即呈送曾国藩，预想恩师一定会怒火万丈。不料恩师并无惊讶的表情，只叹道："可惨！可惨！本帅也于心不忍啦！"

李鸿章哪里知道，就在他草拟了给曾国荃要长毛们先交出武器，后受降的命令后，曾国藩自己又密递一书，吩咐了曾国荃如此办理。

曾国藩看李鸿章凝思猜想，就走到李鸿章身边，拍着他的肩膀，笑道："这叫无毒不丈夫！还记得三河镇之役吗？我湘军七千兵勇几乎全被陈玉成、李秀成

斩尽杀绝，逃生的仅几百人，那才是惨不忍睹呢！”

李鸿章沉默了。

不过，湘军中有人对此举提出异议了，有人甚至将曾国荃屠杀投降长毛的事件写成告状信，送到曾国藩的行营，要求曾帅处罚凶手。李鸿章将湘军里的十几封告状信摘要转呈曾国藩。曾国藩不高兴了，对李鸿章道：“快给他们复信，就说曾国荃既已带兵为帅，自然应以能够多杀敌为志。这些长毛，就应该多掳多杀，杀得一个不剩才好！还须一鼓作气，杀尽安庆城中的所有匪贼！”

李鸿章执笔写下这些内容后，知此信也就是全面进攻安庆城的命令了。当即派人飞马送抵安庆城外。差使回来禀报说：“安庆城外已无长毛半个人影了。”

曾国藩得报，拍案而起，道：“攻城！”

安庆城中的太平军，坚守这座孤城已一年有余。城中粮草、弹药一日比一日短缺。因太平军中有几个洋人的缘故，所以他们可以从上海用商船偷运一些军需物资送进安庆城，不过他们要价很高。无奈之下，城中太平军也只好购买。这样勉强应付了一些日子。到曾国藩下令攻城时，城中已弹尽粮绝，士兵们饥饿难忍，把一切能吃的全部吃完了。守在孤城里没有东西吃，士兵们便一股又一股地向城外溜，投降湘军，以求能换一碗稀饭充饥。

曾国荃注意到了这种迹象，觉得有机可乘，便下令用劣质大米胡乱煮上一桶又一桶的稀饭，放在四处城门附近，引太平军上钩。这一招非常灵验，仅三四天工夫，就有两千多人自发逃出城门，向曾国荃投降。仍在城中坚守的太平军将士，吃不到任何东西时，就将被打死的同伴的尸体烧了充饥，以此继续坚守。

曾国荃在接到进攻的指令后，并没有马上组织强攻，而是想借用这样的办法，把城中太平军耗尽。他却不知，太平军又在安庆边远地区组织救援了。

那时，太平天国的忠王和辅王正带着两支队伍分道开往安庆。不料刚发兵不久，清兵探知了他们的行踪。于是，曾国藩急令湘军兵船齐进，围剿堵截。结果，忠王、辅王队伍全部被冲散，部将多人被湘军将领李必谋部下活捉。忠王李秀成、辅王杨辅清退至宁国一带后，重新整顿队伍，再向安庆进援。

双方这一战异常激烈，太平军死伤无数，血流成河。当时，城外的援军无法靠近，城内的逃的逃，死的死，能活命的寥寥无几。为抓住逃走的太平军，曾国荃还杀死了许多无辜的百姓。

一八六一年，即咸丰十一年八月初一，曾国荃大队人马开进安庆城。八月初七日，一艘高大宽敞的五舱官船，在噼里啪啦的爆竹声中起航。这艘官船由东至临江码头出发，徐徐驶入江心，船头正对安庆方向行进。岸边送行的地方官员和留守的湘军将士为官船欢呼送行。人们注意到：船头甲板四扇大红官衔牌上，分别写有钦差大臣、兵部尚书、两江总督、督办军务十六个威严醒目的宋体黑字。

前舱大门两侧也竖起了“肃静”“回避”牌。船头、船尾各站了两名铁盔铁甲的佩刀侍卫。

李鸿章一身官服打扮，与陈鼐、丁日昌一起在甲板上观看岸上的热闹。不用说，大船便是曾国藩的座船。曾国荃攻陷安庆的消息报来，曾国藩急令加紧准备，移营安庆。那东至小县城，曾国藩一天都不想多呆了。

曾国藩总督衙门的全体官员移住安庆了，全城欢喜。经过周密部署，精锐护航，船队浩浩荡荡地向安庆进发了。

今日的曾国藩神采奕奕，在甲板上向岸边频频挥手。李鸿章等见曾国藩出舱，立即陪伴左右，也向岸边送行者挥手道别。

船队驶出东至江面，李鸿章、陈鼐二人扶曾国藩进入前舱。他一脸庄重的神情，端坐于前舱之中的太师椅上，座位正面对着船舱的宽大窗口。他两眼炯炯地望着浩浩江面，心头如江水翻滚，不得平静。

李鸿章侍立在恩师左侧。他注意到曾国藩已陷入沉思之中，便轻声道：“恩师呀，庆贺安庆收复的几日里，我已多次注意到您在锁眉深思，好像肩头还有万斤重担压着。为什么您在这久盼的大喜之日，仍不能放松一下自己呢？门生以为，您应该丢掉所有烦恼，好好休息一下才是。攻打安庆的这些日子里，您是太累了，太辛苦了，连门生们也心神紧张，忙得不可开交快挺不住了，何况恩师您呢？”

李鸿章边想着边说，尽量让曾国藩心情放松一些。曾国藩也喜欢听李鸿章说话，毕竟顺耳好听。因而曾国藩笑道：“到底还是你心细，时时关心着我。其实我心中所想，不过也只是些琐事，本不值得挂念在心头的。”

李鸿章好像受了曾国藩的情绪传染，也叹了一口气，道：“恩师呀，不知怎的，在这几日欢庆收复安庆的时候，心里虽是高兴，但总止不住前思后想，就如同这胜利的喜讯距离我们很远……”

曾国藩打断了李鸿章的话，说：“那是因为你毕竟没有亲自参加征战。放在国荃那里，他对这喜讯的感觉绝对比你强烈。因为那是他一枪一炮攻下来的！”

李鸿章在心里并不赞同曾国藩这个说法，但嘴上却立刻恭维了一番。

曾国藩点了点头后，继续望着窗外的江水和岸边的景物，但耳朵好像还在听着李鸿章说话。李鸿章仔细回味了多年来的遭遇，讲起了岳丈和自己的父亲，还有众多死于太平军手下的人，不禁高声放辞，把曾国藩夸得无人能比。

李鸿章越说越动情，直说得两眼放光，令曾国藩暗为惊诧：今日李鸿章，已非京城小书生。他随手拿过一只玉球，在手里慢慢旋转玩耍。一边转球，一边想着此时此景，曾国藩心中暗喜：这个才大心细、见识不凡的李鸿章，或许正是自己将来的传人。曾国藩第一次有了这种发现。

虽然李鸿章极力夸赞，但是就事论事来说，曾国藩还是谦虚一番，随后谈起

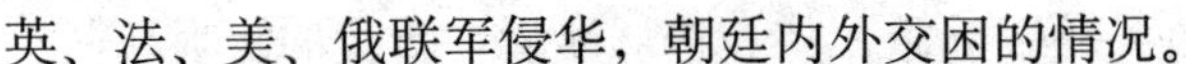

英、法、美、俄联军侵华，朝廷内外交困的情况。

李鸿章听了，安慰道："朝廷还能有什么大事，该签的和约已经签了，该赔的款项已经赔了。皇上又是那么年轻。这一代江山有他坐的呢！恩师不必多虑，我估计不出三五日。皇上褒奖的上谕会马上送来的，您就只等着好消息吧！"

闻言，曾国藩不免一阵感慨，想起当初自己屡次拒绝出兵的事，恐怕皇帝记在心中了。日后战事平复，又会找他麻烦。

李鸿章听了，未做答复，他这时正一心想领兵作战，希望有一天自己能够一展雄威呢。

东至安庆的水路不过百里，且顺流而下，不消两个时辰就看见安庆城了。远远地望去，安庆江岸上人山人海，彩旗招展。

曾国藩走出船舱，李鸿章仍陪伴一旁。曾国藩是第一次来安庆，对一切都感到新鲜。他忍不住指指点点，议论起眼前的江山美景。

曾国藩还感慨："如此美景，竟落入匪贼之手几年之久。幸好今已收复，待闲下来后，我定要登高览胜。"

二人正说得热闹，忽听北岸鞭炮声四起，竟有红色的炮花炸到船上来了。曾国藩捋着胡须，眯着三角眼向北岸看去。船渐渐靠上了码头。岸上房屋栉比。就在一大片房屋前，临时建造了一个接官亭。在接官亭两侧，文武官员黑压压的一大片，一个个蟒袍补服，腰挺得笔直地在恭候曾国藩下船。那位站在文武百官最前面的是曾国荃。曾国藩一眼就看见胞弟了，禁不住心里一阵激动。

曾国藩沿江岸走了一个来回，江岸湘军将士一层层、一队队排出几里路长。曾国藩在欢呼声中频频挥手，以至于胳膊酸痛，腿脚发麻。

还没有走到头，李鸿章等就劝他回船上休息，但曾国藩坚持要走下去，他道："平时没有机会与我的将士们晤面，今日攻克了安庆，大家都高兴，见见面理所应当。"

李鸿章被这种万人欢呼的场面感染，也时不时地跟着大家一起欢呼几声。终于走到队伍的尽头，曾国藩才回到了自己的座船。曾国荃上船后，其余将士打躬散去。

兄弟相见，自然分外亲热。李鸿章在旁边不时赞扬曾国藩、曾国荃几句，使得兄弟两人虽谦虚推辞，但仍是笑容满面。

因是兄弟俩叙话，不久之后一干外人都自觉闪开了。

见众人走开，曾国荃便急于向曾国藩邀功，并要求曾国藩向皇上为其请功。曾国藩心生不快，对他一顿斥责。

曾国荃知道大哥一心为自己好，所以不再谈及此事，全部听大哥安排。说着，他又谈起了一路上缴获的金银财宝，曾国藩听得一惊，他还没有想到这一

层，道："那么，把一切都收藏好，不要泄露，待我进城以后，听我的吩咐！"

说起在安庆的住所，曾国荃主张哥哥搬进府衙。不过，曾国藩感觉不妥，安排为其找个大些的民宅。

两人说完话后，曾国藩又派人找来了李鸿章，要他和幕僚们第二天到城中走走，并询问他从哪里入城好。李鸿章娓娓道来，说得头头是道，建议从镇海门入城，得到曾国藩的赞赏。

次日天明，曾国藩早早起床了，先与幕僚们一起在船上吃了早饭，然后踱上船头。此时太阳才刚刚升起。微风徐来，岸边景物在朝阳普照的江水里晃动，壮观无比。

一会儿工夫，轿队来了，曾国藩等就坐轿到了镇海门下。今天的镇海门外，扎起了一座高大的牌坊。牌坊上装饰着松枝和绸花，并悬挂着四个大红灯笼。牌坊两侧，有数十名铁盔铁甲的士兵直挺挺地守卫着。担任曾国藩入城仪式指挥的是吉字前营分统李臣典。昨晚一夜，也是他带领士兵连夜赶制的牌坊楼。

曾国藩入门时，两边爆竹声声，炮响连天，营官、哨官及士兵们列队欢迎。曾国藩很高兴，走到李臣典面前，大加赞扬了一番。

李臣典受宠若惊，大表忠心。

曾国藩走着走着，突然在城门当中站定，转过身来，面向全体将士道："诸位收复了安徽省城，功不可没。我已经向皇上请奏了，估计不久御赏就会下来。本督在此先行恭喜各位了！"

入城后，曾国藩等复又上轿。轿队最终在雄伟的英王府前的广场上停下。说是英王府，但这里已见不到半点英王的痕迹了。曾国藩抬头一看，两江总督衙门的金字竖牌已高悬大门之上。李鸿章更从心里涌起了对曾国藩的赞许。

进了府门，曾国藩被引进了已为他布置一新的卧室。李鸿章等幕僚们也各自拥有了一块属于自己享用的小天地。

当天晚上，曾国荃在英王府摆下丰盛的酒席。席上，曾国藩即兴讲话，把气氛引向高潮。他要曾国荃等抓紧时间，把安庆附近的失地收复。然后，乘胜渡江，向东推进，直逼金陵。他的讲话慷慨激昂，引发了一阵阵欢呼。

这顿酒宴一直进行到夜里才结束。曾国藩是先回卧室休息的。见他离席，曾国荃紧跟着离席，与他商量起那些金银财宝的去处问题。曾国荃主张独吞金银运回老家，曾国藩极力反对。两人意见相左，于是这事只能先放一放了。

李鸿章与陈鼐等幕僚们当晚忙了很久。他们要指点亲兵把军中文卷、档册整理出来，并且摆放整齐。一直忙到次日鸡叫时分，才解衣躺下。李鸿章万万没有料到，待天明睁眼后，京师里一份六百里日夜传递的哀诏已经送抵安庆。李鸿章不知自己的命运又将如何变化。

【第五回】

接哀诏咸丰不寿，辅新主同治登基

这是咸丰十一年八月十八日，是曾国藩移驻安庆的第二天。李鸿章等幕僚们忙了大半夜，把一大堆文卷档册整理完毕，才稍稍睡了一会。因心中有事：要陪同恩师去逛逛振风塔、迎江寺，时间若充裕的话，还想去看看“百子晴岚”“石门秋泛”“雁汉渔灯”等景物。当然，有些景物并不在城内。恩师说他正想出城走走，顺便察看城池的设防情况。因此，天亮不久，不知何处弄出了响声，李鸿章惊醒了。

他一睁眼，就见负责此处治安的刘巡捕推门进了他的卧室，以少有的、急切的语气催道：“李大人，曾大帅叫您等过去一趟，说有急事相商。”

李鸿章听了，小跑着来到曾国藩的签押房时，曾国荃、陈鼐、程桓生、丁日昌、庞际云等都已经站在房里了。李鸿章留心一看，大家的表情都很木然，一个个板着面孔，但也不是生气的样子。好像在说：没办法！

曾国藩见李鸿章已到门口，向他招了招手，但不说话，只用手指了指书案上放的一个小木匣子。李鸿章明白：朝廷送来的紧急公文，都一律是用这种木匣子装上、钉死、封好，然后飞马送出。李鸿章眼前这木匣子已经打开，匣盖上赫然写着：“六百里日夜传递，送皖南两江总督曾国藩大营。”

李鸿章心中一顿。恩师虽没有说话，但已示意他自己看了。因此，他以熟练的动作从木匣中抽出信套，又从信套中抽出一纸，一行字跳入了李鸿章的眼中，他只觉得两眼一黑，手一软，竟让这张十万火急送来的公文飘落在地。他有气无力地弯腰拣起这张公文，用发抖的手将它重新装回信套，放进木匣中。

原来，这是一份哀诏：咸丰皇帝已于七月十六日晏驾于热河行宫！

李鸿章此时不能平静：在场的人中，除恩师曾国藩外，那就是自己曾亲眼目睹了这位皇帝在“九州清宴”慎德堂道光皇帝的寝宫里被立储的情景。当年定郡王载铨那一声庄严的宣告，似乎仍在李鸿章的耳边响着。就在那一次，他甚至还

被这位幸运的皇四子的“龙足”踩了一下……册立皇后的大礼期间，也是他李鸿章跟着恩师曾国藩、岳丈吕贤基的身后跑前跑后，忙完了一个庄严隆重的仪式。

但，这位咸丰皇帝竟然这么快就死了。

兵部咨文送到安庆营中，说咸丰皇帝晏驾后，皇长子载淳即位为新主。这新主年方六岁，所以，咸丰皇帝临终前托孤于八位顾命大臣。

李鸿章呆呆地站在曾国藩身边。曾国藩好一会儿才回过神来，对在场的人吩咐道：“由曾国荃负责，李鸿章、陈鼐等人协办，抓紧布置灵堂，传令全城官吏，及早成服，会集于总督衙门，给大行皇帝行哭拜大礼……”

李鸿章、陈鼐、丁日昌等领命离开了签押房，随曾国荃来到楼下大厅，决定在厅内布置灵堂。

曾国藩独自一人在签押房里，把房门关死了，躺在太师椅上静静地思索着这场突发的重大事件。他不停地想着皇上对自己的好处，不觉落下泪来。

他拿起兵部咨文，将八位顾命大臣的名字细看一遍。新主只有六岁，生活尚不能自理，这就意味着在今后相当长一段时间内，国家的大计、湘军的命运、自己的前程以及兄弟们的命运，都掌握在这八位顾命大臣的手里了。

曾国藩把八位大臣放在一起比较一下，想到那党首肃顺与自己交往甚密，心中一阵窃喜。

正在想着这些，李鸿章在门外求见。曾国藩自己起身开门。李鸿章是来告诉恩师，灵堂布置好了，问他要不要去亲自察看一下。

曾国藩此时一步都不想走，他的全部精力都陷入了对这场变故的思考之中。李鸿章进来以后，他让李鸿章坐下，道：“少荃呀，在这安庆城中，目前大抵只有我们两人是见过大行皇帝的人了！”李鸿章答道：“可能吧，我也想不起还有谁曾有机会见过皇上。不过，我那机会是您给的，如不是您从中使派，我也见不到的。”

曾国藩脑子还在考虑八位大臣的事，心中有些说不出口的欢喜，只埋在心中也难受，便想讲出来。潜意识里，便是自我炫耀。于是，他道：“少荃呀，我已让你看过哀诏和兵部咨文了。依你之见，这八位顾命大臣唯谁马首是瞻？”

“肃顺！”李鸿章完全不假思索地脱口答道。

曾国藩暗吃一惊，没想到李鸿章答得如此干脆。他眉头一展，接着又问：“那么，你看肃顺这个人怎么样？对我湘军有利还是有弊？”曾国藩的本意是想引出自己与肃顺关系甚好的话题，估计李鸿章会毫不犹豫地大加赞赏，并极力描述下一步湘军由于肃顺，会好运连年的。不料李鸿章却深深地叹了一口气，这一叹让曾国藩又暗暗吃惊。

只听李鸿章道：“肃顺才华出众，这八位顾命大臣的实际首领，非他莫属。

谈到湘军下一步的命运，表面上看起来，可能会有好转。因为，几乎所有在紫禁城里呆过的人，都知道肃顺与您的关系甚密。他能当家做主了，当然是对湘军有利……”

曾国藩听到这里，脸上露出了得意的神情，高兴地打断李鸿章的话，道：“不错，言之有理！那么，你说的‘表面’是什么意思？”

李鸿章道：“恩师啊，自从我看了这八位顾命大臣的名单以后，我就在心中增添了一种忧虑。正是这个才华横溢的肃顺，太专权，太跋扈了。在朝廷文武大臣中，他积怨很深，仇人甚多。所以，我说从表面上看，一定会对湘军有利，而实际上呢，由于他的敌对面太多，湘军恐怕也会因为他的偏袒而遭人暗算的。门生以为，正是由于肃顺与您关系甚密，您才不得不防。怎么防法？即不远不近，不亲不疏最好。对与不对，仅供恩师参考。”

曾国藩沉默了，紧锁着眉头。多少次了，他乐于跟李鸿章聊天，就因为李鸿章见识不凡，时常对自己有所启发。可是，今天李鸿章提出对肃顺不远不近、不亲不疏，认真分析起来，当是对的。但如今肃顺，已是顾命大臣之首，以前尚能对他高看一眼，格外尊重。现在反而保持一段距离了，这合适吗？曾国藩想到这里，把自己的疑问讲了出来。

李鸿章笑道：“恩师不必忧虑。大凡顾命大臣，最终都不会有好结果的。远者如南北朝的傅亮、徐羡之，近者如本朝的鳌拜等，谁最终能顾命下去呢？谁最终能真正做主呢？依门生的看法，这肃顺不是顾命大臣，反而好了，要亲切地与他相处。如今他不仅是顾命大臣，而又是顾命大臣之首，这对他来说，犹如雪上加霜，结果难有他的好果子吃的。由于顾命大臣的地位太高，权力过大，既容易为别人所嫉恨，成为众矢之的；又难如新主之意，不为新主子所接受。顾命大臣事事按自己心愿替新主做主，即便新主不说，背后也会有人说话的。一旦新主羽翼丰满，根基巩固了，便会甩脱顾命大臣的束缚，甚至会对顾命大臣来一个秋后算账：把由顾命大臣做主定下来的事情推倒重议。办过的，也要追究罪责，此是必然。而这些顾命大臣呢？自恃于受命于前朝皇上，资历深厚，官大一级，往往不甚尊重新主，为新主有朝一日加害顾命大臣提供口实。对顾命大臣来说，或许就是自己搬起石头，最后砸了自己的脚。门生对这些复杂的君臣关系，自然不比恩师您研究得透彻。因是聊天，讲出来亦无妨，权作无关紧要的猜测。”

李鸿章这番话，引起了曾国藩一阵痛苦的思考。

曾国藩内心是沉重的：肃顺不能依靠，必须敬而远之，但新主尚是个孩子，自己的靠山在哪里呢？他叹道：“变故之年，我湘军无所适从了，不知新主的背后，有谁能替我湘军做主？”李鸿章道：“车到山前必有路。眼下最焦急、最有失落感的当不是恩师您，而是那些碌碌无为、平庸无能之辈。他们在前朝皇上手

下或许春风得意，无功而受禄，能捞到的都捞到了。但到了新主手下，就未必不一落千丈了。因为，这些人没有本事，混来的名分，是没有价值的。新主一旦醒悟过来，就要砸他们的饭碗。而恩师您却不同了：无论新主是谁，都得用您，都得把您视为依靠。动乱时代，舍您其谁？您可高枕无忧，继续做自己的两江总督。说不定，从今以后，您会猛然发觉：原来这新主比前朝老皇上更看重自己。您干事更方便了呢！”

人在某一点上转不过去时，一经相互交流，便豁然开朗了。曾国藩觉得李鸿章言之有理，心情顿时轻松起来。他不禁又对李鸿章大加赞赏了一番。

李鸿章拱手谦让。

二人说完便一起跨出签押房，由刘巡捕在前引路，一同向楼下大厅走去。大厅已布置成灵堂了。安庆城中的绝大多数文武官吏都已到来。曾国藩也不顾这些人，径直走到咸丰皇帝的牌位前三跪九叩，然后放声大哭。本来，按礼节规定只象征性地哭几声就行了，不过曾国藩还是动了真情，眼角流出了泪水。众官吏一看大帅哭了，不敢不哭。哭不出来的，也阴沉着脸，跟在后面干号了几声。

曾国藩正在哭拜时，李鸿章急步上前，凑着他耳朵说：“胡林翼大人来了！”

曾国藩一惊，赶紧抹去了泪花，转身就要出门迎接。原来胡林翼本是来道贺的，可是却赶上哭拜皇上。他一来便在后面动情地哭拜起来。

这边，曾国荃去安排酒宴，不一会就来签押房请他们入席，为胡林翼接风洗尘。酒宴上，宾主频频举杯，李鸿章乘机向胡林翼表达了感激之情，多亏胡林翼与恩师书信往来，从中劝说，才促使曾国藩大人捐弃前嫌，写信邀他重返湘军。

酒宴结束后，曾国藩邀李鸿章、陈鼐二人去签押房陪胡大人叙话。曾国荃有军务在身，提前走了。其实曾国藩也不想让他参加，怕他见识偏颇，口才不佳，让人笑话。曾国藩的本意还是就朝廷的重大变故叙说叙说，一则平定心情，二则掌握变故底细。大家都是老友，老友畅谈，可不加防备，畅所欲言。

曾国藩首先开言：“饭前，或许润芝兄已抵近安庆了，我正与鸿章在议当前变故之事。鸿章见解独到，让我很受启发。”

李鸿章笑道：“那都是在恩师把握之下，随便说点自己的感觉。还望听一听胡大人的高见。”胡林翼笑道：“我知鸿章独具慧眼，一定会娓娓道来。不要尽把好话说给涤生兄听了，对我这个远道而来之人守口如瓶呀！”

众老友在一起感慨皇帝的薄命，原来这皇帝爱好女色。自打登基后，由于太平军逼近京师，洋人打进内陆，内忧外患，长江上下游遍地烽火，便对国事沮丧绝望。心情郁闷时，就只有纵情女色，极意淫乐，以求解脱烦恼。原先的嫡福晋萨克达氏病故后，册封了温柔娴静的钮祜禄氏瑞芬为皇后。瑞芬皇后本性懦弱，哪管得了后宫里一大批美貌女子？咸丰皇帝可谓是见一个爱一个，爱一个玩一个。甚至连答应、常在的房间，他也能过夜。不料宫中又出了个兰儿，姓叶赫那拉氏，即已故安徽徽宁池广太道道台惠征的女儿。这兰儿极有心计，一入宫就野心勃勃，收买了太监安德海，让他从中促合，施展了十八般迷魂的手段，终于把皇帝拉下了水。从此，皇宫里多了一个懿贵人了。皇帝一连许多天，天天让这已住进储秀宫后院丽景轩中的懿贵人缠得不能脱身。功夫不负有心人，当年的兰儿，后来的懿贵人很快怀孕了。咸丰六年三月二十三日，她诞下了皇子载淳，也就是今天的新主。按照惯例，母以子贵，兰儿被封为懿妃，次年又晋封为懿贵妃。这个懿贵妃得益于皇后宽宏大量，很快脱颖而出，渐渐逼近了皇朝权力的顶峰。

有了儿子后，咸丰又从苏、杨两地美女中挑选了“四春”，浸润淫欲不能自拔。前方传来清军溃败的消息时，积郁成疾的咸丰皇帝便开始吐血，不久便久别于人世。

曾国藩等人了解了皇帝的死因和皇宫内幕，不禁感慨万千。紧接着，他们说起李鸿章的见解，胡林翼深表赞同，并讲了自己在宫中的所见所闻，更加证实了李鸿章的推断。

曾国藩联想到与肃顺的关系，额头上冒出了一层细汗。胡林翼见了，干脆把肃顺的事说得更明白一些：“涤生、少荃、陈鼐呀，其实肃顺所面临的难堪还不在于那些对他心怀不满的文武大员。他的危险最终将来自两个人……”

曾国藩抬手做了个动作，示意胡林翼不要讲出来，让他猜猜看。曾国藩道：“我猜其中之一就是那个野心勃勃的懿贵妃吧？！”

胡林翼道：“不错！您与鸿章先后离开紫禁城回乡时，她才是什么？贵人都沾不上边。莫说你们和我都不认识，就连宫中的妃嫔们也没有把她当作人物看。不料竟然给皇上生了一个皇子，连皇后也干急无汗了。皇上一生就得了这么一个皇子，所以，她更加放心，不怕有谁来与她儿子抢夺皇位。母以子贵，根子就出在这儿了。但此人到底不是皇后瑞芬，她入宫用了手段，上皇上的床用了手段，这回朝廷变故，她自然更会用手段的。”

李鸿章不解地问：“她一个女人家，在朝中没有靠山，上头还有一个皇太后，旁边有一个本身就不会厚待她的肃顺，她能用何等手段？”

胡林翼道：“至于可能用什么手段，现在还猜不出来。皇上还在吊丧之中，八位顾命大臣天天绑在一块，集体研究、决定重大事情，她还是无从下手的。但我有一种预感，女人要么不做事，做出事来比男人手段更狠毒。瑞芬皇后过于软弱，软得让人扶不起来；懿贵妃过于逞强，她一逞强或许就连男人们也要被比下去。从许多事情上看：她已对肃顺恨之入骨了，有朝一日，绝不会轻饶了肃顺。此乃肃顺前景不妙的原因之一。”

胡林翼说到这里，反背着双手在签押房里踱来踱去，曾国藩见状，道："您不是说肃顺的危险来自两个人，还有一个是谁？"

胡林翼扭头问李鸿章："少荃，你恩师已猜出了一个，你再猜一个！"

李鸿章紧锁了眉头，作思考状，随后他缓缓地说："有一点感觉，或者说是纳闷，放在心中百思不得其解。我从见了兵部咨文公布八位顾命大臣的名单时起，就在想一个人：大行皇帝在临终前指派了八位顾命大臣，却只字未提在京师办理夷务的恭亲王。按理说，咸丰皇帝在安排托孤时，第一个就应该是他自己的弟弟恭亲王。可是，事情却是这样的出人意料：八位顾命大臣，竟然将恭亲王排斥在外，这当中一定有原因的……"

胡林翼惊喜异常，打断了李鸿章的话说："少荃不凡，如此肯动脑筋而且如此敏锐！不错，正是这个恭亲王，当年已为继承皇位问题引发了不快。先帝登基十二年来，恭亲王与先帝是面和心不和，有时候连面也不和。尤其是从咸丰五年开始。"

三人感慨万千，料定朝廷就要出现懿贵妃、辅政大臣、恭亲王三足鼎立的局面。

李鸿章道："看来朝廷内部一场恶斗在所难免。但是恩师呀，您也不必太多虑。这些到底都只是朝廷中的事情，我们作为外官，既管不了那么许多，又不能不关心着一点。关心，目的在于调整自己，以防走偏。至于将来谁来主政，我还是那个看法：对您恩师来说，谁主政都得用您，甚至还必须依靠您！"

胡林翼十分赞同李鸿章的观点，而曾国藩却从李鸿章的话里，再一次看出了他的滑头。

曾国藩正在心中盘算，忽听胡林翼大声咳喘起来。李鸿章赶上前紧扶住，又斟了一杯热茶递给胡林翼。胡林翼摆手道："没关系的，今天讲话太多了。瞧，我一个人讲的话比你们几个人加起来还多。现在只觉得胸部隐隐作痛，休息一会儿就好了。"

曾国藩赶紧让李鸿章和陈鼐同送胡林翼去了隔壁拐角最里的一套客房休息，那里门外少有人走动，图个清静。

大变之际，一省巡抚军政要务太多，因此很快胡林翼就执意要走了。次日上午，曾国藩、李鸿章等在安庆的几十名大小官员，一起将胡林翼送到镇海门外的码头。

江边码头一别，大家都依依不舍。

船走了，几十位送行者默默地伫立于江边，直到船消失在烟波之中。回来的路上，曾国藩想到了与胡林翼多年相处的情谊，又一次落泪，仿佛这日一别就是永别。

事后他们才知道，与胡林翼在安庆镇海门外江边码头这一别，竟真的成了永

诀！这日，武昌方面飞马来报：胡林翼自安庆回到武昌后，连日吐血不止，几天后便与世长辞了。噩耗传来，曾国藩号啕大哭，整个两江总督衙门哀声一片。之后，曾国藩连日苦闷，直到从热河行宫发来了上谕，嘉奖攻克安庆的有功人员若干，三省巡抚的实授也下来了，曾国藩才渐渐露出笑脸。

还有一点令曾国藩高兴不已：朝廷的上谕堂而皇之地直称“湘勇”为“湘军”，这在以前的任何一道上谕中从未有过。这一点非同小可：以后便可以闪亮登场了，是湘军，而不是湘勇！

曾国藩本人的又一大收获是：朝廷给他运来了一箱新主颁赏的大行皇帝的遗念衣物。曾国藩手捧着这些遗念衣物，又大哭了一场。而后，他又欢天喜地。李鸿章始终在一旁看在眼里，想在心里。面对这些遗念衣物，曾国藩高兴得不知像什么样子，李鸿章却不以为然。但对于那些实授的官衔、嘉奖，李鸿章想得心都滴血了。李鸿章想到自己老而无功，不由得闷闷不乐。

不久，朝廷就发生了很大的变故，消息却被封锁得严严实实。只有一个消息传来，说懿贵妃已按大清惯例封为“圣母皇太后”，如今是两宫太后并尊。湘军中一切照旧，跟咸丰在世时一样，该干什么还干什么。只有曾国藩还关心朝中变故之事，因为他深知变故会直接关系到自己的命运。于是，他向京师发出几封私函，打听宫廷的走势及内幕。

李鸿章起草了两份奏稿，要以曾国藩的名义发出。曾国藩看了，一是为胡林翼邀功，二是报告军情，他稍作了改动。李鸿章在曾国藩改后，拿起奏稿，准备重新誊抄一遍。

抄完后，李鸿章正要去发出，曾国藩道：“少荃留步！”

“恩师有何吩咐？”李鸿章转身回来，站到曾国藩身旁。曾国藩抬起右手一指，示意他在椅子上坐下。

李鸿章略带惊讶地拿两眼望着恩师，就如小学生坐在老师身旁一样，准备洗耳恭听他的训示。原来，曾国藩是要仔细地为他分析军情。

听曾国藩说了一番话，李鸿章道：“这些情况门生也零零碎碎地了解一些。上海的形势是十分危急。而这个上海，又地处东南前哨，是当今最大的商业城市，又是敌对力量蚁聚的巢穴。听说上海的一些官绅面对长毛的攻势，已惶惶不可终日了。依门生看来，恩师身为两江总督，统辖江浙皖赣四省军务，并节制自巡抚、提镇以下各员，对上海乃至周边危急坐视不管，恐怕是交代不过去的。”

曾国藩道：“仅上海危局也倒罢了，连你老家庐州一带也糜烂至极了。各处都危在旦夕，我却无兵可救，京内京外、江南江北的官绅有许多已经对我不满。我已是没有退路了，若官绅们闹起来，告到朝廷，那么就是我们被动

了。所以，思来想去，有一件事只有请求于你了。”李鸿章道：“门生为恩师效力，何来‘请求’之说，有事只管吩咐，我当在所不辞。”李鸿章话虽这样说，心里却如同十八只吊桶打水——七上八下的。他猜测着曾国藩可能会求他干什么事。不料话儿还未说开，门前来报：“曾大帅，法部主事钱鼎铭自上海来安庆求见。”

曾国藩一惊，暗自思忖：他来干什么？这位钱鼎铭，字调甫，道光二十六年的举人出身，曾任户部主事。其父钱宝琛做过湖北巡抚。后来，父亲去世，他丁忧南归，恰逢长毛大军席卷苏南，因而去了上海避居。因为此人精明干练，敢于任事，又善于交际，所以很受上海一带官绅的敬重。曾国藩预感到：此人前来，定是无事不登三宝殿。于是，传了钱鼎铭后，曾国藩仍坐在太师椅上未动。

李鸿章见与曾国藩的话没有谈完，又有人求见了，就准备闪身走开。曾国藩道：“少荃别走，一块儿见识见识这个上海的来客！这上海是我湘军的饷源所在，每年抽取的数字还不小，不可不见。”

不一会，刘巡捕把钱鼎铭领来了。几人相见，相互一揖，又讲了许多客套话，钱鼎铭才提出正题。原来是太平军进攻上海，上海危在旦夕，特来请求曾国藩派出援军的。同时，他还带来了上海各界绅士联名写给曾国藩的公启。曾国藩把李鸿章介绍给上海客人钱鼎铭，介绍中不乏夸奖，惹得钱鼎铭向李鸿章点头哈腰，一副媚态。

钱鼎铭把公启捧送给李鸿章后，又转身向曾国藩道：“滔滔江水为证，我钱鼎铭此次前来，立誓效法申包胥哭秦廷，请不动曾大帅派军救援，就下决心不回上海了！”

曾国藩听这话，知是钱鼎铭采用激将法了，皱了皱眉头，仍是婉言拒绝。

曾国藩拒绝了，但钱鼎铭毫不气馁，他自有最能打动曾国藩的一招。他又说：“曾大帅，上海华洋杂处，商贾云集，乃中国最大的财货所聚之地，每月厘捐所得不下六十万两。大帅纵使弃上海各界绅民于不顾，独不念富甲天下的滚滚饷源吗？而长毛若得上海，这六十万两或许八十万两就等于拱手送给长毛了。湘军不富，我等也略知一二，大多数水陆各军月月都为饷源发愁，每月只能勉强发饷五成，有的甚至已拖欠数月。湘军如能保住上海，便是保住了数目可观的饷源，从此不再为饷源发愁。请曾大帅、李大人思量，是不是这个道理？”

曾国藩矍然动容了，他心中一惊：这小小的法部主事倒不可小视。

见曾国藩心思已动，钱鼎铭便掏出一份签字画押的名单，捧送到他面前。

曾国藩眯起三角眼，把这份自愿捐输的官绅名单递给了李鸿章，示意他收下。李鸿章心领神会，立即将名单夹于案卷之中。

钱鼎铭注意到曾国藩的脸上露出了一丝笑容，心想这下有门了，于是又加了一码，道："如果曾大帅此次能成全我们安庆之行，派大军救援上海，一切军费开销全由上海支出，不需动用大营分文银两。不仅如此，为表示诚意，考虑到大帅行营目前军饷拮据，大帅可立即委托李鸿章大人随晚生去上海，先提取二十万现银解决急需。以后每月还格外奉送十万两饷银，以济大帅之用。晚生说话算数！这也都是各界官绅在上海商量好的，委托晚生办理罢了。"

钱鼎铭错误地认为曾国藩会见钱眼开了，因此他又追加这些条件。曾国藩在听完之后，并没有像他暗自猜想得那样：马上一拍即合。其实，曾国藩已陷入两难之中了。

曾国藩抚须片刻，又起身来回踱了几步，然后屈指计算，原来是军中已无将领。

钱鼎铭看曾国藩不发话，立刻像泄了气的皮球，大失所望。他没想到绝招无效，曾国藩刀枪不入。失望之时，他仍再三哀求。

曾国藩向来不是耳朵根软的人，一旦拿定主意，八头牛都拉不回来。可是李鸿章心软了，他上前搀住流泪不止的钱鼎铭，动情相劝。

曾国藩转身离开，并要李鸿章陪同钱鼎铭。刘巡捕来找钱鼎铭吃饭时，见他坐着不动，满面愁容，便给他出了个主意，要他找李鸿章说情。

当天晚上，钱鼎铭与陪他同来的人立即表现出异常的热情，频频向李鸿章敬酒，大有反宾为主的味道。等酒喝到最后，钱鼎铭才把话儿端了出来，请李鸿章从中周旋，说服曾大帅发兵上海。

李鸿章答应下来了。这使得上海来客转忧为喜。一见李鸿章爽快答应，钱鼎铭立刻对李鸿章千恩万谢。

李鸿章之所以同意帮忙，一来看了钱鼎铭求得实在可怜，想从中做点好事，送个顺水人情。二来认为上海危在旦夕，应该救援。三则是为了自己。上海请兵，营中无将可使，正好找到了一个请求出山的机会，说不定由此一帆风顺，前途无量了。

李鸿章拿定主意，第二天上午便来找恩师。

李鸿章来到签押房，曾国藩正在抚须沉思。李鸿章开口道："昨日恩师正在留门生说话，不料话未说完，就来了上海请兵的客人。不知恩师还有什么要交代的？"

李鸿章说着，自己拿了一把椅子，在曾国藩的斜对面坐下。

曾国藩笑了，道："沪上官绅派来的这代表也真是难为我了。那钱鼎铭办事扎实，悲壮之举感人至深。其实我是陷入两难之间了，救则无力，不救，既不应该，又十分可惜。少荃啊，整个过程你都在场，我注意到你一直未作表态，今儿想听听你的高见。"

李鸿章笑了，道：“此事重大，自不是我所能插言的。不过昨晚一夜，我左思右想了很久，觉得恩师您不应该为这点明摆的事情陷入两难之间了。”

“此话怎讲？”曾国藩大惑不解，仰脸问道。

李鸿章道：“回禀恩师，鸿章我以为此事不难处置。”

“此话又从何说起？”

李鸿章反问道：“恩师是打算攻克金陵呢，还是打算放弃金陵，另作计划？”

“你这是明知故问。我当然要围剿金陵的！”

李鸿章提高了嗓门，道：“恩师既要最终吃掉金陵，就必须要先救援上海。”

“你今天怎么啦？老是跟我转圈子，一句话只说半句，让人听得不明不白，没头没尾。我问你：为什么要先救援上海？”曾国藩说着，瞪了李鸿章一眼。

李鸿章并不理他，往前跨了一步，走到曾国藩案台边上，随手把案台上的一本书、一把尺子、一个墨盒统统揽到自己手下，给曾国藩摆开来讲话：“比如这是上海，这是金陵，两者中间的是苏常一带。如今洪秀全的长毛军虽仍盘踞金陵，但其主力几十万人马却让李秀成带去攻打浙江和上海。比如说，这回是我带兵去救援上海，只要我去了，无论能否保全上海，也总是能把李秀成的大军拖住不放的。现在您是决定不去救援，那么，上海最终会让李秀成得了去。他得了上海，站住脚跟，便无东顾之忧了。东面是大海，只有挥师西进。一往西进，当然就与我围攻金陵的人马接上火了。若正是国荃在金陵外围，李秀成从上海发兵，国荃的日子定然不好过了，必遭内外夹击。此是其一。其二呢，我去援救上海，站住脚跟了，便同样是节节西进，向苏州、常州围剿而来，收复了苏常一带，很自然就与国荃的大军合为一体了。如此联成一气，既壮了国荃老弟攻打金陵的军威，援助他一臂之力，还同时切断了金陵贼寇的粮道、饷道和兵源。走到那一步，洪秀全只能坐以待毙，绝无死而复生、卷土重来的可能。因此，依门生之见，救援上海，正是为了夺取金陵。放弃上海，金陵难得。恩师万万不可轻拒上海的请求。你拒绝了他们，不仅是拒绝了富足的饷源，更是拒绝了最终克复金陵的重大希望啊！”

李鸿章这番话，把曾国藩讲得虚汗直冒。只见他三角眼眨个不停，眉毛一耸一耸的。沉思片刻后，他猛地拍案而起，把李鸿章吓得一跳。曾国藩道：“少荃，你这一番分析令我为之汗颜。我怎么就没有想到这一层呢？今天实话告诉你吧，我昨天叫你来叙话，是想探探你的心思。愚兄已思考多日了，想派你回庐州编练新军，招募七八千人的队伍。银子不用愁，我都替你准备好了。不知你肯不肯前往？现在上海的危急又摆到我眼前来了。那么，我想请你在安徽编练成新军以后，直扑上海，既把你的新军拉出去实际练一下，又解了上海被困之围。此乃一举两得。愚兄既已出言，就寄希望于你了！”说着，曾国藩双拳一抱，要向李鸿章作揖，吓得李鸿章飞快上前扶着，道：“门生以恩师之命为己任，岂有犹豫之理？只须您一声令下，鸿章整装出发，不肃清那一带长毛，决不回兵！”

李鸿章激动万分，当场落泪。这正是他几年来梦寐以求的呀！他以炽热的目光投向曾国藩，充满了感激之情。

曾国藩坐了下来，抓过纸笔，写下了一份“委札”。他让李鸿章回安徽编练新军，期限是两个半月。

曾国藩此时好像心中一块沉重的石头落了地，脸上露出了长辈般的笑容。

李鸿章此时还哪管曾国藩给多长时间？他早已周身热血沸腾，仿佛看到自己的新军正浩浩荡荡地开赴上海！如今，他终于要手中有兵，可以指挥千军万马了。多年来渴望施展抱负的机会终于到来了。

走出签押房大门时，他猛觉得眼前金光灿烂，多日的烦闷一扫而尽。他正准备奔跑回房，把这个喜讯告诉同僚们时，突然又被曾国藩喊住。他的心一下提到嗓门口了，紧张得半死：莫不是恩师反悔了？只听曾国藩道：“你去立即通知上海客人，两个半月以后，一支新军将开赴上海！”李鸿章听了，高兴地答道：“遵命！”说着，飞快地奔跑而去。

李鸿章首先来到衙门客房，推开房门，满脸喜庆地对钱鼎铭等人讲了事情的经过。他们听了，惊喜异常，就在客房里，钱鼎铭立即掏出一张一万两的银票，你推我拽地塞到了李鸿章的手里，道：“大人还要回乡，就当作孝敬祖上的一点心意吧！”

出了衙门客房的门，李鸿章直奔陈鼐住处。他眉飞色舞地讲了这件事，不料却从陈鼐那里知道曾国藩早有此意，只不过做了个顺水人情。

本来曾国藩想让胞弟曾国荃带兵援助上海，让李鸿章做副将的。可就在钱鼎铭等得了刘巡捕的点拨，在酒桌上请求李鸿章出面做曾国藩工作的时候，曾国藩收到胞弟曾国荃的复信：曾国荃坚决不愿意去上海，一心只想早日在金陵扎下大营，如围攻安庆的办法一样，久困金陵，逼其不攻自破。曾国荃在攻打安庆一战上尝到了甜头，主意已定了。

曾国藩无奈了：只有把第二位的李鸿章推到第一位，让他先募兵，后去上海救援了。李鸿章的愿望就是这样实现的。陈鼐在握别之际透露的这个过程不亚于在他头顶上泼了一瓢冷水。

李鸿章仔细想想：比比程桓生、陈鼐等一大批幕僚，自己毕竟还算盼到了头。在湘军里做事，怎么好凡事与恩师的胞弟攀比？“人不为己，天诛地灭！”就是自己把新兵编练成军了，难道不是同样要把兄弟、亲戚、朋友、乡里乡亲的摆在前头么？想到这里，他的心情顿时又愉快起来，连忙收拾行装，准备踏上新的征程。

归途的心情是极其愉快的，李鸿章感觉自己犹如刚刚被放飞的鸟儿，展现在他面前的是无限广宽的天空，任他飞翔。在安庆江边与前来送行的众幕僚、军中的同乡握别之后，李鸿章只带了两名亲兵、两个挑夫，就乘洋火轮顺流而下，往芜湖方向而去了。他听说老五凤章带继配夫人邓氏在芜湖宁安里小街上做小买卖，就准备从芜湖把凤章带上，一块儿回庐州肥西的紫篷山家中去。此次回乡招募新军，起先只知道高兴，尚未做过细的打算。但踏上归途后，冷静下来盘算，他心中方才觉得此行将伴随着无限的险阻与艰辛。他甚至感到，自己在短短两个半月的时间里能否如愿以偿，将数千人马招募到手、编练成军，还实难预料。他想到当初从京师回乡协办团练时，自己也曾多次去乡里招募过乡勇，那个难招的程度，至今想起来还觉得凄惨。兵荒马乱之年，有些乡村中皆是老弱病残和妇女小孩，适合招募为勇的三里五里碰不到一个。

在李鸿章的设想中，尽管困难重重，但他也拥有着争取成功的条件，其一便是自己毕竟有兄弟六人。这兄弟六人中，除老四李蕴章病目而盲，以残废之身留守家中外，其余五人都可以成为自己的伙伴和助手。大哥瀚章和老六昭庆已在湘军中多年，都已初通兵法，连恩师曾国藩都时常夸赞。

昭庆前不久从安庆回乡一次，回来说老三鹤章在故乡很有长进，于庐州一带已招募了一千多乡勇，日日操练，土枪土炮也置办了一些，主要为了护卫桑梓，保卫村寨。鹤章的队伍大大小小也打过三四十仗了，手下培养出了一批勇敢善战的小头目。不过，鹤章苦于手中无钱，军械火器无法添置，乡勇服装无法统一，再加上名不正、言不顺，乡勇中多有怨言。

“这下好了！”李鸿章在心里默念道。鹤章所缺少的，正是自己所拥有的。将鹤章的乡勇收编入军，是十拿九稳的事。以此为基础，等于迈开了招募兵勇的第一步。

还有凤章，从小也随父进京读过书，但弱冠南旋应试不果，便失掉了读书的兴趣。他体质强壮，个性鲜明，在父亲和哥哥鸿章回乡办团练时，他便是个头号的积极分子，曾跟随李鸿章转战过皖中和皖北，甚是勇敢。李鸿章心中不禁怪他：你本应是军旅之中的一名悍将，带着侧室跑到芜湖做什么生意呀？如果在家乡传出去，岂不是丢了自己庐州望族的面子？所以，李鸿章刚踏上归乡之路，就决定先到芜湖，把老五带回去。

有把握获得成功的又一个条件是：他在回乡协办团练的过程中结识了故乡旧团练的许多头领。一些地主士绅筑圩练兵，自称圩主，有些已初具规模。这些人与李鸿章都有过深浅不同的接触。在安庆登船前的那个夜晚，他特意静坐回忆，并用笔一一写下了他们的名字，像：马三佼、吴廷香、吴长庆、张树声、张树珊、周盛波、周盛传、刘铭传、潘鼎新、解光亮等。他们中间，或许有的已经徒党星散，各奔东西，甚至不在人世了，但昭庆告诉他：至少有几个人还在重操旧业。比如说张树声、潘鼎新、吴长庆和刘铭传等，都还各自训练了一批人马，在家乡颇为活跃。他把这些已经搜集在册的团练乡勇屈指一算，加上胞弟李鹤章的乡勇，总数已逾四千。

李鸿章还有一个已盘算几日的计划：既是组建新军，依据湘军营制，虽属湘军但又独立成军，就不能不从现有的湘军老营里调拨一些骨干过来，使新建的新军有一个可以借鉴的榜样，以陶冶淮勇技艺与风气。他估计恩师曾国藩会同意他的这个请求，或许也正是曾国藩求之不得的。

就在曾国藩决定让李鸿章回乡招募新军之后，李鸿章还溜出总督衙门，骑上快马，找过程学启。这程学启是安徽桐城人，字方忠。他年纪虽然不大，在地方上声名却颇大。他从小也读过几年书，虽未成科举及第之人，却具有游侠之风，办事干练，喜用奇计，更善结交朋友。

程学启原是太平军一员，但内心不满太平军，也看不起太平军。他不愿乡中父老在背后里把他称作“长毛”。因陈玉成暗中使用阴谋，使得程学启更加气愤，他索性投降了湘军。

投降了湘军以后，程学启处境也不好过：因他曾在太平军中当过头领，曾国藩、曾国荃也不敢重用他，还处处对他加以防范。

由于李鸿章与程学启是同乡关系，自程学启收编到湘军之后，两人就有了接触。两人每次相见，一谈就是半天，推心置腹，甚为投机。通过交往，李鸿章确信程学启才华横溢，为人诚实，更精于带兵打仗。所以，在临离开安庆时，李鸿章特意找到他的营中，告诉他：自己马上回乡编练新军。新军一成，就请求曾国藩将程学启所部调拨给新军，让程学启来新军中合作、效力。程学启当然求之不得，他铁了心要追随李鸿章。

想到这里，李鸿章愁容顿消。他为这支新军已经起了名字：淮军。他更深深懂得在这兵荒马乱的年月，有枪便是草头王的道理。手中即将拥有数千的精兵，谁还奈何得了他？

上海来的钱鼎铭和同来的人是同李鸿章一道乘船离开安庆的。因为曾大帅已同意发兵救援上海，一支新军即将组建起来前往阻挡太平军，他们就等于大功告成了。眼下及以后要盯紧的已不是曾国藩，而是已启程返乡的李鸿章。李鸿章一走，他们当然也没有再呆在安庆的必要了，就与李鸿章同船，一路伴行，待李鸿章从芜湖下船后，再继续下行，然后回到上海。他们回去还要为李鸿章两个半月以后的到来做大量准备工作。

离芜湖只有小半天的路程了，钱鼎铭等点头哈腰地来到了李鸿章的舱间。钱鼎铭拱手道：“考虑到您连日辛苦，定要在船上睡一觉，不敢过多打搅，这才过

来，请多原谅！”

李鸿章道：“其实我根本睡不着哩！担当组建淮军、救援上海的责任，凡事还不知个底细，怎么敢蒙头大睡呢？”

他们细问原因，才知道李鸿章为军饷发愁。他还问起了上海的事权问题。

钱鼎铭细细体会李鸿章的意思，如实答道：“上海的饷源的确很不统一。原因就是这几年上海能当家的大员太多，权力很不集中，分散得要命。按道理上说，这饷源都应该归薛焕巡抚一人控制，而实际上，他面临的是上扼下制，无所作为。”“上扼？”李鸿章惊诧不已，问：“莫非那何桂清跑到上海去，还以江督自居？”李鸿章记得在行营里时，曾国藩就曾对自己讲过：上海有三个人最为麻烦，一个就是前任两江总督何桂清，一个是现任巡抚薛焕，还有一人就是署理江苏藩司吴煦。所以，当钱鼎铭一提到“上厄”问题，李鸿章马上就明白了大概。

原来何桂清虽然不好以两江总督自居了，但毕竟曾经当过。失了这一头衔后，他人也未走，常常以苏浙两省的太上巡抚自居。那薛焕与原浙江巡抚王有龄都是何桂清提携起来的人。他们俩感恩于何桂清，尤其是薛焕，好像还很讲义气，与何桂清私交也甚密，凡事都替何桂清包庇着。虽然明知道何桂清不是两江总督了，还事事请示，事事奉命，看着何桂清的旧面子行事。不久前，薛焕还联络王有龄，合奏朝廷，要求重新起用何桂清。朝廷下诏驳回，但薛焕仍不死心，自己单独再次上奏，说嘉兴方面的清军，一致要求何桂清复出督军，等收复了苏、常一带长毛以后，再进京服罪。对此请求，朝廷又不准允。不过，何桂清仍留在上海，实际还在那里控制着薛焕。这样一来，薛焕对大多数公事便无心过问了，也不敢过多做主。

还有那苏松太道署理江苏藩司的吴煦。此人一直是上海的地方官，而且还兼管海关，是标准的地头蛇。他官职虽在薛焕之下，但掌握实权，饷源也在他的控制之下。他利用自己手中掌握的银子，以重金招募洋将，出钱让洋人替自己打仗。对这种搞法，薛焕身为一省巡抚，也是很有意见的。但他有意见也没用，吴煦掌握海关厘金，并不理睬巡抚，他也没有办法。

李鸿章忽然笑了笑，道：“我恩师新奉节制四省军务，责任重大，统筹全局，当然要分轻重缓急。据我所知，如今来湘军中请兵的信函每天都雪片似的飞来，委派要员前来求助的也为数甚众，多数都提出粮饷已备，并许以种种保证。但真正请兵成功的，也就是你们这一次。二位面子不小呀！”

钱鼎铭等赶忙起身揖手，道：“李主帅从中帮忙之恩，当作涌泉相报。等到了上海以后，我们定要为您鞍前马后地效力。请李主帅放心。”

李鸿章道：“我倒并不担心我本人去了上海以后，会受到什么样的委屈。

不过，治军贵得人和，所谓‘天时、地利、人和’，在我看来，极重要的还是人和。人要是不和，再好的队伍也难以取胜。而你们上海在这一点上恰恰是个是非之地，事权不一，办事必然棘手。若是这样互相推诿，我便就没有信心了。到那时，恐怕本人就要辜负你们的期望了。”

钱鼎铭又一次起身打躬，道：“李大人，你别听我说上海情形复杂，其实只要您大军一到，一切麻烦都会迎刃而解了！”

“为什么？”

“哎呀，难道您还想象不到？一则他们无论何种人，都是早已翘首以待，没有一方不希望您的大军能一下拯救他们于水深火热之中。二则这次虽然是李大人亲往，但就如曾大帅亲往一样。您是代表湘军，代表曾大帅的。曾大帅的得意门生抵达上海救援，哪一个敢说三道四？我敢担保：就连薛中丞也会唯命是从的。不用说别的，就为了让那吴煦看看，他也会坚决地站在您的身后，全力给予支持的。当然，我们回到上海以后，还要向各方人士把丑话讲在前头：这次请兵成功，多亏李大人的功劳。您李大人到达上海，各方都要全力支持。否则，若惹得李大人撤兵回去，丢了上海不管，那时我们也再不干这等没有面子的事了。”

李鸿章要的正是钱鼎铭的这个保证。他相信他们回上海后，一定会在各方面为自己的淮军到来做好准备，并且在人事关系上扫平道路。因而道：“那就多多拜托了。两个半月以后，我会站在你们上海的城门之下的。或许，我还用不了两个半月，一切当然会抓紧办理。你们那边，要按我两个月之内到达上海去做准备，事不宜迟呀！”

“如此当然更好，能早一天，便是早一天给我们带来希望。我们回去后，会把各方面的准备情况不断禀报您的。”钱鼎铭说完这段话，洋火轮已经在芜湖停船，正在靠岸。双方就此握别，李鸿章由亲兵一前一后护卫着，在芜湖码头下了船。

在芜湖，李鸿章找到了胞弟李凤章。李鸿章三言两语，便把凤章说服了，他决定丢下手头的土特产小生意，跟二哥回庐州招募兵勇去。从芜湖到庐州，过江后的旱路约是两天的路程，骑上快马，在中途借住一夜，次日便到了庐州南边紫篷山的村寨。凤章抱怨二哥回奔得太紧急，一到芜湖，只吃了一顿早饭便匆匆上路。李鸿章哪敢耽误？组建一支新军总共只给了两个半月的时间。多误一天，便给日后多增添一份紧张。他也思乡心切。三年前他怀着悲凉的心情，自称是“书剑飘零旧酒徒”“辗转兵间无所就”，无奈地离开这里。那时军事败北，仕途碰壁，同僚侧目，家园被毁，愁绪满怀。多番折磨之后，他才受到命运之神的惠顾，由镇江前往南昌，又通过大哥李瀚章的牵线搭桥，赶到建昌投身湘军幕府

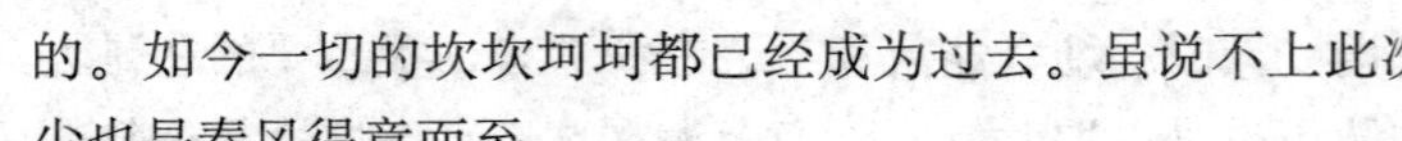

的。如今一切的坎坎坷坷都已经成为过去。虽说不上此次回来是衣锦还乡，但至少也是春风得意而至。

在自己家的小寨子前，李鸿章惊喜地发现房子多了，圩子大了，青砖小瓦的房舍由两排扩为了三排，四合院由一个扩为两个。且房舍四周挖渠成圩，一个吊桥架在圩子南边。走过吊桥便是新建的门楼。远远地看这寨子的架势，谁都能断定这寨子的主人绝非乡村中的一般人家。

乡村中，一旦来了什么人，远远地就能看得一清二楚。李鸿章兄弟二人及亲兵、挑夫刚到寨子跟前，一家老小已走过吊桥，迎了过来。最高兴的大抵还要数老母李氏了，她虽已头发花白，但还是在几位儿媳的簇拥下出来迎接了。从老母满脸欢喜的神情上，他看出了自己重返家门给老母带来的慰藉。侧室夫人吕淑云拉着已过继给自己的经方就站在老太太身后。经方怯生生地从吕氏身后露出头来，以一种初见的陌生的眼光望向李鸿章。原配夫人周氏虽笑盈盈的，但气色好像不太好，脸面蜡黄，失去了三年前的那种红润。蕴章由继配夫人周氏搀着，未过吊桥，在门楼下侧耳扬脸，笑嘻嘻地静静站着。蕴章的原配夫人李氏在那场兵荒马乱的灾难中丧生了。李鸿章想到蕴章这些年太多的不幸，不禁在心肠里阵阵作痛。

“鹤章带队伍躲在山后面训练去了，他还不知道二老爷、五老爷回家来了。”刘斗斋欢喜异常地对李鸿章说。

李鸿章是带着令全家荣耀的军命回到故乡的，他的愉悦之情不能自已。两个女儿是一起扑到他怀里的。李鸿章对女儿们无限喜爱。

傍晚时分，圩子外面响起了一阵阵马蹄声。刘斗斋道：“三老爷操练回来了！”李鸿章立即迎出门外。鹤章见是二哥，惊喜异常，兄弟俩抱成了一团。此次回乡时间紧，任务重，因此一切儿女情长，家常叙说等，都得往后摆摆。晚饭后，李鸿章把鹤章、凤章叫到堂屋，泡上浓茶，边喝边商议编练淮军一事。

正式话题还未谈开，李鹤章便神情紧张地说：“二哥，你赶快返回安庆吧！”

“为什么？”李鸿章大惑不解。

鹤章道：“你回安庆，招募新军的事情一样办成。我在这里与你保持联系，每期分批把新兵拉到安庆去训练。这儿是万万呆不得的！”

李鸿章急了：“你把话儿说得明白一点，我怎么就越听越糊涂呢？”

原来，太平军自安庆失守以后，知道自己已经丢掉了一块极为重要的阵地。安庆一失，沿途至金陵的城池中，也就算庐州最为重要了。因此，太平军理所当然地加强了庐州的防务，坚守庐州。

李鸿章全家自新、老两宅被太平军焚毁后，一直在紫篷山下居住，无法回迁庐州。因为，由紫篷山往北三十里的地方，全是陈玉成的天下。

经鹤章一解释，李鸿章终于明白了：他回乡之时，正是长毛们加强庐州防守、风声最紧的时候。自己的确不能抛头露面，万一引得长毛挥军杀来，不仅自己性命不保，还会连累年迈的老母及合家老小的。想到这里，李鸿章道："鹤章呀，你既有了一千多名乡勇，为什么不与张树声、潘鼎新、刘铭传他们的团练联合起来呢？只要联合起来，力量就大了，这样也就能公开与长毛们开战了。若是在你的手上把庐州城攻下来，我保准你能得个四品、五品的头衔。""谈何容易呀？各部旧团练人心不齐不说，没有人挑起这个头也不说，就缺那个钱呀粮的，这便联合不起来了。"

李鸿章笑道："你需要的东西我都有，就把大家都拉到一块儿吧！"

李鹤章道："所以说见了你回来，我才那么激动呢！你手持两江总督的委札，有钱有粮，有饷有军械，正儿八经，名正言顺，还有湘军做后盾，当然会一呼百应。别说两个半月，就是一个半月，也可以把新军拉起来的。"

李鸿章摆摆手，道："你也别把此事看得如此简单。我组建起来的淮军，是要开赴上海，最终与湘军并驾齐驱的。它完全不同于你的乡勇、团练，必须要经过挑选，严格训练，编练成一支能打硬仗的正规队伍。"

"还要训练、挑选呀？那么，在这庐州一带就更不能办了。不要还没有等你把队伍集合在一起，就被长毛军杀了过来。所以，我讲你要赶快回安庆，在湘军的大本营里找一块所在，然后通知这边的人马，一队一队开过去，集中到安庆编练成军，最为妥当。"李鹤章说。

李鸿章皱起眉头沉思了一会，然后站起身来，大声道："就这么办了，到安庆去训练。一旦编练成军，由安庆直抵上海。"他抓了抓头皮，又道："那么，这边拉队伍的事情，就全部仰仗老弟你和凤章了。在联络的过程中，遇事也可多找蕴章商议。我聘他为坐在家中的师爷，别小瞧他眼睛失明，可心里比谁都看得明白。他会为你们出主意、想办法的。按照父亲大人临终前的遗训，我兄弟六人应成为保家卫国、抗击长毛的军旅之家、光荣之家。淮军，最后也将成为我的'李家军'！"

鹤章、凤章听了二哥鼓舞人心的讲话，高兴得直想吼叫，以致在隔壁房间的老母都扯起嗓门喊："你们兄弟几个疯啦！"

蕴章是个有心人，虽然病目而盲，但耳朵和心眼都好使。兄弟三人坐在堂屋中讲得津津有味时，他就坐在门口听热闹。当他听到二哥鸿章说要聘他当师爷时，再也不满足于在屋外偷听了，就摸着门框进了堂屋。李鸿章见了，赶快将他搀到椅子上坐下，把兄弟三人商量好的事简要重复了一遍。蕴章道："你们是干大事的。我干不了大事，可以为你们做点小事。守好这个家，孝敬好老母，是我可以做好的。军务上的事情，让我递个话儿，我也定会全力去干！"

李鸿章非常动情，上前抓住蕴章的手，道："蕴章呀，你真是我们的好兄弟！将来弟兄们有了前途，也少不了你的一份。就是我们落难要饭了，也要把碗头上最可口的那一份递给你。你尽管放心吧！"

李蕴章听了二哥的话，失声哭了起来。他为兄弟之间的血缘情谊而深深感动。

兄弟几人再往下叙话，便扯到挑选兵勇上来了。曾国藩有言：组建新军的规模是六千五百人左右，宁缺毋滥。他主张：将在谋而不在勇，兵在精而不在多。泥沙俱下，鱼龙混杂，必然正经人少，无赖之徒多。那样的话，兵员再多，也是枉然，反而坏事。

李鸿章想起恩师的交代，就也学着恩师平时的口气，对兄弟几人郑重说道："我的目标是在家乡招募五千人左右，一定要年轻力壮、精明强干的。亲戚朋友中有投奔的，自然要网开一面，放宽条件，但也不可放得太宽，身有残疾或年岁太大，再好的亲友也不能收下。将来在上海站稳脚跟了，可以荐到那里去做点具体事情。我李鸿章是认乡、认友、认亲的！"

李鸿章讲到这里，李鹤章、李凤章几乎是异口同声地问道："嗳，二哥呀，你一再说要掌握条件，精心挑选。那你这淮军到底需要什么条件呢？"

李鸿章道："你二位这一问算扯到点子上了。什么条件呢？比如年龄在十六岁至四十岁之间的，个条不可太小，身体太弱不行，四肢有残疾不行，眼睛不好不行……"说到这里，他怕伤害了蕴章，又补一句，道："我们兄弟蕴章是个例外。"

李凤章叹气，道："唉，我做个土特产小生意还马马虎虎，如今要我挑选兵勇，就显得力不从心了。来者往跟前一站，我根据什么去把握他行还是不行呢？"

李鸿章在堂屋里踱了几个来回，道："是呀，相人识人，此为最难。其中奥妙很多，不同的情形更为复杂，怎么去把握呢？"

蕴章沉默了一会，听了一下李鸿章的点拨，突然开腔了，道："我以为，挑选兵勇，第一要看五官。五官端正为最好，还须双目神不外散，鼻梁要直。嘴唇嘛，以厚为好。厚嘴唇嘴拙，但勇猛而忠厚。第二条要看他的肤色，肤色以粗墨为好。双手以茧为好。我们不是去挑选文秀才，而是去挑选勇于吃苦耐劳的兵勇，当然以吃过苦的人为最佳人选。第三条就是看他说话。言语不多，说话中肯为最好，油嘴滑舌之人不能用他。请兄弟们想想，是不是这个理？"

听蕴章说话的兄弟三人，此刻都睁大了双眼，打心眼里佩服蕴章的见解。李凤章打趣道："哎哟四哥呀，淮军还未组建呢，你这个师爷就上任啦？！"

李鸿章拍手道："蕴章所言极是！"

当晚谈到了兴头上，加之李鸿章已决定一两日内便返回安庆，必须把所有事情商量、交代明确。所以一谈就是大半夜过去了，不觉已是鸡叫时分。

李鸿章在家中只呆了一天半的时间，便匆匆赶回安庆。临行前，他给庐州团首之一的潘鼎新写了一封长信，称自己军务紧急，虽回乡但没有机会谋面，又匆匆回奔。

李鸿章按曾国藩的指示安排了之后，还要李鹤章、李凤章等按自己在安庆开列的名单，一一联络名单上的人，有事也可直接前往安庆与他商议。他特别请鹤章、凤章转告张树声：此次组建淮军事情重大，是一个数百载难逢的好机会。错过这个机会，便很难再寻到为国家建功立业的机会了。他要求张树声立即罗致自己身边的旧团练，动员更多的乡勇应招。

李鸿章回到安庆，一来一回不过一旬的时间。曾国藩听说李鸿章空手回来了，脸都惊得变了色。正在纳闷，李鸿章来到签押房，向恩师深深鞠了一躬。坐定后，李鸿章把庐州的情况向曾国藩禀报。然后叙述了自己布置罗致旧团练、鹤章组织自己的乡勇千余人即将加入新军的过程。曾国藩十分欢喜，道：“你已经算马到成功了。我马上安排你的营地，一切粮草先期运达，就在安庆编练吧！”

李鸿章道：“既然安排营地，我就搬出总督衙门，与新勇们同吃同住吧！”

曾国藩笑道：“少荃呀，你莫性急，你此次回来得正好。你走了以后，我这签押房里还真的忙不过来了。这几天，你边联络组建新军一事，边在我身边忙忙，手头上的一些文案事务，还非要你来动手不可。其他人做的，我看不上！”

忽然曾国藩叹了口气，对李鸿章压低声音道：“少荃，朝廷出了大事了，一直向各省各地封锁消息。那肃顺等已经人头落地了，栽在了圣母皇太后兰儿手里。兰儿和恭亲王两个失意之人终于串在一起了！而且那兰儿已经在用尽手段杀了肃顺等人后，在宫中掌握了实权，开始垂帘听政了！”

李鸿章听了，不惊不叹。曾国藩却不停地摇头，继续唉声叹气，道：“如今我湘军虽光复安庆，你也出马组建新军，择日就会编练成军开赴上海，一切都有了好的兆头，却不料皇上龙驭上宾，肃顺人头落地。不知我等日后吉凶如何？”

在略作了片刻的沉思后，李鸿章道：“恩师当不必忧虑。朝廷此变已成事实，不可逆转了。所幸是我们与那肃顺没有太多的瓜葛。正值国家大乱之年，恩师您手中握有重兵，门生以为两宫太后和小皇上也会把您捧得高高的，视您为大清这半壁江山的依靠的。”

曾国藩苦笑一声，道：“少荃呀，我所忧绝非是我个人的荣辱成败。只是我朝二百余年来尚无太后临朝听政的先例。纵观史册，凡女主临朝，国家必遇大乱。愚兄所忧正在于此。”

“依门生之见，天下乱与不乱，非决于男人或女人为主。不说远的，就说道光、咸丰两朝，不是男人为上么？天下照样大乱。所以，无论当今天下是

男人做主也好，女人当家也好，只要有才便好，使国家强盛，百姓安居乐业就好。恩师您是领兵打仗之人，如今长毛乱于内，夷人侵于外，我大清二百年江山岌岌可危，您就显得更加责任重大了。眼下要考虑的倒不是叔嫂合谋，政变于宫闱之事，而是如何发展湘军，扩大战果，最后捣毁金陵之事。只要像恩师您这样的重臣把担子挑起来了，大清朝廷即使遭遇暴风骤雨的袭击、天崩地裂的灾祸，也可上下同心，朝野合力，共度危难，使国家稳如磐石的。如此，恩师您对朝廷的贡献，将远胜过攻取一城一地。千年青史，将永远记载恩师您的赫赫功绩的。”

李鸿章越说越激昂，而曾国藩则愈听愈冷静。他嘴上虽未说，心里却暗自佩服李鸿章看问题的透彻。

接连几天，从京师频频寄来的上谕从一个方面证实了李鸿章一些分析、推测的正确。从内心来讲，曾国藩所忧的是自己和湘军的命运，他不清楚这两宫太后，尤其是那个慈禧太后会对自己怎样。现在看出来了。上谕上写道：“曾国藩以两江总督协办大学士”“曾国藩节制四省军务”。接到这一封封上谕，曾国藩的眉头顿时舒展开了，心中欢喜。这日，他又收到京中私函一件，看后他暗暗庆幸。读完来信，正好李鸿章进屋。他对李鸿章先是感谢，剖析自己目光短浅，然后对李鸿章大力夸奖。

李鸿章喜上眉梢。恩师这番勇于剖析自己的事是很少见的，对他李鸿章心怀感激是真的。李鸿章心中暗暗得意。二人正在喝茶说话，忽见陈鼐来到签押房中，说庐州来了一个汉子，叫张树声，要求面见李鸿章。

李鸿章一阵大喜，向恩师一揖道：“故乡来客，一定是为了率勇投效新军的事。我告辞回房，去接待一下。”说完，便大步迈出签押房，果见张树声已在自己房间里等候了。

原来，张树声自得到李鹤章、李凤章的传话以后，知道李鸿章已受曾国藩之命组建新军，非常高兴。他当即召集皖中诸豪商议，大家一呼百应，决定推选张树声前往安庆，当面向李鸿章表达投效之意。李鸿章高兴极了，道：“树声啊，你有如此心意，正是我所渴望的。在庐州的诸多团练中，你的团练声势独隆。可以说，大家在心里都尊你为盟主。所以我匆匆回乡时，立刻想到了你，虽不得晤面，但请胞弟二人恳请你率众加盟新军，从此携手干一番大业。”

李鸿章不仅热情接待了张树声，还把他介绍给了曾国藩。张树声对大名鼎鼎而又重权在握的曾国藩仰慕已久，不想自己竟得到了他的接见，不由得激动不已。当着曾国藩的面，张树声回禀了自己在庐州罗致旧团练，振臂一呼，左提右挈的情况，很受曾国藩的赏识。曾国藩道：“壮士独立于江北，勇斗长毛，可敬可佩。真是当年渡江北伐匈奴的东晋名将祖逖再生转世呀！”

张树声得此夸奖，受宠若惊，表示回庐州后，还要将刘铭传的团练罗致进来，尽快聚集安庆，各建旗鼓，投效湘军。张树声返回庐州前，李鸿章写下书信一封，让张树声带给刘铭传，表达了招募他入盟的愿望。收信后，刘铭传见李鸿章心怀诚意，思贤如渴，爱将如命，当即复信李鸿章，表示将自己团练全部人马带来安庆，听从差遣。

一八六二年二月，李鸿章所募的淮勇陆续抵达了安庆。其中有刘铭传的铭字营、张树声的树字营、潘鼎新的鼎字营、吴长庆的庆字营等。

庐州的各团练乡勇到达安庆后，李鸿章设下宴席十余桌，曾国藩亲自出席，并发表了讲话。酒宴正在进行中，忽有刘巡捕来报：“庐州团勇首领李鹤章及胞弟昭庆在宴堂门外候见。”

李鸿章立即离桌，亲自出门将两位胞弟迎进宴堂，并将鹤章单独介绍给曾国藩。曾国藩见新军初见规模，且兵勇声势不凡，心中欢喜，当即增拨银两，落实器械之用、粮草之数，一切按湘军的规矩，甚至在训练场地、营寨等方面的安排上，还要优于部分营头。

二月二十二日，李鸿章经曾国藩批准，正式搬出两江总督衙门，移驻安庆北门外的营地。他前脚到达，曾国藩后脚便亲临北城门外的新军营地祝贺。李鸿章感动得落下了热泪。

李鸿章陪曾国藩在自己的营地里走了一圈，虽还未经训练，但新勇一听说是曾国藩亲临营地祝贺，都很激动。二人所到之处，掌声雷动，口号声阵阵。这让曾国藩顿时喜笑颜开。

李鸿章见恩师高兴，就把自己思量了很多天的请求提出来了。跟随恩师多年，李鸿章对曾国藩的脾性摸得很清楚，所以自重返曾门后，他一直潜心把握，认真揣摩恩师的喜怒哀乐，尽可能投其所好，以赢得恩师的欢心和对自己的垂青。他预感到，趁今天恩师高兴，提出请求，即便可能让他为难，抑或在平时根本就是不可张口之事，今日就很有可能被他答应下来，说不定当场就能办成。李鸿章想好了，就郑重地开腔说话了：

“门生要把这新军的初步情况报告恩师！”

曾国藩笑道：“愚兄洗耳恭听！”

“此次奉恩师之命筹办淮勇……”李鸿章刚一开口就被曾国藩拦住话头，他道：“不！不是淮勇，而是淮军。我已听得你的将士们私下里自称淮军了，知道是你的主意。在我看来，‘淮军’的叫法很好，正合我意！湘淮本系一家，淮由湘出，尤有水源一道之谊。就叫淮军好！”

李鸿章略有些不自在，道：“新军尚未编练，未经恩师点头，是不敢自定称号的。今恩师既喜欢‘淮军’的称号，那就依恩师的意思办了。”他稍稍停了一

下，扭头看恩师一眼，见恩师在专注地听，才接着上面的话详细地报告了军中情况，然后提出了要调拨营队的想法。

曾国藩一惊，按住心头一想：李鸿章是真会想点子，叫他招募新勇，他却把主意出在了老湘军身上。而且出口就是几营。本来他想，淮军一去，出面的当然是他曾国藩。万一到那里不堪一击，他曾大帅的面子也会随之丢尽。所以，曾国藩早已准备为李鸿章增调十几名骨干，去营里充当营头、哨长之类。他未曾想到要整营整营地调到淮军里去，归他李鸿章节制。但如今李鸿章已把话儿讲出来了，又正值创办之初，兴头正高，不能扫了他的兴头。于是，曾国藩在沉思了好长一会后，道："你想我调拨哪些营队呢？"

李鸿章一听，知道曾国藩已经应允，便大胆地提出要程学启来新军中，统带两营。另求亲兵两营。曾国藩不仅允其所请，还额外多调四营，共调出八营的兵力，统统归入新军中，让李鸿章统领。其中有曾国藩自己的亲兵两营，由韩正国统带，充任李鸿章的亲兵。另有开字营两营，调自曾国荃手下，由程学启统带；林字营两营，由滕嗣林、滕嗣武统带。这林字营系江苏巡抚薛焕从湖南招募来的，原为四千人，经曾国藩裁减至千人，编入淮军；熊字营由陈飞熊统带；垣字营由马先槐统带，系奉曾国藩之命从湖南招募的。又经过一番裁减，新办淮军最后实际成军十三营，计六千五百人。

这日，曾国藩把李鸿章叫到自己的签押房中。李鸿章进门一看，上海的钱鼎铭又来安庆了。李鸿章道："不是说好了两个半月以后开赴上海，你怎么才过月余就跑来搬兵了？"

钱鼎铭打躬作揖，笑道："李主帅果然出手不凡，振臂一呼，新军就组建成功了。老实说，自在芜湖码头与您握别，我是天天在打听您组建新军的进展，直到几天前，得知已有六千五百将士聚集于安庆城北金保门外的营地里，上海各界士绅欢呼雀跃，巴不得大军立即就飞到上海去呀！"

李鸿章道："上海各界心情可以理解，我也心急如火。但不知各方面准备妥当了没有？"

钱鼎铭道："都准备好了，万事俱备，只欠东风，连贵军如何开赴上海，我们也都做了安排，已花十八万两银子雇了七艘洋船，交由李主帅运兵。"

"多谢想得周到，但如何开赴上海，还得由我恩师定夺，暂时不能敲定此事。"

曾国藩这时才插话道："上海方面出手也太大方了一些，运送这几千人，竟要花去十八万两白银！况且，如今仅仅是'八'字才有一撇，还谈不上何时赴沪哩！"

钱鼎铭无言以对了。他哪里知道，曾国藩、李鸿章心中不满的是：你一再吹

嘘上海一年厘金数十万两，愿花十八万两高额代价去雇洋船，可怎么这回一来，却两手空空呢？！

李鸿章见钱鼎铭并不提新军的粮饷一事，遂道：“其实呀，我新军在恩师的督导、支持下，的确组建迅速。但目前也有诸多困难。比如说这粮饷不济，就是一大困难。你们上海唯恐发兵不速，我亦急欲就到。但目前连行装都难以筹措，便举步维艰了。”

钱鼎铭这才反应过来，慌忙解释道：“近日上海受长毛进逼，中外商货顿滞，无法交易，致使厘金收入急剧下降。但吴煦大人已经答应，立即筹措十万两白银，以济湘军粮饷之困。新军出兵所需费用，也由上海各界官绅筹集，李主帅尽管放心。”

曾国藩、李鸿章这才露出淡淡的笑意。曾国藩让钱鼎铭去北门外营地看看，他便跟李鸿章乘四马骡车去了金保门外。到了那里，只见到处彩旗招展、喊声阵阵。各营各队正在操练，步伐整齐。钱鼎铭看了后顿时来了精神，道：“依我之见，这新军与老牌湘军没有什么区别，或许稍加训练后，比老牌湘军还勇猛善战。”

李鸿章见钱鼎铭称赞自己的新军，便提高了嗓门，道：“本来这湘淮便是一家嘛！我的淮军与恩师的湘军在许多方面都是一致的。湘军全体只服从于我恩师，而我这淮军今后也只服从我李鸿章了。所以说，将来到了上海，不用说地方官绅，就是两宫太后调兵遣将，也要通过我来调遣，别人休想直接指挥的！”

钱鼎铭作揖笑道：“那是自然，那是自然！兵为将有，将为帅有，天经地义。这一点，我已与上海地方官员有言在先了。届时，无人敢对您的淮军指手画脚的，全凭您一人呼应全军将士。”

钱鼎铭跟着李鸿章观看淮军新营，不觉让李鸿章聊出了兴致。对这军中营制和各军情况，钱鼎铭没来安庆请兵之前，竟一无所知。于是当李鸿章聊起军中的细则时，他又免不了一番恭维。

李鸿章心中有数，他知道自己初入上海，必须借助这个请兵人的扶持，稳住阵脚，打开局面。所以，李鸿章才在淮军创建之初的百忙中，陪这位请兵人长谈参观，悉心回答疑问，甚是热情。

淮军已成，就到了该讨论进兵方式的时候了。安庆与上海不仅相距遥远，而且间隔着洪秀全的控制区域。要突破重重围阻，千里跃进上海，其艰险让李鸿章大伤脑筋。曾国藩想让李鸿章先从水、陆两路或任选一种办法进军上海。

二月二十四日，曾国藩致函吴煦，说起了饷银和淮军去上海的事情。

原来，自吴煦等出面雇下洋人轮船后，报到巡抚薛焕那里，薛焕以费用太高为由，拒绝批准。这吴煦也是朝三暮四，很快也为之动摇，舍不得花这笔银子。

到了三月一日，吴煦派专人给曾国藩送来加急信函，称洋轮三月三日可抵达安庆，请求曾大帅发兵。仅此一条，曾国藩仍会按兵不动的。他一直等到吴煦真的把他最渴盼的那件事解决了：首批捐赠湘军大营的十万两白银到达安庆。恰巧朝廷也在此时来了上谕，催促淮军抓紧开赴上海。所以，曾国藩再也不敢耽搁时间了，他与李鸿章商定：三月四日在安庆镇海门外码头举行隆重的发兵仪式，并设宴犒劳淮军将领，士卒分灶会餐后，启程上海。这个时间，距曾国藩原来要求的二月底成行的时间，已晚了四天。

这日，太阳刚刚升起，淮军十三个营的六千五百多名将士已聚集在安庆金保门外的操练场上了。一场盛大的阅兵式就要在这里举行。

按照计划，协办大学士、两江总督曾国藩在新军统帅李鸿章等人的陪同下，要检阅新军。曾国藩还将设宴为李鸿章和各营的营官饯行。自从决定了出发日期以后，淮军各营都进行了紧张的准备。他们依次排定队形，现场操练表演，还扎起了五彩牌楼，用木料搭起高台，在牌楼后面拉起帷幕，把一切都布置得雄伟而庄严。在湘军里，多年来调兵遣将十分频繁，新组建兵勇开赴前线的情况也接连不断，但为刚刚招募组建的新军举行如此宏大的仪式的事情还极少见过。

早饭过后不久，金保门外操练场上已出现一块块由队伍排列起来的方阵。各营为了使阅兵仪式整齐、庄严，正在抓紧练习队形。操练场周围，四面八方的老百姓都涌来观看。一时间阅兵场地边已是人山人海。

一会工夫，钦差大臣、协办大学士、两江总督曾国藩便带着卫兵浩浩荡荡地到来了。曾国藩今天神采飞扬，他头戴着正一品红珊瑚顶戴伞形红缨帽，身穿绣有仙鹤补子的绀色九蟒五爪袍，脚套粉底皂缎靴，气势非凡。

他下轿后，以审视的目光，先扫了一眼耸立在眼前的怀宁酒楼，还有眼前黑压压的士兵和人山人海的百姓，胸中成就感顿生。

李鸿章今天头戴的是正三品蓝宝石顶戴红缨帽，身穿绣有孔雀补子的暗红色九蟒五爪袍。他看见曾国藩已抬腿迈上酒楼的台阶，楼内不知名分的官员早已躬身在两旁等候，立刻转身向后面的轿子张望。人都陆续下轿了，有李续宜、杨岳斌、彭玉麟、鲍超、多隆阿，等等。好像有统一部署似的，所有文武僚属今天都穿了清一色的崭新的朝服，头戴不同品级的红缨帽。这些人大都是湘军中的名将、老将了。在他们的记忆里，在湘军里举办如此隆重的盛会，好像仅有两次：一次是湘军刚组建时，从衡州石鼓嘴血祭出师；一次是武昌城颁赠腰刀，且那两次规模都不及这一次宏大。

大家一个个按顺序进了酒楼，再向楼上登。曾国藩突然停住了脚步，侧过身来，用右手往前一伸，对正走在他身后的李鸿章客气道："少荃呀，今天你先请！"

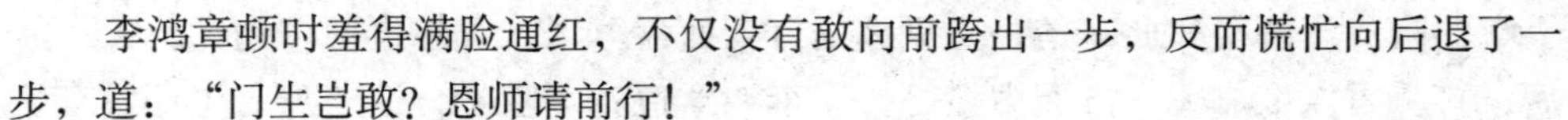

李鸿章顿时羞得满脸通红，不仅没有敢向前跨出一步，反而慌忙向后退了一步，道：“门生岂敢？恩师请前行！”

曾国藩笑道：“少荃呀，今天我请你先行是有道理的。因为淮军就要开赴上海了，我们为你饯行，理应让你在前。”

李鸿章急了，先向恩师作了一揖，紧接着又慌忙躬下了身子，道：“恩师笑话门生了。门生虽组建一军，但永远也要依附恩师，依附湘军。门生怎敢在恩师面前争这个脸面？还是恩师先请！请！”

曾国藩笑着点点头，似乎很乐意见到李鸿章在出兵之前有这个意识。他不再谦让，举步登上楼梯，头也不回地直奔上首的一桌，笑盈盈地在上席位置坐下。

今天的怀宁酒楼一、二两层楼共摆下三十桌丰盛的酒席。湘、淮两军营官以上的将领坐在一楼，共计二十五桌。另五桌在二楼，有曾国藩、李鸿章、皖省及安庆地方官员和钱鼎铭等人，七艘洋船的船长也应邀在二楼就座。

整座怀宁酒楼气氛热烈，欢声笑语。热气腾腾的各色菜肴是精心准备的。席间，李鸿章忙得不亦乐乎，依次一桌又一桌地去向同僚和部下们敬酒。

曾国藩与李鸿章即将分别，有话要说，便互相牵着衣袖离席上了三楼的茶房。各色的水果拼盘和一壶香气扑鼻的黄山毛峰茶已摆放在茶几上。二人对面而坐。李鸿章乘着酒兴，高声说道：“恩师今日之情，门生终生不忘。淮军尚无半点战功，恩师就办了如此隆重的宴会，下午还要举行阅兵仪式，门生就是粉身碎骨了，也不足以报答您啊！”

李鸿章说着说着，就落下泪来。要不是还有些清醒，加之又喝了几口香茶，他怕是会一下子伏到曾国藩膝盖上去，动情地大哭一场。李鸿章到底是不易失态的。当他刚想这么表示自己的感激心情时，立即将已移过去的身子抽了回来，重新端坐在自己的位子上。

曾国藩问道：“少荃，你即将去上海了。我想问问你，上海的防务情况你知道吗？”

李鸿章点头道：“门生已悉心了解了一点。人事上的薛焕、何桂清、吴煦三人不去说了，单说说防务。目前上海的防务大抵有五个方面：一是朝廷在上海的防兵，原为薛焕的第三标，经过扩大后有近四千人。二为团练，因是按亩出人，估计总数可达十万人，但平时不能全面集中，多数是边耕边战，不可依靠。三是英、法洋兵，主要是保卫他们本国在上海的租界，约三千人左右。四为华尔为头领的洋枪队，一部分是洋人，大部分是中国人，混合加起来，大抵有五千人。五是中外防务局，由英国参赞巴夏礼发起，有钱有物，但没有什么兵力。别的就没有什么了，只听说从扬州、镇江、杭州等地又陆续调去了一些官兵。”

曾国藩道：“少荃呀，愚兄真的彻底放心了。你人虽未进上海，但已经对

上海的防务了解得如此清楚，足见你是有全面盘算了。我想再问一句：你去上海后，打算重点依靠哪一方面力量呀？”李鸿章道：“哎呀，这一点门生还没有认真考虑过。因为听人介绍，也未必完全准确。如果让我谈谈感觉的话，门生准备多加强同华尔洋枪队的合作。还请恩师点拨。”

曾国藩脱口赞道：“很好！还点拨什么？你就应该把华尔的洋枪队当作依靠。到上海后，尽可能与那里的洋人搞好关系。听说长毛们也在暗中拉洋人入伙。你必须把洋人拉过来，共同对付长毛贼。我听说华尔的洋枪队不仅军械先进，兵勇也很能打仗，比薛焕手下的绿营兵要强一些。我分析过了，这些洋人来到中国，不是要我们的江山，而是要金钱。长毛们就不同了，他们是既要江山，也要金钱。从上海、宁波、杭州方面来看，洋人们在中国，是倾向我们而不倾向于长毛的，他们在许多战场上都能协助我们剿灭贼逆。当然，洋人们也很滑头，有些暗地里也在勾结长毛，讨好长毛。我们提高一些警觉便可以了。我要提醒一点，我虽主张依靠洋枪队，把他们拉过来为我们所用，但不是说一切都放手让他们去干。比如说，要收复城池，这就不能依靠他们，更不要让他们去占住城池。只可用他们防守上海。你已知道，洋人本性贪劣，那吴煦在这一点上，已经吃了许多大亏。你去了一定要注意，不可把他们的胃口吊得太大，要防止仅有的那么一些厘金，都落到他们手里去了。总之，临行时愚兄送你四句话：一是言忠信；二是行笃敬；三是会防不会剿；四是先疏后亲。你明白我的意思吗？”

李鸿章道：“门生明白，而且记下了。”

曾国藩站起身来，在房间里踱了几步，又问：“去了上海，你拟驻营何地？”

李鸿章尚没有反应过来，随口答道：“当然在上海择一处建筑，作较长期准备，与各营将士同甘共苦了！”

曾国藩笑着摆了摆手，道：“少荃这次就错了。不知你想过没有，上海是一个通商码头，财货丰富，但三面临水，易攻难守。它在军事上远不如镇江重要。我这次叫你救援上海，不仅仅要你保住上海一地，还要全力配合曾国荃等，择机围攻金陵。所以，你在上海站稳脚跟后，要将你的行营设法移到镇江去。好歹镇江离上海也不远。而且，要想金陵与上海两头兼顾，只有镇江最为合适。”

“镇江不是有冯子材在那里驻守吗？”

“这不要紧，我会奏请朝廷，把冯子材调走，让镇江成为你一人的大本营。”曾国藩说道。

李鸿章道：“门生尽力遵办，待到上海稍作安顿后，我立即移驻镇江，兼顾两头。只是上海那边，何桂清丢城失地，滥杀士绅，朝廷已对他愤恨之极，可当作一只死老虎，不去理他。但薛焕毕竟追随何桂清多年，又身为巡抚，恐难以与我真心合作。若是事事为难我淮军，在镇江驻守也会很不方便的。”

曾国藩点头道：“我正要跟你谈这个事情。苏抚一职，由薛焕来干已经不现实了。左季高已任浙江巡抚，眼下再也没有合适的人选来出任这一要职了。愚兄有一个考虑，要奏请朝廷，推举一个人出任苏抚。”

李鸿章的心顿时剧烈地跳动起来，巡抚一职非同小可，比淮军统帅要有头脸得多。他隐约感到恩师要推荐的人选就是自己。可是，据实把自己掂量掂量，觉得自己还不具备那个资格，更无战功，想这巡抚一职，也不大可能。于是，他以一种平静的口气道：“巡抚一职，至关重要，恩师若能推举一个与门生合得来的人选，我就算是有了依靠了。”

曾国藩听了，转念一想：不妨试探试探这位门生，于是道：“那么，你以为谁去出任这一职务合适呢？”李鸿章心头一凉，但很快恢复镇静，道：“林文忠公之婿、前赣南兵备道、门生的同年沈幼丹较为合适。此人既有恩师之风，为人耿直，又在湘军中办过军务，对恩师您忠心不二。他出任苏抚一职，是很合适的。”

曾国藩点点头，道：“沈幼丹是个人才，但愚兄对他已是另有考虑了。你还有其他人选可以说出来听听么？”

李鸿章抓耳挠腮，心想：恩师在苏抚人选上果然没有想到自己，不觉心中有些失望，便答道：“门生还从未留心过此类事，一时想不出来哩！”

曾国藩大笑起来，道：“少荃呀，难道你从来就没有考虑过你自己可以出任苏抚吗？我以为你就是最佳人选。”

李鸿章大吃一惊，浑身顿时热血沸腾，心跳加速，不知如何回答才好。

曾国藩见李鸿章不答话，也知对他来说，这消息是太突然了一些。于是道：“少荃呀，其实这几天来，我已经反复考虑过此事了。你才大心细，劲气内敛，是很适合做地方官员的。原来你没有这个条件，才能够了，但无实力。现在不同了，你手中有了一支淮军，这便是资本。奏请到朝廷去，不会被忽视了，十有八九要下诏令的。我若不是有一支湘军，朝廷也不会给我那么多头衔。我不是说大话，你出任苏抚一事，只需我轻轻一奏，保准让这顶帽子很快落到你的头上。你放心去上海吧，静等佳音。我让你移驻镇江，也有这个意思在其中。”

李鸿章听了乐在心头，觉得自己这会儿高大了许多。激动的情形下，他浮想联翩，遂起身对恩师道：“若是恩师把苏省一块地盘托与门生了，门生一定守卫好它，整顿好它，让恩师放心。”

曾国藩又小心交代了需要提防的事情，尤其是上海那两个难缠的人物。见李鸿章一一记下，才放下心来。

李鸿章打心眼里佩服曾国藩在临别之前给自己的诸多提醒。此时，只见曾国藩只管用五个手指头顺着胡须，好似还在思考着要讲话，便道：“今日一别，不

知何时才能见到恩师了。恩师拟请奏我做巡抚一事，门生心中没有什么底，请恩师再训示几条要领吧！”

曾国藩听得李鸿章这回是主动请教，也知李鸿章是发自内心的，就不紧不慢地对他传授起为官之道。

曾国藩的话，李鸿章句句听得真切，句句入心。这些话初听是平常之理，细思一番，便觉深刻而又全面了。李鸿章还想就厘金、地方下级官员任用等一一请教恩师，但已经来不及了。淮军各营早已列队等待，在准备接受着曾国藩的检阅了。

排列成方阵从检阅台前正步走过时，队伍不再回头，直奔金保门，然后穿城而过，一路开往镇海门，到达安庆江边的码头。在那里，七艘洋火轮鸣笛致意，六千五百多淮军正式登船赴沪。

李鸿章也随后坐上大轿，跟随着曾国藩的大轿，夹在最后一个方阵之中，缓缓向江边而去。到了城南江边码头，送行人员正列队站在码头上，不断向淮军将士挥手致意。曾国藩把李鸿章送上跳板，微笑着与他握别，依依不舍。

曾国藩忍住了激动之情，又道：“少荃，祝你一路顺风，祝淮军旗开得胜！”

李鸿章流泪了，回道：“恩师山样恩德，海样情谊，门生没齿不忘！”隔着跳板，他向曾国藩深深地鞠了一躬，半天才直起身来。江面上，汽笛长鸣，七艘洋船一齐起锚，缓缓离开了码头。

一八六二年四月上旬，即同治元年二月下旬，李鸿章率淮军将士鼓轮东下，浩浩荡荡地开进上海城。此时，太平军忠王李秀成已经攻下并占领了上海周围的嘉定、青浦、奉贤、南汇、川沙等县，北路直逼静安寺，南路进抵松江天马山，计划对上海展开全面围攻。眼下上海已是岌岌可危了。上海城外早有炮火烈轰，昼夜不绝，城里人心惶惶，中外人马奔来跑去，调兵遣将，将各路交通关口戒严起来。

士绅们花重金雇佣了洋将，指挥兵勇分驻在小东门、老北门、老西门以至大南门。他们既已掏了大把的银子，就不仅仅是要洋兵守在城里站岗放哨，而是希望他们能出城猛扑，把长毛们打退。但洋兵洋将岂敢出城门半步？整天把城门关得死死的，只守不攻。面对前来求助的上海各界官绅们，洋人通常斥道：“太平军不是没有进城么？若是冲进城来，黄浦江上停泊着我们的兵舰，随时都可以再派洋兵助战！”

此时的上海，根据丧权辱国的《南京条约》，把城北广大地区划给了洋人，使之成为可供洋人长期盘踞的三个租界。到李鸿章的淮军抵达上海时，三个租界中的华人已超过五十万人。中国人花钱买自己的地皮建房生活，使英、法、美三国大捞了一把。租界由此开始畸形地繁荣起来。由于真正的洋人为数极少，租界

实际上成了华人居住区。华人们愈来愈感到租界未必能保护得了他们。长毛一旦攻入城内，也不一定会因这是租界而不敢侵入。所以，上海三国租界内同样是笼罩在一片惊慌之中。

李鸿章的淮军就是在这样紧张的气氛中到达上海的。上海的官员、民众仿佛看到救星来了。只见淮军的六千五百多兵勇，一律灰布包首，蓝布窄袖褂子外面加穿一件红条镶边的勇字背心，长裤绑腿，足着草鞋。远远地看去，除衣着敝旧、服色深浅不一外，倒也颇有气势。他们手持的武器大多是刀矛和土枪。土枪又分两种，一种是单人使用的小枪，一种是三四人合用的抬枪。也有一些旧式劈山炮，俗称红夷炮。使用这种炮，必须先在炮筒前膛塞填火药，然后灌入一二百粒葡萄大的铁丸，以火药引发，这便算开了一炮。打过一炮，再填火药，再灌铁丸，如此反复。

上海各界官绅及百姓看到淮军这样的军械装备，不禁为李鸿章捏了一把汗。仅凭这六千五百多人，如此落后的武器，能对付拥有十几万大军和相当多洋枪洋炮的李秀成吗？

淮军这边，绝大多数兵勇均来自庐州一带的乡村，平时连骡车都极少见过。洋火轮一进吴淞口，兵勇们便欢呼雀跃了。江边的景致令这些没有见过世面的兵勇们大开了眼界。

李鸿章是由陈鼐、丁日昌陪伴着走出船舱的。李鹤章、李昭庆身为营官，各自带领自己的兵勇，乘坐在另两艘船上。李鸿章等下船时，这兄弟二人已站在岸边，列队在恭迎胞兄、淮军的统帅了。李鸿章踏上上海这块土地，走到他们的队伍前，向他们的兵勇挥手致意。

陈鼐、丁日昌此时跟在李鸿章的身后，看着岸上挥动的手臂和五彩的旗帜，心潮翻滚。

徜徉在黄浦滩头，李鸿章突然拉了陈鼐一把，用手一指，道："你看这上海的租界内，西洋女子们乘坐着牛车，自得其乐，好像从来没有这样好玩过。难道在他们洋人自己的国度里，就没有牛车吗？"

陈鼐道："西洋国家里自然也是有牛的，但他们还有许多更稀奇的玩法。来到中国，也只有拿牛车当作消遣了。平日里，他们要么玩玩打球、赛马、赛船，要么到界外的田庄上打猎，横冲直撞。他们有时还会用猎枪误伤我们的百姓，百姓大哭大叫地告到县衙时，县衙却斥道：'皇帝老子都拿他们没有办法，让我如何能处置了这帮洋人！'您看，洋人就是这样！"

"真是胡闹！"李鸿章愤然道。但很快他又扭头问陈鼐："你是怎么知道的？"

陈鼐笑道："是听钱兄在安庆时讲的。"正好钱鼎铭笑哈哈地走过来了，他紧追了几步，到了李鸿章的身旁。李鸿章就问钱鼎铭："听说洋人在上海不能善

待百姓，很是霸道，有这回事么？”

钱鼎铭叹了一口气，便控诉起洋人的种种恶劣行径。

李鸿章听了，学着曾国藩平时的样子，也抚须沉思着，半晌才道：“淮军来上海，就是这么一个现状。主要目标是长毛军。当今的中国，南有粤寇，北有捻匪，中有长毛。洋人虽然也十分可恨，但眼下只能放在一边。淮军刚入上海，立足未稳，万不可与长毛还没有斗出个胜负，倒把洋人推到自己对立面上去了。所以，诸位当切记：临来时恩师也有交代，不能碰洋人一根汗毛，还要尽可能地把洋人拉过来，为我军所用。只有这样，才有希望站稳脚跟。也只有这样，才有把握打败李秀成！”

钱鼎铭听了，高兴起来，说：“李主帅，你这样说我就放心了。目前是要利用洋人。不仅仅是用他们的人，还要应用他们的军械武器。在安庆时我就在思考：若是能让淮军将士都换上人家洋人的洋枪洋炮，那多好哇！一有了洋枪洋炮，在长毛们跟前，淮军就坚不可摧了，以一当十，叫他们有来无回。不是我替人家洋人吹嘘，他们那些军械就是有威力。”

李鸿章连连点头，就想让他通过华尔的洋枪队，买一点开花炮过来。

钱鼎铭答道：“李大帅呀，我其实早就在活动了，难呢！洋枪好买，开花炮却难买。据说英国那个女王不准将大炮卖给中国。他们是怕中国人拥了这样的武器，就再也不怕他们了。”

丁日昌道：“这个我来想想办法。我有一位同乡在上海洋行里做买办，可以托洋东设法从德国订购。德国有一种叫克鹿卜的大炮，比英国的开花炮还要厉害，公认是世界上最好的大炮。”

李鸿章闻言顿感惊喜，便把此事委托给丁日昌全权去办。

陈鼐无声无息，默默地听着大家谈话。不久，一个卫兵跑来报告：“道台吴煦大人、上海各界官绅及英、法两军提督、洋枪队华尔等数百人在前面迎候李大人！”

李鸿章举目一看，眼前已是楼房耸立了。岸那头，鞭炮齐鸣，上海方面来迎接的数百人正在鼓掌欢迎。他们此时还不知道，他们欢迎的不仅仅是一位淮军的统帅，而且还是不久就要主宰一片广大地区的未来巡抚。

淮军十三营在上海码头一落脚，都得到了妥善的安置。这支新军接替了洋兵，分赴上海各紧要关口和城门就地驻扎。李鹤章、张树声、周盛波、吴长庆分别驻守上海四郊，其他各营在城内驻扎，内外连成一体。初入上海，既有各方人士前来拜会，又有军务粮饷等事务，使李鸿章忙得屁股不着板凳。陈鼐的差事不再是文案了，而是总办后路粮台，也算得重任在肩。枪炮火药的采办则由丁日昌全权负责。这两项差事都是肥缺，放在他们身上，也证实李鸿章是讲交情的。还有一个关键职位，李鸿章安排给了钱鼎铭。他将钱鼎铭聘请入幕，让他与胞弟昭庆一道主持营务处。昭庆还嫩了点，原先是自募了一营，当营官的，但在李鸿章眼里，他毕竟是兄弟六人中的老小。大哥李瀚章也来信认为：暂时还是不要让昭庆到前线去独当一面。一则年龄太小、资历不深，容易引起人们的不服；二则一上了前线，子弹不长眼睛，安全无保障。对当哥哥的来说，还是让他在行营里、在眼前做事放心一点。

主持文案很重要，李鸿章就是因干文案得心应手，而深得恩师曾国藩信任的。淮军的文案也必须有得力的人来干。正巧，在京城里任翰林院编修的刘秉璋回到上海来了，李鸿章就去请他。二人一拍即合，刘秉璋即刻走马上任。同时入幕的还有安徽生员周馥、刘瑞芬等。已分手多年的郭嵩焘、刘郇膏是李鸿章的丁未同年，获悉李鸿章创办淮军并驻守上海以后，他们也从京城来信，说不久就来淮军中助李鸿章一臂之力。一时间，淮军中突然添了不少人才，令李鸿章欣喜万分。

这日，李鸿章与文武僚佐在行辕后园的射靶场试用英商登门推销的“天宇号”洋枪。据说这种枪是当时枪中的上品，比较先进。这种枪虽然也是从前膛装药装弹，但用铜帽装入火药，后嵌铜火引，前置弹丸。发射时，扣扳机击燃铜帽，点燃膛中火药，弹丸便被射出去了。此枪射程较远，且比淮军中使用的土枪省事多了。

李鸿章令亲兵营官韩正国和哨官周盛传分别试打了几枪，竟然屡发屡中。周盛传见射靶场外围的一棵老槐树上飞来一只鸟雀，便伸手出枪，使那只鸟雀饮弹坠地。这令李鸿章大为吃惊，他也兴致极高地打了几枪，果然好使，就立即把丁日昌喊来，道：“这洋玩意儿还真的不错，你安排买它六七千杆，让我的淮军一人一杆！”

丁日昌答道：“少翁，依我看先买一千杆试试，不要一下子配齐。洋人做生意滑头，拿来给我们试的是样品，还不知道大批买来的是不是同这几杆枪一样好使。”

李鸿章一想，觉得丁日昌的建议有道理，就道：“依你的，先买一千杆来。”

次日，一千杆洋枪送到淮军营地。李鸿章考虑好了一个计划：改进营制。他立即给曾国藩飞马送出一函，详细介绍了队伍的情况，以及跟太平军武装上的差距。

刚到上海的前十多天里，李鸿章以较多的精力投入购置洋枪、洋炮，改进营制之中，很快将两营亲兵改建完毕。

这日，李鸿章与陈鼒、钱鼎铭、刘秉璋等幕僚谈笑风生地离开后园靶场，回到签押房。文案上的周馥笑盈盈地送进来一件兵部发下来的大信封。这信封是由

安庆两江总督衙门转来的。李鸿章从周馥手中接过这个信封，只见封套上写着：

“两江总督衙门转发福建延邵建宁道李鸿章。”

众人一下子围了上来，争着抢着要看这个信封。李鸿章心里已像灌了蜜似的，真想跳起来大喊一声：“苍天有眼，我李鸿章时来运转了！”但他毕竟没有喊出来，只是在心里默念了一句。众人也知道必是喜讯了，所以纷纷叫起来：“恭喜少翁，贺喜少翁，朝廷来了圣旨了！”

李鸿章心中有数了，故意将信封随便丢在案台之上，表示自己不急于拆封，他缓缓说道：“你们叫什么？你们高兴什么？说不定里面说的是出兵的事呢！还说不定是我恩师故意玩了个恶作剧，将朝廷给他发下的谕旨的封套添加上我的名字，寄往这里的呢！”

陈鼐很激动，一把抢去信封，道：“让我看看，让我看看，少翁在骗人！”他当众拆开了封套，只见还有一层军机处的内封。又拆开以后，才见里面用“办理军机事务印信”的廷寄谕旨专用黄色宫笺写着：

“奉上谕：‘江苏巡抚薛焕以头品顶戴充任通商大臣……’”

陈鼐就读了这么几句，声音蓦地停止，将上谕挥在头顶之上，蹦跳起来。

刘秉璋生气了，道：“给薛焕加封头衔，你高兴什么？！”

李鸿章吓了一跳。他本来断定这上谕中一定是有关升授自己职位的内容，怎么就这么一句加封薛焕便完事了？他脑里立即闪出恩师曾国藩那郑重叙说的情景：薛焕与恭亲王关系甚密……如今真的升任通商大臣了。这可是个肥缺，吃香的，喝辣的，今后更是威风了。

李鸿章沉思时，陈鼐突然又大声念了一句：

“……所遗江苏巡抚，着福建延邵建宁道李鸿章署理。”

这还了得？众人把李鸿章七拉八拽着，要将他抬起来。李鸿章任他们作弄，只微微笑着。这时，昭庆闯进签押房来了，不知道大家伙为什么跟胞兄胡闹，瞪大了眼睛站在一旁。陈鼐递给他上谕，道：“老弟台，你睁开一双大眼看清楚一点，傻瞪着我们干什么？我们又不能把你的抚台哥吃掉！”

李昭庆捧着上谕，只扫了一眼，便如同小孩子似的喊道：“二哥呀，依照我们合肥话讲，你这回是裤头子改汗衫，上去了！”

兄弟俩高兴地亲热着，众人却突然镇静下来，一个个正儿八经地排列成行，立在李鸿章面前，拱手贺道：“恭喜抚台大人！贺喜抚台大人！”

李鸿章坐在太师椅上，也将双拳一抱，道：“同喜！同喜！”

陈鼐坐下来，对李鸿章说：

“少荃兄，此番升任可是非同小可哩！这是连升三级，荣任中丞。皇恩浩荡，旷古罕见啦！”

【第六回】

滚滚浓雾遮枪炮，殷殷热血洒城郭

李鸿章升任江苏巡抚的消息很快传遍了上海，江苏其他州县几天后也先后获悉。上海及各地州、县官员争先恐后地来到李鸿章行辕里道贺。一连十几天里，李鸿章几乎干不了其他事情，一直忙于会见各地来访的官绅。新官上任，李鸿章也想通过各地官绅的来访，了解地方情况。众多老乡都兴奋不已，纷纷要求他举行庆祝宴会，可李鸿章哪敢大张旗鼓，就小范围地摆了几桌，以示庆贺。

宴会上，众人欣喜异常，酒到酣时，便都没大没小、没高没矮了，把李鸿章折腾了够呛。

酒过三巡，众人突然对他大拜起来，威严之势与刚才判若两处。

李鸿章看了，知是一番好意。于是，正色道："各位与我是喝一条淝河水长大的。在我心中，各位的分量很重。但这些只能放在心中，还须顾大局、识大体，严格按规矩办事。从今以后，我们淮军就要与长毛们真刀真枪地干起来了。养兵千日，用兵一时，只有打了胜仗，各位才能有奔头。要升官，要名分，只有在战场上比比看。战场之上，军令第一，此非儿戏，诸位须万万切记。兵勇要服从什长，什长服从哨官，哨官服从营官，营官与统领要服从本帅。一切都必须按军法办事，不能有丝毫的走样。我李鸿章能有今天，那也是跟着我恩师曾大帅一件一件事情干出来的！天上掉不下馅饼来，谁干出功绩来了，我才能保举谁官运亨通。又不想出力，又不敢冒险，还要伸手要官，没有那样的好事！在这一点上，我必须六亲不认，也只有六亲不认！甭说是老乡，就是我的兄弟鹤章、昭庆，也必须在战场上才能建功立业。尽管如今我已是江苏抚台了，可以专折奏事，但你们没有功，我也无法奏保各位。不仅如此，如果在战场畏缩误事丢了我淮军脸面的，我还要革去你们的顶戴，追究你们的责任。到那时，就别怪我李中丞不讲同乡之谊了。当然，我希望各位勇猛似虎，好好打仗。到那时，我保准各位加官晋爵，平步青云！"

李鸿章这一番郑重讲话刚一落音，来庆贺的潘鼎新就大声说道："大帅的训示，我等记住了！"于是，在场的几十位同乡、部下一齐轰然应道："我们记住了！"

李鸿章满意地点点头，道："各位没有喝好的，还可以留下来尽兴地喝几杯。本帅要回行辕去了，明天还要参加一个联席的军事会议。英法提督和洋枪队的华尔都参加这个会议，很重要。会后我会传令各营，做好战斗准备！"

李鸿章神态威严地站起身来，全然不像刚入席时那样轻松随和。来时与去时的李鸿章判若两人，连李鹤章、李昭庆望着二哥挺胸而去时的表情，都感觉出了自己与二哥之间开始产生了距离。这距离中间隔着的是职位的悬殊。李鸿章走后，刘铭传与周盛波相视做了一个鬼脸，众人也都清醒了许多。尽管一些人在心里也有些不是滋味的感觉，甚至认为李鸿章是"山中无老虎，猴子称大王"，但也不得不接受一个事实：他是淮军的统帅，署理江苏全省的巡抚。因而，既是老乡，又是投奔而来，对李鸿章都还是忠心不二的。由于庐州一带的老乡在淮军中人多势众，占绝对的优势，所以李鸿章也不担心部下对他三心二意。他只管做他的统帅和巡抚就好了。

从老西门酒楼乘轿回到了行辕里，李鸿章清醒多了，为自己最后两段训话而感到洋洋得意。他突然想到了恩师曾国藩。连日来，由于升任巡抚的上谕下来，上海及各地官绅的参拜，淮军中各路将领的恭贺，使他有些昏了头脑，飘飘然起来。他冷静地回忆了一下自己在各地官绅面前及部将面前的言行举止，觉得不少都有些过头了。好在皇上、曾国藩都不在现场，所言可以尽情地发挥，举止可以尽情地表现，似乎是老子天下第一了。不过，他隐约觉得，别人对他也一定有这样看法：狂妄！他为自己捏了一把汗：若不及时收敛，被人奏到朝廷去，哪怕是一封信告到曾国藩那里去，他都会吃不了兜着走的。升任巡抚是恩师保举的，而接到恩师转来的上谕这么多天了，自己竟然还没有给恩师写过一封信。

他深感惭愧，于是提笔给恩师写了一封信。

次日，依据原定计划，淮军与英法海军等的联席会议举行。会上，李鸿章要英法联军及洋枪队作为进攻太平军的南路大军，集中兵力进攻嘉定、青浦、奉贤。这三个地方集中了太平军的主力，守将是慕王谭绍光，因而风险最大。淮军刘铭传、潘鼎新、吴长庆等部则进攻浦东、南汇和川沙。李鸿章称之为北路大军。李鸿章提出这番部署，用意是想以洋兵与太平军主力鏖战，而让淮军无惊无险，坐得战功。会上，李鸿章竭力描绘浦东、南汇、川沙一带太平军的凶悍，使不了解情况的英法海军总督大上其当。这便是李鸿章老谋深算、思虑过人之处。

自湘军收复了安庆之后，太平军后方出现了险情。他们内部分崩离析，各自为政。李秀成急于进攻上海，却与洋人交火，死伤无数。洋人对太平军无恶不作，甚至奸淫女兵，使得李秀成难以忍受，大举进攻，却落得惨败。局势稍有缓和，李秀成又重新部署，再次进攻上海。

李鸿章的淮军是在李秀成第二次进攻上海时到来的。各方面探来的情报已向这位新任抚台表明，李秀成此次进攻上海，其部署与第一次已大不相同：主力人马全部安排在周边县、镇，只以少量兵力接近上海；此次作长期围困打算，广修工事，加固营垒，原地待命；不许零星出击。李秀成在图谋一次总攻：扫清外围障碍，以智取为宜，断敌陆路通道，最终一举攻下。

李鸿章还获悉：李秀成在城外，已开始与洋人周旋，想争取英法军队的支持。这日，李鸿章的亲兵探马从松江、上海的街头揭下几张“谆谕”。这是李秀成亲自起草，命人刻印数百份，派人潜入城内张贴的。李鸿章一读，面部表情变得复杂起来。

李鸿章从这份“谆谕”中明显看出，李秀成二次进攻上海，对洋军的态度相比较第一次已有了很大转变。也就是说，这一回太平军恐怕不会见洋人就躲，也不会打不还手了。这便令李鸿章担心起来。李鸿章十分清楚，薛焕身为江苏巡抚时，虽然勉强保住了上海不破，但靠的不是自己的能耐，而是洋人的蛮横无理、横冲直撞。而洋人却并非是真正势不可挡，而是沾了李秀成愚昧至极的“打清军而不犯洋人”的光。李鸿章认为，李秀成若在第一次进攻上海时不受自己愚昧想法的困惑，能在洋人肆意屠杀太平军时奋起反抗，上海早就成为他李秀成的地盘了。

这一次，李秀成分明变卦了：洋人若胆敢“助逆为恶”，他太平军也要照打不误了。这使得李鸿章顿时紧张起来。他一直把希望寄托在洋人身上，想利用太平军不打洋人的政策，把洋人推到险要处，而让淮军平安应付，坐享其成。李秀成改变了对洋军的态度，洋军便处境不妙了。太平军只要群起还击，必然勇猛无比，洋军的结局只有一个——抱头逃窜。这样，他就不能依靠洋军打头阵了。想到这里，李鸿章不由得自叹道：“我没有薛焕做巡抚时的福气了！他可以仰仗太平军不打洋人而坐享其成，得了胜仗以后一字不提洋人的功绩，骗取朝廷对他的赏识。我却做不到了。”

在英法联军和华尔洋枪队那里，他们还不知“长毛”们有些变卦，以为李秀成会一如既往地忍受他们的欺辱。因此，在联席的军事会议上，当李鸿章提议分派洋军作为南路大军，进攻嘉定、青浦、奉贤县等地时，洋人们毫不推辞，拍着胸脯吹牛：保证让“长毛”军顷刻即溃。他们是蒙在鼓里哩！他们更不清楚：这次李秀成来上海进攻，不仅兵力增加，而且其主力全部安置在离上海较远的嘉定、青浦和奉贤县一带。而淮军所要进攻的浦东、南汇、川沙一带，太平军极

少，有些地方根本就没有太平军的驻军。既然洋人不再是自己的“挡箭牌”，那么依靠他们就会误了淮军的大事的。

李鸿章思来想去，心中不踏实，但也还对李秀成这一纸“谆谕”心存怀疑，仍抱有一定的侥幸心理。他派出几名探兵，叫他们出去设法探清李秀成对洋人的态度为何有些变化，以及洋兵与太平军之间到底发生了什么。

探兵的消息很快报了回来。就在李秀成第二次围攻上海时，李秀成几次写信递进城中，希望与洋人合作，并表示在攻下上海以后，给洋人更多的好处。谁知以英国为首的洋人根本没有把李秀成放在眼里。此时美国正在内战，没有更多的兵力顾及东方；俄国在欧洲也刚刚战败，不敢染指远东地区；法国势力不大，唯英国人马首是瞻。因此，英国人在中国已自觉独霸一方，好像大清帝国与洪秀全的太平天国两方面的命运，都掌握在英国人手里。他们把清廷与太平天国放在一起作了个比较后发现：还是清廷能代表中国；洪秀全只不过是农民造反，既不具备统治中国的实力，也不能在较大范围有所作为。再说，在国际上名正言顺的政府，也是非清廷莫属。软弱的清朝政府，已给了洋人们种种特权，他们比在自己国土之上，还多了许多自由与实惠。于是，英国人决定放弃“中立”之说，干脆明白地站出来拒绝洪秀全的请求，不予合作。

近日，英、法两国政府又颁布训令，倘太平军进入上海及吴淞境内，必以武力迎击。

洪秀全接到英国人不与合作的通告，心中非常生气，但他仍然回复了英国人，讲了自己的想法。他虽然万般气愤，但还是尽全力争取与英国友好合作。

洪秀全的这个答复让洋人洋洋自得，并大肆宣传，还在当时的《上海时报》和英国的报纸公开发表文章，说明他们不参加太平军和清军之间的战争，并对洪秀全的友好协作请求表示怀疑。同时，他们还发表言论说他们不能信任清政府可以保护这个地方，抵抗太平军，并对太平军提出了一系列条件。

在上海城外布置围困上海的李秀成接到了金陵城里洪秀全的诏谕，他虽不完全同意洪秀全的主张，但从第一次进攻上海的教训中，也对洋人有了一些较理智的认识。他一面请求洋人的合作和支持，一面也放弃了不打洋人的一贯做法，准备见机行事。

英法军队和华尔的洋枪队按照联席军事会议的部署，按时向嘉定、青浦、奉贤出兵。英法军队驻防嘉定、青浦，华尔的洋枪队驻守奉贤。淮军则在上海近郊与偶尔出现的小股太平军周旋。

不久后，李秀成的太平军主力谭绍光、郜永宽、李容发首先瞄准了华尔的洋枪队，并取得了全胜，华尔逃回了上海。洋枪队刚败退回城，南汇方面的英法军队也兵败回城了。

李鸿章并没有吃惊，他已经预料到这些洋人军队其实也只是说大话的。真枪实弹地打，毕竟不成！

接着，英法方面及华尔建议，由淮军出师奉贤、南汇。李鸿章心中一惊，岂能答应？他已探知：李秀成有十万大军分布在上海周围，且来势极猛，淮军不到七千人马，出城迎战是万万不可的。

李鸿章拿定了主意，决定采取守势，保住上海，先渡过了这段难关再说。但李秀成已等不及了。攻城的条件已经具备，他一声令下，万军齐发。

李鸿章背了双手站在精巧的签押房窗前，望着庭院中那些满树怒放的石榴花，心情却异常地紧张起来。能否守住上海，能否最终在江苏土地上肃清“长毛”军，不仅关系到淮军的命运，更关系到他个人的命运。救援上海已三四个月了，朝廷对他李鸿章不薄，到上海仅十七天就送了他一顶署理江苏巡抚的帽子。既是巡抚，就有了守土之责，不仅要保卫好上海，江苏广大地区也是他的辖区，岂可坐视不管？但怎么一个管法呢？上海已处在李秀成太平军的三面包围之中，好在他们基本上是只围不攻，只打外围，才让李鸿章可以稍稍喘息一下。

李鸿章亲自出面来找英法军商谈了。他主张洋军还是要按联席会议的意见出城作战，并许诺承担一切军需费用。不过，洋军也开始滑头起来，告诉李鸿章：还是淮军出城迎战好，外国军队不能再公开与清军、淮军站在一起了。理由是如果站在一起了，已经被纷纷指责的假中立便不攻自破了。英国人主张，表面上的中立还必须保持。李鸿章找洋人商量了半天，仍未能在出城迎战问题上得到洋人肯定的答复。

实际上，英国人之所以拒绝出兵的理由并非是中立不中立的问题，而是他们见太平军来势很猛，且李秀成又放弃了不打洋人的一贯主张，他们担心自己的兵力不够才拒绝了李鸿章的请求的。

俗话说“天无绝人之路”——英国的陆军司令麦克尔突然到上海来了，而且还带来了一个炮队和大量陆军将士。英国何伯领事如遇救星，请求麦克尔帮他一个忙，在上海驻扎一段时间，以解上海之危。麦克尔答应了何伯的请求，何伯顿时神气起来。他约见了法国海军司令卜罗德和洋枪队的华尔，一起达成一致意见：借麦克尔的部队驻守上海之机，立即组成联军，打退太平军。联军由何伯统领，与淮军配合，共同行动。

喜讯传到江苏巡抚行辕，李鸿章转忧为喜，立即分拨三千淮勇，跟在何伯所率的洋兵后面，向高桥进发。

高桥，是李秀成进攻上海的重要据点之一，有谭绍光、部永宽几支大军在此守卫，总兵力超过一万人。太平军人虽多，但武器严重落后。洋军还没有到达太平军营地，就令炮队猛轰，太平军顿时乱作一团。不一会儿工夫，太平军

撤离高桥。

取得初步胜利后，淮军与洋军又一起聚集到太平军的总部南桥镇，并一举攻破。

何伯首战告捷，李鸿章当即拨出白银两万八千两予以奖赏，华尔因功被授予副将军。李鸿章接着又飞报朝廷，将主要功绩记在了淮军头上。几方皆大欢喜。

李秀成见进攻不利，就召开了各路将领参加的军事会议，重新调整了围攻上海的计划。

李鸿章派出探兵数十名，侦察李秀成在上海周围的布防情况，无意中得知了李秀成的最新计划。他与何伯、华尔商量：不能在上海城里坐以待围，要在“长毛”军尚未形成合围之势前，分兵出击，肃清嘉定、青浦、松江、泗泾等处的“长毛”军，打破李秀成的计划。

李鸿章将计划奏明朝廷，又专门致函曾国藩。朝廷中又有大员亲自出面，找到英国陆军提督史迪佛，大摆宴席，赠送贵重礼品，与他们达成协议，出兵共剿太平军。曾国藩也拨出陆军数营，配合李鸿章的行动。这样，仅在上海的英军正规部队人数，就达到两千八百二十四人，拥有重炮二十二门、海军大炮两门，战舰多艘。加上华尔洋枪队，湘军、淮军等，清军一方总兵力已超过四万，全部云集上海。

战前，英法联军又重新调整了各军首领，总指挥由史迪佛担任，湘、淮两军由李鸿章统一调遣。李秀成总攻上海的计划尚未铺开时，洋军及湘、淮两军已主动出城迎击太平军了。他们先在距离上海大约三十里地的罗家港、龙珠庵、七堡、王家宅一带向太平军发动进攻。双方恶战打响，刘肇均所统太平军因弹药不足、军械落后，败下阵来，率残部逃到了周浦。其他各处太平军时有小胜，但最终还是兵败而退。几天后，泗泾、七堡、罗家港全部被收复。李秀成主力只好退守王家宅。至此，李秀成二次合围上海计划失败，王家宅成了太平军的主要据点。

英法联军与李鸿章都想拔掉王家宅这颗钉子。双方合计：出动洋兵两千一百零八人，淮军三千人前去围剿。这天清晨，浓雾滚滚，几步之外便不辨景物。洋兵与淮勇们悄悄逼近太平军营垒，对方竟无丝毫察觉。洋军在大雾的掩护下将大炮安装好，淮军也埋伏好，太平军仍没有发现。直到太阳出山，大雾渐渐散去，岗哨内的太平军才发现已被包围，赶紧出营阻击，但已经来不及了。攻方士兵都埋伏在野草丛和荒岗之下，逐渐缩小包围圈，直到离太平军大营只有五六十码远时，洋、淮两军才共同发起进攻。在身后炮火的掩护下，两军使太平军营地顿时尘土飞扬，瓦砾四溅，乱作一团。

战斗中，太平军大多数手持大刀、长矛，面对洋、淮两军时有力使不上，

只有被动挨打。大约半个多小时后，太平军已被围成一团，集中在王家宅中部一小块地方。见状，洋军一颗炮弹打去，太平军立刻死伤一片。打了几炮，太平军没有还击之力了，洋军的炮火才完全停熄。之后，淮军铭字营带头冲了上去，他们这时才看清楚：这王家宅太平军大营并无正规营垒，全部是用木料围起来的木栅，木栅的根部填满了砖石泥土，外围有一道两丈宽的长壕。木栅很坚固，难以攀登。攻军把木栅打倒几段后，木栅内的太平军纷纷从倒塌处拥出，向周围村庄突围逃奔。

攻破了王家宅营垒后，攻军仍不罢休，分兵到四周村庄搜捕。王家宅计有五千多太平军将士，此时突围成功的不足千人，且又被洋、淮两军搜捕了三百余人，可说是全军覆灭了。

攻军大获全胜、收兵到七堡集中时，又一路焚烧了大批民房。这些民房都是用稻草铺盖的，一燃就着。忽听得“轰”地一声巨响，惊得战马四处狂奔。原来在一排民房里堆放了太平军大量火器弹药，火烧民房，点着了弹药，发生了巨大爆炸。

洋军、淮军在七堡扎营，商定再攻周浦太平军。周浦在上海东南方约四十里处。进攻前，华尔的洋枪队也赶来参加。三路大军从水陆两边向周浦进发。到下午两点，战斗打响。在周浦的是太平军各残部拼凑而成的队伍，总计约四千人。因兵败后才集中起来，所以这些太平军指挥不灵，不堪一击，不一会便被攻破了营垒，逃向川沙一带。三路兵马又追到川沙，打死太平军五六百人，俘虏三百多人。剩余太平军将士约定在嘉定城会面后，各自逃离。

到嘉定也没能摆脱乘胜追击的洋军、洋枪队和淮军。嘉定城里的太平军毫无准备。在周浦被打散的太平军将士刚逃进城时，城中太平军正在吃早饭。突然城下大炮齐轰，不一会儿，南门就被攻破，攻军一举入城。双方在城内各街巷中混战。大约一个半小时后，城中已找不到活着的太平军。

几路攻军进城后大喜：太平军已在此城经营了很长时间，遗留下许多金银珠宝、布匹和粮食。

洋兵们因此役而得的战利品总值达二十万两白银。洋兵们个个抢满了口袋，甚至有人用马匹来运自己所抢的财物。洋枪队及淮军兵勇见财物绝大部分为洋人所得，一时眼红得要命，遂与洋兵发生冲突。为平息冲突，史迪佛只得下令让洋兵们各自捐献出来一些分给洋枪队和淮军。但洋人们所捐的均是不值钱的东西，于是，风波又起。

李鸿章获悉后，亲自出面来找史迪佛，提议召开会议，做出规定，商定以后战利品的分发问题。

几路兵马回到上海以后，稍做休整，便联合向青浦城进发。这青浦在上海

百里之外。洋军共出动两千六百一十三人，华尔亲率马队一百零八人，李鸿章的淮军和曾国藩调拨的湘军总人数七千人。此时，青浦的太平军只有四千人。几路攻军如此兴师动众，无非是想造就一种声势。面对如此强大的攻军，太平军自然无力阻击，统统被堵在青浦城内，只有少数几位将领在亲兵的拼死护卫下逃脱而去，其余全部葬身青浦。最后被活捉的数百名太平军，被洋军威逼着站在大街一旁，排成一行，让洋人一个个用刀捅死。整个场面惨不忍睹。至此，李秀成试图再次对上海发动总攻的计划彻底破产。

这时，李秀成虽无力再对上海形成合围之势，但仍占据着奉贤、柘林等地。在上海外围，还有游动不定的大股、小股的太平军忽东忽西，不断偷袭淮军大营。

淮军大胜后，李鸿章给朝廷写奏折，详细汇报了战斗情况，并表了自己的决心，同时对江苏的官场情况进行了分析。他认为，江苏"吏治浮伪，民生凋瘵，劫运甚重"。

这份奏折非某一次战斗的奏报。李鸿章要把自己署理江苏巡抚以来的所见所闻及感想，全部报告朝廷，以求得朝廷的理解和支持。

来上海不久，李鸿章已发现管理海关的苏松太道吴煦贪赃太深。这会儿，他又署理江苏布政使了。

这里官商勾结，近十年来众多官员发公家财的事情远近皆知，他们所贪污的财产无数……

李鸿章曾把这些情况用密函告诉曾国藩。曾国藩也早有耳闻，当时他回信叮嘱李鸿章道："不把吴煦赶下台，政权不一，沪事无法料理！"其实李鸿章一到上海，就想拿吴煦开刀，"澄清吏治"，无奈战事频繁，军务缠身，加上初来乍到，显得力不从心，无法"另起炉灶"来一个大换班。

现在好了，也算得李鸿章有运气：给上海制造危局几年的李秀成军在上海大势已去。有人说李鸿章到上海是"摘桃子"：真正的大仗没有打过几次，正赶上英、法两国对上海增兵，洋人拿钱出力，功劳却被李鸿章得去了。李鸿章从胞弟李鹤章嘴里听到这些议论，笑道："有句俗话叫作'有福之人不用忙'，再说，不是我自己硬要摘这个'桃子'，而是他们把我请来的！"

的确，李鸿章的淮军开进上海，赶得早不如赶得巧。只跟在洋人、洋枪队后面打了几下子，太平军就大伤元气了。眼下，他终于可以坐下来平心静气地想想上海官场上的事，动手朝自己不满意的官吏们开刀了。

李鸿章要把那些盘踞要津、控制实权的"贪诈朋比"之辈撤下去，换上他身边的那些"亲近仁贤，匡所不逮"的新人。唯有如此，他才能真正把上海乃至江苏全省的人事、财政及外交大权牢牢地抓在自己手中。

他正写到得意之处时，一骑快马从虹桥淮军营垒里飞奔而来。差官直至行辕大门口才下马，大呼着奔上台阶，来到李鸿章签押房院门前，道："快禀李大帅，开字营告急，请求支援！"

门上管号房的不是别人，正是跟随李鸿章多年的老仆人刘斗斋。他见是程学启统领派来的差官，不敢怠慢，慌忙将这差官带往中门内的内门房，由文巡捕于忠立刻带入签押房。

差官请了安，道："禀大帅，长毛溜到虹桥镇来了，把开字营包围了，形势危急。程统领请大帅发兵救援！"李鸿章一惊，丢下手中的软笔，扭头望了差官一眼，厉声道："贼娘养的，长毛来了多少人？！"差官道："看上去漫山遍野，到处都是红头人，足足有万把人。"

"胡说八道！长毛几经大败，现已几乎丢尽了地盘，何来万把人？莫不是你谎报军情，想让我多多派去援兵？"李鸿章吼叫道。

"奴才不敢。但人数说不准，反正四周围的都是长毛军。"差官道。

李鸿章将写了多半的奏折往前面一推，起身道："长毛贼大势已去，有什么可慌张的？！堂堂的开字营，洋枪洋炮是刚添置的，还能守不住一个虹桥镇么？！你赶快回去，叫程学启猛烈还击，不要怕打光了子弹。要把虹桥镇坚守住，我马上就派援军去！"

差官听了，抬脚飞跑出去，到外面骑上快马回营。随后，李鸿章立即差武巡捕飞马赶往徐家汇。奉命在这儿驻扎的是李鹤章、潘鼎新、吴长庆和从湘军调拨过来的郭松林、杨鼎勋几营，计三千兵马。作为驻守加机动外援，李鸿章把这里的人马配备得很棒，武器也较其他营先进得多。武巡捕持令一到，李鹤章即率部开往虹桥增援程学启。

李鹤章等还未到虹桥镇，远远地就看见一片太平军。他们高呼要活捉程学启。李鹤章被这个阵势吓住了。他一枪未发，便令差官再回城请援，越快越好。

李鸿章写完了长篇奏章，转身要找武巡捕问话时，又见李鹤章的差官奔来。李鸿章这回才真正害怕起来。听了差官的描述后，他暗暗叫苦：自己尚有两千多兵马，但都分守在松江、浦东一带，根本不能抽动。鹤章求援，而做哥哥的无兵可发，万一鹤章他……

李鸿章不敢往下设想，立即喊来两名戈什哈前往静安寺去找洋枪队，请华尔出兵救援。两名戈什哈飞奔而去后，他还是不放心，传令行辕里的两营亲兵整装待发，准备驰援虹桥镇。

不一会，戈什哈回来了，道："禀大帅，洋头领华尔说他身体不适，需要静心休养，此刻不能救援虹桥！"

李鸿章的脸刷地变了颜色，沉不住了，骂道："好一个王八儿！竟按兵不

动，乘我之危，见死不救？！”李鸿章说着，急得团团转。正好幕僚刘秉璋闻讯赶来。打听清楚了以后，刘秉璋道：“李中丞别急。您大概是忘了一件事，所以华尔才不肯出兵。”

“什么事？”李鸿章冷冷地问道。

“华尔的老毛病，李中丞是比我还清楚的。这就是先要许诺好价钱！当初上海的吴道台与他约定，攻下一城，贼中所有财物尽归他有。而且，每次出兵前，都要讲好价钱。今天您去叫他出兵，两手空空，又不给许诺。到虹桥去是救援，而不是攻城。救下来了，虹桥镇还是程统领的。救不下来，虹桥镇归长毛所占。他华尔到头来一无所得，怎么会答应出兵呢？”

李鸿章一拍脑袋，道：“他娘的！我把这档子事忘了。这狗日的华尔也真是的，要老子的钱也不明讲，跟老子兜起圈子来了。好，好，好，赏这个王八羔子五千两银子，叫他快快出兵。等打完仗，看我李某人来给他颜色！”

戈什哈领命又去了静安寺。从签押房自己的柜子里取出一支闪亮的短枪，又带上了望远镜，李鸿章对刘秉璋道：“仲良呀，走！你随我一道，赶快去虹桥镇看看去！”

出了行辕大门，刘秉璋跟着李鸿章骑上高头大马，直奔虹桥镇。两营亲兵紧跟其后，跑步前进。李鸿章、刘秉璋骑马过了徐家汇，沿蒲汇塘向西，老远就听见前面的枪炮声和呐喊声，惊天动地。上了去澳塘港的大路，只见横跨蒲汇塘两岸的虹桥镇，已经淹没在一片猛烈厮杀的人海之中。那里的空中硝烟阵阵，尘土飞扬，令人望而生畏，就如同世界的末日已经到来。

李鸿章皱着眉头，不禁勒马停步。他举起英国生产的高倍望远镜，向人海望去。他看见虹桥镇中，建筑物上开字营的军旗仍在迎风招展，时而被烟尘遮盖，时而又清晰了。他用望远镜在寻找胞弟李鹤章的队伍。在镇外蒲汇塘边上，他看见了李鹤章的队伍了，一杆大旗上，“鹤”字十分显眼。兵勇们正在与太平军反复冲杀，一会儿往前冲，一会儿往后退。他继续用望远镜寻找胞弟李鹤章，一点一点地移动，才看见李鹤章站在一堵土墙后面，二十几名亲兵在他身前站成一个半圆形，用人墙保护着他。他也手举着望远镜，此时正在向这边看。他一定是看见二哥了，一只手直摆，大喊大叫着。他在叫什么？当然李鸿章无法听见。李鸿章又看见李鹤章在跺脚，然后跳起来，向他这边喊。

李鸿章有些明白了：鹤章是在担心他的安全，叫他赶快退回城里去。果然，有两名亲兵向李鸿章身边奔来，一到马下就道：“禀李大帅，我们李统领请李大帅立即回城。他请李大帅放心，他拼死也要保住虹桥镇！”

李鸿章心头涌起一阵激动的情绪。毕竟是自己的亲兄弟呀！做哥哥的挂念弟弟的安危，当弟弟的同样为哥哥的安全担忧。但此时，他哪能离开呢？只要他勒马站在这里，对淮军将士们就是一种鼓舞。他明显地感觉到，自从他到了这大路口开始，镇内镇外的淮军将士们勇敢多了，呐喊声也比先前听到的响亮了许多。他在望远镜里看到：程学启已推开了身前的亲兵，亲自冲到营垒前去了。他一手挥着腰刀，一手举着短枪，来回奔跑，左右督战。

李鸿章回首看，自己身后的亲兵高举着“李”字帅旗，那“李”字一波一荡，正好能让虹桥镇里的兵勇们看个清楚。顿时看见兵勇们拼命冲杀，李鸿章也是激情上涌。他放下望远镜，用手臂向前一挥，喊道：“亲兵营的将士们，向前冲呀！”

这一声令下非同小可，两营亲兵如同离弦之箭，从他的坐骑两侧呼啸而出，一阵呐喊就杀进了敌营。这一冲便对太平军形成了内外夹攻之势。太平军固然人多势众，但还是招架不住这样突如其来的夹攻。李鸿章看到：太平军的阵脚被冲乱了，有小股兵勇已开始向两侧溃退。见此情景，他忍不住把两只手同时挥起来，高喊着：“杀呀！给我狠狠地冲杀！”

就在李鸿章忘情地为自己的亲兵助威呐喊之时，从太平军队伍中蓦地射来一颗子弹。这子弹“嗖”地一声，正从他的耳边擦过。李鸿章一愣，等反应过来时，脸色已是吓得灰白。更吃惊的还是刘秉璋。只见刘秉璋纵马往李鸿章马前一横，道：“大帅，请您赶快回城！”

李鸿章架不住刘秉璋的劝阻，掉转马头正想扬鞭回城时，忽见北面大路上烟尘大起。华尔终于率洋枪队百多名枪手来救援了。只见华尔身穿袍服补褂，头戴四品亮蓝顶红缨帽，策马来到李鸿章面前。他并未下马，只是坐在马上向李鸿章拱手一揖，道：“李抚台，本将遵命来援了！”

李鸿章没有笑脸，两只眼睛冷冷地盯着华尔，道：“这时才来，援救个鸟！我看你有没有求本帅的时候！还不赶快给我去打！”

华尔早年在中国贩卖过鸦片，还在美洲和中国沿海地区做过海盗，略微懂得一些汉语，甚至还通晓少量的上海话和几句合肥土话。他听着李鸿章的话，虽不全懂，但也知道其中有责怪他甚至是骂他的意思，脸上不禁起了一些尴尬之色。随后，他策马上前几步，命枪手们架起了四门过山炮，向太平军人多的地方轰去。这过山炮落地开花，一炸就要死一堆人。几炮打去，太平军的阵脚彻底乱了，满地奔跑起来。有些干脆扔掉了手中的军械，空手向两侧逃跑。

李鸿章见胜负已经分明，忽然打消了回城的念头，一声大喊，策马冲了上去，两小队亲兵慌忙驱前掩护。李鸿章驱兵追杀，一直追到七宝镇方才收兵回到虹桥镇。

这时再看虹桥镇营垒四周，遗尸堆积成山，仅太平军将士的尸体就多达一千多具。淮军兵勇也死了不少。

硝烟散尽，数千淮军兵勇欢呼雀跃。程学启、李鹤章、吴长庆等兴奋地向李鸿章奔来。李鸿章此时下马了，站在一块田头之上，脸上荡漾着胜利后的喜色。他向诸位统领拱手一揖，道："诸位辛苦了！虹桥大捷壮了我淮军的军威，有各位的好果子吃呢！我定会给大家论功行赏！"程学启请了安以后道："大帅，这一仗打得艰苦，主要在于我淮军还没有像洋枪队那样的过山炮。若是有三四门这样的炮，我也不向您大帅求援了，保证能守住虹桥镇……"

李鸿章笑道："丁日昌已经安排向洋人购买了，估计不久就会到货。货一到我就会分配到各营。"

众将领一听，拍手叫好。吴长庆道："大帅，这一仗打得真过瘾，也很有意义。这个意义就在于：我们没有让史迪佛的英法联军出动，照样打了这样的大胜仗！"

这话好像提醒了李鸿章。他皱了一下眉头，说不出什么，但在心中后悔了：如果不是自己一念之下，派人去请了洋枪队来扫了尾巴，那才叫真正的独立取胜呢！正在后悔中，他远远地看见华尔笑盈盈地策马过来了。

李鸿章一扭头，真不想看见他，但华尔很快来到了他跟前，双手一拱，然后翘起了大拇指，操着很蹩脚的汉语说道："李大帅，您看多亏了我的过山炮吧？！我一到来，只开了几炮，就把长毛们打跑了。哈哈！"

李鸿章不答话不行了，他冷冷地道："你今天来得很及时呀。我淮军正要全歼长毛，被你几炮替长毛们解了围。"李鸿章说着，指了指堆积在不远处的太平军尸体，又道："不是你冲散了长毛军，今天的尸体会更多。可惜呀，可惜！"

华尔好像听出了李鸿章的意思，反问道："尸体会更多？你看我那过山炮落地开花，一炮下去死了多少？否则，这儿能有那么多长毛的尸体？！"华尔说着，耸了耸肩膀，又用两手在李鸿章面前一伸，不高兴地走开了。

在众将领的簇拥下，李鸿章挺起胸膛，大步迈进虹桥镇。长街两旁的淮勇们早已列队在街头上等候。

一路上，李鸿章频频向大家挥手，还不时地把双拳一抱，向大家作揖。快离开虹桥镇的时候，李鸿章把程学启喊到身边，当着士兵们的面，提高声音道："我委托你尽快去买几十头猪来，杀了慰劳一下我的将士们！"

程学启当即领命，派亲兵去办了。在场的淮勇们听了李鸿章这个安排，打心眼里感动。

在众将领的欢呼之下，李鸿章策马回城去了。途中，他回忆着刚刚才过去的战斗情景。当着华尔的面，他虽未承认是洋枪队的大炮起了重要的作用，但他心里却明白：若是没有洋枪队后来的四门过山炮的轰击，恶战的时间一定会更长，打得会更艰苦。说不定胜负难定呢。

晚饭后，李鸿章将丁日昌、刘秉璋、周馥等几位幕僚传到签押房中，召开了一个小型会议。会上，他对上午的虹桥之战大加赞誉，点名表扬了有关人员，说要奏明皇上，给予封赏。他重点强调了两点不足：一是几经恶战，淮军兵勇人数大为减少，目前兵力严重不足，急需派员回安徽招募兵勇，补充兵力。二是淮军火器不足，虽然已购置了不少短枪、大炮，但仍显落后，不足以应付更大规模的进攻。突出的问题是没有重炮，尤其是没有能落地就爆炸的过山炮。他把这个问题提出来请大家讨论。

众人表示，除了购买洋枪、洋炮外，再无别的高招。

听后，李鸿章笑了，随手抓过一只已煮熟的鸡蛋。伙夫们不分早晚，都要在他的案头上放几个煮熟的鸡蛋，供他在肚子饿的时候充饥。他道："请大家看看，这是一只鸡蛋。我现在要问问大家：如果有一篮子鸡蛋和一只母鸡放在你的面前，供你们挑选，你们是要鸡蛋呢，还是要母鸡？"在座的几位还是不明白李鸿章的意思，有人回答说要鸡蛋，有人说是想选母鸡。丁日昌好似有一点开窍了，毫不犹豫地说要母鸡。

李鸿章问："雨生呀，你为什么要母鸡呢？"

丁日昌答道："要了鸡蛋，吃完了就没有了。得了母鸡，下了蛋，吃过了还会下，下了再吃，无穷无尽的。"

李鸿章满意地点点头，道："还是呀！我说总有人会明白这个道理的！淮军刚到上海时，衣冠没有人家的漂亮，枪炮没有人家的先进，不用说洋人们瞧不起我们，就连我们队伍里的人也觉得淮军寒酸。有人对我说，'就凭这帮土头土脑的庐州乡下汉子，能打仗么？'我当时并没有回答他们，只是笑了笑。怎么样？我们淮军到底不是光会吃干饭的！所以，很长时间以来，我就在想：能不能不买人家的枪炮？就如同不买这个鸡蛋！买什么？我们来买他的老母鸡，让鸡下蛋。这不是更合算一些么？唯有如此，才算得从根本上解决了问题。也就是说，我们要从买人家枪炮，转变为去买人家制造枪炮的机器！唯独拥有制造洋枪洋炮的机器，我们才能要多少枪炮，就有多少枪炮……"

李鸿章的话还没有讲完，在座的几位已忍不住兴奋起来，私下互相议论，由衷叹服李鸿章看得深远，招数高明。

李鸿章接着说："作为长久之计，就要设法把洋人的机器买来，雇了洋匠来教授我们的工匠，我们的工匠掌握了技术，可以生产洋枪、洋炮了，不仅彻底解决了淮军的问题，也解决了湘军乃至整个绿营军的问题；不仅解决了上海的问题，也解决了整个国家军械不足的问题。这件事我已拿定了主意，暂莫外传。广东香山有个叫容闳的人，十多年前就留学美国。他在咸丰年间回的国，我已经约见过他了，准备委派他去美国采购机器。容闳先生已答应包办此事。所以，雨生

应立即着手，先把制炮局办起来，招募一些能工巧匠进去。刚开始困难一定很多，或许一年半载也闹不出什么玩意。但不要泄气，坚持钻研。待洋人的机器买回来后，再把制造局扩大，不仅制造洋枪、洋炮，还可以制造火轮、军舰等等。我相信，我们不会比洋人笨多少，都长着一个脑袋，凭什么他们能干出来，而我们干不出来？”

李鸿章又道：“我相信由此开始，淮军将会做出许多前无古人的大事来。我们的思路不仅仅是局限在洋枪、洋炮、洋火轮的制造上，包括办煤矿、办学校等等，都要干起来。当然，我们缺少具有这方面知识的专门人才。没有怎么办？一开始是要请师傅的，请来了教我们，培养我们自己的人才。我已奏请朝廷，准备开办一个上海同文馆，再办一个水师学校和武备学堂。目的只有一个，把我们自己的人培养出来。各位在这些方面若有兴趣，可以自荐主持办起来。不会不要紧，慢慢摸索着干。”

半个月后，在上海城里，淮军接连挂出了“制炮局”“同文馆”“武备学堂”三块牌子。李鸿章及上海各界官绅纷纷到场祝贺，有些还捐钱、捐物、捐房，气氛热烈。

淮军的战功、李鸿章的主张奏到朝廷以后，很快产生了效果。就在李鸿章到上海才七个月的时候，朝廷圣旨下来：李鸿章由署理江苏巡抚改为实授江苏巡抚。不仅如此，又过了两个月，清廷就调薛焕赴京简候，署理通商大臣这顶帽子又落到了李鸿章头上。他一人身兼数职，成为手握兵权，身兼巡抚和通商大臣要职的实权人物。

原来，旧任江苏巡抚、后改任通商大臣的薛焕对于李鸿章的接连升迁，渐渐由妒生恨了。他认为李鸿章品行不端，不能担当大任，并修表弹劾李鸿章。但薛焕又哪里知道，朝中奏折最终虽会到皇上手里，但中间会又经一手。曾国藩在京中关系网周密，早已在许多关口上通了关系。他见薛焕肆意弹劾李鸿章，便以其人之道还治其人之身，亲笔写下奏折，将薛焕说得一文不值。

曾国藩深知薛焕与恭亲王奕䜣关系甚好，但他也有把握：奕䜣也会给自己面子的。自然，曾国藩的奏折是一帆风顺地传到了两宫太后的手中。那慈禧太后鬼精得很，一见到曾国藩的奏折，便知道薛焕得罪了曾国藩了。得罪了曾国藩便是得罪了湘军和淮军，得罪了这两支她必须依靠的军队。薛焕也太自不量力了：在曾国藩与薛焕之间，如果二者必选其一的话，朝廷当然要的是曾国藩，而不是一文不值的薛焕。

而薛焕做梦也未想到：一封要求弹劾李鸿章的奏折递上去，不仅没有弹劾掉李鸿章，反而“弹”掉了自己的乌纱帽；不仅没有让李鸿章丢掉巡抚之职，反而使他多得了“通商大臣”一职。自己则被调去京城简候。这简候说白了也就是暂时无职了，去京里等待补缺。补什么缺？什么时候可以补缺，这些都不得而知了。

与李鸿章的暗中争斗，薛焕落了个惨败。如今，他自己的老地盘江苏也不能蹲了，不仅让出地盘，还要挪开位子。

李鸿章春风得意了。事已至此，他不再有什么顾忌了。到上海九个月以后，他已是今非昔比了，人、财、物各项权力尽在他一人掌握之中。有障碍，清除就是了。李鸿章是一不做，二不休，要大刀阔斧地改造江苏官场了。到了一八六二年十一月，他奏请朝廷，正式免去了吴煦的苏松太道一职，令黄芳接任此职。这黄芳，号鹤汀，系湖南长沙人氏，曾当过上海县令。他稍有才能，精于理财，善于筹饷，于是得到了李鸿章的赏识，得以署理关道。

李鸿章又想到了刘郇膏。这个曾被上海一带百姓唤作“刘青天”的河南人，曾与李鸿章同年考中了进士。分发到江苏任知县后，刘郇膏不满于吴煦、薛焕等人贪赃，深受他们的压制，多年有职无权。如今，李鸿章举荐他署理江苏按察使、布政使。这按察使原是主管一省司法的长官，有权赴各道巡察，隶属于各省总督、巡抚，正三品。刘郇膏还同时署理布政使，有权管理一省的财赋及人事。其他省此职仅一人，江苏因其复杂程度，加设两名官员。刘郇膏有幸得到这个职位，自然要感谢李鸿章的。

这日，李鸿章在签押房里给恩师曾国藩写信，把自己近期调整吏治、更换官员的若干事项禀告曾国藩。正写到关键处时，文巡捕前来禀报：“苏松粮储道杨坊在门外求见。”

李鸿章眉头一皱：我还差一点让他漏网了哩！当即传他进了签押房。原来，这杨坊见自己的同伙吴煦被搁在了一边，丢了实权，就要采取以退为进的办法，将李鸿章一军：要禀请李鸿章辞去苏松粮储道一职，另求闲职。

李鸿章接过了杨坊的辞呈，当即允准立即递上奏折，免去杨坊职位。但杨坊的估计有一点是对的：免了杨坊，叫谁来担此重任呢？粮道一职，是专管督运各省漕粮的。动乱年代，各军及地方各州、府、县均少不了这粮道全权筹运，一天也少不了粮道的安排。李鸿章在冥思苦想中，不慎从案台上碰落了一叠来往书信。他低头看，跃入他眼帘的一封信是又一个丁未科同年郭嵩焘自京城写来的。那时他的淮军刚进上海不久，郭嵩焘得到消息，主动来信，说要来上海助李鸿章一臂之力。如今几个月过去了，是该请他出马的时候了。

“此人最为合适！”李鸿章兴奋地自言自语道。他当即在奏折中附片一张：力荐郭嵩焘来上海出任苏松储粮道并襄办军务。

给朝廷写好奏折以后，他没有忘了把自己的这个决定告诉曾国藩。李鸿章之所以特别推崇郭嵩焘，除了他俩是丁未科同年、关密甚密以外，还由于郭嵩焘能

够起到密切李鸿章与曾国藩关系的作用。李鸿章心里明白：曾国藩与郭嵩焘既是亲密朋友，又是儿女亲家。曾国藩的四女儿纪纯是许配给郭嵩焘的长子郭刚基为妻的。有了郭嵩焘前来接任自己手下的司道属员，一则解了自己实缺之难，二则也做出了一种姿态给恩师看：我用的都是你的人。至于反映在官场上的意义，那就更深刻了：淮军这里是延揽人才，救世匡国的地方；李鸿章能把自己的丁未科同年尽招募下，显示的是一种能力与胸怀。

然而，李鸿章忘记了一条：清制规定，郭嵩焘不能在儿女姻亲曾国藩的辖区内任职，理应回避。朝廷给了这个回话，李鸿章倒没有失望，却是郭嵩焘自己的一封回信令李鸿章为难了。郭嵩焘显然是改变了主意：他见自己的丁未科同年仅在几个月内就连升几级，一下子拥有了多方面实权，便不愿意屈就李鸿章了。因此，郭嵩焘借故身体不适、家中离不开等原由，拒绝了李鸿章的邀请。

李鸿章是有韧性的，他认准了的事情，非要干成不可。一晚上，他连写了三样东西。一是给朝廷再上奏折，写明当前上海乃至江苏的大好形势，淮军的气势与自己的决心，以此打动朝廷：自己急需郭嵩焘前来效力，不能以“回避”的旧制影响了江苏吏治的正常开展。第二是给曾国藩写信，请恩师出面帮助做做郭嵩焘的工作。第三是亲笔给郭嵩焘去信，放下架子，以同年之谊感化他，言辞十分恳切。

三件东西发送出去后，朝廷旨准破例，曾国藩再三劝驾，郭嵩焘终于眉开眼笑，满心欢喜地来到了上海。

原来曾国藩用了心计，将李鸿章写给自己的私函转郭嵩焘一阅。郭嵩焘也体会出了李鸿章的真情实意，这才如期应约。

郭嵩焘到上海不久，李鸿章就函请曾国藩保奏郭嵩焘为两淮盐运使，还拟举荐他兼任江苏按察使。至此，李鸿章逐渐以郭嵩焘、刘郇膏、黄芳取代了吴煦、杨坊，并再次奏告朝廷，将吴、杨二人暂行革职，赶下了政治舞台。

此时的李鸿章眯起眼睛，心里舒服极了。他想：从创办淮军到就任江苏巡抚、通商大臣，他可谓春风得意。他知足了。他效法恩师曾国藩开设幕府，广招人才。他既是幕府制度的产儿，又是幕府制度的熟练运用者。他个人的职位、财富和品性，成为他的幕府赖以存在并逐步扩大的三根支柱。直到现在，幕府以统帅李鸿章为中心，肩负着军机、刑名、钱谷、文案等许多重任。幕府人物重要者多由他出面，从朝廷奏调，或从属吏中特委兼办；次要者或函招，或札委，或自来投效，或辗转推荐；其分工职责均受李鸿章的随意督导，其地位既为私人宾席，又可随时因功奏保升职，授以实缺；其薪给不尽为修金，大部分是由所属局所或军营提供的，虽非正宗的官俸，亦非出自统帅的私囊。但有一条：很实惠。

忽然，钱鼎铭笑嘻嘻地踱了进来，说道："大帅必是听说了，苏州齐门外三十里处，有个叫永昌的地方。永昌有徐氏几兄弟，已办团练多时了。他家有良田千亩，房屋百间，是一方有名的首富。如今手下还养着几千乡勇，无事时各自下田里干活，一遇战事立即召集起来，就是打仗的团练。他家还有数十艘炮船和几百条四桨双橹枪船。长毛占领苏州后，徐氏兄弟曾率乡勇与长毛军打过几仗。他们打不过长毛，硬是让长毛把他们的乡勇收编了过去。这徐氏兄弟在心中十分痛恨长毛，身在曹营心在汉，最近他家的老八来上海了。说：若是李大帅有计划攻打苏州，他们兄弟几人愿作淮军的内应，为大帅效力。他还说，苏州一带的乡绅百姓们都盼着李大帅打完上海以后，能尽快地发兵到苏州去哩！"

李鸿章点了点头，道："这些我知道了。近日还有没有重大的消息？"

"有哩！有哩！"钱鼎铭像是刚立了大功一般，兴奋地说道："徐家老六叫徐佩瑗。他已联络了驻守在苏州、常熟两地的长毛军，暗中与这两地的守城部属商议好了，愿做内应，配合我淮军一举拿下这两座城池。徐家老八今天特来大帅的行辕报信，恳请大帅能赏个脸会他一会。您也好从中摸到一些底细。"

李鸿章答应了。他把众幕僚留在签押房里，自己跟着钱鼎铭去了后园花厅里。李鸿章与徐家老八徐佩瑞密谈时，钱鼎铭主动回避，守在花厅的拱形门外。谈了个把小时，李鸿章才从花厅里出来，信步回到了签押房。

见他回来，众幕僚起身相迎，李鸿章打着手势让他们坐下。他的嗓门好像格外响亮了，颁布新规，鼓舞士气，说明将把重点放在购买武器制造方法上，同时还详细描绘了洋军先进的武器装备，不久还将会跟徐佩瑞作出部署，移师苏常。

李鸿章一篇长长的讲话，令在座的幕僚听得入神，众人鸦雀无声，唯有颔首不止。那郭嵩焘、刘郇膏二人待李鸿章话一落音，就激动地走上前去，拉起李鸿章的手说："少翁进步了，少翁的确不凡！"

李鸿章笑了。

李鸿章率淮军到上海后利用洋人打了几个胜仗，很受朝廷的赏识。其实朝廷也知道，真正打破李秀成第二次围攻上海计划的，还是洋人。淮军充其量是帮了几把手，打了个配合，壮了一些声势罢了。但即便如此，李鸿章还是成功的。在他以前的几任地方大员，也都曾经借洋兵和华尔的洋枪队讨伐过太平军，钱花的不比李鸿章少，但却很少听说过有什么胜仗，太平军在上海周围乃至浙江、苏、常一带，还是愈闹愈凶，搅得地方和朝廷都不得安宁。李鸿章却不一样了，他尽管也花了大把大把的银子，也是利用洋兵去打太平军，但他把事情办得漂亮多了。李秀成在上海周围惨遭失败，一步也未曾跨进上海去。不

仅如此，淮军发展了，鸟枪换炮了，真正成了一支有前途、让太平军闻风丧胆的队伍。

而曾国藩的湘军那边，虽然攻克了安庆，但在较长的时间里，再无大进展。金陵城里的洪秀全已向各地太平军下得诏令，要外地太平军回援天京。曾国藩也调兵遣将，由其胞弟曾国荃专攻金陵，建起了大营几十座。但到头来，仍然看不见效果。相比之下，一是浙江的左宗棠不断地传来喜讯，二是上海的李鸿章节节胜利，还收复了青浦、嘉定等许多重要城镇。上海战局有了好的势头。朝廷权衡再三，不仅给李鸿章实授了江苏巡抚，外加署理通商大臣，还对他部下几十员大将也论功行赏，一个个连升了数级。至于李鹤章及李昭庆兄弟，作为李鸿章的胞弟，李鸿章要做出一种姿态：无功不受禄。

一连数日里，淮军上下皆大欢喜，像过年一样。大家都在热热闹闹地庆贺，叙旧话新，一派喜人景象。

其实，说皆大欢喜，也只是总体而言。不服气的、有失落感的人，也时有所闻。比如说咸丰十年的进士刘秉璋。他早年曾师事李鸿章，与李鸿章曾有过师生之谊。加之又是安徽庐江人，与大帅是同乡，理应能心情舒畅起来。的确，李鸿章对他多有赞誉。李鸿章率淮军一抵上海，就奏调他来军中襄助军事，统办文案。他是淮军中少有的科举进士，本以为可以事事领先，被李鸿章格外高看一眼。却不料李鸿章是一个轻视门第身世的大帅，并不把他这个进士放在眼里，一切凭实力说话，根本不考虑重用他。当别人都三品、四品地升起来时，刘秉璋仍然一切照旧，在李鸿章的签押房里忙他的文案，枯燥无味，没有奔头。

一日，李鸿章坐大轿出门去了，刘秉璋一人在签押房的文案间里闷得慌，就走出门来与文巡捕发牢骚，贬低淮军的实力。

刘秉璋的牢骚当天就传到了李鸿章的耳朵里。李鸿章十分生气，心想我淮军正值蒸蒸日上的大好时机，各路将领大都升了官，正喜气洋洋的。而科举进士出身的刘秉璋却发出这么一番议论，不亚于在众将领头上泼了一盆冷水。因此，李鸿章当即就把刘秉璋传进了签押房，亲自关上大门，不让人进来，要与刘秉璋做一番理论。

刘秉璋见李鸿章板着面孔，心中已估计到了为什么会找他。于是，还不等李鸿章开口斥责问话，他自己便开门见山地讲了起来，把他说过的那番话又分析了一下。

李鸿章猛瞪了刘秉璋一眼，但没有发火，也没有打断他的话，表现出气度不凡的涵养，听他把心中的怨气发完。刘秉璋扳着自己的手指头，全然不顾李鸿章高兴不高兴，挨个数落那些曾经的乡野莽夫如今都升官发财了，独独他到

头来一文不名。

刘秉璋把满心的话儿讲完了，顿觉浑身轻松，只等着李鸿章最后拍案而起，指着自己的鼻子大骂了！淮军里的将领都听惯了李鸿章骂人的话。原来他不是这样的，常给人文质彬彬的感觉。但当了淮军大帅以后，或许是受将士们粗俗不堪、出口脏话的影响，也或许是肩上的担子重了，事情多了，心里烦躁了，现在经常出口就要骂娘。有些时候，对洋人也骂了起来。一口的合肥土话，骂得淮军中的安徽人听得过瘾，时常捧腹大笑。笑什么？被骂的洋人听不懂，有时候还向李鸿章翘起大拇指。

出乎刘秉璋意料的是，李鸿章听了他这些牢骚之后，并没有暴跳如雷，原来板着的面孔也平和了下来，虽然不开笑脸，但并不带怒色了。刘秉璋心中一惊，不知这位大帅、老师跟他玩的是什么花招。直到刘秉璋讲完了，表示再也无话要讲了，李鸿章才把脸儿扬起来，道：“我相信你今天是坦诚直言，就让你把话儿全讲出来吧！讲出来比不讲要好，憋在心中怪难受的。导致你非要发这一通怪论的原因，无非是看着在营里头独当一面的统领们，大多数都升官了。而你，一个朝廷翰林出身的，在淮军里却一声不响，功也没有你的，官也没有你的。你是不服气了，眼红了。今天我也不想拿脾气压你。我只想问问你：你才干几天文案呀？我在恩师曾国藩的行营里干了多少年文案呀？要是有你今天的怨气，我不是早就跟恩师反了么？此其一。”

李鸿章站起身来，向刘秉璋面前跨了一步，突然提高了嗓门，道：“你这个人是怎么啦？我曾经向我恩师说你‘沈毅明决，器识宏深’。今天看起来，你是笨得无法形容了！在你眼里，除了你刘秉璋，再加上一个李鸿章在内，其他人都是王八蛋，是不是？其中的道理无需我多讲。今天，我只要把你的话说出去，在淮军里你是呆不下去了。这些人不把你撕成碎片，也会把你赶出上海的！打击面这么大，出言不慎，也是出言不逊，此是其二。其三，淮军中虽然多是没有科名的人，那又怎么样？你是堂堂正正的进士出身，这又怎么样？我组建淮军是要同太平军打仗的，要的是身强力壮，机智勇敢，敢打敢拼。这里不是紫禁城，不是翰林院，带兵打仗，喝了墨水的人不一定就行。淮军固然有一些一字不识的营官。兵勇中，几乎全是斗大的字识不了几个的人。可就是他们，把长毛军打退了。其四，有科名固然更好，但科名本身不能当饭吃，还要自己具有实力，真正下得身子去干。干不出名堂，你那满身的科名又能值几个钱？所以，你若也想去带兵打仗，去独当一面，试试自己的武才如何，那么我不计较你已经讲出的这么多怪论，也不想把你的话说出去。并且，我已跟文巡捕打过招呼了：此话到此为止。对你，也希望你自重自爱，切忌胡说瞎说，得罪大多数人。否则，就是我不追究你，其他人也会找你算账的！好了，一切到此为止了。从明天起，你到庆字

营去吧！我给你这个机会，让你当统领，试试看。若是打不出成绩来，到时候别怪我要找你的麻烦。那时你恐怕也无言以对了！”

李鸿章到底是技高一筹，该发火时没有发火。好言相劝吧，又句句掷地有声，软中带硬，刚中有柔，既有批驳，又有真挚的关心爱护，让刘秉璋打心眼里佩服。不过，刘秉璋一番牢骚还是产生了效果：就如同李鸿章当初在曾国藩手下做文案一样，所期盼的正是能有一个带兵打仗、独当一面的机会。今天，刘秉璋可以说是因祸得福。去庆字营当统领，他如愿以偿了。

丁日昌奉命从洋人那儿订购的洋枪、洋炮陆续到货了。洋人还特意赠送给李鸿章一支左轮手枪。这玩意，淮军上下从未有人见过，李鸿章也觉得新鲜极了：那个枪尺把长不到，重不过一块青砖，往裤带上一插，携带十分方便。李鸿章在行辕后花园里试了几枪，不仅射程可以，打得也准。李鸿章十分喜爱，当即收了起来。

新购的洋枪、洋炮很快就分配到各营去了。李鹤章的亲兵营没有分到过山炮，但全部换成了清一色的洋枪。就在这时，一个出战计划在李鸿章脑子里形成了。他要攻取柘林、奉贤两地，全面肃清上海外围的李秀成残部。

按照商定的计划，洋军由何伯、卜罗德率领，加上华尔的洋枪队，共计四千六百人，到青浦、金山卫、松江三地待命。次日，英法联军及洋枪队赶到指定地点。又有程学启、滕嗣武、刘铭传、潘鼎新、韩正国五位统领率淮军四千人从北路，自浦东、南汇、周浦一带，与洋军同时直攻。

第一仗是要打柘林。淮军与洋军、洋枪队从不同方向在柘林附近会合时，天色已经黑透了。据探马报，柘林此时有两千多名太平军坚守，营垒坚固，长壕很宽，夜间不便行动。当晚，攻军就地在野外搭起营帐，安置大炮，布下埋伏，决定到天一见亮就开炮进攻。

天刚微亮，淮军、洋军、洋枪队计八千六百人已把柘林围紧。四十门大炮突然间同时喷出火焰，一阵狂轰滥炸，柘林镇顿时墙倒屋塌，硝烟滚滚。

炸了一会，不见柘林镇有大的动静，淮军这边便停止了轰击。就在炮火停时，柘林镇内的守军突然开始反击，枪炮齐鸣，把攻军的营帐打得布片四飞。虽说都是些土枪土炮，但由于两军距离较近，且镇外攻军掩体不足，一时死伤惨重。太平军为侦察攻军人数、进攻方位等，派出一支穿上淮军衣装的小队，从营垒中闪出。他们绕到洋军及洋枪队的后面，把攻军的情况看得清清楚楚。而英法军队却误以为这支小队是李鸿章的淮军，任凭他们策马从自己的阵营后冲过，直奔柘林镇中。进镇子前，这支小队还扔下几支火器，炸死洋人一片。这时，洋人们才知道他们是冒充了淮军，一阵枪弹扫射，但为时已晚。

通过侦察，太平军已知来攻之敌竟几倍于镇中守军的力量，于是策划撤退。

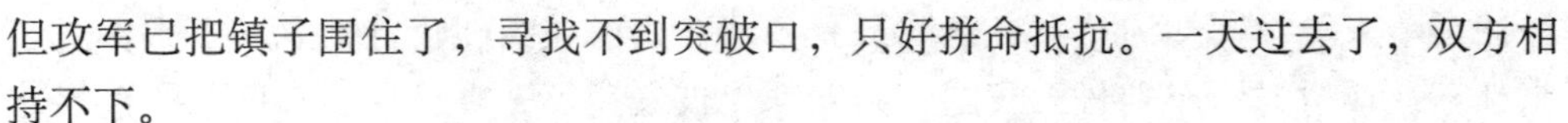

但攻军已把镇子围住了，寻找不到突破口，只好拼命抵抗。一天过去了，双方相持不下。

次日天刚放亮，攻军又炮轰不止，终于把太平军在镇外所垒的砖墙打塌了两处。此时，守军已无反抗之力，淮军几营人马一阵呐喊，如潮水一般冲进镇去。此时柘林镇大抵只有五六百活着的太平军。他们不愿意缴械投降，都与攻军拼死肉搏，直到全军覆没。

奉贤的太平军获悉柘林失陷，顷刻人心惶惶。因为柘林是奉贤的门户，驻守的是太平军的先锋人马。淮军及洋军、洋枪队也深知攻下了柘林的意义，欢喜得连蹦带跳。

李鸿章坐在上海城他的行辕里，却没有一线将士们那样欢快的心情。因为柘林的战斗刚一打响，他就得到消息：嘉定城被李秀成亲率大军围困！不仅如此，因李秀成已知上海城内主要兵力都去打柘林、奉贤去了，城中空虚，还要在拿下嘉定后，突袭上海。

李鸿章哪敢怠慢？立即派出飞骑两批，一前一后前去搬兵回城，紧急救援嘉定和上海。几路攻军这时还集中在柘林，正在商议进攻奉贤之事，忽见李鸿章的差官大汗淋淋地冲到营地，不一会又见来了几个报信人，知道城中形势不妙。待差官们道出真情后，淮军、洋军及洋枪队的统领们都惊得脸色大变，似信非信，但又不可不信。正当几路攻军急返上海回援时，淮军的探马来报："奉贤城里的长毛们听得几路大军来攻，撤出县城，拨军逃跑了！"

几路大军头领当即研究决定：令奉贤知县陈化锟率淮军五百兵勇加原来的守军驻扎奉贤县，其余攻军约八千人立即回援。

原来，李秀成自二次围攻上海的计划破产以后，留下一些残兵败将在上海周围的一些偏僻乡村、小镇坚守，自己率亲兵回金陵去了。洪秀全见李秀成狼狈回转，异常气愤，要求他进攻上海。可是李秀成哪里还听得进他的话，说是进军上海，却兵分两路，一路转战太仓，另一路去攻嘉定，把另拨主力突袭上海的计划暂时放到一边去了。

李秀成亲督大军准备进攻太仓城时，正赶上苏州知府李庆琛率六七千兵勇开赴太仓。他准备以自己一军之力独占太仓一带，以此讨好新任巡抚李鸿章。而他在这之前是负责防守嘉定一带的。他刚入太仓，就与李秀成的太平军遭遇了。李秀成暗使小计：派两千多太平军将士装作向李庆琛的清军投降。不明底细的李庆琛大喜，全部收进本军。谁知战斗打响后，这两千多名太平军摇身一变，成了攻军的内应，按计划控制了清军的火药、军械，使李庆琛无力还击，全军六七千人仅三百多人突围出城，其余全部阵亡。李秀成率万余人轻松入城，摧毁清军营垒十三座。李庆琛率三百多名兵勇向吴淞逃去，刚到板桥，便被李秀成大军追上，

捉住了李庆琛及同知周仕廉，连同三百多清军兵勇，当即斩首，无一人幸存。连原驻守在板桥的清军副将王安国、梁安邦也被击毙——算是受了李庆琛的连累，一块儿搭上了性命。

李秀成意外地全歼了李庆琛一军后，士气大振，将士们个个来了精神。就在这时，李秀成决定乘胜攻打嘉定。到嘉定之前，他命令全军每人准备两面旗帜，一路放出风声，说此次太平军第三次来到上海城下，兵多势众，今非昔比，定要攻下上海。这个消息传到上海城里，李鸿章当然大吃一惊。加之已拨出八千多人去进攻柘林、奉贤去了，上海城里空虚，守军严重不足，他怎么能不急得要跳墙呢？

李鸿章还算幸运。此时李秀成并不知城中空虚，也不知柘林、奉贤的战况，只顾全军出动，把嘉定围困了。

在嘉定城里的清军参将姜德、刘锡温听李秀成来攻，大惊，赶快紧闭城门。姜德派出探马侦察，见李秀成大军旌旗遮日，人山人海。在城外六七里远的地方，都是旌旗一片。姜德、刘锡温自知无力抵抗了。此时，嘉定城里还有英军戴洛上校率四百洋军驻守。两军合计：死命坚守，绝不出城，只等外援。

不过，从柘林返回的援兵并未及时赶到嘉定。李鸿章分析判断：太平军这回是佯攻嘉定，实攻上海。因此，李鸿章命援军回上海待命。等淮军、洋军和洋枪队全数返回上海后，并不见李秀成大军的影子，而嘉定方面的告急却一阵紧似一阵。李鸿章自知判断有误，这才下令驰援嘉定。

李鸿章的淮军及洋军、洋枪队从上海出发时，嘉定城已被围四天了。援军刚抵南翔，就被李秀成在此布下的太平军拦截。两军相遇，一场激战。淮军、洋军、洋枪队的大炮猛轰起来，太平军招架不住。李秀成一见抵抗不过，皱了皱眉头，生出一计。他同时兵分几路，一路攻青浦，一路攻松江，一路攻嘉定。他想将敌军兵力分散，然后各个击破。而淮军等还不知李秀成已分兵去攻青浦、松江，只顾在嘉定城外的南翔与其对打。突然探马来报：青浦与松江两城又遭围攻！淮军及洋军这才慌了手脚：虽然武器先进，但并无分身之术，兵员不足，如何分兵去救另外两城呢？于是，只得传令暂停南翔激战，派洋兵与淮军共五百人携带大炮四门，乘机进入嘉定城，以此加强嘉定城的防卫。

但是，嘉定城已无法防守了，城门已被太平军轰开。太平军依仗人多，一哄而入。城中守军只好择机从南门突围而出，丢了嘉定城。因在攻城中捕获洋兵九人，所以攻城的太平军都欢呼不已。他们虽对洋人怀有刻骨仇恨，恨不得把这九个洋兵剁成肉泥吃了，但这还得回禀了忠王李秀成以后才能处置。

李秀成入城后就住进了一所豪华官邸。太平军手下问起如何处置抓来的洋兵时，众将士主张处死。一番争论后，李秀成却为以后着想，决定放了洋兵。

这边，李秀成初战告捷之后，虽然势单力薄，但仍旧拟定了第三次图谋上海的计划。

李鸿章原以为太平军二次进攻上海计划落空以后，他便可以在上海高枕无忧了。他已经向朝廷和曾国藩拍了胸脯，可确保上海一方再无大的闪失。但他万万没有料到：死灰也能复燃！李秀成竟能像天军下界一般，说来就又来了。

李鸿章立即找到了英法联军、洋枪队方面，共商迎战大计。商量后，他们决定淮军除守城之外，另拨两千兵勇配合出城作战。

淮军由刘铭传、潘鼎新统领，首先主攻南汇。太平军在南汇的守将是吴建瀛、刘玉琳，计一万人马。也该李鸿章运气不错：吴建瀛、刘玉琳等与李容发不睦，发生了激烈的争吵。李秀成自然是站在李容发一边，对吴、刘二位横加训斥。吴建瀛、刘玉琳二人心中不快。见刘铭传、潘鼎新的淮军来攻南汇，他们就私下里与淮军商定：太平军佯装抵抗，实际以做内应迎淮军入城。结果，一切照计划实现了。李容发见南汇太平军投降献城，立即分派吉庆元率兵攻打南汇。李容发还写下招降书，张贴于南汇的大街小巷，告知真相，奉劝受蒙骗的太平军将士重归天朝，但这些劝降书已全被吴建瀛收缴，绝大多数太平军仍是难明真相。吉庆元率军来攻南汇，很快被击退。不久，吴建瀛、刘玉琳又配合刘铭传、潘鼎新的淮军一举攻下了川河、浦东一带。

李秀成得知南汇守军一万人马投降了淮军，大吃一惊，气得死去活来。李秀成“后院着火”，等于帮了李鸿章一个大忙。太平军兵力减少一万，淮军兵力增加一万，一反一正，李秀成第三次进攻上海的条件顿时遭到了破坏，陷入两难之间。这时又有左右来报：淮军攻下了松江，太平军兵败而逃。李秀成听了，二话没说，传令进攻松江，要夺回失地。

可是几经周折，太平军耗时一天一夜也未能进入松江城半步。

正在双方相持不下时，堵王黄文金率五千人马，奉洪秀全之命专程前来支援松江攻城。李秀成心想这两年自己经常与洪秀全闹别扭，但他这时还派来援兵，心中涌起感激之情。

李鸿章在上海城里坐不住了。他听说太平军新增援军五千人，便亲自率领程学启、郭松林、张遇春等赶到新桥一带，以此牵制李秀成攻打松江。另请华尔洋枪队及英军在两侧配合行动。

这日，李鸿章腰挎左轮手枪，手拿望远镜在新桥西面巡视一圈后，发现这里老百姓住的大多是茅草房屋，顿生一计：派程学启率精兵三百人纵火，把民宅统统点着。一时间，火光冲天，浓烟滚滚，一二十里地的范围内都可看见满天的烟尘。李秀成不知何故，以为太平军又在新桥西边开战，立即率亲兵前来察看。还未到新桥，就看见一帮淮军正在纵火，不管三七二十一，李秀成率队

就打。李鸿章见李秀成的亲兵人多而又凶猛，令淮军将士撤退，向广富林方向逃跑。李秀成令亲兵紧追不舍，追进了广富林。淮军甩不掉太平军，又撤出广富林进占了漕河泾。此时，英舰“仙岛号”正护送十二艘清军炮船从漕河泾经过，炮船上满载着军械弹药。太平军探兵得知这一情况，立即报告李秀成，建议截获这批军火。

李秀成下达命令，让堵王、纳王两军迅速赶到漕河泾，会同他的亲兵一起，截住清军炮船。清军船队此时已进入小河道。此河道狭窄，炮船吃水又浅，几乎搁浅。李秀成见状大喜，令三路人马一哄而上，抢夺炮船上的枪械弹药。淮军及船上的洋军、清军兵勇奋力抵抗，与太平军肉搏在一起。“仙岛号”上的大炮失去了作用，最后被洗劫一空，连十二艘炮船也被劫走。此役，清军损失惨重，而太平军装备顿时改善。

不久，李秀成下令攻夺土山，不一会儿就攻夺成功。太平军在山上筑垒设营，架起了大炮。李秀成自觉占据了优势，当即写下一份招降谆谕，令人分抄数份，用箭射入松江城，令城中淮军出城投降，可保性命。

不过，松江城里的淮军不仅没有投降，且在城头添置大炮，向土山猛轰不止，打得山上的太平军将士无处藏身，连炮台也被淮军的开花炮轰毁。这样，太平军所建炮台一炮未打，便成了“死炮”。

正当李秀成大军在松江与淮军相持不下时，洪秀全从天京派来飞马，令李秀成赶快回师天京。

李秀成此时哪肯半途而废？洪秀全的严诏一到，他就被搅得心烦意乱。下午又有差官到来，所送的仍是与上午相同的诏令。到了第二天，竟是一天中来了三批差官，所送的仍然是洪秀全急令他回师天京的诏令。

李秀成火了，知道这是洪秀全担心自己不愿听令而采取的“车轮战术”，索性不予理睬，丢下天京被围之事不想，一心只在松江城外与淮军周旋。但松江城内仍然坚固如初，李鸿章又三天两头地派出一两营的兵力在城外搅乱，声援城内守军。见此情形，李秀成想到了一计：令慕王谭绍光和听王陈炳文两军合力去攻打青浦，以此分散淮军的兵力，同时又牵制洋军。谁知青浦那边已经开战，松江这边的淮军兵力仍不见减少，相反，华尔的洋枪队又来了三百人溜进松江城，为淮军助战。

久攻松江不下后，李秀成撤围松江，将五六万大军集合起来，分成十二路纵队直奔上海而去。他仍然是天天接到洪秀全的严诏，但他已开始一意孤行，完全将洪秀全的命令放在一边，一心要攻下上海城。

上海面临险情，李鸿章急忙回城，亲自督军，率同知张树声、参将张遇春、都司张志邦、通判韩正国等，分兵三路，出城迎战。一到虹桥附近，就见太平军正在炮火猛轰程学启的营垒。李鸿章率军夹攻，打退了围攻虹桥的太平军，又督军扑向徐家汇、九里桥一带，与太平军短兵相接，拼命进攻。李鸿章亲自督战，让将士们斗志倍增，直打得太平军乱了阵势，纷纷逃窜。仅一会儿工夫，太平军在徐家汇、九里桥就损失了三千多人。

李秀成遭此一击，顿时失去了信心，还没有向上海打出一炮，就率军退到了泗泾一带。不料程学启率队紧追不放，一路追到泗泾。李鸿章也亲督马队，从另一个方向迎头而至。太平军将士已多次领教过淮军的勇猛，因此见淮军两路而来，便一哄而散。李秀成好不容易才把散兵集中起来，逃向广富林，李鸿章下令乘胜追击。李秀成在广富林一带脚跟未稳，又被击退，向北逃去。

李秀成在上海周围仅剩下青浦、嘉定及太仓三个据点。他留下少许人马驻守三地，就自己率残部回苏州去了。就在他人还未进苏州城时，李鸿章又发兵攻下了青浦、嘉定、太仓三城。至此，上海周围的太平军被李鸿章全面肃清。

李鸿章迎来了一个崭新的局面。从同治元年夏天开始，洪秀全的天京城就开始处于危急之中了。曾国藩给李鸿章写来书信说：湘军的各项计划已定，已从西向东，朝洪秀全的天京包围过去。他要先扫清天京周围各郡县的太平军，收复皖南、皖北各城，攻复皖中庐州，逐步向天京推进。李鸿章见信兴奋不已：自己的故乡庐州不久将被收复，李家将要迁回城内。那时，他的家族在庐州将是第一号的望族。不用说大哥李瀚章、胞弟李鹤章、李昭庆等，就凭自己的名望与地位，也会使得故乡四方人氏对他的家族高看一眼。

李鸿章的心情从来没有像现在这样轻松而又激动过。他的淮军已经可以从防守转向进攻了。湘军在步步推进，自己的淮军也不能落后，必须大步向前，打出上海了。他有了一个全新的计划：不仅派张树声、李昭庆等回故乡在庐州一带招募兵勇，扩大淮军队伍，还向曾国藩伸出了一只手——要组建淮军水师，使之形成水、陆两路混合的大军。曾国藩是很有心计的：他要把李鸿章的淮军最终调出上海，拉到苏、常一带来，成为胞弟曾国荃进攻金陵的最近的外援。所以，当李鸿章提出要组建淮军水师时，曾国藩也认为确有必要，便决定将自己的太湖水师调给李鸿章。这太湖水师是曾国藩刚刚组建的，其水师的全部战船都是在安徽铜陵峡建造的。所有水师营均调自湘军外江及内江水师，并从外江水师中借调李朝斌为太湖水师统领。

还有一支淮扬水师，也系曾国藩一手组建而成。其统领黄翼升及营官都是借调于湘军外江水师。大多数兵勇也都是募自湖南，只有少数来自安徽一带。淮扬水师是先调给李鸿章暂用的。当太湖水师组建好以后，曾国藩便令其立即开赴上海，以此换回淮扬水师。

曾国藩这一招失误了。李鸿章的胃口很大：太湖水师也要，淮扬水师也不给

走，统统留在他的淮军里。曾国藩无奈，只好答应李鸿章暂时借用。这样，加上分派将领去安徽新招的兵勇，李鸿章手下已拥有了一支三万兵勇的队伍，与湘军组建之初兵力相当。

与此同时，在上海的英法联军也兵力增加，总计已达四千五百五十人，军器先进，还配备有军舰数艘。

李鸿章的目标不再是上海及周边地区了。他把自己进军的范围扩大到了江、浙地区。他下令：在上海附近修建军用道路，以此运送大炮直达苏、杭地区。

上海一带战事平息后，洋军先后从周围县、镇撤回上海。从此，吴中至上海一带的清军，也全由李鸿章一人指挥。而杭州一带，早些时候由左宗棠出任浙江巡抚，形势也开始好转。如今，洪秀全的太平军面临三个死敌：曾国藩、李鸿章、左宗棠。

太平军方面，忠王李秀成迫于洪秀全连日三番五次地严诏，只得回到了金陵。这次见面，洪秀全愤怒异常，准备将李秀成一家老小全部扣在天京，当作驱使李秀成的人质，但李秀成执意要走出天京，牵制淮军和苏常一带的清军，以此救援天京。洪秀全无奈，只得放他走了。

这样，李秀成回金陵只呆了七天，便又重新当他苏州城的主人来了。

李秀成未回到苏州前，太平天国慕王组织了一次针对李鸿章的大反攻，目标直指上海。慕王是分兵两路的：一路由慕王自己率领，从太仓、昆山向上海进逼；一路由听王陈炳文、潮王黄子隆率领，主将邓光明协助，由青浦一带向上海靠近。此时正值曾国藩调给李鸿章的水师到达上海。黄翼升的水师奉李鸿章之命在三江口、四江口、白鹤港、张堰等地活动。太平军大队人马开来，黄翼升一面派出飞马向李鸿章报告，一面积极组织反击，最后稍作后退，在白鹤港扎下大营，封锁了水上通道。太平军因此不能从水上运输、进军，转而进攻嘉定附近的黄渡。

次日，李鸿章亲自督兵，率胞弟李鹤章及程学启两军抵达黄渡，与太平军激战。李鸿章是要把太平军堵在黄渡以外，不让其靠近上海。慕王知道李鸿章的用心，遂拼命冲锋，分头向上海方向挺进。对此，李鸿章以最猛烈的炮火阻击，太平军顷刻间被击毙三千余人，慕王之子也不幸阵亡。慕王遭此一击，悲痛欲绝。

李鸿章这一仗打得轻松，获胜后很快返回上海。他前脚踏进自己行辕的大门，紧接着就收到了曾国藩紧急送来的密函：曾国荃在天京城外遭洪秀全围攻，指名要调淮军程学启大军紧急前往金陵。

李鸿章一惊。他深知曾国藩向来是把曾国荃的安危放在第一位的。曾国荃遇到危险，李鸿章这回是救也得救，不救也得救。只是要程学启督军去救，李鸿章

不干了：程学启已成为淮军的主力，自己的左膀右臂，一天也不可没有程学启。然而，不让程学启前去，让谁去呢？李鸿章脑海里闪出一个人来：主将白齐文。白齐文自被朝廷调到淮军中出任统领后，很快成了李鸿章的眼中钉、肉中刺。他对李鸿章不恭不敬，还经常在背后说三道四，指桑骂槐，李鸿章早有耳闻。他将白齐文传到签押房，当面责问，白齐文竟供认不讳，公开表示对李鸿章的不满。二人由此结下仇恨。但白齐文是奉朝廷之命来军中效力的，抓不住他的把柄，李鸿章暂时还奈何不了他。

这回曾国藩急令淮军增援天京，李鸿章一拍大腿，道："妙！就把这白齐文派去，省得让我见了心烦！"李鸿章当即派出差官，传他的命令：要白齐文率所部驰援曾国荃。

白齐文接到李鸿章的命令，顿时火冒三丈。他以军队被"长毛"军拖住和李鸿章长期占用他的军饷为由抗命，把李鸿章急得脸色灰白，在签押房中连连跺脚，非要治治白齐文不可。次日，李鸿章想好了一个主意：找到英军军官奥伦，请他出任白齐文所部军队的参谋长，并协助白齐文主持军务。另外，李鸿章还出了大价钱，从英法两军和华尔的洋枪队中借调一批兵勇，进驻白齐文军中，道："这是帮助白齐文训练、整顿兵勇，以此提高白齐文部的作战能力！"

白齐文深知：李鸿章这是借故削弱他的权力，也同时借用洋人对他施加压力，逼他就范。于是，白齐文公开拒绝洋人来他军中，并找到李鸿章，提出抗议。李鸿章大怒，道："你白齐文抗拒军令暂且不提，总有秋后算账的时候。如今你难道还想谋反不成？！"

"谋反"一词从李鸿章嘴里说出来，便不是闹着玩的了。他以阻止白齐文谋反为由，终止了白齐文的统兵之权，另请洋将史迪佛代任白齐文的职务，彻底将白齐文搁在一边，让他坐起了冷板凳。到这时，白齐文才知胳膊到底是扭不过大腿的。

白齐文要报仇，但硬拼不是办法，也不会成功。自从被拿掉了职权后，他连李鸿章行辕的大门都进不了，更不用说见到李鸿章了。他首先想到自己有一个远房亲戚在朝廷里为官。于是，他当即写下一份奏折，请这个亲戚代奏朝廷：说李鸿章长期暗中勾结洋人，把本属朝廷统管之下的兵权毫无设防地送给洋人，有出卖朝廷兵权、谋取个人好处之嫌。

清廷接到白齐文转递的状子，起先并不在意。不过，朝中毕竟有白齐文的亲戚，经这个亲戚暗中活动，请几位大臣出面游说，朝廷这才出面干预此事：下诏要李鸿章撤回请洋将统带白齐文部的命令，仍然让中国将领自己统领自己的队伍，以防今后受制于洋人。

李鸿章得知白齐文向朝廷告状以后，更不示弱：一方面给朝廷送上奏折，称

白齐文屡次抗拒军令，误了战机，在军中已造成了极坏的影响。再说，聘请洋人带兵，其兵权仍在自己手下，并不是放权于洋人。另一方面，李鸿章还给曾国藩写信阐明自己的主张，说白齐文是如何地藐视曾国藩要进援金陵的命令，又是如何抗拒自己的命令，不愿意援助曾国荃。

曾国藩接到李鸿章信函后，果然火冒三丈。他坚决支持李鸿章要拿掉白齐文兵权的主张，还自己上折子，终于得到朝廷对李鸿章行为的默许。但朝廷仍坚持：将白齐文留在淮军中，负责沟通上下，协助洋将料理军务。事情定下来之后，李鸿章仍令白齐文率四千人马紧急驰援金陵城外的曾国荃。白齐文也够执着：坚持要李鸿章补齐了所欠军饷以后，再考虑出兵。李鸿章呢，就是迟迟不拨。这样，一个要，一个不给，双方相持不下。李鸿章无奈，只好派苏松粮储道黄芳来到白齐文军中，要黄芳出面催白齐文出兵。

白齐文被逼得没有退路了，竟然哭着对黄芳诉说李鸿章的种种不是。

黄芳劝说不通，只好回去如实禀报李鸿章。李鸿章不由拍案而起，下了一道严令：白齐文必须即日赴天京。但白齐文呢，他也已经横下了一条心：坚决抗拒到底！他下令赶走了洋将、洋兵，关闭城门，率全军哗变，将城中百姓财物洗劫一空，杀尽全城清吏，宣布全军投靠洪秀全。

白齐文这一招把李鸿章吓得不轻。他怕此事闹大了以后，引起舆论不满，捅到朝廷去，有口说不清。所以，他仍然令黄芳出面，紧急再度前往白齐文军中。要黄芳表态：同意立即拨出军饷，当日就派船送到白齐文驻扎的松江。白齐文听说兵船送来了军饷，立即赶到码头，前去接收。不去还好，一去当场气得口吐白沫。原来，李鸿章派来的船只，并无分文的军饷。

白齐文满怀愤恨，带亲兵冲到黄芳的房间，二话未说，上去就是几个嘴巴，把黄芳打得满嘴鲜血直流，然后一阵痛骂。之前白齐文得到密报：黄芳后院的仓库里存有饷银四万两。这时他已到了疯狂的程度，亲率兵勇冲开仓库大门，抢走四万两白银，丢下一纸字据，扬长而去。

李鸿章得知饷银被抢，立刻派人捉到白齐文，将他免职，逐出军中。白齐文顿时成了丧家之犬，只好满含泪水徒步前往北京，向朝廷请愿复职。但朝廷早已收到了曾国藩和李鸿章的奏折，已经不愿意为一个小小的白齐文再来得罪两位拥有兵权的要员。白齐文告状无门，从北京回来了以后，就投靠了太平军。

平息了白齐文部的风波以后，李鸿章心里顿觉痛快。他原准备抽出兵力，先帮助左宗棠在浙江肃清太平军，但左宗棠极善用兵，仅凭自己一军之力，已基本稳定了大局，收复了宁波等主要城市，也进入了扫除太平军残余的阶段。这样，李鸿章就开始全力部署进攻吴中的战事了。这是淮军进入上海以后的一个重大的转折，迎接淮军的是一个崭新的局面。仅经几个月的收编、招募，淮军已达四万

之众，真正与他的恩师曾国藩势均力敌了。他在朝廷的心目中，也变得举足轻重起来。

经过数日的策划，李鸿章决定召开一个军事会议，全面部署进攻吴中，收复苏、常的战斗计划。

夏去秋来，转眼到了七月中下旬。二十日这天，淮军所有将士每人都得了李鸿章五百钱的奖赏。又通知二十一日放假一天。全军营官以上的将领，每人都收到了一份由李鸿章亲笔签发的请帖：二十一日下午聚集于大帅的行辕，由李大帅亲自出面宴请诸位。

李鸿章又请来了戏班子，一边吃饭，一边听戏，好不热闹。

次日是个晴朗的日子，约三万淮军将士要离开上海，分赴吴中一带的各个战场去了。在演练场上，他们举行了隆重的发兵仪式。

李鸿章站在指挥台上，庄严训话。讲到攻打敌人，他的声音气势磅礴，威武雄壮，三万兵勇士气大振；讲到敌人，他愤怒异常，演练场上一片死寂。全体淮军将士好像今天才领受到李鸿章的无限凛然的威严。

发兵仪式结束以后，李鸿章一声令下："现在出发！"三万将士在各自统领的指挥下，迈着整齐的步伐离开演练场，踏上了开赴吴中的征程。

李鸿章暂时还未离开上海。他仍然在他的签押房里，指挥着千军万马。

策动兵变的事情已经安排好了。苏州城里的徐氏几兄弟已经做好了准备；常熟城里的太平军守将钱桂仁、骆国忠、董正勤等早有投靠李鸿章之意，经苏州城徐氏兄弟牵线搭桥，已与李鸿章私下议好了投降方案。

李鸿章安排李鹤章去攻常熟。这是一件极有把握、风险极小而功劳很大的事情。所以，李鸿章才会把这个美差放在李鹤章的身上。

李鹤章率所部淮军抵达常熟城外时，太平军守将骆国忠、董正勤、钱桂仁等正在进行上下左右的串联。双方一相会，立刻使常熟易手。可是，太仓城已被蔡元隆接管，原来安排的内部举事前功尽弃。

消息报到李鸿章的签押房，他大为惋惜，道："事已至此，只有强攻了！"但强攻太仓绝非易事，单凭程学启统领的淮军，恐难成事。不仅如此，伤亡也将是惊人的。

李鸿章想到了洋军。进入上海后，凡遇此类难事，他所依靠的，就是花钱争取洋军的支持。李鸿章找到了英将史迪佛，请他出面派华尔的洋枪队及英军配合攻打太仓。双方讲好价钱后，史迪佛指派部将奥伦率两千余人，携带二十门大炮来到太仓城下。程学启、郭松林两路淮军已在太仓城下等候多日了。奥伦率兵一到，立即对太仓发动了总攻。

太平军将领谭绍光受命夺回常熟城。在常熟城下进攻正处紧张之际，忽听探

马飞报：太仓守军告急！谭绍光无奈，只好对常熟暂缓进攻，分兵去救太仓。这样，太平军在城内与城外，就对攻军形成了内外夹击之势。奥伦指挥的洋军由于地形不熟，被谭绍光大军从沟底出击，一下被击毙百余人。

奥伦急了，令洋兵枪炮齐鸣，猛轰城头，而程学启、郭松林则掉转枪头，阻击谭绍光在城外的援军。洋军炮火轰了五个多小时，终于把太仓城打开了两个缺口。

守城的太平军誓死抵抗，并且占据有利地形，使得奥伦束手无策，不得不下令撤军，放弃攻城了。他指挥将士们搬走大炮，但不料，攻也难，撤退也难。城内的太平军见洋人要撤，还要运走大炮，便开始组织兵勇向城外冲锋，边冲边打，洋人只好弃炮而逃。

洋军逃跑了，程学启、郭松林无奈，也只好命令淮军后撤。城里太平军蜂拥而出，一路追击洋军和淮军。至此太仓城的防守能力顿时增强。

太仓战败后，英军大失所望。史迪佛大发脾气，将指挥官奥伦撤换下来，换上了英军上校勃兰来统领洋军。勃兰是新官上任，但同样出师不利。再度出战太仓，被太平军打得更惨，死伤三百余人，还丢了所有大炮。史迪佛彻底认输了，找到李鸿章，要撕毁与淮军的合作协议，说："你出再多的钱，我也不能为你打这样的仗了！"

李鸿章进军吴中以来，真正得手的，此时仅仅是一座常熟城。常熟在淮军李鹤章手里。李秀成几次制订计划，要把常熟夺回来。

这一天，李秀成下达命令，由他亲自组织，亲自督战，攻打常熟。李鹤章将面临一场来势凶猛的大反扑。

这个消息很快由探兵报告给了李鸿章。李鸿章一刻也不敢耽误，急令潘鼎新、刘铭传率四千兵马开赴福山扎下大营，随时准备支援常熟的李鹤章。黄翼升的水师也奉命来到了福山，以作增援。

李秀成按原定计划从苏州城出动了。他亲督一万多兵马，主攻常熟西、北两门，其余由谭绍光主攻。李鸿章又花重金请来了洋兵支援。洋军经过调整以后，士气大振。连战了两天，无奈洋军和淮军的兵力和火力强大，所以到两军大战后的第三天，李秀成抵抗不过，只好撤军。常熟得以解围，洋军将领戈尔登也获胜而去，进驻松江城内。李鸿章感激不尽，对戈尔登佩服得五体投地，亲自送去赏银。

李鸿章为犒劳众将军，上奏朝廷为戈尔登等人请功，皇上一一批准。

李鸿章还奏请朝廷封赏太平军降将。这事在太平军中引起极大震动。到了同治二年三月九日，又从太仓城里传出一条惊人的消息：太平军会王蔡元隆已使人潜入上海，求见李鸿章，具体谈好了受降条件。这消息使淮军上下兴奋

不已。太仓是一块难啃的硬骨头，如今不费一枪一炮就拿下该城，当然是件好事。而李秀成的太平军中，却上下恐慌不安了。唯有李秀成、谭绍光等好像并不吃惊。据说，太平军探马将这一消息报告李秀成时，他只笑了笑，道："随他去吧！"

接收太仓城的人并非是已围城多日的程学启和郭松林，而仍将是李鸿章的胞弟李鹤章。

果然，在消息传出的第二天，李鹤章就率大队人马来到太仓城下，准备接应蔡元隆。按照李鸿章与蔡元隆商定的方案，双方各派一支小队在北门外碰头。人们发现，刚碰完头不一会儿，李鹤章就率本部淮军大摇大摆地开进太仓城了。

程学启、郭松林在城外看得眼红，心想：多日来的艰难围攻，竟让李鹤章吃了一碗现成饭，归功于他了。二人正在嘀咕，忽见远处尘土飞扬，一支大军飞驰而来。程学启一惊：不好了，太平军谭绍光来了！不一会，从旌旗上那个硕大的"谭"字已经看出，正是太平天国慕王大军来攻太仓了。

程学启、郭松林慌忙调集人马，准备应战。却不料城内突然枪炮声轰鸣，青烟滚滚。刚开进城内不久的淮军兵勇抱头向城外逃窜，李鹤章在数十名亲兵的护卫下，边打边向城外撤退……程学启、郭松林这才感到事情不妙，好似明白了什么，赶紧指挥兵勇们前去接应。

原来，这是蔡元隆与李秀成商量好的一条妙计。李秀成让蔡元隆佯装向李鸿章投降，引其胞弟李鹤章上当。李秀成估计到：为了替胞弟争取一功，李鸿章肯定会以李鹤章一军前来接收太仓。届时，蔡元隆可伺机将其一网打尽。

李秀成见李鸿章上了圈套，就令谭绍光率军配合，堵住李鹤章的去路，争取使之全军覆灭。李鹤章按胞兄李鸿章的指令如期抵达了太仓。蔡元隆已在城中做好了准备，让一部分士兵埋伏在附近建筑物里，而一部分士兵则手执枪械列队守候在四面城门的两侧，装作欢迎李鹤章淮军入城的样子。为了免于短兵相接时误伤了自己的人，蔡元隆还为每一位将士准备了一根白布条，全部系在左臂上。

蔡元隆派小队出城与李鹤章的小队接上头后，李鹤章一点警觉也没有，丝毫不怀疑胞兄的安排会中了人家的圈套，得意洋洋地在亲兵的卫护下入了城门。淮军此次入城共三千人马，李鹤章在前，身后的队伍浩浩荡荡，只当真的是接收太仓，毫无应战准备。队伍进城大抵已有两千人，还有约千人仍在城门外时，蔡元隆突然指挥伏兵和城门处的将士向淮军开枪开炮，有的干脆乘机就近用刀子猛捅。仅几分钟光景，入城的淮军已多半毙命。李鹤章发现上当，转身就向城门处逃跑。蔡元隆已盯住了他，两个壮汉上去就将李鹤章按倒在地，又一顿拳打脚踢，以一种最粗鲁的方式折腾李鹤章。因事先已有命令：活捉李鹤章。不然，李

鹤章定无逃生可能。

李鹤章的亲兵们还算勇猛，对李鹤章也十分忠诚。他们见主将被捉，一个个拼命上前，硬是从太平军手中把李鹤章抢夺过来，在他身子周围站起一圈人墙，护卫着李鹤章向城门处撤退。

蔡元隆见李鹤章被亲兵救回，也不管要死的还是要活的了，下令开枪，顿时打死李鹤章的亲兵数十人。这些亲兵都来自庐州一带，多数已跟随李鹤章参加团练多年了，倒下去一批，又上去一批，终于把李鹤章护送到城门之下。刚要出城时，又遇谭绍光大军在外堵截，李鹤章左腿中弹，血如泉涌。幸好程学启、郭松林率兵前来相救，才使李鹤章免于一死，逃出太仓城。但他的三千兵勇已被打死一千三百余人，另有五百人被蔡元隆活捉。此次真正逃出的仅一千一百余人。

这个消息传到李鸿章的行辕，已是晚饭时分。李鸿章闻报，将自己的饭碗高高举起，重重地摔在地上。他气得脸色铁青，心里十分内疚。

李鸿章吃了这一次大亏，几天不思茶饭，心中窝火。他亲自出马来找戈尔登，希望洋军出兵，配合淮军来替他报仇。李鸿章愿出高价，戈尔登欣然应允，立刻随几路淮军兵勇开到太仓城下。

这太仓城里的蔡元隆，早已估计到李鸿章会来报复。因此，李秀成另派两千多兵勇，进城助战。蔡元隆也令四面城门广筑工事，加固城防，准备迎战。

戈尔登出动了两千八百名洋兵。他们在太仓城外筑起营垒，架起十四门重炮，并带来“海生号”战舰，从水面助攻。程学启、郭松林各攻一面，另派一军在河道上拦截太平军水师。太平军水师由际天福李文熙率领，共五艘大型炮船。程学启亲自督军，围住船队，枪炮齐射，把炮位打毁，还活捉了李文熙。李鸿章得报，令程学启将李文熙当众斩首，头颅扔到太仓城城门之下。

程学启截获了太平军的炮船之后，又到南门外督战。东门由郭松林主攻，西、北两门是戈尔登洋军的主攻区域。洋军和淮军从四面同时进攻，火力越打越猛。四个半小时后，戈尔登的洋军首先攻破了一段城墙。洋兵们精神大振，纷纷冲向缺口处。城内太平军奋勇抵抗，连许多百姓也主动来到城头上助战，向洋军扔石块、抛砖头，砸伤洋兵百余人。

洋兵们还是冲进城内了。程学启也率千余淮军兵勇来到缺口处，进城与太平军展开肉搏。双方都有伤亡，一时难解难分。突然，蔡元隆被流弹击中，当场昏倒。这使得城内守军慌了手脚，一时无人指挥。见城内淮军和洋军将士越来越多，太平军将士便开始四处逃散了。最后，太仓城终于被攻军占领。除了已逃散出城的太平军外，城内有三千太平军将士及一千多名助战的老百姓被程学启、郭松林俘虏。程学启、郭松林将俘虏们分别关进几所大房子里，然后派快马请示李鸿章。李鸿章下令：杀尽太仓城所有俘虏，以示报复！程学启、郭松林得令，用了近一天的时间进行了大屠杀。被俘太平军及老百姓无一人幸存。太仓这一惨案震惊全国，数家报刊抢先发表新闻，并配发评论，对屠杀俘虏及百姓事件给予谴责。这使得李鸿章遭受了一些难堪，但他在行动上仍然不予理睬，继续按自己的计划肃清吴中。

收复太仓后，李鸿章定下的下一个目标是昆山。虽然他亲自督战，但无奈城墙十分坚固，一时无法攻破，于是他下令围困昆山。程学启带人在城外广筑营垒，开挖掩体，甚至动手挖起了地道，准备从地道中靠近城下，用炸药轰城。

不久，李鸿章又听戈尔登建议，切断了昆山通向苏州的唯一水道。至此，城内太平军人心惶惶，几次突围，都被截获。李鸿章见时机已到，便下令淮军与洋军共同向城里发起总攻。

总攻后的第三天，昆山城内的太平军坚守不住了，纷纷弃城而逃，沿大路向西，逃奔苏州去了。戈尔登见城内太平军突围成功，下令停止轰城。接着，掉转大炮，追着太平军的人群轰击。又令兵舰和炮船从水道上追击拦截，打死溃逃的太平军无数。

程学启率淮军收复昆山城时，又拨出一军，乘胜进占了附近的阳新。淮军此战共俘获太平军将士一千五百多人，击毙两千余人，大获全胜。李鸿章满心欢喜地回到上海去了。

李秀成在吴中一带屡屡失利，尤其是常熟、太仓、昆山几个地方的失守，不仅使李秀成本人为之垂头丧气，也令他手下所有太平军将士情绪低落。一段时间以来，李秀成无论取胜或战败，其情况都不向金陵城中的洪秀全报告了。

对此，洪秀全十分愤怒。他就吴中一带连连失利召开会议，对李秀成大加批判，并全城发表通告。

上海城李鸿章的行辕前，来往进出的各地将领一批又一批出现。差官飞马送来的战报也雪片似的飞来。人们看出：一场大战又在眼前了。

签押房中，李鸿章斜靠在躺椅上，闭目思考着下一步的行动。他的目标已经很明显地能让部将们看出了：进攻苏州，向西北推进。

【第七回】

驻江阴军发苏州，开西门兵困无锡

淮军开创了一个崭新的局面。

眼下已是同治二年十一月初了。淮军与戈尔登的洋军联合，加上江苏各地的清军配合，以及李鸿章的统一指挥下，已全面收复了太仓、昆山、吴江、常熟等重镇。几天前，又夺取了苏州边上的宝带桥、虎丘和浒墅关。攻占了这三个地方，苏州的外围通道便基本切断了，苏州即将成为一座孤城了。

即便条件已经成熟，李鸿章还是慎之又慎，闭门思考了几天。直到最后才基本敲定方案：分三路挺进，最后择日一举总攻，速战速决。当前，各军都在进行具体准备，只等李鸿章一声令下。

不料，联络内应的苏州徐氏兄弟那边，发生了意外。徐家老六徐佩瑗入城策动太平军内部投降淮军时，被忠王李秀成发现了。李秀成下令将徐老六处死，暴尸街头。

徐家老七徐佩璋统带团勇兵船准备从苏州逃出，也被太平军打散，只带了几百名乡勇和几十条小船，奋力突围来到了上海。李鸿章将徐佩璋收编为太湖巡湖营水师，让徐家老八徐佩璘统带。这小队水师随军前往苏州，将参加攻城。

苏州徐氏兄弟这条内应的线索断了，李鸿章只能依靠自己了。这日，李鸿章召集大家听取意见时，一直是眯着眼，好像在躺椅上睡着了。其实他在听大家的意见。当听了钱鼎铭所讲的保护苏州古迹一事后，李鸿章猛地从躺椅上起身，茅塞顿开。他决定，组织大家合围，总的方针是：既要拿下苏州，又要尽可能地保全苏州这座历史名城。因此只可以智取，不可只顾强攻。

李鸿章的计划得到了大家的理解和支持。按照分兵的思路：中路大军由程学启统领，目标是盯住谭绍光和郜永宽等军。北路军早已不在上海，故由常熟发兵，开往无锡、江阴一带，作为救援，也以此牵制太平军可能出现的援军。李鹤章的腿伤已经痊愈，因此出任北路军统领。为了使他不要过度操劳，李鸿章令刘

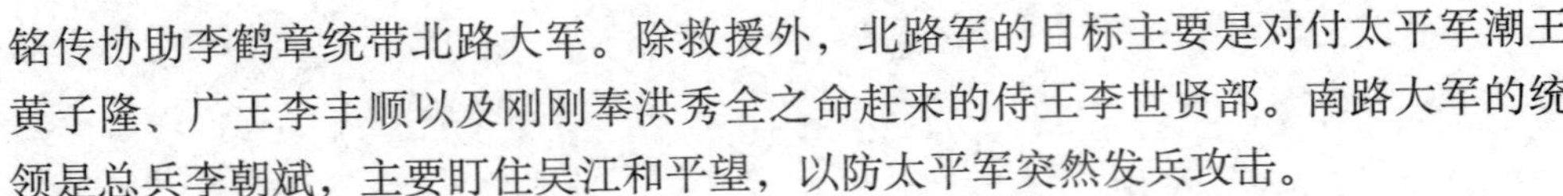

铭传协助李鹤章统带北路大军。除救援外，北路军的目标主要是对付太平军潮王黄子隆、广王李丰顺以及刚刚奉洪秀全之命赶来的侍王李世贤部。南路大军的统领是总兵李朝斌，主要盯住吴江和平望，以防太平军突然发兵攻击。

除了三路大军各有目标外，另调提督黄翼升的水师用于来往调度，哪一处紧急，就驰援哪一处。戈尔登的洋军继续驻扎昆山，作为此次总攻苏州的后援部队，与水路黄翼升一样，哪里需要救援就打向哪里。洋军的炮队可随时单独调遣。

另有一路军由黄鼎新统领，驻守金山卫，同时也作为后援兵力。刘秉璋统领庆字营兵勇，驻守泖泾一带；副将杨鼎新统领五营一部兵力驻守张堰，主要是防守自浙江及吴中一带散落在外的太平军突然来援。

从这时开始，苏州城里真正开始人心惶惶了。因为此时已不是传说李鸿章要进攻苏州了。探马得到的消息是：苏州城方圆五六十里地的范围内，到处都可以看见淮军的人马，连大一点的村庄、集镇都有淮军驻扎。全城太平军虽是惊慌，但昼夜准备，布防工作是一刻不停的。李秀成更是不敢离开苏州一步，天天骑马四处巡视各哨卡、营垒的防守情况，告诉士兵们这儿要垒高，那儿要加固。苏州城一时恐怕成了全国最大的一个工地。

为了对抗李鸿章的进攻计划，李秀成在苏州城忠王府内，也召开了一个由各路将领参加的军事会议。会议认为：死守苏州不是办法，应该尽最大可能攻占苏州周边重要据点，扩大苏州的防区，避免苏州城成为一座孤城。他还要求各军必须以苏州为中心，始终关注苏州的局势，随时准备丢弃自己的防地，驰援苏州。

按照李秀成的部署，各军开始紧急出动。不料，有些队伍还未出城，李鸿章调遣的几路大军就已全部进入了指定地点。甚至有些淮军营地在苏州城外布阵已经长达两个月了。

此时，程学启来报，说统带魁字营水师的合肥人郑国魁与太平军的纳王部永宽原本相识，这会儿才联系上。部永宽对郑国魁说他可以联络城中统兵的比王、康王、宁王和四名天将，共十万人马，作为内应，献出苏州城！并提出四大条件，一是要求李大帅亲自保证，确保他们的生命安全，绝对不可以在事成之后变卦；二是要把他的部队整体收编为淮军，单独成立二十个营；三是所有的伪王都要赏封为总兵，所有天将也要相应赏封为副将；四是要清军一方让出半个苏州城，以供他们驻扎。由他们驻扎的城门，也要让他们把守，不可以用其他淮军兵勇代替。部永宽还说，若以上几个条件不予答复，他们死守到底，决不投降。他们还要在最后时刻，放火烧掉整座苏州城。

李鸿章听了左右为难。他前思后想，终于想出一个交换的条件，就是要降军献上李秀成和谭绍光的首级，才能保证兑现他那个条件。

程学启领命走了。李鸿章继续按照已定的作战计划行事。正所谓“吃一堑，长一智”，李鸿章其实是做了两手准备的：首先是围攻，以声势，以实力逼其就范，他不相信已发展壮大起来的淮军攻不下一个苏州城。其次才是依靠降将从内部接应，使苏州不战而得。他希望部永宽能拱手让出苏州，但绝不依靠他献城。

在全盘作战计划的安排上，他甚至根本没有考虑抑或能受降成功的因素，而仅仅立足于围攻，立足于打。他要通过打迫使部永宽或别的太平军将领主动降低条件，甚至最终不讲条件地向他投降。

争夺苏州的战斗还是按照李鸿章的计划毫不犹豫地打响了。既然已经打响，两军便各不相让了。打得最激烈的地方当数江阴。自从淮军开出了凶猛的第一炮后，两军就在江阴城外的阳舍打得热火朝天，以至两天不见胜负。正在难舍难分时，苏州城里的李秀成派快马给这里的太平军传来他的命令：以后攻之势，去围攻上海、昆山、常熟和江阴。

太平军将士们都对他这个命令百思不得其解。他或许是想让各路大军去围攻这些地方，以解苏州之围？但站着说话不嫌腰痛！大势已去的太平军有这个能力么？更令部将们为之吃惊的是，这个已表示过“死也死在苏州城”的李秀成在紧要关头，丢下这道让人摸不着头脑的命令就回天京去了。

那日，李秀成匆匆忙忙整理了自己的私物，连同他在苏州城的眷属及部分老弱妇孺一起，前后二十几辆骡车，浩浩荡荡地趁着早晨的一场大雾溜出了苏州，直奔天京而去。他把坚守苏州、指挥各军作战的任务交给了慕王谭绍光。就这样，他拍拍屁股，走了。

李秀成一走，全城哗然，人们信心大失，勇气全无。而淮军将士则恰恰相反，不仅士气高涨而且来势凶猛。

李鸿章还派来了一支敢死队，人数虽只有千人，但都是年轻高大粗壮之勇；由太湖一带又派来两艘装甲船，外加“海生号”兵舰，都用于主攻苏州；在常熟驻守的李鹤章部及其他营头约两万五千人作为紧急时的援军。在周边郡县驻守的援军还不计在内。李鸿章此次用兵，是自淮军组建以来的极限。由此表明：他志在必得。

李秀成离开苏州，慕王谭绍光受命于危难之时，推辞不了。在会上谭绍光苦口婆心地劝说，希望大家挺过这一难关，但效果甚微。各军将领意志消沉，信心不足，都在心中打着自己的小算盘。

李鸿章围攻苏州是从攻打江阴开始的。但打江阴却没有把主战场放在江阴城，而是把太平军引出城外，在江阴旁边的阳舍摆开了战场。

见阳舍激战不已，李鸿章便以绝对优势压过去，令黄翼升、李鹤章、刘铭

传、郭松林、滕嗣武、周盛波、张树声等全部亮相，总兵力达到三万人。整个江阴，一时人满为患。小小的阳舍，顿时拥挤不堪，到处都是淮军将士。其实太平军此时在江阴城的兵员不过三千二百人，李鸿章如此兴师动众，令淮军中的许多将士都大惑不解。李鸿章的目的是向太平军示威。

李鸿章达到目的了，仅用了两天的工夫，不仅收复了江阴城，还全歼了在江阴附近所有小集镇上的太平军。两天后，在江阴一带走一圈，只能见到太平军成堆的尸体，而找不到他们一个活人了。

江阴战火停息，苏州南侧的吴江又起战火。原来，太平军遵照李秀成未离开苏州前的命令，以四千五百人的兵力偷袭了吴江城，驻守在这里的刘铭传部猝不及防，竟让太平军夺去了吴江。这时，李鸿章又灵机一动，请戈尔登率领他的洋军及兵舰来对付吴江的太平军。戈尔登欣然领命，率“蟋蟀号”“萤火号”两艘英舰驶抵吴江。

戈尔登到吴江后，和程学启联合占领了花泾港和月里港。有了这两港为营，程学启亲自督军，令总兵欧阳利见、孙友昌、张光泰、刘士奇去攻占了吴江府所辖的震泽县县城。在县城内，三千太平军全部缴械投降。不过，程学启一声令下，把三千降兵杀得一个不剩。

就在程学启攻克震泽县并制造又一起惨案时，戈尔登也攻进了吴江府。城中守军阵亡两千余人，其余则突围逃到苏州城去了。至此，苏州与浙江、上海一带的交通被切断。得胜之后，戈尔登与程学启兴奋异常，准备立即进逼苏州。

苏州城外已有程学启所部兵勇驻扎。戈尔登与程学启率兵前往苏州，无疑是给苏州城外增加了大批兵力。戈尔登与程学启合作攻城已经多次了，渐渐有了一种默契。一路上这两人骑马并行，好不亲热，边走边叙话。

谈着谈着，程学启便说到了杀死三千太平军的事情。

没想到，戈尔登听完大怒，拒绝进军苏州，一气之下回了上海，并找到李鸿章要求查办程学启。李鸿章不答应，两人不欢而散。

正在戈尔登与李鸿章闹不愉快时，发生了一件他俩都始料不及的事情：曾被李鸿章罢官并推出城门之外的白齐文因不服处置，徒步赴北京活动，图谋官复原职未能成功后，一气之下投降了太平军。这日，他潜入上海来了，找到了原先在他手下干过的十几个人，又勾结上了两个洋人，一起密谋策划，采取突然行动，乘黑夜登上停泊在上海港的“高桥号”小轮，杀死了在船上守卫的洋军士兵，把小轮开走了。白齐文向苏州急驶时，很快便被洋军其他士兵发现，立即报告戈尔登。

戈尔登刚刚从李鸿章官邸出来，心中火气正旺，忽听说白齐文带人偷了他的小轮，顿时紧张起来，但此时已晚了一步。他下令要海军兵舰去追击，可是已经追不上了。那艘小轮上装有一架新式洋炮，弹药也很充足。两艘英国兵舰停泊在港内，被白齐文在出港时轰了几炮，舰上的许多设备都坏了。

白齐文一伙人驾小轮从上海路过吴江时，遇到大批在两岸巡逻执勤的淮军及清军。此时，白齐文稳住阵脚，不动声色。岸上的巡逻将士一看是洋人的战船，不敢查问，便让“高桥号”一路通行无阻。白齐文过了吴江，又见一艘淮军水师的战船迎面驶来。

面对着越来越近的淮军战船，白齐文眉头一皱，立即作了布置。待这艘战船与自己的小轮擦身而过时，白齐文命人冷不防地向战船开炮，一下把淮军水师的战船打成了重伤，不能行驶了。随后，白齐文等人把小轮靠上战船，杀死船上的水勇，抢得洋枪三百多杆，洋炮三门，白银两万两和一批弹药。

白齐文满载而归。一进苏州城，他就受到慕王谭绍光的热情接待。

之后，白齐文以高额报酬为诱饵，在城中各军精选一批士兵，配置洋枪、洋炮，组建了一支比洋枪队还凶猛的太平军敢死队，准备用它来专打攻坚战。

戈尔登听说白齐文效仿他的洋军组建起来一支军队，士兵们所得的报酬比洋军们还高，怕他手下雇用的士兵受之影响，私下里投靠白齐文去，便暂时把自己与李鸿章的不愉快丢到了一边，把洋军队伍开到昆山去了。

李鸿章也来了一个顺水推舟，四处贴出由他亲自签署的布告：悬赏三千两白银，捉拿叛将白齐文；若洋军中有人能拿下白齐文的人头，赏白银五千两。

鉴于苏州城内太平军防守的加强，李鸿章也对围攻苏州的各路将领进行了局部调整。他调淮军太湖水师总兵李朝斌充任攻打苏州的南路主力；另增调上海守军五千人开赴苏州，使淮军用于直接攻城的兵力达到了三万五千人。

眼下，淮军仍处于只围不攻的阶段。离总攻还有一些时日，苏州周围偶尔会有一些战事。一天，在江阴周围游动的太平军广王李丰顺部，乘夜深人静时，摸进了淮军刘铭传、黄翼升的大营。刘、黄大营设在江阴城边的黄田港。

李丰顺令士兵们穿上淮军的服装，假冒由此路过的淮军。抵近大营后，突然冲进淮军的营帐，烧着多处营帐，枪杀淮军士兵。淮军总兵赖荣光正在梦乡之中，也被夜袭者一刀捅死。这一夜，刘铭传、黄翼升共损失将士一千余名，刘铭传自己也险些遇难。

消息传到上海，李鸿章大为震惊。看来，苏州前线的战事单靠他在上海遥控指挥不行了。李鸿章决定，带幕僚、亲兵及仆役等一千余人，前往江阴。在江阴，李鸿章建起临时行营，开始坐镇指挥。

太平军得知李鸿章的临时行营设在江阴，便派白齐文的敢死队也开赴江阴，参与战斗。

江阴城已是壁垒森严。刘铭传、黄翼升加上李鸿章的亲兵，总兵力已达上万

人。淮军不仅在四城严密防守，在江阴外重要集镇也布下了重兵。

陈坤书等四路太平军一抵城下，刘铭传在南、北两门便指挥反击，黄翼升也在东、西两门架炮猛轰。城外还有几支淮军一齐夹攻。

太平军左躲右闪，就是靠近不了城墙，也找不到一个可以扎下营垒的地方。白齐文因身体不行，未能亲自率队前往。他听说李鸿章正在悬赏捉拿他，心中也有些害怕，担心自己一出现在李鸿章的眼皮子底下，就会在劫难逃。

在亲兵们的前后护卫之下，李鸿章亲自登上城头，调动炮火，集中向太平军人多的地方狂轰滥炸，一颗炮弹落地，马上死伤一片。白齐文的敢死队本来就都是些贪生怕死之人，如今情况危急，群龙无首，便四散逃跑了。

李鸿章坐镇城头，悠然自得。见时机已到，便命刘铭传配合李鹤章拨队去攻。

那些坚持战斗的太平军刚打出两颗炮弹，淮军两路人马便已近在眼前了。淮军以洋枪射击，一时弹如雨下，使太平军顿时如受惊的群鸟，四处逃窜。陈坤书一见无法抵抗了，自己带头向北面狂奔。他一跑，炮手们连大炮也不要了，爬起来就跑。

太平军向北面逃奔，李鹤章、刘铭传加紧追击，边追边打，把太平军追出十余里。太平军眼看就要到江边了，不料又遭江北淮军水师的轰击。陈坤书只好改道，向常州方向逃奔。

江阴一战，太平军未能攻下城池，反而损失惨重。所携大炮全部丢失，还死伤将士四千六百余人。江阴这边，李鹤章、刘铭传得胜而归，令士兵们清理战场，得重炮十七门。

李鸿章下榻在江阴城一座华丽的建筑内。那儿成了围攻苏州的指挥中心，守卫戒备森严，门前车水马龙。这日，李鸿章在他的行营里召开了一个小型军事会议，商议下一步的进攻计划。李鹤章、刘铭传、黄翼升等都以为李鸿章要下令对苏州发起总攻了，不料他却宣布：进攻无锡！分三支大军继续展开强大攻势。

北路军负责即刻进攻无锡；南路军主攻吴江、平望一带的太平军；中路大军直攻苏州。除进攻无锡即日开始外，其他两路大军边坚守阵地，边作为无锡的外援，随时听从调遣。

李鸿章此次安排总兵力多达七万人马，其中淮军人数最多，约五万人，其余为洋军、洋枪队和清军。洋枪队此时已改称为“常胜军”，统归戈尔登统领。那原头领华尔早已在浙江慈溪阵亡。戈尔登收编了洋枪队，改称常胜军后，使中外混合兵勇达万余人。李鸿章作此部署，戈尔登出兵六千人，为洋军参战以来，出兵最多的一次。

开战前夕，李鸿章获悉驻上海的英军从国内运来了最新式的重型大炮，喜不自胜。他在分拨完各路大军的任务以后，从江阴回到了上海。他一到上海就马不停蹄地登门拜访英军驻上海的总司令柏郎，问他借了一批重型大炮，送往苏州战场，配给了程学启、李鹤章和刘铭传。

上海各界官绅获悉李鸿章从苏州战场上回来了，纷纷登门拜访。李鸿章一时高兴，把钱鼎铭传来，要他从中策划，就进攻苏州之事召开一个新闻发布会，专门邀请上海各报新闻记者前来参加。李鸿章第一次以主人身份，面对这么多新闻记者，激动万分地做了即席演讲。在这个会上，他除了枝节问题有些夸大以外，所讲的基本也属实情。

一段时间后，太平军纳王郜永宽提出让洋军统领戈尔登出面担保，准备和李鸿章议降。

议降的情况报到李鸿章这里，他依然是不动声色。他命差弁拿了他的调兵札子前往苏州城外。这札子是送给戈尔登的。札子上说：无锡攻城的形势十分紧急，北路大军刘铭传势单力薄，请戈尔登迅速率他的六千兵勇移驻无锡，给予支援。

戈尔登很不情愿，他只想主攻苏州。但这是李抚台之命，难以违抗，只得快快而去。

李鸿章下令让戈尔登移军无锡时，李鹤章正巧到达上海。眼看苏州唾手可得，李鸿章便叫李鹤章去攻打苏州。

这是同治二年六月，李鸿章一边让攻打无锡的几路大军继续围攻无锡，一边不动声色地暗中指令程学启、李鹤章发动了对苏州城的直接进攻。

周围的淮军援军都还不知情的时候，程学启、李鹤章就悄悄地进了苏州城。太平军久被围攻，全军上下已不思守城，见程学启、李鹤章大炮一响，便弃城而去。仅个把小时的工夫，苏州城就到了李鹤章的手里。

李鹤章派出快马，把这一捷报以最快的速度报到了李鸿章的行辕。李鸿章激动得热泪滚滚，亲笔写下报捷奏折，以八百里加急送往京城；又另派一支小队，乘洋轮去曾国藩那里，向恩师报喜。忙完这些事后，他亲率自己的幕僚、亲兵营将士，飞马赶往苏州城。

程学启、李鹤章精选了一千名淮军士兵，手持锣鼓彩旗，列队在南门外欢迎大帅进城。李鸿章入城以后，在众将领的前后簇拥下巡视了全城。苏州的优美景色在李鸿章的心中引起了强烈的震动。

李鸿章万万没有料到：他只是这座古城的临时主人。

程学启、李鹤章攻城的炮火一响，苏州城里最为惊讶的是太平军纳王郜永宽。

听着炮声，郜永宽心中不觉一凉，顿时生出了火气来，他没想到李鸿章根本

就没把自己放在眼里。因此，程学启、李鹤章攻城时，他还积极组织了反击，向李鹤章的攻军猛打了几炮。后来，在慕王谭绍光的一再催促之下，他才撤下了队伍，匆忙逃出城外，直奔无锡方向。

郜永宽把无锡城看成了一个是非之地。他想：不如抢占无锡旁边的荡口，以自己一军在这里站稳脚跟。太平军来了，可以说是作为无锡的救援。淮军来了，又可以当作条件，向李鸿章拱手献出。

他正打着自己的如意算盘，却不料程学启未来，却追来了大队清兵。他们一到荡口便把郜永宽的太平军团团围住了。郜永宽被迫无奈，只好下令从荡口突围而去，向陆顺方向靠近。

从苏州逃出来的各路太平军，此时大都会合在陆顺。之后，李秀成召开了共九王参加的会议，共谋反攻苏州之策。

李秀成、李世贤来到陆顺的消息立即传遍了全军，将士们奔走相告，太平军的军心渐渐稳定下来。当晚，军中将领团聚。一番长谈以后，谭绍光才得知李秀成的心事。

自从天京城中的洪秀全得知李秀成出现了一些叛变投敌的传闻以后，便开始对李秀成也处处设防，倍加警惕，不予信任。军中各将也对他严加防范，防止他阴谋叛乱。洪秀全因为他屡不听命，还把他的老母与孩子留在天京，扣作人质。李秀成虽然怒发冲冠，但也无可奈何，只好全部答应下来。然后，他才过江率亲兵返回苏州来了。

还未到苏州，就听说无锡被围，苏州失守，谭绍光率残兵败将逃到陆顺去了。他正要率军到陆顺，恰遇李世贤率队来苏州。李世贤是听说苏州被困，拨队前来救援的。不料苏州已经易主。这会儿两王相遇，才一道来找谭绍光等七王的队伍。

李秀成召集会议，定下计策。各王在次日便着手进行紧急部署。具体办法是：于深夜时分在苏州城外布下重兵。天一放亮，就突然从四面放枪放炮，发起总攻。好歹忠王的亲兵加上李世贤所部，也有一万多人呢。再加上原来剩下的两万七千人，足够把苏州城围一个水泄不通了。

果然，李秀成一举进攻，仅用两个多小时就结束了战斗。一则李鸿章的淮军在城中还没有站稳脚跟；李秀成在深夜重兵埋伏，打得城中守军措手不及。二来太平军对苏州城内城外地形熟悉，反攻开始，不太费劲就攻下了苏州。

此役，李鸿章受到严重惊吓。他是自进入上海以来，首次在这样的包围中仓皇出逃的。李鹤章率一千多亲兵把李鸿章层层保护起来，拼命厮杀才冲出了城门，溃退到永安桥一带。这一切就好像是一场噩梦。李鸿章到永安桥一带时，半天没说一句话。

待李鸿章清醒过来时，已值下午。他的第一句话是："把苏州夺回来！"正巧，戈尔登率混合军两千九百人赶来救援，见苏州已失，便命其军在苏州城外的跨塘一带扎下大营。为了连成一片，做好反攻苏州的准备，李鸿章命程学启、李朝斌移驻宝带桥。

李秀成站在苏州城头，可以用望远镜看见淮军的一大片营帐及旌旗。他叫来慕王、纳王等，要他们分兵出城，去扫荡城外的淮军，把淮军从苏州城外赶走。

太平军兵分三路冲杀出城，戈尔登和淮军将领马上下令用枪炮反击，双方一时相持不下。突然，西北方向发来一军，原来是张树声和王东华的淮军。这支队伍从后侧夹攻李秀成的队伍，才迫使苏州太平军匆忙退回城内。

淮军连夜开始做反攻苏州的准备。李鸿章坐在营帐里，看着微弱的烛光发呆。不一会，有人来报说白齐文钻到了戈尔登营帐里去，很长时间了，白齐文还没有出来。

闻此，李鸿章好像突然被毒蛇咬了一口似的，顿时脸色变了，浑身都不自在起来。

程学启按李鸿章的指示率十几名亲兵骑马去侦察。刚到戈尔登营帐不远处时，就见白齐文飞身上马，向苏州城奔去。戈尔登笑眯眯地站在营帐门口，看上去很开心。

程学启把戈尔登请来了。李鸿章板着脸，看也不看他一眼。戈尔登知道李鸿章为白齐文来访一事生气了，就主动向他介绍了白齐文来访的情况。

原来，白齐文是想暗中投靠戈尔登，这会儿是来当面向他请求投靠的。李秀成返回苏州后，慕王谭绍光交给了白齐文一个任务：拨给他一笔银子，让他联系洋人购买军火。就是借着这个机会，白齐文结识了戈尔登。白齐文想投靠戈尔登，戈尔登也想引诱他脱离太平军。白齐文此时对太平军已失去了信心，知道苏州及金陵的前景都不容乐观。想到自己的退路，白齐文认为投靠戈尔登最为合适。

但白齐文也有担心之处：他已经与李鸿章闹翻了，李鸿章正在悬赏捉拿他。而淮军与戈尔登之间又是非常密切的合作关系，他若真的到了戈尔登的手下，又必然会受到李鸿章的排斥和歧视。甚至，无论出征哪里，还要听从李鸿章的分拨和调遣。

今晚找戈尔登面谈，白齐文提出了一个全新的思路：和戈尔登共创大业。

戈尔登万万没有想到白齐文有如此幼稚、不现实的想法，发怒训斥了白齐文。白齐文见戈尔登并不赞成自己的主张，且发起火来，自知此计不会得到戈尔登的合作。但是，他现在无论如何，也只有投靠戈尔登了。因此，白齐文见戈尔登反对自己的主张，马上表示放弃自己的打算，一心一意只听戈尔登的吩咐。戈

尔登这才消了气，表示愿意接受白齐文过来加入他的混合军，使太平军的敢死队归顺到他麾下。

这会儿，戈尔登来到李鸿章的营帐中，把这些情况津津有味地讲给李鸿章听，就好像他又立了一次大功似的。不料李鸿章听了，对他一阵讽刺。戈尔登无可奈何了。

白齐文私下里又派人来找戈尔登议降，都被戈尔登赶出门外。

白齐文断了与戈尔登的联系，慕王谭绍光交代他购买军火的任务便完成不了了。李秀成由此也对白齐文失去了信心，将他下派到军中，令他随军去救援无锡。

此时无锡正处于激战之中。李鸿章下令：向无锡发起总攻，以此牵制苏州一带的李秀成大军。刘铭传得令，立刻组织枪炮齐轰。李秀成果然从苏州城分拨大军，紧急驰援无锡。

这日，白齐文随大军抵达无锡的大桥角一带。

此次是李秀成亲自出马的，他率七千余人围攻大桥角。白齐文被分配在太平军“高桥号”战舰上，以战舰助攻大桥角。太平军在兵力上占绝对优势，不一会儿就击毁淮军水师舢板战船二十一艘。

次日，李鸿章得知大桥角被围，急令黄翼升、郭松林、王东华、滕嗣武、张树声、张树珊及原太平军降将周世昌、黄中之等率军增援。获悉白齐文也在大桥角战场上时，李鸿章咬牙切齿地对郭松林说：“这回力争要那白齐文的狗命！”

淮军来势凶猛，把李秀成的太平军暂时打退。又是一日，李秀成再次组织了对大桥角的围攻，他令“高桥号”炮手用三十二磅重的炸弹猛轰大桥角。

“高桥号”的炮手打出两发炮弹后，眼看大桥上的淮军兵勇开始纷纷逃窜了，心里正高兴，忽听一声巨响，“高桥号”战舰自己爆炸了！只见水面上火光冲天，浓烟滚滚。船上的兵勇被炸得肢体分离，白齐文自然也尸首难寻了。

原来，“高桥号”的炮手们正在轰击大桥角时，白齐文却与几个同乡水勇躲在后舱中饮酒作乐。因被下派军中，白齐文心中不快，就以酒消愁。喝醉以后，醉汉们便失去了控制，也不管岸上激战正凶，便你推我打地扭作一团。一不小心，舰上的火药间被点着了，于是发生了舰毁人亡的惨剧。

“高桥号”自我爆炸，淮军将士欢呼雀跃，太平军将士则顿时乱作一团。李秀成只得放弃进攻，退回苏州城。

李鸿章亲自督军，准备再攻苏州城，发誓要尽快夺回苏州。此时，通往无锡的水路已被李朝斌统领的太湖水师截断，苏州城又成了一座四面受敌的孤城了。

同治二年七月，即一八六三年九月间，李秀成在组织了几次大规模出城迎战之后，被迫将各路太平军都集中到苏州城里来了。

苏州城外，淮军云集。戈尔登的混合军驻扎得更近。站在苏州城头之上，可以听见戈尔登在营地里呼东叫西的喊声。

几年来，李秀成的太平军里也来了百余名洋人。苏州再次成为孤城，有些洋兵、洋将见苏州城实难坚守，便打起了投降戈尔登的主意。夜深人静时，苏州城里的洋人就派代表溜出城外，与戈尔登接上了关系，请求向戈尔登投降。

戈尔登欢迎他们投奔过去。于是，城里一夜之间就逃出二十九名洋人。戈尔登接收了他们，并安排船只把他们送到上海，让他们休养一段时间再说。

次日，戈尔登亲笔写下一封书信，用箭射入城中，请人转递李秀成、谭绍光等太平军主要将领。信中，他提出：太平军不要强留所有洋人，还苏州城洋兵、洋将去留的自由，更不要对准备离开太平军的洋人加以迫害。戈尔登还退还了已逃出的二十九名洋人所携带出来的枪械，以示严守信用。

收到戈尔登的致函以后，李秀成请慕王谭绍光代复一函，表示可以让洋人来去自由，绝不阻挡。但太平军也希望戈尔登能坚守“中立”立场，不要与李鸿章站在一边。谭绍光在复函中还另附一纸，希望戈尔登能为太平军购买一些洋枪洋炮。随着复函递出，李秀成还出面做城中洋人的工作，让四十名洋人出城，去找戈尔登。戈尔登接收了这批洋人，给以路费，打发这四十名洋人去了上海。

李鸿章听说这些情况，虽不情愿，但也无奈。这是洋人与太平军之间的事情，他不好横加干涉。他还想像第一次总攻苏州时那样，把戈尔登从苏州战场上调开，但又苦于找不到很充分的理由。何况眼下总攻在即，也的确需要戈尔登的洋枪、洋炮在苏州城外发挥威力，只好将想法作罢。洋人出城，已经失去消息多日的纳王郜永宽也借机跟着洋人一道混出了城外。他仍然叛离之心不死，要求见李鸿章。

李鸿章在一个偏远的小营帐里接见了郜永宽。接见时，他的脸上露出明显的鄙薄。

在苏州城里的太平军将领中，持郜永宽这种观点的人很多。苏州失陷近在眼前，只要不是死心塌地效忠太平天国的人，郜永宽一做工作就通。但要他杀了李秀成，的确是无法下手，还有就是没有机会。但郜永宽表示，可以杀了谭绍光。李鸿章最终默许，同意给他二品官职，并立字据为证。

转眼到了月底，李鸿章丝毫没有因为郜永宽等人答应献城而放松调兵遣将。反而，攻势越来越大，兵力越上越多，枪炮越打越紧。苏州城里的太平军日日在消耗、死伤，每日以数百人乃至上千人的速度在减少。城内得不到兵员补充的李秀成急得像热锅上的蚂蚁，不知如何是好。而李鸿章的淮军这边，兵员来去不停、接济不断，一派士气高涨的景象。

在防守中，太平军航王唐正才阵亡，主将韦成高、李生香等被程学启的淮军

活捉而去。在万般无奈中，李秀成只有向常州方面请援。

李秀成派人几次三番地送信，等了好几天，丝毫不见常州陈坤书的踪影。李秀成哪里知道，他接连送出的书信，均被李鸿章截获。李秀成的差役刚在城门露头，就会连人带信一起落入淮军之手。

而此时，陈坤书早已不在常州。他被洪秀全一份严诏，调回金陵救援去了。陈坤书临离开常州前，也给李秀成写了书信，派出两队人马计三十多人偷偷前往苏州。陈坤书是请求李秀成速对常州增加兵力的。

陈坤书急送李秀成的书信虽以复式送出，但仍然连人带信被截获。对此，李秀成、陈坤书二人都蒙在鼓里，还在互相埋怨呢！

这天一清早，在城头巡逻的淮军见一骑快马闪电似的穿过淮军包围圈，从北门冲进了苏州城。原来，这是金陵城中洪秀全派人送来了亲笔诏书。这诏书是命令李秀成即日启程，率苏州之兵救援天京。

李秀成不愿意放弃苏州，他也不愿回援天京。

但他已与洪秀全有约在先，已讲定四十天内回到天京。他的老母及孩子们还在天京。不救天京就等于对老母及自己的孩子们见死不救。李秀成这时才体会到洪秀全这一招厉害。

李秀成不知道书信送不出去了，因而一连写下几封秘函，令在无锡坚守的潮王黄子隆再约常州的陈坤书，及在吴中一带游荡的侍王李世贤三军同来，一起解了苏州之围，然后再分拨大军，回师天京，去攻打在天京城外的曾国荃大营。

信送出去五六天了，仍如泥牛入海，了无消息。李秀成这才有了警觉，猜想到可能书信被截。他真正是心灰意冷了。

不久，部下提议让他到上海和苏州外围，先招募二百个洋人作为骨干，由这二百人再分头去扩充兵源，尽快形成一军，组成一支能打攻坚战的“忠信军”。“忠信军”成立后，初战告捷，不担招到了洋兵，并且抢得了大炮，得到了不少赏赐。

李鸿章临时有事去上海几天，不久又回到苏州。大帅一到，人们从他那表情里，已看出了几分：大战就要开始了。

果然，当晚李鸿章就召集了由各路统领参加的军事会议，道：“我去上海几天，已把军火、粮饷等全部落实了，一两日内就到。明日开始，按分工干去吧！”

次日，戈尔登、程学启、李鹤章三军最先行动，全面封锁了苏州运河上的水面，禁止一切船只通行。这一招使太平军的“太平号”战舰也困在了无锡港口，不敢出航作战。

李鸿章令戈尔登的混合军打先锋。戈尔登依仗自己武器先进，并不计较李鸿章总是习惯于把最困难、最危险的任务交给他，只管一声令下去打。他先从城

外用箭射送一封招降书给谭绍光，劝其献城投降。谭绍光岂肯投降？得了招降书后，撕得粉碎，下令以最猛烈的炮火反击戈尔登。戈尔登大怒，出口就骂谭绍光不识抬举，趁黑夜之机，挥军偷袭娄门外的石垒长城。

可巧谭绍光已探知戈尔登的夜袭计划。于是，戈尔登的队伍中了太平军的埋伏，也没有干成，拼命逃奔时跌倒摔伤者成片，损失惨重。

谭绍光的伏兵们暴露后，戈尔登开始组织反击。他的枪炮果然厉害，一经反击，石垒城墙及炮台上的太平军立刻死伤一片。夜幕之下，双方兵勇被击中后的惨叫声划破了夜空，飘荡得很远。

李秀成被炮火声惊醒，知道谭绍光与戈尔登接上火了，便亲率自己的队伍前来助战。两军的互轰一直持续到天亮以后。这夜，戈尔登的部队死伤二百余人，而太平军死伤达三千多人。整个石垒长城内外，到处是太平军将士的尸体。

太阳出山了，李鸿章在亲兵们的护卫下来到戈尔登的营地，拱手向戈尔登道贺，对他夜间的战斗大加赞赏。戈尔登最喜欢别人对自己的夸奖，加之李鸿章出手就赏他一万两白银，更是得意非常。

次日夜间，戈尔登又组织了第二次夜袭。这次夜袭规模更大，出动的人马更多。

战斗中，戈尔登的大炮吼叫起来了，一发发炮弹就在太平军将士的身边爆炸，弹片好似散花似的飞落。李鸿章命他的淮军也上去。这些淮军将士一到现场，全都惊呆了：城墙上下已经尸积如山，倒下去一批太平军将士，又从城内上来一批。他们成排地站在城墙之上，既不反击，也不后退，好像全都失去了知觉一般。

李鹤章、程学启就站在前沿阵地上。他们呆呆地看着，就好像在观看一场洋人对中国人的血腥大屠杀。他们不是来助战的，此刻也无需助战。

城内的太平军将士好像已经弹尽粮绝了，只能任凭戈尔登横冲直撞。淮军中有些人见这般惨状，已不忍再开枪了。他们只是默默地看着，在心里为这帮太平军将士的悲壮鼓掌。

最后的冲锋开始了，因为此时两军相距只有几十码了。程学启、李鹤章下达了进军令，淮军将士们跟在洋军后面向前冲去。

就在这时，城墙上突然枪声大作，子弹、火器如雨点般打了下来。洋军和淮军顿时成排地倒下，大批兵勇纷纷向后溃退。

戈尔登已经杀红了眼，大喊着不许后退，指挥兵勇冲锋。这一冲还果然奏效，太平军被迫后撤了。

苏州的石垒长城尽管非常坚固，但巨石垒成的墙体在猛烈的炮火轰击下，还是一段一段地倒塌了。

冲过石垒长城，便是齐门了。齐门一破，就等于苏州大门洞开了。在齐门驻守的是纳王郜永宽所部。纳王多次议降的结果，将要在今天表现出来了。他要做给李鸿章看看，他郜永宽是在攻城最关键的时候暗中配合的。

眼见攻军将士已越过石垒长城，郜永宽却令将士们去垒中躲藏，一枪不打。李秀成在巡视战场时发现了齐门营垒的反常现象，对慕王谭绍光道："你去看看，齐门守军为何只躲不攻？"

谭绍光怒气冲冲地来到齐门营垒，见郜永宽的士兵们果然都躲在石垒中，连伍贵文、汪安均、周文嘉、范起发、汪有为等人也聚在郜永宽的指挥室里。谭绍光大怒，令郜永宽用枪炮阻击攻军。

李秀成令慕王去郜永宽营中督战，久不见归，心中便更是犯疑。原来郜永宽已经杀了谭绍光，并率领手下队伍投降。李秀成率一千多名亲兵正要去找慕王和郜永宽，忽见齐门处已人山人海，戈尔登的洋军和程学启、李鹤章的淮军已经踏过齐门，直奔城中而来。而郜永宽却与那李鹤章策马冲在前头。

李秀成正要反击，亲兵们却拥着他向北门逃去。李秀成冲出了苏州城，一路尘土飞扬，直奔无锡而去。

戈尔登的六千多兵勇统统开进了苏州城。他听说郜永宽与李鸿章早有约定，便将南门交给郜永宽驻守。他还要郜永宽去寻找谭绍光的尸体。郜永宽从乱尸堆里扒出了谭绍光的尸体后，戈尔登令人按中国传统礼仪去埋葬谭绍光，并宣布：谭绍光原有的部将及兵勇统统免死，愿意回乡务农的，当场就可以回家。

听了戈尔登的话，被俘太平军将士们在心中一阵欢喜，有的当场真的就飞奔出城。可是，他们忽视了一件事：此时城内城外到处都有淮军的人马，可以从戈尔登手中逃走，却逃不了淮军的堵截。最终，全城降军兵勇和被俘的太平军将士，有幸得以出城者无几。

苏州城被攻破当天，李鸿章并没有进城。他依然在他郊外的营帐中度过了一夜。淮军将士们连夜将宝带桥南边一所大地主的宅院打扫干净，准备让李鸿章在这里暂住几日，等苏州城彻底平静了，再把他接到城里去。

次日，李鹤章带了一营亲兵来接李鸿章了。人们只见今日的李鸿章蟒袍礼服，花翎朝珠，得意洋洋。他骑上高头大马，在数百名亲兵翼卫下，前往苏州盘门外，住进了部下们为他准备的临时行营。

戈尔登、程学启、刘秉璋等将领已经在行营恭候李鸿章。戈尔登以攻破苏州有功，要李鸿章为将士们赏加两个月的军饷。李鸿章笑着，既不答应，也不拒绝。

他用眼瞄了一下戈尔登，实实在在地感到他在这儿要碍事了。戈尔登要放了谭绍光的被俘将士，还要厚葬谭绍光，且私自安排降将郜永宽进驻南门等，都已传到了李鸿章的耳朵里。但李鸿章毕竟是善用心计的人，他会不露声色地让人心服口服地听令。

戈尔登提出军饷一事，李鸿章只笑了笑。他要戈尔登看他的一台“好戏”。

李鸿章微微侧了身子，对站在他身旁的幕僚周馥道：“那八顶武二品的朝冠都备齐了么？”这个当年的安徽生员、现在的淮军幕僚周馥笑盈盈地答道：“禀中丞大人，都备齐了！”

“那就好，那就好！我要来让戈尔登将军看看，这武二品的顶戴，戴在降将郜永宽的头上合适不合适？！”李鸿章说着，向周馥要过一顶崭新的二品暖帽，在手中抚玩着。

戈尔登原来不知这李鸿章又在玩什么花招，到这时才明白，他是要在这里给郜永宽等八名降将颁授顶戴花翎。他不禁在心中嘀咕：不料李鸿章这一回还真的严守信用！

果然，随着程学启一声高喊，郜永宽等八位太平军降将列队来到了行营。见李鸿章端坐在上，他们一齐上前行了跪拜的大礼。

李鸿章极其威严地一个一个地点了他们的名字，兑现了他的诺言。

傍晚时分，李鸿章在行营里设宴款待众将，庆贺苏州城失而复得。李鸿章命程学启、李鹤章等去向戈尔登和降王、降将们敬酒，真是够赏脸了。

戈尔登高举起酒杯，要敬抚台大人一杯酒。借着酒性，他把李鸿章恪守信用，厚待降王、降将的义举大大赞扬了一番。

李鸿章眯着双眼，微微带笑，却并不接这个话题，他开口道：“你这一次劳苦功高，本帅心中有数。可记得我已给了一次奖赏了？这一回再加赏你全军一个月的军饷如何？”

戈尔登脸上微微一红。他知道并且也没有忘记李鸿章在他夜袭之后，给过他私人一万元的赏银。现在再增发一月军饷，也算得李鸿章出手大方了。加之降王、降将一事处理得令戈尔登佩服，他这会儿自然是满口叫好，对李鸿章千恩万谢了。

突然，李鸿章端起酒杯，面色严峻地对戈尔登道：“本帅仍有一事相求。我要请你明天一早就将你的队伍开往无锡。无锡战事正紧，急需你的洋炮助我一臂之力。”

戈尔登一惊，但正在喝酒之际，随口也就答应下来了。他却不知，李鸿章要他支援无锡是假，要把他支开，好处理苏州一战收尾诸事是真。戈尔登若留在苏州不走，李鸿章就会感到碍手碍脚。

几桌酒席正在进行中，李鸿章提出要回房间休息了。他笑容可掬地走到郜永宽等八名降王、降将的桌子前，道：“诸位慢慢喝吧！你们光复苏州有功，多喝

几杯，一醉方休，都是一家人，不用客气呀！”

郜永宽带头站起身来，大家一齐向李鸿章拱手作揖，祝大帅身体健康，请大帅保重身体，然后目送李鸿章向大门外走去。

之后，程学启笑哈哈过来了，要郜永宽等继续坐下喝酒。他主动举起酒杯，与他们同干了一杯。李鸿章一走，戈尔登来劲了，也端起酒杯过来，与郜永宽这一桌的人同干三杯，道：“郜将军等八位受封，令人高兴，要痛饮几杯呀！”在场的人见状，也一起又喊又叫，欢天喜地。李鸿章走了，大家少了拘束，尽情说话，尽情喝酒，大块吃肉，把酒宴气氛推到了高潮。

不久，戈尔登要出去方便一下。程学启向自己的亲兵使了一个眼色，他们立即跟上去，搀着戈尔登向行营外去了。望着戈尔登的背影，程学启向院子中一招手，不知从何方突然冲出来数十名高大剽悍的淮勇，一个个全身披挂，手执利刃，直向郜永宽这一桌人扑来。仅是一个转身的工夫，其他坐着喝酒的人一呼啦散去，郜永宽等已被围住，两个大汉捉着一人，将他们的头按在酒桌上，没有费很大的劲，八个人头就落地了。

杀掉这八人之后，程学启站在行营院子中央，大声狞笑，十分开心。正在这时，戈尔登方便完了回来。程学启赶快迎上去，将他堵在行营大门口，道：“将军，酒席已散了，你请回吧！”戈尔登心中生疑，立即警觉起来。

突然，他看见两个剽形大汉抬着郜永宽的尸体出了饭厅，大步走过来。他看清了：八名降王、降将都已经惨死在程学启的刀下。

戈尔登顿时怒火万丈，差点与程学启大打出手。

戈尔登最后以程学启背信弃义为由，留下一张字条，说他不能遵命去救援无锡了。不仅如此，今后也没有办法再与淮军合作了。他率着他的混合军去昆山了。

李鸿章看了戈尔登丢下的字条，冷笑了一声。

戈尔登走了，苏州城里的太平军投降将士和被俘兵勇就遭殃了。程学启亲自督军，先封了李秀成的忠王府和谭绍光的慕王府，将两府中未及逃走的家童、仆人、眷属等统统杀尽。

李秀成直系亲属已经被带走，但谭绍光一家三十余口却无一人出城，多惨死在程学启的刀下。只有郜永宽的儿子暂不知下落。

太平军降将及四名降王的官邸也遭到了大肆的烧杀抢掠。紧接着，淮军出动万余人马，将所有投降和被俘的将士分批赶到一块低洼处，杀得一个不留。最后略作统计，收复苏州后被杀的投降和被俘的太平军将士，多达一万一千人。

苏州特大惨案一出，四方震惊。戈尔登闻讯，率一千亲兵赶到苏州。他设法找到了降将郜永宽的儿子，并把他的儿子带出了苏州城。淮军将士们闻知此事，对戈尔登也开始指指点点。戈尔登不仅在淮军的上层领导者中没有市场，在下层兵勇中也难以找到共鸣者。

戈尔登心情沉重地回到昆山去了。左思右想后，他向北京的清廷发出一封信函，要求李鸿章的淮军撤出苏州，让给他来驻守。如果朝廷不答应他的要求，他便要率领他的大军，从淮军手中夺回吴中一带的城池，归还给李秀成的太平军。

李鸿章获知此事，既笑又气。

当曾国藩得知戈尔登给朝廷写信状告李鸿章，并说要攻打淮军时，并不吃惊，也不担心。而湘军里熟悉李鸿章的人都为他捏了一把汗，他们请求曾国藩出面，平息这场争斗。

于是，曾国藩立即向朝廷递上了奏折，请求朝廷对戈尔登的建议不予理睬。朝廷当然不会把戈尔登的意见当一回事。戈尔登的信送到朝廷后，许久不见任何回音。倒是李鸿章亲自出面了：派出他的英国秘书马格里和道员潘曾伟一行，去找戈尔登。又令总兵李恒嵩专程前往昆山，向戈尔登解释说：苏州惨案发生时，李鸿章根本不在现场，也不完全知情，纯属一些将士对太平军过于仇恨，抑制不住冲动造成的。

李鸿章还给英、法、美驻上海使团发出文告，把这些意思解说一番，最后道："此乃中国人自己内部的事情，与戈尔登将军无关。"就是这句话，表现出了李鸿章强硬的一面，各国使团官员也从中嗅出了一些火药味，都表示不再支持戈尔登再闹下去了。

对戈尔登来说，最有效果的还是李鸿章派遣的说客所赠送的那些贵重礼品。这样一来，他认为自己争回了面子。于是，他和他的混合常胜军又一次回到了李鸿章为他设计的轨道上来了。戈尔登同意继续合作。

戈尔登与李鸿章重归于好已不成问题，但原来不成问题的英国驻上海代表机构方面却有了问题。他们听说戈尔登多管闲事，从中一闹竟得了许多好处，便也想借此做点文章，敲一敲李鸿章的竹杠。不过，英方的计划最终没有得逞，李鸿章却得了好处，并得到朝廷在背后给自己撑腰。

英国领事馆恼羞成怒，开会决定由各国领事馆或有关官员出面，在报纸上发表文告，撰文抨击李鸿章淮军在苏州的残暴行径。

一连几天里，上海许多家报纸果然对李鸿章和他的淮军发动了最猛烈的"狂轰滥炸"。消息传到英国以后，英国朝野也表示了极大的震惊。

在野的自由党议员们首先站了出来，要求他们的英国政府尽快修正对中国的政策，给中国的朝廷施加压力。

在英国国内的强大舆论攻势下，英国政府却反而怕把事情弄大了。但为了表示英国政府对李鸿章制造苏州惨案的义愤，他们要求李鸿章就淮军的残暴行径作

出公开解释。

李鸿章没有退路了，他被迫发表一份文告，称："这些长毛军将士为捞取个人好处而投降，求赏总兵、副将等官职。我淮军不可满足，长毛军即以仍占据苏州一半城抗拒淮军入城，不肯放弃，遂发生冲突，致此惨案矣！"

李鸿章的文告在上海一出，上海及其他地方的舆论顿时哗然，大都认为李鸿章的解释不合乎常理，有违事实真相。于是，报上又折腾开了，纷纷连载抨击文章，道出李鸿章在苏州杀降的动机是一个"贪"字使然。

一时间众说纷纭。有文章分析说：李鸿章正是冲着这些财富才下毒手的。而李鸿章本人是捞得最多的一个。其次，便是他的弟弟李鹤章……

李鸿章被这些大小报纸"轰"得晕头转向，许多事情也有口难辩。他把钱鼎铭叫到了自己的签押房，要钱鼎铭暂时什么事都不用干了，花多少钱都不管，赶快到上海的大小报馆去"灭火"。钱鼎铭心领神会，一个一个报馆去托关系，找熟人，少不了要花一笔银子，那不要紧，只要能把这阵"火"压下去就好。

果然是有钱能使鬼推磨，仅几天后，上海各报纸对苏州惨案的抨击便鸣锣收兵了。而且还有几家报纸立即转换了面孔，为李鸿章打抱不平。李鸿章终于摆脱了舆论的围攻。

经历了这一次的"狂轰滥炸"，李鸿章对小小的报馆记者有了新的认识，认为他们不可小视！

李鸿章这时才庆幸自己当时的精明，处理财富时的清醒。就在刚刚收复了苏州后，李鸿章派出水师数百名精兵，迅速将六十万两白银送给了朝廷。朝中军机大臣一片赞赏。连两宫太后也止不住感慨万千，大赞李鸿章。

李鸿章不仅赢了这一仗，还赢得自己在朝廷中的声誉，赢得自己将会扶摇直上的未来。

为了筹集钱应付各方面的急需，李鸿章又想出以捐厘助饷的法子。这该是他成功的又一个方面。

他不断下令在各地设立关卡，征收关税。每攻复一城，战事一平，便开始设立卡局，横征于商，暴敛于民。关卡设得是稠密了一些。但是，不这样办，不仅淮军粮饷无着，湘军那边也要喝西北风去了。

李鸿章着眼于捐厘助饷，也并非不想染指关税。但他在关税上收获甚微，只有设法在厘金上大做文章。从淮军进入上海，到收复苏州以及平息苏州惨案风波，他的淮军已花去白银七百八十七万两之巨。这些钱从哪里来？不从商民头上刮油行吗？

曾国藩令李鸿章组建淮军并率淮军援沪，其主要目的有两个：一是防守上

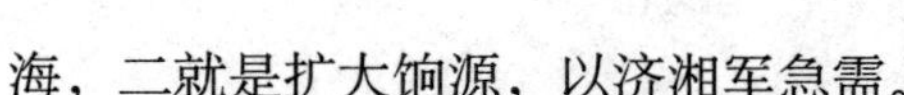

海，二就是扩大饷源，以济湘军急需。

李鸿章满足不了曾国藩的大胃口，无奈，只好特地为湘军筹定专款，这样才勉强满足了曾国藩的需求。曾国藩基本满意了，李鸿章的心里却十分不痛快，有苦难言。想到恩师对自己的多年提携、关照，不痛快也没有办法了。

俗话说：“人过四十天过午。”李鸿章已过“不惑”之年，肩负如此重任，面临严峻局势，仅凭他自己一人之力，是难以应付这个局势的。所幸他的手下已经聚集了相当一批虽然动机不同，但却具有各种才干的人物。

李鸿章用人，一切从实际出发，把实际能力置于道德之上，甚至放在什么贡生、进士等科名之上，注重罗致经世致用、精明练达之士。他对所聘的入幕人员，多能量才而用，发挥其专长。

李鸿章因人制宜，因人成事，基本上解决了捐厘助饷和购置军火的问题。尤其是丁日昌、王凯泰、郭柏荫这三人，更是与李鸿章志同道合，声气相通。他们既依靠李鸿章而不断升迁，又凭借个人才智为淮军发展做出了重要贡献。贡生出身的丁日昌，深得李鸿章的赏识，在李鸿章手下经理军械火药购置，并开始张罗相关制造事宜。

淮军进攻苏州时，李鸿章依靠丁日昌已经陆续成立了上海三局。第一局为西洋机器局，请英国人马格里牵头，雇下洋匠数名，制造铁炉机器。李鸿章又派直隶州知州刘优禹，选募各色工匠，帮同工作。第二局和第三局，均不雇用洋匠，全部选聘中国工匠，仿照外洋制法制做武器、弹药。这三个炸弹局都由丁日昌统一负责。到攻打苏州时，每月已可给淮军提供炮弹一万一千枚左右，短炸炮六七尊。从而使淮军在苏州一带战场上弹药充足。

有了这上海三局做后盾，李鸿章马上想建立淮军独立的洋炮队。苏州惨案风波虽然基本平息，但戈尔登的炮队看来是不能依靠了。李鸿章决定，以张遇春所部春字营二百名炮手为基础，组建一个炮队。铭字营、开字营已相继建立自己的炮队，主要使用十二磅重的开花炮。

现在，李鸿章又给丁日昌下达了任务，他要成立六营开花炮队，炮弹的重量也要增加，试着生产重达一百零八磅的炸弹。

他还要丁日昌尽快准备，把上海三局部分迁往苏州，设立苏州洋炮局，确保每周可生产炸弹三千枚以上。

李鸿章决心已下，丁日昌等便干劲冲天，没日没夜地干开了。

在苏州惨案风波平息后的欢聚中，李鸿章看着队伍中一批又一批人才成长起来，十分高兴。他信心十足地向大家宣布：攻打无锡，再进军常州！

闻此，全场掌声一片，众人都挥拳呐喊。大家表示定要乘胜征战，平定吴中。

其实，李鸿章的淮军在制造了苏州惨案六天后，就分拨了一部分兵力开往无

锡，小规模地对无锡城进行炮轰了。

无锡由此不再是李秀成的避风港，而成了继苏州以后又一个面临灭顶之灾的地方。攻打苏州的北路淮军首先抵达无锡，对无锡实施了小规模的进攻。就在这时，李鸿章处理完苏州惨案风波，来到了无锡城外，在城外芙蓉山下搭建了自己的临时行营。

李鸿章对围攻无锡充满必胜的信心。在智囊们的不断讨论中，李鸿章渐渐使自己的军事部署计划成熟起来。

一八六三年，同治二年。初冬的时候。

李鸿章在自己的行营里下达了总攻无锡的命令。淮军参加围攻无锡的提督、总兵、副将等二、三品的大员不下十名。总指挥当然是李鸿章，现场作战的具体指挥权则在仅为四品衔知州的李鹤章手里。攻下苏州后，李鸿章就有一个打算，让胞弟李鹤章兼管营务处总办。

既然是主攻无锡，又兼管营务处，李鹤章照例是在前线代统帅节制各路人马。而李鸿章当着刘铭传的面，却一再声明：李鹤章所统之军归刘铭传节制。不过，刘铭传把李鸿章要他节制李鹤章的话只当作一种客气话来对待，并不在意。

按照部署，郭松林围无锡南门，张树声围东门，周盛波围北门，李鹤章总负责。

李鸿章这一次是别出心裁：对无锡只围三面，而故意留下西门不围，以作太平军的退路。对此李鹤章十分不解，请胞兄解惑。李鸿章笑道：“如果不是一面网开，必要做困兽之斗，百姓也遭殃了。”

还有一条潜在的原因，李鸿章对谁也不会说，除他以外，别人也无法体悟。这就是：攻打金陵已经为时不远。李鸿章虽明知恩师曾国藩已计划将他的淮军拒之门外，不想让淮军分功。但从心里讲，李鸿章仍不死心。

从苏州一城，他已饱尝了甜头。洪秀全在金陵经营将近十年了，金陵城的油水那还了得？这份功劳也实在显赫，全归曾国藩兄弟二人了，李鸿章也心中不甘。

所以，李鸿章的计划是：一定要赶在曾国藩对金陵城发起总攻之前，全面收复江苏一带，把淮军放在金陵的大门口，使之成为“闲军”，让曾国藩看，让朝廷的两宫太后看——我李鸿章已无事可做了，你们能让我闲着么？

至于故意留下西面让太平军逃奔，或许等于放虎出笼。但李鸿章也有打算：除了让刘铭传扼守堰桥以外，他还在无锡西北的江阴、西南的宜兴等地布置了重兵，以此防止太平军们出城以后，向别处逃窜。尤其是防止他们向苏州、常熟一带逃窜，确保已收复的城池万无一失。至于他们向常州、向金陵一带逃窜，逃就逃了吧。

李鸿章在心中是巴不得他们能逃进金陵城去，给金陵城的洪秀全带去一线生机，增加曾国荃攻城的难度。你攻不下来了，怎么好把我几万淮军放在一边闲着呢？说不定到时候会请我出兵。那时，淮军就会名正言顺地冲进金陵城。

淮军从南、东、北三面轰城，加上水师登陆助战，不过是一天一夜的功夫，太平军就支撑不住了。

这一仗是淮军独立作战，硬拼硬杀取胜的。

当晚，无锡城中的潮王府便收拾出来了，一切打扫干净，请李鸿章住了进去。全军欢天喜地，大摆酒宴。

李鸿章却没有更多的时间泡在酒桌上。他仅象征性地向各路将领敬了三杯酒，便匆匆回到了房间。他要做的一件紧要事是：连夜给朝廷草拟奏折。

少许几杯酒使李鸿章文思如泉涌。他落笔生花，铺张扬厉地大叙无锡一仗的战功，列名请奖。奏折中，叙述李鹤章之功独多。

到一八六三年十二月十五日，即同治二年十月十四日，李鸿章又一个计划开始实施：进攻常州。至此，李秀成的太平军节节败退，一步一步靠近金陵了。金陵周围的城镇，一个接一个地成了李鸿章窥探金陵的窗口。从无锡逃出以后，李秀成又损失将士三万余人，眼下只有护王陈坤书随他来固守常州这块阵地了。

其时有一个传说：李秀成从无锡逃出之后，就听说洪秀全在天京危在旦夕。他打算率兵先冲入天京，将自己的眷属和孩子以及洪秀全的儿子接出来，然后再到江西，以图重振当年雄风。如能如此，李秀成就会变成明末的李自成了。

李秀成的才气，是连李鸿章都公然形诸奏牍，表示佩服的。

因此李鸿章听到这个传说后大吃一惊。攻下无锡后，李鸿章认为整个局势不当因为连番得利而稍有松懈，还尤其要注意李秀成的最新动向。

李鸿章把这个想法写信告诉恩师曾国藩。孰料曾国藩却不这样看。

接到曾国藩这封信时，李鸿章正在与李鹤章、刘铭传等商量进取常州的方略。他们认为：根据侦探报告，因为苏州、无锡接连失守，驻守常州的太平军都已悲观失望，斗志锐减。所以，李鹤章、刘铭传都要求在攻下无锡之后，不要停顿，乘胜一举攻下常州。

而李鸿章却坚决反对。

刘铭传不大服气，李鹤章从心里也不赞成胞兄的见解。但根据他自己的经验：胞兄之所以慢攻常州，自然可能有他慢的道理。

之后，李鹤章私下里问李鸿章才知道，原来是曾国藩怕他们去与他们兄弟争功。而且，曾国荃军中的瘟疫非常厉害，已病死相当多的将士。

可以说，在一两月之内，曾国荃部是没有条件拿下金陵的。如果李鸿章去金

陵，充其量只能是助攻。如立即把常州攻下来了，朝廷令他立即移师金陵，又不得不去。这时去了，他那边瘟疫刚过，必然无力，淮军必要因此打苦战，花大力气不说，弄不好还会把瘟疫传染到淮军里来。

李鹤章听完，恍然大悟。

曾国藩得知曾国荃的情况后，心急如焚，亲到战场，请求李鸿章援兵，但遭到李鸿章的婉言拒绝。军中死伤无数，李鸿章更担心自己胞弟。

回安庆后，曾国藩派人四处购药，很快送到金陵雨花台大营。接着，鲍超霆字营大军也来到金陵城下，驻扎在神策门至钟阜门一带。原定五路大军，除多隆阿已去陕西、李续宜仍滞留安徽外，其余三路都已到位。曾国荃新招三万人马也已编练成军。所有共计约七万人马统属曾国荃节制，水陆并进，已拿下东南八隘。瘟疫过去以后，湘军恢复了元气，又接连夺下淳化、解溪、龙都、湖熟、三岔五镇。金陵外八隘五镇攻下后，曾国荃不由得洋洋得意了。

李鸿章人虽在江苏，但对金陵的攻守情况仍给予了密切的关注。

李鸿章淮军已在常州周围驻扎了一个月了，一直按兵不动，让淮军上下百思不得其解。好不容易等到李鸿章同意攻城了，才发现太平军这边好似有了一些新的变化。

此时的李秀成，实际上尚未到达常州，他完全失去了过去那种秋风扫落叶一般的威风。这时有人来报，驻守常州的佐军主将姚敬臣乘夜偷偷跑到李鸿章大营里去了！

李秀成一惊。这时，林绍章带来洪秀全的命令，叫他自句容率军去援常州。期限不过一周，定要返回金陵，并把其所部人马全部带回，救援金陵。李秀成并未完全答应，只是继续率军赶往常州。

李秀成、林绍章一到，常州城太平军有了声势。

次日，林绍璋就会同陈坤书及其兄治王陈志书等，一起去攻打北门外的仓桥。李鸿章命刘铭传在此驻守，仅打了小半天，刘铭传受伤了。淮军只好后撤。

刘铭传失利，李鹤章、郭松林、周盛波却攻占了常州南门外的德安桥。

林绍璋小胜淮军刘铭传，又乘胜去攻李鸿章在奔牛镇的淮军大营。李鸿章令总兵唐殿魁、副将黄桂兰及太平军降将邵志纶在奔牛镇组织抵抗。奔牛镇是李鸿章攻军对付常州的一个大据点，林绍璋把奔牛镇围定，炮火猛轰，因军械落后，两天两夜攻不下来。李秀成得知，亲率自己的亲兵与李世贤所部合军，来援林绍璋。

可是，李秀成还未到达奔牛镇，就受到郭松林所部淮军的猛烈阻击。双方经过一场激战，李秀成、李世贤损兵折将，只好退回常州城。

对李鸿章来说，奔牛镇一战是淮军自进攻常州以来，歼敌最多的一次。不

过，淮军方面也是天天都有伤亡，攻城不到三天，已阵亡了两千多兵勇，与太平军伤亡差不多。

李鸿章急了。他在签押房里臭骂前线兵勇，大发脾气。出乎他的意料之外——常州并不是一攻即破，而是越打越艰难。

此后，李鸿章调动了四路人马同时总攻，激战一天一夜。常州城仍然为李秀成所占。

李鸿章对淮军的实力发生怀疑了。他的淮军可以独立攻下无锡，却打不下常州！他又一次想到了戈尔登的混合常胜军。眼下看起来，只有借助戈尔登的洋炮，才有可能尽快收复常州。但李鸿章想请戈尔登，难度却很大。

李鸿章是能屈能伸的。只要他需要戈尔登，他马上可以向戈尔登低头。他请海关监督使英国人赫德去说情。这赫德在得了李鸿章的好处后，立即变得能言善辩起来，亲自登门，果然把戈尔登说通了。

戈尔登同意从昆山移兵常州。不料正要出发时，戈尔登的顶头上司柏郎不干了。英国陆军司令柏郎早已有言在先：不与淮军合作，更不参加上海以外的战斗。

李鸿章也有自己的“绝招”：这混合常胜军虽然多由洋人组成，但也早有政府间的协定——此军归李鸿章协商派遣。如若拒绝合作，李鸿章有权中断对这支大军的粮饷供给，甚至有权宣布解散这支大军。

戈尔登之所以同意出兵常州，就是怕李鸿章最终拿出他的“绝招”。那样的话，他便成了光杆司令。即便洋兵们还在，但断了兵饷，也会树倒猢狲散的。而且，他已掌握到自己军中的一些情况：一些将士已纷纷在私下商量，要投靠李鸿章的淮军。

因此，戈尔登不仅同意出兵，而且还向李鸿章表达了后悔之意，说当时不应该为苏州等地的杀降事件与李鸿章过意不去。但戈尔登在受到柏郎的阻拦之后，又表示了担心，怕柏郎会因自己擅自出兵常州而跟自己过不去。

李鸿章道：“你只管率兵去助攻常州吧，柏郎那边的事情由我负责解决！”

李鸿章信心十足的答复坚定了戈尔登参战的决心，再次与淮军合作一事便定下来了。

既然把戈尔登又请了出来，李鸿章便对自己的征战计划进行了大幅度调整：暂时丢下常州不攻亦罢，只是这么先围起来。而掉过头来，先攻下宜兴、溧阳，彻底断了洪秀全在金陵的接济，一是帮了曾国荃一个大忙，二是有利于自己全面收复吴中一带。

不过，既是做了这样的调整，就不能白干，将来无人出来领他这个人情。于是，他连夜写了一份奏折，奏明朝廷，让两宫太后和恭亲王奕䜣明白：自己

是从大局着眼的，为的是早日收复金陵。接着，他又给曾国藩发出一函，旨在于让这位恩师心中有数：我如若不先攻下宜兴和溧阳，你的胞弟就无法从根本上切断金陵的接济。朝廷和曾国藩果然对李鸿章的最新决策大加赞赏。李鸿章笑了。

按照新方案，李鸿章从常州撤出一部分主力，配合戈尔登进攻宜兴。从李鸿章下令，到攻军兵临宜兴城下，仅用了一半天时间。

负责攻城的淮军郭松林等用炮火连轰四天了，宜兴仍没有攻下。没想到小小的宜兴，城池坚固，防守十分坚强。淮军还向城中守将范汝增发出招降令，但被全城太平军将士断然拒绝，一阵炮火打过来，竟把提督郭松林打伤。

戈尔登大军攻和桥也不顺利，还没有打出几炮，太平军戴王黄呈忠就率兵从湖州方向来援宜兴，内外对戈尔登形成夹攻之势。幸亏戈尔登的枪炮厉害，对黄呈忠的援军猛烈阻击，才终于把黄呈忠打退，无法进入宜兴城。

四天四夜攻不下小小的宜兴城，李鸿章十分震惊。他这才深切体会出，太平军对一个小小宜兴城防守如此严密，足见宜兴、溧阳的重要。他一边庆幸自己对作战计划做出的调整，一边令戈尔登在打退黄呈忠，攻下和桥后，立即参加围城，与郭松林等合攻宜兴。

戈尔登的洋枪、洋炮一到，攻军立即占了上风，火力猛了，一阵狂轰滥炸，终于把宜兴城打得摇摇晃晃了。

次日，淮军彻底收复了宜兴城。李鸿章令郭松林带伤在城中驻守，其他各路人马开赴溧阳。李鸿章原以为溧阳比宜兴更难攻，所以令戈尔登打先锋，队伍一到就开始轰城。不料戈尔登仅向溧阳县城打了七八炮，太平军守将吴人杰就率五千太平军将士向戈尔登献城投降了。

李鸿章听说溧阳已被戈尔登攻破，就令他撤出溧阳县城，向金坛进军。驻守溧阳的任务交给了总兵王东华部。李鸿章选定的下一个目标是金坛。就在他要攻金坛时，太平军方面的形势却发生了一些变化。首先是驻守常州的陈坤书在李秀成亲自督军的情况下，与林绍璋联手，兵力顿时增强。李鸿章改变作战计划后，从常州抽走了一部分主力，淮军刘铭传等顿时感到力不从心了。因此，在常州方面，太平军占了优势。就在这时，太平军已故英王陈玉成的叔叔陈承畸又从句容方向率一军前来助阵，太平军顿时人喊马叫，大有卷土重来之势。

这时，李秀成又决定分拨大军出城，攻打常州东面外围，扩大防地。按照李秀成的命令，陈承畸、列王林彩新、利王米兴隆、忠二殿下李容发等从东门出城，一举攻下了江阴附近的小镇阳库。占领了阳库，陈承畸马不停蹄，又亲率一军，去攻打常熟。福山、阳库被太平军占领，常熟又遭到一次围攻，这使得李鸿章震惊万分。

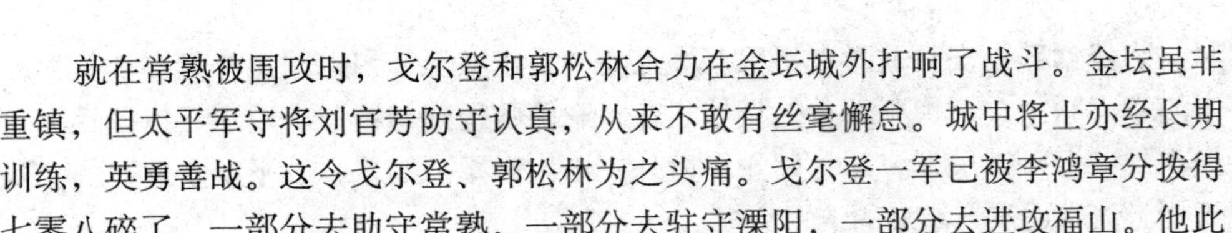

就在常熟被围攻时，戈尔登和郭松林合力在金坛城外打响了战斗。金坛虽非重镇，但太平军守将刘官芳防守认真，从来不敢有丝毫懈怠。城中将士亦经长期训练，英勇善战。这令戈尔登、郭松林为之头痛。戈尔登一军已被李鸿章分拨得七零八碎了，一部分去助守常熟，一部分去驻守溧阳，一部分去进攻福山。他此来，只是轻师到来，总兵力不过两千余人。郭松林兵力稍强。

常州与金坛都在金陵的南面，是太平军的南路通道。唯有保全这两个地方，金陵太平军一旦遇险，才可能找机会从南面撤出。因此，李秀成把金坛这座小城看得跟常州一样重要，不但由襄王刘芳统带强军在此驻守，还安排了一个后备队在疆场驻防，准备随时支援金坛。

戈尔登全然不知这些。一到金坛城下，他便用箭射出一函给刘官芳，向刘官芳招降，刘官芳不予理睬。随后戈尔登率亲兵在城外巡查，见城墙上、营垒上没有一人走动，到处看不见太平军的踪影，且沉寂异常，就好像是一座空城。唯有城门紧闭，不知何故。

戈尔登纳闷不解，下令轰了几炮，城中依然是鸦雀无声。而且，城墙之上不见一旗、一兵、一炮。戈尔登同郭松林商量，郭松林认为此城不可能是一座空城，绝对不可以轻举妄动，还须继续用大炮轰击。轰了半天，终于把城墙轰开了一个大缺口。城墙倒了一大段，还不见太平军从城里冲出，同样没有半点声响。

见此情景，戈尔登欢喜异常，断定：原来真是一座空城，太平军望风而逃了。他下令，让他的第一团从缺口处入城。洋将士们欢呼雀跃，以为又是不费吹灰之力占了一城，便如入无人之境，争先恐后地向缺口处冲去。

就在这时，城内突然枪声大作，人声鼎沸。太平军从内冲出，双方短兵相接，戈尔登损兵折将，两千多人只剩下六百余人，而且自己也受了重伤。这是征战吴中以来，洋将士们损失最惨重的一次。戈尔登无力再战，只好兵退溧阳。

太平军自福山又攻常熟了。李鸿章急调水师黄翼升、提督郭松林、王东华进援常熟。他明知戈尔登已元气大伤，仍调他的人马来助守常熟。戈尔登是垂头丧气而来的，一到常熟城外，就心慌意乱，竟忘记了及时安装大炮，把自己的优势打法丢在脑后，直接指挥将士们向常熟附近的华墅进攻，结果大败。戈尔登并不甘心。他怕由此一蹶不振，便于三日后收拾起残兵败将，又一次向华墅进兵。

但是，一连轰了两天，华墅仍未被攻下。李鸿章恼火了，调溧阳的总兵刘士奇率军来攻华墅，才把太平军赶走，收复了华墅。

占领华墅的第二天，李鸿章亲临华墅，在周围巡视一圈，召集了小型会议，决定由自己亲督郭松林、张树声、杨鼎勋、刘士奇等军，扫清常熟周围的太平

军，确保常熟平安。此时太平军基本上集中在常熟至江阴之间，并无多少散兵。李鸿章大举来攻，太平军自然抵挡不住，一路败退到丹阳。李鸿章又指挥兵勇一鼓作气，向丹阳进发，与丹阳守军内外夹击太平军。结果，太平军多数死伤，永天福张大志还被李鸿章的淮军活捉。

得此一胜，李鸿章有了信心。他进入丹阳城，召集提督娄云庆、周有胜，令他们迅速收复金坛，啃掉这块硬骨头。作战方案制订后，淮军乘黑夜摸到金坛城下，埋伏起来。天一明，他们就发动总攻，很快攻陷了这座小城。

淮军的下一个目标是府城。李鸿章仍然是亲督大军。此外，参加总攻府城的有黄翼升、刘铭传、郭松华、王东林、杨鼎勋、周盛波、罗荣光和张树声各营。起初，淮军将士们以为李鸿章如此兴师动众是小题大做。其实太平军在府城确有重兵守护。

戈尔登也来了。他虽然连败了几场，但这一回负责攻打府城西门，倒很是动脑筋，用大炮猛烈轰城，一下把西城墙轰倒了三处。李鸿章在其他各门也督战顺利，一举毁掉太平军二十多座营垒。

戈尔登轰倒了三段西城墙，立刻来向李鸿章报捷。李鸿章眼珠一转，便是一个点子，他令戈尔登的洋兵从三处缺口向城内猛冲。这正是洋兵的弱项，但戈尔登也不得不冲。淮军的人马也集中到西城来了，但他们只是埋伏在射程之外看着戈尔登组织冲锋。

太平军都躲在缺口两旁，不待洋兵冲上来，就把他们打退。如此往复数次，戈尔登不仅没有跨入城内半步，还使洋兵死伤一片。

三天三夜过去了，小小的府城硬是冲不进去。洋兵伤亡惨重。戈尔登气得一屁股坐在地上，怎么劝也站不起来了。

到了第四天，李鸿章见戈尔登实在无能为力了，即下令让戈尔登撤下阵来，由他的淮军打冲锋。

只见李鸿章一声令下，淮军近两万兵马便四面出击，把小小府城里三层、外三层地包围起来。人海战术果然有效，加上戈尔登已与太平军打了三天三夜，淮军这个阵势上来，太平军顷刻溃败。

收复了府城后，左右来报李鸿章："英海关监督使赫德求见。"李鸿章大喜，道："正好，正好，我正要与他商量大计。"李鸿章在行营里接待了赫德，要戈尔登作陪。一桌酒席吃过以后，李鸿章告诉赫德：马上要进攻常州了，还请给予支持。戈尔登表示：仍尽量为李大人效力。几人正在说话，忽有人来报："常州城里派出一支小队前来议降，要求李大帅在受降后免他们一死。他们愿做内应，帮大帅夺得常州。"

"常州已成为我囊中之物，此时才来议降，晚了！"李鸿章坚决地回答道。

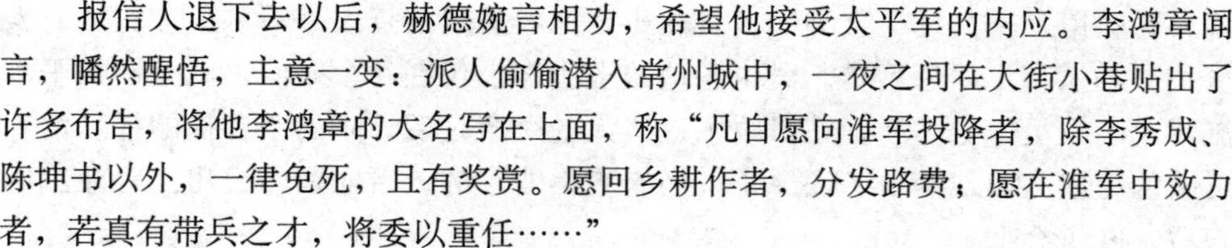

报信人退下去以后，赫德婉言相劝，希望他接受太平军的内应。李鸿章闻言，幡然醒悟，主意一变：派人偷偷潜入常州城中，一夜之间在大街小巷贴出了许多布告，将他李鸿章的大名写在上面，称“凡自愿向淮军投降者，除李秀成、陈坤书以外，一律免死，且有奖赏。愿回乡耕作者，分发路费；愿在淮军中效力者，若真有带兵之才，将委以重任……”

招降布告一出，很快产生了效果。尽管李秀成、陈坤书设防严密，阻止将士投降，但仍有一批又一批的太平军将士从城中逃出。尤其到了深夜时分，总会有数百名太平军来投靠淮军。李鸿章令攻城各军，在四面城门附近安排接应，来者不拒，粗茶淡饭管饱。投降过来的太平军将士告诉李鸿章：“伪忠王李秀成与林绍璋已不在常州。天京危急，他们很可能回天京救援去了。城中守兵已经很少。”

经十多天后，李鸿章派人又潜入城中，果然见不到守兵了。全城经十多天招降，太平军仅剩下陈坤书和一名亲兵不愿投降。很快，李鸿章带领他的大军进入常州城，活捉了陈坤书，并令人将陈坤书拉出去斩首示众。

李鸿章收复了常州，便使吴中一带尽归淮军驻守了。这使他顿时心花怒放。

戈尔登与李鸿章此时的感觉有些截然相反。自从与淮军合作以来，戈尔登数次征战，到攻下常州后已溃不成军。于是，这支曾经为李鸿章立下许多战功的混合常胜军被李鸿章毫不犹豫地宣布解散了。

戈尔登怀着悲凉的心情来向李鸿章辞行，李鸿章道：“你的大军自配合我淮军作战以来，虽多立战功，但本帅也对得起你的将士们了。仅从我手里，就为你们花去五百七十万两白银。这支队伍是拿我的钱堆成的呢！”戈尔登听出了李鸿章的意思，也不想再申辩什么了，好聚好散，此时讲一句话就显得多余了。

攻复常州，解散混合常胜军后，李鸿章决定开展一个扇形的进军攻势，兵分三路，拉网式地推进。

吴中广大地区已无大战，应静下心来履行一个巡抚的职责了。李秀成的太平军统治期间，尚能抚恤民生，发展生产，李鸿章身为江苏最大的父母官，理应有所作为。他下达一道命令，要各地官绅办起善后局，专门负责处理战后抚恤民生、发展生产、稳定社会事务。

他札委前任常熟知县周沐润总办常熟善后事务，令苏州富翁赵宗建也就地设立善后局。百姓一切词讼，全由善后局处理。乡民进城，须由善后局颁发路凭。如果出城再需进城，乡民们都由善后局在其右臂上盖上一枚方章。

战后的吴中各城初时都很混乱，李鸿章要各地善后局按路段、按街巷清理城邑，将城中所有民众登记造册，设立门牌号码。非城邑人口，一律不许在城中久住，十天一查，照牌点验。若有新增多余人口，统统遣送返乡。为此，各

善后局雇用了一大批巡查绅士负责此事。他们重点清查太平军散落在民间的人员，一经抓获，严惩不贷。吴中各地的巡查绅士仅在月余时间内就查出太平军流落民间人员一千多名。在没收了这些人的财产之后，杀的杀，捕的捕。清查出来的房屋、田地等，各还原主。尚未查得业主的，暂时留作公用。等业主回归后，再还给业主。

战后的吴中一带，村庄稀少，有的方圆十几里全无人烟。长期战乱，强壮劳力多已死于战火，田地荒芜成片，无人耕种。李鸿章深知，要想恢复元气，应首先把这些田地种起来。他采取了一个措施：招垦升科，减免钱漕。各地遵照这个指令，广泛招徕农民回乡垦荒种地。不长时间，仅苏州一带就资遣难民回乡者十多万。善后局尽可能为一部分难民提供粮种，配发耕种，圈定田地，酌情减免上交钱漕，农业生产逐渐恢复起来。

在李鸿章巡抚衙门里总的负责善后局工作的是陈鼐。他走马上任后，按照李鸿章的部署东奔西走，抓得有力，深得李鸿章赞赏。李鸿章先是奏明朝廷，豁免了太仓州、常熟、昭文、昆山、新阳、嘉定、金山等县当年的漕粮，农民自耕自足。继而又奏请朝廷裁减了苏松太粮赋浮额，豁免了江宁府所辖的上元、江宁、六合、句容、江浦、溧水、高淳等县钱漕三年。朝廷一一允准后，李鸿章一时在民间名声大振，成了“李青天”。

根据苏州、太仓一带官绅们的请求，为便于士子参加岁考和科考，李鸿章在收复常州以后，又派冯桂芬去苏州，筹划组建一所苏州试院。不久，苏州紫阳书院、正谊书院等，也相继开办起来了。

李鸿章要在文化教育及经济、政治各方面大干一场。他建议朝廷在沿江、沿海各省设立洋学局，分设格致、测算、舆图、火轮、机器、兵法、炮法、化学、电学等门类，延揽有专长的人才入局，并与聘请的外国技工共同研究。学成之后，分配至船厂、炮局任职。

正是风景这边独好。李鸿章目前掌控的吴中地区，可谓是中国东南首屈一指的富庶繁华地区。他心花怒放，隐约感到他的面前一片光明，前程似锦。渐渐地，这块原来充满了硝烟的土地上开始出现了生机。

苏州城外有个叫山塘的小镇，李鸿章听说李秀成在占领苏州时，就曾把这个地方经营得热热闹闹。如今，李鸿章要干得更出色一些，就下令拨出银两，让城中无业闲散人等，申领本钱，去山塘镇做生意。此令一下，千余经营户纷至沓来，开设铺面，摆出摊点，顿时使一个小镇日日人山人海起来。周围城乡居民，都来买卖交易，渐渐成为了苏州郊外第一等的大集市。各种可供交易的货物，比苏州城里还要齐全，人称“买卖镇”。

有了山塘镇带头，很快又有了众安桥、通贵桥等众多市场的出现。

吴中各城镇商贩云集，又带动了饭馆、旅栈、娱乐业的发展。

李鸿章还下令从上海雇用了一批染织匠，给予较高报酬，分往苏州、无锡、常州、常熟等城，开办纺织、印染作坊。由于所出布匹质量上乘，各地商人纷纷前来批购。他还有更多的设想，正在一步一步实现着。他忽然觉得吴中的地盘太小。他有更大的雄心，要好好施展一下自己的才华。

于是，他权衡了利弊之后，把目标瞄准了毗邻的浙江，瞄准了左宗棠。他要进军浙江了。

一八六四年初，即同治三年初。李鸿章收复了吴中一带后，左思右想，决定远离金陵入浙。

李鸿章令淮军入浙，是一个全新的思路。这一招令淮军上下都惊讶不已，在浙江的左宗棠更是惊得目瞪口呆。

左宗棠是同治元年六月由安徽进入浙江的，由衢州而严州，沿着一条山清水秀的富春江一路挺进，逐步发展了自己的地盘。到了次年初春时，左宗棠大军已抵达离杭州不到一百里的富阳城了。左宗棠雄心勃勃，虽出于湘军，受制于曾国藩，但毕竟自成一军，独当一面。兴军不久，便被人称作“楚军”。作为楚军统帅，他进入浙江是为了图谋和经营浙江。

杭州对面的绍兴、萧山，此时已被从宁波方向打过来的常捷军、常安军所收复。因此，在左宗棠进入富阳时，整个浙江已收复了四分之三。但最富庶的浙西，即杭、嘉、湖三府，仍旧被太平军占领着。

同治二年三月，左宗棠升任闽浙总督，这个官位比李鸿章要高不少，但其处境却比李鸿章来得艰苦。依左宗棠的估计，李鸿章在收复了苏、无、常以后，理当一路打到南京。你李鸿章是江苏巡抚，南京是在江苏的地盘上，自己的地盘尚未肃清，来我所管辖的浙江图谋发展，实在是管得太宽了！李鸿章虽不愿与曾国荃争功，不肯干那得罪曾氏兄弟的傻事，但对于左宗棠，他不妨欺侮一下，管得宽一些又怎么样？所以，在收复常州以后，李鸿章通过曾国藩奏明朝廷，以防卫上海、吴中一带为由，请求把浙江北面几个郡县划归自己管辖。曾国藩因为害怕李鸿章无事可做时来金陵与胞弟争功，自然积极支持他向浙江发展。恰在这时，太平军李世贤又卷土重来，再次入浙。浙江有太平军，淮军当然要入浙去剿。

眼看李鸿章入浙与自己争功，左宗棠是十分不舒服的。

而李鸿章却不这么想。吴中一带的连续收复使他信心百倍，他有把握吃掉浙江北面的广大地区。所以，他派翰林出身的刘秉璋去收复浙江的平湖、乍浦、海盐等，又令程学启由吴江进攻嘉兴。淮军入浙的次日，乍浦的太平军守将熊建勋被潘鼎新打败，全军投降了潘鼎新。紧接着，太平军驻守海宁的守将李文楚及

澉浦镇一带的太平军也向淮军投降。仅三五天工夫，入浙的两支淮军竟得了四座城镇。不久，浙江膏腴之地尽入淮军之手，不但缴获了太平军大批辎重和金银财宝，而且李鸿章还以一个江苏巡抚的身份，委派了浙江的州县官。这将一个闽浙总督兼署浙江巡抚的左宗棠，差点儿气出大病来。

李鸿章才不管三七二十一哩！主意一定，大手一挥，潘鼎新和刘秉璋所率的淮军再次进入了左宗棠的地盘，包围了嘉善城。这嘉善城里的太平军是从平湖分拨而来的，本来都已经溃不成军，见李鸿章的淮军一到，守将立即献城投降。唯有洗天安陶云从、翼天福江之源、蓬天福胡金锵等人誓不投降，被刘秉璋下令斩首。

李鸿章见自己的先锋队初一入浙就势如破竹，信心更加充足，又派出陆路总兵程学启与水师总兵李朝斌等入浙去围攻嘉兴城。淮军水陆大军首先攻占了嘉兴城东南的沈荡镇。两日后，他又攻下新丰镇。程学启占领了嘉善后，也开始着手围攻嘉兴了。一场你死我活的大战由此开始。

此时，嘉兴城已陷入李鸿章淮军的三面包围之中，只有西城尚有一路直通湖州。太平军在嘉兴的守将是荣王廖发寿。而湖州守将则为堵王黄文金。这两军互为支援。程学启、刘秉璋、潘鼎新三路淮军各攻一门，连攻了三天，就是拿不下嘉兴城。

第四天，三路淮军各自增兵，分五路围攻嘉兴，局势紧急。而嘉兴外围的太平军没有直攻围困嘉兴的淮军，却直扑嘉兴城西的乌镇，并占领了乌镇，淮军一个将领也丢了性命。

不过，黄文金、杨辅清等十八王各部兵力都不多，所能采取的救援行动只是打打外围小城镇，牵制少量的淮军。程学启的淮军仍按原计划攻打嘉兴，很快冲破了嘉兴城外的木栅。程学启还派了暗探潜入城中，把太平军的情况摸得一清二楚。

不久，淮军向嘉兴发起总攻。程学启下令以重炮轰城，先把城墙上四面的炮台摧毁，又轰塌了城墙百余丈宽。但城中太平军非常英勇，冒死搬运石块要堵住缺口。上一批人，死一批人，不到半天，百余丈缺口竟尸体堆积成山，成了守军的“掩体”。淮军仍无法攻进城内。

这日，程学启心生一计：声东击西。他先令一路人马佯装进攻北门，把城内守军吸引到北门，然后调集猛烈炮火攻打东、南两门，又轰倒了城墙十余丈。眼看嘉兴守不住了，已有一部分守军从城里冲出。程学启一声令下，淮军将士们开始向城内冲锋。就在这时，一颗子弹打进了程学启的左脑。淮军虽然攻下了嘉兴城，但程学启却在送往苏州救治的途中就身亡了，死时年仅三十五岁。

程学启死了，李鸿章悲痛万分，立即禀奏朝廷。朝廷圣旨下来，赏封程学启太子太保、轻车都尉等称号。程学启一死，原定攻下嘉兴后就立即向湖州发动进攻的计划只好取消。但嘉兴已为淮军所得，这不仅令太平军恐慌不已，也令左宗棠坐立不安。李鸿章的行动和成果使左宗棠思考多日。他在发了一通脾气之后，想到：只是徒恨无用，唯有收复失地，方能收复职权。

左宗棠加紧出击了。他亲自赶到前线，督饬藩司蒋益沣全力收复失地。

左宗棠一心盘算：必须切断余杭与杭州的通道，化一线为两点，就像下围棋一样，使之再也做不成两只眼，而成为两粒孤子，方才有望一一攻破。

杭州城里的太平军守将之一是听王陈炳文，前不久他派他的族兄陈大桂溜出杭州城，想找路子与官军接线，准备献城投降。这本来是一件求之不得的好事。可恼的是，他出城后并不找近在咫尺的左宗棠大军，而是千里迢迢地赶到苏州，去向李鸿章请求受降。

李鸿章自然高兴异常。这非比吴中一带太平军求降，而是正欲拓展的浙江首府杭州太平军请降啊！

但是，高兴归高兴，李鸿章也深知自己鞭长莫及，不可能在这个时候把淮军开到杭州去，在杭州接受投降。所以，他派出一员幕僚，前往杭州去找蒋益沣。他拿不准左宗棠在不在杭州，所以派人把公文写给了蒋益沣，请他引见左宗棠和陈大桂见面。

左宗棠见了李鸿章的公文，只觉得含混其词——要楚军方面“咨商办理”。就是这句话，把左宗棠又一次惹火了。

左宗棠把嫌李鸿章多管闲事的想法透漏出来后，李鸿章立刻下了决定：进军湖州！

现在李鸿章意得志满，哪是左宗棠一两句无力的牢骚所能阻止的？进军湖州的命令飞马送到浙江前线，淮军各路人马立即展开了攻势。

淮军主要兵力此时已集中在嘉兴一带。在嘉兴与湖州之间，是乌镇。因乌镇已被黄文金、杨辅清攻得，所以进攻湖州必先要吃掉乌镇。说来也巧，此次进攻乌镇的，全是太平军投降过来的降兵降将。这些人一成为李鸿章的部将，人人都争功好胜，不敢贪生怕死。结果，仅半天拼杀，乌镇就为淮军所得了。

淮军攻下了乌镇后，不是去直接攻打湖州，而是去进攻湖州西北的长兴县。这长兴县地处太湖的东南岸，又正好可用水师。李鸿章令郭松林、李朝斌率水师从东南发起进攻。淮军水陆兵勇一抵达长兴，先攻下了长兴旁边的夹浦，然后占领了上华桥、跨塘桥。这便把长兴围定了。

淮军在长兴城外兵分三路，扎下营垒，架起大炮。太平军守将刘官芳坚决抵抗，死不投降，竟把初来乍到的各路淮军打得向后退出几里地。

淮军围长兴，意在湖州。因此，湖州的太平军立即增援长兴，分东南、西北

两路夹击长兴外围淮军。双方在鸿桥、跨塘及磨盘山一带激战，互攻三天三夜，都有伤亡，但不分胜负。到了第四天，李鸿章令刘秉璋迅速增援，首先打退了太平军援军，然后攻占了长兴城。太平天国襄王刘官芳败走泗安。

此时，李鸿章在苏州城里一边抚恤民生，恢复生产，发展商贸，一边指挥着入浙的战争及吴中境内扇形军事行动。他或许太小看这些太平军了。在攻下常州以后，他以为他的地盘从此太平了，浙江境内也可一并荡清了。不料太平军反扑浙江，形势依然相当严峻。现在轻兵出师，谅难取胜。

于是，李鸿章又向浙江增兵两万，令淮军水陆兵勇从乌镇、长兴两地发兵，以四万多人马，把一座湖州城围了个水泄不通。

这是李鸿章又一次的人海战术。淮军以绝对优势的兵力压向湖州，太平军吃不消了。黄文金、杨辅清、李远继、赖文鸿、黄文英、谭应芝、黄明厚等分路逃散，大多数进入江西境内。

李鸿章攻下了湖州，便等于在浙北站稳了脚跟。他可以稍稍喘一口气了，只需一方面静观左宗棠的作为，一方面要看那曾国荃到底何时才能攻下金陵。

现在的左宗棠以闽浙总督兼署浙江巡抚的职衔统驭三万楚军，正想打下杭州。到一八六三年，即同治二年的上半年，左宗棠见李鸿章入浙与他争功，便加大攻势，连克浙江数个州县，平湖、海盐等地的太平军纷纷投靠他的楚军。

在屡屡得胜的时候，左宗棠曾洋洋得意地说：利用叛将是“以坏制坏”。他嘲笑李鸿章杀降是沽名钓誉的蠢举。他认为降将还有一个作用，就是瓦解太平军的人心。所以，当李鸿章一通公文，把杭州城里的陈炳文打算投降的想法告诉他时，他是来者不拒，积极议降的。

最终，左宗棠还是通过用兵，于一八六四年三月攻陷杭州。

浙江境内，太平军已无立足之地，大部分进入江西，一部分进入皖南，还有一部分奔金陵去了。

浙江事平，李鸿章只有把眼光集中到金陵来了。否则，他庞大的淮军队伍将无所事事，没有作为了。

曾国荃军中流行的瘟疫已经得到制止。但损失却在日益加重，战斗力一天不如一天。洪秀全却以为机会来临。此时金陵前后被围困已达两年之久，创造历史上各城被包围的最高纪录了。正巧忠王李秀成丢失常州以后，回师天京来了，黄文金、刘官芳等也到了自己身边。于是，洪秀全在天京召集了一个军事会议。洪秀全提出了一个全面进援天京的计划，决定让外围太平军兵分三路：北路直接进援天京；中路进攻芜湖金柱关，截断曾国藩增援大军；南路进攻宁国，以牵制湘、淮两军，防止李鸿章出兵天京。

洪秀全这三路攻势展开以后，曾国藩心急如焚了。所以，他要了一个小手段——在瘟疫已经过去以后，又给朝廷上了一份奏折，极力夸大瘟疫流行军中所造成的不利影响，说自己实属无奈，请求圣上再派得力大臣，代替自己扭转被动局面。

朝廷一看曾国藩有辞职的意思，马上一道圣旨下来，称：疫症流行全军，非人力可以抗拒；若有城池丢失，不会有所怪罪，只须尽力坚守便可。朝廷为安抚曾国藩，还拨下五万两白银，用于购买药品。

曾国藩这才不急不忙了，一方面令曾国荃暂缓总攻金陵，保存实力，一方面调兵去迎击洪秀全在芜湖和宁国的两路大军。

然而，形势的发展却令曾国藩更为头痛。李秀成统领十三王，率一路军向曾国荃大营反攻过来。曾国荃大败。

一道圣旨下来了，要李鸿章出兵进攻金陵。对此，李鸿章消极应对。其实李鸿章决定不去金陵与曾国藩兄弟俩争功，主要是怕因此而得罪曾国藩。争那一点功过来，把曾国藩得罪了，有功也无用了。要想争功，机会有的是，何必非去火中取栗，去分人一杯羹呢?

所以，他接了朝廷要他出兵金陵的圣旨之后，立即给曾国藩和曾国荃写了信，让他们放宽心去攻打金陵，必得全功。而淮军另有军务在身，不能前往助战了。

这日，李元度来投靠李鸿章。多年不见，李元度变得异常寒酸。原来，他被左宗棠和曾国藩暗算，以罪发配新疆去了。李鸿章放炮欢迎了他，但又不想因此得罪了老师，所以和陈鼐商量，请湘军中的几个大臣好友和他一起联名上奏，请求赦免李元度。

朝廷发下来的上谕，准允了李鸿章等人的请奏，对李元度免予遣戍。

李元度万分感激，想回平江乡下去，安度余生，后经李鸿章劝说，转投靠了贵州巡抚张亮基。

一天二人正在说话，忽然圣旨到了。

李鸿章刚刚平定的心情又一次掀起了波澜。他早已放弃了助攻金陵的计划。不料朝廷紧抓不放，连连下旨。李鸿章陷入两难之间。李元度得知李鸿章的难处，也认为若是遵旨出兵，必然会惹恼了曾国藩兄弟俩。

而且，曾国藩也曾给李鸿章写了亲笔信，几次三番要求他不要去金陵。

李鸿章当即喊来了刘秉章，请他给朝廷代拟奏折。就说因南方天气日渐炎热，淮军将士长期作战后，急需休整。而且，“长毛”对淮军已收复的城池还在不断进行骚扰，因此暂不能开赴金陵。并且，还要给朝廷暗示：曾氏兄弟有把握拿下金陵，这时好像也不需要增援。他们兄弟已多次给淮军来函，说金陵所缺少的不是兵勇，而是军饷。

晚清重臣

李鸿章

于东来◎著

下册

中国铁道出版社有限公司
CHINA RAILWAY PUBLISHING HOUSE CO., LTD.

图书在版编目（CIP）数据

晚清重臣：李鸿章：全2册 / 于东来著. —北京：中国铁道出版社，2017.3（2021.9重印）
（中国历代风云人物）
ISBN 978-7-113-22779-1

Ⅰ.①晚… Ⅱ.①于… Ⅲ.①李鸿章（1823-1901）-传记 Ⅳ.①K827=52

中国版本图书馆CIP数据核字（2017）第019452号

书　　名：晚清重臣：李鸿章
作　　者：于东来

责任编辑：刘建玮　　**电　　话：**（010）51873038
封面设计：MXK DESIGN STUDIO　　**电子邮箱：**liujw0827@163.com
责任印制：赵星辰

出版发行：中国铁道出版社有限公司（北京市西城区右安门西街 8 号，100054）
印　　刷：三河市燕春印务有限公司
版　　次：2017年3月第1版　2021年 9月第 2 次印刷
开　　本：787mm×1092mm　1/16　**印张：**31　**字数：**591千字
书　　号：ISBN 978-7-113-22779-1
定　　价：78.00元（全二册）

【第八回】

幼天王身陷孤岭，曾国藩心忧两江

朝廷催促李鸿章发兵金陵，但李鸿章又不愿曾国藩以为他要去和曾国荃争功。这真是进退两难。后来，他心中无奈，终于想到了好主意：兵是要发的，不过，既开拨金陵，又不得攻城。必须待曾国荃准备好总攻，不早不晚，淮军未到金陵，城就被他攻破了，才为最佳。

李鸿章主意一定，就开始着手准备了。

曾氏兄弟这边，也明显加快了行动。

曾国藩也在伤脑筋。他不知李鸿章会怎么处理朝廷的命令。这时收到了李鸿章的信，说明了他的想法，曾国藩欣喜异常。

李鸿章没有想到，尽管他的奏折写得漂亮，但实质只有一个：不愿会攻金陵。仅这一点，就足以让大权在握的奕䜣非常恼火了。他在紫禁城里气得直跺脚，骂李鸿章抗旨不遵，还有一个直接原因是：西太后想修圆明园，但暂时又说不出口。朝廷中没钱，慈禧就想到了李鸿章：他攻下一个苏州城，满不在乎地向朝廷献上了白银六十万两。如今若能把金陵攻下来，见到的说不定就是金山银山。慈禧太后对攻下金陵以后的收获寄予极大希望。所以，她三番五次地催议政王奕䜣，下旨叫曾氏兄弟赶快拿下金陵。同时，她又不想让曾氏兄弟独霸此功，要李鸿章协攻金陵。

出于这些原因，朝廷才三番五次地下旨，令李鸿章即刻出发。

工部尚书文祥也看了李鸿章的奏折。他反复看了几遍后，笑道："依我看来，此事怪不得李鸿章呢。他这道奏折不是抗旨不遵，而是要让功。他是怕夺了湘军的功劳，惹恼了曾氏兄弟。你们想想：李鸿章目前还受曾国藩节制，若曾国藩有意让李鸿章出兵，早该出面讲话了。但曾国藩讲了什么呢？什么'缺饷不缺兵'，意思就是不让派军前往。所以，李鸿章有难处。要说抗旨的话，不是李鸿章，而是曾国藩。"

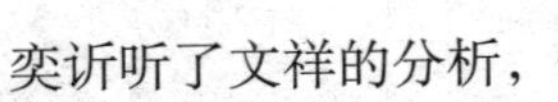

奕䜣听了文祥的分析，一想也是。他恼得直叹气。

文祥见状笑道："议政王也不必忧心忡忡。曾国藩呼风唤雨的时代快结束了。您想想，若此次攻下金陵，就算万事大吉了。既是万事大吉，那湘军、楚军、淮军连同他们的大帅一起，也就无所作为了。既无所作为，他还能呼风唤雨么？到时候不是朝廷拿他们没有办法，而是他们要拿朝廷没有办法了。"

奕䜣觉得文祥这段话分析得很有道理，马上露出了笑容，大手一挥，道："立即发一道上谕给曾国藩，叫他催促李鸿章出兵。此事也不必向东、西两头请旨了！"

一八六四年的六月中旬，曾国藩接到朝廷要其发兵的圣旨，并且言辞严厉、不容反抗。无奈，曾国藩遂派程桓生亲自到李鸿章的府衙，请求李鸿章出兵。李鸿章明白曾国藩的意图，并将他的计划告诉给了程桓生。程桓生欣喜万分，很快领命而去。

程桓生回安庆以后，李鸿章又拖延了几天，这才去传潘鼎新、刘铭传、周盛波三路大军做好准备，出师金陵。出发前，李鸿章在队列之前慷慨陈词，要众将士严守纪律，听从指挥，英勇作战。

他自己心中却异常轻松。

其实自一八六三年，即同治二年的冬天开始，洪秀全的天京城就开始面临弹尽粮绝的危机了。这年冬天出奇的寒冷，雪一场接着一场地下个不停。城里城外的道路都泥泞不堪。洪秀全、李秀成等的心情也像那彤云密布的天空一样，晴朗不起来。李秀成在百般拼杀之后，终于还是不可逆转地丢弃了他在苏南的最后一个城池——常州。他找到弟弟李世贤，作了一番商议，还是回了天京。

李秀成明知此去必无建树，且凶多吉少，怎么也不能挽救天京的危局了，但"万古忠义"的诰封仍然在左右着这位忠义之王。天京一片荒芜，到处是饿死的百姓，尸体的恶臭味四处弥漫。洪秀全为鼓励城中军民与饥饿抗争，竟然带头吃起"甜露"来，还说这是上帝天父的昭示。所谓"甜露"，就是那种在房檐等处生长的菊花脑，平时连牲畜都不吃的。洪秀全吃了几天菊花脑后就一病不起，弥留之际居然还不肯打开城门，不放城中百姓一条生路。李秀成几次来请奏打开城门，都被洪秀全严词拒绝。另外，洪秀全还因此而不信任各军中将领，将自家的人、甚至连没断奶的娃娃都封了王。这时的洪秀全举止荒唐，早已没有了当年的明智。不久，他就一命呜呼了。

到了七月三日，李鸿章的淮军已经离开苏州，直奔金陵而来。曾国荃则加紧攻城，暗咬牙关，一定要在李鸿章大军到来之前拿下金陵。他下令将士们，用蒿草、灌木和芦苇等填在龙脖子山麓与城墙之间，再在上面铺上土石，使其高度与城墙差不多，可以直达城墙之上。

与此同时，湘军李臣典、朱洪章所部也把地道挖得靠近城墙了。

李秀成几次率兵冒死冲出城去，想阻止清军的这些行动，但都因寡不敌众而重新退回城内。

公元一八六四年，七月十九日，金陵城终于被湘军攻破。

曾国荃激动地掉下了眼泪，在众亲兵的护卫下第一次跨进城门。可紧接着便是炮火连天，异常激烈的巷战。李秀成被迫带着幼天王逃出城去，剩下女营与湘军殊死抵抗。最后太平军女营寡不敌众，女兵们纷纷携手跳进火海。

剩下的女兵多被俘虏。其中，有的作了湘军的妻子、小妾，被直接送回老家；有的不堪受辱，自杀而亡。

李秀成带着一家老小及幼天王逃出城以后，受到追杀，险些丧命。为了不被认出，还剃了光头。逃亡途中，干王洪仁玕骑兵的后队发现了幼王，欣喜不已。七月二十一日，洪仁玕接应幼天王等去了广德。李秀成为掩护幼天王而被俘。

曾国荃此次攻下金陵，全军各营所掮抢劫之物，早已使他成了天下少有的富豪。这时他才想到了李鸿章。早在月初就闻报李鸿章拨队而来了，至今金陵已经攻下了，还不见李鸿章的人影。

其实，他心中也明白，李鸿章是故意慢慢行进，走走停停，不与他曾国荃争功哩！

战争也有它极其微妙的一面。李鸿章大军徐徐前进，由常州向西北到达句容时，一个让人高兴的消息传来：金陵被攻陷了。就在半途中，李鸿章曾派人送出一封书信给曾国荃。曾国荃在攻陷金陵后才收到书信。李鸿章在信中写道：为了躲避抗旨之罪，淮军慢慢行进。你放心攻城，鸿章在半途中静候佳音！

得胜后的曾国荃满心欢喜。他可以专心来处理战后的事务，享受一下胜利者的得意与欢乐了。

一八六四年七月二十八日上午，曾国藩乘船到达了金陵。长江两岸，湘军兵勇持枪肃立，绵延十几里地。曾国荃早就等候在江边码头。

在岸边，曾国藩浮想联翩。

到达天京后，曾国藩看到一片狼藉，到处都是人的尸体，不由得感到庆幸，庆幸自己征战多年仍能保留性命……

曾国荃为大哥曾国藩原是安排了离自己不远的一个王府。一切都收拾好了，不料曾国藩视察了一下南京后，却不愿住在城里。他说城里尸臭难闻，看了半天只想吐。因此，他只能住到城外的一个湘军大营里去了。

晚上，曾国藩亲自审问李秀成。几番审讯之后，李秀成闭门写自供，并同意归顺清朝朝廷。可是，曾国藩从俘虏来的太平军将领眼中看到了他们对太平天国的忠诚。李秀成料定自己必死无疑。

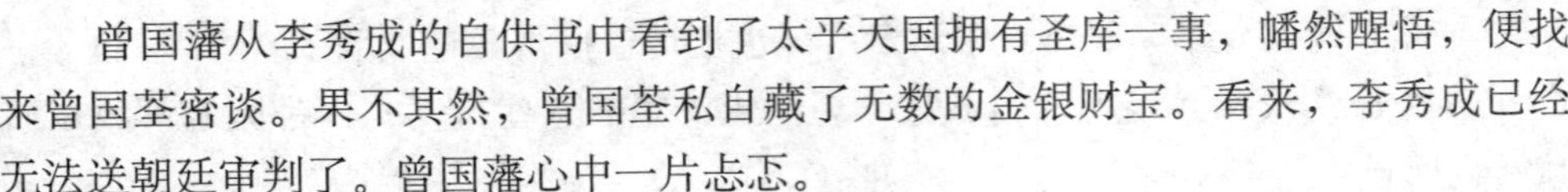

曾国藩从李秀成的自供书中看到了太平天国拥有圣库一事，幡然醒悟，便找来曾国荃密谈。果不其然，曾国荃私自藏了无数的金银财宝。看来，李秀成已经无法送朝廷审判了。曾国藩心中一片忐忑。

曾国藩已隐约感到，自己的尾巴已被紫禁城里的一个女人抓住了。

出了金陵，都是李鸿章的地盘。李鸿章奉命助攻金陵后，一直在句容一带勒马不前，只派了几个探兵去城内观察动静，搜集情报，以使自己心中有数。可以说，曾国荃在金陵城外发起的每一次冲锋，湘军在城内的大多数所作所为，李鸿章都了如指掌。他每每闻报，或叹息，或摇头，或沉默不语。只有在七月十九日那天攻下金陵以后，李鸿章听了报告，才连叫了三声：“好，好，好！”

他深知攻下金陵意味着什么。太平天国灭亡了，席卷半壁江山达十四年之久的战火即将熄灭了——李鸿章心里这么想。

当然，他以令大多数淮军将士都难以忍受的高姿态，成全了曾氏兄弟一心独得大功的愿望，这也让他感受到了一种特殊的轻松和得意。

很快，又有各种消息纷纷传来，说曾国藩不相信洪秀全已死，还挖坟验尸。李鸿章隐约感到，幼天王洪天贵福没有死。

果不出李鸿章所料——洪天贵福成了漏网之鱼。湘军曾国荃手下萧孚泗军中的一个什长亲口对李昭庆说，他还亲耳听过李秀成的交代。

李鸿章闻讯欣喜异常，和胞弟李昭庆商量幼天王洪天贵福可能的去处后，便派李昭庆和李鹤章秘密去抓捕他。

从方山突围后，巧遇幼天王一行十多人，让洪仁玕心中的一块石头落了地。他得知忠王李秀成已经被俘，深知指挥太平军余部这副重担就等于落到自己肩上了。身处危境之中，他头脑反而冷静下来了：眼前只能游动应付，保卫幼天王到达江西，在那里联络李世贤等部，巩固一块地盘，以守为攻，再谋发展。只要幼天王在，太平军余部就有了一杆旗帜。旗帜不倒，联合各军，还是有希望东山再起的。

这个时候，洪仁玕总共也只有两千人马，且受伤、生病的兵勇达到一半。白天，他们还要躲避敌军，避免遭遇不测。只有在晚上，才可以走一段，因此日行程只能达到二三十里路，实在是急死人了。而且，两千人虽然没有了战斗力，但吃饭一点不能少。所经之路，都是敌军占领区，到哪儿去解决吃饭问题?

要尽快赶到江西，多一天耽搁，就多一天的危险。想来想去，洪仁玕决定：将近千名伤病员暂时留下，让他们慢慢在后行军，自己率千名将士护卫幼天王先行一步。经过一番耐心的劝说，伤病员们同意在后慢行，又有五十名无病无伤的兵勇留下照顾他们，其余约九百五十名将士便作为先遣队出发了。

洪仁玕专门挑选出三十名身强力壮的兵勇，一路负责卫护幼天王。他令所有人全部换上百姓衣服，扮作逃难的队伍，夜行晓宿。好歹正值盛夏，树林里及沟沟坎坎都可以睡人。就这样，他们一路平安地走出了几百里。

李昭庆从常熟发兵，绕开金陵，沿小道进入安徽境内。到芜湖县以后，每隔几十里便留下十个人，为的是让他们探听幼天王的行踪。若得消息，马上飞马报告。李昭庆以为，自己张网似的布下阵来，定可以搜寻到幼天王的行踪。

不几日以后，李昭庆率淮军追兵到达皖浙赣交界处。听说有一队数百人的队伍来到松木岭山脚下，李昭庆大喜，当即派出探兵二十人，分成四组前往松木岭侦察。探兵到了松木岭后，大吃一惊：这支队伍刚刚已经离去，火灶里的柴火还没有灭尽，满山岭狼藉一片。探兵只捡了几张他们丢下的废纸、烂布等，带回去给李昭庆看。李昭庆把废纸抹平，发现这是一道布告的碎片，上面有"太平天国""清妖""谆谕"等字样。

李昭庆看了，知道这几百人就是自己一心追剿的太平军，遂将队伍分成几支小队，打着灯笼，在山岭周围搜寻起来。他们不断地会合，又不断地散开，直到天快亮时，一个太平军的人影儿都没有见到。

李昭庆沮丧极了。他正在闷闷不乐时，一个兵勇跑来报告，说远远地看见对面一片山林中有一支小队在奔跑。这些人好像有枪有马，可能就是"长毛"。

"快招集人马，包围过去！"李昭庆下令。

已搜寻了一夜的淮军将士们得令，顾不上疲劳了，鼓起劲头从两边向对面山岭摸去。却不想，碰到了左宗棠追捕幼天王的队伍。

原来，自曾国荃攻下金陵后，左宗棠也派出探子到了金陵，探知幼天王逃出金陵，被洪仁玕接应而去。左宗棠立即分拨出三支大军，计三千人马，到皖、赣、浙边界，围追堵截幼天王。

左宗棠派去领兵的王开琳听抓到的两个太平军说幼天王是沿着山道向西南走了，而且走得不会很远，喜上心头，立即调动人马，沿山道一路捕巡过来。刚到屠家寨一带的山林区，就碰上了淮军李昭庆，他心头一惊，知道除了自己的队伍之外，还有淮军也在追剿幼天王。他哪能让李昭庆把幼天王搜捕去？于是编出了一套谎话，把李昭庆支走了。

接着，他指挥楚军将士满山遍野地捕捉起来。他们一点一点向深山推进，但半个人影都碰不到。他急得满头大汗，估计"长毛"们就藏在某一处山沟里，也或许钻进了哪一个大山洞里去了。于是，下令士兵们满山遍野地叫喊，还不时地朝天放枪，想通过此法把胆小的"长毛"赶出来。他确信"长毛"们已如同惊弓之鸟，如此大造声势，说不定真会有人偷偷溜出来向他投降呢！

王开琳这一招还真没有白用。上千楚军将士在山林中大喊大叫了一会儿以后，还真是让干王洪仁玕率领的这帮太平军听到了。此时他们正在王开琳队伍的

前面，双方相距约四五里地。山林中喊话，环境安静，又有回声，故而几里地以外是能听清的。幼天王洪天贵福首先听到了要捉拿他的喊叫声，还听到喊谁抓住了洪天贵福，将重重有赏，禁不住被吓得浑身打战。自从金陵被围以来的两三年间，可怜他已受了太多的惊吓，架不住上千人在他们不远处大喊大叫地说要捉拿他。他哭了，哭得很令洪仁玕心碎。

洪仁玕把幼天王搂在怀中，尽力安慰。他心中也同样恐慌不安。眼见前面是一条绝路，万般无奈之下，洪仁玕准备跳崖。恰巧被一路过的老翁引到一条小路上，全军才得以脱险。

王开琳带所部搜寻无果，只好空手而回了。他率部到了杭州，将二十多天里的所见所闻报告了左宗棠。

左宗棠一不做二不休，把一道状告曾国藩的折子递上了朝廷。

攻克金陵的捷报送到北京后，两宫太后认为天下太平了，好日子到了。尤其是慈禧太后，高兴得不得了，心想这下修园子有门了，曾国藩少说也得拿几百万两银子出来了。但等了许久，却迟迟没有动静。

慈禧太后想，待局势平静时，马上解散湘军，让曾国藩两手空空，削弱他的权力。

他们先下了一道圣旨，开头对曾国藩攻下金陵着力吹捧，说他“忠诚体国，节劲凌霄”。但写上了一大堆不关痛痒的嘉勉之词后，便严令曾国藩迅速派人查明幼天王的下落。

曾国藩大惊，知道此次躲不过去了，有人捅了他一刀，把幼天王逃脱的事告上去了。其实，他早已派出苏元春率三千人马奔江西去了。

在皖、浙、赣交界一带，如今有湘、楚、淮三军各派人马，互相之间跟打哑谜似的，都在留心捉拿幼天王一行。可是，到了九月里，各军都一无所获。

后来，洪仁玕带着幼天王逃到江西境内，被清军围追堵截，几经周折，趁夜才得以脱险。最终他身边的太平军死的死，被抓的被抓，几个太平军将领也未能幸免。

幼天王侥幸活命，却被清兵抓去挑行李。沈葆桢的部将也在搜捕幼天王，他们见他年龄和外貌特征与布告的幼天王相似，遂将他抓获。

奕䜣心中有数，他还要利用曾国藩，因此把沈葆桢上报的抓到幼天王的奏折看得无关紧要。他故意要冲淡此事，好为曾国藩留下开脱的余地。

慈禧太后的意见是曾国荃可以不问，沈葆桢不能不赏！

曾国藩已预感到事情不妙，心情异常焦躁。

随后，两道圣旨接连到了，一封是封赏的，一干将领，一个不落，第二封是责令曾国荃收缴脏银的。圣旨只字未提封赏曾家兄弟的事情。曾国藩满心失望，

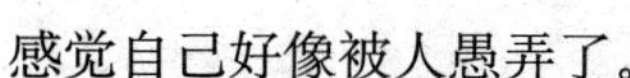

感觉自己好像被人愚弄了。

这时，曾国荃垂头丧气地送来奕王爷私下抄录的一大堆东西。

曾国藩一惊。他估计这是六王爷奕䜣私下的安排，要告诉他一些底细。没待坐下，曾国藩就拆开了大信封，抽出一份邸抄，认真看起来。看着看着，只见他脸色更难看了，手都发抖了。原来是左宗棠给朝廷奏折的抄件，把曾国荃说得一无是处。

曾国藩更气，但又无处发泄，只有拿九弟曾国荃出气。

曾国藩心里明白，朝廷是想在自己与左宗棠、李鸿章之间制造一种敌对情绪，使三人间互相猜忌、攻讦。朝廷是担心他们的兵权太重才想出此招的。当然，曾国藩对左宗棠已恨到了极点，他想把左宗棠置于死地。他觉得左宗棠太没有良心，太狂妄，远没有李鸿章厚道。不过，曾国藩还是对九弟有一番安抚，以免他冲动之时派人杀了左宗棠。

没想到，曾国荃却说出了一个让曾国藩震惊的秘密——他得到了洪秀全的玉玺，并且拒绝交给朝廷，劝曾国藩起兵谋反。曾国藩听了，异常愤怒，把曾国荃大骂一顿。曾国荃这才软了下来，同意把玉玺的事报到朝廷去。

眼下，要尽快结果了李秀成、洪仁达等人。让他们死是一定的，但下手却不能匆忙。自俘获了李秀成以后，曾国藩已经与他有过五六次的接触了。从内心来讲，曾国藩不想杀他，甚至对他怀有了几分同情和敬佩。

七、八月间，刚结束了十四五年的兵荒马乱的江南，满目疮痍。然而，对李鸿章的淮军来说，突然从硝烟迷漫的征战中来到平静的世界，已达七万之众的淮军将士都感受到了一种胜利后的自豪和轻松。各路兵马的大营，建在衰草荒土之中，一连许多天都是死一般的沉静。听不到枪声，看不到炮火，好像大家都太累了，已经睡着了。

就如同一个时代刚刚结束，往日的枪林弹雨、悲欢苦乐，一概付诸流逝的岁月。令朝廷头痛多少年的太平天国大旗已倒，该轮到他们喘一口气了。然而，闲了一些日子以后，淮军上下，几乎是所有的将士们都警觉起来："李大帅就这样养着我们么？朝廷允许他养着我们么？"

将士们第一次感到了一种失落，一种无所事事的恐慌。下一步干什么？七万将士何去何从？一般人只知道想这些问题，但却找不到答案。一些人把自己对前途的担忧捅到上面去后，李鸿章传下一句话来："有我李鸿章的事做，就有淮军将士们一碗饭吃！"这话传遍全军，七万将士心怀感激，渐渐安稳下来。

然而几天后，吉字营李昭庆从江西抢捕幼天王落空，路过金陵时带回来一个消息，令淮军将士们又一次不安起来。据李昭庆在私下里与合肥老乡们透露：湘军要大大裁减了，十二万人能留下两万人就不错了。其余全部要打发回乡种田

去了。连已封了太子少保衔、一等伯爵的曾国荃等许多高级将领都要开缺回原籍了……这些事如果当真，淮军怕更加保不住了！

李鸿章获悉这些消息在军中传开，把李昭庆狠狠地批了一顿，又传下一句话来："湘军是湘军，淮军是淮军！"大家在心中体味李鸿章这句话，猜不透他有几分把握。

其实，别看李鸿章住在苏州拙政园里不动，天下事有哪一件能瞒过他的？在李昭庆还未回到军中之前，他就知道了有关湘军命运的全部情况。

恩师曾国藩面临的前景不好。曾国藩在攻下金陵之后就预感到朝廷要找他的麻烦了。左宗棠告他一状还算小事，刚新补上了"日讲起居注官"的江西籍翰林编修蔡寿祺，联合了一个叫丁浩的御史，又参了曾国藩兄弟俩一本。这一本还把议政王奕䜣牵涉了进去。说曾国藩兄弟之所以敢将金陵财物据为已有，胆敢在接到朝廷圣旨后，拒绝监送"长毛"匪首李秀成等入京，直接杀人灭口，都是因为有议政王奕䜣在他们背后撑腰。蔡寿祺胆敢把矛头直指奕䜣，说明他背后有比奕更厉害的人指使。谁是蔡寿祺的幕后指挥？非慈禧太后莫属矣！曾国藩通过许多事情已经看出，所谓两宫太后，其实就是西太后一人说了算。"两宫太后"只不过是慈禧的代名词而已。

那么，与其说是蔡寿祺要参劾六王爷奕䜣，倒不如说是慈禧太后要推倒六王爷了。此事既然由自已和九弟引起，自然到最后也没有好果子吃的——曾国藩在心中的推理就是这么简单且准确。处决了李秀成的十多天后，曾国藩就在一天之内收到了朝廷的三份廷寄。还没有拆封，曾国藩就惊呆了：按照惯例，"准兵部火票递到议政王军机大臣字寄"这一套话中，竟赫然缺了"议政王"三个字。这绝对不是疏忽，朝廷的廷寄中还从来没有出现过这样的疏忽。果然，第二件、第三件廷寄都一律少了"议政王"三字。曾国藩最初是怀疑奕䜣猝然去世了。但拆开廷寄一看，曾国藩诧异万分——廷寄上登载明谕：

"谕在廷王大臣等同看：朕奉两宫太后懿旨，本日据蔡寿祺奏恭亲王办事循情贪墨，骄盈揽权，多招物议，妄自尊大，诸多狂傲，倚仗爵高权重，目无君上，视朕冲龄，诸多挟制，往往暗使离间，不可细问。若不及早宣示，朕亲政之时，何以能用人行政？恭亲王着毋庸在军机处议政，革去一切差事，不准干预公事。特谕！"

曾国藩看完这道特谕后，仿佛傻了，呆了，不省人事了。他倒不是为恭亲王担忧。在他看来，恭亲王是冤枉的，自己与九弟并没有得到恭亲王什么授意，他对湘军也不见得有"循情贪墨"之事。他忧的是自己，是湘军，是九弟曾国荃。虽然宫闱事秘，详情莫知，但曾国藩已清楚了一点：恭亲王被革职了。措辞如此严厉，就犹如慈禧太后三年前指责肃顺的口气一样。

平心而论，恭亲王自主持议政以后，对曾国藩，对湘军，甚至对李鸿章都给予了很大信任，视为依靠。让曾国藩节制四省兵力，实际上是让他成了自三藩之乱后第一个军权最大的汉人。现在，恭亲王倒了，自己将要面临的打击可能是致命的！牝鸡司晨，国之不祥！一个野心勃勃的女人，所选中的下一个开刀对象大概就是自己和九弟了。整个湘军自然也会由此走向衰落。

曾国藩在想：慈禧对自己的亲小叔子，为何都要这样呢？无非是怕奕䜣利用自己这支湘军，作为日后重演辛酉政变的工具，同时害怕湘军成为满人江山的最大隐患。曾国藩估计的没有错。

曾国藩是知趣的。他必须立即安排好退路：接到廷寄的次日，他就打发儿子离开金陵，回老家荷叶塘去。他取消了将全家都迁往金陵的打算，并严告荷叶塘老家所有沾亲带故的，要事事谨慎，不能再依仗权势，招惹是非。

他又把曾国荃叫到了自己的书房，让他准备请奏开缺，离开金陵。曾国荃从奕䜣被罢免一事中也极受震动，第一次领略到了君威凛冽，收敛了骄狂的性情，大哭不止，同意开缺回湖南老家，在家养病读书，不涉及官场。

在长江边上为开缺回籍的弟弟饯行时，曾国藩心里难受极了，只能强作欢颜。最终，兄弟俩当众抱头痛哭。不久前，这一对兄弟还在为封赏王位大做设想，不料这么快就把令人高兴的路走到头了。

曾国藩道："九弟，过几天就是你四十一岁生日了，我也五十四岁了。大哥在你回乡之日送你一副楹联，贴到你的坐船上去。"说着，曾国藩命人取过他已写好的楹联，递给曾国荃，只见上面写道：

"千秋邈矣独留我，百战归来再读书。"

曾国荃依依不舍地离开金陵后，跟随曾国藩征战多年的彭玉麟也提出回乡请求了。这位出身贫寒、秉性耿介、作战勇猛又肯远离官场的衡阳人，是咸丰三年离家别母加入湘军的。如今布衣回乡，又适逢妻子国秀病入膏肓，曾国藩对他的离去也是难过极了。

彭玉麟却道："玉麟此生别无所求，只求回到家乡，落叶归根。日后粗茶淡饭，读书教子，这比那蟒袍玉带要好上百倍！"

曾国藩深受启发。他送了他两万两银子，便与之握别了。萧孚泗悲痛的哭声令曾国藩更觉悲凉，更觉伤心失意。萧孚泗紧随彭玉麟之后，也雇船独自还乡了。如此仅半月时间，十二万湘军已散去过半，仅剩五万人马不到了。曾国藩一时间有了树倒猢狲散的感觉，常呆呆地立在江岸。唯独可以引以自慰的是：这种大裁大减的动作是自己主动提出和组织的。他要走在前面，不要等慈禧太后严诏下来，命他裁减，那时就被动了。

得知湘军裁减，李鸿章不忘恩师情谊，专程从苏州轻装简从，来看曾国藩

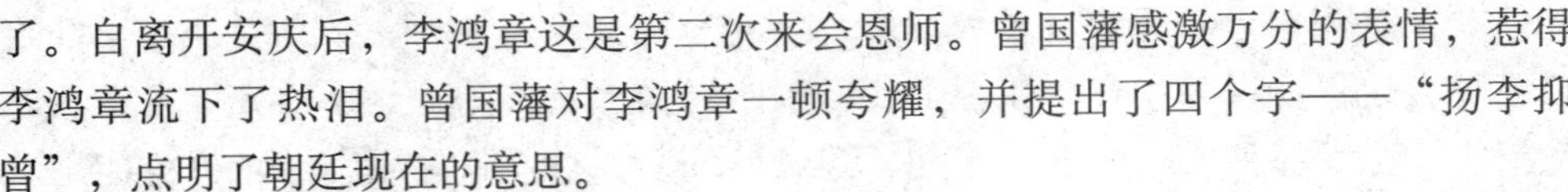

了。自离开安庆后，李鸿章这是第二次来会恩师。曾国藩感激万分的表情，惹得李鸿章流下了热泪。曾国藩对李鸿章一顿夸耀，并提出了四个字——“扬李抑曾”，点明了朝廷现在的意思。

从金陵回到苏州，李鸿章更加厘清了对局势及淮军命运的认识，因而对下一步的思路也明确了。果然不出曾国藩所料，朝廷封赏的圣旨以六百里加急送到了苏州拙政园抚衙，道：“江苏巡抚李鸿章戎马多年，屡建奇功，着赐封一等伯爵，赏赐彤弓骏马……”

李鸿章实在佩服恩师料事如神的功夫。他得了这一等伯爵的封号，仅比恩师曾国藩的侯爵低一等了。虽是封的李鸿章，但淮军上下兴奋无比，高兴得如同过年一般。前些日子，全军将士都还笼罩在被遣散回乡的担忧之中，心想大帅李鸿章也该到头了。没有想到，湘军那边衰落了，淮军这边反而兴盛了。

一八六五年的五月，即同治四年四月，出征浙江、江西一带的淮军兵马陆续回到了江苏境内。李鸿章在拙政园大宴淮军诸将，饮酒叙谈，同庆升平。虽然淮军仍然兵强马壮，一片向上景象，但经李鸿章再三权衡，还是减裁掉老弱病残将士三千名，分了银两给他们。这些人，大多数留下来或经商或从事制造业，使苏州城里各业中都有了一批“编外的淮军”。这些人如同在淮军里的将士们一样，对李鸿章感恩戴德。李鸿章又奏明朝廷，称：江南既平，淮军已无大用，拟着手像湘军一样，大力裁减兵员。

慈禧太后接到李鸿章的奏折大惊，道：“我让曾国藩裁减湘军，没有叫你李鸿章裁减淮军呀！”由这件事，慈禧太后对李鸿章的印象好极了，说他忠厚老实，绝无野心，为人处事不像曾国藩那样令朝廷提心吊胆。她想：自己确定的“扬李抑曾”的手段算是用对了。

李鸿章虽上奏朝廷要大幅度裁减淮军，但在实际动作上却力度很小，近乎于虚晃一枪。他心中有数，眼下江宁虽克，苏、浙已平，但太平军余部尚有十万人以上。同时，安徽、河南的捻子声势很大，山东也闹起了动乱，天下尚未真正太平。在这种情况下，将立有大功的湘军大幅度裁减下去，已经令各地带兵的将领有了一种兔死狐悲的感觉，若再裁减淮军，简直就是愚蠢的。所以，李鸿章分析朝廷不会再裁减淮军。更何况湘军的裁减已经成为事实，不把淮军当作依靠，便没有办法了。由此，他给朝廷上了奏折，要求裁军，而实际上基本不裁；又给恩师曾国藩写信，竭力恭维恩师裁减湘军之举为旷世奇闻，上合天心，下孚众望。对于淮军，他表示只须恩师下一道命令，马上也可以大幅度裁减。这是既尊重了曾国藩，又堵住了曾国藩的嘴。

另外李鸿章见恩师曾国藩起劲地裁减湘军时，曾暗地吩咐淮军各营的营官：将湘军中那些已被裁减而又凶悍能战的将士搜罗过来。这些人正愁走投无路，淮军收留了他们，他们能不为李鸿章卖命吗？所以，经这样一番暗中搜罗，淮军的力量愈发强大了。加上曾国藩格外关照李鸿章，把湘军裁减后多余的枪、炮及军需物品转赠给了淮军，更使淮军上了一个新的台阶。

不久，让李鸿章意想不到的事情发生了：被西太后一怒之下免了军机大臣职务的六王爷奕䜣，又东山再起了！

六王爷东山再起之后没几天，两道同样内容的六百里加急上谕分别送到了金陵曾国藩和苏州李鸿章手里。

上谕令曾国藩星夜兼程赴山东督剿捻匪；令李鸿章即日起署理两江总督。

朝廷圣旨下来，正如曾国藩预料的那样：李鸿章接替了曾国藩，一跃而成为节制三省的总督了。江苏巡抚暂由江苏布政使刘郇膏出任。

李鸿章要集中精力考虑两件事情：一是要以现在的巡抚衙门、淮军将领为基础，搭建一个精干的总督衙门班子，总人数不在五百人以下。加上差役、亲兵等，恐怕需要两千人左右才可以使总督衙门正常运转起来。二是恩师曾国藩要赴山东剿捻，而湘军已成了强弩之末，基本上是没有独立成军的主力队伍了。看来恩师必须要借助于淮军的力量赴山东。那么，自己必须早做准备，等朝廷圣旨下来令自己配合，那便仓促了。所以，他计划重点整顿刘铭传、张树声、周盛波三军人马，共计三十三营约一万七千人，加紧操练，配齐装备设施。他召来刘、张、周三人，布置操练任务，讲明：此次或许是与湘军一起，共同剿灭捻匪，非同往常，要求淮军在湘军面前，不要丢脸，扬淮军威风，壮淮军气势。他还说道："这是我淮军第一次与湘军配合，各军必须以自己最出色的行动向湘军证明：淮军是好样的！"

李鸿章的命令传下去以后，整个淮军兴奋不已，请求参战的呼声高涨。他们没有想到：在剿灭了"长毛"军以后，又要投奔到山东战场上去，与已活跃多年的捻军一决高低了。

之所以要曾国藩去山东，是因为僧格林沁的八旗兵在山东曹州一带中了捻军的埋伏，全军覆灭了。这个一直自视为朝廷顶梁柱的亲王，魂丢异乡，在山东被捻军将士砍下了头颅。这一噩耗震动朝野。两宫太后下令：辍朝三日，为这个满蒙亲贵眼中的巨星的不幸陨落志哀。

对于僧格林沁全军覆灭的最终下场，曾国藩与李鸿章早有预料。李鸿章曾道："这是一个没有头脑的亲王。"曾国藩则说："僧格林沁骄横暴虐，气数已尽！"

李鸿章在安排好苏州事务以后，就到金陵来了。他将三千亲兵队伍安排在金陵南门外驻扎，为的是尽量减少湘军及曾国藩本人的反感。但对接任两江总督一事，他的确有些等不及了的感觉。他希望曾国藩及湘军早日离开金陵。新官上

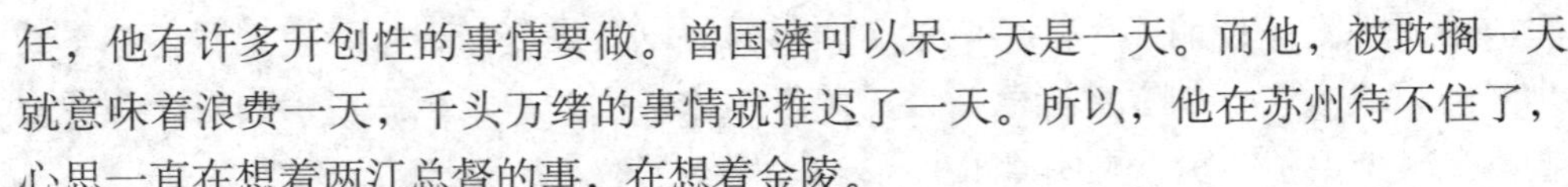

任，他有许多开创性的事情要做。曾国藩可以呆一天是一天。而他，被耽搁一天就意味着浪费一天，千头万绪的事情就推迟了一天。所以，他在苏州待不住了，心思一直在想着两江总督的事，在想着金陵。

师生二人在金陵会面，曾国藩失去了往日的热情。

为此李鸿章一再解释，道："恩师放心，我来金陵，不是您所理解的那个意思。实在是门生为恩师之事放心不下，有许多事情要当面与恩师商量。"

李鸿章此行也是煞费踌躇的。他与陈鼐、刘秉璋、钱鼎铭等人商议后，一起来到金陵。到达金陵后，几人决定在船上住宿。为的是不给曾国藩增加麻烦，也不打搅对方。但金陵知府还是闻讯前来迎接了。他坚持要给新任两江总督一行人觅一处房屋以供暂住，但李鸿章坚决回绝了。他想：反正恩师曾国藩就要离任了，不必多此一举。

今天来到金陵，他是穿了超一品的蟒袍补褂，戴了双眼的花翎、呢檐暖帽，乘了金陵知府带来的绿呢大轿进城的。来到两江总督衙门前，如同前两次来金陵一样，他仍然通过号房递了名帖进去。不一会，曾国藩依然给了面子，几声炮响，人虽没有迎出来，但大开了辕门，让李鸿章的八台大轿拾阶而上，直达辕门。在辕门之下，李鸿章缓缓下轿，仍不见曾国藩的身影，便进了花门，前往客厅。当他走进客厅时，才看见曾国藩也是一身袍褂翎帽。他面容严肃地朝李鸿章拱了拱手。

李鸿章遭此冷遇，心中不快，但依然硬着头皮要给恩师行礼。曾国藩赶紧拦住，用冷冷的又略带讥讽的口气说道："你已是两江总督，与老夫我真正是平起平坐了。一切按官场规矩来，不必再行此礼！"

入座时，李鸿章要请恩师上座见礼。曾国藩仍然板着面孔，道："官场上有官场上的规矩，老夫我已申明过了。还是相向而坐吧！"于是，曾国藩在东面座位上落座，李鸿章在西座上坐下了。

李鸿章坐下后，双手一抱，才讲了前面那些"放心不下"、有事面商的话。在曾国藩看来，所谓放心不下是句假话，有事要当面商量还算是一个理由。至此，曾国藩心知他要让出两江大权已成定局，李鸿章尽管性急了一些，但到底是无可指责的，不觉怒气消去了大半，变得和气了许多，道："你来了就好，我预计你这几天可能会来。一些烦人的事情，正好要坐到一起商量商量。"

李鸿章眼珠一转，想好了一个可能会使曾国藩高兴起来的话题，道："恩师呀，听说那个曾与您过意不去的僧格林沁，在曹州连中了八枪，与他的小马僮死在一起了。"

曾国藩叹了一口气，道："僧格林沁死了是好，但却把他那烂差事甩给我了……"

原来，派曾国藩收拾僧格林沁的烂摊子，是奕䜣的主意。

就在李鸿章重返金陵的次日，朝廷又下一道圣旨；之后紧接着，又一道圣旨送到金陵，意思相同，都是催促曾国藩火速启程，驰赴山东的。

李鸿章道："朝廷这样十几天三道圣旨下来，是小题大做了吧？区区捻匪，用不着惊动三军统帅。我看是军机上考虑事情欠周。恩师您不必介意。您以前不是教导门生说：涵养以颐性，旷达以延年吗？索性就是不去山东，看朝廷又能奈何？"

李鸿章这话是想试探恩师，其实在心里却是希望曾国藩越快走越好。讲这话是为了顺着恩师的心思，以示自己是支持恩师打算的。曾国藩道："谢谢你能够这样理解和支持我。我现在是内外交困，实在没有心思也没有能力开赴山东了。沅甫开缺回乡后，果真病了。他立了大功，也受了大气。一回去就大哭几场，家里人都说他是活活被气病的。自从创办湘军，我搭上了两个兄弟的性命了。我也老了，二弟澄侯只能看守门户，沅甫若再有个三长两短，曾氏一门就完了。你想，我一想到这些，心里是一个啥滋味？老实说，我最近正准备回乡去看看沅甫。为了打长毛，我多少年家都不要了。攻下金陵后，作为朝廷，理应想到让我回乡看看。这倒好，一个圣旨下来，又要把我这老头子往前线推。我感到心寒呀！"

听到这，李鸿章在内心里也受到了震动，觉得恩师心中的苦处属实。朝廷只顾叫人为他们卖命，却对下臣关怀甚少，而且猜忌很深。李鸿章落泪了。

曾国藩见李鸿章落泪，非常感动，进一步跟李鸿章分析了自己的苦处。

至此，李鸿章已经摸清：曾国藩暂时不会离任赴山东。自己这两江总督的宝座能否顺利坐上，还是一个问号。自己只有在金陵等这个结果了。

朝廷一连给曾国藩下了三道圣旨后，才早盼晚盼地收到了曾国藩的复奏。

慈禧看了，大失所望，两道微扬的柳眉紧锁起来，差一点就要拍案而起了。这时候李鸿章来奏折道：他的淮军已整编训练出一万七千人，分三路整装待发，愿意交给曾国藩指挥，赴山东剿捻。他还请旨，想另派布政使衔常镇通海道潘鼎新率领步兵十营和过山炮队一营，共计五千五百人，从上海乘火轮到京城外南苑、丰台、良乡一带布防。这样，京师安全再无担忧之处，请太后们放心吧！

见奏，慈禧、慈安太后都松了一口气。

曾国藩苦了，不但没有能推脱掉出兵，而且还弄了个节制三省的苦差。李鸿章就此卖了个人情，既得到曾国藩的感激，还得到朝廷的赏识。不过，曾国藩要了李昭庆随他赶赴山东。

曾国藩感激之余，迫于压力，决定第二天就举行一个交接督篆的仪式。

李鸿章暗自大喜。自己连日来的功夫算是没有白费，恩师终于同意交出两江总督关防了。次日上午，在两江总督衙门的公堂里举行了隆重的交接督篆仪式。所有湘、淮两军在金陵的营官以上将领、地方官员等，都参加了仪式。李鸿章即兴讲话，表示要和大家同舟共济，建设好两江。

这时，湘军刘松山、易开俊、张诗日等人所统八千水陆兵勇已经出发。淮军刘铭传、潘鼎新的大军已从苏州出征。张树声、周盛波大军已在金陵城下，第二天一早将护卫曾国藩一行挥师北上。各军约定六月上旬在徐州会合，等待曾国藩到达徐州后再作军事部署。

次日一清早，李鸿章就穿戴整齐，满面春风地忙开了。他要在督署举行盛大的饯行宴会，恭送恩师启程。李鸿章办这类事情与他恩师大不相同。曾国藩崇尚节俭，而李鸿章讲究场面，出手大方，喜欢热闹。

曾国藩还没有起床时，李鸿章就在各个环节上检查了一遍。还亲自到厨房察看了所备的上桌菜品。看到一切都准备齐全后，他坐在客厅中等候。陈鼐、李鹤章、钱鼎铭、刘秉璋等人陪伴在一旁。

曾国藩来了，李鸿章挽起曾国藩的一只胳膊，把他让到了主客的座位上。曾国藩一见场面豪华，菜肴丰盛，略略皱了一下眉头。但此时已不好再说什么了，他硬着头皮动了几筷子，应付着喝了几杯酒，便匆匆离席了。

曾国藩的座船停在下关码头，与李鸿章的座船相距不远。李鸿章已命人把这里布置好了。他特意安排了由淮军组成的送行仪仗队，这在以前的各种仪式中很少专门安排过。

这些日子，李鸿章与陈鼐等人就住在座船上。金陵知府及曾国藩都要他不必如此，可他却一次又一次谢绝了。今日，他的座船再也不是借宿的场所了，而是为北上大军送行的指挥中心。

曾国藩领着他的僚属们来到拱形的牌坊下面时，鼓乐齐鸣。礼炮响过之后，曾国藩一行登上了座船。桅杆上飘扬着一面硕大的帅字旗，旗上那个“曾”字十分醒目。人们侧目一看，另一条座船上也飘扬着帅旗，上面那个黑绣的“李”字也硕大无朋。一曾一李，一去一留，带给在场人们无限的遐想与沉思。

曾国藩向岸上挥手致意，又特意向李鸿章双手一抱，作揖辞行。

大船远去以后，李鸿章乘轿返回总督衙门。这一回的感觉与以前大不一样：这个总督衙门是自己的了，金陵是自己的了，安徽、江苏、江西三省是自己的了。

然而，当李鸿章以两江大地上最高主人的身份巡视一圈以后，他才感到：这战后的两江，这历史名城金陵并没有他想象中那样可爱，那样美好。两江大地满目疮痍，凄凄凉凉。金陵城内外，要饭的，逃荒的，卖儿卖女的成群结队，让这

个新任两江总督看来十分的心寒。此时，接任两江总督的兴奋之情已经熄灭了，李鸿章内心交织着的是忧愤与悲伤。

面对这种“无屋无人无钱”的惨景和百姓“妇孺怨诅”的情绪，李鸿章一连几天里吃不下饭，睡不着觉。他没有想到金陵一带衰落得如此厉害。听家乡合肥来人说，整个安徽大地上到处都是饿死的人的尸体，民不聊生。唯有自己经营的苏州乃至吴中一带恢复得还算好。至少，田地有人种了，生意有人做了，厘金能收得上来。

一想到厘金，他便想到从此以后月月要为北上剿捻的大军提供粮草军饷的事。当时向曾国藩拍胸脯作保证时，他没有想到两江大地上是如此的贫穷，贫穷得方圆几十里的树皮都被啃光，草根也被百姓收集起来，当作过冬的充饥之物。如今，必须不断向曾国藩提供的军饷从哪里来？安徽不行，江西也不行，只能主要靠江苏了。而江苏又只能集中在苏州、吴中一带。

李鸿章头痛极了。收复苏、常、无各城邑后，为了淮军和湘军的军饷开支，他加大厘金征收强度，对各商业网点也实行抽厘助饷政策，把这一带的乡绅、百姓搞得叫苦不迭，说他李鸿章依仗权势，横征暴敛。尤其是上海和苏州两地的士绅们，还纷纷上书京师，要求弹劾李鸿章。幸好这些告状信没有落到慈禧太后手中，反而转到了两江总督衙门。曾国藩是理解的，道：“战乱时期，军队要吃饭，不抽厘金，除非把湘、淮两军统统解散！”

那时，曾国藩理直气壮，李鸿章也毫不手软。对各行各业，各关各口严加筹集，有抗交厘金者，坚决拿问官府。直到应交的厘金送上来以后，才下令放人。

眼下，身为两江总督的李鸿章一边盘算着如何为前线筹集军饷，一边要着手采取“惠政”政策。惠政的中心是两个方面，即大力恢复生产和整顿社会秩序。这两项计划由陈鼐、李鹤章、钱鼎铭、丁日昌分头去落实以后，他要来集中精力关心一下前线的军务进展情况了。

曾国藩从金陵抵近徐州之后，湘、淮两军的将领们已在徐州恭候他了。出发前，他与李鸿章全面研究了剿捻计划。朝廷之上，文臣济济，武将衮衮，但真正能带兵独当一面的，只有曾、李二人了。鉴于这二人间的微妙关系，慈禧太后曾下旨说：北上剿捻，系曾、李二人共同的责任。曾国藩在前方督战，李鸿章在后方提供兵源、军饷。二人互相配合，连成一气。

淮军是李鸿章的命根子。它虽然已大批地调集到曾国藩的麾下，但真正的操纵权仍在李鸿章手中。各路淮军中都派专人五日向李鸿章飞马报告一次。曾国藩的一言一行，一胜一败，远在金陵的李鸿章是了如指掌的。

当前线差兵们送来前线将领写给李鸿章的密信，李鸿章得知恩师在淮军中把自己的大名顶在头上讲的事后，心里一酸。

不久，曾国藩送来了六百里加紧求援公函，要李鸿章火速增兵。捻军有十余万，区区三四万湘、淮兵勇怎能抵挡住呢？无奈，李鸿章只得大量增兵，在短短两个月之内，已向前线派遣淮军多达六万人。而且，在曾国藩的一再请求下，刘秉璋的十个营头也开赴中原去了。

前线剿捻的战斗打响后，曾国藩才发现战争取胜的难度明显大于原来的估计。难怪朝廷三番五次严令火速出征呢。

湘、淮两军一到徐州就改变了原来僧格林沁“以动制动、节节尾追”的打法。曾、李研究的战术是：以静为主，动静配合。第一步重点防守五座城镇，即江苏徐州由曾国藩本人驻守；刘铭传驻守山东济宁；刘松山驻守安徽临淮；张树声驻守河南周家口；周盛波驻守河南临德。

由于整个战线拉得很长，范围很广，故又安排了四支游动大军主要承担短距离追剿、增援、突击等任务。周边其他城池由各省、各地方以本地绿营兵自己防守。

以上是“武”的计划。还有“文”的计划，就是广修圩寨，在圩寨中设立圩长。遇有捻军进犯时，将所有人员、牲畜、粮草全部入圩，由民团驻防圩寨，等待大军增援。

几日后，一个令人头痛的事件传到了金陵总督衙门：淮军刘铭传与清军陈国瑞兵刃相见，大肆械斗了。

这陈国瑞从山东曹州死里逃生后，仍留在山东，以总兵身份署理僧格林沁的钦差大臣关防，驻扎在山东济宁。他本是僧格林沁手下第一等的大将。

这陈国瑞早已垂涎于淮军的洋枪了。在李鸿章的队伍里，洋枪、洋炮已经配齐，而在陈国瑞的队伍里，洋枪却还是稀罕之物。

一天三更时分，陈国瑞趁着刘铭传不在营寨的机会，亲率五百兵勇突入淮军驻扎的长沟集，杀死二十多名淮兵，抢走了三百多条新式洋枪。陈国瑞自己还溜进刘铭传的卧房，偷走了刘铭传挂在墙上那支最新式的特制洋枪。临走时，见刘铭传的案台上放着一个古色古香的铜盘，也顺手牵羊地拿走了。

刘铭传愤怒了，淮军愤怒了！刘铭传亲点两千兵勇，带着满腔复仇的怒火向济宁城冲去。他们抓住了陈国瑞，打死了他四五十个兵勇，把被抢的东西要了回来。陈国瑞无处申冤，就找到了曾国藩。

曾国藩还算耐心地听完了陈国瑞的哭诉，一言不发。

曾国藩为难了，权衡左右，曾国藩只能对陈国瑞采取安抚的办法，把刘铭传调出济宁。

可随后，陈国瑞很快也接到了曾国藩的命令，要他即日全军撤出济宁城，开赴清江浦。陈国瑞马上意识到，曾国蕃是做给刘铭传看的。陈国瑞拿定主意，就是驻守济宁不动！曾国藩火了。

曾国藩上了一道奏折，将僧格林沁死于高楼寨一事重提起来，给陈国瑞重重地参了一本，要求朝廷对陈国瑞作出处理。

他还写信给李鸿章，讲明两军械斗及刘铭传撤离济宁时以洋枪耍威风的事。他向李鸿章暗示：尽管刘铭传错误严重，但我对你的淮军还是非常袒护的。所以我才上奏朝廷，要求补加处分陈国瑞。

其实，李鸿章早已得知自己的铭字军与陈国瑞械斗之事。当时他没有追问详情，只是坐等旁观，看曾国藩如何处置。接到曾国藩来信，得知他的确奏了陈国瑞一本时，才得意地笑了。李鸿章回信对恩师讲：他已严责了刘铭传。还说，淮军已交恩师指挥，一切由恩师定夺。

对此陈国瑞又气又怕，软了下来，立即遵命开赴清江浦。

曾国藩调陈国瑞驻防清江浦，其实并非是为了惩罚他。曾国藩的目的是为了建立运河防线，以此阻止捻军渡河。但曾国藩错了，捻军此时并不想过河。他们的地盘大得很，豫、鲁、皖、苏四省都有他们的行迹。他们擅长在平原旷野之上周旋，往来如风，来去狂奔。湘、淮两军刚一与他们接仗，不等你把大炮架好，他们一阵子弹打过，一转眼便如烟云一般散去。

几个月来，曾国藩垂头丧气了，捻军不同于太平军。这捻军与他们没有一城一地之争，搞得他们整日疲于奔命，毫无战绩。除了消耗了大量的粮饷之外，曾国藩好像什么能耐也没有了。李鸿章在后方却很卖力气，要兵给兵，要钱给钱。自同治四年六月曾国藩北上始，到这年年底，督军剿捻的曾国藩实际收到李鸿章提供的白银四百一十一万两，报请核销总数则为四百零一万两，结余十万两。

李鸿章顶住一片责难之声，到处搜刮，满足了曾国藩的需要，自己却陷进了一场危机之中。曾国藩刚刚北上的次月，李鸿章就因加征厘金，得罪了江苏吴江人、内阁中书殷兆镛。此人联合江苏常熟人、给事中王宪成，共同上书朝廷，大力抨击李鸿章。

朝廷接到殷兆镛、王宪成二人的弹劾奏折以后，下了谕令，给予了李鸿章谴责，并严令他立即将江苏厘金收支情况造册上报，以备户部核查。

这可以说是李鸿章跻身封疆大吏行列之后遇到的第一次政治危机。自率淮军进入上海、平定吴中、坐镇金陵以来，朝廷对李鸿章是一路绿灯，封赏有加，以至慈禧太后都多次赞不绝口。可是，现在的朝廷怎么了？说翻脸就翻脸，一点面子也不给，大有严加惩处之势了。

李鸿章在危机中将自己的苦恼写信向恩师曾国藩倾诉了。

李鸿章想到朝廷因此可能会要他从两江总督的位子上走开，抑或连兵也不让

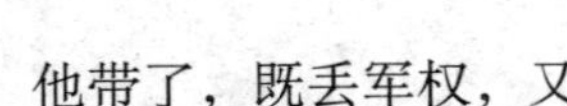

他带了，既丢军权，又丢政权，军地皆丢，恐怕从此要为一介布衣了。

曾国藩得知李鸿章遇到麻烦以后，很快给这位已经心灰意冷的门生写了回信。可是这时的曾国藩也是自顾不暇，忧心忡忡。因此他对李鸿章只能是空洞地安慰几句，他更担心的是自己的下场。因北上剿捻毫无战绩，打了一百多仗，几乎全败。朝野上下开始对他曾国藩议论纷纷了，闲言碎语不断传来。

湘、淮两军八万剿捻将士已经给云来雾去的捻军拖得精疲力竭了，捻军却照样悠哉游哉。

之后，曾国藩采纳了刘铭传的河防战略，各路大军对捻军实行了全线包围，力图将捻军封锁在河南西部与湖北交界一带。部署完毕之后，徐州不再是指挥中心了，距离各路大军太远。曾国藩只好离开徐州白虎节堂，将自己的行营移到济宁去了。

李鸿章不早不晚，就在曾国藩前脚离开徐州，他跟着就到了徐州。李鸿章是来视察军务的。淮军六万人马归了曾国藩指挥后，战绩平平令他担心。

听说曾国藩此番离开徐州后，李鸿章在金陵城里气得咬牙切齿，认为恩师大大错走了一步。只可惜曾国藩恰恰在做出这一决定时没有来得及与李鸿章商量。李鸿章知息此事时，曾国藩任务已经下达，各路兵马已经到位，无可挽回了。他知道以区区八万兵力铺开这么长的战线，明显会遇到兵力不足的问题。于是，他急调淮军郭松林一军作为游动部队开赴河南。他自己在金陵也坐不住了，决定到徐州视察，最好面见曾国藩及在前线的所有淮军将领，提出自己的看法，对整个布防进行必要的调整和补救。

此次出巡徐州，李鸿章还有一个打算——顺道回老家合肥看看。他与郭松林大军同行。有这支大军护卫北行，他这次回乡算是风光透顶了。

出发前，他派出快马给大哥李瀚章送信，告知自己这次顺道返乡，准备把父亲李文安的坟地扩建修整一下。言下之意，是想请大哥有空也回来一下。李瀚章此时已调任湖南巡抚，李家满堂官宦，亡父的墓地合当大张旗鼓，重新修整。

兄弟齐聚时，建墓所需材料也都从外省运来了。由于材料备得很足，原先计划的造墓规模也就扩大了，近似一个陵墓。李鸿章未到家之前，已由在家的兄弟做主，为父亲的陵墓取名为“文安陵”，并且已经雕刻成型。所有墓墙一律用琉璃瓦铺顶，墓门两边还装了一对石狮。

李鸿章亲往墓地察看时，心中一愣：这陵墓过于气派，恐怕会招致非议。一对石狮尚能说得过去，墙顶的琉璃瓦却必须换下来，改作普通小筒瓦为宜。尤其是“文安陵”三个字，势必要凿掉，改成“李氏家庙”四字。

对于李鸿章的主张，李凤章大为不解，坚持不能更动。

李瀚章支持李鸿章的意见。于是工人马上动手返工，改了过来。这还不算，

李鸿章还主动奏明两宫太后和皇上，说自己是“祭祀先人，以尽孝道”。

朝廷的圣旨很快下来了，李鸿章又惊又喜。令他兄弟几人吃惊的是：“文安陵”的事情，确实被人捅上去了。圣旨里讲得明明白白，说“既已将‘文安陵’三字改作‘李氏家庙’、琉璃瓦改作了筒瓦了，便勿作追究”。瞧，要不是有人上告，朝廷怎么会知道的呢？

李鸿章和李瀚章吓出了一身冷汗，暗叹幸好及时做了更动。圣旨还给李家兄弟们带来一喜：朝廷念李鸿章对大清王朝有功，颁发了准建李氏家庙和赏赐白银五千两的上谕。慈禧太后还亲笔书写了“福禄寿”三字匾额，派快马送抵合肥。

至此，李鸿章返乡为父造墓一事欢欢喜喜地了结了。李鸿章舒心极了，不仅了却了一桩心愿，还从慈禧太后就这次修墓所下的圣旨中，看出了朝廷对自己的偏袒。一种春风得意的感觉又涌上他的心头。

此事过后，李鸿章从合肥到徐州，郭松林率四千大军开往河南安阳。不巧的是，曾国藩前一天去了济宁。他不能再去追赶恩师了。离开金陵，在家乡耽搁的时间多了一些，他要回金陵去了。

他刚回到金陵，一连串令他忧心如焚的事情就接踵而至了。原来，曾国藩苦心经营的河防大计，几天之间便付之东流。曾国藩在济宁愧惧交加，一病不起了。

李鸿章心情极度沉重起来。大军北上，出师不利，不仅使他的恩师跌入低谷，也严重地影响着自己的情绪。然而，他万万没有料到的是，他在两江总督的位子上才坐了不到一年，便被朝廷的一道圣旨掀翻了。朝廷命他赴河洛防剿，兼顾山西、陕西门户。而以漕运总督吴棠署理两江总督。李宗羲接任吴棠的漕运总督，丁日昌递署江苏巡抚。

李鸿章惊呆了。他思索：朝廷此举，用心险恶。

李鸿章真后悔在徐州时没有再停留几日，去济宁会会恩师。他眼下能做的只有及时与曾国藩取得沟通，保持两人看法一致。接到朝廷上谕的当天，他就写下一封表示愤怒的书信，派快马急送济宁大营。

其实，曾国藩已经获悉李鸿章丢了两江总督的位子。从内心来说，曾国藩对朝廷的这个调整不仅愤怒，简直是痛恨了。他没有等到李鸿章的书信送来，就以自己的名义上奏抗争了。收到李鸿章来信后，他从李鸿章的字里行间也看出了燃烧的怒火。

眼见自己的位子要被吴棠夺去时，李鸿章变了脸了。他公开站出来反对吴棠署理两江总督。圣旨是下来了，但李鸿章仍坐在总督衙门里不走。他要借曾国藩之口，道出自己的意图：不让我李鸿章当两江总督亦可，那就推荐仍在湖南巡抚

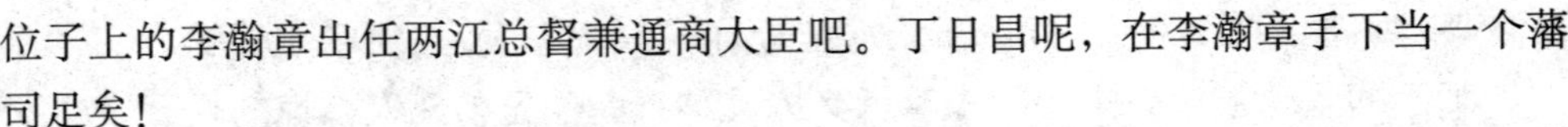

位子上的李瀚章出任两江总督兼通商大臣吧。丁日昌呢，在李瀚章手下当一个藩司足矣！

李鸿章用一堆文字告诉曾国藩：唯有他大哥来当两江总督兼通商大臣，今后的军饷才有希望得到控制。唯有如此才能稳定江南大局。

送出此信仅隔一天，李鸿章再次致函曾国藩，表示最好是维持现状，由自己继续担任两江总督。否则，就彼此对调。他告诉曾国藩：对调的建议是李宗羲提出的。李宗羲，字雨亭。咸丰八年到曾国藩手下掌管营务处，金陵收复、湘军裁减后留任江宁布政使。他主张曾、李对调，即：曾国藩仍回金陵当两江总督，由李鸿章到前线统帅湘、淮两军。

曾国藩呢，自丢了两江总督宝座后，心也凉了，发誓不再回任。因此，收到李鸿章第二封信后，他只能赞成维持现状。

与恩师书信来往取得一致意见后，李鸿章自己站出来了。他上奏朝廷，婉转要求留任两江，不宜赴河洛防剿。接着曾国藩又跟上一奏，表达了同样的要求。

朝廷鉴于曾、李的这种态度，不敢强制，只得下谕：维持现状。

一场风波终于平息了。李鸿章保住了两江总督的位子。但他能在这个位子上坐多久呢？恐怕不会太长。

以钦差大臣名义督军作战的曾国藩已与捻军周旋一年多了。捻军是此剿彼窜，让湘、淮两军始终徒劳无功，疲于奔命。

一向遇事沉着冷静的曾国藩彻底坐不住了。他知道自己在走完了许多坦途之后，前面不远就是深渊了。已经五十六岁的他，日日处在心灰意冷、忧思焦虑的情绪之中。一年多没有得到报捷的喜讯，却等来了白发萧萧。

朝廷一次次的诘责严旨，御史们一道道弹劾他的奏章，经军机处抄发下来，直送他的手上还不算，同样转录到各省、各地、各军去了。朝廷不再顾及他的脸面了。一年多战事的消耗，湘军人马已所剩无几，剿捻的本钱都是向门生李鸿章借来的。不能再等了，赶快开缺辞官回乡吧！他只有走这条路了。

中秋之后的晚风，吹来的是阵阵凉意。河防大计被捻军一举冲破，曾国藩真想大哭一场。李鸿章那边也不平静，他胞弟李鹤章觉得他不顾自己和二弟的感受，一心只听曾国藩的，加上连年败仗，心灰意冷，辞官回乡了。

李鹤章于光绪七年病死在家乡合肥。他儿子后来很争气，凭借自己的才干和家族优势做了云贵总督。

李鸿章本人则满怀信心，在金陵城两江总督衙门里干得正起劲。这时候，六百里加急送来一道圣旨：

“曾国藩着回两江总督本任，一等肃毅伯爵李鸿章着授为钦差大臣，专办剿匪事宜。”

李鸿章乱了手脚，没想到转来转去，仍然是要拿掉他两江总督的帽子。他正风风火火地在两江广大地区推进自己的军政计划呢！战后的农业生产已逐渐恢复起来，江南机器制造总局的架子也已经搭起来了。

并且，他还把在合肥老家赋闲的胞弟李凤章派到上海去协办总局事务了。上海炮局、苏州炮局等几经扩建，更新设备，已基本可以保证湘、淮两军及周边官军的武器弹药供给。他已着手在金陵又建一个制造局，将马格里主持的苏州炮局部分迁到金陵扩建，地点就选在雨花台。几个书院、学馆也已经办起来了，还在各城中开办了戏院……这一切都将要因为他的离任而受到影响。他不想离去，但这一次他却无法站出来抗争。因为，自己的恩师曾国藩回任了。

曾国藩接到这道圣旨后，既羞愧又愤怒。羞愧的是他奏请朝廷的是要求开缺回乡，但朝廷还算讲点意思，仍要他回去当两江总督。愤怒的是，太后、皇上虽作安抚，但实际上是认为他剿匪无能，以李鸿章把他替换下来，逼令他让出钦差大臣一职，离开前线。他心中窝火，立即上了一道奏折，请求仍留在军中。

慈禧太后看完曾国藩这道奏折，微微一笑，命军机处又来一道圣旨，同意他仍留军中，但同时充任两江总督，筹办接济前线军饷。

曾国藩见朝廷稍作让步，但意犹未尽，凭借一股牛脾气，连上三道奏折，要求免去自己两江总督和协办大学士之职。曾国藩是以退为进，以辞职要挟朝廷。慈禧动怒了，但有火也发不出来，又作了一次让步，补授曾国藩为大学士，仍留任两江总督。

曾国藩目的达到了：丢掉了钦差大臣，升了一个补授的大学士，自然又比李鸿章高了一等。

这日，他带上自己的行李、幕僚们要回金陵了。正好，前来徐州接任钦差大臣的李鸿章带着一班文武大员抵达徐州。这是同治六年正月初六日。

李鸿章刚到，就以徐州主人身份摆下丰盛大宴，为曾国藩饯行。师生二人面议了下一步剿捻大计，李鸿章少不了给了恩师许多安慰。次日，李鸿章亲往郊外，把恩师送上了去金陵的大道。他自己则从徐州去了济宁，他的行营就设在那里。

李鸿章出马督军，曾国藩的心情是复杂的。自己明显是久战无功了，朝廷才把自己的门生李鸿章换了上去。朝廷当然是希望李鸿章一举成功，曾国藩则是既希望他成功，又希望他失败。所以，与李鸿章握别时，曾国藩一再建议：只有袭用他的河防战略，别无良策。

李鸿章笑了笑，他心中自有主张。他断定大包围是围不住十万以上的捻军的。他不会接受曾国藩的建议。但在二人握别之时，他也不会把自己已考虑好的计划全盘讲出来与曾国藩商量。

曾国藩回到金陵城中那个自己非常熟悉的总督衙门以后，立即就遇到了一桩非常棘手的事情：地方官员纷纷反映，李鸿章视为知己的丁日昌在刚当了江苏巡抚之后，就公开索贿受贿，公开卖官，且情节恶劣。

依曾国藩原来的脾气，定是一份奏折上去，罢了他的抚台一职。但曾国藩现在对此事却下不了手了。他深知丁日昌深受李鸿章赏识，自己又刚刚回任，一到金陵就拿李鸿章的心腹开刀，未免太不给李鸿章面子了。

放了这件事不管也罢，可是更令他气恼的事情仍在一件又一件发生：苏南豪门巨绅抗租抗捐气焰嚣张，远不是他以前当总督时候的情形了；州县官员贪污现象严重，私吞公款，将值钱的财物据为己有。

还有一条，两江之内纷纷对他曾国藩不恭不敬了。一些官员私下里议论：湘军不行了，曾国藩也已年迈，折腾不了几年了，可以不必唯命是从。由此，曾国藩的处境艰难起来，有点儿步履维艰了。

经过一番思考，又碰了几个钉子之后，曾国藩很快消沉下来。年岁也的确大了，没有必要再下深水去得罪人了。他的计划就是走走看看，玩玩乐乐，把李鸿章在前线需要的军饷凑齐了就万事大吉。

这日，他正率众幕僚在灵谷寺观光，忽听武巡捕来报："李鸿章大人遣胞弟昭庆来金陵求见！"

原来，李鸿章督军以后，采取了诱敌于绝地的办法，略施小计，以少量淮军把赖文光、任化邦的东路捻军引到了山东烟台然后再合军包围，同时兼用了离间之计，接连打了许多大胜仗，很快使捻军元气大伤。李鸿章认为捻军已到了绝境，往东是海，还有一条胶莱河防线，定能将捻军困死在登莱半岛。

李昭庆来江宁，一是通报李鸿章的作战计划，二是求援二十万两军饷。

这让曾国藩心中一惊。

战事的发展没有出乎李鸿章所料。这位信心百倍的钦差大臣凭借自己的淮军和少量湘军，再加上后方充足的军火供应，很快把捻军赶进死胡同了。

同治六年八月十九日，东路捻军在赖文光、任化邦的率领下，在海庙口以北十几里地方的海滩上，侥幸突破李鸿章的防线，经潍河、潍县、昌乐、企图再渡运河，进入豫、陕两省，与张宗禹的西路捻军会合。但是，李鸿章坐镇运河边上的刘铭传大营，猛烈阻挡。加之河水猛涨，捻军大乱。李鸿章又派人打入捻军内部，联合捻军潘贵升，乘机杀了捻首任化邦。打死打伤捻军两万人。

赖文光只好率残部后退，又到了山东海边。李鸿章乘胜追击，击毙首王范汝增，又杀死捻军两万余。赖文光只剩下约六千兵力了。他率残部拼死抵抗，从潍县一带突围，准备南下江苏。但刚到六塘河，又被在这里设防的淮军拦截，终因人少力弱，全军覆灭。赖文光在六塘河被擒。

消息传到北京，朝野欢天喜地。曾国藩也觉得脸上有光了。李鸿章还一声令下，八万湘、淮军全部会合于济宁，共庆剿灭了东路捻军。

同治六年岁末，李鸿章各路大军都回到济宁庆功度岁，日日狂欢。十二月二十七日，朝廷论功行赏的圣旨下来，却犹如一盆冷水，把湘、淮两军的欢庆气氛灭下去不少。首先是直隶提督刘铭传，北上转战两年多了，立功也多，几乎送了性命，原以为这次可以捞个男爵，但朝廷却只赏了个正三品的三等轻车都尉世爵。其他将领也都不过是个正四品的骑都尉或正五品的云骑尉。最吃亏的要数李昭庆了，因李鸿章命他去金陵城提饷，兼面见曾国藩，暂时离开战场。等他急匆匆赶回一线时，正好战斗刚刚打完，赖文光被活捉了。时运不济，李昭庆干了两年多，最终什么世爵也没有捞到。

李鸿章召集全体将领宣读圣旨时，众人极为不满，怨声载道。

李鸿章从心里也觉得朝廷这一次赏功不高。但眼下这帮将领们也太出格了，不仅牢骚满腹，还公开骂娘。这些骂娘的话若要是传出去，那可不是闹着玩的。于是，他拍案而起，把发牢骚的将领都训了一通。又对众人一阵安慰，将领们才缓和过来。

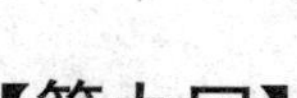

【第九回】

凯旋入阁功劳高，禁城骑马威风足

新年期间，淮军里不少将领都想回乡看看。李鸿章准了刘铭传、周盛波等人一个月的假期，严限准时返回前线。

就在这个新年里，北京紫禁城内，也是一派吉祥如意、歌舞升平的景象。可就在这时，传来捻军打进定州的消息，皇宫上下一片恐慌。

两宫皇太后和大臣商量，令李鸿章火速督师北上，保卫北京。还宣布谁剿灭了西捻，就封谁为协办大学士。

情况危急。在恭亲王的亲自监督之下，圣旨加印密封，标上“六百里加急”字样，发往兵部。兵部再套上大信封，又在信封上加印封定，才交快马连夜送出京城。

李鸿章在这之前已被授予湖广总督职位。但有其职却没有到任，仍留在前线督办剿匪事宜。曾国藩终于把丁日昌稍降了一下，由江苏巡抚改为署理江苏巡抚。实授的巡抚叫李瀚章干了。李瀚章湖南巡抚的位子让给曾国藩的好友刘昆干。郭柏荫出任江苏布政使，职位虽比丁日昌低一等，但很有实权。丁日昌由实授改为署理，只是一个名分上的职务了，丝毫没有实权。江苏实权落入李瀚章之手，也堵住了李鸿章的嘴。

自从大哥李瀚章接任江苏巡抚一职后，自己又在曾国荃之上当湖广总督，李鸿章舒心了。

兵部送出的圣旨，两天后就到了李鸿章的手中。

李鸿章面色异常严峻地读完圣旨，陷入了焦虑之中。钱鼎铭已回清江浦办转运去了。刘铭传人还在老家合肥。张树声和张树珊兄弟二人不睦，张树声一气之下弃武从文，由江苏徐海道去直隶当按察使去了。

此时，李鸿章的身边只有幕僚刘秉璋、部将潘鼎新、郭松林、周盛波、杨鼎勋及李昭庆等十余人雁翅般分坐在他两旁。且这些人大都因剿灭东捻大功轻赏而

情绪低落。连自己的胞弟昭庆也不能理解，牢骚满腹。

这个令人窒息的气氛让李鸿章大伤脑筋。他不知从何处下手来调整、调动部将们的情绪。

李鸿章看到朝廷的奖赏，为之心动。他对大学士这个职位很有兴趣，这就是说可以入阁拜相了。大学士虽然徒有虚名，但地位极高，很受地方官员尊重。

但他又有些灰心，突然有了一种众叛亲离的感觉，对什么都缺少信心了。他想到了左宗棠，这会儿正被革职，唯有剿灭了西捻，才可以官复原职，才有可能成为协办大学士。因此，这一次他一定会拼命，与自己抢这份功劳的。

果不出李鸿章所料：左宗棠接到圣旨的当天就率刘松山、陈国瑞所部火速开往保定了。

京城尚处在危急之中。圣旨送达十多天了，仍未见李鸿章出兵北上。这还了得？！两宫太后怒火万丈，又下了一道圣旨。

李鸿章看了圣旨，站起身来，面色尴尬地望了一眼刘秉璋，一句话也不说。接着，他慢慢地动手拔去了御赐的双眼花翎。过了片刻，又摘掉了帽顶上那颗象征着官品的红宝石。他将除下来的这些东西轻轻放在桌子上，叫刘秉璋拿去收起来。

刘秉璋好一阵莫名其妙。走到案台前看了军机处的咨函后，才恍然大悟。这圣旨上措辞十分严厉，差一点就是骂人了。圣旨训斥李鸿章坐视京师危急，至今按兵不动，大有抗旨不遵之势，目无皇上、皇太后。最后写道：

“着李鸿章即夺去花翎，褫去黄马褂，革职留任。朝廷待李鸿章不薄，清夜自问，岂不惭愧？应即激发天良，迅速带兵北上。否则，朝廷令出如山，后旨定不容情。若能奋力自勉，将功赎过，平定捻贼，朕不念前咎，仍当给予不次之赏。李鸿章切勿等闲视之。”

刘秉璋见李鸿章颓然倒在软椅上，神情痛苦，心里也很难受。大家都看惯了或威严或欢喜随和的李鸿章，很少见到他那极度痛苦的表情。他原来那些人们已经看惯了的神情好像突然被一阵激风吹过，消失得一干二净了。

刘秉璋动了感情，以一声大吼代替了自己对这位主帅的安慰，道：“我去各营看看，明天再拒不出兵，我就要与他们没完！”

刘秉璋出去了。李鸿章仍躺在软椅上一动不动。他深知慈禧太后这次是真的恼了！这本来就在情理之中。

李鸿章叹息不止。官场险恶，宦海沉浮，但他没有想到自己也有革职留用的时候。这个感情细腻的淮军大帅大叹——荣辱难测。月有阴晴圆缺，谁能主宰得了宇宙浩渺、天地玄黄呀？

但是，虽被革职，还得出征。这一次是无论如何也没有退路了。如果再敢按

兵不动，要不了十天，必是又一道圣旨下来。那时，一切都将完了。

刘秉璋出去了以后，不知跑到哪个大营去了，至半夜时分，仍未回来。李鸿章估计一定是碰到钉子了，工作不太好做，所以迟迟不归。

“只有向拒绝出兵者开刀了！”李鸿章自己跟自己拍案而起。但先杀谁呢？他又没有了主张，茫然无措。

拿部下开刀，只是说说气话而已。但李鸿章的确是走投无路了。他只好气得骂娘，谁的头也杀不得。要杀，只有杀自己头。他一时冲动，猛一抬头，看到墙上悬挂着的长柄佩刀。这是他出征时随身携带的指挥刀。他抽刀出鞘，只见这佩刀在灯光下寒光逼人。

他将佩刀架在自己脖子上，大骂一声：“龟孙儿的，死了算了，省得老鼠钻进风箱里，两头受气！受朝廷的气就够了，还要受这帮部下们的气！”

他悲愤地想着，手举得累了，一只手放了下来，另一只手握住刀柄，将刀身搁在自己肩膀上。就在这时，猛听得户外人声喧哗，伴着一声轻轻的喊叫：“军机处紧急咨文到了。”

李鸿章惊骇万分，心想坏了。又一道圣旨下来，定是要把自己押送京城问罪了。这样，自己反而真不如死了。刀还架在肩膀上，刀刃已碰到脖颈上的皮肉了。李鸿章只觉得凉，凉得怕人。此时若想死，是极容易的事，只须咬咬牙，挥刀向前，脖子就开了。这样万辱皆消，万念俱休，什么协办大学士？见他妈的鬼去吧！

转念一想，就算会有拿问自己的圣旨，也没有这么快呀，是什么狗屁的圣旨？老子倒要看看！李鸿章心想着，就收起了佩刀。刘秉璋进门来了，道：“刘铭传迟迟不归，也受到革职处分了。”李鸿章一惊：革了我的职，又要以革部将们的职来相逼，朝廷定是气得无计可施了。自己不能消沉，更不能死。否则，朝廷追究下来，倒霉的将是跟随自己多年的部将们。

他道：“赶快派人，连夜赶到合肥，务必把刘六麻子一同带来。这个刘六麻子也太任性了，想叫自己好不容易挣来的前程毁于一旦么？

“快！快去把刘铭传叫回来！”

刘秉璋安排一个值班的戈什哈找人去了，然后转身对李鸿章道：“少荃大兄，您也消消气吧。否则，部将们闹起来，更是不可收拾。”

“此话怎讲？”

刘秉璋道：“我去了几个大营，透露了您已被革职留用的消息后，部将们呼声震天，都为您打抱不平，大骂朝廷。一些人还要亲往北京，找慈禧太后论理哩。他们都要到您的签押房来，我阻拦住了。大家一致意见：不让您官复原职，就是不出兵！您瞧，这不是更糟了么？”

李鸿章听了很受感动，心里暖烘烘的。他道："这不是胡闹么？想毁了我们淮军不是？这样吧，你去安排，我来一个一个地找他们谈话，把道理讲清。"

"这就对了，我的大帅呀！您早就应该亲自出面找他们谈谈了。这么长时间以来，只顾打仗，交心谈话少了，许多事情憋在心里，愈积愈多，才形成了今天的被动局面。"刘秉璋很真诚地说。

"好，就先找潘鼎新吧，从他开始谈！"

已经是后半夜了。李鸿章毫无睡意，决定连夜传人谈话。

这会儿刘秉璋才笑着道："少荃兄不要急了。今夜大军已全部出发。明早您起来时，已找不到各路兵马了。现在只有您的三千亲兵还没有上道。"

原来，众将领一听说朝廷因为淮军迟迟按兵不动而革了大帅的职，纷纷动作起来了。大家都清醒过来了，原想将朝廷一军，没有想到"将"掉了大帅的官帽，一个个后悔不已。当天下午，刘秉璋就去各军大营督促发兵。潘鼎新一下子掀了牌九桌，一声令下，将先头部队开出去了。

李鸿章抹了一把激动的泪水，转忧为喜，骂道："龟孙儿的！一个个都还跟我留一手！"说着，李鸿章笑了。一段时间以来的担心、忧愁由此一笔勾销了。他自已也顾不上睡觉了，叫身边的随从、亲兵连夜整理物品、文书、行李。次日，他率领亲兵三千余人向河北进发。至此，除留下湘军各路驻守山东、河南一带外，共计有五万五千人马开赴剿灭西捻的战场。

李鸿章一路坐着骡车，飞奔向前。卫护他前后的马队扬鞭呐喊，其阵势鼓舞人心。

刘秉璋策马与李鸿章并行，隔着帘子喊道："大帅，已到了直隶大名府了，是不是休息一下，让各营起火做饭，饭后再走？！"

李鸿章掀开车窗绣帘，探出半个头来，道："行呀，你安排了。前面没有大镇子了么？"

"没有啦！我们今天已经赶了两百多里地了。兵马都很累了！"刘秉璋骑在马上边奔边喊。

就在这时，突见前方一驿使身背青布褡裢，红缨帽上插了一支羽毛，扬鞭策马而来。刚冲到李鸿章的前阵马队跟前，他就喊着："李鸿章李大人在么？"

文巡捕于忠大声应道："李大帅在此，有什么大事？！"

驿使手举着兵部大信套道："朝廷圣旨到！"

李鸿章半个头伸在窗外，听得清清楚楚，不禁暗暗叫苦：坏了，坏了！这驿使帽上插羽，表示有紧急谕旨送来。而既是上谕，定不会有好消息。

他出兵的奏折才送出不久，估计现在绝对没有到达北京。那么，朝廷就还不知道他已经出兵。这会儿又来急谕，定是拿问自己了。所以，李鸿章顿时面如土色，连刘秉璋也吓出了一身冷汗。

于忠已在前面接旨了。李鸿章抬头一看，不远处的弯道上又飞奔过来七八个差官，一个个耀武扬威。李鸿章对拿问自己的推测确信无疑了。他下令停止前进，大队人马依次靠路边驻足。

李鸿章有气无力地走下骡车，显得异常惊慌失措。接下来再看，那七八个飞骑差官好像不是到自己军中来的。到了前路马队跟前，他们并未减速，仍然是一路拍马而过。只有身背青布褡裢的驿使下马来到骡车前，给李鸿章行了礼后，禀道："军机处廷寄谕旨，请李大人接旨！"

李鸿章仍在发呆，听了驿使说话，才恢复常态，道："驿使一路辛苦。"

李鸿章接过上谕，展开高声宣读起来：

"奉上谕：'顷悉山东布政使潘鼎新一军已过运河，进入直隶河间府境内，正星夜兼程北上，足见汝天良尚在，部下深明大体，甚可嘉慰。刻下捻匪正从保定窜犯河间，伺机北犯，望汝亲率诸军继发，迅速会同左宗棠军围剿捻匪，务必早日平定，勿使漏网。'"

听罢圣旨，李鸿章山呼万岁，心中一块石头由此落地。原来，潘鼎新提前派出一支人马刚到河间府，就被朝廷兵部派出的探子知悉。李鸿章出兵的消息很快传到了两宫太后的耳朵里。太后们大喜，才下了这一道圣旨以示激励。

就如同满天的乌云顷刻间消散了一样，李鸿章的心情也晴朗起来。他暗暗握紧了拳头：危机已过，光明就在前头。他下令，再行五十里，日夜兼程北上！

冬天早已过去了，又是夏初时节。李鸿章督军在保定，大大小小战斗已打了十多仗。眼看就要形成合围之势了，西捻张宗禹使出一招：亲率一支人马直闯卢沟桥附近，很似"围魏救赵"之计。这一招果然奏效，慈禧太后吓破了胆，又下一道急令：严限李鸿章一月之内扫平西捻，方可赎过。

这样一来，李鸿章等于在提着半个脑袋打仗，心中急得火烧火燎。他连日骑马奔波在各路大军之间，终于选定漳卫河与结州之间展开攻势，此处交通十分便利。李鸿章正在调集军马合围西捻，刘铭传回到了军中。见了他，李鸿章又喜又气，令他戴罪立功，率战船自漳水、卫水进入黄河和运河，以此切断捻军的退路。这样便对张宗禹形成了南北夹击之势。

不久，淮军以其包围之势，慢慢缩小了包围圈。两军日夜周旋，连战了十六个昼夜。捻军由于给养供应不上，又找不到片刻的休整之机，将士们都精疲力竭了。张宗禹除了到卢沟桥虚晃一枪，再无绝招了，只好退回河北境内与另一路捻军合成一军，奋力抵抗。到同治七年六月下旬，潘鼎新等在沙河一带一举打败西捻主力，捻首张宗禹身负重伤，败走高塘。

在马颊河与徒骇河之间的平原地带，捻军北窜不成，只好南退。谁知，刘铭

传已堵在后路。最终西捻残部被全歼。张宗禹见大势已去，遂投水身亡。至此，捻军被全剿灭了。

从朝廷下达严限圣旨，到张宗禹投水身亡，共二十八天时间。李鸿章在行营里得捷报，高兴得一蹦老高，大呼："天佑我也！"

实际上，倒不是老天在保佑李鸿章，而是捻军内部的矛盾激化帮助了李鸿章。捻军内部在淮军大举包围过来后，不是在设法奋力反击，而是开始无休止的互相指责，甚至发生了内乱。张宗禹一气之下，把带头内乱的十几个将领全杀了。这一杀使捻军内部更乱，局面变得完全无法收拾了。

无论是太平军还是捻军，都是由内部分化而导致最终失败的：这是值得人们深刻思考的。

李鸿章成了英雄。东捻、西捻全败在了他的手下。左宗棠呢，正所谓"有心栽花花不发"，最终仍是大功旁落。不过，也不要紧的。既然剿捻的大功告成，朝廷也就无所谓了。反正就是一块蛋糕，有功无功，大家都能吃上一口。若蛋糕不够分了，再捧一块蛋糕出来就是了。自古以来，居上者大抵如此。而这正是淮军深感奖赏不公的原因所在。

同治七年七月初一日，北京城里是赤日炎炎，于是慈禧、慈安太后携小皇帝载淳跑到热河避暑山庄那块清凉世界去了。李鸿章六百里加紧红旗捷报送到承德，犹如久旱后的甘霖，顿时让两宫太后舒心极了，山庄内一片欢腾。慈禧太后还出了个新招——下令将李鸿章的告捷奏折用洒金大红纸抄录成数十份，在山庄各处张贴出去。题目是：

"奏为平定西捻，逆首张总愚投徒骇河殒命，逆党全数就歼，恭摺仰祈圣鉴事。"

这是李鸿章亲笔的报捷奏折，文字简练，叙述清楚。只是按照惯例，把"张宗禹"的名字改成了"张总愚"，以示他"总是愚蠢"。

随后慈禧太后立即召集军机大臣们，就封赏问题进行商议。对封赏一事，慈禧太后是丝毫不敢耽搁的。李鸿章捷报是半夜里送进避暑山庄的，当时她立即披衣下床，叫宫女剔亮了灯火，一边安排用大红纸抄录，定要在天亮前贴出去，一边就叫恭亲王等来议封赏之事了。

李鸿章灭了西捻，朝廷原定的赏封，就是一个协办大学士。大学士属内阁职位，两殿两阁，一共是四人。大学士两人，协办大学士两人，也都是满人汉人各占一半。一年前，体仁阁大学士周祖培出缺，让曾国藩以协办大学士身份升补了进去。这样便空出来一个协办大学士，慈禧把这个位子给了四川总督骆秉璋。不料到了年底，骆秉璋病故了，就由慈禧的心腹吴棠充任了。而另一个协办大学士的空缺，就作为"悬赏"，这会儿非李鸿章莫属了。

定下封赏后，圣旨飞速送达李鸿章的行营。圣旨上说：李鸿章、左宗棠、官文俱官复原职，赏还花翎和黄马褂。加李鸿章、左宗棠太子太保衔。李鸿章以湖广总督兼协办大学士。丁宝桢加太子少保衔，晋刘铭传一等男爵，潘鼎新、郭松林一等轻车都尉，以郭松林为湖北提督。

李鸿章终于入阁拜相了。这是读书人的第一等功名，李鸿章得到了。

不过，在此时的左宗棠看来，李鸿章的淮军只不过最后侥幸摘了个“桃子”。

听说了左宗棠发此怪论，李鸿章及淮军将领骂声一片。李鸿章道：“就算我捡了个便宜，你左宗棠追剿两年之久，怎么就捡不到这个‘桃子’呢？王八蛋！”

不久，左宗棠又传过话来，说他不相信张宗禹真的投河自杀了，因为并无尸首为证！一贯会挑毛病的左宗棠不仅不信，还布置部下，四处搜寻张宗禹的下落。

消息传到淮军兵将耳里，刘铭传一脸麻子气得跟一个个花瓣似的，大骂道：“这个王八儿左宗棠！时值盛暑，尸首腐烂，叫我到哪里去以尸为证？！老子若有机会遇到这左宗棠，非一刀砍了他不可！”

李鸿章却笑道：“你这个麻子气什么呀？让人家去搜嘛！”

身兼数职的李鸿章志得意满，不愿意再去管左宗棠怎么去发疯似的展开大搜捕了。

剿捻是大胜，比曾国荃攻下金陵意义还要重大。李鸿章决定：每人补发欠饷两个月，加发恩饷两个月。这样，淮军中的存银不够了。那好办，江苏巡抚李瀚章是李鸿章的大哥，由他操办。他让大哥“借洋帐”，从洋行那里取一些送到武昌。

军饷、恩饷发下去后，武昌总督衙门里，一连几天大摆筵宴，慰劳庆功。李鸿章生来喜欢场面大，喜欢热闹。可是，这一次他招架不住了。

因为升了协办大学士，因为首次在总督衙门里到位，更因为打了胜仗，军里军外、城内城外，拜访的、恭贺的、拉关系的一连许多天排成长队。文巡捕于忠和师爷刘秉璋忙得屁股不着板凳，最终累得爬不起来了。

不知是谁带的头，各路将领、地方官员们人人都备下了一份厚礼送给李鸿章，以示对他升任的祝贺。

几天时间，总督衙门几间库房里，堆的全是人们赠送上来的礼物、礼金。李鸿章看着库房，摇摇头，令刘秉璋、李昭庆二人根据情况，尽量将礼物退回。至于礼金，退不掉也没有关系，就留作衙门里的开销吧。

李鸿章太累了。他决定关起门来谢客一天。他不仅要休息，他更须思考。

一张凉榻之上躺着劳神过度的李鸿章。他睡不着，一时间，这些年来的一切

竟如闪电一般从他脑际滑过：曾国藩的不得志，众将领突然闹情绪，朝廷的再三威逼，左宗棠与他的钩心斗角……这一切让他既很失望，又很开心。如今把捻军彻底剿灭了，就如同曾国藩收复了金陵一样，自己的淮军恐怕也不可避免地要面临着裁减，甚至可能是撤散。

撤散了也好，自己可以同将士们一起，仍回到那个风景秀丽的合肥去。他在设想，若真的让他回乡了，他要重建合肥城，把逍遥津、包河、城隍庙、九狮桥等等，统统推倒重建。然后，再在大蜀山之巅建一处大殿，与妻妾及儿女们抚琴于山林，独得一份人生的宁谧。这样，从此便无涉世之险，更无功名之争了。如此也算得生命之趣了。

李鸿章是突然想到要解甲归田的。他还记得自己的爷爷李殿华。那时，在肥东磨店乡的庄园里，他常常跟着爷爷下地，干一些简单的农活。现在想起来，那时一边耕种，一边读书的生活倒是极其值得怀念的。

不过，他很快否定了自己的设想。可能是乐极生悲了吧，人总是在最得意、最顺利的时刻，往往向另一个方面追求。或许是害怕了，怕自己伴君如伴虎。宦场的沉浮、官场的险恶的确常常让人心灰意冷，但自己已经没有回避的可能了。身为大清重臣，不为国谋福利，不为朝廷作贡献，而只顾自己，又如何能够心安理得？

下一步干什么？去紫禁城当那个协办大学士么？或者就是坐在这湖广总督的位子上干脆不走了么？他都想干，也都不想干。去紫禁城固然能够光宗耀祖，落一个好名声，但没有实权，而且守着朝廷，说不定哪一天因为什么事就会脑袋搬家了。就干这湖广总督吧？可是若失去了淮军，那还有什么干头？下面是巡抚、知府、县令各占一块地盘，实权在他们手里。失去了队伍，谁还求你？谁还怕你？

当然，就协办大学士与总督比较起来，他宁可选择当总督。虽然自己没有具体可管的地盘，但仍可以管到巡抚，管到那些知府、县令。屁股坐在他们的头上，就等于有了地盘，有了实权。好了，不要胡思乱想了！就当好这个地方官吧！下一步没仗可打了，就办“洋务”。

他比任何人都能体会出办洋务的重要性。在他看来，中国在许多方面都远远超出洋人，中国的人也比那些洋人聪明多了，唯有武器、装备、机器远逊于洋人。这些洋人依仗自己的利器强兵，才骑在了中国人的头上。

人生要不断寻找新的目标。他的目标定位就在于洋务了。

他忆起了四年多前，大概是同治元年吧，在那安庆码头上，江风习习，巨浪翻滚。他站在一艘洋火轮的甲板上，挥手向曾国藩等人告别。他留心了，这是他生平第一次乘坐洋轮。轮船的两侧是两个水车似的大轮子。它们上下翻滚着，却

又是水车无法比拟的。轰隆隆的巨响和阵阵浪花，竟能使那么大体积的船快速行驶在波涛之上。

也正是这次乘船的经历，成了他驻军上海以后想办洋务的开端。

闭门谢客，躺在凉榻上，他为自己设计着未来。他不知他的未来还会有多少艰难险阻，但是，他已下定决心，朝这个未来风雨兼程了。

就在李鸿章为自己下一步的前程和事业精心设计之际，从北京城奔出两骑驿使，向武昌而来。两名驿使在武昌湖广总督衙门前揽辔止马，滚鞍下马："圣旨到，协办大学士、湖广总督李鸿章接旨！"

宣读了圣旨之后，李鸿章及所有在场的幕僚、将领们都激动不已：慈禧、慈安太后及小皇上要宣李鸿章进京谒见。

原来两宫太后听说他正在搞洋务，是个能人，于是一道圣旨传到了李鸿章和左宗棠手里。曾国藩已决定调任直隶了，要见很方便了。所以，对他没有定下谒见的时间。

慈禧急切地想见一见曾令"长毛"军和捻军都胆寒的李鸿章和左宗棠。她隆重设宴，安排在内左门外打扫出一些房子出来，把李鸿章安排在紫禁城里住。要选好一班听差的，要精明一点的。又赏他们在紫禁城骑马兜风——先帝在世时曾有此先例。

同时，考虑到两人的矛盾，慈禧太后决定分头设宴，两个人看戏也可以分开，选宫中最好的戏班子。慈禧高兴得很，甚至亲自安排要看的戏码。

宫中上下前后忙了二十多天，才把迎接李鸿章、左宗棠的准备工作做好。到了八月初，李鸿章从武昌隆重出发，上万人在总督衙门前为他送行。爆竹、鼓乐一齐上，淮军将领们也感到脸上有光。在将士们看来，李鸿章是代表七八万淮军进京的。告别了热情的送行队伍，李鸿章一路快马扬鞭，不敢耽误。他要赶在左宗棠之前到达北京。八月初五，李鸿章到了长辛店。

次日，李鸿章从长辛店乘上轿车，不久便进了北京城。

顺天府已把李鸿章从长辛店进京的消息报告了军机处。一路滚单下来，有接有送，根本用不着李鸿章操心。今生以来，他还是头一回这么风光，不由得心情振奋，激动不已。

离京十五年了，难以忘记的十五年呀！当年科举及第，就是在眼前这座雍容尊贵、气势非凡的紫禁城里，他成了光宗耀祖的翰林公。而今，却在经受了数不清的艰难险阻、忧伤恐惧、委屈打击、奋力拼搏之后，以正一品的协办大学士、世袭一等肃毅伯的身份，衣锦返京了！

陪同李鸿章进京的主要随从是陈鼐。进了北京城之后，顺天府通判始终在前引路，把李鸿章一行先安排到贤良寺西厢院住下。庭院里花木扶疏，环境十分优

美。出胡同不远就是东安门外大街，大街尽头便是紫禁城的东华门。之所以安排在这里暂住，为的是进宫方便。凡进宫朝觐的官员大多都要在这里寄寓。而这座贤良寺，不想从今日开始，就是他常来常往的地方了。他此时更没有想到，自己晚年为国鞠躬尽瘁、饮恨长辞于世，也是在这座贤良寺之中！

这会儿是李鸿章头一次寄寓寺中，他与陈鼐刚刚盥洗完毕，顺天府的府尹亲自前来邀请，要为他们大摆接风宴。一顿十分丰盛的酒宴结束以后，府尹告辞，陈鼐陪李鸿章返回房间。李鸿章心想，下面恐怕没有什么安排了，只等太后择日召见就行了。他只穿了一身白布短褂衣裤，在曲径长廊之间来回踱步。坚持恩师传下来的每日三千步，他觉得确有效果。

走完三千步，回到床上躺一会。忽然文巡捕进门禀报："中堂大人，钦使到。"

李鸿章翻身下床，两名戈什哈跟打仗一般，在极短的时间内为他穿好了袍褂靴帽。人们在旁边看起来，就如同变戏法一般。李鸿章只须展臂伸腿即可。这些贴身侍从都是训练出来的，动作十分利索。

陈鼐已候在门口，陪他进入客厅接旨。那传旨官说：

"奉上谕：'赏协办大学士、一等肃毅伯李鸿章紫禁城骑马。'"

李鸿章大喜过望。这个礼仪他是懂得的。赏紫禁城骑马遨游，这是朝廷给予年长德高的有功之臣的极高礼遇。一般重臣需要到六十五岁以上方可享受。李鸿章才四十七岁呀，正当盛年，可见皇家恩德之深重。深受孔孟之学熏陶的李鸿章心潮澎湃，在心里反反复复念叨着："感谢太后，感谢皇上！"

送走了第一位钦使，又来了太监二人。

太监们传旨："着李鸿章明日辰初进宫，养心殿见驾！"

李鸿章又是一惊，继而喜上心头。依他原来的估计和以前的惯例，大臣等候进宫见驾，一般都要等上十天半月，方能被召见。自己今日到京，明晨就被召见，说明了两宫太后和皇上对自己的渴念之情。这时，他这些年遭受过的所有不快统统被甩得一干二净，满心头都是对朝廷的感激之情了。

他被这两遭钦使弄得坐立不安了，睡意全无。在一旁陪伴的陈鼐也被惊得目瞪口呆，道："朝廷的这种礼遇可是闻所未闻的呀！"

陈鼐话刚落音，又来了御前太监。他身后还跟着两行小太监。李鸿章赶紧起身迎接。大小太监见了李鸿章又是一阵行礼，然后道："奉慈禧太后旨意：着膳房司膳'塔塔'们专做饭菜，送到贤良寺，赏给李鸿章碗茶、碟菜、饽饽各四种。"

说完，将送来的饭菜摆到了桌子上。李鸿章简直被弄傻了，半天才回过味来，叩头谢恩。

太监们走了，李鸿章大笑起来："刚刚才吃过接风宴，哪里吃得下去呢？"

但这一餐是非吃不可了。陈鼐愣在一旁，李鸿章叫他同吃。陈鼐吓得向后直退，道："我不要命了？这是西太后赐给您享用的，小弟岂敢沾一筷头？！"

李鸿章道："我令你陪吃！"

陈鼐不能再辞，便坐下吃了起来。因为刚才已吃过饭，因此饭菜的好坏他们是品不出来了，但吃这一顿意义非同小可。

李鸿章还打趣陈鼐道："你可要多吃几口。现在已是傍晚，慈禧太后给我们送的是晚饭。吃了这一餐，晚上就免了。"

两个人象征性地吃了几口，实在吃不下了，便把剩下的都赏给随行戈什哈们了。三拨钦使折腾了一个下午，又吃了御赐的美味，该自由活动一下了。李鸿章想乘机访友拜客，到他以前在京读书借住过的安徽会馆、狮子胡同、九条胡同三号等地方走走看看。

他与陈鼐正要出门，顺天府下属的首县、大兴知县的名帖由文巡捕送了过来。他是专程来请李中堂赴宴的。李鸿章头皮一麻，叫陈鼐出面去"挡驾"。大兴知县就等在客厅里。陈鼐去了片刻转身回来，说他挡不住地方上的盛情。

没奈何，李鸿章一行十多人全部参加了晚宴。李鸿章、陈鼐吃不下东西了，他们的随从们可是大饱口福了，一个个狼吞虎咽，吃得肚大腰圆。

次日天还未亮，李鸿章就起床了。他披衣推窗，仍见繁星满天，残月高悬。这一夜睡了醒，醒了又睡，心中有事，就这样在五更天不到就起床了。他暗笑自己第一次面君，怎么就如此地沉不住气呢？自从道光皇帝驾崩，咸丰皇帝即位，这已是他面见的第三代君主了。能有幸在一生中面见三个君主，这样的幸运人不多。眼下要觐见的这位皇上，还不到十四岁，正是自己到费氏墨庄学馆读书的岁数。

皇上是个什么模样？他想挨得很近地看一眼。重要的是两宫太后，都比自己岁数小，一定是天下最美的女人。尤其是慈禧太后，据说大有当年武则天的风范，自己更是想亲眼看一回。她很美是肯定的，否则不会有机会投入咸丰皇帝的怀抱。但才能如何？对当今天下的治理及今后的治国方略如何定夺？他也很想亲耳听听高见。

李鸿章还设想：两宫太后会提出什么问题要他答复呢？会不会问自己的身世、妻子、儿女们？还有一条最要紧——在这个难得的场合里，他要就当前国家的大事讲一点自己的见解。最好是直接提出一些新鲜而又必须办理的建议。这一点办好了，比什么都重要。为此，他认真考虑，甚至在腹中编好了草稿。

李鸿章想重点建议办洋务，进而创办大清帝国强大的海军。如今战乱已停，天下太平，正是国家中兴的良机。自创办淮军以来，在与众多洋人打交道的过程

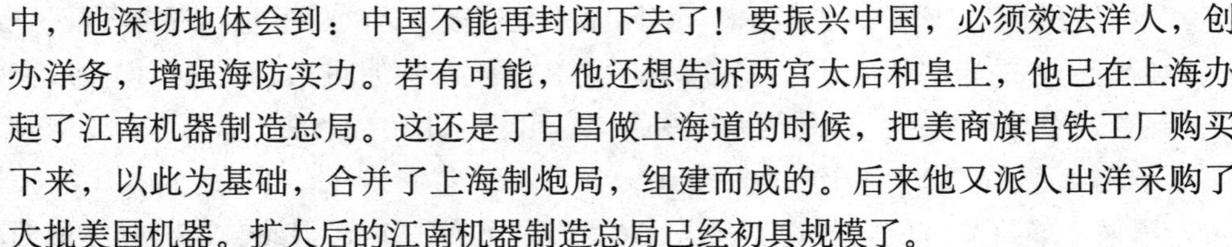

中，他深切地体会到：中国不能再封闭下去了！要振兴中国，必须效法洋人，创办洋务，增强海防实力。若有可能，他还想告诉两宫太后和皇上，他已在上海办起了江南机器制造总局。这还是丁日昌做上海道的时候，把美商旗昌铁工厂购买下来，以此为基础，合并了上海制炮局，组建而成的。后来他又派人出洋采购了大批美国机器。扩大后的江南机器制造总局已经初具规模了。

他还想建议朝廷在大乱之后，发展生产，尤须酌情减免田赋，裁撤厘金，以此慢慢使老百姓安居乐业。他甚至想说，洪秀全的太平军也好，张乐行的捻子也好，之所以铤而走险，聚众造反，与过去朝廷及地方过重的田赋及地方官员的肆意盘剥欺压有着直接的关系。

采取切实措施让天下百姓安居乐业是根本之道。老百姓有了奔头，天下才能真正太平。他将乘陛见之机建议兴办学馆，选送士子出国深造。他还要把整军练武、抗击外敌的设想全部讲出来，以求皇上和两宫太后重视起来……

李鸿章想了很多，不觉天色渐明。盥洗、吃饭，然后乘轿才出了胡同不远，就见到内廷官员成群结队地从紫禁城里进进出出了。

进了东华门，早有内廷的太监们牵了一匹黄骠马等候在门内。李鸿章下了轿，抬头一看，虽是天已大亮，但紫禁城内仍是点着万盏灯火。

乾清门是内廷的正门，右边是一排矮小的房子。李鸿章熟悉得很：西头的是内务府大臣视事的地方，东头是侍卫值宿房，中间是军机处。他刚要上马，从矮房子里突然走出一大堆官员。领头的是军机大臣沈桂芬。他一声高喊："少荃兄！"李鸿章便丢开马缰小跑着迎了上去。

十五年不见了，沈桂芬只简单地告诉李鸿章：他是在这里等候早朝，知道李鸿章今日要来，所以乘机在此等候一见。诸位大臣听说李鸿章今日陛见，不管认识的还是不认识的，也都想先看一看这名震寰宇的协办大学士，和他说上几句话，从此便算见过了，认识了。

众大臣邀李鸿章进军机处坐坐，一个个表情甚为谦恭。但沈桂芬却阻拦了，道："各位大人，我们不要拖累李大人了。今天是他唱主角，还要在紫禁城骑马呢！然后就去觐见，事情多、议程紧，改日再谈吧。"

沈桂芬把李鸿章送至马前，目送这位同年跨上黄骠马。宫内侍卫处营兵在前控马引导，沿外东路缓缓而行。宫内来往不停的大臣、太监们都纷纷向他拱手祝贺。李鸿章得意极了。

巍峨庄严的太和殿就在眼前了。营兵牵着马继续向前行。从左边的翼门经过太和殿，右首便是绿色琉璃瓦顶的御膳房。李鸿章一一观看着，不觉已到了紫金箭亭之下。李鸿章知道，紫禁城骑马一律到箭亭驻马，骑马就这样结束了。

营兵上前扶李鸿章下马，从亭内走下来内务府的官员，一共三人。他们是专门在此恭迎李鸿章的。

向前进入左首景运门，看见的是内廷乾清门前的大广场。这儿满是太监，慈禧太后已差遣长春宫总管太监安德海在景运门内迎候李鸿章了。

“李中堂，一路辛苦了，小子我在此迎候多时了！”安德海笑嘻嘻地拱手上前招呼起来。

李鸿章从未见过安德海，听他招呼，心中一怔。内务府的官员向他介绍说是安德海，他才醒悟过来。他早已听说过安德海，知道这位蓝翎总管非比一般，是慈禧太后眼中的第一红人，威风大得很。李鸿章马上作了揖，道：“久仰，久仰，多有得罪了！”

安德海仍是满脸堆笑地说：“慈禧太后着实惦念着李中堂呀。她亲自做了许多吩咐，专为李中堂入宫觐见。怎么样？昨天下午送去的御赐饭菜还可口么？”

李鸿章道：“很好，很好。多谢太后隆恩！”

走到一排朝房前，安德海停步，用手一指，道：“您瞧，这是慈禧太后吩咐宫殿监顾大人特意为您准备的。椅帔坐垫也是我们太后赏下的。怎么样？您就先在这里歇息一会吧。”说完，安德海就要告辞。

李鸿章忙问：“什么时候觐见太后？”

安德海挺胸昂首，道：“现在正与军机们早面。等军机们散去了，恐怕就轮到您了吧？”

李鸿章也挺胸昂首地进了朝房。仅这一瞬间，他对安德海的印象糟透了。心想一个太监有何本事，无非是狗仗人势。转念一想，安德海对自己还算和气。不过，平时人们传说他飞扬跋扈的情景已经在他脑中扎下根了。

所谓独用的朝房，其实不过是一间低矮狭小的平房。设施也比较简单，远没有贤良寺里的气派。房间里摆放了几把楠木太师椅，两张茶几，一张方桌。只不过这里收拾得十分干净，窗外就可以看见乾清门广场。靠窗下的那把太师椅上，果然铺了一块御赐的蓝缎团寿椅帔坐垫。这恐怕是朝房里唯一值钱的东西了。不管怎样，既然是太后赏的，不坐一坐也太对不起人了。李鸿章伸了一个懒腰，往椅子上一靠，是很舒服。

小太监送进来一碗宫中御用的茉莉花茶。李鸿章喝了一口，除了有一股茉莉花的香味，就什么也喝不出来了。喝了一口，小太监还没有走。李鸿章一惊，猛一拍大腿，道：“噢，我怎么能把这事忘了呢？”说着，从怀里摸出一张小银票，递到了小太监的手中。小太监这才千恩万谢地走了。

宫中的规矩虽是暗地里的，但李鸿章明白：喝茶是要掏钱的。他早有准备，进京时带了三万两银票，就是用作打点的。昨晚，他还特意让文巡捕进宫拜会宫殿监大总管，私下里递了一张一千两的银票。

两杯茶的功夫后，来了一位身穿一品仙鹤补服、头戴红顶花翎的官员。他就是李鸿章前面遇到的军机大臣沈桂芬。沈桂芬与两宫太后早面刚完，知道李鸿章在朝房，便过来叙话。谈叙间，两人说起了这深宫中的种种不测，种种玄机，李鸿章不禁感到失望。

二人正说着私下里的心里话，忽听门外有人高喊："恭亲王到！"

李鸿章与沈桂芬立即起身相迎，却见恭亲王已快步跨进朝房。在李鸿章的印象中，实在想不起这位王爷是个什么模样。当年在翰林院时，自己还不够资格与六王爷打交道。十几年过去，虽对六王爷倾慕已久，也有不少文牍往来，但今天一见他仍如同见了陌生人一般。

李鸿章见这位面白少须、眉清目秀的六王爷来到跟前，连忙要跪下行礼。恭亲王上前一把搀住，接着就拉住他的一只手端详了好一阵子，道："少荃，神交已久，今日才一睹丰采，果然风度不凡。"

李鸿章略显得有些拘谨，但仍然声音响亮地说道："晚生李鸿章对王爷崇拜已久，皇室之中能有王爷这样的大才，是万民的福气呀！"

奕䜣拱手道："哪里，哪里，李中堂才是德才兼备的重臣。如今灭了捻匪，朝廷放心了，你也出名了。我朝的大任还是寄托在你们这些肱骨之臣身上哩。"

李鸿章道："实不敢当。不过晚生愿鞠躬尽瘁，死而后已，听从朝廷差遣，为皇上、太后、王爷效犬马之劳。"

奕䜣笑道："你能有这番心意，本王是感激不尽的。你这次既然已经来了，定要在京城里宽住几日。军机上也还有一些事情，想与中堂商议。晚上若能得空，想请你吃顿便饭。"他又转脸对沈桂芬道："你可要作陪啊！"

奕䜣刚走，养心殿来了太监，朝这边喊道："叫李鸿章——！"

随后，李鸿章跟着孚郡王经过乾清门右侧的内右门，进了养心殿关轩廊。一个御前太监掀着门帘，朝里禀奏："李鸿章见驾！"

这是李鸿章第一次面君，不觉有了一阵难受的颤抖。他机械地打量一下自己的袍服和靴子，又正了正顶戴。一种猛烈的紧张震撼着他。眼前是一个陌生的、深不可测的世界，他向这个令他紧张的世界瞥了一眼。他感到他将要跨进去的这一步是他人生的顶峰。但不知为何，那里却让他望而生畏。那里就像是一座阴森森的原始森林，明知预示的是一种辉煌，却令他感到了短暂的昏暗、可怖。

当掀帘太监又喊了他的名字时，他才从可怖的感觉中挣脱出来，又机械地整了整自己的袍服，大胆地以专注的目光投向这富丽堂皇的大殿。大殿内金碧辉煌，华丽灿烂，名不虚传。

走过这道大门，便是陛见了。他努力镇静，并集中注意力。按照觐见大礼

的常识，他站定后，迅速而又有节奏地甩下了马蹄袖，跪下，面向东暖阁御座方向，连磕了六个响头，奏道："臣李鸿章恭请圣安！"

其实他根本没有机会看清御座那边有没有人。只是凭他的估计：那里一定坐着小皇上和两宫太后。

李鸿章估计的不错，正前方坐的是皇帝载淳，他身后东侧端坐着慈安太后，西侧坐着对他很有好感的慈禧太后。两宫太后在这几天里，几乎把李鸿章当作了神秘的人物、当作心目中的英雄，早就想看看这李鸿章是个什么模样。听说昨天李鸿章到了北京，便决定今天就让他觐见。或许是"远香近臭"的缘故，两宫太后一想到召见李鸿章，都有一种新鲜的感觉，心里高兴。

慈禧太后比东太后还多了一层内心的活动：李鸿章是我发现的，是我找到的一个传奇式的人物。所以，她更是急于要看看李鸿章。

此时是隔了一层透明的薄纱，两宫太后看得真切：眼前这位传奇人物须发乌黑，身材高大，气宇轩昂，神采奕奕。他进殿时走上前十几步，举手投足间体现的气度，已令两宫太后印象颇佳。

慈安于心一嘀咕，四个字含在嘴里：安详凝重。慈禧在心里的评价是：大家风范。两位太后互相递了一个满意、欣赏的眼色。

或许是由于暂时的肃静，慈禧太后忘了合适的提问，道："李鸿章，你往御前跪近一些。"

李鸿章心想：太后是叫自己靠近一些好说话。于是起身又走了三小步，然后又屈膝一跪，口中又一次奏称："臣李鸿章恭请圣安！"

之后，慈安太后问话了，道："李鸿章，你离开翰林院多少年了？"

"禀太后，咸丰三年出京回合肥老家协办团练，连头带尾十五年了。"

慈禧又问："你父亲李文安也是科举出身，后来回乡办团练的么？"

"我父亲道光十八年戊戌科进士，朝考入选，分发刑部任职，在我稍后回乡的。"李鸿章边回答，边想：这西太后恐怕在明知故问哩！

但慈禧的又一次问话使他感到是有所指的，她道："你北上去徐州剿捻时，路过合肥为你父亲修坟，我亲书了'福禄寿'三字匾额，照办了么？"

李鸿章磕了头，道："太后恩情，永世不忘。所赐匾额，已供奉于大堂之上。我李家世世代代，沐浴皇恩浩荡，当鞠躬尽瘁，以感皇恩。"

慈禧点了点头，笑道："李鸿章，戎马多年，屡建奇功。没有你攻下苏、无、常一带，大挫长毛军，曾国藩想攻下金陵恐怕也难。此次大胜捻匪，又一次证明你足智多谋。过去左宗棠上折子说'李鸿章淮军得胜，靠的是洋人'，我不信！没有洋人，淮军不是同样把捻匪消灭了么？你的功劳不小哇！"

李鸿章听了这段话，激动不已。西太后有些见识，过去吃过的那些苦、受过

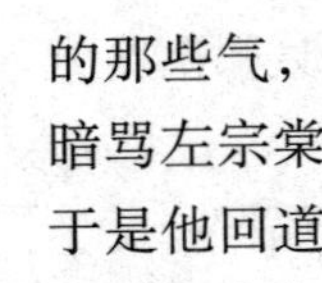

的那些气，也都值得了！他连连谢恩。听到左宗棠对自己使坏一事，心中忍不住暗骂左宗棠一句。但对曾国藩，李鸿章还是想讲一句，以示自己不忘知遇之恩，于是他回道："曾国藩系微臣恩师，多年来靠他点拨、栽培，臣才有今天。他的恩德臣也永志不忘。"

他这话说得尽管空洞，但却让曾国藩欠了他一个人情。而两宫太后由此对他的印象却更好，认为李鸿章是一个滴水之恩当涌泉相报的男子汉。

慈安太后想到了一个话题："你兄弟几人啊？"

"回太后，臣兄弟六人，我是老二。大哥李瀚章，四个弟弟依次为鹤章、蕴章、凤章、昭庆。其中鹤章从军多年，伤病回籍。最小的弟弟昭庆仍在军中。蒙皇上、太后圣恩，都有了功名。"李鸿章想起沈桂芬的提醒——多磕头，于是又磕了两个头。

慈安太后道："李瀚章是你大哥？已改任浙江巡抚了？军机刚刚下了圣旨吧？"说着，她望了西太后一眼。慈禧点了点头。李鸿章却是一惊。对他来说，这是最新的消息。

随后，慈禧问到要紧的地方来了："现在捻子平了，你可以去专心当你的湖广总督去了。淮军打算怎么办呀？"

对此李鸿章心里早有准备，便回道："臣打算撤掉五十个营头，共两万五千人，留下四万人听候朝廷差遣。"

"你的部将中，数哪些最出色？"慈禧问。

李鸿章回得干脆："刘铭传、潘鼎新、张树声、郭松林、周盛波等都是好样的。可惜不久前阵亡、病故的张树珊、杨鼎勋离淮军而去了……"李鸿章说到这里，表现出很伤感的样子。慈禧、慈安太后心想：这李鸿章是个很有情感的人。慈禧见李鸿章说到难受处，机警得很，很快打断李鸿章的话又问："部将中刘铭传的确不错。他有多少人马呀？"

"一万多人。"

慈禧又问："你到湖北武昌，准备做些什么事呢？"

李鸿章暗自欢喜：幸亏这些问题都考虑好了。但沈桂芬却要自己"少说话"。看来这话少说不了。索性也不管他了，有问有答嘛。所以连忙回道：

"臣感谢皇上、太后厚爱。去武昌后，准备以练兵为第一要事，整顿吏治为次。两者合理把握，各有侧重。臣想，练兵不仅仅是为了对付草莽流寇，更为了抗御外敌。臣之所以不想把淮军大力裁尽，就是出于这样的考虑。捻子平了，不是万事皆休了。俗话说：有备无患。太平之时更应加强练兵。这么大的国家，没有几支强大的队伍是令人不安的。臣在组建淮军与长毛征战的过程中，从洋人那里得到了许多启示，所以才下力气为将士们配备新式枪炮武器，并且着手办起了

三个炮局，近期又把江南机器制造总局办起来了。目前自产的枪炮弹药，基本可以满足内需。但总体看起来，以我国目前的兵员及枪炮，安内有余了，而御外却明显不足。重要的问题是海防没有，缺少一支强大的海防力量。一旦洋人又来进犯，便苦于应付，最终无法拒敌于千里之外。”

顿了顿，李鸿章继续道：“所以，要想真正使我国强大而民安，必须借鉴洋人火器兵船方面的经验，把洋务办起来。尤为重要的是立即着手建立一支海军队伍，使洋人不敢轻举妄动。办洋务，办海军，就要花一些钱。比如说开花炮、兵船，暂时还得先购买一些。有了这些东西才能很快把海军组建起来，才能在人家的基础上来研究，来仿制，进而加工提高，实现改进，最终就自力更生了，形成我们独有的技术和优势。到那一天，大清强大了，才能国泰民安、国威重振。借觐见之机，臣胡乱讲一些设想，仅供皇上、太后参考。臣愿以毕生之力，时刻听从朝廷的调遣。”

李鸿章就像背书一般，一口气说完了这么一段话。其言词恳切，有理有据，两宫太后和小皇上都为之动容。本朝以来，甚至是自有史以来，还没有人在面君的时候大谈师法洋人之事。然而，其中包含的道理又是两宫太后不得不从心里承认的。

这么多年来，国势一再衰落，八旗军和绿营作为大清的国防力量，对内对外都连遭失败。尤其在御外方面，教训惨重，最终割地赔款，丧权辱国，却始终无力挫一挫洋人的气焰。朝廷已到了谈洋色变的地步了。李鸿章虽然是哪壶不开提哪壶，却是为朝廷着想，不能不说是有道理的。

对两宫太后来说，李鸿章突然扯到了这个问题上，是她们始料不及的。她俩毫无思想准备，对李鸿章的这些主张尚拿不定主意。面面相觑之后，还是慈禧太后开了腔：

“李鸿章，你富国强兵的主张，用意极好，应当肯定。由此也证明，你的确在想国家大业之所想，急国家大业之所急。可是，你这些主张说起来容易，办起来却很难。至少眼下还不行。你想过没有，十几年的动荡不安，长毛、捻匪的出现耗费了大清多少人力、物力和财力呀？如今民不聊生，老百姓很苦，朝廷也很艰难。户部收入很少，开支却大得惊人。许多应兴应办的事情都丢在旁边了。两年前就有人上折子要求朝廷修复圆明园，这是一件好事。可是钱呢？户部没有。你想想，就是这样艰难。”

慈禧的意思，基本是否决了李鸿章的建议。慈安太后还在思考，问：“李鸿章，要组建海军，购买西洋兵船、大炮，恐怕要花不少银子吧？”

李鸿章本来已经失望，见东太后又挑出了话题，立即答道：“臣已派多方人士向西洋方面探悉，防守内洋浅港的蚊船（驱逐舰）每艘需白银二十万两左右。

行驶在近海的巡海快碰船（巡洋舰）每艘六十万两白银。当然，其中应配备的水雷、大炮等都未计算在内。还有一种西洋铁甲兵船（主力舰）很适合在中国海面行驶、作战，但价钱较贵，需要一百万两银子一艘。依臣想，中国能有这三种兵船，海防就不用担忧了。”

慈安惊叫起来：“一百万两银子才买一条兵船，也太贵了一些！”说着，她将目光投向西座上的慈禧太后，见慈禧太后也在愕然咋舌。于是，养心殿中又出现了一阵寂静。大家都沉默不言。

打破这种沉寂的是慈禧太后。她问道：“你计算一下，办一支海军需要多少条兵船，多少两银子？”

李鸿章道：“依臣大胆设想，我们总得有三支海军才好，即组建北洋水师、南海水师和广东水师。每支水师大小兵船总得有二三十艘才能应付大战。那么，三支水师就需要六七十条兵船。但是，我们自己可以造一些小的兵船，只花钱买大的。总共有两三千万两银子也就可以了。”

慈禧听了心想：出身大户人家的富家子弟口气是不一样。李鸿章张口就是两三千万两银子！有了这些兵船还得用兵用将，日常兵员的饷银又是一个不小的数字。还要买枪炮弹药，从哪里弄这笔银子呢？

慈禧太后沉思了一会儿，道：“我不是在有意泼你的冷水。需要这么多钱才能办一支海军，看来只能留作今后来做了。眼下实在无能为力呀！”

李鸿章听到这儿，有些激动了，早把沈桂芬的提醒丢在了脑后，道：“太后，其实这笔钱听起来数字是怪吓人的。但我们不一定要一次办成，也不是一年办成。可以分期、分步骤来办。比如说计划在七八年之内把强大的海军建立起来，一年只需要四五百万两银子就可以了。积少成多，积小步为大步。办成了，便是天下人的大幸呀。”

慈禧听李鸿章又说话了，略有些不耐烦了，道：“每年四五百万两银子，这也不是小数目哩！朝廷从哪里弄这么多银子？若是能节省下来，圆明园早开始动工了。过去的话都不想说了。这些年来，就是你打下苏州，给朝廷捐了六十万两银子。其余打下大小城池六百余座，见到谁捐一两银子啦？！”

李鸿章听得冒汗，真担心慈禧要讲起曾国荃攻下金陵，将城中财物洗劫一空的事情。但慈禧算给面子了，只讲到这儿就打住不说了。就是这么一点儿，也令李鸿章很不自在。她所说的六百余座城池，也包括自己先后攻克的二百余座呀！自己不就是打苏州时捐出了六十万两，其余不同样是分文未掏么？

李鸿章不敢再多言了。

慈禧看出了李鸿章表情的变化，声音柔和了一些，道：“李鸿章，你建议兴办海军的意思朝廷能够理解。我考虑了一下，此事全办不行，急办不行，但不办

也不行。着南北洋大臣先买几艘蚊船用着，日后慢慢再做盘算。朝廷如能筹到银子，再添置一些大船。你看如何呢？”

李鸿章磕头道：“太后圣明，如此也算起步了。大清国强民安指日可待。”

慈禧笑了，道：“你恩师曾国藩马上就要来直隶任总督了。主要是编练队伍，保卫京师。你看他能胜任么？”

“直隶总督向来是天下第一等的总督，责任重大。我恩师不但胜任，而且或许会有所创建，取得一些意料之外的成绩。”

慈禧道：“依你之见，朝廷用人很准了？但愿他能当之无愧，让朝廷从此安稳。”

整个觐见到此就该结束了。李鸿章深深地松了一口气，心中暗暗庆幸。凭他自己的感觉，今日的觐见是成功的。他正低头回忆整个谈话的过程，忽听慈禧太后又喊了他的名字。他连忙磕头答道：

“臣在！”

慈禧道：“你已经十五年未来京城了。这回来一趟也不容易，可以多住一些时日，访访故人，看看朋友。皇上还要在丰泽园为你摆下庆功宴哩！”

李鸿章大喜，道：“谢太后、皇上圣恩！”

慈禧道：“就这样吧！”说着，侧目望了慈安一眼。

慈安道：“你跪安吧！”

李鸿章又磕了三个响头。这是临别磕头，所以李鸿章有意磕出了声响，以表示忠诚。

退出了养心殿，一片阳光普照。李鸿章这才感到又回到了人间。养心殿固然气势非凡，可是在里面呆了一个时辰，腿也跪麻了，头也磕肿了，犹如在另一个与人间不同的世界。让人感到有些恍如隔世，又像是才做了一场梦。

他头脑中空荡荡的。自己讲了数不清的话，又听了数不清的话。就在刚出养心殿的一刹那间，似乎都被忘得干干净净了。他到底得到什么了？他实在说不清。只觉得两宫太后对他还算恩眷优隆。小皇上载淳一句话未说。他心想：也真是难为这个才十四岁不到的孩子了，硬是一个时辰一言不发，如木偶一般，纹丝不动。这个“摆设”当得也太不容易了。

他感到了一种失望——自己满腹的中兴国家之策，到了这个女人手里，变得分文不值了。他原以为天下太平了，可以为振兴大清、抵御外敌的大事做一番贡献，大干一场的。裁减两万五千淮军的计划他一直搁在心里，对任何人未曾透露一句。他想的就是把裁减淮军的数字组编到海军里去。现在完了，话已放了出去，海军又组建不成，只有回去减员了。

减员是最可怕的事情。恩师曾国藩就是一个活生生的例子。

失去了队伍，在朝廷眼里便没有分量了。更让他失望的是，这两宫太后才华平庸，语言乏味，肚子里缺少治理国家的良策，靠这两个女人想把大清强盛起来，可能性几乎是零。而皇上太小，不到二三十岁是不足以担此重任的。依靠小皇帝来振兴大清，也是一句空谈。

大清没有希望了，自己也没有轰轰烈烈的事业可干了！

从养心殿经箭亭，骑马出了东华门，他的戈什哈和陈鼐等已在等候多时了。由他们陪伴、卫送着，李鸿章顺着东安门大街回到了贤良寺。骑在马上，他又说又笑，佯装十分高兴。他怕手下人胡乱猜测，说他失望、不愉快而返。

中午在贤良寺由大兴知县陪同吃了午饭，下午恭亲王就派人来请吃晚饭了。李鸿章令陈鼐去备下一份厚礼，穿上一品服饰，在傍晚时套车赴宴。

恭亲王与李鸿章初交，便如此盛情相邀，令李鸿章十分感动。宴席上只有六个人：恭亲王邀了军机三大臣作陪李鸿章与陈鼐两人。

席间，恭亲王说到了左宗棠，军机上的三个大臣态度不同。李鸿章席间听得对左宗棠的骂声，心中高兴，却还装着中立的态度。

恭亲王粗略考虑了一下，撇开左宗棠的问题，第一要谈裁减湘军；第二要提一下军饷报销；第三想讲讲洋务。当然，这几件事都比较麻烦，恭亲王估计李鸿章在上午面君时已经部分谈过了，但作为军机的头头，他是要拿主意的。因此也想摸一摸李鸿章的真实想法。同时，他还问起李鸿章能否帮曾国藩一把。

这个问题是李鸿章从未想过的。上午两宫太后也没有提起过。这话出自恭亲王之口，一定是他个人的主张。当然，他讲话是有相当分量的。一旦考虑成熟，就可能变为圣旨。

李鸿章为难了，不知如何答复才好。只道："王爷能容臣考虑几日么？我届时定会给您一个答复。"

恭亲王又问起李鸿章裁军的情况，李鸿章警觉起来：恭亲王的意思是让自己保存淮军实力，尽量少减兵员。但他话中有话。听说已派左宗棠西征。慈禧太后还有话在前：无功就易帅！易谁呢？千万别把自己"易"上去了。陕、甘那些地方民乱而匪多，没有七年八年恐怕无法收功还乡。

就是不易帅，让自己督军去协助一下左宗棠，他也不愿去。不但辛苦，而且受气。左宗棠是能够合作的人么？所以，从保留淮军主力来讲，原本是李鸿章所期望的。但保存下来是为了替代或补充左宗棠，又是李鸿章不愿意干的了。

李鸿章陷入两难之间。想了一会后，他道："王爷！左宗棠已把经营西北视为平生志向之所在，信心十足。如果他去了无功而返，便没有别人可以替代了。他的脾气又是喜欢独来独往，不愿意搞协作、打配合的。恐我淮军即便大批保留下来，于左宗棠西征一事，也是无补的。"

这话恭亲王听明白了：李鸿章不愿意沾左宗棠的边。看来，今天晚上的饭桌上是谈不出结果了。

正在恭亲王略显失望时，军机大臣文祥建议道："从全局着眼，许多事情还须慢慢筹划。今日本来是请李中堂小聚，不该谈正事的。所以，也不要指望一顿饭三两句话就把一系列大事都定了。依臣之见，大乱已平，洋务之举倒是急需开展的。听说李中堂早已提出兴办洋务的口号，并已付诸实施，取得了成效。此事当值得一议。"

沈桂芬见机会来了，急忙接过话茬，道："李中堂不仅想兴办洋务，还想创办中国自己的海军，以此加强海防。"

"哦——！"大家听了，好一阵惊讶喟叹，连陈鼐也感到新鲜。几人犹如众星拱月一般，都拿着一张笑脸望着李鸿章。李鸿章则因为此事已被两宫太后否决，不愿深谈。怕谈偏了，传到太后耳朵里去，会指责自己搞小动作。但一句话不讲，也仍不妥，只道："微臣的想法是有的，也的确做了不少准备工作。但苦于一个'钱'字，便只能推后一些时日再议了。"

钱是一个难题。恭亲王和几位军机整天为钱，已搞得焦头烂额。左宗棠西征，张口就要每年四百万两白银，恭亲王从哪里去弄？所以，李鸿章只轻轻一提"钱"字，马上把众军机吓得直伸舌头，无人再敢接过话题多言了。

恭亲王换了一个话题："李中堂，此次离京后，你若去金陵的话，跟曾国藩在一起商量一下他来直隶以后的军务，提出一个方案，尽快与我通个气。"

"回王爷的话，我是准备先去一下金陵的。见了恩师，再到武昌去。不过，既然王爷令我与恩师谈这事，我就不得不告诉王爷：依我的估计，我恩师恐怕不愿意来直隶任职的。"

恭亲王一惊，心烦起来。这可是他没有想过的事。不错，曾国藩昨天来了一个谢恩折子，虽然没有明白表示不来直隶，但中间有个附片，表明了这个意思。

经李鸿章提醒，恭亲王这才反应过来：曾国藩的意思是，自己多年尽忠朝廷，这回该回家尽点孝心了。他要在进京谒见时，当面禀奏，请假回籍扫墓，就此辞掉直隶总督的任命。

恭亲王一头是汗：这如何是好呀？凡事都不顺利，大清的参谋是不好当的。他仍希望李鸿章见到曾国藩的时候以师生之谊劝劝曾国藩。

其实，李鸿章有一个说不出口的念头：如果曾国藩不干直隶总督，自己就来干。这是一个肥缺，干好了将前途无量。所以，近日来他才不断放出风声：曾国藩不想干。现在听恭亲王的话，说此职非曾国藩莫属，说明朝廷压根就没有考虑过自己。因此不觉心头一凉，自己干不上，还不如劝恩师干哩！于是答道：

"我一定鼎力相劝，把朝廷的意思传于恩师，叫他尽快来直隶接任。"

恭亲王很满意，说了许多拜托李鸿章的客气话。李鸿章心里也有一件事想拜托恭亲王从中斡旋：剿捻的军费，前后共花去四千万两，虽来源于两江地区，却要向户部报销。如今一报销，必然是一笔糊涂账。他的想法是，就像湘军平定金陵一样，干脆都免于奏销。

可李鸿章话到了嘴边，又咽了下去。

散宴后，李鸿章与陈鼐商量了一下，决定利用在京之机，先跟户部的书办拉上交情。于是次日，李鸿章通过沈桂芬把书办请到饭庄小酌，探问口气，寻求解决办法。请他出出主意，怎样才能把四千万两银子报销过关。

李鸿章宴请的主客是江西司和贵州司的书办。因为江西司负责稽核各省的协饷，贵州司稽核各省海关税银。这两司都与李鸿章平捻的军费报销直接关联。

还请了一位客人非常要紧。这人是户部的笔帖式。户部的总账、朝廷的收入、支出，全部报到他那里。他管总账，其他官员一律不许插手。军费报销的准与不准，最后都在他这里登册。此人叫乌克海。他来时，被推到了首席位子上就座。

代做东道主的是安徽合肥人夏传林。此人早年随父进京赶考，落榜以后便在北京开了一个酒馆。从此安徽方面来人，一般都到他这里摆席请客。不久，他与李鸿章的淮军也拉上了关系。淮军各路兵马把这里当作一个落脚点，请这夏掌柜的代家乡的队伍办了许多事情。夏传林酒馆开得在京城有些名气后，跟吏、户几部的人都混得很熟，常有些私人的来往。逢年过节时，还不断给那些官员们送礼。

在他这里办席，客人们不但熟悉地点，不用接送，而且一请就到。沈桂芬出面定的人、请的客，但他却借故不出席。

李鸿章当然也只能躲在幕后，由陈鼐全权应付，夏传林在名义上做东。酒过三巡，谈起这事，乌克海委婉拒绝了一下，当场就与两个书办商量，耳语不止，一会儿就开出“盘子”了：淮军要想报销四千万两军费，得拿出四十万两银子作为打点，疏通关节，由他们三人包办。

陈鼐是以夏传林朋友的名义入席的。一听要四十万两银子，吓得半死。

散了酒席，陈鼐坐轿迅速赶回贤良寺，把情况向李鸿章报告。李鸿章大吃一惊，大声骂娘。

李鸿章怒气未消时，江宁的差弁给李鸿章送来了一封曾国藩的亲笔信。这些年，师生二人虽然见面不多，但书信来往十分频繁。他估计李鸿章借在京之机，会尽力处理剿捻的报销一事。曾国藩对此也十分恼火，他知道户部糜烂，不花钱打不通关节。

曾国藩告诉李鸿章，他准备给朝廷上一道奏折，告户部一状，请求朝廷像金陵一样，免予报销。曾国藩是说到做到的。李鸿章在看完来信后，将此信又递于陈鼐，道："你看看，他是改不了这脾气了。"

沉思片刻，李鸿章心里顿生一计：恩师他想骂、想告，这就好。有人唱红脸，还得有人唱白脸。自己躲在幕后，还得使点小手段。于是他派人去告诉夏传林，托他继续找乌克海等人联系。就说乌克海提出的条件可以考虑。而且对乌克海个人，待事情办成以后，还会另有"意思"。李鸿章想以此先把户部稳住。

然后，他又立即写信给曾国藩，支持曾国藩大骂户部，支持他上奏朝廷，告户部一状。李鸿章做的是两手准备：曾国藩上奏成了，便一了百了。奏不成，就私下里花钱，打通关节，了结此事。

转眼在京城已近一月。静心思量，这一趟入觐之行，总体上还算顺利。剩下来的时间里首先要到翰林院看看。自己的协办大学士如果到任的话，视事地点就在翰林院。陈鼐当年也是正七品的编修，名副其实的翰林。他与陈鼐一同去了，两人都激动不已。他们先在典簿厅更衣，然后步入大堂，由大堂到圣庙行礼，再回典簿厅更衣，又到昌黎庙行礼，最后到大堂里坐下。他二人都到自己原来坐过的地方看了看。

李鸿章吃惊的是：自己原来用过的那张檀木长条桌还在，只不过这会儿早已经易主了。周围人听说来客是李鸿章、陈鼐，纷纷前来一见。李鸿章顿生衣锦还乡的感觉，不管认识的不认识的，一概含笑叙话。想起初进翰林时刚刚三十出头，如今已年近半百，他感慨很深：真是岁月悠悠，时不我待呀！

在翰林院泡了个把小时，出门时，李鸿章不禁涌起了一股莫名的伤感。

回到贤良寺，见桌子上已摆放了好几份请帖。京城重地，不能像在地方那样，不想去时就一句硬邦邦的话把人挡回去了。这些送请帖的人，多数都地位显赫，且是能用得着的。还有一些合肥落户在京城里的商贾，虽地位不高，但好歹是来自故乡的盛情。因此这些应酬，一般都是不好回绝的。

后来，李鸿章决定干脆宽住几日，把要紧的饭局享用完了再走。结果，就如同大河开了缺口，请帖便如潮水一般涌来了。

李鸿章一顿饭下来，认识一圈子人。这顿刚上桌，下一顿已安排好了。就如同连环套，越套越多。在北京的合肥人以李鸿章官至中堂而自豪，把他捧得老高。李鸿章生来喜欢热闹，心里也极高兴。眼看帖子越来越多，李鸿章大有走不掉之势了。

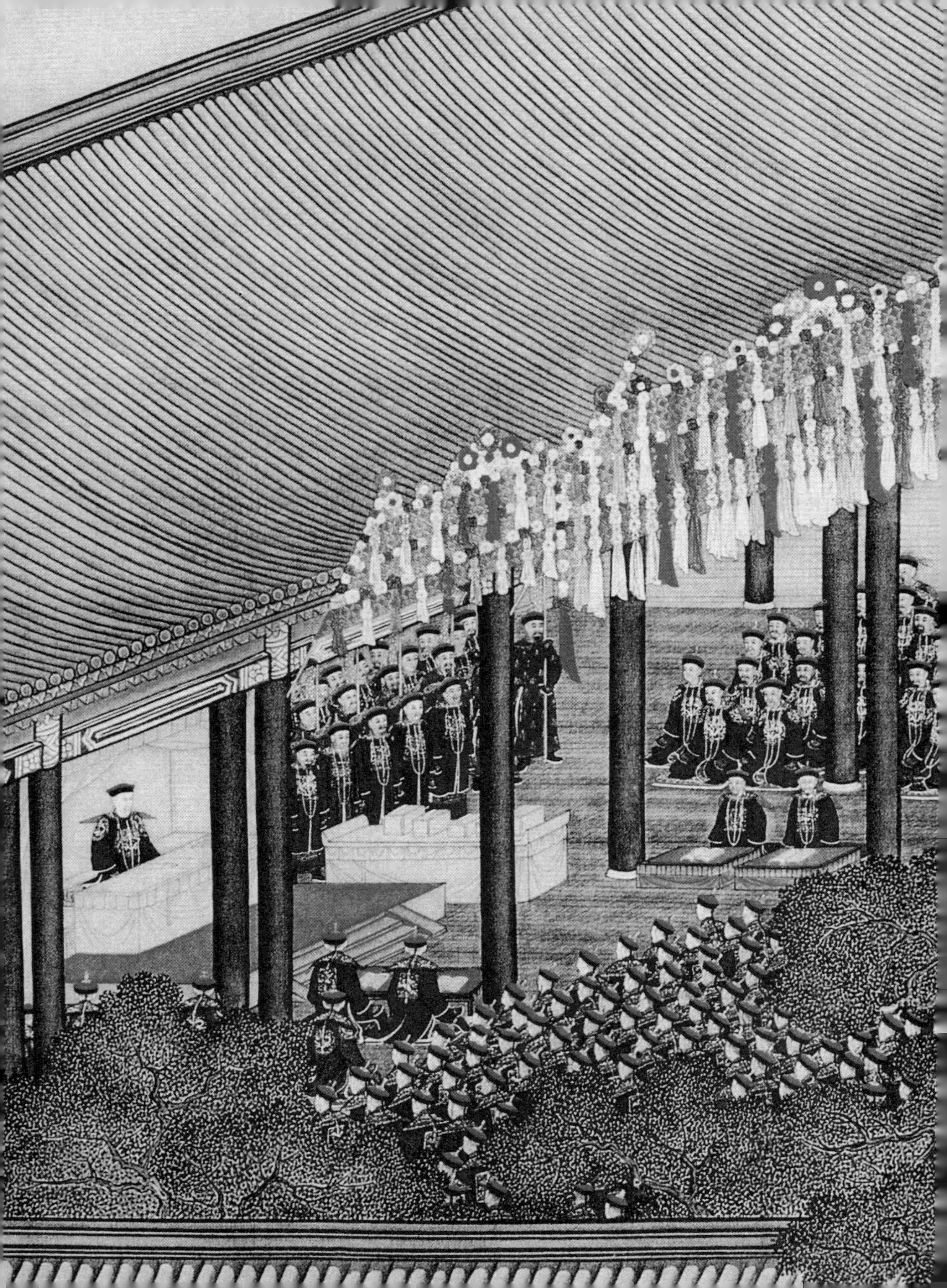

【第十回】

杀领事百姓恚怒，建海军清国扬威

一八六九年二月，即同治八年元月。

李鸿章抵京入觐月余，又赴金陵与曾国藩会商以后，抵达武昌。

坐在武昌城湖广总督衙门里，细心的幕僚们从他脸上看出了些许抑郁。他的表情里带有几分呆滞。仿佛他从来就不曾有过什么欢乐，也从来不曾有过什么悲伤。

从北京到金陵时，恩师曾国藩是亲自出城迎接的。来接曾国藩班的马新贻也来了。接风酒宴过后，恩师劝他裁军。

主意是这么拿的，但真正动手把跟随自己多年的将士们裁遣了之后，李鸿章心里却难过极了。难过到自己恨不得也撤军归农、隐退故里算了。

自己刚回武昌，恩师就北上进京了。他去紫禁城陛见以后，就要到保定就任直隶总督了。听说离开金陵上船那天，金陵城内外，曾国藩轿子经过的所有大街两侧都摆满了香案，军民一齐放爆竹致敬，好不热闹。曾国藩哭了，他是不想去直隶，但又不得不去。李鸿章想去，可朝廷还没有考虑到自己。这不，只好回武昌自剪羽翼来了！

裁减部下们把他搞得很灰心，一回武昌他就给新任两江总督马新贻写信，称自己要“撤军归农”。

话虽这么讲，其实“撤军归农”是他对裁减淮军的抱怨，以退为进而已。

看看现在吧！军队将领走的走，被朝廷撤的撤，连自己的弟弟也坚决不带兵了。

李鸿章转眼间觉得自己成了孤家寡人了。他的淮军除了郭松林统领的武毅军和周盛传统带的马步军之外，其余绝大多数部将、幕僚和兵勇们都调往了直隶，在恩师曾国藩的地盘上驻防。朝廷也只有依靠这支淮军来保卫京城了。经过李鸿章几年的精心培植，他的淮军超越了所有清军而独占鳌头，是清廷名副其实的最

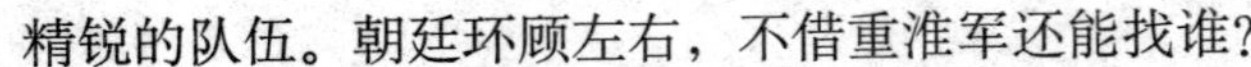

精锐的队伍。朝廷环顾左右，不借重淮军还能找谁？

正当李鸿章为淮军各自赴命而苦恼之际，四川总督吴棠被云贵总督刘岳昭狠狠地参了一本，刘岳昭说吴棠一到四川就八方扰民，敲诈勒索，收受属员重礼，卖官卖差，任人唯亲，排斥异己。朝廷接到参劾奏折，便下旨令李鸿章入川查办。

李鸿章接到圣旨后冷笑起来：这是慈禧太后的主意！谁不知道慈禧太后对吴棠格外袒护？李鸿章便故意磨磨蹭蹭，不急不忙地去成都转了一圈。最后草率结案，写了一份《查复吴棠参案折》递到慈禧太后的手上，说云贵总督参劾吴棠，多数是捕风捉影，纯属空言。与他所参恰恰相反：四川官场内外都认为吴棠善政宜民，是个好官。

慈禧接到李鸿章的奏折，正中下怀，不仅下旨表彰吴棠，还对原告刘岳昭进行了严厉申斥，给予降职处分。

此事办得漂亮，朝廷没有给李鸿章什么奖赏，却给了他大哥李瀚章一个惊喜：李瀚章署理湖广总督。李鸿章则奉旨督办贵州军务，速去贵州剿灭苗民起义。

李鸿章当然是喜忧参半。

在大哥到武昌接任自己以后，李鸿章大胆地学着恩师曾国藩的样子，给朝廷上奏。他强调军饷难筹，地势和军情不熟，粮草采办困难等等。所以，他认为自己不宜贸然前往。

此时的李鸿章已敢于试探着挺起脊梁骨了。对他，朝廷已不可随意差遣了，除非他愿意。朝廷无奈时，正巧陕西形势紧张起来，湘军悍将刘松山在左宗棠的眼皮子底下被回民起义军击毙了。陕西各地起义军大有联合抗清之势，令朝廷震惊不已。一波刚平，一波又起。慈禧太后叹道：“难道天下永无宁日了么？”

左宗棠，他西征至今，非但未能平定局势，反而致使起义军愈闹愈凶。慈禧见李鸿章不愿南征贵州，便降旨：饬令李鸿章挥师援陕！

慈禧又错了，李鸿章岂肯北指陕榆？那是左宗棠的事情，李鸿章当然不愿意去拉他一把。李鸿章不肯援左，但也不可硬抗。毕竟他还是怕真正惹恼了慈禧。怎么办？当年奉旨援攻金陵的事不就是个好例子吗？虽然遵旨前往，但半途中停下来，等待、观望便是。

在武昌与大哥挥泪告别，李鸿章率三千亲兵北上了。可一到西安，他就下令安营扎寨，原地住下不走了。每天他四处走走逛逛，阅览美景无数。

逛了几天，实在累得走不动路了，他决定老老实实躺下来歇息两天。一旦躺下来，心思也就来了：像这样半途顿兵，说是去援左，却不上前线，慈禧太后能看不出来么？一旦被慈禧识破，结局定会不妙。清晨用了早膳，躺在软椅上闭目养神时，京师一道邸钞送到他的行营。他只略略浏览一遍，就腾地一下从软床上坐起。邸钞下端一道上谕引起了李鸿章的注意。说的竟然是慈禧与安德海的暧昧之事。

这么多年来，李鸿章还是头一回见到如此奇怪的上谕。因为，李鸿章已明显觉得，这道上谕是军机处瞒着慈禧太后私下颁出的。若是慈禧知晓，绝对不会有这一道上谕下来。慈禧与安德海的暧昧之情朝廷内外早有一些传言。若慈禧这会儿不想要安德海了，完全用不着在他出宫的途中下一道圣旨来杀人灭口，在宫里一个手势就把他的小命拿去了。

李鸿章不禁哈哈大笑起来。

翻过上谕之后，又附了丁宝桢的奏折抄件。李鸿章异常兴奋地读了下去，禁不住拍案叫好，道：

"好呀好呀，丁宝桢好手段，好胆量，竟然发兵杀了安德海，令人佩服呀！"

李鸿章正在开怀大笑，又有六百里加急送来军机处的廷寄密旨。此旨不许宣读，仅供李鸿章一人知晓，道："着李鸿章酌带各军即日启程驰赴京师附近相机驻扎。"

李鸿章惊喜万分，密旨命他率军开赴京城附近，定会有新任务派下。可以不去援助左宗棠啦！叫他到京师附近干什么？李鸿章暂时还不知道。他只是隐约感到：可能有好事等着他。至少，自己可以把左宗棠的事甩在一旁了。他下令紧急召集队伍，稍做准备，次日就动身了。

此时曾国藩到直隶上任后，在保定制台衙门的日子十分不好过。一则癣疾又犯，奇痒难熬；二则永定河泛滥成灾，好几天泡在雨水中组织抢救。洪水下去了，因为焦急，他右眼已近乎失明，左眼视力也很差。他根本不能看文字了，大小文书之事，一概由别人读给他听。需要他批阅的东西，只能抓笔画一个符号。令他更灰心的是：直隶整个地方，官场风气比江宁一带坏上十倍。就在京城的眼皮子底下，捞钱的，伸手要官的，钩心斗角的，情形十分恶劣。永定河一边在发大水，官员们一边在发国难财，将上面拨下去的银两私分多半。刚刚堵住一个缺口，马上就要让曾国藩上奏保封。上任之初，曾国藩凭着一股老脾气，上奏朝廷，坚决要求对一些赃官参劾罢免。谁料这回曾国藩不那么灵了，有时连一个知县也参劾不掉。有少数人虽被他参劾了，但马上异地做官，甚至还升了官，临走时更将曾国藩臭骂一通。曾国藩就这样忧忧郁郁地在直隶总督的位子上干了五个多月。等到儿子纪泽去京城参加吏部考试后，他就准备辞职不干了。纪泽的考试是一件大事。这是朝廷对没有中过举的大臣子弟们专门组织的一种照顾性考试。经此考试，便可以授个官衔，作为今后进身仕途的台阶。曾国藩长子纪泽，今年已三十一岁了，仍是个平头百姓。因此在自己开缺回乡以前，把儿子这件大事落实好，就算是了却了一桩心愿。要不是等儿子有个结果，曾国藩早就撒手不干了。

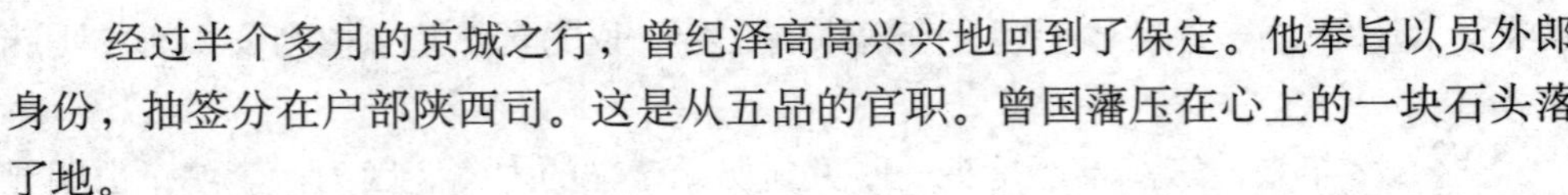

经过半个多月的京城之行，曾纪泽高高兴兴地回到了保定。他奉旨以员外郎身份，抽签分在户部陕西司。这是从五品的官职。曾国藩压在心上的一块石头落了地。

不料正当曾国藩要递送奏折，要求回乡养病时，天津城发生了一件惊天动地的事件：一群百姓怒杀了法国的领事。历史上的“天津教案”说的就是此事。

朝廷一纸上谕飞送曾国藩的制台衙门：“着曾国藩前赴天津查办！”曾国藩连连叫苦。他深知此事极为难办，可又不可推脱不办。

朝廷着慌了，唯恐又引发一次外国联军进犯北京的战事。慈禧太后向来把自己的命看得最值钱，只要不打北京，保住她的安全，再苛刻的条件也可以接受。这才有了朝廷给曾国藩的上谕，令他率兵速奔天津。

曾国藩明知前面是个火坑，也非去不可了。他想敷衍一下洋人，严办几个带头闹事的百姓。再斟酌着赔偿几个银子，就一了百了了。

曾国藩赶赴天津的前一天下午，可巧李昭庆千里迢迢地到保定来了。李鸿章在曾国藩到直隶上任之前，在金陵与恩师作了一次长谈，两人都很伤感。曾国藩道：“我此去恐怕要死在直隶了。你设法在南方为我准备一口棺材的木料，送到保定去。我要先把寿材准备好，也就了却一桩心愿。”

李鸿章同意了，把此事托与了胞弟李昭庆。

晚上，曾国藩一人坐在书房里，如同木偶人一般。

他拨亮烛灯，拿出笔墨纸砚。他考虑着去天津之前，要写点东西留下来。

要写什么，他已烂熟于胸：写的就是遗嘱，把要讲的话交代于家人。

曾国藩写完自己长长的遗书，压在书房案头。次日上午，他便带着幕僚赵烈文、吴汝纶、薛福成和十几个兵弁，扶病上轿了。

曾国藩的绿呢大轿，沿着通往天津的古道缓缓而行。路上，他在客栈里又口述了一篇《谕天津士民示》。这告示他只能请别人代记。他自己的遗书写得歪歪扭扭，有两行字交叉成一行字了，他也看不见。曾国藩进了城，不禁紧锁了眉头。此地此景，他预感到自己此行，可能会在百姓的哭声中了结一生。但他却没有料到，就在他刚刚才查办了几天后，又生出一件大事：两江总督马新贻遇刺身亡。

马新贻一死，位子空出来了。曾国藩正好可以回任两江，可以说是幸运了。

于是朝廷下圣旨：曾国藩调补两江总督；李鸿章任直隶总督；另派漕运总督张之万、江宁将军魁玉查办张文祥刺死马新贻一案。

廷寄谕旨当天就飞递各处。李鸿章自西安出发，途经获鹿县时接到让他出任直隶总督的上谕。宣读了上谕后，李鸿章山呼万岁。这正是他所向往的。不料这么快就心想事成了。

李鸿章笑了。他心里明白：直隶总督落到他的身上，这也是顺理成章的事情。一则他有淮军可以调动，拱卫京师非淮军莫属；二则他办洋务在朝廷已有了一些名气，正好让他接替曾国藩未能办成的和局。

李鸿章在心里高兴：你左宗棠不想让李瀚章回任更好。不当巡抚却捞了个湖广总督干干，算我李家兄弟有福气！自己把湖广总督的位子交给了大哥，淮军就等于有了可靠的饷源。加之恩师曾国藩又回任两江了，那么，两江地区又可以成为自己的“协饷”地区。若把手伸向恩师，还怕他不慷慨解囊吗？

李鸿章先未去保定。总督衙门放在那里不会被人抢去。而天津局势紧迫，他接任直隶总督的缘由也正是由于朝廷急等他去处理天津教案，平定危局。

他是在同治九年九月二十日到达天津的。其实他到天津也只能为曾国藩所做过的一切画上一个句号。该抓的人都抓过了，该杀头的已经杀头，要赔洋人的银子已经赔过。在天津民间，曾国藩那顶“卖国贼”的帽子已经戴上。李鸿章到达天津时，曾国藩正在为三个“替罪羊”设宴饯行。

由李鸿章作为旁观者作陪，曾国藩摆下了一桌酒席，还恭请三个为百姓代过的天津地方官们上座。他们三个异口同声的回答是：“犯官不敢！”

这一顿宴席喝得沉重，吃得不快。

三位“犯官”请求新任总督李鸿章讲几句话。李鸿章向每人敬了一杯酒后，道：“此次奉太后、皇上之命，调任直隶，直赴天津，感慨很多，教训很多，一言难尽。我恩师更是有苦难言，望各位多多原谅。但恕我直言：民教冲突，各地都有，没有一处闹得有天津厉害，终于酿成大乱。作为一级地方官，你们是有不可推卸的责任的。如今代民受过，固然令人痛心，但你们自己也当反思。此其一。其二，这次是洋人理亏，由此给我们带来的教训是深刻的，什么教训呢？这就是我们大清国必须自强起来，不自强，你、我及全部国人永远站不起来。多少年来，我们与洋人之间的冲突，都是这帮强盗跑到我们的土地上来闹事，我们不曾对他们有过丝毫的进犯。也就是说，所有冲突，都是我们理直，他们理曲。但每一次都是以他们大捞油水而我们损失惨重告终。为什么会这样？就因为我们弱，他们强。我们弱在武器，他们强在船坚炮利。洋人这才敢不讲道理。所以，如果我们现在还不自强，不设法针锋相对地把自己的事情办好，今天的天津教案平息了，明天还会有别的事情发生。受欺侮的依然是我们。国家兴亡，匹夫有责。你们进京受审之后，只需过个一两年，当设法重新起用，再肩重任。不过，这一切只能靠你们自己了。”

李鸿章的一段话推心置腹，句句在理，听得场上一片寂静。散席后，三个被革职官员犹如即将远行的游子一般，挥泪告别曾国藩、李鸿章。

走出接官厅，出大门一看，李鸿章惊呆了：京津古道两旁，人山人海。成千上万的百姓聚在道路两旁，有的跪着，有的摆出红烛线香，有的捧着食物，在为

三位代民受过的官员送行。场面十分酸楚感人。

李鸿章呆呆地凝视着眼前这一幅令人揪心的送别场面，百感交集。

到天津第十天，李鸿章正式从曾国藩手中接过了直隶总督关防印信，从此开始了长达二十五年的直隶总督生涯。

曾国藩原来是拒绝回任两江的。但也只是极短时间的拒绝。他这胳膊再粗，也扭不过老佛爷的大腿。何况，这是朝廷给他的体面。两江总督比起直隶总督，实际上差了一大截子。因为直隶总督管辖的是京津广大地区，紫禁城在直隶的地盘上，这就无可争议地使直隶总督成为天下第一总督。

在天津告别时，李鸿章送他出城。曾国藩最后说了几句话：“少荃呀，汇九州之铁，不能铸此一错。愚兄是羞愧而去的。恐怕这就要成为永诀了！”说完，与李鸿章相拥痛哭。

送走曾国藩，李鸿章一到任上，就发现三口通商大臣与自己是各自为政，互相掣肘。一个堂堂的直隶总督，竟管不了三口通商大臣。他暗中向工部尚书毛昶熙叙说了心中的不满。毛昶熙心领神会，以自己的名义给朝廷上了一道奏折，陈述利害。认为办理外交通商事务的大臣，脱离直隶总督而设专职，有百害而无一利。他建议撤销三口通商大臣一职，统归总督管辖。

奕等军机、总署大臣们遵旨复议，都支持毛昶熙的建议。于是，一道圣旨下来，改变了李鸿章的身份。仅在到任一个多月后，他就成了直隶总督兼北洋大臣了。朝廷称之为“改定章程”。如此一改，既解决了直隶总督与三口通商大臣各自为政、互相掣肘的矛盾，又使李鸿章身兼二职，解决了“省防”和“洋务海防”之间的战略地位问题。职责的重心也由传统的“保定省防”转向了“天津洋务海防”。欢喜了一阵子后，冷静下来想想，李鸿章不禁暗自忧愁——这北洋大臣一职非同小可。

当然，忧虑只是口头上的，他给恩师，给老母，给兄弟们去信诉说此忧此虑，多半是一种炫耀。抑或是以诉苦的方式报告喜讯。地位提高了，权势增强了，他内心兴奋不已。但他又是理智的，很快就恢复了镇静，进入了角色。他把自己的各路淮军奏调到自己的名下，作为拱卫京师的主力。

李鸿章分配完军队驻防之后，又想起添设津海道一缺，专管中外交涉事务及新、钞两关税务，并以此兼充直隶总督海防行营翼长。连日来，他奔波于保定与天津两地，忙得不亦乐乎。多日后，终于把军政事务初步理出了头绪。

其时已到了同治十一年三月，正值春暖花开、红蓼白苹之季，京津一带风光初显。李鸿章也春风得意，各项事务步入正轨。就在这时，金陵那边送来加急信函，告知曾国藩到金陵回任后，身体一天不如一天，眼下看来熬不了多长时间了。请李鸿章在百忙中抽出时间去金陵一趟。曾国藩想见见李鸿章。

曾国藩忍辱负重一生，此次回任两江，虽查出了马新贻被刺一案的凶手，但却心力交瘁了。不抓紧时间赴金陵一会，恐将成为无法挽回的憾事。李鸿章当即派出快马先去金陵报信，自己则随后从天津乘坐大船，急驶金陵。

曾国藩得报，苍凉的心境顿时有了暖气。他强迫自己闭目息念，好好睡上一觉，养养精神，与门生最后一见。这位门生已不同以前了，当年在建昌湘军大营里求见他曾国藩，硬是等候了一两月才得一见。如今是自己行将就木之际，急切地想见见这位阔门生了。身为汉人同胞的李家兄弟二人并世为总督，成为天下臣民第一家了。这在清朝开国以来尚无先例，朝野内外，都说李家已取代了曾家了。

曾国藩这几年，是把李鸿章看成是自己事业的延续。李鸿章所做的一切，与他曾国藩的名声和事业都血肉相连，息息相关。在曾国藩此时看来，唯有李鸿章的事业的兴盛和强大，才能确保他的事业后继有人，他的名声也才不会因为他死去而泯灭。

他更清楚，自己一生结怨甚多，多少还连累了李鸿章。自己被天津民众骂为“卖国贼”了，这个骂名会转嫁到李鸿章身上去吗？必须有一个强有力的人物代替自己站起来，并取得辉煌的成就。否则，自己很可能逃脱不了被鞭尸扬灰的厄运。现在有了李鸿章，有了他不可动摇的权势和一班子占据要津的淮军部属兄弟，估计自己不会很快遭此厄运。曾国藩暗暗为自己选中李鸿章作为传人而庆幸不已。他感谢这位门生，佩服他的坚强胜过自己。因此他派人送信到直隶，要与鸿章最后一见。

隆重的仪式，十六响礼炮，把李鸿章接进了金陵总督衙门。师生见面，李鸿章热泪滚滚。他从曾国藩的脸色上看出他的来日无多了，预感到他必有大事相托。

曾国藩首先把选送幼童出国留学的想法提了出来。李鸿章欣然赞同。其实李鸿章已着手在办这一类事情。他说：“创办洋务学堂，派遣优秀学士出国留学，这是振兴国家之必需。我的想法是先把语言学堂、军事技术学堂和水师武备学堂办起来。六王爷奕䜣刚刚在京师办了个同文馆。我不像六王爷只限招收八旗子弟，他那学生也只有十人。我主张广招汉人子弟，人越多越好，培养出的人才数量才大。我在江苏当巡抚时开办的上海广方言馆一开学就收了四十多名十四岁以下的学子，现在多达几百人。在授课内容上，不仅要学习西文，还主授经学、史学、算学和词章等。尤其是算学，缺之不可。西人制器靠的就是算学。若不精通算学，学会了西文也没有用……”

曾国藩道：“重视算学，并列为主授内容，这是你的首创呀！开天辟地后谁办过此事？我来两江后，也曾专门拨出白银，扩大了算学馆。又听说你在接替我任两江总督时，开设了一个天文馆。我还专门率幕僚及地方官员数十名前去参观哩！”

李鸿章道：“谢谢恩师的理解和支持。最近，我已着手在天津办一座水师学

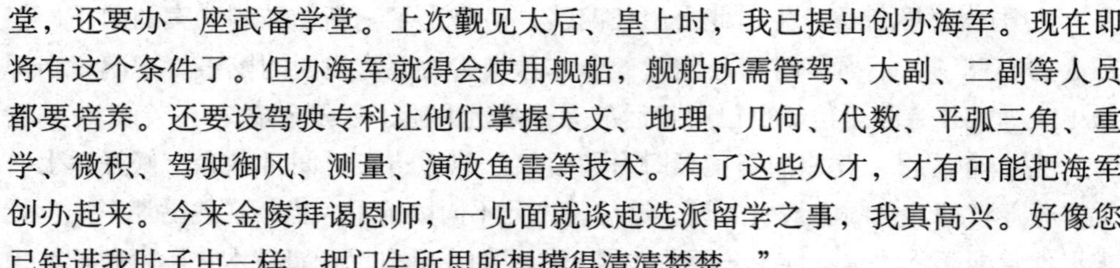

堂，还要办一座武备学堂。上次觐见太后、皇上时，我已提出创办海军。现在即将有这个条件了。但办海军就得会使用舰船，舰船所需管驾、大副、二副等人员都要培养。还要设驾驶专科让他们掌握天文、地理、几何、代数、平弧三角、重学、微积、驾驶御风、测量、演放鱼雷等技术。有了这些人才，才有可能把海军创办起来。今来金陵拜谒恩师，一见面就谈起选派留学之事，我真高兴。好像您已钻进我肚子中一样，把门生所思所想摸得清清楚楚。”

曾国藩道：“愚兄没有几天活命了，所以才急着把你老远请来，当面托付于你，以此了却我的心愿。选送幼童出国留学，原是容闳写信给我提出的建议。这也是一件自古以来没有过的事情。愚兄深知其意义深远，但我干不了了，只有请你由此考虑了着手去办了。”

李鸿章道：“设局制造、开馆教习，好像我们这些人注定要做前无古人之事。但这次选派幼童出国，不是一件简单的事情。我想先去美国，若能让幼童们成行，并学成归国，操作起来应考虑周到。比如说得有一个章程，与人家国家还得立一个协议。既送人出国，就得有钱，这些都由我来办吧。我估计我们的学子出国，费用一定不小，每人每年没有四五百两银子打不住吧？可以写个规定，每年选派三十名学子，以后每年定期选派。十年二十年下来，大清国就有救了，不愁没有熟悉西人的人才了！”

于是，师生二人针对这个创始之举进行了深入的研究，设想很快臻于成熟。最后，李鸿章在金陵执笔，写成《挑选幼童前赴泰西肄业章程》十二条，还拟定了奏稿，与曾国藩会衔上奏。

李鸿章的奏稿写得极好，精当老练，两千余字，深受曾国藩喜爱。这份奏稿后来成了大清朝著名的奏折。曾国藩听他读完后，拍手称快。这篇奏稿从缘起、必要性、如何进行、预期达到的效果等方面，叙述得要而不烦，面面俱到。后面提出的主要内容为：选年在十三四岁到二十岁之间的聪颖子弟到美国去学习十五年，每年选三十名。朝廷派正副委员管理，估计一切费用总和在一百二十万两左右，由李鸿章筹措安排。

曾国藩只在奏稿两处建议各添一句话，均属古文的两个比喻句。曾国藩认为，一篇上乘的奏章，文字上除清晰简洁外，还要适当加点文采。这样读起来才不感到枯燥，并可使之久远。所谓“言之无文，行而不远”，讲的就是这个道理。全篇都检查无误后，奏稿交文房缮写两份：一份由李鸿章亲自带到京师呈递，一份是曾国藩要求保留，以作纪念的。

李鸿章明天就要启程回去了。中午，曾国藩抱病在督署内设宴为他饯行。官场上的要员和故旧好友都聚于一堂，向这位年富力强、功大位显的协办大学士频频敬酒。李鸿章非常高兴，但也微感纳闷：恩师说是有大事相谈的，但见面后除谈了遣送幼童出洋留学外，并没有再谈什么心腹话。大事，难道指的就是这件事么？

宴后，满天阴云裂开了一道空隙，一缕阳光照射过来。总督衙门就如同一副淡墨画就的大观园图，突然加上红绿五彩，立即变得富丽壮观起来。由于得意门生专程前来看望，曾国藩的病痛好像顿时减轻了许多，不仅说笑自如，而且步子也迈开了。他对李鸿章道："少荃，去看看我们湖南的湘妃竹好么？"

二人一同来到衙门内的西花园。这西花园本是李鸿章在任期内设计兴建的。当年曾国荃的一把火把天王宫烧成了瓦砾场，大多数建筑都毁坏了，唯有那个石航不曾受到影响。同治四年曾国藩北上剿捻，李鸿章署理两江，便开始筹划重建督署。有人建议把石舫炸掉，说当年太平军女官傅善祥就是在石舫里自杀身亡的。李鸿章坚决制止了。今天，当李鸿章看到浮游在碧波之上的石舫时，顿感亲切无比。他兴致极好地穿过九曲桥，在石舫上细细端详了好一阵子。直到曾国藩喊他，他才随曾国藩进入湖边的竹林。好一片竹林啊！虽是天气尚寒，草木凋零，但竹枝依旧满身青翠。就在这一大片竹林左边，一条鹅卵石铺成的小路，把他二人导向了一个小竹林。小竹林前面有两间农舍似的小房，是专为赏竹休憩之用的。曾国藩领李鸿章进了小屋，在正中摆放的一张小桌边坐下。桌面上铺了一块厚白布，上面摆放好了几样点心，仆人又送过来两杯茶水。

曾国藩谈起湘妃竹的来历，李鸿章听得肃然起敬。他脑海里忽然闪现出二十七年前在京城碾儿胡同里听恩师讲《诗经》的情景，闪现出在湘军幕府中，每天吃饭后他大讲先贤品德情操的情景……李鸿章隐约觉得这是恩师最后的情怀抒发，一时不禁伤感万分。

果然，曾国藩道："少荃，此次把你请来一见，定是今生最后一面了。"说着，他竟然落下泪来。

李鸿章设法安慰他，说了很多激励他的话。曾国藩只是不停地摇头，感慨多年的经历。渐渐地，李鸿章的声音也哽咽起来。

曾国藩还满怀感情地说道："我自知行将就木了，而贤弟你正如丽日中天，自己珍重前途。我死在旦夕，要告诉贤弟，湘淮两军自与长毛、捻匪周旋以来，杀人不计其数。一人死于你我手下，十人记仇都不止呀！可以说是恨你我者遍天下。官场亦然，多少得意之人败于你我的一言一纸之中。今后，得处处设防，以免遭人暗算。"

李鸿章很感动。平心而论，恩师是在替自己担忧。而此时的李鸿章心中有数。他神态自若，并不因可能到来的险恶而动容。曾国藩注意到了李鸿章的表情，心中惊叹："这少荃的确与我大不相同。或许我是多虑了。"

曾国藩想到了另一个话题，道："少荃呀，愚兄还有几句心腹之言要讲。现在局面已经明了：湘军已所剩无几，绿营、八旗不能依靠。保卫京师，保卫神州

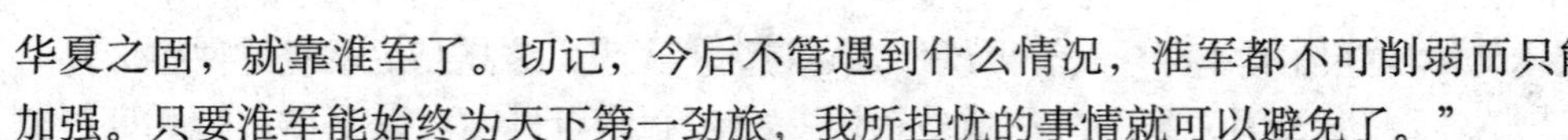

华夏之固，就靠淮军了。切记，今后不管遇到什么情况，淮军都不可削弱而只能加强。只要淮军能始终为天下第一劲旅，我所担忧的事情就可以避免了。”

李鸿章重重地点了点头，他也觉得这一点很重要，回道：“乱世之中，手中的枪杆子不能放下。门生一息尚存，你的交代就一定会在我心中扎根的。”

曾国藩对李鸿章的表示很满意，又道：“依我的估计，大清朝很难中兴了。剿灭长毛军后，我以为天下太平了。不料又出现捻匪。而平了东、西两捻，又有回民造反，又有天津教案。下面还会出现什么大乱，实难预料。我死后，你仍然任重道远，未来且不会风平浪静，或许情形更遭。过去有我能于内于外助你一臂之力。今后谁来为之左右？这就要看你自己了。我毕生都奉行先正己身，培养一批可成大业的好官，让他们开花结果。可惜到后来除了你以外，其他能开花结果者不多。尔后尚需贤弟从头做起，以一己之身表率天下，多多注意培养能人志士。这一点比打仗本身更重要，没有一批人才，你将来会孤掌难鸣，中兴大清也是空谈。”

李鸿章知道曾国藩最大的长处在于知人善任，不以自己的好恶使用人才。他听到恩师讲起培养人才，心智大开，想请恩师多讲一点经验之谈，以此提醒自己日后注意。他想到了办洋务的事情，自己这几年来一直不敢与恩师深谈，怕他不赞成。李鸿章清楚地记得曾国藩在安庆与自己握别时的交代：“少荃，上海乃洋人聚居之地，少不了要同洋人打交道。在同洋人交往中，要以孔老夫子的“忠信笃敬”四字为本，要坚持先疏后亲。要切记练就精兵，学会作战才是根本。办理洋务是次，对洋枪洋炮不可太相信。”李鸿章到上海后，是完全按照自己的主张干的，并没有把这段话当作真理，最终获得了成功。他在想：恩师现在如何看待办洋务呢？不料他一提起，曾国藩出乎意料地对他兴办洋务之举大加赞赏：“少荃呀，这正是愚兄想讲的又一件事。兴办洋务，是强国的必须之举，不仅应办，且要大办，办好。你在这方面已有一些成果。这次先把选幼童出洋留学之事办妥，然后信心坚定地按你的计划铺开来干。如能把洋务办好，你当是自古以来第一人了！”

李鸿章一惊，心想时间是可以改变人的。于是更坚定了自己的主张，来了情绪，高谈阔论起来，道：

“恩师能支持我兴办洋务，门生高兴万分。据门生所知，欧洲各国百十年来，由印度而南洋，由南洋而东北，闯入我国边界，又进入腹地，靠的就是他们的坚船利炮。如今时代时刻在变。几年前湘淮两军还在使用大刀、长矛，现在谁还信那个？为何不信？因为大刀、长矛、土枪、土炮打不过洋人。所以，中国人就要受辱，就要吃亏。门生这次北调直隶，对保卫京津地区，心中无底。朝廷所言都是虚妄之论。若想保和局、守疆土，没有枪炮船舰，让我怎么守？所以，我准备回去以后，还要找太后，找六王爷。海军还是要办，兵舰还是要买，枪炮还是要造。最终不仅要拥有一切，还要超过他们，至少要与他们相当。唯有如此，我们才能真正放心过太平日子。中国是一块好地方，这是我的感觉。否则，东西南北九万里之遥，为何有那么多洋人都抢着要来中国？门生还是那句话：中国什么都比别人强，就是这洋务方面远不及西人。若能迎头赶上，中国将大有希望。”

曾国藩凝神听着李鸿章这番宏论，心中叹服不已。在曾国藩看来，李鸿章的话是振聋发聩的呼喊。他后悔这几年在这方面与李鸿章交流太少。

在这片竹林中，师生二人推心置腹，谈得十分愉快。很快，西边的太阳就要落山了，云层散去，夕阳的余晖将这片林竹照得通明透亮。曾国藩又喊来了仆人，仆人捧出了一个约七寸长、三寸宽的锦面盒子。曾国藩接过木盒，打开盒盖，只见里面装了两颗精美的墨绿色玉球。他指着玉球对李鸿章道：“少荃，这是送给你的。此球是上等好玉制成，原是穆中堂喜爱之物，在他手心转了二十多年，后来送给我了。我才玩了几年，现在用不着它了。现送于你，留作纪念。你在抚玩此球时，切记：我是要你加强锻炼，保重身体。”

李鸿章郑重地接过这个珍贵的礼物，心中激动不已。他不是在考虑这两个球本身的价值，而是在体悟恩师对自己的一片深重情谊。又有一个仆人来了，催二人回上房吃晚饭。他俩这才走出竹林。

次日，当朝阳才露出火红的一角，李鸿章便与曾国藩挥泪而别。这一别果然成为永诀。他回到直隶才七天，就获悉恩师与世长辞了。曾国藩的病逝令李鸿章悲痛欲绝。他在自己的衙门里设下香案，长跪不起，几天里泪水不干。此时此刻，他只能面对曾国藩的一幅画像，表示继承恩师衣钵，使之薪尽火传。他忧悸尤深的是：这一辈子再也得不到仙逝者的余荫了。几乎就在同时，又一个消息传来，更让他心神不安：已被他视作依靠的恭亲王奕䜣，也面临江河日下的危境，泥菩萨过河，自身难保了。慈禧太后对这位六王爷采取了两面手段，既让他继续主持军机处和总理衙门，又利用自己的妹婿七王爷奕𫍽和军机大臣李鸿藻来牵制他。

李鸿章预感到一种不妙。奕䜣当政，其实奉行的仍是死于他手下的肃顺的政策：亲用汉臣，不分你我。曾国藩能干时，他看重曾国藩。这几年李鸿章显山露水了，他主张依靠李鸿章。所以才在李鸿章觐见太后的时候设宴盛请李鸿章。此后多方关照，使李鸿章获利不小。李鸿章与曾国藩联名要求选送幼童出洋留学的折子递上来后，恭亲王欢喜异常，将此折收归大清名折，据理力争，迫使慈禧太后旨准李鸿章的主张。首批选派的三十名学士正待上路出洋。

慈禧历来主张加强对汉人大臣的设防。奕𫍽、李鸿藻秉承慈禧的旨意，既抑制奕䜣，又抑制李鸿章。眼下的朝廷里，正在发生着一场令人心焦的争斗。

就在十多天前，曾国藩因病出缺的奏折和遗折，由江宁布政使梅启照差专弁

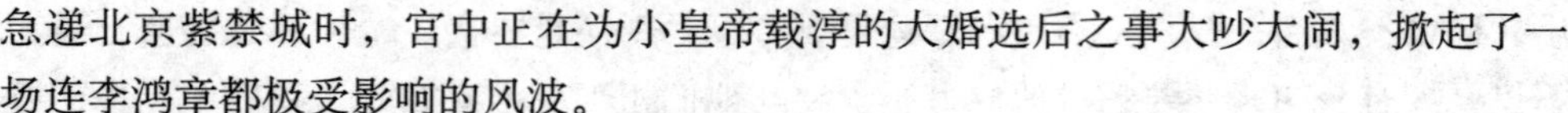

急递北京紫禁城时，宫中正在为小皇帝载淳的大婚选后之事大吵大闹，掀起了一场连李鸿章都极受影响的风波。

两宫太后所选的人选相左，偏偏皇上喜欢东太后选的，所以矛盾激发。慈禧气得病倒了，不理政事，从此也将未过门的儿媳妇视作眼中钉了。慈安太后接到内奏事处送来的曾国藩病故的奏折，悲叹了许久。然后叫人通知军机处，再请西太后到养心殿商议。

太监来请慈禧太后时，她仍在赌气中，道："曾国藩熬到今天就不错了，朝廷没有亏待他。皇上年纪不小了，翅膀硬了，大婚之后，总得归政。好歹都叫他自己去干，该给曾家什么恤典，让他去问东边吧，我不想凑这份热闹了！"

这时，李莲英站在一旁。别看他粗皮黑脸，厚唇大鼻，远不能跟安德海的模样相比。可是，在出主意，用脑子方面，他比安德海强得多。一听慈禧太后赌气说话，他马上满脸堆笑地相劝。

听了李莲英的劝说，慈禧立即起床，快步来到镜台前，让宫女们打扮了一下，道："走！上养心殿去！"

最终，曾国藩恤典之事草草定了：追赠太傅，赏银三千两治丧，赐祭一坛，加恩赐谥"文正"。又将曾国藩的所有儿孙都赏了个出身，算是多年来的最高褒奖了。

小皇上在绢纱屏扇前的宝座上听了半天后，说话了："曾国藩出缺，两江总督谁来充任呀？我看就让他的弟弟曾国荃去当吧！兄终弟及，顺理成章嘛！"

慈禧狠皱了一下眉头，朝小皇上瞪了一眼。恭亲王机敏，从容回奏道："回皇上的话，曾国荃因病在湖北巡抚任上开缺回乡业已四年。至今病体未愈，难以担当重任。还是另择继任大臣吧！"

"那就叫李鸿章去吧！"载淳道。

恭亲王回道："李鸿章已在直隶总督任上，又兼任北洋大臣，责任十分重大，不能离任。如今他已把京津一带治理出头绪来了，洋务也进行得红红火火哩！"

两宫太后之所以没有急于开口，是因为选来选去，没有合适人选。况且，六王爷所言也是真话，驳斥不倒。最后还是由慈禧做主，按老规矩：由江苏巡抚何璟暂行署理。

曾国藩身后的哀荣大事就这样定下了。金陵城里，朝廷的恩旨飞马送到。曾家人遵照曾国藩生前遗愿，不请僧道，不受礼金。但是上有御赐祭文，下有各省督抚和文武百官的吊奠，要想完全低调举丧并不可能，挽对素轴在短短几天时间里便堆积如山。曾家兄弟们商量后，只挑了一些重要的悬挂在灵堂周围。灵堂右首最显眼处，悬挂的是"门下士李鸿章"的挽联：

"师事近三十年，薪尽火传，筑室忝为门生长；

威名震九万里，内安外攘，旷代难逢天下才。”

左首还有一个显眼的位置空着。于是人们猜测，可能是留给左宗棠的。

大家正在议论，忽听老门公严泰携了挽轴快步跑进院来，远远地就喊：“来了，来了！左宗棠大人的挽联快马送来了。”

小厮们手脚利索，取过一把剪刀，三下五除二地剪开了外层包装的油纸，展开白布挽联，只见上面写道：“晚生左宗棠敬挽”，挽联内容是：

“谋国之忠，知人之明，自愧不如元辅；

同心若金，攻错若石，相期无负平生。”

众人交口称赞：“写得好，写得有气魄。字也好，如椽大笔，逝者也该宽慰了！”

小厮们刚把左宗棠的挽联挂上去，就听门院内哀乐大作。一名书吏手持黑底红字的引宾牌，带来一位年过半百，须发花白的三品官员。他大步来到灵堂，跪下就大哭起来：“涤公啊，元度来迟啦！一别十三年了，总盼着此生能有见面之日。却不料昊天不佑，丧我元勋，生死茫茫，抱憾终身啦！今朝巨星落地，吾公仙逝，元度再无出头之日了！”

曾国藩的胞弟四先生曾国潢从孝幔后面快步迎出，搀起李元度，相拥而泣。

曾国藩的祭奠办完后，灵柩由子女、亲属们护送，运回了湖南原籍安葬。

李元度吊唁过曾国藩，便离开金陵，取道上海，乘英商太古洋行海轮到天津访晤李鸿章去了。

后来，曾国藩原配夫人也谢世了，长子纪泽先后两次在乡守制五年。多年后李鸿章密奏朝廷，终于使他出仕，授官太常寺少卿，出使英、法两国，官至侍郎。

曾国藩的时代结束了，李鸿章的道路还长着哩！

一八七二年三月，同治十一年二月底。

绿水解冻，春暖花开。直隶各水域上的洋轮通航后，外交事务顿时猛增。直隶总督、北洋大臣李鸿章携带家眷和文武百官，从保定来到天津。以前在保定与天津之间来回奔走，实在是疲于奔命。而天津的事务尤其繁多，总督及兼理北洋通商的衙门是非移到天津来不可。

昨天一夜，李鸿章在赶写恩师曾国藩的碑文。朝廷下旨，在金陵与湖南两地建立曾国藩的专祠，将他的生平事迹宣付史馆。现在，一切工程都基本完成了，只等着李鸿章的《神道碑》了。李鸿章边写边想，恩师身后的哀荣，也算得前无古人了。他禄位之高，勋业之隆等还在其次。主要是因为他的故吏门生遍天下，是天下无人能比的。全国的总督中间，只有两广的瑞麟与曾国藩没有渊源；巡抚当中只有一个云南的岑毓英未在他的手下干过，除此以外的所有封疆大吏无不做过曾国藩的部属。仅这一点，就叫天下所有的官员们望尘莫及了。

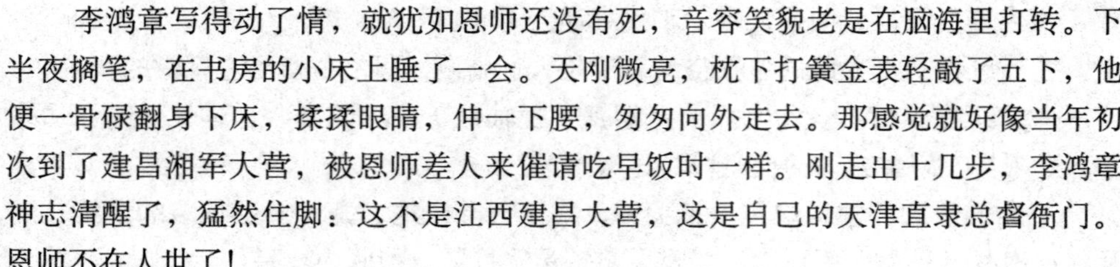

李鸿章写得动了情，就犹如恩师还没有死，音容笑貌老是在脑海里打转。下半夜搁笔，在书房的小床上睡了一会。天刚微亮，枕下打簧金表轻敲了五下，他便一骨碌翻身下床，揉揉眼睛，伸一下腰，匆匆向外走去。那感觉就好像当年初次到了建昌湘军大营，被恩师差人来催请吃早饭时一样。刚走出十几步，李鸿章神志清醒了，猛然住脚：这不是江西建昌大营，这是自己的天津直隶总督衙门。恩师不在人世了！

早饭后，李鸿章换上官服，大步流星地进了签押房。忙了一上午，接待各界官员十多人后，才有空闲坐下来看看各地的文报。一份朝廷的邸钞刊登的上谕，引起了他的注意。上面赫然写道：“御史李宏谟奏直隶政务日烦，请添设巡抚一折，着军机大臣会同该部议奏。”

他脸上惊出了冷汗，看完以后把邸钞往案台上一摔，骂道：“好一个贼娘养的李宏谟，想分老子权呀？没门！”

李鸿章心想：恩师曾国藩尸骨未寒，“抑李”的举动就开始了。这是试图削弱自己权力的一个信号。他立即上书朝廷，发了一通牢骚。

李鸿章的这通牢骚在军机处产生了效果。文祥率先在军机处提出反对增设直隶巡抚的意见。而此时文祥已成为奕䜣的主要帮手，他一反对，奕䜣自然也支持李鸿章了。沈桂芬更不用担心。于是在军机处很快形成了反对增设直隶巡抚的主张。吏部有意批准李宏谟的意见，但此时已孤掌难鸣了。他们怕把事情闹大，惹得李鸿章撒手不干了，在两宫太后面前弄个难堪，只好作罢。

获悉添设直隶巡抚一事搁浅，李鸿章这才放心。这日，他正与人在签押房里谈笑，文巡捕匆匆来报：“云南按察使李元度大人求见！”

这是个意外，李鸿章“腾”地起身，快步出了签押房，与正走进门来的李元度紧紧握手。李鸿章引着元度进入东花厅，摘去大帽，坐下叙谈。两人谈起曾国藩的死，谈到朝廷的种种内乱，权力相争，不觉感慨万千。

李元度细听了李鸿章的一番感叹，频频点头称是。谈到洋人的为非作歹，日益猖狂，两人都是义愤填膺。说到朝廷要钱的事情，李鸿章猛地一拳头砸在案头上，放声大骂。

李鸿章道：“慈禧太后一意孤行哩！你有所不知，尽管有六王爷牵头，御史沈淮、游百川二人参加，上疏反对，慈禧太后还是暗中布置动手了。她派了一个候补知府李光昭向法、美商人购买洋木，进行备料。这李光昭财迷心窍，所购洋木仅价值五万两银子，但却虚报为三十万两。法、美两国奸商也黑了良心，运来了一堆朽木烂材，在我们这里当柴用都不要。李光昭没办法了，只好去找外商，说他们违背合同规定，不肯给钱收货。这法、美洋商怎么办呢？跑到我们衙门里控告李光昭，并举出合同内有‘圆明园李监督代大清皇帝立约’的字句，一口咬定李光昭是太后和皇上的代表。我这才知道慈禧太后一意孤行了，脑瓜一转，干脆递上一道奏折，把这场官司和盘托出。我名义上是请奏朝廷如何办理，实际上是诚心让宫里大臣、各省官员们都知道：慈禧太后要修圆明园了！果然，我的奏折一上，六王爷等人火了，宫内指责声四起，把慈禧太后和皇上都闹了一个尴尬万分。慈禧太后想怪我，但我因不知情而没错，她只得拿李光昭开刀，说他‘欺罔朝廷，不法已极，着即行革职，交李鸿章严行审究，照例惩办’。我呢，跟六王爷他们一样，继续装糊涂，顺水推舟，下令对李光昭斩监候，秋后处死。慈禧原以为处死李光昭，风波便停息了，殊不料御史们纷纷上疏，要求追究主持圆明园工程的内务府大臣‘擅自做主，欺上瞒下’之罪。慈禧太后无奈，只得将总管内务府大臣崇纶、明善、春佑三人革职留任，并被迫宣布：停止圆明园工程。以此酌量修理三海……”

李元度瞪大了双眼，道：“原来还真的闹出这么大动作呀！照此说来，你为大清是立了头功的。停修圆明园，世人称道的！”

李鸿章叹口气，道：“什么头功哟！不仅害了恭王爷，恐怕也对自己不利呀！”

“此话怎讲？”

李鸿章道：“这不是明摆着么，停修园子，慈禧太后怎肯善罢甘休？她为自己暗中的计划被捅出来，遭到众人反对而怀恨在心。就在下令停修园子的第二天，她就以皇上的名义，找起了六王爷的麻烦。而且还株连了他的儿子。六王爷被革去亲王世袭罔替的名头，降为郡王，仍留在军机上供职；革去他儿子郡王一衔，以示惩儆。可笑的是，仅仅过了一夜，皇上又奉慈禧太后旨意宣布头一天的革职无效，归还了他父子俩的爵位。”李元度道：“我明白了，慈禧太后这是表示把恭王爷玩弄于股掌之上，革职以示其威，复职以示开恩，同时也是杀鸡给猴看，让百官对她敬畏有加。”

“你说对了。但她也清楚，离开了六王爷，她那军机处就转不动了。所以，仅过一夜，又赶快为他父子复职。对我也是这样，我估计她也在找机会教训一下我。但她也不敢真拿我怎样！”李鸿章面容严峻地说。

“我的估计也是，慈禧太后暂时还不敢碰你。一则因为你手中有天下第一流的水陆兵勇；二则就是你有才能，找不到合适的人替代你。所以，趁这个机会，再把自己的实力壮大一些，不断为自己增添分量。比如，办海军、办洋务就是一条路子。只有把这些事情办起来了，你才有可能在较长时间内立于不败之地。”

李鸿章道：“谢谢你能理解、支持我的想法。但目前很难。恭亲王掌管这个家，也是头痛医头，脚痛医脚，他们都很少为国家的长远利益考虑。当然，条件受限制也是一个方面。如今西洋各国都变得强大了，我们还在闭关自守、一成不变，怎么得了哟！自强才能自立，自立才能天下平安。这就要讲洋务，学西人

之长，补我们不足。可叹的是，朝廷中那帮老家伙就怕谈洋务，一闻洋务就掩耳逃去。他们甚至私下里骂我通洋、卖国。不知你听到没有，我自己却听到几次了。我说他们是狗屁不通！自己不干事，还不许别人干！贼娘养的！我就是不理他们那一套。为了富民强国，个人受点气算不了什么。等我办成了，我相信一些人就不骂了。”李鸿章说着，在房间里来回踱步，好像在思考如何去铺开自己的计划。李元度见了，笑道：“少荃呀，今天与你谈得痛快！多年来少有这样的机会。这次既然谈开了，我提一条计策请你试试？”

“什么计策？快说！别跟我卖关子！”

李元度道：“慈禧太后不是一心想修园子么？这回停了，要不了多长时间还会再提的。那么，你可以私下里通过沈桂芬打通关节，以调拨组建海军的军费为名，每年从中抽取若干孝敬西太后修园子。这样，园子也修成了，您的海军也办成了。这是一举两得，慈禧肯定会欢喜的。”

“你这算什么狗屁的计策呀？！简直就是歪门邪道。我李鸿章走得正，站得直，才不这样去干事哩！”

“我也知道你现在不会干的。可是，你走投无路之后，不妨就以毒攻毒，去干一下试试。好吧，此事暂且不谈了，我们换一个话题讲讲？”李元度说。

“什么话题？”

李元度说：“这次我是从上海乘英国太古公司的洋火轮来的。在黄浦江和你的天津港看到的尽是太古、怡和洋行和蓝烟公司的洋轮。而坐这些船的，绝大多数又都是我们中国人。这是一桩不小的买卖呢！因此我坐在船上就在想：为什么中国人的买卖非要让洋人去做不可呢？你现在兼着北洋大臣，正好可做此事。为什么不成立一家你自己的航运局呢？有钱自己赚。有了这笔收入，既可以用来办海军，又是一条富国之道。办海军是为了强兵，办航运局，则是富国。双管齐下，互为补充，你看怎么样？”

“咳呀，元度兄呀，真是英雄所见略同哩！不瞒你说，我已着手在办此事，新聘来的两位懂洋务的幕友，一位叫薛福成，字叔耘，今年三十五岁，文笔也好，是从我恩师幕中挖过来的。另一位叫盛宣怀，字杏荪，还不到三十岁。两个人都是办洋务的好帮手。你讲的富国之策就是兴办实业。我已把这个任务交给他们二位了。这几天，他俩正在上海筹集商股，准备先开一个轮船招商局，也许马上就可以回来了。若是你能等得及，不妨见个面，在一起谈谈。”

李鸿章说到这里，在一旁忙杂务的男仆道：“禀中堂大人，盛师爷已从上海回来了。因为您在会见贵客，他在外面不便进来。”

“贼娘养的！盛师爷回来了，到现在才放个屁！快快去请。”李鸿章十分兴奋地骂着男仆。

一小会儿，盛宣怀恭恭敬敬地掀开门帘进来了。这是一个装扮十分洋派的年轻人，个头中等，白白净净，身穿一件深灰色洋呢夹袍，外套一件多纽扣背心。此人精明能干，在他的脸盘上和装扮上就可以看出来。李元度起身站了起来，盛宣怀向他一揖，彼此算是见面了。李鸿章从中一介绍，两个人很快无拘无束了。

李鸿章道："杏荪，我正与次青兄谈到办轮船招商局的事情。你们去上海办得怎么样了？正好次青兄也在这里，说说我们听听。"

盛宣怀口齿清晰，慢条斯理地说开了："晚生奉您之命去上海后，先与永安街两位船主谈了一下，请他们出面筹集商股。仅半月之内，已经认购了五十万两股银。又由一位船主朱其昂介绍，约见了怡和洋行买办唐廷枢先生，大家在一品香见了面，我与叔耘兄转达了中堂大人对他的仰慕之情，他非常高兴，略作思考就答应下来了。这唐廷枢先生的确是见过大世面的人。由他经办，此事的把握就大了许多。据唐先生说，等到把资本凑齐了，要先办码头、仓库、乘船场所。然后再买来六条有现货的轮船。轮船到手后，由他帮助找人，这就可以开张了。他还说，'这步子可以慢慢走。走一步，有了钱再添新船。最终可以把几家公司的船全部买下来，那时的局面就大了。'"

李鸿章沉吟道："那恐怕要花很多钱吧？我们就是拿出点钱作为官股投进去，总数也不会很大。再说，投进去的钱收益怎样？也得摸清楚。"

盛宣怀道："这方面晚生们摸过了，是很赚钱的。轮船局成立后包运漕米兼揽商货，每条船载重量一千吨左右，跑一趟天津，除去一切开销，每条船可赚三万两银子，六条船就能纯收入十八万两银子。一年呢，就赚了七十二万两，两年下来，数字就很可观了。而且，我还把冰冻封港季节都不计在内，每年仅按四个来回计算。干起来，每年五、六个来回不成问题。因此，这个收入还是很保守的。"

李鸿章听了这个计算，顿时高兴起来。李鸿章很激动，当场写下了个札子，委派唐廷枢、朱其昂二人筹办轮船招商局，按照官督商办的模式，用他北洋大臣的名义由唐廷枢总办，盛宣怀、朱其昂会办。李鸿章私下交代盛宣怀，虽是唐先生总办，那毕竟是外人，能够代表北洋大臣操作的，就是盛宣怀。因此，他要求盛宣怀以高度负责的精神，既把唐、朱二人推到前台，让他们开展筹备，又要向北洋大臣负责，处处留心，及时禀报详情。重大问题，须请示以后再行动。

盛宣怀禀完事之后，便退了出去。

两天后，李元度要进京了。李鸿章吩咐账房备下了五千两银票让李元度带上。李鸿章又递上两封私函，让李元度带进京城，面交老同年们。信中少不了把李元度夸奖一番。李鸿章拉了李元度的手，把他送出天津城。望着故人离去，李鸿章的眼眶渐渐湿润了。

这是同治十一年九月，小皇帝载淳大婚。阿鲁特氏被隆重册立为皇后，富察氏被封为慧妃。大婚后的载淳皇帝翅膀真正是硬了，大吵大闹着要求亲政。恭亲王等上百文武大臣呼声也高，通过不同方式表达了请求载淳亲政的愿望。就连慈安太后也连连找西太后，不愿再陪慈禧太后垂帘听政了。慈禧却不愿意就这么靠边站了。几年来听政弄权，就如同她吸旱烟一般，已经上瘾了，舍不得丢掉了。但清制有明确规定，皇上大婚后即行亲政，朝野上下呼声又高，慈禧是不想退也得退了。

次年正月，载淳亲政。看起来由此气象一新了，但人们高兴不了几天，因为紫禁城上空乌云滚动，正酝酿着一场荒唐凄惨的宫廷悲剧。原来，慈禧太后蛮横地干预着皇帝的宫闱生活，严禁他到皇后的宫中过夜。慈禧在立后一事中的失败使她耿耿于怀，只能出此下策了。精气旺盛的皇帝不耐寂寞，受到身边一个善于阿谀奉承的翰林百般引诱，出宫眠花宿柳，毫无节制地寻欢作乐，很快染上了梅毒。他全身溃烂了，于同治十三年十二月初五日满怀悔恨地离开了人世。

皇帝驾崩的当天晚上，两宫太后在大小太监、宫女们的引导下到西暖阁来了。大家向两宫太后行礼。慈禧太后一句话未讲，哭声就出来了。她一哭，引得大家都唏嘘拭泪。

慈禧太后哭了一会，终于开口了："如今怎么办呢？大行皇帝英年早逝，我们姐妹们下一步如何是好？"

这一问，使满堂文武大臣吃惊不小，心想此时一定是商议再立新君之事了。于是文祥首先开口道："我朝遭遇天崩地坼的不幸，实属意外。眼下是宗社为重，唯有请两宫太后首先择贤而立新君，然后再继续垂帘听政。"

慈禧好像对这话很满意。她在自己的亲生儿子一断气后，就命内务府开列了一张近支亲贵的名单，这会儿从袖口中掏出来，当场念了起来。

慈禧太后读完一大串名字后，并不说干什么，因此人人都在猜测。列在名单内的所有人的身子都在哆嗦，牙齿震得格格响。不知是严冬深宵的酷寒所致，还是因为内心的激动。因为，又一个皇帝就要在这些人中间或是他们的子孙们中间产生了。他们在心中普遍推测的，可能是载治的两个儿子中间，有一个可能成为新君。

恭亲王这才想到：自己该说话了。他先磕了头，然后郑重表态："溥伦、溥侃为宣宗成皇帝的曾孙，请两位皇太后做主，选择其中之一承继大行皇帝为子……"他的话未说完，就有人反对。

人们在想：不该立，该立谁呢？若论皇室的溥字辈，除了载治的两个儿子外，其余就更疏远了。不料有人这么一反对，正好被慈禧太后利用了。因为在她心中，已有了人选。

她道：“照这样说，溥字辈的确没有该立的人了。文宗没有次子，如今遭此大变，只有一个办法可用了。这就是为文宗承继一个儿子。年岁大，不容易教养，各方面都已经定形，将来会有麻烦的。我的想法是，总得从小就抱进宫来养育才好。”然后她转脸看看慈安太后，道：“姐姐，您说是么？”

她又并不等慈安答话，只是用异常威严的目光一个一个扫了大家一眼，被扫到的人赶忙俯伏在地，尽可能用自己的表情向慈禧显示：我是赞成你的！慈禧扫了一圈后赶快接着说：“我现在就说，你们听清了：醇亲王的儿子载湉，今年四岁了，一句话定了，永无变更。自即日起，承继为文宗的次子。你们马上拟诏，商量派人奉迎进宫。国不可一日无君啊！”

众人大惊，只有醇亲王心中明白：这事是在载淳皇帝病重期间，自己的妻子与她姐姐慈禧商定好了的。她自己的儿子死了，皇帝的位子会让给别人么？当然是慈禧胞妹的儿子！而诸位王公大臣却是在慈禧独断宣布以后，才恍然大悟的。

遵照慈禧太后的旨意，要下两道诏书布告天下。一道是以载淳皇帝临终的遗诏为名，布告天下。此乃纯属编造，但仍然飞送天下了。另一道圣旨是正式宣布确立载湉为文宗显皇帝过继之子，入承大统。

现在，醇亲王福晋已把转眼间成了嗣皇帝的儿子打扮得整整齐齐，只等宫中来接了。午夜时分，由孚王率领大队官员直奔太平湖的醇亲王府迎驾。

醇亲王府，曾是八旗女词人西林太清吟咏的园林，传说是人杰地灵，有龙潜于此地。醇亲王入住至今，果然出“龙”了。他见钦使们已到门口，便大开各门，燃起爆竹，当众宣布把自己的王府改称为“潜邸”。

醇亲王福晋抱出已熟睡的孩子时，又淌眼水，又露笑容，自己也分辨不清此时的心中是什么样的感觉。她亲手把孩子交给孚王。嗣皇帝就这样睡在孚王的怀中进入了深宫。进宫仪式也很隆重，交泰殿的大铜钟正打三响，两宫太后等候在养心殿西暖阁。嗣皇帝熟睡不醒，谒见两宫太后的仪式只好免了。慈禧恨不得让这嗣皇帝永远睡着了别醒，或永远长不大才好呢！

光绪元年正月二十日，津京古道上，四野白雪茫茫。一辆四马篷车在督标骑兵们的护卫下，向京城奔去。大行皇帝驾崩不到百日，新朝代开始，格外赏封有功之臣，李鸿章已去掉“协办”二字，升任为文华殿大学士，仍在直隶总督位子上。这会儿他是去紫禁城参加新皇帝登基大典的。

李鸿章斜靠在篷车的软座上合目沉思。此去京城，参加大典只不过是充个人数，看个热闹。他要借这次觐见慈禧太后的机会，据理力争，把海军办起来，把富国强兵的洋务办得更红火一些。他在心中盘算，此次要求朝廷拨出经费兴办海军应该是理由充足的。就在同治皇帝得梅毒病重期间，那个野心勃勃的岛国日本也把扩张的双手伸到中国来了。连年来英、法、美等列强们在中国这块土地上

捞去的油水，早让日本政府看得眼馋心馋。他们以台湾山民杀死了琉球船员为借口，派出大量水、陆部队冲上台湾岛，屠杀山民，侵占了台湾东部广大地区。朝廷命福建航政大臣沈葆桢为钦差大臣，统领福建舟师赴台，与日本海军争夺台湾。后经英国政府出面调停，赔偿给日本政府白银四十万两，出兵费十万两，日本才从台湾撤兵。

这一事件令李鸿章气愤不已：中国已无能到极点，连一个小小的日本国也敢骑在中国人的脖子上拉屎撒尿了！朝廷面对炮舰的威胁，动辄割地赔款，已经习以为常。在李鸿章看来，遭受英、法、美列强们的欺辱，也就罢了。而小小的日本竟敢出兵挑衅，是可忍，孰不可忍！此时国内舆论也表示了对朝廷软弱的强烈不满，文武大臣中也有人站出来，要求两宫太后和军机大臣们痛下决心，加强海防力量。李鸿章想，如果早一点采纳他的建议，把海军办起来，小小的日本定不敢如此嚣张!

军机大臣文祥以总理衙门的名义，泛泛地提出了六条海防措施。其中包括练兵、简器、筹饷、用人、持久、造船等，发交朝廷内外要员们各抒已见。李鸿章见了文祥的这六条东西，冷笑道："空洞无物，纯属应付，以堵塞众人之口。"

他心想，这次入宫，要谈一些实实在在的措施，让这些只知在宫中指手划脚、不干实事的主子们开开眼界。到了京城，经正阳门外大街向北一拐，他仍然借寓在冰盏胡同的贤良寺。

第二天，李鸿章参加了光绪皇帝的登基大典。当晚，恭亲王盛情，在他的府上设宴，为李鸿章洗尘接风。照样是各军机大臣作陪。吃饭在其次，主要还是商议政事。

席间，恭亲王说："李中堂！两江总督这两年来一直由刘坤一署理，如今两广总督也出缺了。朝廷的意思，准备把刘坤一调往两广。这样，两江的位子又空出来了。有人提出建议，把左宗棠调任两江当总督。我们还没有拿准主意。因您在两江干过，那儿一大块地盘又是您从长毛手中夺过来的，对那儿的情况比较熟悉。我想听听您的意思。"

李鸿章一听到左宗棠的名字，就如同让蝎子咬了一口，心中一震。他担心的是：淮军的饷源一直主要来自两江，换上了左宗棠，饷源不断也得断了。于是，他沉吟了好大一会，才说道："王爷在上，既然承蒙您下问我一句，我也不得不直言相告了。左宗棠人才难得，这一点我也承认。不过，依我看起来，他的才主要是表现在军事上。西北广大地区长年动乱不安，如果朝廷要用他一技之长，唯有放在西北，才等于让他有了用武之地。但是，他到了两江就不同了。两江主要是地方治理，他已年逾花甲，精力衰退，是难以应付那么多繁杂琐事的。可以说，如放在西北，他还可以干出一点成绩。如从西北调到两江，恐怕他马上就力

不从心了。”

奕䜣也思考了一会，点了点头，“哦，哦”两声。接着，他又道：“那么，您看由谁来出任两江总督比较合适？”

李鸿章脑瓜快速转动起来。虽然问题来得过于突然，但李鸿章还是立即转出一个人来，道：“王爷，依我之见，做一方官员，必须能够担当起一方责任。胜任两江重任者，一要有真才实学；二要有威望；三还得熟悉军事，而且懂洋务，会办外交；四还要善于管理地方，能应付繁杂事务，了解两江情况。在当今的各地方大员中，恐怕算前任江西巡抚、现在的福建航政大臣沈葆桢比较合适了。这个人与我同年，我是比较了解他的。不仅文武兼优，而且通晓洋务。有热情，有干劲。走马上任以后，会使两江形势有一个大的改观的。”

这沈葆桢与曾国藩关系一般，但多年来与李鸿章却相处得十分密切。因此，他毫不犹豫地把沈葆桢推荐给奕䜣。奕䜣是连连点头，表示同意李鸿章的看法。在场的几位要员文祥、沈桂芬听了以后，也觉得沈葆桢是一个不错的人选。奕䜣在心中是敲定了：两江总督非沈葆桢莫属！他轻松地舒了一口气，从腰间摸出一个荷包，取出一个雕刻精细的玛瑙鼻烟壶，揭开碧犀盖，撮了一点点吸进鼻腔。然后，他把这烟壶递给李鸿章，道：“李中堂，你试试看！这是件洋货，我特别适应这味道，吸了挺舒服。”

李鸿章从来没有吸过这玩意。平时累了，困了，只抽旱烟。奕䜣请他品尝一下这舶来品，他还是很乐意地接受了。他学着奕䜣王爷的样子，也撮了少许往鼻孔下一吸，道：“味道果然不错，比旱烟平和。”奕最喜人夸奖他的东西好。须知，他这一只鼻烟壶，价值上万两银子，是正宗的英国货。奕道：“洋人们在这些东西的制作上，好像就是比我们聪明，技艺异常精细，值得我们效仿。”

李鸿章道：“小小的鼻烟壶就显得比我们技高一筹，是应该引起我们反思的时候了。这么多年来与洋人接触得很多，总觉得他们并不比我们聪明，有时甚至笨得出奇。可是，在具体制造上，我们的脑筋就是没有人家转得快，手也没人家巧。倒是嘴皮子上的功夫比他们深，深得让洋人们脑筋转不过来了。”

在这个场合下谈洋货，由此引申到更深入的话题，李鸿藻听得不耐烦了。他比李鸿章迟了两科考中的进士，但却比李鸿章守旧得多。他虽与李鸿章同姓同辈，但压根没有丝毫宗属关系。他见恭亲王与李鸿章大谈什么鼻烟壶，便皱了皱眉头，起身像踱步似的离去。

奕䜣知他谈“洋”色变，让他离开一会也好，于是接着与李鸿章谈话：“李中堂，曾文正公仙逝已有三年了，他的胞弟曾国荃此后与你可有来往？”

李鸿章道：“沅甫与我书信来往还是很多的。他因病从湖北巡抚位子上回乡后，一心养病，也读了大量的书籍。这两年长进多了，学会用脑子思考问题了。

前不久我还收到他的来信，说身体好多了，人也胖了，经常出去看看朋友，访访故人。”

奕䜣听了喜上眉梢，道：“果真身体康复了？还能潜心读书？这太好了。我在想，他已回乡好几年了，也应该出来为朝廷做点事情了。就在新君嗣位以后，两宫太后还谈起开恩科，起用回乡大员的事情。她们想尽可能把有用的人都用起来。我想这当中也应包括曾国荃。曾国荃无论如何，还是为朝廷立下过汗马功劳的。朝廷没有忘记他，而他自已也该有个打算，总不能在那荷叶塘老家呆到死为止。所以，依我的意见，还是请他出来干点事情。而动员他出来，非你李中堂不可。朝廷不能盲目下旨。下来一份圣旨容易，就怕他断然拒绝了，大家的面子都难堪。”

李鸿章此时对曾国荃的感情，由于恩师的去世而格外看重了。他听这话心中一喜，觉得朝廷有起用曾国荃的意思。因此很快答应下来，表示会出面去做做曾国荃的工作。

奕䜣很满意，于是放下这个话题，转入办海军、办洋务一事。他请李鸿章具体谈谈设想，李鸿章求之不得，滔滔不绝地把自己已干的、准备干的、争取将来干的计划和盘托出。奕䜣听得精神为之一振。他向李鸿章表示：坚决支持他的主张。

一顿丰盛的酒宴结束之后，李鸿章心里热乎乎的。这倒并不是因为他受到了恭亲王的热情接待，而是他把想讲的话都讲了出来，并且争取到了六王爷和军机上大多数要员们的理解和支持。

第二天早饭后，李鸿章带上自己的奏折进宫了。今天是六额驸景寿带班引见，他家已出了两代驸马。他儿子志端与荣寿固伦公主结婚后，已于同治十年因咯血症去世。他曾与肃顺等人一起作为咸丰皇帝托孤的八位顾命大臣之一。因为是道光皇帝的女婿，经慈安太后坚持，当初他得以被从轻发落，革职了事。如今已官复原职，在朝廷中打杂跑腿，忙得不亦乐乎。正是由他带领着李鸿章进入了养心殿。此时殿中仍然笼罩着肃穆的气氛，令人感到压抑。

李鸿章是第二次见慈禧和慈安太后。他磕了头，道：“国家不幸，大行皇帝殡天，万民悲痛。如今新君登基，只愿两宫太后能为天下节哀，保重贵体。替新君操劳，也当以身体为重。”慈禧太后的眼圈还红着，声音中略带了一些悲伤，对李鸿章叹息着道：

“大行皇帝亲政后，我们姐妹俩原以为可以安居后宫，享享清福了。不料他英年早逝，才十九岁呀！现在，我们姐妹俩又被迫要垂帘听政了。这一次选定的新君是一种应急措施。在找不到合适人选来治理国家时，我们姐妹俩撒手不管是不行的。如果是胡乱找一个新君，上来就亲政，扰乱了江山，丢了社稷，岂不是我与姐姐的罪过？所以，我们私下商量一下，宁可多吃一些苦，多操一些心，也要从头培养，从小培养出来一位合格的新君，对后世负责。你是朝廷中的重臣，对我们姐妹这样的心思应该理解。不仅自己理解，还要疏通各方面的猜测，全力支持我们姐妹俩把大清的事情办好。朝廷是相信你的，盼着你带一个好头，做出更多的业绩来。”

不管李鸿章在私下里有多少看法，多少气，这会儿在慈禧、慈安两位太后面前，他还是动了真感情的。他听了慈禧这话，觉得她讲得实在，是心窝里的话，于是道：“君主的合适与否，关系大清的兴衰存亡。此次选立幼主，是迫不得已之事。臣对此能够理解。我想，太后们的一番苦心，不仅我李鸿章能够接受，大多数熟悉朝廷难处的大臣们也同样是理解和支持的。现在新君已经登基，大清便有了奔头。唯有太后们听政，才能保江山不倾。这也是臣等的福气，天下民众们的福气呀！”

李鸿章自己也搞不清怎么讲出这些话来。他讲的不是心里话。但慈禧听到他的话很满意，看不出李鸿章是在敷衍，把他夸奖了一番。

听到夸奖，李鸿章心中一喜。奏折他已经准备好了，就带在身上。无论如何，他要把办海军、兴洋务的建议提上去。不久，心情愉快的慈禧太后主动要他递奏折，于是他立即从怀中取出奏折，双手捧出，并说出了自己的想法。李鸿章一口气说完想说的话，两宫太后凝神细听，不断颔首。慈禧太后浏览了一下折子，因所需费用巨大而沉吟起来。

慈安太后忍不住了，她听李鸿章的讲话，觉得句句在理。尽管有些话极而言之了，也不失切中要害。她道：“李鸿章一片良苦用心，所言皆为大清中兴。办海军的事实在是不可以再拖了。西人舰船仍在威胁我们，我们没有退路，只有咬紧牙关，节衣缩食，省下来银子办海军。”

慈禧并没有急于表态，她命人去传军机大臣们，一块儿来养心殿商议。看这东西两宫太后的情状，李鸿章预感到：事情有门了。军机大臣们到后，纷纷对李鸿章的想法表示赞成。

慈禧太后满意地点点头，对李鸿章道：“朝廷在十分困难的情况，下决心准了李鸿章的奏请。这是一件开天辟地的大事，只能设法办好，争取事半功倍。李鸿章回直隶后，抓紧选将练兵，把队伍先组织起来。舰船购买到手，就把海军办起来，打出去。好让沿海的洋人们看看，我大清朝也有自己的海军了。”

今年已是五十三岁的李鸿章，由此迈入了他毕生事业的又一个转折点：办海军，兴洋务。

回到贤良寺，李鸿章摆下一桌酒宴，庆贺自己的计划得到了朝廷的批准。薛福成等一班幕僚高兴得落下了滚滚热泪。李鸿章决定先把北洋水师营务处组建起来，紧接着买兵舰，再开办天津水师学堂，最后使兵员到位，宣告中国北洋水师

正式成立。

回到天津，李鸿章召集会议，按以上步骤开始实施。这时，又一个好消息传来：由他推荐的沈葆桢赴金陵就任两江总督了。沈葆桢到达金陵当天就给李鸿章来信，一是表示谢意，二是建议推荐丁日昌督办船政。但李鸿章对丁日昌这位老部下已另有考虑：他到福建就任巡抚了。于是，李鸿章把淮系成员吴赞诚、黎兆棠推荐为船政大臣。丁日昌很快给李鸿章写来了《海军水师章程》共六条。他提出海军应统一指挥，分区设防，最终创立北洋、东洋、南洋三支海军，每军各设提督一人。北洋提督驻防天津，负责直、鲁两省沿海防务；东洋提督驻吴淞，负责江、浙两省沿海防务；南洋提督驻南澳，负责闽粤两省沿海防务。三支海军统属李鸿章调遣，各军备大兵船六艘，炮船十艘，每半年在海面上会操一次，以待配合作战。

李鸿章惊喜拍案，道："丁日昌的脑瓜不笨，与我想到一块儿了！"但朝廷的旨意又下来了："先就北洋创立水师一军，俟力渐充，就一划三。"李鸿章领旨后，笑道："也罢，也罢。先把北洋水师办起来，然后一分为三也可！"

沈葆桢帮了李鸿章很大的忙，他将应分在南洋使用的二百万两白银统解北洋李鸿章名下，由李鸿章统一调度使用。这样，朝廷每年拨出的四百万两的海军费用尽归李鸿章了。

李莲英红眼了，在慈禧太后跟前几次放李鸿章的水，说："李鸿章这下发财了。每年四百万两能用出二百万两就不错了，其余将要下他的腰包了。"慈禧道："过两年我再把这银子收回来。先让李鸿章过过花钱的瘾再说。"

天津的水师营务处筹建起来了，李鸿章任命了道员马建忠主管营务处。他又向朝廷奏调提督丁汝昌统领北洋海军，并建议将原来是三角形的国旗改为了长方形，大小为纵三尺横四尺，质地仍旧，章色不变。他还奏请朝廷设立海军衙门，设置了官员，但总理海军事务的实权其实操纵在他自己手中。

经李鸿章亲自修改，《北洋海军章程》拟定并经朝廷批准颁布了。"章程"规定：北洋海军设提督一名，提督衙门建在威海刘公岛上。另设总兵两员，分左右两翼，各自统带铁甲舰，为领队翼长。副将以下各官，根据各自舰艇的大小，职务的轻重，按品级分别安排。总兵以下官员，不另设衙门，都住到舰上。

根据李鸿章提议，朝廷发出上谕，命丁汝昌为北洋海军提督，林泰曾为左翼总兵，刘步蟾为右翼总兵。北洋海军正式成军。在众将赴任时，李鸿章亲自把他们送出天津城，道："你们各自去好好干吧！我们办海军，就是要与洋人抗衡，一争高低。各位注意，尤其是要防御近在咫尺的小日本。其长崎距我口岸不过三四天的航程。他们随时会进犯我们，比英、法、美对我们的威胁更大。因此，我们的海军要把目光盯住日本，有备无患。"

李鸿章购买的第一批炮船很快驶入天津港口。这是他通过洋商在英国定造的蚊船，一共四艘。蚊船进港的当天，李鸿章登船巡视，为之分别取名为“龙骧”“虎威”“飞霆”“策电”。洋商吹嘘说这四艘蚊船精致灵捷，堪称一流。然而，第二批四艘蚊船到货后，李鸿章才发觉因自己不了解船舰性能，吃亏上当了！这第二批四艘蚊船是替南洋沈葆桢订购的，其性能、造型、炮火威力明显优于第一批货。他将前一个订货洋商大骂一通后，灵机一动：将第二批船留在北洋海域，而将前四艘船调往南洋。他给这四艘新船取名为“镇西”“镇东”“镇南”“镇北”。第三批蚊船一共两艘，取名为“镇中”“镇边”，也编入北洋海军，合队操练。

在李鸿章的统管之下，一共有十艘蚊船了。合队操练不久，问题都来了。李鸿章又大骂道：“这些贼娘养的洋商们，都不是个东西！老子东拼八凑弄来点血汗钱，买了他们这一堆破玩意儿！均系钢片镶做，三天两天出故障！唉！”李鸿章虽然气得在签押房里大骂，却不敢过分声张。他怕朝廷得知，说他白费了银子！的确，这十艘蚊船不仅吨位太小，而且质量问题十分严重。不久，他以海军急需大吨位炮船为由，向朝廷提出再购买铁甲船数只。朝廷批准了，并没有追究第一次购船的失误，但令他通过中国驻德国公使李凤苞会同科学家徐建寅安排此事。李鸿章立即致函这两位行家全面考察欧洲舰船状况，委托他们根据中国海域需要，代购铁甲船。最后，他决定向德国伏尔铿厂订造两艘铁甲船，并派员出洋驻厂监造。

李鸿章吃一堑，长一智了。两艘大吨位铁甲船驶进天津港口后，李鸿章亲往检查验收，取名为“定远”号和“镇远”号。他称之为姊妹舰。这两艘船每艘吨位为七千余吨，六千匹马力，航速十四点五节。上面各装大小火炮二十多门，鱼雷发射管三具，另配备舰载鱼雷艇两艘。

李鸿章是在大沽口岸登上“定远”号的。他高兴极了。坐在指挥舱里，他下令“镇远”号及其他蚊船全部起锚，展轮出洋，全速驶向海面。他要亲自检验这些船的航速。

是日，正赶上北风呼啸，海涛汹涌，巨浪腾空。而李鸿章坐在指挥舱中，却感到船行时平稳得就像仍坐在他的签押房里一样。他下令数船开往旅顺，进行一次试航，据此核计水程。结果出来了：与原合同规定的各项参数几乎没有相差。李鸿章竖起了大拇指，下令奖赏有关督造人员。

就在花大价钱买船的同时，李鸿章的另一只手早已打了出去：他要造船。他的同年、两江总督沈葆桢不幸在任上去世了。这不仅使他悲痛万分，更令他忧心忡忡。老对头左宗棠到底还是坐上了两江总督的位子。随着左宗棠的到任，朝廷把正在加紧仿造西洋炮船的沪、宁两局也划归南洋大臣左宗棠管辖。

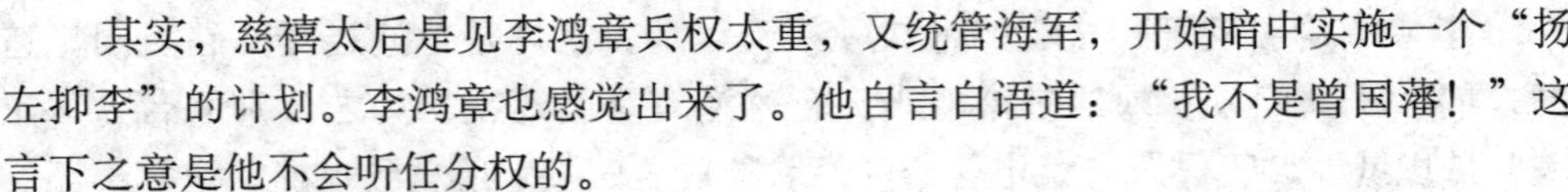

其实，慈禧太后是见李鸿章兵权太重，又统管海军，开始暗中实施一个“扬左抑李”的计划。李鸿章也感觉出来了。他自言自语道：“我不是曾国藩！”这言下之意是他不会听任分权的。

在沪、宁两局被划归了左宗棠以后，李鸿章争取到了对沪、宁两局的报销、督察之权。慈禧太后心想，给你李鸿章这点权力，且是会同左宗棠办理，该是没有劲撑了吧？但李鸿章自有他的权术。他虽人在天津，但沪、宁两局之中原淮军的亲信、旧部很多。他便通过这些人对沪、宁两局进行控制、指挥。

左宗棠也不示弱，委派自己的亲信潘露总理沪、宁两局，并派手下陈鸣志随同赴沪协办。左宗棠是要把沪、宁两局紧紧抓在自己手中，尽最大可能阻止淮系李鸿章的插手。

但潘露、陈鸣志虽是左宗棠派遣，却又不敢公开顶着李鸿章。李鸿章三天两头地调遣沪、宁两局的能工巧匠去天津局帮忙，一帮忙就回不来了。他还为潘露派来一位助手，让他总理两局事务。这个人名叫沈葆靖，与李鸿章有近三十年的交往。此人到了沪、宁两局，自然把左宗棠搁在一边，只听李鸿章的。经过一番“手术”，沪、宁、津三局实际上都控制在李鸿章手中了。三局设立了火药厂、枪子厂、炮弹厂、水雷厂和生产熟钢与钢材的炼钢厂。李鸿章不断下令改进工艺，淘汰了旧式前膛枪、后膛枪，生产先进的奥国漫利夏枪、德国新毛瑟枪等。大炮则生产开花子轻钢炮、来福子熟大炮、英新式大炮。

各种兵船生产也上了档次。北洋海军得到了最快速度的发展，成为一支朝气蓬勃的海上武装。有了大批战船，还须有海军基地，即屯泊船舰的港口、检修船舰的船坞以及相应的炮台。第一座船坞是在天津大沽建成的。接着，旅顺口、威海等地也兴建了船坞。以船坞为基础，逐步扩建成庞大的海军基地。

一天，李鸿章在一张纸上写了一些话，丁汝昌从他手中接过这张字条时，一时给弄糊涂了。李鸿章打了个手势，请丁汝昌坐下说话。李鸿章道：

“这些日子来，我详细地做了许多比较，看在哪里兴建我们的海军基地。我写的这张字条你拿去考虑一下吧！这些就是我要求的条件。建基地必须符合我提出的这些条件。因此，在北洋海滨一带，是找不到这样的地形了。胶州湾一带倒是条件很好，但地处山东以南，显得偏远了。大连呢，口门过于宽阔，难以布置。只有威海口、旅顺口两处比较适合。进可以战，退可以守，你去办吧！”

丁汝昌领命去了，按李鸿章的条件，一一对照，威海口和旅顺口两地果然符合要求。于是，船坞建起来了，水、陆两路炮台建起来了。各炮台互为犄角，被人们称作“东海屏藩”。

旅顺口和威海口两个北洋海军基地建成后，李鸿章亲往视察，见两地都坚固无比，叹道：“此乃渤海之锁钥，天津之门户。”丁汝昌请李鸿章为他的衙门留下墨宝，李鸿章抓笔写了两句话："水师为海防急务，人才为水师根本。"写毕，搁笔而去。在场的部将、幕僚们发出由衷的赞叹，会意地笑了。

那天，李鸿章还对前呼后拥的人们说道："我北洋海军有了舰船，有了基地，还必须拥有一流的人才。我再告诉大家一句话：'用人最是急务，储才尤为远图。'因此，各位必须一手抓器，一手抓人。我已令福建设立了船政学堂，管带、大副、二副、管理轮机炮位的兵勇，必须参加那里的培训，不合格就革职！"

这日，天津大沽炮台来报：由江宁制造局马格里督造的大炮发生大量自爆，整座炮台成为一座废墟了。李鸿章闻报，大骂出口，下令撤了马格里之职。

大沽炮台事件，成为大幅度辞退洋指挥、洋工匠的导火线。李鸿章早就想动这个手了。但由于船舰的构造、维修十分复杂，一时还要仰赖洋人，所以才迟迟没动手。天津制造局在崇厚主政期间，请的是英国人密妥士主管技术、生产。结果，所制造出来的军械、舰船都是依样葫芦，一成不变。外国的新军械、新舰船出来了，李鸿章又成了落伍者。于是，一个新思路在他头脑中形成：培养自己的能工巧匠，彻底把洋人撤下来！

请洋人容易，只要花钱就可以。要赶他们走，却没有那么容易了。洋人做梦都想控制李鸿章，控制已经发展起来的北洋海军。

为了此事，英、德两国政府出面了：要求清政府使用由他们推荐的海军顾问和教官。英国驻华公使威妥玛在李鸿章辞退英国技工后，立即致电本国政府，称李鸿章推行的军事改革，损害了英国政府的利益。英商赫德乘机向总理衙门呈递了一份《试办海防章程》，建议由他来总管中国的南北海防，添购快船、蚊船，分驻大连湾、南关两处，由南、北洋各派监司大员与他所选的洋将会同督操。总理衙门不知洋人包藏的险恶祸心，认为赫德的建议可行。奕䜣致函李鸿章征求意见。一向对奕䜣尊重有加的李鸿章见函，顿时怒火万丈，在自己的总督衙门里骂起娘来了。

奕䜣遭到李鸿章反对后，为赫德安排了一个职位：总税务司。赫德是想控制兵权，岂肯去什么税务司？他直接找李鸿章了，要求北洋海军全部聘用英国军官担任教官，并以中断军械、舰船供应相威胁。李鸿章一面拒绝赫德的无理要求，一面又开了个口子：同意在北洋海军聘任一位总教官，且由英、德两国轮换。赫德被迫同意了：第一任总教官是葛雷森，第二任、第四任是琅威理、第六任是马格禄。法国人百龄充当北洋海军第三任总教官，汉纳根为第五任。这几任洋教官的月薪高达七百多两白银。李鸿章咬咬牙：给！他要花钱买个安稳，不让他们插手指挥。

北洋海军开办得红红火火了。李鸿章信心百倍，想请慈禧、慈安两宫太后亲

临天津巡视，不料朝廷一道圣旨下来：慈禧太后已不能出宫，她得了血崩，已卧床不起。令各省督抚进献良医，为太后诊病！这日，正当李鸿章在为找名医发愁时，薛福成进了签押房。得知李中堂为何发愁之后，薛福成道：“中堂大人若能信得过，我兄现任山东泰武临道，名叫薛福辰，他可为西太后治病！”

“此话当真？”

“我还能以我兄弟两个人的脑袋开玩笑么？”

李鸿章大喜，立即把薛福辰推荐上去。这薛福辰虽久于官场做官，却很懂医道。他为慈禧太后诊了脉，发现慈禧患的病并非血崩，而是产后失调。

他心里想：慈禧太后怀孕分娩已隔二十年有余，如今哪里能谈得上产后失调呢？莫非是新近小产引起的。既是小产，他又是谁？薛福辰不敢再想了。如此宫中秘密，谁敢挑明了说？说出来就要掉脑袋。

薛福辰在宫中诊病期间听说，李中堂的大哥李瀚章因举荐名医进京，将慈禧太后诊断为过去产后失调，系旧病复发，都招惹了麻烦：被举荐的名医未出宫就被秘密处死，李瀚章也遭到谴责，要不是看在李鸿章的面子上，他的湖广总督一职定然保不住了。

薛福辰思考良久，拿定了主意：仍诊断为血崩，开的药方，则按产后失调办理。慈禧太后吃了两剂药，果然奏效。不出半月，面色红润了，精神转好了。慈禧还是那句话：“李鸿章就是会办事！”薛福辰也因此赏了三品顶戴，并赐给福字、荷包和扳指等物件。朝廷还传旨嘉奖了李鸿章。

慈禧久病初愈，见那成堆的奏折一律是密密麻麻的蝇头小楷，立刻头也昏了，眼也花了。她想再养半个月的身体，把这些杂事推给慈安太后去办，也好看看她到底会玩出什么花样。慈安无奈，日日视朝，大事不敢轻易做主，还得等日后与慈禧商议。她也明白，慈禧为她得病之前所发生的几件事心中有火，但却说不出来。

慈禧身体康复了，便又思念起那些男人来。但她又不敢不严加设防。慈安成了她最大的障碍，处处受着慈安的管束，慈禧心中岂能不恨这个“姐姐”？这一回小产之后，由于不敢正式找御医调治，引起产后大出血，险些送了性命，于是心中更恨慈安，必欲除之而后快。她想刁难一下慈安，好了身子也不视朝，以此让慈安明白：她在生气！以后少管我西边的事情！

慈安在料理朝政上，的确力不从心，便将荣寿固伦公主接到身边，命她代阅奏折，凡是循例请安、谢恩等日常回话，都批个“知道了”。但许多自己一人拿不定主意的，却不知如何下手了。她期望慈禧能早点结束调养，来养心殿视朝。

不久，传来慈禧太后与男戏子闭门寻欢的事情。慈安带人去抓，并要宣布先帝遗诏，废除名分，免她一死，可是慈安的主张无人响应。她心中苦闷，看前途

无望，便一心寻死，吃了慈禧妹妹送来的烧饼，一命呜呼了。可怜她多年来只作了慈禧太后的陪衬，还没等到对慈禧太后动手，却反被慈禧取了她一条性命。

慈安身亡的消息在宫中传开后，慈禧立即差李莲英去传军机大臣及皇帝的启蒙师傅翁同龢等人。此时军机中，文祥与沈桂芬已经病故，户部尚书景廉、户部左侍郎王文韶及左宗棠先后补入军机。他们听了慈禧的传谕，都觉得慈安太后死得蹊跷。尤其是奕䜣，虽不敢公开质疑，但心中已经有数。

大家进入钟粹宫，只见西暖阁御床上慈安太后的遗体已换衣小殓完毕，脸上罩着黄绫龙凤面幕。慈禧默默地坐在门边的椅子上，为慈安服丧。原来，她上午听说慈安太后带了一帮内侍们气势汹汹地到她的长春宫来过，便知留男戏子在自己宫中伴宿的事情已经败露。她索性一不做，二不休，匆匆令李莲英护送男戏子出宫后，利用醇亲王福晋差嬷嬷送来的四盒糕点，乘机下了毒。

慈禧此时是又喜又怕。喜的是眼中钉、肉中刺终于拔掉了，今后再也不受人管束，可以一手遮天了。怕的是宫中由此会纷纷猜测，怀疑她下了毒手。毕竟做贼是心虚的。奕䜣仅无意中看了她一眼，就把她吓得面如土色，慌忙低下头去。

慈禧紧张了好一会，便大声哭了起来。新任军机大臣左宗棠信以为真，磕头安慰道："太后一定要节哀。不知大行皇后得了什么病，应该着御医进宫诊视，也好查明原因，对天下人有一个交代。"

左宗棠这话把慈禧又吓了一跳，她心想：好呀，好呀，我如今"扬左抑李"，你却说话如此犯忌。她便冷冷地斥道："人都不在了，还查什么？查出来病根，你能治么？！"

奕䜣听了，慌忙磕头道："太后说得对，不必使御医进宫了，还是张罗着办丧事要紧。"

慈禧满意地点点头，示意从简办慈安的丧事，并不允许与咸丰皇帝合葬，要在别处另行安葬。两宫太后并存的局面由此告终，慈禧一个人独断专行的时代来临了。

李鸿章获悉这个结局之际，尽管也惊出了一身冷汗，但他很快镇静下来。他试着想把自己所从事的事业与宫中的明争暗斗、是是非非隔开来，不再去想它，而只管干好自己的事情就行了。尤其在得知左宗棠进入军机之后，他是以一种失望的心态来看待朝廷，看待宫中这些骇人事件的。只不过，他与曾国藩的不同点在这里又得以体现：他不会躺倒不干。他甚至想干得更好，以此作为抗争的表示。然而，他却忽视了一个显而易见的常识：他的命运已拴在了慈禧太后那条破烂不堪的旧船上，他能挣脱了么？

慈禧太后已经不可能来检阅他的海军了。也罢！他邀请了英、法、美、俄、日等国人士及他的部下们、同僚们来进行了一次最隆重的检阅。他以胜利者的姿

态，把他数年来的心血摆在人们的面前，让大家欣赏：他的舰队，他的海军基地，他的学校，他的要塞和船坞，他的海军将士和枪炮。阅兵式上，礼炮齐鸣，彩旗招展，仿佛在向他的过去和未来致敬。这是李鸿章事业的极盛时期，到处都是全新的色彩。

李鸿章满怀信心地亲赴大沽、旅顺、威海卫检阅了他的北洋海军。坐在“定远”号军舰上，他下达了起航命令。三十五艘军舰列队出发，劈波斩浪，扯开了中国有史以来最雄壮的一次海上的呐喊。

他眯起眼睛，在这不平静的蓝色的海洋上，回想着已经闯过来的历程：同治元年在上海创办了上海洋炮局；次年又在苏州设立大炮局，日产一千五百发炮弹，使之成为当时中国最先进的军火工厂；同治四年，他一手创办的江南制造总局以生产步枪、火炮、弹药、战船而闻名天下；同治十一年，中国最大的轮船航运公司正式挂牌了，如今，北洋海军的诞生更为他的不懈追求挥写了最精彩的一笔。他怎能不陶醉呢？

提督丁汝昌和洋教官琅威理分站在李鸿章两旁，犹如“人”字形排开的舰队阵容。身后是“致远”“靖远”“广甲”“超勇”等巡洋舰，再往后看不清了，但李鸿章依稀辨得各舰上随海风飘扬的黄龙旗，几百门巨炮已卸去炮衣，昂首挺立。各舰上浓烟滚滚，弥散在波涛汹涌的黄海上空，好像在向世界宣示：“中国有了自己的海军了！列强们，大清不容侵犯！”

今天的李鸿章头戴双眼孔雀花翎、镂金花金座珊瑚顶红缨凉帽，身穿超一品四爪正蟒补服，满面春风。慈禧太后未能亲临检阅，却派来了她的总管太监李莲英随船参观。其实，他来是另有重任：要从李鸿章手中把海军经费，用变魔术的手法挪用到为慈禧修建颐和园的工程上。

李鸿章抚摸着颌下已经花白的胡须，仍沉浸在一种难以抑制的兴奋之中。李莲英抓住机会，凑到李鸿章耳边道：“李中堂，您的海军已十分强大了，大清国今非昔比了，现在开始该歇一歇了。省出一点银子，老佛爷修颐和园正急等着哩。”

李鸿章正在兴头上，连连点头道：“说得好，可以歇一歇了。你回去叫老佛爷放心。”他当然记得，慈禧太后在这之前已几次召见他，暗示要他不要再买船、造船了，从每年四百万两的军费中抽出二百万两供她修园子，直至建成颐和园为止。李鸿章自知这事违拗不过去，又拖了两年，答应自明年起，一定兑现。

检阅完回到天津后，李鸿章亲自给已出任两江总督的曾国荃写信，告诉他：慈禧太后多次催促，自己已经答应下来，恭亲王既已被罢去了一切差使，礼亲王世铎继任领班军机大臣，他是只顾讨好太后而不管海军死活的人。因此无人再出面阻拦动用海军经费了。不如顺从太后，免遭申斥……

此时李鸿章的威望已达到了顶峰，曾国荃也不敢违抗。

黄海阅兵以后，李鸿章的海军因军费大部分被挪用，再也无力添置新船了。有了这支海军，大清安稳了好几年。海军的发展停下来了，颐和园却很快修建起来了。慈禧太后也还算知道好歹，感念李鸿章为她的颐和园工程出了大力，赏给了他三眼花翎。这项殊荣，使他成为清朝两百多年间汉大臣中的第一人。

李鸿章的目标有很多。海军暂停发展了，他由"求强"转向了"求富"。考察古今国势，他终于悟出了"必先富而后能强"的道理。自从开办轮船招商局以后，他就把目光盯在了以"求富"为目的的民用经济项目上来了。

一天，内阁学士宋晋递上了一道奏折，说李鸿章又是造船，又是办矿，靡费太多，应下旨制止。慈禧太后岂知其中的真伪？便谕令李鸿章三思而后行。

李鸿章听了，一扬脸，骂道："迂腐之见，该回家带孙子去了！"他上奏朝廷：公司必须办，煤矿必须开，轮船必须造，铁路必须修！他以办煤矿为例：闽、沪、宁各厂日需外煤极多，一旦中外关系紧张，列强对中国采取禁运措施，各铁厂及所有的轮船都将"废工坐困"、寸步难行。中国煤铁矿藏十分丰富，外商早已垂涎三尺。我们利源自开，才可富国强兵。

宋晋这一状没有告赢，李鸿章的轮船公司和炼钢、采矿工程却轰轰烈烈地上马了。到光绪三年，轮船公司已拥有各类轮船三十三艘，总吨位达到二万四千五百八十四吨。沿海和内河之上，都有他的客、货轮在经营，每年的水脚收入在二百万两左右。这笔收入，成了李鸿章最大的财源。

后来，受聘于李鸿章幕下主办轮船公司的唐廷枢从开平考察回来，收获颇丰。李鸿章设下大宴为其接风。

席间，李鸿章对唐廷枢拍板："由你着手组建开平矿务局，天津道丁寿昌和海关道黎兆堂协办，马上就干！贼娘养的，我就不信洋人能挖出来煤、铁，我们挖不出来！"不久，中国自己的第一船煤炭送进了紫禁城，开矿当年，就日产两千吨煤炭。

上海机器织布局是李鸿章在中国创办的第一个棉纺织工厂。建议是由黎兆堂提出的。李鸿章马上批准，派幕僚魏纶先走马上任。但魏纶赴上海后，由于筹股无着，只好作罢。李鸿章果断易人，改派四川候补道彭汝琮为总办，太古洋行买办、候补郎中郑观应会办，于光绪十五年试产成功。此后因大火焚毁工厂，损失了总价值七十余万两的机器和布匹。之后，李鸿章命盛宣怀招集商股一百万两，在原织布局旧址上新设华盛纺织总厂，另在上海、宁波、镇江等处开设了十个分厂。这些工厂先后都开车生产了。大量精纺细布一下改变了清朝朝廷官员的穿戴形象。

漠河金矿，是李鸿章奉旨创办的一个官督商办企业。这漠河地处东北边境，北隔黑龙江同沙俄毗邻。在那里，李鸿章着眼于开矿与边防，一举两得，便跟黑

龙江将军恭镗联手，派员前往勘察。勘察结果令李鸿章欣喜，立即奏请由道员李金镛总办漠河金矿。李鸿章筹集经费十五万两使之破土动工，很快正式开采。次年，李金镛在金矿生病，李鸿章指定该矿提调袁大化代理局务，又注入资金，使黄金年产量达两万八千多万两。同时，派遣驻军到位，使漠河成了中国东北的边陲重镇。

中国的电报业和铁路，也是由李鸿章最先倡办的。他看到洋人在上海架设电线，瞬间就能与国内互通信息，便萌动先在自己的地盘上试用电报的想法。他下令在大沽北塘海口炮台与天津之间架设电线，试办电报，很快获得成功。不久，他与淮军各路人马、北洋海军舰队的联系，就由原六百里加急传递文书改为电报通讯了。慈禧太后岂知电报为何物？她便召见李鸿章询问。李鸿章解说其中奥秘之后，慈禧来了精神，大加赞赏。

第一条天津经镇江至上海的电报线路建成了，天津电报总局首先挂牌，盛宣怀总办，郑观应襄理局务。接着，贯穿苏、浙、闽、粤四省的电报线路建设完毕，上海电报总局也办起来了。这项任务仍由盛宣怀担当，郑观应、谢家福、经元善会办，先后又招商集股架设了津京线、长江线、桂滇线、陕甘线。自光绪六年始，逐步使线路布满各省，瞬息万里，官商称便。

李鸿章是开创事业的先锋、主导。然而倡导修建铁路却使他历尽坎坷，被折腾得筋疲力尽。一八七五年，即光绪元年，他乘赴京叩谒同治梓宫之机，求见了六王爷，打算先修建清江至京城的铁路。结果被泼了一盆冷水。他暗自叹道："从此再也不提修铁路的事了！"

可是，光绪二年丁日昌受命当了福建巡抚，李鸿章又不死心了。他认为有了机会，便令丁日昌上疏建议：在台湾修建铁路，以此防外安内。他自己也奏明朝廷，坚持要搞一条铁路出来。朝廷被迫同意了，要李鸿章"审度地势，妥速筹策"。

在台湾修铁路，朝廷的批准只是一纸空文。钱从何来？李鸿章令丁日昌在福建自筹，丁日昌苦笑一声，只有把此事暂搁一边。李鸿章并没有停止计划，他仍想把江浦至北京之间的铁路修起来。他上疏慈禧，大讲修铁路会给漕务、赈务、商务、矿务、重捐、旅行及军务等等带来的好处，认为唯有把铁路修起来了，才能沟通南北，搞活军、政。

内阁学士张家骧得知李鸿章又要重新提起修铁路一事，也给朝廷递了一道奏折，指出三点弊端：恐洋人深入内地，借端生事；恐民众不赞成，徒滋纷扰；恐花钱太多，半途而废。

朝廷由此犹豫起来。同时，李鸿章将刘铭传从北京传到天津，要他做好准备，总办修建铁路一事。不过，朝廷最终还是下旨否决了此事。

【第十一回】

守国疆寸土不让，护海防一身是胆

李鸿章是极有韧性的人。他看准了的事情便非办不可。他偏要我行我素，先把铁路修起来再说。以造成事实迫使朝廷就范。他命唐廷枢在开平煤矿修筑唐山至胥各庄的铁路，以便运煤。这段铁路很快建成了。李鸿章这才奏明朝廷，把铁路说成“马路”。朝廷事后知道这就是铁路，又听说果然利大于弊，便借汤下面，顺水推舟，着李鸿章等以海军衙门的名义办理此事。

李鸿章以开平煤矿铁路为基础，成立了开平铁路公司。阎庄与大沽之间的铁路接着动工，然后又修进了天津城，再连接通州，组建津沽铁路公司。然而，就在李鸿章要把铁路修进通州，直达北京时，他遭到翁同龢、孙家鼐、恩承、徐桐、屠仁守等数十名京官的强烈反对。这些人或找奕䜣，或上疏慈禧，说李鸿章此举后果不堪设想。李鸿章铁了心坚决顶住，据理力争，指名道姓大骂这些京官狗屁不通，批驳得痛快淋漓，泼辣透辟。

清廷在看了李鸿章的奏折后，做出决断，肯定修建铁路为“自强要策”，但却搁置了津通铁路的修建。慈禧也担心，把铁路修进通州了，洋人会利用铁路涌向北京。李鸿章无可奈何，只有苦笑而已。

时值沙俄加紧修建东方铁路。消息传来，李鸿章立即上奏朝廷。从国防上考虑，朝廷旨准李鸿章督办，修筑关东铁路与之抗衡。这条铁路由林西直通沈阳、吉林。另由沈阳造一条支线至牛庄、营口。修建这么多铁路，李鸿章依靠的是垫借官款和招商集股。但工程太大，靠官款和招商已不能解决问题。于是，他首次把借用外债提上了议程。这条建议是淮军将领刘铭传提出的，李鸿章听后立即上疏朝廷。朝廷对此给予支持，遂先后八次从怡和洋行、华泰银行、德华银行、汇丰银行借款。由于大多数银行以金镑计算利息，银价猛跌，汇率剧变，不可避免地遭到了外国资本的高利盘剥，甚至使各业主权受到侵蚀。

在李鸿章已经把洋务运动推进到“富强相因”阶段的同时，由于扩展海军的

银子被慈禧太后挪用，海军发展暂停，他便投入了较多的精力倡导改革科举和兴学育才。在李鸿章身边，薛福成就是一个典型。他怎么也忘不了，收复金陵以后那场由自己监临的江南乡试，薛福成以一个落榜少年的身份写成了“两江治理八条”。薛福成虽然科场失意，但才学超人。这些年来，在自己的幕府办理洋务，兴学育才，立下了汗马功劳，远比翰林院中一些老夫子强得多。

自创办淮军开始，李鸿章就主张用人选才不拘一格。

李鸿章进而提出了“变科目”与“易官制”相结合的“变法”口号。当时，是八股取士制度支撑着腐朽的官僚体制，跻身显贵、不谙世事、醉心利禄之徒，大都出身科甲正途。因而，李鸿章向朝廷提出：“学兼汉宋，道贯中西。”

光绪四年，贵州候补道罗应旒上疏建议在不改变现行科举制度的前提下，另辟途径，造就精通实学和西学的人才。主张“改京师太学及直省书院为经世书院，令举贡、生员有心经世之学者以充学生”“学有成者，由掌院与督抚视其才之大小保奏录用”。朝廷令李鸿章等人“妥议具奏”，李鸿章明确给予了支持，而其他人都坚决反对。李鸿章不仅上疏支持，还在直隶试行。他还在众大员反对潘衍桐、谭宗浚提出的“开艺科、课西学”的情况下，顶住各方面压力，在直隶另开洋务进取一格，设立洋学局。

他继而效法西方设立了威海水师学堂、旅顺鱼雷学堂、天津电报学堂、天津西医学堂等。这些学生毕业后，他又上奏朝廷，为学堂人员力争“由科甲进身”，视同科举，定以登进之阶。这个突破性、开创性之举，在全国引起强烈震动，使千百年来的科举制受到最严重的冲击。中国历史上首次实行西学与原中学同考、同等看待、同等录用。八股取士的藩篱被李鸿章冲开了一个缺口。

选派学子出洋留学一事业已正常展开。到光绪元年，就已经有一百二十名幼童分批横渡大洋到美国潜心攻读学问去了。曾国藩撒手人寰，李鸿章独立支撑，按年度拨付的银两由他一手筹措，准时送到学子们手中。他还在美国哈德福特城购地盖楼，建成了留学事务所。然而厄运却悄悄向这些“终日饱吸自由空气”的留美学生们袭来：官僚士大夫们不干了，他们认为这是“古来未有之事”，带头发难的是老翰林陈兰彬。光绪元年，朝廷命陈兰彬、容闳出任驻美正副公使，派区谔良、容增祥、吴子登为留学生监督。吴、区二人与陈兰彬串通一气，大骂容闳纵容学生，任其放荡。陈兰彬据此要求朝廷撤掉李鸿章开办的留学事务所，撤回留美学生。奕䜣也听信谗言，给予支持。

李鸿章顶住压力，设法挽救濒临绝境的留学事业。他连续写信鼓励容闳，饬令吴子登，指示陈兰彬会同容闳“设法整顿，以一事权，庶他日该童等学成回华，尚有可以驱遣之处，无负出洋学习初意也”。但陈兰彬、吴子登却我行我素，拒不执行李鸿章的命令。他们撇开李鸿章直接奏请朝廷，得到批准。不久，除中途辍学和在美病故的学子外，剩下九十四名留美学子分三批，凄然回国了。

当容闳带着遗憾面见李鸿章时，李鸿章怒火万丈，拍案而起：“你有负本部堂的重托，为何把这些学子都弄回国，使我的计划半途而废？！”

容闳莫名其妙，答道：“此乃由公使陈兰彬奉上谕而行，鄙人是坚决反对的。再说，我人在美国，与中堂您相隔万里。朝廷下的旨意，我还以为是您赞成的。我身为副职，哪有能力挽回此事？若一意孤行，违旨抗谕，不是掉脑袋的事么？”

李鸿章仍然怒形于色，道：“龟孙儿的！为什么这么长时间不向我禀报？纵使你身居四万五千里之外，写封信总是可以的吧？若是你及时把事情报告了本部堂，就不会有今天全体回国的结局！”

容闳这才后悔：自己没有把在国外的这场争斗及时报告给李鸿章，悔之晚矣！

已开展多年的选派留学士子一事由此告终，李鸿章心中闷闷不乐。他令容闳将这些归国的学子召集起来，择优在他的洋务企业、北洋海军和直隶衙门里任用。他将这些人派遣到几家造船厂、兵工厂和轮船公司里。这些企业收效不错，但因为借了洋债经营，大油水都被洋行捞去了。

他又想起了多年前同洋人打交道的情景。那个英国海军上校谢立德·阿思本，一个头发都快要落光的英国人，却成了李鸿章的冤家。这个英国人初次见到李鸿章时，没有想到李鸿章是一个十分不听话的中国官员。

李鸿章回想着那个人，那些事，又联系到眼下忍受着洋人高利贷的盘剥，时笑时怒，不觉累了……

“洋人啊，洋人！”李鸿章叹道。他真的被这帮贪得无厌、亡中国之心不死的洋人们搅得心神不宁。

这年秋天，天津正值秋高气爽，景色迷人之际，“洋人”真的来了。日本人伊达宗城与李鸿章对坐。李鸿章对付洋人已是轻车熟路，一开始就闭目养神，做起了“痞子”状。

伊达宗城憋了一会儿，急了，道：“李中堂大人！”他干咳了一声，清了清嗓子，“贵国已同意与我们会谈。我们要求通商，与贵国建立一个友好合作条约，还有劳中堂大人呀！”

李鸿章抬起了头，问道：“你们就来了两个人？”他用手指着坐在他旁边的外务大丞柳原前光问。

伊达宗城答道：“是的，这不是很好么？”

“就来两个人与我大清国谈判，是不是太无礼了？”李鸿章拉长了脸道。

“李中堂大人，你们大清国幅员辽阔，人口众多，是大大的；而我们日本地盘小，人口少，是小小的。我俩到这里来，就如同小孩子找大人，由于小，人是

不应该很多的。”

这个比方打得尽管有些蹩脚，但李鸿章还是高兴了，被逗笑了：

“哈哈，你们是小小的！”李鸿章伸出大拇指，表示自己；又捏住小指头对着他们，发出了轻蔑的笑声。可是，他却没有注意到，伊达宗城的眼里暗藏了一种仇恨的目光。

李鸿章以主人的口气又问：“你们此来有什么要求么？”

“我们拟定了一个草案。”说着，他示意柳原前光递上草案，道：“请中堂大人过目。”

李鸿章接过草案，并未细看，而是把这个草案甩给了坐在后面的天津海关道陈钦，让他细细看下去。

伊达宗城道：“贵国与西方各国所订的条约，我国政府已研究过了。我方希望贵国能按照以前签约的惯例，允许我国在中国内地通商和享受与西方国家相同的最惠国待遇。”

李鸿章一惊，道：“什么？你们没有搞错吧？我们与英、法、俄已签的那些条约，是鉴于当时的特殊情况，本是一种不平等的条约。而日本距中国太近，通商也不能有来无往。中日立约断不能与西方国家尽同！”

“那么，依照李中堂的意思，你们在通商问题上是要搞两个政策了？我国政府认为，贵国既然与西方有了成例，就应该允许我国利益均沾。对日本只可画一，不可另搞一套。”伊达宗城说。“啪！”李鸿章手一挥，把他的水烟壶碰落到地上了，这一声响把日本代表吓了一跳。李鸿章道：“对不起，与西方各国等同划一，我国政府是不能答应的。否则，日后恐难免再有一场鸦片战争！”

后来，李鸿章声色俱厉，抓住对方的无理要求一一批驳，最终迫使日本放弃写入最惠国条款；规定双边享有领事裁判权；互相承认协定关税；两国商民准许在对方指定的通商口岸贸易……

决定签字的前一天，双方又坐到了一起。日方递上已修改好的条约草案，请李鸿章过目。李鸿章一看就心中起火，已经讲好了不准写的条款又写上去了：“日本国可运货物到中国内地，也可到内地购买货物……”李鸿章抓起笔，在这一条款的两个“可”字之前分别加了一个“不”字，然后递还给伊达宗城。这便又触到了日本代表的痛处。伊达宗城把头儿直摇，道：“李中堂大人这两个‘不’字一加，就等于取消了这一条款，其实是不应该废除的。”

李鸿章道：“我这两个‘不’字，是万万少不得的。我也承认，加上了它，比取消还厉害呀！”

中日《修好条约》和《通商条约》签订了。这个条规和章程同以前清政府与西方列强历次签订的条约相比，是开天辟地的。这两个条约中的所有条款都比较合理，反映了清政府同日本修好的真诚愿望和中日双方平等互利的地位。

条约的副本上呈朝廷后，那些原准备说三道四的老官僚们无话可说了。因为他们还从未见过这样合理、公平的条约。慈禧太后倒是很谨慎地告诉李鸿章：与小日本通商，切不可小觑他们，应当处处留心防备。

李鸿章对慈禧的提醒很高兴。慈禧太后显然是把自己当成了“自己人”。

李鸿章成功了，这也是他有生以来代表大清国与他国签订的第一个条约。条约副本传到日本之后，日本不满意了，他们本意是要通过签约多占一些便宜。可是李鸿章的水烟壶实在掉得是个时候，一下子把伊达宗城吓回了东瀛。

伊达宗城回国不久，只好以刀剖腹，谢天皇而死。

消息传来，李鸿章大惊。他这才对日本精神有了认识。他暗想：日本这“刀”的精神，武士的精神，恐怕会使这个民族成为不可小觑的民族的。

伊达宗城血迹未干，日本的外务卿副岛种臣又接过了天皇的武士刀，奔赴天津来了。他此来要找的，自然还是李鸿章。

日本要求修约——尽管已经正式签字。他们要求取消两国遇事调处条款和清政府在日本口岸对本国商民的领事裁判权，还要求进入中国内地，进行他们的“自由贸易”。

李鸿章由此对日本人的印象坏透了：自己签过字，现在又想推翻重来，没门!

谈判桌上，李鸿章决意“坚守前议，不稍松动”，对日本方面的修约要求一概拒绝。可是，李鸿章却不知，副岛种臣这边在与李鸿章谈判，另一边已打通了朝廷的关节。慈禧派出一位王爷，直接插手谈判。主意是朝廷拿，字却要李鸿章签。令李鸿章更为吃惊的是，日本不仅要求中国答应前一次提出的全部条件，而且提出了对台湾的领土要求。

李鸿章惊呆了，已经看出日本政府对慈禧、对各位军机做了手脚。他们撇开他李鸿章，把中国的朝廷收买了。但他仍然据理力争，坚决不答应所谓的把台湾改成他们日本冲绳县的要求。

替罪羊！李鸿章在心里叫苦：自己要当一只替罪羊了！

羊会叫的。但谈判到最后，朝廷把他会“叫”的权力都剥夺了。他只能在谈判桌上表现出一副势不认输的样子。想着他那枚鲜红的直隶总督大印要盖在那个他坚决反对的条约上，李鸿章十分痛苦。

自这个条约修改以后，在中国各城市、口岸的市场上，除去英、法、美、德、俄等国的商人，又多了一些身材矮小的日本人。日本人个头小，鬼点子多，比西方列强对中国百姓的盘剥更为厉害。因此，日本人进入中国内地，立即在全国范围内形成抗议浪潮。

挨骂的，自然就是李鸿章。更让李鸿章有苦难言的是慈禧太后在全国抗议

与日本通商之后，一看不妙，装出了一副与己无关的样子。她立即召见李鸿章、左宗棠、马建忠等近百位文武要员，开口就道："如今外国人来我国的越来越多了，听说日本人也进来了。诸位对此有什么想法呀？"

养心殿顿时乱了套，嘈杂声四起。左宗棠第一个发表看法，道："外国列强侵我大清，本不该只顾和解。和来和去，人家用枪炮来抢我们的少了一些，但在谈判桌上，并不见我们的损失比以前少。甚至有过之而无不及。臣担心有些重臣把屁股坐歪了，歪到日本人那边去了！"

马建忠也忍不住了，他不像左宗棠这样影射李鸿章，而是直接点名道姓，道："李中堂与日本人修约，依全国民众看，是彻底的卖国行为。小日本可以收买李鸿章，李鸿章却不可以在出卖了自己以后，把全国同胞也出卖了呀！"

李鸿章听了，气得牙根都疼，扭头向马建忠和左宗棠瞪了一眼，眼睛里流露出两道凶光。他估计慈禧太后会替他洗冤，声明此事系他奉命行事。因此，他强忍着怒火，保持冷静，一言不发。一些人把李鸿章骂够了，慈禧太后这才说话："李鸿章呀，我早就提醒过你，日本人滑头而又野性十足，尽量少与之打交道。你却偏偏做了主张，惹得万民不得安生，积怨四起。办洋务，搞通商是对的，但须慎之又慎。好了，这回也不追究你失职之处了。回天津后，继续用心治理军、政要务，求富求强，不要让日本人惹出什么乱子来。跪安吧！"

李鸿章知道替罪羊是当定了，慈禧此次召见群臣，为自己洗脱了干系，却对李鸿章倒打一耙了。

众大臣很纳闷：李鸿章既是如此失职，慈禧太后为何免于追究了呢？

奕䜣心中有数，知道李鸿章委屈得想哭，便有意在府中设宴，给予安慰。

李鸿章叹气，只有叹气，一句话说不出来。他能马上站出来，把慈禧太后及军机们得罪了么？惹火了他们，不仅自己性命不保，还会株连九族的。

日本人取得了在中国内地通商的权利之后，更不把这大清朝廷放在眼里了，渐渐肆无忌惮起来。他们在大清的地盘上，以做生意为幌子，一再进行不法活动。李鸿章心中有气，采取了睁一只眼闭一只眼的方式。一次，有个日本人因为做赔了生意，大为恼火，竟然开枪打死了一名商人。这个商人原来也是日本人，因在中国久了，已加入了中国国籍。因此，日本商人就等于打死了中国人。此事发生以后，引起了很大的纠纷。李鸿章闻之，便下令把日本商人抓起来送到日本领事馆去了。这桩人命案就这样了结了。不久，人们发现那个被抓的日本商人，又出现在天津的交易场所上了。

后来，日本公然设立"台湾事务局"了，还任命了陆军中将西乡从道为"台湾事务都督"，派三千六百兵勇，乘坐三艘军舰和五条轮船到台湾驻扎。

要说这点儿兵力，搞一次演习还差不多，真正打起来，根本不是李鸿章北洋海军的对手。

很快，刘铭传来报："李中堂，日军在台湾登陆！"

"打！"李鸿章脱口而出，真正是自作主张，一下子从福建调动五千名水兵，又令刘铭传率六千五百人乘军舰赶赴台湾。

北洋水师组建后赴前线打仗，这还是第一次。将士们摩拳擦掌，决心打日本兵一个人仰马翻。

却不料，刘铭传率兵到达台湾之后，这一仗没有打起来。原来，朝廷一道圣旨直送刘铭传，廷寄李鸿章："不可轻动，争取求和！"

果然，朝廷直接通知柳原前光到天津来了。他要找的，仍然是李鸿章。他这已是三登总督府了，李鸿章对这个秃脑袋的新任日本公使记得清清楚楚。

柳原前光这会儿就坐在李鸿章的对面。李鸿章有意把身子朝后面仰一仰，不拿正眼瞧这个柳原前光。烟点着了，还是那只水烟壶。李鸿章悠悠地吐出一口烟雾，直喷对手，呛得这个日本公使"咳、咳"地咳嗽。

柳原前光干坐着，等李鸿章把烟抽完才开腔："李中堂！"

李鸿章并不理睬，又要了一碗漱口水，鼓漱了一口，然后将水直喷在柳原前光的脚前。他正愁着一肚子火气找不到地方发呢！正好柳原前光来了。李鸿章仍没有开口讲话的意思，又要了一袋烟点着了。

儿子李经方早就告诉过日本人："我父亲抽烟时，不喜欢别人讲话！"其实李鸿章哪有这个规矩？只不过故意捉弄一下日本人罢了。

柳原前光见李鸿章又一袋烟抽完了，怕他再点，赶紧切入正题："李中堂大人！我大日本帝国出兵台湾，是为了保一方安定。因已经与贵国修好，不想把事情闹大。此次受贵国朝廷之邀，特来向李中堂讨一个公道。"

"公道？"李鸿章将铜质水烟壶重重地往桌上一砸，道："少跟老子屁磨！你们出尔反尔，得寸进尺，又来讨公道。龟孙儿的，怎么个讨法？"他与洋人谈话，最喜欢用合肥土语，翻译不翻就是了。

"中堂大人，我们要一些出兵费。贵国答应了，我们马上撤兵。"

"呀呀呸！"李鸿章气得要死，道："台湾系我大清领土，我又没有请你们去。你们擅自闯入台湾，分明是侵犯。老子没有叫你赔款就算客气了，反而要老子掏钱，亏你说得出口！"

"只恐怕您不赔款，我国政府是不会撤兵的。而且还会增兵开往贵国相关口岸的！"

"告诉你，老子要钱没有，要打仗，我李鸿章等着！送客！"李鸿章说完自己起身走了。

谈判就这样破裂了，朝廷十分恼火，另派军机与日本代表在北京签订了《北

京专条》，同意“捐赠”白银五十万两给日本政府。并写明：中国承认日本出兵台湾属于“保民义举”。清廷哪里知道，日本兵到台湾后是提心吊胆，弹尽粮绝，在签订《北京专条》之前，就被迫退离台湾了。留在台湾的只是几十面飘动在山头之间的太阳旗而已。

李鸿章拒签《北京专条》一时间成了黎民百姓称颂的话题。天津街头一些民间艺人很快把李鸿章与柳原前光的谈判过程编成故事，在大街小巷说唱，讲得神乎其神。

李鸿章听报，亲自走上街头听唱，心头暖呼呼的。《北京专条》签订后，李鸿章获悉，立刻上奏朝廷，控诉这种行为。

李鸿章这一次是豁出去了，一份奏折写得措辞异常激烈，令许多文武大臣都由衷钦佩起来。但，签订后的《北京专条》已无法挽回了。

一天，福建船政学堂有十三名学士联名给李鸿章写来一封信，他们要毕业了。他们在信中说：“浩森大国，何处是我家？”他们请求到李鸿章的北洋水师里效力。信上还写道：“四载韶华，千秋大志，何以成人？李中堂大人英才冠华宇，可知我等心切？我等忧急？空有一腔血，化作长河灯……”

来信的最后署名是：刘步蟾、林泰曾、蒋超英、方伯谦、严宗光、何心川、林永升、叶祖硅、萨镇冰、黄建勋、江懋祉、邱宝仁、邓世昌。

李鸿章激动得流泪了，他觉得这封信的分量很重，重得让他喘不过气来。北洋海军能有这些热血男儿，何愁不盛？压力、希望，交织在李鸿章的心头。

日月如梭，寒尽暑来，时光交替。

晚期的大清帝国如同一条被风浪颠荡着的破船，乘载着世界上最多的子民，慢慢地、艰难地向前航行着。

光绪六年时，李家老太太病故，令李鸿章痛不欲生。然而，由于军务繁忙，他拖延了归期。当他急匆匆赶回合肥时，老母的遗骸已经下土，与父亲葬在一处。他只为老母磕了几天响头，烧了几天纸钱就急忙往衙门赶了。他离开期间，直隶总督暂由老部下张树声署理。而就在这时，他期待的“二十年内或不至生事”的迷梦被法国打向越南的炮火粉碎了。

由于越南与中国存在着宗主和藩属关系，清朝皇帝要越南国王接受“册封”，并定期派人到京“朝贡”，因此中国对越南就负有了保护责任。法国打越南，就等于打中国。李鸿章从合肥刚一回到天津，就身不由已地被卷进了中法纷争的漩涡。

一八八二年四月，法军攻陷越南河内，日趋严峻的形势促使清朝朝廷不得不采取备战措施。到五月底，滇粤陆军出防域外，广东兵轮、福建兵轮也驶往中国南疆海域了。

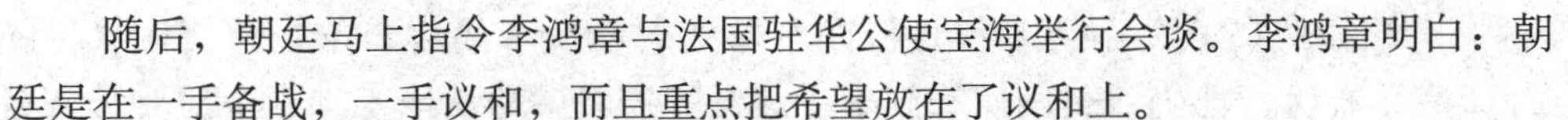

随后，朝廷马上指令李鸿章与法国驻华公使宝海举行会谈。李鸿章明白：朝廷是在一手备战，一手议和，而且重点把希望放在了议和上。

李鸿章的总督衙门成了大清外交的主战场，不容他推辞。更何况他也赞成朝廷的两手准备。宝海于十一月二十四日抵达李鸿章的衙门，谈判开始。谈判中，宝海以中国军队先从越南撤军为谈判先决条件，李鸿章则坚持法国必须声明：它对越南毫无侵占土地之意。

几天后，李、宝协议初步形成，朝廷也表示满意。但到了一八八三年一月，法国内阁变动。被公认为“狂热的殖民主义者”的茹费理出任法国内阁总理，他一贯藐视中国而且主张对华采取强硬措施。

宝海因对李鸿章作出让步而被撤职，法国单方面宣布李、宝会谈作废。李鸿章十分恼怒，表示要以武力一决雌雄。朝廷也受到李鸿章果断态度的影响，旨命李鸿章前往广东督办越南事务，节制广东、广西、云南军务，统一指挥。朝廷实在是找不到合适的人选了，认为唯有李鸿章才有威望担此重任。

李鸿章心想：我已是六十岁的人了，只能坐镇衙门，帮朝廷出出主意，哪还能像年轻时一样，被随意差遣呢？因此他拒赴前敌，仅同意到上海指挥督战。清廷无奈，只好照允。

李鸿章六月六日到上海，八日就上奏朝廷，要求朝廷对法国采取强硬手段——“只要海陆军配合，扬长避短，并非不可与法国决一胜负。只要坚持持久战，法国必将知难而退……”

清朝朝廷在李鸿章调兵遣将之际，又下来一道圣旨，令李鸿章速回天津原任，再以外交手段与法国求和。

李鸿章奉旨回到天津才知：直隶已经离不开他李鸿章了。他离开才二十六天，衙门事务已乱成了一堆麻。他一手料理衙门事务，一手与法国代表胜利古在天津谈判。谈判尚未正式拉开帷幕，越南方面传来消息：他们已被迫同法国签订了《顺化条约》，使越南完全沦为法国殖民地了。中国对越南的宗主关系已不复存在。

李鸿章仍想以自己的能力夺回部分损失，便提出以河内为界，越南北部归中国，河内以南归法国，即大致以北纬二十一度分界。法国已吃上嘴的肥肉岂肯吐出？李鸿章无奈了。

到这年十二月中旬，以法军大举进攻驻越南的山西清军为标志，中法战争正式爆发。战争中，中国军队连连失利，无力再战，朝廷只好令李鸿章答应法国要求，于次年五月十一日签订了《中法会议简明条款》，亦称《李福协定》。主要内容是：中国承认法越已订立的条约；同意在中越边境开埠通商；中国军队撤回边境；法国保证不再向中国索取赔款。

条约如此屈辱，李鸿章数月谈判争取到的就只有最后一条。即便他绞尽脑汁，费尽心机，他仍然又一次遭到了主战派孔宪瑴、邓承修等二十余位要员联名上奏的指责。接着又有御史四十七人会同翰林院弹劾李鸿章。

替罪羊！李鸿章再次成为替罪羊时，想弹劾他更不会那么容易。慈禧心中有数：那些不怪李鸿章，他已尽力了！那么怪谁？最后谁也不怪。要怪，只能怪洋人太强大！

大清朝内外交困，紫禁城里的各种大典却一个接一个办个不停。慈禧太后五旬大寿的庆典刚刚办过不久，到一八八九年，即光绪十五年，皇帝年届十九岁时，又办了他的完婚大典。完婚刚毕，接下来是皇帝亲政大典。李鸿章作为大清朝的重臣，少不了场场参加。不过，他的心情并没有因为这些庆典有多少好转，更多地生出的是不满和担忧。

慈禧太后为光绪皇帝举行婚礼是下了工夫的，一连欢庆三天三夜。朝中上下欢喜异常，个中原因倒不是替皇帝贺喜之故，主要是慈禧太后在光绪皇帝婚礼的前三天，接二连三地以自己的名义下旨，对文武官员大加封赏，甚至对死去的王公也加封谥号，对外国驻京师的使者则大摆宴席款待。举国上下，好似热闹非凡了。

慈禧太后用心良苦，“太平盛世”是她最喜欢称道的事，为粉饰“盛世”气氛，她不惜花费臣资。在大清十一个皇帝中，数光绪皇帝的婚礼办得最为气派，花费最大。据不完全统计：这个婚礼共花销黄金四万一千两，白银四百八十三万两，铜钱二千七百五十八吊。这些数目何其惊人！李鸿章心想：若把这笔钱拿出来办海军，国家就没有忧愁了。而迄今为止，北洋海军已经十三年没有添过一船一炮了。军中战船将近一半已在带“病”使用，多数已锈迹斑斑了。

自从慈禧要修颐和园开始，海军军费就一直扣在宫中不给动用了。如今园子修成了，添置战舰的经费仍然分文无有。李鸿章怎能不担忧？已红得发紫的太监李莲英专以察言观色为能事。他留心李鸿章，知道他心中不满。按照李莲英的逻辑，对宫中庆典不满，便是对老佛爷不满，便是与他李莲英为敌。这样的人就是眼中钉、肉中刺，是该设法整治一下的。

这位起先靠为慈禧太后梳头起家的太监炙手可热，在慈禧身边二十年了。由于他摸透了太后的脾性，深得慈禧欢心，时人号为“九千岁”。但凡想往上爬的，只要肯在他身上花本钱，多半可以谋个好职位。他为自己树立起了大批党羽，也成为日后“后党”的中坚。

恰恰李鸿章与他合不来。原因是李鸿章一贯看不起他。人往往就是这样，看不惯了便难以沟通了。

李莲英深知李鸿章不好惹，因为他同样是慈禧的心腹和依靠。从内心讲，他愿与李鸿章串通一气。但一厢情愿不行。每当他脑海里闪出李鸿章对他那充满鄙视的神态时，他就恨不得吃了李鸿章。

朝野上下都知道“二李之争”。慈禧太后对于二李，都是一样的器重和需要。她明白，自己少不得李鸿章。这是一个难得的帅才，没有他，便没有水、陆两军，没有直隶之治，也没有外交斡旋了。李莲英呢，是一个贴心的人，是自己花了大量心血培养的“家狗”，同样不能割舍。每当李莲英讲到李鸿章如何如何时，慈禧总是板起脸来，装作没听见。久而久之，李莲英也就不再自讨没趣了。而李鸿章每当碰见李莲英，则常常是架子一摆：“哼！你能通天，又能拿老子怎样？！”

李莲英虽不能拿李鸿章个人怎样，但对于李鸿章想办的洋务、海军等重大事情，却时时可以从中捣乱，叫他办不成。光绪皇帝婚礼、亲政典礼前，李鸿章深感北洋海军不行了，四方筹集了三百万两白银，准备再购两艘大铁甲战舰，于是连续上奏，却让李莲英盯上了。在李莲英干扰下，李鸿章的事终于没办成。这时，李鸿章才终于领教了李莲英的本事，可是，一切都为时过晚了。此是后话，暂且不表。眼前的这场“帝后之争”，就让李鸿章够烦恼的了。

光绪皇帝并不因慈禧太后为他大办婚事而感到高兴。因为在选皇后的过程中，西太后做了大手脚，把自己的亲侄女、桂祥的女儿立为了皇后。光绪最不喜欢慈禧娘家的这个侄女。他心想：堂堂大清皇帝，竟不能将自己意中人立为皇后，岂不笑话！

但慈禧自己做主定了，又将那拉氏姊妹俩选进宫来，给光绪做妃子。起先姐姐被封为瑾嫔，妹妹为珍嫔，后来姐妹俩又同日晋升为妃。

光绪结婚，憋了一肚子气，自然与皇后感情不和。不久之后，对珍妃却感情深厚。皇后醋意大发，找慈禧太后哭诉，慈禧火了，下令毒打珍妃。如此便在几人中造成矛盾，并使矛盾日渐深化。

一八八九年三月四日，即光绪十五年二月初三日，光绪在太和殿举行亲政大典。表面上看起来，慈禧是归政了，而实际上一如既往：皇帝是一个摆设，实权掌握在慈禧手里。凡大臣呈递给皇帝的奏折，必须一式两份，其中一份递给太后；皇帝下旨，均经太后旨准后才能下达。

瞅准了一个机会，李莲英在光绪皇帝面前暗示着说，李鸿章在为皇帝立后一事中曾插手。如今立这位皇后，与李鸿章脱不了干系。受了李莲英的挑拨，年轻的皇帝便信以为真，使李鸿章莫名其妙地卷进了这场宫中争斗中。皇上有气，无法跟慈禧太后算账，却可以找李鸿章的麻烦。他亲政后的第一件事，就是追究李鸿章这一责任。

李鸿章盘算过了，纵然李莲英从中使坏，纵然你光绪皇帝瞧我别扭，也未

必能把我“李合肥”怎样，大不了回乡享清福去！因此，他对光绪的责难泰然处之。

却不料，福无双至，祸不单行。

事情还得从光绪的师傅翁同龢说起。此人是典型的帝党成员，由于他跟随皇上，教读书业已十几年了，总希望他教的皇上能成为名副其实的一国之君。他见皇上与李鸿章的矛盾已公开化以后，便跳出来当皇帝的帮凶，处处找李鸿章的麻烦，把李鸿章挂到嘴边骂。

这日，光绪皇帝又把李鸿章从天津召到了京师。养心殿里，四顾无声。光绪皇帝因偶染伤寒，呆坐在上头，一言不发。李鸿章站在前排，身后的几位陪站大臣心里想的是“多一事不如少一事”，也没有人开口。

很长时间了，李鸿章心中大为不悦：自己已快到古稀之年了，能这样无休止地站下去么？有什么事要讲，你这个毛头小伙子倒是讲呀！你们终日花天酒地，可知我李鸿章身兼数职，公务繁忙？

李鸿章两腿站得发麻时，翁同龢开口讲话了。他清了一下嗓子，以示自己地位之尊，道：“今日召见各位，我先讲几句。如今皇上亲政了，举国欢腾，此为真龙出水、乌云见日之喜事。圣上之尊，万民当尽仰之，以大国为荣，以帝王为至圣，扬我中华万古之盛。为臣者，皆当以社稷大业为己任，为国尽忠，为皇上尽孝，为事业尽才……”

李鸿章尽量在克制自己，但听翁同龢这话中的口气，如皇上一般，不禁干咳了两声，以示不耐烦。

翁同龢看了李鸿章一眼，李鸿章则冷眼回望。只听他又说：“为臣者，当以本国利益为重，切莫唯洋人之命是听。想我中华数千年至今，大国泱泱，世界之上，他国皆敬仰有加。而不幸的是，朝中上下已有多人违之，热衷于什么洋务，奴颜婢膝，卖国求荣，已给我朝带来许多被动……”

李鸿章又咳了两声，心想你还在吹什么牛皮？书呆子一个，全不知数千年已大变。不办洋务，你能有那十年的安稳么？！

不料翁同龢越说越带劲，越说越露骨，矛头直指李鸿章：“尔今北洋水师，不肯立足于本国，却一心想找洋人买战船。买那么多船怎么样呀？日本打不过，法国打不过，那白花花的银子全扔到水里去了。到头来，又是签一纸和约，丧权辱国。不知到底是何居心？！”

“你此言差矣！”李鸿章实在憋不住了，终于开口打断他的话。

这一声喊，使一直耷拉着脑袋的陪站大臣们全把头抬起来了。在他们看来，这回接上火了，有好戏看了。

李鸿章一字一顿地说：“你问我有何居心，我倒是想问你一句。你口口声声

为社稷、为朝廷，请问你又为我大清社稷做过哪一件实事？天下之事，你到底知道多少？身为臣子，不为朝廷做实事，请问你是何居心？！”

翁同龢的脸红了，一时语塞。他眼珠转了半天，道：“你……你李中堂可不能居功自傲呀！”

李鸿章道：“我大清国威浩荡，与洋人相斗，老臣我已尽力了。之所以签约，不是你可以定夺的。你系局外之人，我倒希望你能争取成为局内人。那就不用看着人家吃豆腐，你喊牙快了。皇上今天正好高坐在上，你可以当面奏请皇上，把我的差事给你干。这样，我便有了接班的了，也省得你待在一旁干着急了。”

光绪皇上的威严，比慈禧太后差得太远。李鸿章并不顾礼仪皇威，话中带刺，照说不误。讲了这一段话后，他下意识地瞅一眼皇上，见他已挺直了腰板，气色也好多了，正在关注着他们之间的舌战。仅这一瞅，使李鸿章真切地感到：他平时小看年轻的皇上了。此刻他俨然判官，眉宇间英气逼人。

光绪皇帝终于开口了：“你们二位都不要再吵了。朕今日召见众大臣，是因有一事相商。这便是要诸位群策群力，以革新内政。我大清近几十年来，已沦丧至此，实在让人痛心。依朕的看法，弊端很多，不忍细想。朕亲政以后，希望对内政立即革新，不知诸位意下如何？”

这话使李鸿章怦然心动，但话题急转，还须细细想好了再说。

光绪皇帝见大家都在思考，接着说：“这些年能够带给我们思考的问题太多了。军机大臣翁同龢所言，也有一些道理。我们逢战必和，逢强必退，有辱大清脸面，还搞垮了财力。朕听说李中堂多年致力于自富、自强。要自强，先要从自身做起，把国家的事当作自己的事去干，方可有成。朕说的革新内政，就是要立足于文武百官的共同努力，使每位大臣各在其位，各司其职，莫以闲职散居。大清之下，如今到底有多少挂名无事的闲官呢？我看没人能说准吧？朕要各位都回去想一想，想好了就递折子上来，以供朕亲政以后参考……”

李鸿章从光绪皇帝的话里听出，他其实还是有一些志向的人。但是，这种志向有没有条件实现呢？如今慈禧不坐在帘子后面了，大话是可以讲的。但真正干起来，那太后能放手么？李鸿章为光绪的命运担忧。

出了养心殿，李鸿章又想到翁同龢了：这个龟孙儿的，竟敢与我李鸿章争斗！出了皇宫，他带着一肚子气，直奔颐和园来了。

慈禧“归政”以后，整天在颐和园里看戏、乘船、烧香、拜佛。除此以外，便是接见大臣，听他们发牢骚。光绪皇帝每月去颐和园五六次，专程看望慈禧太后。请安时，皇帝也不能直接进入太后的大殿，必须先由太监禀报，获准后方可进入。太后若想返回宫中，届时有太监禀报，皇上要在宫门跪迎。

李鸿章谒见太后，叙说了翁同龢在养心殿大耍威风、否定十余年来的政绩、甚至影射太后的情况。慈禧太后大怒，道："我早就料到了，来人！"

翁同龢很快被慈禧太后派人叫来了。他赶到了颐和园，进了谐趣园，慈禧太后却带了李鸿章、李莲英去捉红鲤鱼了。

翁同龢讨了个没趣，想发作，但还是忍了。他知道这是李鸿章告了他一状，现在太后分明就在这里，却不见他，让他等着。自己要等多久呀？

李鸿章看在眼里，高兴在心里。慈禧太后又玩了好长一会儿，这才吩咐："回宫！"

大小太监、宫女几行人卫护着慈禧刚到谐趣园门口，翁同龢便上前磕头，道："翁同龢参见太后！"

"噢，你来了，随我一道回宫吧！"

慈禧说完，目不斜视地坐进了十六人大轿，朝前走了。

翁同龢犹豫了一会，还是跟着轿队步行走了。

李鸿章站在谐趣园门口，看着远去的轿队，忽然感觉到了一种沉重。大清国像这样折腾下来，恐不会太久了。整了一下翁同龢，心情有了一时的痛快。但冷静下来想想国家的前途，民族的前途，他顿生许多伤感和悲哀。

不知在昆明湖边转了多长时间，李鸿章来到了颐和园大门旁边。

正在这时，他看见翁同龢也朝大门口疾步走来了。只见他衣冠不整，满身泥浆，狼狈不堪。李鸿章问道："这不是松禅兄么？怎么弄成这么一副模样？"

翁同龢抬头一见是李鸿章，破口大骂："王八蛋！今天你整我。老子叫你日后定不得好死！"

看着翁同龢狼狈而去的背影，李鸿章长长地叹了一口气，自言自语道："皇太后呀皇太后……"

转眼到了光绪二十年。这年十月初十日是慈禧老佛爷六十大庆。才过了年，光绪皇帝便命军机处、内务府筹办庆典。此外，还举行了甲午恩科会试，取中了三百余人为进士。这批进士也被邀请参加庆典。举行庆典那天，光绪皇帝将率领文武百官、王公大臣到园中贺寿。各省、府地方官员也早备下寿礼，提前送给皇太后过目。

正当老佛爷的六十大寿庆典即将正式举行时，一声霹雳，彻底搅乱了这喜庆的气氛，使老佛爷的圣寿在烽烟的笼罩下惨淡度过。

李鸿章正在为慈禧太后六十寿典筹办贺礼，一个消息传来：与大清国唇齿相依的朝鲜内乱兴起，小日本加快了进犯朝鲜的步伐。光绪皇帝经太后恩准，一道圣旨下来，即命李鸿章全权处理朝鲜事变！

李鸿章吃惊归吃惊，接命后丝毫不敢怠慢，立即令直隶提督、淮军部将叶志超、太原总兵聂士成率淮军三千人马开赴朝鲜，平定内乱。

与越南一样，自古以来朝鲜与中国就维持着一种宗主藩属关系。朝鲜国王是接受大清皇帝册封的，现在他有难了，光绪皇帝不能撒手不管。而李鸿章尤感此事非同小可。越南丢给法国人当殖民地了，国境毗连的朝鲜不能再从大清朝手上丢掉了。

在李鸿章的总督衙门领命以后，叶志超、聂士成信心十足。

十几年未打仗了，他们也深知这是一场为大清国、为李鸿章争面子、树形象的战役，只能打胜，不能失败。聂士成激动地对李鸿章说："中堂大人呀，将士们早就想把队伍拉出去练练手了。您可不能像上回刘铭传打台湾一样，看着就要与小日本接上火了，却一道命令送到前线叫我们撤兵呀！"

李鸿章此时的心情是他的手下们无法捕捉的。他没有丝毫的兴奋和激动，恰恰相反，心中充满了不祥之感。近在咫尺的日本，军国主义已经迅速膨胀。他们不惜重金，大办海军，军事装备和作战能力早已今非昔比。他们的目标只有一个：中国和它的附属国。朝鲜内乱刚起，中国军队未到，据报日本已经出兵了。可以说，日本进犯朝鲜，绝非仅仅针对朝鲜，而是针对大清帝国的。由日本人插手进来，其中包含的危急却是叶志超、聂士成二位所不能料及的。

按照李鸿章的部署，淮军一踏上朝鲜领土后，所到之处，秋毫无犯，于街巷、村落中贴榜安民，誓树大国风范，两位将领也乘机过一把"大国将军"的官瘾。

可是，突变的情况令这两位大国将军目瞪口呆：就在他们刚刚把大清国的旗杆树在大营门前时，就马上面临被摧折的威胁了——淮军登陆仁川的次日，探兵来报说，日军一万多人也在仁川登陆了！

这个消息传到天津，遥控指挥的李鸿章只觉得眼前一黑，几乎站不住了。他预感到光绪二十年这个甲午年，在他的政治生涯中定是个灾难性的年头了。他掉进了日本人早已为他预设的战争陷阱中去了。

仅两天的工夫，日本兵就占领了汉城，掳走了朝鲜国王，并在汉城以南的牙山口外丰岛附近的海面，偷袭中国运兵船。中方租用的英国商船"高升"号被击沉，一千多名中国士兵以步枪抵抗，最后全部遇难。

李鸿章急得半死，电问驻扎朝鲜总理交涉通商事宜的袁世凯："你不是说日本已答应不发兵么？！"袁世凯又能怎么回答这位管着他的中堂大人呢？对于一个不讲信义、出尔反尔的日本国，袁世凯无言以对。

没有人比李鸿章更清楚日本对中国和朝鲜的野心了。早在一八七五年，日本就在朝鲜蓄意制造"江华岛事件"，以测量海口为由，炮轰朝鲜炮台，并攻城杀民，胁迫朝鲜与之订立通商条约。李鸿章代表大清政府提出抗议，日本派外务少

辅森有礼来华与李鸿章谈判。

在日本看来，朝鲜作为中国的附属国徒有虚名，不应干涉日本对朝采取的军事行动。李鸿章当然坚决拒绝，表示宗主藩属关系不变。李鸿章与森有礼在保定和谈未果，朝鲜那边已被迫与日本签订了《江华条约》，承认朝鲜为“自由之邦”。日本由此开始把中国排除在外，凡事直接与朝鲜交涉了。

李鸿章在这样的被动情形下动了一个脑筋：派出官员专程赴朝，劝导朝鲜与英、法、美等国立约通商，以此牵制日本。

朝鲜的退休元辅李裕元给李鸿章来信了，他是李中堂的崇拜者。李鸿章大喜，因这李裕元是朝鲜国王李熙的叔父，虽已退休，声威犹存。李鸿章立即给他复信，请他代做国王的工作，尽快实施以英、法、美牵制日本的政策。

事情很快产生效果，美国首先派薛斐尔出使朝鲜，商谈立约。英国也主动与朝鲜联系。日本惊慌了，掉过头来找李鸿章，鼓动李鸿章重提与朝鲜的藩属关系，说：“西方列强与朝鲜立约应通过中国。”

李鸿章想乘机挽回局面，便亲自出马与美国代表薛斐尔会谈。但谈了五轮下来，美国却不认这个账了。他们在与朝鲜签订的《朝美条约》中，只字不提朝鲜是中国的属邦，一脚把中国踢到旁边去了。

李鸿章生气，但他以此牵制日本的目的达到了。

不料，封闭、弱小的朝鲜从此不平静了。列强们纷纷进入，国家和民众利益遭受盘剥，老百姓不干了。城市贫民发动起义，袭击外国领事馆，杀死洋人，还冲进王宫。闵妃化装出逃，国王的父亲乘机入宫，掌握实权，史称“壬午兵变”。原国王李熙请求中国干预，出兵镇压兵变。李鸿章派遣丁汝昌、马建忠率三艘军舰及吴长庄的六营人马东渡，帮助镇压兵变。淮军抵达朝鲜，诱捕了李罡应，杀死“乱党”多人，并把李罡应解送到了天津。

李鸿章要直接插手朝鲜事务，力争踢开日本，恢复与朝鲜的藩属关系。他主张从中国派员以“国监”身份去参与管理朝鲜。日本不干了，找李鸿章谈判。李鸿章权衡大局及两国实力，与日本全权代表伊藤签订了《天津条约》，规定：中日两国都撤出朝鲜，让朝鲜“自治”。李鸿章在条约签订后使出两招：把仍关在中国的兵变主谋李罡应送回朝鲜，利用他来钳制朝鲜宫廷；任命袁世凯去朝鲜“总理交涉通商事宜”。

袁世凯到汉城后，成立了公署。其随员有唐绍仪、刘永庆等二十余人。谁知袁世凯崇尚权术，骄横专断，事事干涉朝鲜内政，再次引起朝鲜、日本两国不满。他还向李鸿章保证：日本是不会也没有能力插手朝鲜事务的，更不会派兵。李鸿章轻信了。

一八九四年四月，朝鲜爆发了东学党起义，矛头直指国王。大清朝廷和日本同时得到这个消息。日本认为这是进占朝鲜的绝好机会，因此在李鸿章发兵的同时，调集首批一万多兵力开赴朝鲜。就在日军已启程时，袁世凯依据主观推测，仍电告李鸿章：日本不会出兵。

严峻的现实令李鸿章有些措手不及了，他一面与日本驻京公使和驻津领事交涉，试图通过自己个人的力量劝说日本退兵，一面又选派一千多名淮军乘坐英国商船增援先头部队，但刚到朝鲜丰岛附近就被日舰击沉了。

日军对中国运兵船的袭击反而使李鸿章冷静了。这回他是一反常态，不是像往常那样拍案而起，而是退缩了。

他想到北洋水师不少战船已快成废铁了，海军总兵、管带一个个弃船登岸，住在城里妻妾成群了。淮军将领们大多数年老体弱，暮气沉沉，打起仗来，恐怕不是日军的对手了。日军新练陆军现役七万人，预备役二十万人，这让李鸿章害怕。至于藩属，越南已让法国抢去了，缅甸又沦于英国，何必再为一个朝鲜孤注一掷呢？万一把海、陆主力拉上去，打不过日本，落个全军覆灭，那么大清国就彻底完了。还是为自己的国家保存仅有的这一点实力吧！

他首先希望通过自己的外交斡旋劝日本退兵；其次是盼望列强插手此事，牵制日本。

不久，丁汝昌、周馥等冲进他的衙门，催他增兵。连那个跟陆铭彤一起进入李鸿章幕府的书法大家吴大澄都沉不住气了，道："中堂大人原本是命我去朝鲜的，我因念及自己外交知识短缺，才推让给了袁世凯。不料此人为人阴险，素不知以国事为重，轻信日本人之言，把中堂您都带着上当了。现在情形危急，如若按兵不动，那么已经派去的弟兄们怎么办啊！"

李鸿章只是听着，一言不发，脸色十分难看。他正在思考袁世凯这个人。其祖父之弟袁甲三与自己在安徽协办团练时有过交往，相处还不错。袁世凯是投靠到淮军吴长庆门下才有今天的。因他的叔父袁保庆与吴长庆是结义兄弟，而且袁世凯的祖父与吴长庆父亲是同年进士，有了这些关系，吴长庆对袁世凯便不能说别的了。

袁世凯进了淮军，就有了巴结和讨好李鸿章的机会了。光绪七年，李鸿章命吴长庆去朝鲜，袁世凯也跟着去了，生活了五年之久。这样一来，作为出使过朝鲜的人，自然应对朝鲜十分了解，所以在又一次派遣赴朝大员时，他就想到了袁世凯。就是这次出使朝鲜，使他袁世凯获得了跻身政坛的资本。

各方面都在催李鸿章赶快增重兵赴朝，袁世凯也再三来电请求了。李鸿章只当作没有这回事。他不但不增兵，还准备令叶志超、聂士成退兵，以保存实力。

已二十三岁的光绪皇帝年轻气盛，他先主张出兵的。但慈禧太后支持李鸿章撤兵，希望大事化小，小事化了，不要影响到她六十寿庆。可是光绪皇帝毫不气

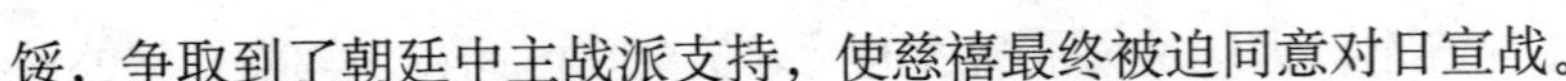

馁，争取到了朝廷中主战派支持，使慈禧最终被迫同意对日宣战。

六月二十八日，正是炎暑免褂的季节。李鸿章在督衙花厅中会见从京师赶来的“帝师”、自己的老对头翁同龢。宾主宽衣坐定后，翁同龢兴奋地说道：

“李中堂，区区日本小国，与我大清抗衡尤如螳臂挡车，猖狂太甚。太后与皇上决定，令你七月初一始，对日宣战。皇上特命老臣前来天津，专程向中堂传谕。请你务必立即向朝鲜增派重兵，全力把日本人的气焰打下去，不获全胜，决不收兵！”

李鸿章愕然，大怒道：“朝廷是发疯了？！本部堂正在积极进行外交斡旋，已初显成效。如今说打就打，战船不行，兵员不足，军饷全无，粮草无济，怎么能与已经壮大起来的日军争雄呢？！”

翁同龢传达完了圣旨，就讲风凉话了：“哈哈，我还记得中堂大人当年上奏朝廷，说自己的北洋海军已经强大无比，大清可保平安了。怎么今天讲起了丧气话呀？”

“那是什么时候了？自那以后，朝廷不是十多年无战事么？！但后来这十几年，我们未添一船一炮。这十几年中，日本人投资了多少钱？添了多少船？扩大多少兵？你只管坐在屋角上闭目养神，可知道这些情况？”李鸿章不客气地回答了他。

翁同龢自知这里不是北京，把李中堂惹火了，弄不好出不了天津。所以，他摆手道：“好了，好了，我们老哥俩都别吵了。皇上圣旨已下，你赶快出兵吧！”

李鸿章颓然跌坐在炕沿上，忽然像是缓过劲来了，朝门外喊道：“请于师爷！”

被唤作“于师爷”的人名叫于式枚，字晦若。光绪六年的进士，庶吉士散馆以后来到直隶总督幕下，主持奏牍事务。原来替李鸿章主拟奏折的幕僚薛福成已被李鸿章保举为浙江宁绍道台了，因此如今幕中文牍之事由于式枚主办。

不一会儿，身材瘦弱的于式枚来到花厅。李鸿章当着翁同龢的面吩咐道：

“你赶快拟几个调兵的电报，马上发出去。听清了：命提督衔总兵马玉昆率武毅军两千兵勇从旅顺出发；命高州镇总兵左宝贵统领奉军三千五百人、盛京副都统丰升阿率奉天练军一千五百人，均从奉天出发，立即赶赴朝鲜。再以我的檄令，命大同镇总兵卫汝贵统领盛军六千人从天津出发，循水、陆两路增兵朝鲜。以上各军均受现任总统诸军的叶志超节制。兵到开战，不得有误！”

于式枚用笔记下了，再重述了一遍。李鸿章点了点头，随即退下拟稿去了。

李鸿章这是当面做给翁同龢看的。送走了翁同龢，李鸿章关上签押房外门，垂首合目，沉思良久。如今既已打了，就要尽量打好。

窗外，鸣蝉之声不断，天气闷热得让人难以忍受。李鸿章心中泛起一阵酸

楚，料定对日一战将要毁了自己一生的脸面。从作为一个壮志拳拳的少年赴京应试起，一晃五十年过去了。半个世纪里，大清发生了多少事情呀！而这些事情，自己多半都参与了，可以说他是为朝廷鞠躬尽瘁了。自道光，经咸丰、同治，到眼下的光绪皇帝，已是历经四朝。就是这样一个四朝老臣，七十二岁了还要带兵打仗。他有着多少无奈呀！谁又能懂？谁又能理解他？！过去自己是唯西太后之命是听，那时是她一个人说了算。如今是皇帝要当家，太后也要当家，一朝二君，一个主战，一个主和。皇帝与太后已明显不和，政见分歧，把朝中文武百官也分成了两派。跟光绪皇帝的叫“帝党”，跟着太后站在一边的叫“后党”。自己本意上是哪个党也不想参加，但跟西太后打交道这么多年了，不是后党成员，也是后党成员了。李鸿章正处于两党夹缝的位置。皇帝对他要拉，太后更要拉，左右为难，实属无奈。胞弟鹤章、蕴章、凤章、昭庆四个人都撒手人寰了。每一个人的离去，都给他带来悲痛欲绝的折磨。

光绪皇帝又要召见他了。他开口就是埋怨，说李鸿章出兵太晚，有抗旨不遵之嫌，兵力出得也不足，太胆小了一点。

李鸿章跪在地上，道：“皇上息怒，臣实在是为了保存大清实力着想呀！”年事已高、身高体胖的李鸿章一趴到地上，就很难站起来了。由于贫血，眼前时常一片漆黑。

光绪皇帝从心里还是很敬重李鸿章的，更清楚这是一个功劳非凡的重臣。有时想整他是因为他过去不把自己放在眼里，只听太后的。

皇帝道：“朕也知你有难处。但对日宣战非同小可，日本小国欺人太甚。从即日起，中堂再行挂帅，立即对北洋海军周密布防，一举破敌，不得有误！”

“臣遵旨。”李鸿章无力地答应着。在皇帝面前，是不容他讲丧气话的。

光绪皇帝亲笔起草了对日宣战书，措辞极为犀利：“……着沿江沿海各将军督抚及统兵大臣，整饬戎行，遇有倭人轮船驶入各口，即行迎头痛击，悉数歼除，毋得稍有退缩……”

这是光绪二十年七月初一日。

同日，日本明治天皇也颁布了宣战诏书，大有一拼到底的势头。两国宣战，俄、英、美、德、意、荷等国先后宣告中立，坐山观虎斗。

对于各国中立，李鸿章大为不满，骂道：“贼娘养的，都背信弃义了。平日里跟老子谈来谈去，说是支持我大清。现在都缩头了！”

骂完，李鸿章凭窗而立，仍牵挂起前方战事。他当时组建这支北洋海军，可以说就是为了防御日本。如今真的开战了，他却感受复杂。因为，他深知这支海军的装备已大不如以前。而朝野上下却都把目光投向这支海军，押下了赌注。

他想到了不久前孙中山给他的书信，请求他全力革新政治。这位毕业于

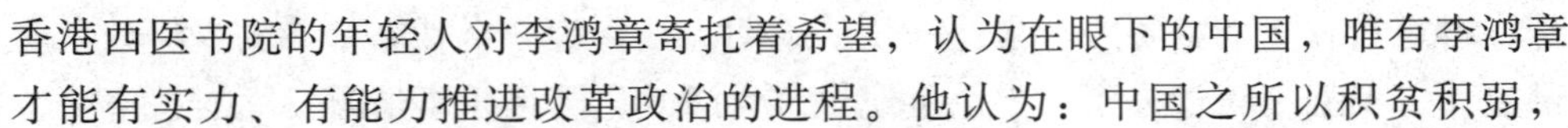

香港西医书院的年轻人对李鸿章寄托着希望，认为在眼下的中国，唯有李鸿章才能有实力、有能力推进改革政治的进程。他认为：中国之所以积贫积弱，“固患于能行之人少，尤患于不知之人多”。他由衷叹服孙中山的见解。但改革政治，老朽无力了。李鸿章想，若老朽再年轻十岁，便不会拒绝这位爱国才子的请求了。对着铜镜照一照自己，李鸿章深知自己已经失去了往昔那种指点江山、睥睨万物的豪气；他那保养得还算不错的脸上笼罩着一片倦怠无奈的阴云。一把胡须已经彻底白了。脊背也开始微微弯曲，脚步不再有力了，甚至不听使唤，踉踉跄跄了。

李鸿章苦恼的不仅仅是兵力不支、船舰破旧，更为空虚的财力而揪心。这些年来，大清的财力虽由户部掌握，但他也是参与筹划的。每年国库收入大抵在八千八百万两上下，数目不小，但仅与日本相当。而日本的地域和人口才相当于大清的一个行省呀！就这点钱，要花的地方无数：宫廷的俸禄、清军的饷银，西北平乱、十八省的拨款，偿还外债、皇上和太后的挥霍……若不是早年由自己坚持增设厘金之税，恐怕国库早就空了。

或东或西地想了许多，李鸿章摇头叹息不止。生逢末世，即使他肩扛半壁江山，努力办洋务，建工厂、开矿山，又如何能挽狂澜于既倒，扶大厦之将倾呢？

突然，有人来报：“禀中堂，朝鲜发来急电！”

电文一打开，李鸿章差点儿一头跌倒在窗前：“日军狂攻平壤，聂士成英勇反击，打退日军数次；左宝贵于军中身先士卒，不幸阵亡。叶志超临阵退缩，纵马狂退几百里至鸭绿江，致使平壤失陷。”电文下面的署名：袁世凯。

“气死我了！”李鸿章三两下撕碎电文，大吼道：“叶志超呀叶志超，你把我的老脸都丢尽了！我没脸见人啦！”

好像在一夜之间，日本这个民族成熟了。而大清国却好似在一夜之间衰落了。

李鸿章只知此仗艰辛，却不料败得这么快，这么惨！这便是李鸿章一手指挥的中日甲午战争。这也是一场持续较量了二十年的战争。

李鸿章知道，不出几日，皇上、太后都会传他，骂他无能的。他看了一眼放在案头上的三眼花翎，蓦地有一种要失去它的感觉。

就在这时，朝廷的人事发生了一些变动。帝党为削弱后党，做出了决策：

重新起用恭亲王奕䜣；擢升翁同龢、李鸿藻为军机大臣。

恭亲王已是年近八旬，翁同龢则精力旺盛。一上台，翁同龢就把矛头直接指向李鸿章。李鸿章仍然不理他那一套，前线局势要紧，他顾不上朝廷将要对他怎样了。

原来，就在光绪二十年七月二十五日，在日本海军发动丰岛偷袭的同一天，另一支日军在大岛义昌少将指挥下，由汉城龙山出发，南下进攻李鸿章大军。在

牙山，中国军队同时遭遇海战，并且大都丧生了。

几处战场的消息传来，叶志超心惊肉跳，将士们士气低落。再次大战之前，在朝鲜的清军大营里，笼罩的是一种近乎绝望的气氛。

不久，聂士成率余部退奔天安，与叶志超会合。二人商量，准备退向公州。两军到公州后，叶志超说："公州不是可守之地，还是绕道去平壤吧！会合大军之后，再作商议。"途中，叶志超电告李鸿章，说他自己的清军以少胜多，毙敌两千余人。他未报告真实情况，而是绕道向北，躲避日军，行程一千余里，费时月余，才到达平壤。叶志超畏敌怯战，助长了日军的士气。而清军内部，既有矛盾，又无精神，已成败局。

其实各军刚到朝鲜时，内部矛盾就出来了。李鸿章命叶志超任"总统"，节制各军，许多将领不服，一时如炸了窝的蜂群，沸沸扬扬起来。盛军记名提督卫汝贵就公开叫喊："叶志超不配！"

卫汝贵原以为是要让他当"总统"的。一则他的盛军是入朝四军中最大的一支部队，有马步十三营，计六千多人。二则他本人也不是泛泛之人。早年追随刘铭传加入淮军，多次荣立战功，官至总兵。三则他与李鸿章有同乡之谊，李鸿章移督天津后，就让他留驻津城，统领北洋防军。李鸿章获悉他对叶志超不满，亲自自天津发出电报，要他消除私见，顾全大局，和衷共济，协力抗敌。无奈卫汝贵依然心胸狭窄，不愿受制于叶志超。

卫汝贵也已经是虚岁五十九的人了，以一名普通士兵，成为一名总兵，也算是混得不错了。而且这些年在淮军中他钱也捞足了，在家乡买房置地，娶了六房夫人。开赴平壤后，他的原配夫人给他寄来家书一封，劝他遇敌避走，多想想家里的财产、自己的岁数和身份。

到平壤后，他果然听起了女人的话，置军令于不顾，东躲西藏，畏难不前。岂料他夫人这封家书在从平壤溃逃时遗失，被日本兵捡到。日本人将此信视作奇闻，在日本各家报刊上登载出来，大肆渲染，一时成为笑谈。

李经方此时出任驻日公使。他见到那些日本报纸登出这封信，便于回国之时带给了父亲李鸿章。

"丢脸，丢脸，卫汝贵又一次丢了我的老脸了！"李鸿章怒不可遏。

李鸿章岂知：除卫汝贵外，马玉昆率领的两千毅军也对叶志超不满。这支军队的创立者是悍将鲍超手下的宋庆，因而继承的是"以恩相结，以死相报"的"霆军"的传统。作为统领该军的大将，非在该军中根深蒂固者不能胜任。所以，进入朝鲜后，叶志超岂能指挥得了他们？加之马玉昆劝说不力，全军我行我素的现象严重。

至于四路大军中的另外两支队伍就更是磕不得、碰不得了。丰升阿的练军虽

有两千人，却是原八旗的底子，脆弱之极。丰升阿又系旗人身份，根本不把汉人提督叶志超放在眼里。而左宝贵的奉军因属绿营练军系列，没有战斗力不说，也是目中无人。

驻守平壤的各路将领可说是各怀心思。因此后来的人们分析认为，李鸿章此战最大的错误是错用了一个人。

当初成欢一战大败，就给整个朝鲜战场上的清军笼罩上了一层阴影。这是开局之败，出师不利。李鸿章在成欢失守的第二天，就照会各国驻华公使，严厉谴责日本军队，并宣布召回驻日本公使、领事，宣布与日本彻底断交。

坐在凉椅上，李鸿章在大骂叶志超、卫汝贵为他丢脸的同时，也找出了自己的又一个失误："小看日本了！"他尽管也深知日本近年来发展极快，但在骨子深处仍有轻敌意识，影响了重拳出击计划的形成。

很快，幕僚杨士骧来报："朝鲜叶志超来电！"

李鸿章接过电文一看：叶志超以诸将不服从指挥为由，请求辞去总统之职。

李鸿章压下了这封电报：临阵易将，兵家大忌。明知错了，也只好将错就错了！他令立即复电：不准所请！并告示在朝鲜诸将，切勿各存己见，不服调遣。影响大局，从重追究！

朝鲜那边，政局也发生变化：原国王发出诏书，把权力委任给了生父大院君李罡应。大院君着手做的，就是惩治闵氏一族。新政府的首脑是金宏集，金允植和鱼允中也作为成员，组成了"金允内阁"。这个新内阁对中日甲午之战抱观望态度。中国军队去为他们平乱，他们却袖手旁观了。他们暗下决定：谁打赢了，就跟谁跑。现在胜负难测，所以对中日两军都不亲不疏。

叶志超辞职未准，在平壤的清军四大主将依然故我。叶志超无法，只能心中暗想："那我也只好做一天和尚撞一天钟了。如果城丢兵败，大家都逃脱不了责任。"

在平壤期间，由叶志超提议，几位主将轮流坐庄，天天互请，以期在酒桌上增强感情。谁知把酒临风尚可，一谈备战御敌就又不听调遣了。

随后，李鸿章又一道电令："坚扎营垒，先成守局。"中堂的话还是要听的，所以各军才勉强动了起来：在城四周修筑了二十五座堡垒；在城南大同江北岸构筑了一道四米高、四里地长的高墙，墙下布雷，堡上架炮。这算是按李鸿章命令办了。

却不料，让叶志超丢面子的事又来了。

九月十二日，日军前锋抵达平壤外围，一场恶战就在眼前了。叶志超发布了自己入朝以后的第一道命令：马玉昆毅军、卫汝贵盛军防守平壤城南朱雀门至静海门一线；左宝贵的奉军防守城北牡丹台高地至玄武门一线；芦榆防军驻守城西

门至七星门一线；丰升阿练军作为预备队。叶志超自己无防守任务，坐镇城中，统一指挥。

这个布防也算说得过去。但叶志超自己却在这节骨眼上又一次提出辞职。他辞职的密电被左宝贵得知了。

九月十四日晚，日军已在城外筑垒，准备攻城。叶志超召集各路将领开会，以兵力不足为由，提出不战而撤，暂退辽东。众将领默不作声。过了一会儿，左宝贵怒色满面地站了起来，道："我反对不战而退。叶大总统如果坚持要退，你们退好了。我军在平壤死而无憾。"

身为山东汉子的左宝贵，当年投靠围攻金陵的绿营兵大营，由此步入行伍。光绪元年，他率部跟随刑部尚书崇实赴奉、吉两省查办案件，以后便被留在奉天驻防了。此人性格刚毅、果敢，在军中口碑较好。他的总兵之职是李鸿章保举的，所以他十分景仰李鸿章。

左宝贵一踏上朝鲜的领土，就主张不能被动防守，应主动击破日军，打下他们的气焰。但叶志超一直拒绝采纳他的建议。左宝贵在今晚的会议上又与叶志超唱起了对台戏，把叶志超弄了一个大红脸。但叶志超也不敢轻易发作，还要看马玉昆、丰升阿、卫汝贵三人的态度。叶志超知道，在这样的场合里，是无法一手遮天的，所以只好强忍怒火，等待其他三位将领表态。

令叶志超尴尬的是：除他一人之外，其余将领都反对撤离平壤。因此，会议的结果是继续坚守平壤。左宝贵却多了一个心眼。他知道叶志超已提出要"回国养病"，其实这就是找借口逃跑。因此，他暗中做了布置：让自己一部分亲兵留守在叶志超所住的房子周围，阻止他离城逃跑。

谁知就在散会以后仅五六个小时，即九月十四日午夜过后，日军突然向平壤发动了总攻。这个时间是叶志超万万没有料到的。

月在中天，又恰是阴历八月十五日，按中国人的传统习俗，该是合家团圆的日子。四路大军戒备松懈，不少人还喝了酒，正举头望明月，低头思故乡哩！

日军精心选择了这个夜晚，也精心拟定了攻城计划。他们兵分四路，总兵力为一万六千人。左路为野津道贯中将率领的五千四百人，负责进攻平壤西南面；中路是大岛义昌少将的第九混成旅团计三千六百人，作为偏师吸引叶志超大军的注意力，掩护其他三路攻城，又作支援。右路是少将立见尚文所部，共两千四百人，负责从东北方向进攻平壤。北路是元山混合支队，共四千七百人，任务是切断叶志超北撤义州的退路，然后参与攻城。

日军作战部署极为周密，采用的是闪电战术，利用最短的时间包围平壤。为了速战速决，总指挥川上操六命令日军丢掉辎重，轻装前进。

但日军的计划也是很危险的。大兵团作战，合则力重，分则势单。如此分

兵，兵力过于分散了，行进途中又缺乏通讯保障，各军都是单独行动，联系困难。若叶志超能选择其中一路，主动出击，歼一路再转入进攻另一路，日军必败。野津道贯看出了这个危险，便向军部提醒。川上操六却大笑道："中国军队自入朝以后就一直是被动防守，不会主动向我军出击的。放心去打吧！"

后来的事实不幸被日本人言中了。中国军队据一地而不动，丝毫没有主动进攻的迹象。日军围定平壤以后，全军欢腾。

战斗在三个战场上同时打响：大岛义昌首先按牵制计划在大同江南岸船桥里一带与马玉昆、卫汝贵接火。清军依据堡垒，拼死抵抗。白刃肉搏战中，中国兵来劲了。其中不少东北壮汉大显身手，杀得日兵人仰马翻。战至下午三时左右，日军人困马乏，能够逃命者不及三分之一。

平壤北城战场是此次战役的主战场，仅日军就投下兵力七千八百人，矛头直指牡丹台。左宝贵深知这个地方的重要性，誓死率军在此坚守。但日军不仅人多，而且炮火轰得猛烈，五个小时炸毁了左宝贵四座堡垒，致使左宝贵大军死伤惨重，陷入孤立无援的境地。最终，左宝贵决心以身殉国：穿上了黄马褂，戴上花翎红缨帽，不顾子弹横飞，在城楼上来回奔走督战。他还亲自点燃大炮，向日军轰击。不久，一颗炮弹在他脚旁落地开花，又一颗子弹击中他的左胸。他倒下了，在异国他乡流尽了最后一滴血。

又是月色迷蒙时，枪炮声暂时停了下来。远处可见轮廓模糊的村落和山丘，还有日军林立的营帐。山丘上许多树木还在燃烧，铅色的烟雾在城内外飘荡。

仍坚守在平壤城头的清军将士们以血色的双眼注视着城外的日军营垒。他们或许还没有意识到，一场灭顶之灾正悄悄向他们袭来。

一整天的战斗，清军有胜有负。牡丹台和玄武门被攻破了，左宝贵战死。这些消息令叶志超骇惧万分。他在房内来回踱步，不敢与众将士商量，决定弃城逃跑。他传令马玉昆、卫汝贵各军做好迅速撤军的准备，并在各自阵地上挂出白旗，派一个朝鲜人送他的书信给日军，要求停战谈判。

第二天早上八时刚过，电闪雷鸣，天气骤变，片刻工夫就下起了倾盆大雨。

日军见清军各营垒外已挂出白旗，估计叶志超要采用缓兵之计，利用雷雨机会弃城逃跑。

川上操六望着清军营垒，狂吼一声："准备截击，全歼敌军！"日军紧急行动，对清军张网以待。布置好之后，川上操六在营帐上大笑："叶志超呀，你跑就跑吧，还送信、挂旗通知我，是故意让我布防截击呀！"果然，上午九时许，万余名清军成群结队地从七星门和静海门拥出，由义州大道向北仓皇撤退。

清军不知日军已在雨中完成了全线埋伏，只顾逃命。但见清军将士恰如惊弓之鸟，不久就进入了日军的埋伏圈。枪炮从四面突然响起时，清军队伍大乱，但

往哪个方向跑，都有日军截击。不久，清军就尸积如山了。

到九月十六日晨，清军被击毙一千五百人，自相践踏或溺水而死两千人，被俘六百八十三人。而日军在伏击中仅死伤一百八十人。

此战后，日军大摇大摆地进了平壤城。叶志超率余部北逃，狂奔五百里不敢扎营。他一口气逃到鸭绿江方才停了下来。

眼前已是大清国的地盘了，江那边就是中国的九连城。义州，是叶志超歇脚定神的地方。他转动着脑袋瓜，盘算如何向上司李鸿章做一个交代。想来想去，办法只有一个：谎报军情，夸大日军兵力，掩饰败绩，甚至要编造一些战功。

李鸿章还能说什么呢？对于他来说，前线的一切都是看不见、摸不着的。凭他督战多年的经验，他随便就可以戳破叶志超战役报告中的破绽。但这回，他宁可信其真，不愿信其假。于公、于私、于部将们本人，他的职责就是尽力保护。他宁愿让他们关起门来互相鞭打一顿，也不想把那些丢脸的事儿捅到朝廷去。于是，给朝廷的战役报告维持了叶志超所奏原样：

“倭兵三四万分扑平壤，我军奋勇迎敌，力战五昼夜，弹尽粮绝……”

叶志超一手造成的平壤大溃败，就这样掩饰过去了。剩下的都由李鸿章来处理了：给叶志超一个“力疾督战”的美名，并“加恩免其议处”。

等见面了，李鸿章就有机会从其他将领口中得到真实情况了。日军那边也有战报。九月十六日，日军立见尚文率朔宁、元山两支队从玄武门开进平壤城时，眼前的景象让他们惊呆了：大街小巷到处都是清兵逃跑时丢弃的大炮、枪支、帐篷，无人看管的战马东游西荡。

战后经日军清点，共缴获大炮三十五门，连发枪支五百五十支，单发后膛枪六百一十支，各种子弹五十六万发，马车一百五十六辆，战马二百五十四、帐篷一千零九十二顶，金砖、银锭一千二百七十二斤，粮食四千七百石……

来自日本方面的消息还证明：叶志超如果在平壤坚守不撤，最终失败的定是日军。因为日军断了给养已达一周，大多数人已坚持不下去了，饿死在阵地上的已有八十余人。

平壤溃败两个月以后，李鸿章查实：奉军营官守备杨建胜首先打开城门逃跑；统带盛字左军的四川重庆镇总兵孙显寅出险不停，逃奔沙河；统带仁字营的记名提督江自康，驻城外北山，带头撤队……叶志超自始至终贪生怕死，罪不可恕。尤其是最后打出白旗，把已无胜仗希望的日军救了。

李鸿章是暴怒了。他随手抓起一堆电文，撕得粉碎。一脚踢翻茶几，十几只茶杯碎了一地。人们见他面色铁青，胡须乱颤地大骂道：“贼娘养的！一群废物，一群饭桶，一群蠢猪！

骂着骂着，他好像还是不解气，又抓起正在“嘀嗒、嘀嗒”地响着的自鸣钟

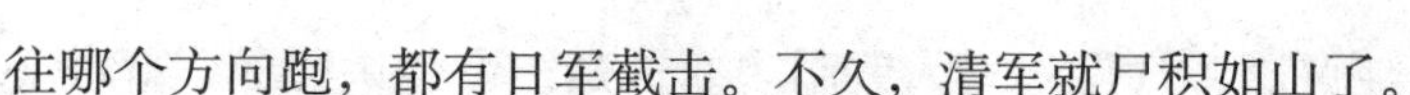

高高扬起，重重摔下。他哭了，气得呜呜大哭起来。这是一个极讲脸面，好胜心极强的老人，但他到底还是忍不住大哭起来。

幕僚们吓得大气不敢出一下。最后，还是站在一旁的袁世凯上前，道："中堂大人呀！我给您下跪啦！您可不能置自己的身体于不顾呀！"

袁世凯劝着劝着，真的抱住李鸿章的大腿跪下了，也跟着呜呜哭开了。他还边哭边说："朝中无人了，曾国藩大人也不在了，唯您是大清的支柱了。若为这一帮饭桶气得伤了身子，这可怎么得了呀！"李鸿章得了袁世凯动情的安慰，抹一把眼泪，叹道："这些年没有打仗了，不料我的淮军已衰败到这等程度了。这是天意么？是老天安排好了的么？我为这支淮军忙前忙后，操碎了心，花了那么多钱。但养兵千日，却不指望用，出国去丢人去了！竟让那小小岛国，欺我中华泱泱大国，让我怎么能咽下这口气呀？！"

众人见李鸿章渐渐平静了一些，这才敢围坐过去，你一言我一语地劝个不停。

几天后，平壤溃败过程中的临阵脱逃人员都受到了或革职或拿问的处罚。叶志超最终还是难逃一死，于十一月二日被革职拿问。三声炮响以后，立即人头落地。

朝廷这边该怎么热闹，还照样怎么热闹。丝毫未因入朝战败而受到影响。李鸿章应召入宫，这么一个日理万机的老中堂被召进太和殿，拿眼一扫，黑压压一片地上聚集了京城内外的文武百官。他们一个个喜气洋洋，要举行一个隆重的会议，讨论慈禧太后的徽号之事。

礼部拍了慈禧一个马屁，上奏："众位大臣经过慎重集议，奏上太后徽号为：慈禧端佑康颐昭豫庄诚孝恭钦献崇熙皇太后。"

慈禧太后得此尊崇，实在是大清有史以来开天辟地的稀罕事。

山呼万岁，文武百官只会这么喊。而李鸿章如坐针毡。他有满心的事务干不完。他的陆路兵勇在朝鲜遭受重创，北洋海军将士们呼声阵阵，要求出海作战。这支海军从组建以来还没有打过一仗呢！丁汝昌身为海军提督，第一个站出来请战，要向小日本讨还血债。光绪皇上也很支持，谕令丁汝昌出海搜寻，见到日本战舰就打。

在李鸿章看来，光绪皇帝的谕令太过于孩子气了。出海征战，哪能是那样的随心所欲、不讲外交规矩，盲目去打呢？他严肃批评了丁汝昌，不许他再做请战之类的蠢事。他有新的计划，跟督战淮军时一样，他从来不把自己的计划在实施之前跟部下们挑明。这会儿，他给丁汝昌下达一道命令，要北洋水师护送淮军刘盛休所部开往义州。丁汝昌唉声叹气，大发牢骚，道："李中堂把我们北洋海军当作海上运输队使唤了！"

发过牢骚后，丁汝昌还得服从顶头上司李鸿章的命令，今天运淮军，明天运

军火，后天运粮食。他率北洋舰队不停地穿梭于塘沽、仁川、旅顺、威海到义州之间。这一次要把刘盛休的四千名淮军从大连送到大东沟去。

丁汝昌无法抗拒李鸿章。他是仰仗这位老中堂才当上提督的。所以，光绪皇帝的圣旨，他可以暂且搁在一边，李鸿章的话却不可以不听。

他的北洋海军是李鸿章的骄傲和掌上明珠，也是大清朝廷炫目的装饰。没有人想到可以利用这支舰队来争夺至关重要的制海权。连他李鸿章也只是把它作为一般的近海防御力量而已。

光绪皇帝的矛头是指向丁汝昌的。李鸿章从保护部下出发，主动承担了责任，道：“丁汝昌多次请求购置新舰，是臣阻止了，未准他办理。”

这便是李鸿章的面子，光绪皇帝不好再追问了。他或许也隐约知道，一追便追到慈禧太后身上去了。结论只能是：颐和园建起来了，北洋海军落伍了。

一八九四年九月十五日，也正是日军围攻平壤，叶志超准备弃城逃跑的那个中秋之夜。丁汝昌奉李鸿章之命率北洋舰队各主力兵舰从威海基地出发，护送淮军刘盛休所部开赴义州。当各兵舰补充完煤、水等以后，舰队起航，已是月上中天了。

皓月当空，整个海面波平浪静。舰队在月光下呈“一”字形排开，缓缓向前。

丁汝昌毫无心思去欣赏海面上这如银的月色，远远近近的许多事情使他陷入了深深的忧虑之中。他能以眼前这支缓缓移动的舰队而自豪吗？他朝着日本所处的海域望去，深深地叹了一口气。

那还是在北洋海军正式宣告成立前夕，李鸿章为了向日本人显示大清国的海军实力，命他率新购的六艘主力舰巡游朝鲜东海岸，然后顺路往日本访问并检修船舰。他的舰队是在一八八六年八月一日驶抵日本长崎的。那时他多神气！可以明白地说：李鸿章竭力组建这支舰队，就是冲着你们小日本来的！

日本常备舰队司令伊东佑亨率他的全体部属到港口恭迎丁汝昌，打躬作揖，就差要给中国人下跪了。丁汝昌那会儿若是心血来潮，一个手势打出去，数炮齐轰，就能立即让伊东佑亨停在港口上的那几艘小舰成为一堆废铁。日本人怎能没有这种担心呢？所以在日本与中国的海域之间，就从来看不见日本的兵舰。那时他们奉行的是“多一事不如少一事”，离李鸿章的舰队远一点。

这是丁汝昌率舰队第一次与日本海军晤面。大国来访，小国忙得团团转，盛情接待，尊为上宾，日本人表现出了最大可能的恭顺。他们还邀请中国海军将士登岸观光。

这是一个少见的民族。尽管日本军方和当局无比热情，但老百姓自有他们的主张。三三两两的中国海军兵勇出现在日本街头时，一场意外发生了：手执棍棒、石块的日本百姓把中国人团团围住，高喊着“打死中国人”！于是，棍棒和

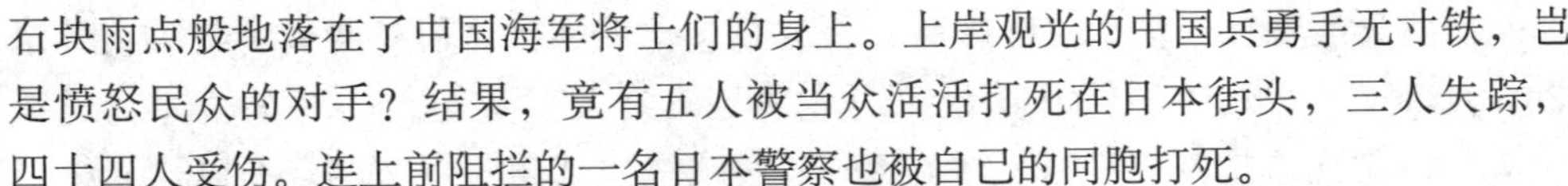

石块雨点般地落在了中国海军将士们的身上。上岸观光的中国兵勇手无寸铁，岂是愤怒民众的对手？结果，竟有五人被当众活活打死在日本街头，三人失踪，四十四人受伤。连上前阻拦的一名日本警察也被自己的同胞打死。

丁汝昌震惊了："全队紧急回舰，做好战斗准备！"依照怒火满腔的中国兵勇们的请求，丁汝昌应下令对日本港口来一次狂轰滥炸，然后扬长而去才好。但，丁汝昌忍住了。他从日本人的目光里，看出了这个民族对相邻大国的征服欲望，更看出了他们对中国人的可怕的仇视。那一次他就断言：对这个小日本不得不防！

丁汝昌派出代表找日本海军交涉，日本方面按伤亡人数给予北洋海军一次性的抚恤赔偿。丁汝昌从长远外交关系出发，也只好恪守中国的"和为贵"传统了。

他期望日本人放弃仇视中国的意识，与相邻的大清帝国携起手来，共同抵制西方列强的欺侮。

然而，那时的日本对中国是又恨又怕。从那以后，中国海军停止发展了，日本人却在大踏步前进。他们压根就没有打算与中国"和为贵"，正式决定将中国列入"假想的敌人"，一切以防御直至最终吃掉中国为重点。日本海军大臣西分从道在帝国会议上提出了《第二期扩充军备案》，建议增加海军军费，大力购买新式战舰，尽快完成对华战争准备。他们还高薪聘请了法国技术总监埃米尔·贝尔顿，新制造"严岛""松岛""桥立"三艘战舰。这三舰主要是用来对付中国"镇远""定远"铁甲舰的。日本天皇带头从个人收入中捐出款项，以示对海军的支持。

在日本海军里，流行一句话："一定要打沉'镇远''定远'号！"每遇海军聚会，呼喊的口号也是这句话，以至连日本的小孩也玩起了捕捉"镇远""定远"的游戏。在百姓中间，慈禧太后的知名度不如这两艘北洋水师的战舰，日本民众不知中国皇帝是谁，却知道李鸿章、丁汝昌的大名。

而中国信息的封闭却使得朝廷上下对日本的这些阴谋全然不知。李鸿章创立起来的电报业投入营运后，才让北洋海军的将士们对日本的战备略知一二。日本迎头赶上来了！不久又传来消息，日本一次就新增十一艘军舰，总拥有量大大超过北洋海军了。丁汝昌连连上书李鸿章，要求立即添置战舰和设备。但李鸿章有苦难言：慈禧挪用了海军费用，园子修成了以后，仍然扣着购船款不拨。他自筹的三百万两还让李莲英略施小计捐给了慈禧太后。李鸿章为此曾几次请求太后和总理衙门，要求返还一部分海防费用，但都被拒绝了。

今年是慈禧六十大寿，年初就开始筹备，总理衙门大臣庆亲王奕劻、礼亲王世铎被任命为庆典总办大臣，什么事都搁下了，一切为太后大寿庆典让路。筹办庆典的班子一百余人，各有分工。而两位亲王的主要任务就是筹款，拟诏发文命令各省督抚进贡捐献。李鸿章那三百万两银子算是塞到黑洞里去了，既不算他捐献，便成了太后自己支配使用的“私房钱”了。他还得另办贺礼。

李鸿章在督衙里大发牢骚：“贼娘养的！好像慈禧太后的庆典比战争更来得重要。总办大臣原来是个愣头青，地方上拿不出钱来就派人去坐等着催要，到底像个什么玩意儿呀？！”

丁汝昌屡次请求购船未被批准，知道李鸿章有难处，他除了发愁，别无能耐。

令丁汝昌更忧愁甚至愤怒的是，丰岛海战失利、“高升”号被日本海军打沉以后，朝廷在不断地找他的麻烦。

“高升”号是一艘英籍商船，它是李鸿章租来向朝鲜运兵的。租用的条件相当苛刻，途中若失事，一切损失由中国承担。李鸿章还是咬咬牙租下来了。他以为中日战争已在眼前，唯有英籍商船，日本人才不敢碰它。

船上满载北塘防军一千一百一十六人，大炮十四门及大量枪支弹药和军饷、粮油。当“高升”号驶抵丰岛附近时，被日本“浪速”号军舰拦截。日本海军大尉人见善五乘小艇登上“高升”号，见满船尽是中国兵勇，立即返回“浪速”号战舰。

“高升”号的全体船员和将士们未能想到：指挥“浪速”号的日军舰长是一贯好斗、勇于冒险的东乡平八郎。当他获悉“高升”号上运的全是中国兵勇时，像发了疯一般，置一切后果于不顾，公然要打沉这艘英籍商船。

“高升”号被迫接受检查后刚刚起航，突然一枚鱼雷从“浪速”舷侧的发射管中喷吐而出，击中“高升”号腹部。接着，一声雷鸣，底舱爆炸，浓烟四起，火光冲天。“高升”号笼罩在火海之中。船上的惨叫声在海面上回荡。日本人好像是受了那一阵阵惨叫声的刺激，又射出六颗右舷炮。“高升”号开始急骤下沉，桅杆和船尾高高翘起，怒指苍天，横劈大海。

中国士兵们纷纷跳海了。“浪速”号上的日军全部出动，用步枪向游荡在海面上的中国士兵射击，海水被中国人的鲜血染红了。

“浪速”号舰长东分平八郎由此名声大噪，用中国士兵的鲜血换取了日本海军少将的头衔，不久又统率日本特遣舰队进攻中国台湾。最后，他成了日本联合舰队司令，被疯狂的日本人誉为“海军之神”。

丰岛事件传到北洋海军里，将士们震怒了，上书李鸿章，要求雪耻，为死难的弟兄们报仇。丁汝昌流下了愤怒的泪水，一声令下，率舰队主力开赴朝鲜海面，要找日本舰队决一死战，讨还血债。然而，他的舰队在海上转了整整十天，没有见到日本军舰的影子。

日军采取的是避实就虚之策：明知丁汝昌舰队在那里，偏偏躲开，却派出几

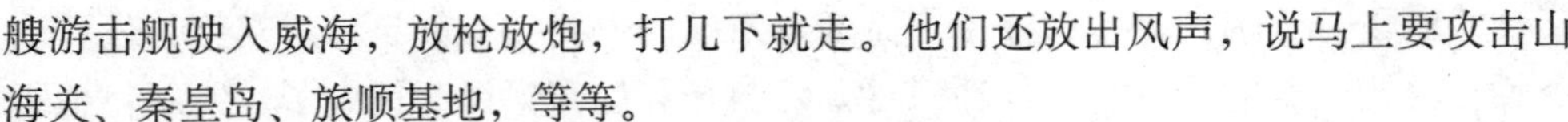

艘游击舰驶入威海，放枪放炮，打几下就走。他们还放出风声，说马上要攻击山海关、秦皇岛、旅顺基地，等等。

李鸿章分析这些传言，认为很有可能。北洋海军连同那几个基地都是他的命根子。在他看来，保不住这些，大清朝也完了。他担心基地被毁，更担心舰队受损，还担心日军乘虚攻入辽西走廊，直犯内地，指向京城。总之，他的担心太多了，直惊得浑身是汗，紧急电令丁汝昌打道回府，不要在海上东游西闯，给他添乱子了。

丁汝昌失望地回来了，回到了他的衙门。李鸿章既给了他许多安慰，又给他泼了冷水：盲目出战，后果不堪设想！

年轻的光绪皇帝与李鸿章的态度正好相反：他要求北洋海军不惜一切，打沉几艘日本军舰，灭一灭小日本的威风。他不相信丁汝昌率主力舰队在海上搜寻了十天，竟找不到日本舰船的影子，就这么空手而归了。他更不能想象日本舰队在打沉了“高升”号、理亏在先后，还敢主动找上门来，在中国的威海耀武扬威。

光绪皇帝是一百个不相信，连续电问李鸿章：你们在编造吧？他下旨责问丁汝昌：你真的去海上搜寻日本战舰了么？恐怕是在衙门里睡了十天的大觉吧？！不敢去碰日本海军吧？！朝廷中的一些主战派不明底细，在光绪身边一个劲地上烂药，迁怒于丁汝昌，指责他畏敌怯懦，躲在刘公岛上，不敢与日军较量。

光绪皇帝越想越气，竟当着庆亲王及几位大臣之面，把茶碗重重地摔在地上。庆亲王与大臣们惊得面如土色：他们还从来没见过光绪皇帝气成这样呢！

发了一通大火之后，光绪到底还是平静下来了。越过李鸿章，直接下旨给丁汝昌：率领北洋舰队，日夜在威海、大连、旅顺等海域加强巡逻，严行扼守。不许让日本的一船一舰闯入渤海。有胆敢来犯者，坚决打沉它！

或许是年轻了一些，这道圣旨下来仅隔两天，光绪的气又上来了，再下两道圣旨：一道给李鸿章，严谕这位中堂在海军将领中重新选拔一名帅官，顶替丁汝昌。另一道以丁汝昌畏葸无能、巧猾避敌之罪，将他革职。

跪接了这道革职圣旨之后，丁汝昌惊得目瞪口呆。他回想自己统帅北洋海军以来经历的千难万险，一颗心寒透了。当天，他就要启程回乡。早些时候，他已将家小由庐江搬到巢县去了，妻儿们正盼着他回去过普通人的日子哩！

但他没有走成。还是老中堂李鸿章留住了他。这位老中堂接到圣旨以后，也是满心的不服，当即上奏光绪，表示抗议。

光绪到底还是很在乎李鸿章的。得罪了这位中堂，那半壁江山就没有人能替他扛起来了。李鸿章尽管话讲得不恭不敬，还得给他面子，保留丁汝昌的位子。

丁汝昌当这个海军统帅，是受罪的。他已陷入了一种进退两难、不能去打又不能不打的夹缝中了。一头是光绪皇帝叫他打，一头是顶头上司李鸿章不让他去打，保存实力，留得青山在，不怕没柴烧！

丁汝昌对自己也有个实事求是的估价，他好像还不是一个合格的帅才。但他认为自己是忠于他的这支舰队，并愿意为之做出最大奉献的。只要国家需要，他搭上自己一条性命也在所不辞。

现在，既然大任在肩，按照李中堂的命令，他要确保完成这次运送四千名淮军到达大东沟的任务。天色微明了，经过大半夜的航行，大东沟已遥遥在望了。

“准备靠岸，让陆军登陆！”丁汝昌下达了命令。他想以最快的速度把将士们送上岸，然后卸下武器装备。他不敢让他的舰队在这个地方耽搁太久。危险太大。四千将士，下船的速度很快，但要卸船的东西太多，沿岸上已堆积如山。士兵们来来往往，抓紧时间搬运。

丁汝昌手举着望远镜，向远方的水面上观察，隐约可见巨舰矗立，灯火荧荧。他预测到一场战争风暴就在眼前了。两天前他得到报告：日本海军司令已下达命令，寻机与北洋海军进行决战。日本联合舰队已经出动，正在大同江口一带搜寻北洋舰队。

九月十六日午后五时左右，日本海军第一游击队合同“赤城”“西京丸”等兵舰，一共十二艘，由渔隐洞出发，向黄海北部一带驶出。日本这支舰队以第一游击队为先导，联合舰队主力队继之，“赤城”“西京丸”随主力舰于右侧航行。太阳落山以后，日本舰队突然改变方向，朝海洋岛而来。他们这时并没有发现丁汝昌运送淮军的舰队，但两国舰队实际上已相距很近了。

九月十七日清晨，朦胧的夜色已经褪去，朝霞自东方海面跃出，为波涛镀上了一层金色。到早上七时许，中国运兵舰船卸完了武器弹药、粮油和被服。四千将士沿岸扎营，丁汝昌完成了任务，心情稍稍轻松了一些。

丁汝昌下达命令：开始做出发前的准备！水勇们各自回船，将舰上舢板全部撤除，仅留下六桨小艇一只，以免在突如其来的海战中引起火灾。为此，他们还把所有易燃的木料、器具等集中到一处堆放。各舰上的十二寸口径的克虏伯炮也统统撤除了，仅保留舰首、舰尾六寸火炮，以免本舰在发射重炮时引起强烈的空气震荡，威胁炮手安全。所有的舰船在出发前都涂上了银灰的颜色，以使敌人在远距离外不易识别，而甲板四周堆起了几尺高的沙袋和煤袋，供士兵们作掩体使用。

按照规定程序，各舰进行了适应性训练。到午前十点三十分，准备完毕，训练结束，舰上的伙房正在烧午饭。正在这时，“镇远”号报告：“西南方向的海面上发现一股浓烟，料是日本舰队开来！”

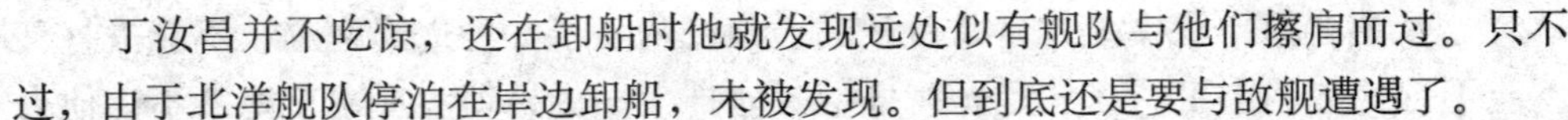

丁汝昌并不吃惊，还在卸船时他就发现远处似有舰队与他们擦肩而过。只不过，由于北洋舰队停泊在岸边卸船，未被发现。但到底还是要与敌舰遭遇了。

他下意识地环视一下自己舰队的阵容。此次护航并运送淮军将士，丁汝昌花了血本，构成了北洋海军创建以来规模最大的一次结队行动。

从昨天到现在，丁妆昌基本上没有合眼。对周围海面的动静，他不敢有丝毫的麻痹大意。他最大的担心就是在他舰上的大军还未登陆，装备还未来得及卸下时，突然与日本舰队相遇。那样的话，北洋舰队会陷入被动挨打境地，要吃大亏的。所以，在进入大东沟时，他除了安排两艘炮舰和四艘鱼雷艇直接参加运输外，还命令“平远”“广丙”两艘兵舰停泊在不远处的海面上担任警戒任务。

丁汝昌自己率十艘主力战舰在大东沟外十二海里处下锚。他不停地用望远镜看着，终于等到任务彻底完成的时候了。

他要求提前开午饭，吃过午饭就启程，争取在天黑前返回旅顺海军基地。

十一点钟，各舰伙房里响起了碗盆磕碰声，甲板上飘来了饭菜的香味。

丁汝昌在这个时候得报，发现日本兵舰！他急速来到船头。总教习汉纳根紧跟着来到他的身旁。这是李鸿章特意请来的普鲁士军队的一名退役军官。汉纳根是一八七九年跟着他的岳父——天津海关税务司德璀琳来到中国的。李鸿章明知他不懂海军，把他聘来，只是想为北洋海军壮点门面。让他在船头一站，会让日本人看到：瞧，北洋海军有洋军官在为它效劳。李鸿章认为：这样才能使日本海军有所忌惮。

这会儿汉纳根也举起了望远镜。“定远”号舰长刘步蟾也登上了高高的船头，与丁汝昌、汉纳根并排站着，向西南方向的海面望去。

三个人都从望远镜里看清了：一队冒着滚滚煤烟的军舰正排着整齐的单纵队形，向大东海方向急驶而来。而且，从桅杆上悬挂的国旗可以看出：那是日本的太阳旗。

丁汝昌的心已吊到嗓子眼了，他十分紧张地下达了命令：“舰队升火、起锚，准备迎战！”

日军司令官伊东佑亨也丢下望远镜，锁紧了眉头。此刻他是又高兴又害怕。终于找到了一个有可能把北洋舰队一网打尽的难得的机会了。

伊东佑亨并没有急于动手。正因为此战关系重大，他宁可多推迟一些时间，也要尽可能地准备充分一些。他首先下达的命令是：“开饭！”据他的推断，此战一旦打响，就一定是一场最艰苦的持久战，绝对不会速战速决。他要让他的水兵们都吃饱了肚皮再投入战斗。

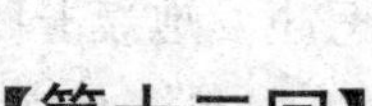

【第十二回】

谍血黄海葬忠魂，疯狂辽东逞淫威

丁汝昌没有吃饭。

伊东佑亨没有吃饭。

两个敌对的将领在各自酝酿着自己的大战。宁静只是暂时的。当士兵们吃完午饭后，他们各自下达了命令：准备战斗！

伊东佑亨看出了他的部下们的紧张情绪，他让每个士兵们吸一支烟，以此平定心神。他令“赤城”“西京丸”两艘战舰移到舰队左侧的非战斗行列，以躲避战火。

丁汝昌站在“定远”号上。这是北洋海军的旗舰。他令舰队呈犄角鱼贯阵，即双纵排列，缓缓前行。当他发现日本舰队单纵队鱼贯而来时，下令改变队形：让“镇远”号和自己所在的“定远”号居中，令其他舰船分处两舰左、右侧，排成一个雁形队列。各舰相距四百米左右，以每小时七海里的舰速向日本舰队迫进。

伊东佑亨见北洋舰队主力舰在队形的中部，而把“超勇”“杨威”二舰放在右翼最外侧，心中一喜。他知道这两艘舰威力很差，没有进攻性。丁汝昌这样安排，好像是用它们来保护主力舰，充当“替死鬼”。在日本人看来，北洋海军是害怕的，以防御为要。

两支舰队相距只有两里多了，短兵相接，一触即发。日本人首先行动。

丁汝昌反应灵敏，识破了日本舰队的意图，令全队向右移转四度，使“超勇”“杨威”两舰避开日舰火力，而以自己的主力舰与敌舰首先对阵。

旗舰“定远”号的六分仪在不停地测量着与日本舰队的距离。到十二点五十分时，两国舰队相距只有一里半了，双方都能看清对方。

突然，丁汝昌的旗舰“定远”号的右舷炮塔喷出一团白烟，接着便听到一声巨响。这是一座三十公分半的主炮射出的炮弹，炮弹向上偏了一些，从“吉

野”号战舰的桅杆上掠过，落在离它几十米远的海面上爆炸了。水注腾空，高达二十多米。

“定远”开炮了，“镇远”号也发炮轰击日舰，其他各舰紧跟着发出了雄师般的怒吼。顷刻间，数十发炮弹飞向敌舰，打中了日军先锋舰一艘。

日本舰队虽然出现了惊慌，但并未乱阵脚。丁汝昌发现，日本舰队没有急于开炮，只是在中国海军的猛烈炮火下不断变换着队形。

“注意保持距离！”“注意控制速度！”

伊东佑亨不停地吼着，对他的舰队下着命令。他又喊道：“敌人舰队是要以‘人’字形队列与我们作战。无论如何，我舰队必须以严整的单纵队形迎上去！”

这单纵队形实际上就是“一”字形。以“一”字排开的队形在最初不具有最大攻击性，仅前锋舰可以发炮还击，鱼贯在后面排开的军舰无法发挥攻击作用。但一旦两舰队接近后，整个舰队可以居“人”字队列一翼，全队齐上，进行轰击。而“人”字形队列的另一翼无法发挥攻击作用。若组织轰击，炮弹只能从自己的军舰上方掠过，再炸敌舰。这是难度极大、近乎不可能的事。

丁汝昌从来也没有见过这种队形。但是，当他看到日本舰队以“一”字形冲来时，很快意识到自己的阵式将有近一半力量使不上了。敌人舰队鱼贯移到自己的一侧，另一侧的舰船就有力使不上了。所以，在打出了几十发炮弹，仅一弹击中敌舰后，他急于要调整自己的队形了。如果不做调整，北洋舰队将更加处于劣势。

对方不断变换队形，丁汝昌已发现自己的队形是被动的，立即下达命令：“变成雁行小队！”这个队形比原来稍有变化。丁汝昌之所以这样改变队形，目的是要发挥各舰舰首的火力，让所有舰船都能发挥攻击作用。北洋舰队的重炮都设置在舰的头部。最有威力的是“定远”“镇远”两舰，各装配了重炮八门，舰尾装的则是小口径轻炮，射程较近。远距离攻击性较差。

丁汝昌边调整队形，边组织开炮。“定远”舰的重炮又射出一弹。随着“轰”地一声巨响，重炮上方的舰桥被震塌了，铁支架断裂，整座舰桥砸在甲板的炮位上。

丁汝昌此时正手持望远镜在舰桥上观察敌舰，一下子重重地摔在了甲板上，腰部摔伤，一只手也鲜血直流。兵勇们赶快将主帅扶进舰舱，清洗伤口。

忽听“轰隆隆”的成串巨响，丁汝昌得知：“日本舰队向我们开炮了！”他忍着伤口疼痛来到甲板上，见敌舰队犹如一条黑色铁链似的伸展过来。他知道，自己的舰队已进入日本舰队的射程之内。此时只有抓紧时间发炮，抢先命中敌舰，才可能减少被动。刹那间，两军大小火炮，连环轰发，炮声隆隆，硝烟弥漫。世界军事史上以蒸汽机为动力的两国舰队的激烈交锋开始了。

很快，“超勇”“扬威”号被日本舰队击沉，日本舰船上欢呼声阵阵。他们并没有等两舰完全沉没，第一游击队就立即转舵绕向了北洋舰队的又一侧后端，组织了新的攻势。

很快，日本舰队调整完毕，战局正在按着他们的计划展开。

“信号？信号没有了！”北洋舰队各舰上的兵勇们都在呼喊。此时北洋舰队已腹背受敌，遭受着两面夹攻，但却突然看不见旗舰“定远”号上的信号指令了。

原来，丁汝昌所在的“定远”号上的望台已被日舰的排炮击毁。正在望台上督战指挥的丁汝昌的右脸和脖颈被严重烧伤，已不能指挥战斗了。加之没有了信号装置，别人也无法代替指挥，整个北洋舰队失去了联络。群龙无首，各舰只有各自为阵，单舰作战了。这使得北洋舰队陷入更加危急的境况之中。

“致远”号的管带邓世昌站出来了。在硝烟弹雨之中，他命令“致远”号冲上了前阵，代替旗舰，组织战斗了。

邓世昌是广东番禺人，生下来就是一个火暴脾气，为人心直口快，说话没有深浅，却敢作敢为。他心中的喜怒哀乐都挂在脸上，手下人都还挺喜欢他的。他是福州船政学堂的第一期学员，学的是航海专业。中国人对海洋并不陌生，但对航海却一无所知。邓世昌自接触上这一门全新的学科后，攻读刻苦。他与其他学员一样，先学习了英语。不通英语，是无法成为海上骄子的。战舰系洋人制造，海上往来的各类舰船也以洋人的为多，不会英语，便无法出海。学了英语，再学天文。海之万里，波涛滚滚，茫茫大海之上须辨方向，须识气候，能测天气，预知海程的远近。还要学习地舆，海风的大小，火力的多寡，航行的时速，必须一一计算。邓世昌又学了驾驶，还学会了制图。

他在船政学堂一呆就是七年，各门功课都十分优秀，被李鸿章亲自点将，到了北洋海军中充任管带。从此，邓世昌开始了自己漫长而又辉煌的海军生涯。北洋海军自组建以来，没有经历过海战。所以，各舰的管带都是靠接船、造船或训练有功被提升的。邓世昌也不例外。

下午三时刚过，日本舰队打过来一发炮弹，击中“定远”号腹部。“定远”号被炸开一个大洞，一团火焰由内向外窜出，十分危急。一看便知，日舰打过来的是穿甲弹。“定远”号兵勇们集中全力堵漏扑火，在炮位上的炮手们也只好退出炮位扑救。

日本舰队负责夹攻的第一舰队发现“定远”号火力锐减，立即大胆地靠近“定远”号，数炮齐射，想把它打沉。

“冲上去，掩护旗舰！”邓世昌发出了命令。

“定远”号的大火被暂时扑灭了，但“致远”却在冲杀中被日舰轮番炮轰，遭到重创。邓世昌是豁出去了，全然不顾自己的战舰危在旦夕，依然冒着炮火继

续冲向敌方战舰。

“致远”的正前方，是日本的“吉野”号在阻击。两个月来，这“吉野”出尽风头了：在丰岛炮击“济远”的是它，拦截“操江”的是它，一个小时前击沉“超勇”“扬威”的是它。现在，数炮打中“定远”“致远”的还是它！

邓世昌把愤怒的目光投向“吉野”号。他吼叫着，用大手挥舞着，决心与“吉野”号以死相拼。

“吉野”号舰长坪井航三愣住了：看那“致远”号的情状，是要以舰相撞，不顾一切了。北洋水师中竟有这样视死如归的勇士，这让坪井航三目瞪口呆，更让他的部下们胆战心寒。

眼看“致远”号就要撞过来了，一旦相撞，两舰必然同归于尽。坪井航三失声吼叫起来：“快！快集中炮火，阻止‘致远’！”刹那间，第一游击队四艘兵舰一齐把侧舷速射炮对准了“致远”。

“轰、轰、轰！”十几颗炮弹几乎是同时打中了“致远”号的腹部。有一颗鱼雷打中“致远”号锅炉，引起爆炸，并致使舰身断裂。站在望台上指挥的邓世昌被气浪抛进海中。三时半开始，“致远”号右舷倾斜，在东经一百二十三度三十四分，北纬三十九度三十二分的黄海海面上沉没。全舰官兵除七人幸免于难外，其余全部壮烈殉国了。

邓世昌坠海后，随从刘忠跳入海中以救生圈相救，使他浮出海面。早在战前，邓世昌就抱定了誓死的决心。眼看着自己心爱的战舰沉没了，他悲愤至极。这是他亲自赴英接回来的战舰。“致远”就是他的荣誉，他的生命。现在再也看不到他的战舰了，他的心在滴血。恨只恨未能撞到“吉野”，却被日舰打沉，他不由得仰天长叹：出师未捷，只有以一死来报效国家了。他在舰上养了一条犬，邓世昌为它取名叫“太阳”。这“太阳”见主人落水，也从甲板上跃入海中，游向邓世昌。狗通人性，它用嘴咬住了邓世昌的手臂，想把邓世昌拖向其他战舰。邓世昌用力挣脱，“太阳”又咬住了他的发辫。

邓世昌流泪了。他已经决心与自己的战舰、与全舰官兵共存亡，他坚定地拒绝爱犬的搭救，双手抱住“太阳”的头，将“太阳”闷在水中。之后，自己也溺于波涛之中。这年，他才四十六岁。

“致远”号沉没后，北洋舰队腹背受敌。提督丁汝昌在舱内听说邓世昌及官兵们牺牲，挣扎着站了起来，走出舰舱，坐在甲板上指挥督战。但不一会，他连坐都坐不住了，便命右翼总兵刘步蟾代替他督战。

刘步蟾果然是好样的，领命登台出阵，指挥各舰与日本舰队作战。广大官兵顽强抵抗，英勇无畏。许多兵勇们已身负重伤，但仍然坚持战斗。

北洋舰队的“镇远”号战舰“咬”住日本的“西京丸”号了，带伤的“定

远”号也转舵冲了过来，对“西京丸”炮击夹攻。“定远”连发两炮，一炮打中它的右船舷，一炮落在它的上甲板上。通往舵机的蒸汽管被击毁，使“西京丸”号舵机失灵。

“西京丸”慌了，立即发出“我舵故障”的信号，以此向它的旗舰求救。

“定远”“镇远”通过它发出的信号得知“西京丸”舵机失灵，又向它连打十几炮，使它弹洞累累，终于起火了。“西京丸”航速大减，只好用手舵代替舵机航行。

就在这时，北洋舰队的“平远”、“广丙”及一艘鱼雷艇领命前来助战，共同向“西京丸”发起进攻。它们把“西京丸”包围了，在五百米的近距离内环攻，使“西京丸”的火势愈来愈猛。“福龙”号鱼雷艇冲向“西京丸”，连发三颗鱼雷，可惜因相距太近，鱼雷从舰底水中通过。随舰队出海巡视的日本海军军令部长桦山资纪正率幕僚们在吊桥上观战，看到“西京丸”陷入危境，吓得面如土色。当他看到中国鱼雷艇射出的鱼雷没有爆炸，知是从舰底深水通过，这才轻松了一些。

“西京丸”在日本其他舰船的掩护下逃出了包围圈，冲向北洋海军的“济远”号。“济远”号管带方伯谦见状大骇，慌忙转舵逃遁。

这个方伯谦为人阴险狡诈，向来贪生怕死。十几年来没有打仗，尚看不出他怕死的一面。黄海大战一开始，只见他的战舰东躲西藏，不敢近距离与敌舰交战，远距离发了几炮，打的全是空炮。这时见“西京丸”发疯似的冲过来，急令逃跑还不算，又令部下将好端端的大炮用铁锤砸坏，以此作为临阵先逃的借口。

大炮砸坏了，他挂起了“本舰重伤”的信号，然后就驾舰逃离了炮火的轰击。只是他逃脱了今天，却逃不了明天的厄运。黄海大战不久，李鸿章治了他一个临阵逃脱罪，被处军前极刑。

“广甲”与“济远”号是一个雁形小队。“济远”号率先逃离战场，“广甲”号管带吴敬荣看到眼里。他认为这就等于有了先例，心想：你能跑，我不能跑么？于是，他也下令转舵逃跑。因害怕日本舰队追击，一时慌不择路，刚跑到大连湾三山岛外，就触礁搁浅了。吴敬荣手段更卑劣：令部下一把火把“广甲”号烧了，想造成起火假象，然后率众官兵弃舰登岸。最后，“广甲”号被日舰用重炮摧毁，成了一堆烂铁。

日本舰队要来集中火力围攻位于北洋舰队右翼的“经远”号了。四五艘炮舰逼近“经远”号，管带林永升却临危不惧，镇定自若地指挥全舰奋勇抗敌。他一面组织扑火，一面命令炮手们坚守岗位，发炮还击。他站在望台上，大有以死相拼之势。突然一发炮弹落在他脚下，林永升顿时肢体破碎，英勇牺牲。“经远”的火势越烧越猛，舰体也逐渐向左舷倾斜，慢慢下沉。在舰毁人亡的紧急关头，

"经远"号官兵仍继续沉着应战，一直坚持到全舰沉没。全舰官兵二百余人，除十六人获救外，其余全部壮烈牺牲。

黄海大战转入第二阶段，北洋舰队已先后失去了六艘舰船。四艘沉没，两艘逃遁，战斗力锐减。而日军来了精神，火力更加凶猛。刘步蟾无奈，决定由进攻转入防御，设法突围。

下午三时以后，坚持战斗在第一线并具有作战能力的，实际上只有"定远""镇远""来远""靖远"四艘战舰了。而日本因三艘弱舰受到重创，被迫退出海战，仍有九艘战舰参加战斗。无论从舰船数量、吨位、火炮数量等哪一方面比较，日本舰队的力量都超过北洋舰队一倍以上。战局对中国的水兵们更加不利了。

日本舰队调整了布局，以"松岛""千代田""岩岛""桥立""扶桑"五舰包围"定远"和"镇远"，原第一游击队的四舰去专攻"来远"和"靖远"。这样，便把北洋海军的战舰一分为二，把战场也分成了两块。日本舰队的主要目标就是要打沉"定远""镇远"两艘大型铁甲舰。他们深知：这是李鸿章的"王牌舰"，是整个北洋海军的依托，打沉了这两艘军舰，北洋海军也就完了。所以，他们集中了五艘主力舰，炮弹狂飞，围攻不止。

"定远""镇远"号的官兵们也是铁了心不能丢脸，一边寻找突围机会，一边组织炮火反攻。刘步蟾表现出色，临危不惧，指挥着"定远"号不停地变换航向，让敌舰难以瞄准。"镇远"号管带林泰曾、大副扬用霖则率舰奋力出击，始终与"定远"号保持着互相依恃的犄角骈列阵形，与敌周旋。两舰在周旋中多次被日舰击中起火。官兵们及时扑救，有条不紊。"镇远"号十二寸巨炮的炮手正在向敌舰瞄准，突然飞来一颗炮弹，将这个炮手炸得粉碎，肢体和头骨四处飞扬。但其他炮手毫无惧色，稳坐炮位，继续炮轰敌舰。

三时三十分时，"定远"号发出一炮，命中了日本旗舰"松岛"号右舷下甲板第四号炮位。这一炮打得精彩，引起了堆积在甲板上的弹药爆炸。刹那间，只听"松岛"号传来炸雷般的崩裂声，全舰惨叫声不绝于耳。片刻工夫，"松岛"号就开始倾斜、下沉。烈焰之下，一百一十三名日本舰队官兵尸体横飞，坠入海底。

伊东佑亨遭此一击，只好挂起了"不管旗"，让"桥立"号代替"松岛"行旗舰之责。

当"定远""镇远"与五舰鏖战之时，"来远""靖远"也不辱使命，坚决抵抗着"吉野""浪速"等四艘巡洋舰的狂轰滥炸。苦战多时，两舰均受重伤，都发生了底舱进水现象。"来远"舰尾部已中弹起火，尾炮被毁，只有舰首的大炮还可以勉强还击。

"来远""靖远"号带着重创边打边退。到下午五时不到，已退到大鹿岛附

近。不远处就是一片沙滩了，官兵们终于占据这一块有利的地形，一面奋力灭火抢修，一面用舰首主炮轰击追赶而来的敌舰。

日本人傻眼了，第一游击队害怕搁浅，不敢驶近浅滩，只好开炮乱打。“来远”“靖远”两舰为了牵制第一游击队，据有利地形而加大火力，想把第一游击队拖到海战结束。

下午五时左右，日本海军不得不停战了。

伊东佑亨立在望台上发呆了：“比睿”号“赤城”号“西京丸”号已不知去向；第一游击队又追赶“来远”“靖远”而去，脱离了本队。他眼下的五舰中，“松岛”号已完全丧失作战能力，船体仍在下沉。“扶桑”号早已遭受重创。另外三舰虽然伤势不重，但已不是“定远”“镇远”的对手。炮弹也不多了，日军士气开始低落。

伊东佑亨思考再三，决定返航。黄海的海面已笼罩在暮色里。日本舰队突然掉转队形，喷吐着浓烟离去了。

伊东佑亨在返航时脸上布满了遗憾之色，因为，他最想击沉的“定远”“镇远”号还在！李鸿章的北洋舰队还在！

丁汝昌，刘步蟾在日本舰队离去以后，率北洋舰队返回了大连湾。

返航的路上，在北洋舰队参加海战的将领中，此刻没有谁再比刘步蟾心情沉重了。他在设想着中堂李鸿章得知黄海大战后的情景：是愤怒地骂娘？是惊得昏死过去？还是呆呆的，如同傻子一般，没有感觉了？刘步蟾唯独没有想到这位老中堂也会哭。

刘步蟾自己在返航的途中也哭了。这次意外海战，其实绝大部分过程里都是自己在指挥。海战开始不久，丁汝昌就被震落摔伤，后来虽然坚持了一会，但大多数指挥责任已经落到了自己的肩上。

刘步蟾是北洋舰队右翼总兵兼管带，当然的第二号人物。丁汝昌负伤，他的责任便更加重大。

他是福建侯官人，十五岁就考入福州船政学堂，成为这个学堂的第一批学员。一八七六年受李鸿章派遣，赴英国学习舰船驾驶，成为大清帝国第一批留学生。此后，又到英国海军旗舰“马那多”号上实习，一八七九年通过英国海军部考试后回国。

回国后，他更是潜心钻研军舰技术，翻译了大量外国海军资料，整理自己的心得笔记，写成《西洋兵船炮台操法大略》一书，明确提出：海军发展的方向是大炮巨舰，自成一军。李鸿章对此赞扬不已，按照他的建议才订购了“定远”“镇远”这两艘大型铁甲舰。李鸿章派他前往德国伏尔铿船厂监造，这也是中国人第一次出国监造战船。而在此之前，北洋舰队的战船大都是通过英籍

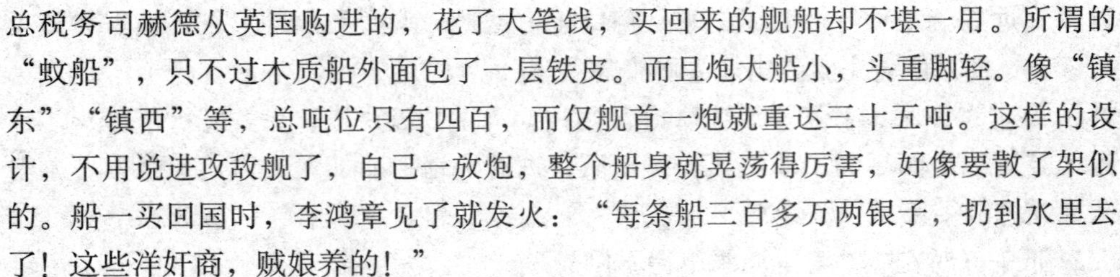

总税务司赫德从英国购进的，花了大笔钱，买回来的舰船却不堪一用。所谓的“蚊船”，只不过木质船外面包了一层铁皮。而且炮大船小，头重脚轻。像“镇东”“镇西”等，总吨位只有四百，而仅舰首一炮就重达三十五吨。这样的设计，不用说进攻敌舰了，自己一放炮，整个船身就晃荡得厉害，好像要散了架似的。船一买回国时，李鸿章见了就发火：“每条船三百多万两银子，扔到水里去了！这些洋奸商，贼娘养的！”

李鸿章自己不是造船、用船的内行。但他会用人，脑瓜一转，便把刘步蟾这样的行家派出国去现场监造。所有用料、设计必须得到中国代表的同意。这下果然有了效果，“定远”“镇远”两艘大型铁甲舰完全符合设计要求并建成下水了，成为北洋海军实力的象征。

刘步蟾来到李鸿章的北洋水师，在海军建设方面也做出了重要贡献。几千年来，中国人只知道陆地上厮杀，对大海一无所知，因而忽视了来自海上的威胁。李鸿章发现了征战大海的意义，下决心买了不少舰船，但真正建设起一支海军，还得从零开始。他发现了刘步蟾是个学者型的人才，就让他多方面提出规划，献计献策，参与草拟了《北洋海军章程》，使北洋水师训练从此有章可循。刘步蟾事必躬亲，为人表率，在同批学员中进步较快，成了仅次于丁汝昌的重要将领。

刘步蟾在性格上与邓世昌有些相似：心直口快，敢于直抒己见。他们一批留学生刚刚回国时，李鸿章亲自会见他们，对他们的总体评价是：“文秀有余，威武不足。”但对刘步蟾却是一个例外，李鸿章赞他锋芒毕露、敢于抗争。

一次，刘步蟾求见李鸿章，开门见山地说：“北洋海军自成军以来再无发展，水兵们也老了。请中堂大人上奏朝廷，据理力争，按年定期添置‘定远’‘镇远’级别的战舰，尤其要更换舰炮。否则，东邻日本终将成为中国之大患！”

李鸿章笑着问道：“日本的舰炮如何呢？你把他们的与我们的比较一下说说。”

刘步蟾道：“禀大人，自从英国人发明了速射炮以后，日本海军就立即大量购买，并马上装备到自己的舰艇上去了。这种火炮的最大优点就是发射速度快。十二公分口径的速射炮，发射速度是每分钟八至十发；十五公分口径的速射炮每分钟能打五至六发。而我们的舰炮呢，一律是旧式后膛炮，发射速度慢得急死人了！后膛炮的炮弹仅是一个弹头而无弹壳，施放时必须先将弹头填进炮膛，然后再根据估计的射程远近，加一定数量的火药，最后才来引火发射。这样，每分钟能打一发就不错了。就是说，现在日本每拥有一架舰炮，就等于我们的五至十架大炮。不仅如此，他们大炮的命中率也大大高于我们。中堂大人，若不添置新式装备，我们迟早要吃大亏的！”

李鸿章紧锁了眉头，道：“你的分析很有道理，事实也正是如此。其实这些情况本部堂也略知一二。我何尝不想一年买几艘大船，再添一批最新式的大炮

呢？但苦于手中无钱，还……”李鸿章说到这里，自己打住话头不说了。他老于官场，深知此事的利害所在，是不能把慈禧太后挪用海军经费、朝廷对自己猜忌等真话讲出来的。

然而，北洋海军所要经历海上大战的失败的结局却由此决定了。黄海大战中，北洋海军遭受了巨大损失，五艘战舰被击沉，尤其是“经远”“致远”两艘装甲巡洋舰的沉没，严重削弱了北洋海军的战斗实力。还有黄建勋、邓世昌、林履中、林永升四位管带在黄海大战中阵亡，其损失更是无可挽回。

伊东佑亨最后被迫撤离战场，刘步蟾真想一追到底。他已下达命令：“全速追击！”他是不甘心这样的结局呀！

但他们主炮手衣衫破烂、满脸血污地跑来报告：“炮弹打光了！只剩下一点废炮弹了。”

“什么？”刘步蟾放下手中的望远镜，睁大了眼睛。然后猛地一跺脚，叹了一口气。他不能再说什么了。他深知，北洋海军的军械装备，除鱼雷、水雷是从外洋购买外，舰炮所用的弹药大部分为江南、天津两家制造局生产。这些军工厂是官督商办，制造技术落后，管理混乱。总办张士珩是李鸿章的外甥，他常常自恃这一点，大肆贪污，中饱私囊，只顾数量，不图质量。结果，运到舰船上的弹药有相当一批系臭弹、劣弹。有些炮弹铜箍或大或小，填不进炮膛。有些炮弹弹面已布满锈孔，未等射出，就在炮膛内爆炸了。还有一些炮弹引信拉火不合格，眼看已射中敌舰，却好似一块砖头，不见爆炸。甚至在一些炮弹内，装的不是火药，而是沙子！

刘步蟾清楚这些情况，以前在训练过程中，已因炮弹质量问题，发生过多起人身伤亡事故。许多人因张士珩是中堂大人的外甥，不敢报告此事。刘步蟾大胆向李鸿章建议，将江南和天津制造局划归北洋舰队管辖。但李鸿章表示无能为力，强调其中人事、经费、职责矛盾解决不了。

眼睁睁看着伊东佑亨率舰队匆忙撤退了，刘步蟾干着急无奈，道：“如果能有几门速射炮，如果再多一些穿甲弹，我们就有可能叫伊东佑亨逃不成了！”

下午五点半以后，归队的“来远”号代替旗舰升起了收队旗。归途中，刘步蟾独自站在甲板上，目送着夕阳缓缓西沉，海面上升起了淡淡的雾气，还有涌动在潮水之间的尸体、崩碎的木板及杂物，在海面上飘荡着……

海面沉寂下来，刘步蟾的心情也沉寂下来。在兵勇们的搀扶下，丁汝昌忍着浑身的疼痛倚在被炸成了几段的舰栏杆旁边，抬头望着自己战舰沉没的地方：那里聚集着的一大块油污还没有散去，战舰和兄弟们的尸体就在海底，他流泪了。参战的官兵死伤了八百多名，这是整个北洋海军五分之一的兵力，培养至今多不容易呀！尤其是损失了一批舰长，他们恰恰是北洋海军中最优秀的人才，有钱也

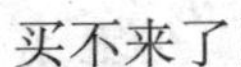

买不来了！

返回到大连湾了。丁汝昌、刘步蟾含泪致电李鸿章，详细汇报黄海之战的过程。

天津富丽堂皇的直隶总督衙门里，连日来笼罩着异常阴郁的紧张气氛。幕僚们、仆人们连同李鸿章的家人们，都在轻手轻脚地走路，细声细语地说话。他们不敢惊动李鸿章闷闷不乐的沉思，恐怕引发他强压在内心中的怒火。近来他常发脾气，而且是莫名其妙的，所有在他身边的人都是知道的。

他更多的时候是独坐在书房里，一言不发，两眼茫然地望着窗外。在他的脸上，已布满了苍老的皱纹，原来胖胖的脸盘也变得瘦长了。灰白的胡须从下巴处好似愤怒地突出起来，让人初看上去，好像他这一辈子都没有顺心过。

黄海大战的消息他起初并没有确切知道。但他有预感，料定就在近日必有一场大战。光绪皇帝既然是直接下旨给丁汝昌，命他搜寻日本舰队，择机决战，那还能找不到机会？李鸿章自言自语道："小日本是愁着找不到北洋舰队呢！"

袁世凯来求见了。李鸿章正在烦闷之际，把他呵责了一顿。袁世凯仍然满脸堆笑地劝道："中堂大人呀，您不必这么忧心忡忡。依我看，只要丁汝昌与刘步蟾这次能破釜沉舟，与日本人誓死一战，说不定能打败日本的……"

李鸿章用手一挥，打断他的话说："你知道个屁！老夫我问问你，弓箭长矛能敌得过快枪钢炮吗？想当年，长毛李秀成号称几十万大军，我淮军由六千五百人起家，不就是借助了洋枪洋炮把他几十万大军剿灭了么？当今天下，谁有我熟悉北洋海军？这仗其实是无法打的。我的意思是先添置了新式舰船、设备和大炮以后，再择机一举重挫日军。但现在好了，是知其不可为而为之了。这样硬着头皮开战，我能不忧心忡忡么？！"

袁世凯被训得面红耳赤，再也不敢多言了。

九月十七日下午，也就是黄海大战正激烈的时候，李鸿章仍呆坐在书房里，感慨万千，食不下咽。他想，这些年来，自己所倚仗的就是北洋海军，难道它在这次征战中注定要一败涂地么？那样的话，这支海军完了，自己最后的一搏也就完了。没有想到自己辉煌了大半生，老来却不可避免地走上了下坡路，与这个日薄西山的大清朝一起，恐怕要被钉在历史的耻辱柱上了！

李鸿章在回廊上踱着慢步，忽听身后传来一阵杂沓的脚步声。李鸿章强打精神，立即收起痛苦的表情，换上一张威严的脸面，扭过头一看，来了好几个人。他们是：袁世凯、李经方、薛福成、伍廷芳等。

从这些人紧张的神情里，李鸿章已猜出了其中的不祥。几人走到他跟前时，却没有人先开口说话，都在你看着我，我看着你。最后在李鸿章的催问之下，袁世凯壮起胆子报告说："中堂大人，丁汝昌、刘步蟾率舰队在大东沟口外的黄海之上，遭遇日本联合舰队的猛烈袭击。双方一场激战刚刚结束，北洋

舰队被击沉战舰五艘，八百多名官兵伤亡，邓世昌等四名管带也以身殉国了。但‘定远’‘镇远’号保住了，现已返回大连湾。日方损失也不小，但来电讲得不明确。”

袁世凯说完，李经方向父亲递上刚收到的急电。李鸿章在接电报纸时，一双手明显在发抖。他细细地但又是面无表情地看完了电报，就近一屁股瘫坐在回廊的栏杆上，失声痛哭起来：“不出我所料，大难临头了！几位出色的管带都还年轻，乃国之栋梁，军之依托呀！奈何非得遭此亡命之难呢？！邓世昌呀，黄建勋呀，林履中呀，林永升呀，‘经远’呀……你们都是我的儿子呀！”

李鸿章呜呜哭得伤心。李经方上前搀父亲，让他回屋休息。

“休息？现在还有心休息么？我的官兵们死伤这么惨重，我的‘经远’不在了，我的林永升不在了，叫我如何能够安生哪？！”

在李鸿章的眼里，“经远”的管带林永升就如同他儿子一般。这个林永升，是第一批出国留学的人员。北洋海军购进了“经远”号巡洋舰，李鸿章当时看了就喜欢上了。他想到了亲生儿子经远，因为其他舰船多数都带一个“远”字，便将他喜欢的这艘巡洋舰取名叫“经远”了。在已有的军舰中，“经远”“致远”是仅次于“定远”“镇远”的强舰了。为了把这些舰分配到自己手中，北洋海军的骨干们经过了互不相让的争夺。而争夺最激烈的就是“经远”。将士们明白：李鸿章有个儿子叫经远。

林永升与林泰曾几乎吵起来了。他们为了能当上“经远”号管带，当着李鸿章的面大吵大闹。对于这两个人，李鸿章在心里都比较喜欢。在性格上，林泰曾木讷寡言，但说话掷地有声，且极有主见。手下人都很服他，说他有大将风度。而林永升呢，血气方刚，无私无畏，在兵勇们中间也很有威信。

李鸿章权衡半天，拿不准主意。他征求丁汝昌、刘步蟾意见，岂料他二人也由于“经远”含义中多了一层特殊所指，都恳请李鸿章定夺。李鸿章最终还是从他们个人发展和前途上考虑，选择了林永升。

林永升领命以后，一下跪倒在李鸿章面前，道：“我知道经远是您的儿子，我林永升蒙大人之厚爱，当了‘经远’的管带，我一定要像您儿子一样，对您忠心不二！”

李鸿章着实感动了，他也道出了实话：“在我的舰队中，‘经远’号不是最大，最强的兵舰，但也不是最弱、最小的。最大的舰船如‘定远’‘镇远’号，因其大而强，目标也大，最容易成为敌舰攻击的目标，所以危险性大。而太小、太弱的舰，不被重视，可有可无，我也看不上。我之所以把你安排在由我以亲生儿子之名命名的‘经远’号上，既想求它平安无事，又想叫它发挥作用，望你能体悟我的用意。”

如今，恰恰是在他看来最安全又如人意的“经远”号沉没了，犹如自己儿子一般的林永升也阵亡了，李鸿章不仅感到了一种不吉利的兆头，还把它与自己、与自己家庭的命运联系起来了。他怎能不为之恐慌不安，伤心流泪呢？七十二岁的李鸿章顿时涌起了一种“白发人送黑发人”的感觉。

秋风萧瑟的旅顺口军港里，营务处衙门内座无虚席。丁汝昌是最后一个到来的。他头上和腰间都裹满了白纱布，但人们仍能从他的目光中看出异样严肃的神情。

丁汝昌扫了一眼，只见在座的没有一个不挂彩的。大家的神情都很严肃，知道李鸿章电令已到，今天要将方伯谦押赴刑场了。

所谓刑场，就是几十米开外的一块空地。

李鸿章的电令是昨晚收到的，上午就要将方伯谦绑赴刑场。行刑前，丁汝昌先召集一个会议，传达李鸿章的指示，作了一番悲愤的讲话。全体军官一致支持将方伯谦绳之以法。

上午十点，方伯谦被两个高大的兵勇押进了会议厅。他用两眼瞄了一下在场的众人，双腿抖得站不住了，脸色变得惨白，浑身汗水，就好像刚从黄海里捞出来一般。

丁汝昌强忍着悲愤，十分平静地叫了一声：“方伯谦，你临阵逃脱，死期已到，还有什么话要说？”

方伯谦明知求饶也没有用了，但还是本能地跪下了，声嘶力竭地哭喊起来：“丁军门饶命，各位管带饶命，我知错了。”

方伯谦挣脱开两个兵勇，跑到各位管带面前，一个一个地跪下磕头。他多么希望这些老同学、老同事一齐站出来，替他讲几句好话，求一个人情。可是，他所看到的都是鄙视的面孔，没有一个人对他表示同情。

严亚复想站起来搀他一把，但被林泰曾一把拉住了。林泰曾道：“你知道错就好，还算死得明白。我等都与你有旧，纵想保你一命，无奈上命难违呀！”

陈开胄板着脸道：“何止是上命难违？还有众气难消呢，你是罪该万死呀！”

丁汝昌道：“既是这样，你在临行前有什么话留于后世，可写在白绫之上。”说着，他示意亲兵拿来一段白绫和笔墨。方伯谦用发抖的右手在白绫之上写下了歪歪扭扭的四个大字：“莫效我也！”

众人离开会议厅，一起来到船坞旁的那块空地。这儿已围上了上千的兵勇，见兵勇们把方伯谦押来，主动闪开一条通道。方伯谦一步也走不了了，是被拖着来到行刑之地的。

他躺在泥地上，面如白纸一般，早已吓昏了过去。

“斩！”丁汝昌扭过头，不忍看他这副惨相，但仍然下达了命令。

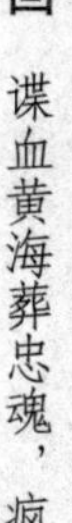

刚才义愤填膺的官兵们不少都闭上了双眼，刀起头落，人们都听到了方伯谦那最后的一声惨叫。

一个颇具才华，又培养多年的将领，就这样为自己的生命画上了可耻的句号。他让许多善于思考的人们从一个侧面看出了北洋海军悲剧性的缩影。

将方伯谦已经斩首的电报送到了李鸿章手里，李鸿章一屁股坐在沙发里。他双手掩面，轻轻地抽泣。一次海战，失去了五艘战舰，五位将领，北洋海军里能用的人才还有多少？

又是夕阳西下的时分，书房里被镀上了一抹暗红色。他不再落泪，想起抓紧要办的两件事。一是给朝廷上一道奏折，急送北京，陈述自己对下一步的看法。他写道："北洋人一隅之力，搏倭人全国之师，自知不逮。唯有严防渤海，力保沈阳，然后厚集兵力，再图大举。请另简重臣，督办奉天军务。"

在李鸿章看来，已经强大起来的日本把中国作为进攻目标已成定局，而日本人对中国开战，本应由中国各方面协力奋战，才好把握。现在倒好，一切责任落到我李鸿章一个人肩上了！朝鲜的战争派去的绝大部分是他的淮军，黄海之战也只有惨淡经营的北洋舰队来应付。因此，日本人倒好像不是同整个大清国开战，而是与他李鸿章一人开战了！那么多文武百官，那么大一个大清国，面对日本和其他列强们的欺辱，只有李鸿章一人站出来拼死战斗，好像这些都与文武百官、与各省地方全无关系，一个个若无其事还不算，还来指手画脚，说三道四，评头论足！

李鸿章在奏折中写出了满腹牢骚。北洋舰队虽已遭到重创，但他仍要把牢骚传上去，让当皇上的、做太后的想想：李鸿章已经尽力了，之所以没有大获全胜，是其他各方面都坐视不管，没有尽力的缘故。

他还必须指出：此次黄海之战，北洋舰队尽管与日本实力相差悬殊，但小日本并没有占到多少便宜。他们虽然在激战中没有被击沉战舰，但不少战舰都已被他的北洋舰队打得只剩下一个空壳了，个别战舰几乎要报废。日本的舰队此次是逃离战场的，回到他们自己的港口之后，怕他们自己人笑话自己，在海边搭建起了一个个大篷子，将浑身是弹洞的战舰藏进篷子里，组织力量进行修复。

李鸿章要告诉朝廷：总的看来，黄海之战，双方损失相当，可以说是打了一个平手。但日本人不会甘心，会卷土重来的。因此，他强烈要求朝廷，拨下专门经费，尽快买船买炮，以应付不测。

写完奏折，他要办的又一件事是催促丁汝昌、刘步蟾赶快修复战舰。丁汝昌回电说：自己目前伤势严重，有些力不从心。但仍表示：力争在三十五天左右的时间内，把所有战舰修好。

李鸿章明白了：也就是说，在今后三十五天之内，北洋舰队是无法担当防御

之责了，战斗力等于零！若日本或其他列强在这期间来犯，便只能听任他们长驱直入了。

他额头上惊出了一层细汗，越想越害怕。此时，真正能为大清帝国操心办事的，仍然是他李鸿章一个人！他没有可等可靠的地方，一切全由自己盘算。由此，他又想到了一些急需要办的事情：

武器弹药严重不足了，光靠江南、天津的制造局是不行的。他也知道自己的外甥总办军火制造事务漏洞太多，存在问题较大，但他又不能不对外甥网开一面。他想到了两江总督刘坤一，马上给他发一个电报，请他尽快多弄一些武器弹药送来！再一封电报是发给两广总督李瀚章。兄弟之间，遇上这样十万火急的事情，就不必客气了。他向大哥开口就要六千支步枪，只能多不能少，快快送来！

李瀚章收到弟弟的求援电报，自然比办什么事都上劲。他甚至把劲头使得太过了，竟急得要动用“闱姓捐”了。所谓“闱”者，本是宫廷侧门之意，也指科举考场。科举规定：乡试在各省举行，考中后成为“举人”。举人参加北京的会试，会试合格，金榜题名，便是“进士”。因此，会试才真正成了每个举人一生中的关键，谁的结果会怎样都无法知晓。但人们可以推测，可以评议，于是，人们便对谁能考中与否下了赌注，这便是“闱姓捐”。

这种非官方的“闱姓捐”，其实是一种赌博，朝廷早已明令禁止。但李瀚章苦于筹集不到资金为胞弟买枪时，便想到了这一招。他想搞一次“闱姓捐”，不管是什么样性质的赌博，眼下是为了国家防御大事急需，能弄到一大笔钱就行。他打算由官办赌场的收入充当军费，以解李鸿章之急。

李瀚章只考虑这是防御急需，却没有想到两广地区的士绅、民众的反应强烈。他是李鸿章的大哥，仅凭这一点，一般事情便多了一层倚仗，可以说一不二。但恰恰又正因为这一点，他李瀚章也受到连累：李鸿章权势很大，但对立面也多。这些政敌们斗不过李鸿章，却可以攻击他的哥哥。当李瀚章把“闱姓捐”的提案一亮出来后，立即就遭到了朝野上下和地方官员的强烈反对。一些人在旁边煽风点火，一些人明火执仗，把李瀚章逼到了唯有辞官才得解脱的地步。

消息传来，李鸿章深感内疚，更是对一些人满腔怒火。这天，他坐在自己的签押房里，正在思考对策，忽听通报：

“户部尚书翁同龢大人专程自京来访。”

老对头来了，定是无事不登三宝殿，其事也定不会好到哪里去，说不定是专门来找茬的。这翁同龢曾当过三年军机大臣，现在又出任户部尚书，身处光绪皇帝左右，成为不可小视的朝廷重臣之一。

李鸿章估计：在这样一个时期，由这样一个人物专程从北京赶到天津，当然是为公事、大事、要事而来，且很可能是代表光绪皇帝出面，非同小可。

两人不冷不热地见了面，照常是互相讽刺夹带着客套问候一番。翁同龢自我介绍来天津的使命：原来他是奉慈禧太后之命，将她的命令传达给李鸿章，再把李鸿章的看法和主张带给她。仅此而已。

翁同龢一再声明，这是太后的原话，他本人没有半字的添改。但翁同龢的语气和神态使李鸿章感到，这位传话者心中舒服极了，慈禧对李鸿章的斥责从他嘴里说出，他是痛快的。

但李鸿章精明绝顶是出了名的。朝野上下对李鸿章有一句评语，叫作“张目而卧”。意思是说他戒备森严，连睡觉都睁着眼睛。没有什么事情能瞒过他的双眼，他也从来没有过不去的沟坎。这确实十分贴切。他在官场上几十年了，经过了数不清的大风大浪，做人、做官的功夫都很精深，火候老到，一般人是休想跟他周旋的。

李鸿章身为文华殿大学士已有二十年。在此之前，还任过协办大学士三年，武英殿大学士三年。翁同龢算什么？连大学士的边都还未曾沾过，岂是李鸿章的对手？

但他这一次是奉慈禧太后之命而赴天津，李鸿章绝不是那种喜怒形于色、荣辱发于声的人，自然该客套的还要客套，坚持把翁同龢推在了上首就座，听他表演似的学着慈禧太后的斥责。之后，两个人一番斗智斗勇，翁同龢走了，李鸿章压在心上的一块石头落地了。他以为朝廷会因大哥搞“闱姓捐”一事发怒，来找他李鸿章麻烦。但翁同龢此来，只字未提“闱姓捐”的事情，而主要是商量“以俄制日”策略，李鸿章由此看出：自己在西太后那里，面子还是大的。

坐在签押房里，李鸿章突然像被钉子戳了一下似的，猛然起身，在房间里踱起步来。与翁同龢密谈，从开始到结束，他都未作认真的分析、推测，漫不经心地应付了差事，没往心里去。但翁同龢走了以后，他突然悟出了一些非同小可的道理，感到翁同龢此来的背景很大，可能是有一只无形的黑手向他伸来了。

翁同龢是九月三十日乘坐京津线火车直达天津的。西太后是背着光绪皇帝，秘密安排了这次“翁李密谈”。

慈禧原来是打算对朝廷事务撒手不管了。自诛杀肃顺，垂帘听政以后，她深感自己无力改变中国内乱甫定、外患频发的命运，想把这个烂摊子推给年轻的光绪，自己在一旁享享清福，所以，她才大量地挪用了李鸿章的海军军费。可惜待颐和园修好以后，不过问朝政成了她转瞬即逝的想法。她人在颐和园中，不但没有放弃对权力的控制，反而比以前更加独断专行。东太后都被谋害了，小小年纪的光绪皇帝当然不在她的眼里。

中日战争爆发后，大清朝廷的政局也开始动荡起来。她知道事情不妙，说不定又是一场灾难。她洞若观火，看出光绪皇帝在一帮少壮派官员、“帝党”成

员们的鼓噪下，是铁了心要坚决打下去的，要与日本人杀一个鱼死网破。既要打仗，就要看李鸿章的了。她多年来已十分了解李鸿章，知道李鸿章在打与不打的问题上，心思是复杂的，矛盾的。作为中兴大臣，沙场老将，如今的朝廷里是没有任何人可以替代这位中堂的，但李鸿章老了，许多事以“稳”字当头。淮军也不如当年了，如同绿营、八旗兵一样，贪图享受者多了起来，暮气重了。北洋海军是李鸿章的资本，没有把握，他是不愿意把这笔资本抵上去的。

慈禧太后由此才对李鸿章戒心又起，怕他以自己的军权左右朝政。所以，当一帮政客对李鸿章说三道四、光绪皇帝严责李鸿章时，她是睁一只眼，闭一只眼，甚至还暗中支持。

慈禧太后希望抑制李鸿章的势力，仅仅是一个方面。她还把这次战争与李鸿章联系起来，对他心存怒火。自从垂帘听政后，她一直想热热闹闹地办一次大寿庆典。可是，四十大寿时遇上日本入侵台湾，五十大寿时遇上中法战争。如今六十大寿了，本指望好好办一下，中日战争又爆发了。

一想到这些战争，慈禧太后便把怒火都集中到了李鸿章一个人身上了，对他百般责怪。

九月二十九日，慈禧太后私下召见了翁同龢谈话。慈禧太后的中心意思是想与日本罢战言和，要李鸿章通过俄国人从中斡旋，把事情谈下来。但慈禧本人却不想背上一个首倡议和的骂名，想拿李鸿章来当替罪羊。但让谁去交代给李鸿章呢？显然太后是不能出面的，她便想到了翁同龢。

翁同龢马上识破了慈禧的用意，从心里来讲，他不愿意牵扯到这件事情中去，来与光绪皇帝、李鸿章共同背这个罢战求和的黑锅。于是，他当场推辞。

慈禧太后就差一点发火了，她那面部表情已布满了不悦之色，但她还是缓缓地但又不容反驳地坚持下了命令。

翁同龢不敢推辞了，只好暗暗叫苦。

李鸿章在翁同龢走了以后，才反应过来：慈禧太后又是要让他当替罪羊。与翁同龢一样，他也只好暗自叫苦。他拒绝不了，而且有苦难言。

李鸿章认为目前也只有听任慈禧太后摆布了。他太了解中国目前的情形。加之长期以来，倡导洋务，经办外交，他深知中国与日本、与西方列强之间差距很大，但他又认为中国可以在短时间内赶上他们，走向强大。这当中自然需要一个重要条件，那就是：和。多年来，他毫不松懈地为中国引进了许多人认为是离经叛道的东西，甚至不顾遭受骂名，促进了中国近代化进程。他希望天下能够太平，但中国与日本在平壤、黄海爆发战争后，他估计到日本会乘势侵入中国，特别可能会趁水、陆之战的余威，由鸭绿江下游的九连城、安东一带渡江，由东边一举入侵东北。

这是多么可怕的事情呀！东北是朝廷的“龙兴之地”，若日本正如自己推测的那样，打进东北了，自己定将是一生功名尽弃，弄不好还要脑袋搬家了。

所以，在接到慈禧要他求助俄国人，与日本罢战议和的懿旨后，明知要背骂名，他还是求到了喀西尼。俄国公使喀西尼从俄国来中国了，他赶快登门造访，说明来意。他没有想到，这位俄国公使立即收起了笑脸，耸了耸肩膀，道：“中日正在用兵动武之时，加上日本又明显占着上风，局势不利于贵国，俄国不便卷入你们两国的纷争。很抱歉！”

俄国公使把李鸿章晾在了客厅里，借故躲开了。

李鸿章虽然“贼娘养的”骂个不停，但也毫无办法。他能够做的，只有建议朝廷立即加强东北方面的防守。朝廷根据李鸿章提出的战略方针，采取了相应措施，集中兵力加强对辽东地区的防御，批准了李鸿章关于在奉天、直隶、山东、河南等省募集新军三十个营的奏请，任命宋庆节制前敌各军。朝廷还破天荒地表示：一切军费由户部拨给。

这宋庆其实已经七十五岁了，朝廷要他火速率所部毅军由旅顺进驻九连城，联络各军，策划防御。除黑龙江将军依克唐阿一军外，均归宋庆节制。

宋庆原是山东人，曾在袁甲三手下干过，打过太平军，曾获得过“毅勇巴图鲁”的称号。所谓“巴图鲁”，满语是勇敢的意思。朝廷对军功显著者，才授予这个称号。所以，宋庆的部队由此被人称作“毅军”了。李鸿章熟知这个同辈人，当年给安徽亳州的知州宫国勋当过仆从，那正是与捻军作战最激烈的时期。捻军的一个将领孙之发前来诈降，计划在清军内部策动起义。这消息被宋庆得知了，他向宫国勋报告，并亲手杀死了孙之友，由此立了大功。此后，宫国勋让他接管孙之友所部，他便成了带兵的人。

宋庆从一个仆从一跃而成为一军之将，是同治元年的事了。三十年过去，有趣的是，他所率领的兵勇绝大多数都是安徽人，与淮军联系十分密切。因此，一般人都把他的毅军看成是淮军的一个旁系。毅军一直驻扎在旅顺，这次得令到达九连城，行动迅速，仅十多天工夫便在九连城扎下了大营。到达九连城的当天，他就接到了圣旨要他统帅前方各军。

他高兴极了，立即与依克唐阿商量了鸭绿江的防务问题，决定将主力配备在安东至九连城一带；调拨一路兵勇守卫大东沟至大孤山一线。到一八九四年十月下旬，集中在九连城附近鸭绿江右岸的清军总兵力已达八十个营头，计两万八千余人。

宋庆在前线是下了工夫的，堡垒和炮台都比较坚固。堡垒外通壕沟，沟内设置障碍，看起来是万无一失了。

李鸿章对宋庆到前线以后的表现很满意。他要操心的不仅仅是堡垒和炮台，

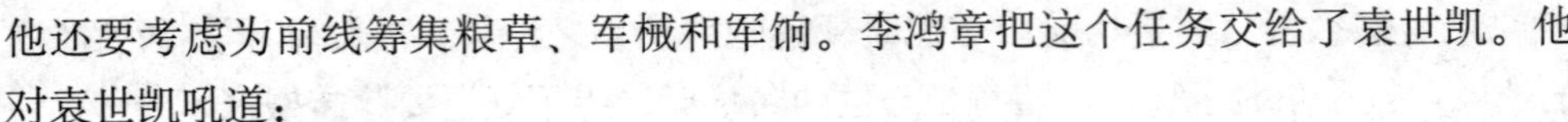

他还要考虑为前线筹集粮草、军械和军饷。李鸿章把这个任务交给了袁世凯。他对袁世凯吼道：

“你还磨蹭什么？！赶快把粮草、枪炮送到九连城去！”

袁世凯此时已十分沮丧。他深知给养问题在下一步的战斗中十分重要，是决定战斗能否胜利的重要因素。但这个差事既辛苦又不讨好，好似“幕后英雄”，令他有些不太情愿。所以，自李鸿章让他担负了为前线补充军械给养运送的任务以后，他仍然住在北京，迟迟不见行动。他开始的打算是从海上向义州、九连城一带运送武器和粮食。但一经侦察，他办不到了。黄海之战后，黄海的制海权已落入了日本人手中。

“你本来就应该考虑到这一点！从海上运输是很愚蠢的办法！”李鸿章的女婿张佩纶直率地批评袁世凯。袁世凯心里不服，却也毫无办法。

张佩纶与袁世凯都是硬着头皮上任的。既然海上走不通，只能在内陆省份采购粮食，然后靠人力往前线运送。这样办起来，速度当然快不了，急得李鸿章大声骂娘。

李鸿章近来好似吃了枪药似的，一肚子火气。周馥和袁世凯明白，李鸿章的日子不好过了，以翰林院侍读学士文廷式为首的三十五名翰林们联名向朝廷上奏，要弹劾李鸿章。他正在遭受着他一生以来所遇到的最猛烈的围攻，被搅得焦头烂额。

一场针对李鸿章的政治风暴就在前线局势最紧张的时候开始了。他们瞅准的就是李鸿章出兵失利、外交被动的时机，要把李鸿章狂轰滥炸一下，再把他赶下台。

这一批壮志满怀、自命不凡，以“名士”“清流”自居的少壮派人物，也的确才华横溢，饱读了诗书，更怀有满腔的爱国热情。但是，对于实践，他们就显得苍白无力，徒托空言了。他们对于国家，深感危机重重，步入官场后对慈禧的“后党”的所作所为也极为不满。他们是支持年轻的皇上的，常在一些场合为光绪打抱不平，把希望寄托在光绪身上。

这批少壮人物表面上鄙视权力，看不起朝中老臣，但骨子里又渴望得到更大的权力，以自己取代老臣们，来呼风唤雨。他们真正的目标是慈禧太后，却又不敢碰她，那就只能选择很受慈禧太后赏识的李鸿章了。

李鸿章是内阁首辅，排在前列的重臣。他多少年来权倾朝野。能把李鸿章赶下台，定会赚来许多名声，而且也为少壮派们铺平了道路。

但单凭“秀才造反”，恐难成大事。因此，在老臣中要有人为他们撑腰掌舵。于是翁同龢就与他们不谋而合了。

围攻李鸿章的机会终于成熟了。李鸿章已内外交困，是雪恨的时候了。

光绪皇帝很得体地支持了围攻李鸿章。

于是，由翁同龢暗中操纵，联络多人向李鸿章发起进攻。在这种声势下，一下汇聚了三十五人，联名上奏光绪皇帝，痛责李鸿章几年来疏于戒备，掣肘诸将，任用私人，不设粮台，删改电奏，欺瞒朝廷等。最后定论：李鸿章已经昏庸无能，丧心亡国，请予罢斥。

光绪皇帝已拿定主意以摧毁李鸿章向慈禧表示一种抗争，见了三十五人联名上奏的折子，感到正中下怀，于当天就下旨：将丁汝昌再次革职，戴罪图功。接着又下诏将李鸿章爱婿兼幕僚张佩纶驱逐回籍。罪名是他曾在北洋衙署中干预公事。

李鸿章对于文廷式等弹劾他的事情很清楚。四朝元老了，朝廷内外也有他的许多耳目。他在签押房里大骂起来：“一帮黄口小儿，竟想与老子较劲！”他朝地下猛地啐了一口。当他得知光绪又将丁汝昌革职，且将张佩纶驱逐回乡，他恨不得煽光绪一个嘴巴。他暗暗拿定主意，对这一切不予理睬，我行我素。

张佩纶不能走！这不仅因为他的父亲张来结是自己在安徽办团练初期的旧交，又不仅因为张佩纶已成了自己的爱婿，而是因为他知道自己岁数大了，在北洋海军那里管不了几天了，一旦交出了军权，论公要承前启后，确保后继有人；论私要有人替他遮掩弥缝。所以，必须安排一个使自己非常放心的人进去。但这个人选不容易物色，一要有资历，二要有才气，三要与自己见解相同，风格相近，四要与自己关系密切。把许多人放在一起比来比去，李鸿章认为只有女婿最为合适。他是要张佩纶将来不仅能管辖北洋海军，而且能全面接自己的班。

可是，光绪竟要将张佩纶驱逐回乡了！他闭上眼睛，稳了稳情绪，从容不迫地拿起了软笔，既要请慈禧太后拉他一把，又要借助于反面的力量，告诉朝廷：围攻李鸿章，正中了外国列强们和日本人的意哩！如此亲痛仇快，你光绪皇帝在办傻事！他一挥而就，给光绪皇帝上了一道长长的奏折，对那些人对他的攻击及对张佩纶、丁汝昌的责难一一反驳。李鸿章的顾问、美国人毕德格在美国休假期满返回中国途经日本时，曾与日本外务省官员商谈过中日战事。李鸿章要把日本人与毕德格的谈话记录节选呈报皇上。不仅是想给朝廷一个压力，从而终止对自己的严责和围攻，更主要的是借外国人之口，表达自己想讲而又不敢讲的话，巩固自己在朝廷中的地位。

不久，慈禧太后说话了：严斥李鸿章，罢免丁汝昌，驱逐张佩纶，这些都没有经过她的恩准，因而“暂不可动，待中日战后再加以整顿”。慈禧要保李鸿章，因为她看出“帝党”“倒李”，目的就在于削弱她“后党”的势力，杀鸡给猴看，是冲着她太后来的。因此，她当然不会坐视不管。

李鸿章终于走出了这场“倒李”的危机。他打起精神，准备好好干上一场

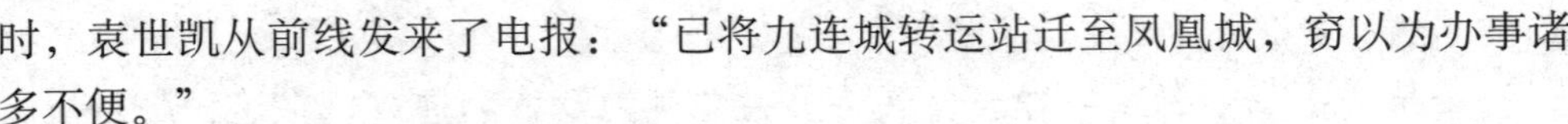

时，袁世凯从前线发来了电报：“已将九连城转运站迁至凤凰城，窃以为办事诸多不便。”

“九连城可能要失守了！”李鸿章在签押房里大声说着。他是十分敏感的：袁世凯有着特殊的嗅觉。他把转运站后撤到凤凰城，说明前线的日军已经逼近了，而九连城可能守不住，所以狡猾的袁世凯才要后撤。

既然光绪皇帝连同那些“倒李”派没有动了自己一根毫毛，他李鸿章就要一如既往地承担他的责任了。看到前线防守情况不妙，他心中一惊，抓起笔来亲拟一道电文。他在电文中告诉前线的将士们，翁同龢、文廷式之流的“倒李”行动失败了，李中堂还是李中堂！如今大战在即，全体前方将士要在宋庆的率领之下，誓死血战一场，重振军威，让那帮只会说三道四，不干实事的人们看看：真正能捍卫大清的，还是我们！

电文发出了，李鸿章的心情却久久不能平静，他在关注着前线，预测着未来。

宋庆在九连城行营里坐卧不安。他派出的探兵们已经回来，报告的消息是：日军在朝鲜境内已经大举向鸭绿江边推进，大批粮食、武器、弹药等，都运到了义州。在义州城外，接连架起了二十门重炮，炮口直接指向九连城。

宋庆反复研究了九连城的防守部署，对聂士成、宋得胜、马金叙等将领说：“看来日军的第一个目标就定在九连城了。我研究以后的结论是，虎山位于鸭绿江、瑷河之间，若能坚守住虎山，凭高临下，便可以有效地遏制日军的进攻。守住九连城就有了把握。”说着，他扫了一眼诸位将领，突然大喊了一声：“谁能守住虎山？本帅将有重赏！”

马金叙首先站出来，自告奋勇，愿与虎山共存亡。宋庆十分高兴，准了他以后，命令聂士成率精兵驻扎虎山的旁边，作为马金叙的后援；宋得胜为策应，共同加强虎山的防守。

站在义州的阵地上，日本第一军司令、陆军大将山县有朋，此时露出了得意的微笑。展现在他眼前的是一条三百多米宽的河床。鸭绿江水正缓缓地流淌着。他站在一个军亭上，可以清楚地望到河对面的中国九连城，旌旗招展，兵勇穿梭，堡垒和炮台挺立。

山县有朋把瘦削的脸盘转向他身边的将士们，踌躇满志地挥手向江对岸一指：“你们将是大日本帝国有史以来第一批踏上中国领土的军人！”

他的手下们都会意地笑了。早在三百年前，他们的国家就把中国的北京当作他们的首都来设想了，三百年后的今天，他们才真正开始着手实践自己的计划。一八九四年十月二十四日，他们的最高指挥官山县有朋下达了命令：“饮马鸭绿江！”他们开始向中国的鸭绿江防线进攻了！

他们已侦察清楚了：朝鲜水口镇与鼓楼子附近的这一段江水很浅，容易徒

涉。因此，山县有朋决定先攻九连城上游的清军左翼防线，攻下中国的安平河口，以此牵制和迷惑清军，然后让主力人马从浅水区过江。

当日午前，山县有朋的步军第十八联队开始从朝鲜的水口镇江边渡江了。与此镇相对的是中国的鼓楼子，清军倭恒额、依克唐阿的部队在此驻守。日军十八联队渡到江中央时，驻扎在鼓楼子的清军才发现，赶紧开枪射击，阻止日军过江。日军的炮兵亮相了，他们从水口镇向江对岸的清军阵地数炮齐轰，掩护陆军过江。

鼓楼子的清军炮台也打出了愤怒的炮弹，在江心处和日军阵地上炸开了。但过江的日军渐渐增多，密密麻麻地涉水冲来。清军出动了一支骑兵，向正在渡江的日军发起进攻，想以此把渡江的日军打退。但日军反攻激烈，清军骑兵非但没有打退日军，却让日军把自己打退了。

午后一时半左右，驻守鼓楼子和安平河口各堡垒的清军经过一阵猛烈抵抗后，仍然没有能阻止住疯狂的日军渡江。大批日军登上了中国的江岸。清军开始后撤，安平河口被日军攻占了。日军没想到，清军的防线竟是这样不堪一击，日军几乎是轻而易举地就成了鼓楼子、安平河口的主人。

日军另一支部队负责主攻九连城。战斗尚未打响。他们见清军兵力众多，堡垒林立，不敢轻易接火，退到安平河口附近扎营，以待援军。

江对面的义州还有一支日军部队正在紧张筹备各种架桥材料，计划在夜间搭成浮桥，把义州与中国的虎山连接起来，攻占虎山，占领鸭绿江上游。

鸭绿江的这一段由于泥沙的冲积，河床上形成了三个支流。东西两侧支流约六十米宽，江流很浅，不需搭桥就可以涉过。但中流很宽，有一百五十米以上，水也很深，一般在三米左右。当地人称之为中江。在中江西侧有一南北狭长的沙洲，当地人称之为中江台。日军就是准备在这里的北侧架设浮桥过江。

十月二十四日晚九时，日军行动了。他们先派一个步兵大队作掩护，挑选一名水性好的工兵泅水摸到江对岸，把一根长绳子固定下来，作为架设浮桥的桥索。谁知这个工兵抗不住凛冽的江水，未到对岸就没命了。于是另一个工兵接着干，终于游过了鸭绿江，将绳头系在岸边的一棵老柳树上。开始架桥了，仅一夜之间，这儿的中江江面上和东侧支流上就架起了两座浮桥，直达对岸。这么大的工程，驻守在对岸上的清军竟毫无察觉。日军喜不自胜。

与此同时，日军第六联队已于午夜时分乘船摸到了虎山东侧，在山下埋伏起来。浮桥架成后，第五旅团的大迫尚敏率本部人马作为右翼，在凌晨四时起从浮桥上过江，与第六联队会合。会合后共同向清军在虎山的东方高地发起进攻。第三师团桂太郎率本部于早晨六时也越过浮桥，负责从正面进攻虎山阵地。日军各路人马发起进攻时，在义州的日军炮队给予配合，用重炮轰击虎山的山头。

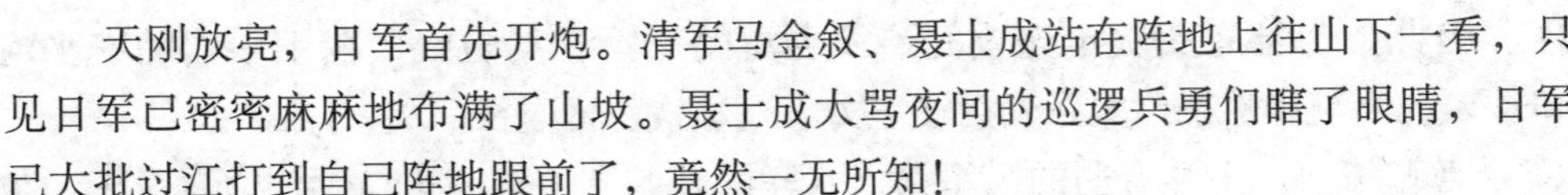

天刚放亮，日军首先开炮。清军马金叙、聂士成站在阵地上往山下一看，只见日军已密密麻麻地布满了山坡。聂士成大骂夜间的巡逻兵勇们瞎了眼睛，日军已大批过江打到自己阵地跟前了，竟然一无所知！

“全体进入阵地，向日军猛打！”清军将士并未慌张，在聂士成一声狂吼以后，很快各就各位，用枪炮向山坡下扫射。清军居高临下，日军被打得连滚带爬，退下山去。

随后，聂士成传令栗子园的防兵到前沿阵地支援。各炮台、堡垒火力很猛，一时间满山坡都是日军的尸体。

虎山位于九连城东北方向，山高一百多米，山势险峻难攀，是清军在鸭绿江防线的制高点。一旦失守，右翼防线将无险可守，九连城就会立刻处于日军居高临下的炮火射程之内。

所以，清军投入了较大火力坚决抵抗，但山县有朋也铁了心要拿下虎山。他把渡江部队全部调了过来，想来一个速战速决。

宋庆在九连城坐不住了，亲赴虎山督战。他令马金叙、聂士成挑选精兵坚守第一道防线，又调马玉昆率毅军三千人渡瑷河驰援虎山守军。回到九连城以后，他站在望台上向鸭绿江望去，百思不得其解：整个江面三百多米宽，日军一夜之间如何使之联成一线的？那浮桥好似横卧在江面上的一条巨龙，在他的眼前晃动着。他想下令炮轰浮桥，但是晚了。日军已完成渡江，并对虎山形成了包围之势。

此时，榴霰弹带着刺耳的啸声，划破晨雾，从大江对岸射出，在虎山的清军堡垒上炸开。日军步兵又发起了冲锋，在炮火的掩护下向山头游动。

坚守山头阵地的是马金叙的六百“铭军”，他们已打退了日军的三次冲锋，全部炮管因连续发射已变得通红，几乎不能再用了。他们急需重炮，也急需兵力支援。以六百兵员对付满山坡的日军，显得有些寡不敌众了。

宋庆通过望远镜看得清清楚楚，于是急令刘盛休率铭军支援。但这次支援也晚了一些，日军大迫尚敏所率领的右翼队已抢占了虎山东面的高地，并从侧后向虎山阵地发起进攻。这便使清军腹背受敌，形势十分危急。

宋庆见状，又急令宋得胜率两千人马赶往虎山支援。山县有朋也不示弱，派立见尚文率领左翼队绕到虎山西侧，截击前来支援的清军。宋庆见日军左翼队出动，便命令九连城的大炮向其开炮。但由于距离较远，命中率极低。一时间，山上山下的清军伤亡惨重。

立见尚文的左翼队到达虎山西侧了，清军援兵由此被截断。马玉昆、宋得胜等只好向栗子园撤退。日军左、中、右三路人马乘势由虎山东、西两侧和正面向虎山发起总攻。虎山守军虽孤立无援，炮火不济，但仍然顽强反击，毫无

退却之念。

日军一次次被打退，又一次次冲了上去。马金叙全身受伤二十多处，连自己的胞弟也督队阵亡了。但他仍顽强地支撑着，忍着巨大的心中悲痛和肉体伤痛指挥反击。日军在总攻中也伤亡惨重。

到上午十一时三十分，清军因兵员大减，又孤立无援而丢掉了虎山阵地。但仍有四百余人坚守在虎山北面阵地上。一个小时后，北方阵地也被日军攻占，虎山全部失守了。日军占领虎山，乘势沿瑷河西上，夺取了九连城以北的栗子园、苇子沟附近的瑷河两岸。据此，他们要进犯栗子园、苇子沟了。清军驻守在这些地方的将士们奋勇反抗，猛烈轰击日军，又造成大批日军死亡。

到下午一时左右，山县有朋亲率他的第五师团自义州支援前线，并把他的司令部设在虎山之上。这个被称作“日本近代陆军之父”的山县有朋由此冲破了李鸿章苦心设置的鸭绿江防线。

眼下就要对九连城发动进攻了。山县有朋计划：二十六日凌晨，由桂太郎率第三师团从栗子园迂回到九连城西面的蛤蟆塘，主攻九连城侧背；由野津道贯指挥第五师团沿瑷河右岸，进攻九连城北面和东面；另派一支人马去进攻安东县，以牵制清军对九连城的支援。

日军在中国这块土地上度过了他们的第一个夜晚。又是一个拂晓时分，战斗打响在九连城内外。日军以最猛烈的炮火轰击城头，炸弹在城中的街巷中落地开花。但炮火轰了约半个小时，不见城中有丝毫动静。山县有朋一惊，不知清兵玩的什么花招，立刻派兵越过城墙到城中侦察。结果大出他意外：九连城已无一兵一卒，整个儿是一座空城。

山县有朋这才反应过来：清军已于昨天深夜弃城而去。原来，九连城的清军见虎山失陷后，纷纷惊慌起来。刘盛休率铭军首先扔掉枪械，纵火焚烧营帐，向南仓皇而奔。宋庆三番五次制止，但刘盛休根本不听，连夜跑到了凤凰城。

日军不费一枪一弹进了九连城。山县有朋在宋庆的“总统府”设立了自己的司令部。更令山县有朋欣喜的是：入城后，他们尽得了清军扔下的七十四门大炮、四千四百支步枪、四百多万发子弹和五千多石粮食。

为了牵制清军而分兵进攻安东县的日军，同样没有遇到任何抵抗，这儿的清军早已逃向大东沟和大孤山去了。

李鸿章苦心经营的鸭绿江防线至此彻底土崩瓦解。李鸿章没有料到他的军队早已成为了不堪一击的饭桶。形势对他极为不利。自日本陆军占领平壤，海军在黄海与北洋舰队一战后，便使日本实现了“把清军逐出朝鲜、扶植朝鲜独立”的作战方针。借助于控制朝鲜、拥有黄海制海权的优势，他们扩大他们的地盘，实施陆军由朝鲜和渤海攻入中国的计划，最后与中国军队在华北平原进行主力决

战，把战火大规模地烧进中国领土。

突破李鸿章的鸭绿江防线只是日军计划中的一小部分。就在他们跨过鸭绿江的同一天，日本第二军在中国的辽东半岛东侧的花园口也开展了大规模的登陆行动。

参加登陆行动的第二军由他们的第一师团、混成第十二旅团组成。由陆军大将大山岩统领，充任司令官。山县有朋统领的是第一军，大山岩的第二军与第一军分为左、右两翼，同时侵入中国。日本总的作战计划是：山县有朋从朝鲜义州渡江入侵中国东北的辽东地区；大山岩的第二军作为左翼，从辽东半岛登陆，攻占金州、旅顺、大连湾，入侵辽南地区。两军配合，共同进占中国东北，为下一步大举侵入华北平原打基础，做准备。眼下，他们是要把整个东北地区变成日军的根据地。

大山岩，曾在法国留学四年，是专攻军事指挥专业的军官。他虽然在资历上不如山县有朋，但在日本也功名显赫，被天皇赐予了最高爵位，与山县有朋在爵位上是平起平坐的。

他是一名下级武士的儿子。大海环抱、风浪肆虐的日本岛国，以自己特殊的地理环境培养着那里的人们冒险好斗、凶残暴戾的性格。当年的武士们在日本手执倭刀，打家劫舍，横行无阻。刀剑是武士们的通行证。大山岩自小就继承了他父亲的这一血统。长大后，他终于伸手抓住了军刀，侵入中国来了。他果然也由此成名，成了一场震惊世界的大屠杀的元凶。

登陆之前，他派遣一批特务进入中国内地，组织了庞大的间谍网，搜集了大量情报，绘制了一张精确的中国地图。一个叫波尔纳的欧洲人曾得到这份地图，中国的村镇、道路、地形乃至水井的位置，都标得十分清晰、详细。

现在，大山岩正站在这张地图前，向他的第一、二师团和第十二混成旅团宣布着他的理想："经略满洲，决战直隶，入主北京！"

在大山岩的率领下，五十多艘运兵船装载着两万多名日本陆兵出发了。运兵船居中，两侧是联合舰队的护航兵舰。

行动是保密的。这支船队开向哪里，士兵们并不清楚，不过这并不重要。在他们眼里，中国的清兵无论是哪里的，都不过是一杆鸦片烟枪、一把大刀或是一根锈蚀的鸟枪，耷拉的辫子，松垮的战袍——这便是中国军人的形象！他们的船舱里还贴着这样的宣传画。

一天一夜的航行后，十月二十四日七时二十五分，这支舰队已驶抵花园口水域。

大山岩用血红的眼睛盯着他手下的师团长、旅团长们，短促而坚定地命令他们："满洲就在我们的脚下了，登陆！"

晨光之下，几十艘小汽船从大船上放了下来，迅速向岸边冲去。跟在这些小汽船后面的，是上百艘舢板船。

这花园口只是一个小小的海湾，地处今天的大连市庄河县境内。虽只是海湾，但那里水面宽阔，沙底平坦，涨潮时海滩水位可达三米，运兵船可以直驶岸边。而就在这么一个重要的港口，清军也没有设防，又一次让日军如入无人之地。

日本登陆的船只顷刻间就把花园口海湾塞满了，如同蝗虫一般在水面上蠕动着。第一师团长山地元治是登陆第一人，他的身后人声嘈杂，川流不息。日军士兵们肩扛手抬，把大炮、弹药、营帐搬上岸去。

海滩上，几门野炮陷了进去，成群的日本士兵上前去推，但野炮纹丝不动……

按照计划，日军分三批登陆。参加登陆的总兵员达两万五千人，军马两千七百四十四，军械无数。自十月二十四日晨登陆，到十一月六日方才全部登陆完毕，长达十四天之久！

这么长时间，中国的军队在干什么呢？其实在日军登陆的第一天，当地清军就得到报告。驻守在花园口东侧二十里的捷胜营马队营官荣安最先知道日军进犯的消息。他在上午八时就派出骑兵前往侦察。途中，骑兵队在碧流河西岸与日本间谍钟崎三郎等人不期而遇，马队把他们押回了营队。

次日，荣安把日本大批人马登陆的消息报到金州副都统连顺那里，并将日本间谍押送金州重审。

从日本间谍口中讲出的消息令连顺目瞪口呆。这回不仅是金州危急，连旅顺、大连湾等都将面临劫难了！

又是一个次日，连顺才用电报把日本的计划报告自己的上司——坐镇沈阳的奉天将军裕禄，并请求快速派兵增援金州等地。

裕禄虽然很快回电了，可令人失望的是，他并不认为日军会攻占金州、旅顺等地。他竟言道：“这分明是倭匪想分兵窜扰，想包抄鸭绿江防兵的后路，不要理他们！”

裕禄大错特错了，他想象不出日本此举所包藏的祸心，也不向李鸿章报告，更不派援兵，使清军失去了阻截日军的时间。

连顺捧着奉天将军的电文哭笑不得。依靠他手下一点兵勇，根本挡不住日本两万五千兵勇的登陆。他又无权调动友邻部队，急得万般无奈，只好硬着头皮向大连、旅顺的守军求援了。在旅顺的北洋前敌营务处兼船坞工程总办龚照屿收到了连顺的电报。他回电拒绝增援。

连顺失望极了，联络金州驻防总兵徐邦道、大连湾总兵赵怀业联名致电盛宣

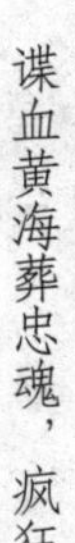

怀，请求增援。盛宣怀接电后不敢怠慢，赶紧将电报呈送李鸿章。

李鸿章大惊，但他好像也拿不定主意了。鸭绿江战火已起，约三万五千兵马都被拖在那一带战场上。如今旅顺、金州等又在告急，他已无兵可调。如果放弃驻守，让日军乘虚而入，那后果更不堪设想。

于是，李鸿章紧急发电，令旅顺、金州等地加强防守，在日军来路上多设地雷埋伏即可。

李鸿章或许真的老了，或许是让疯狂的日本人给气糊涂了——连顺、徐邦道、赵怀业也这么猜想。李鸿章的回电让前线守将们更加失望。

李鸿章知道自己这个回电要使守将们伤心的。但他也有难言之隐。

慈禧太后已传下话来："谁要让我的六十大寿庆典过得不痛快，我就叫他也不痛快！"言下之意，大寿庆典是压倒一切的大事。十一月七日就是她的生日了，朝廷已下旨，令各地督抚五日内将太后六旬万寿的贡礼送到北京。慈禧在这之前曾给李鸿章一个暗示："你是疆臣之首，所送贡物当应符合身份，别让其他督抚们笑话！"

李鸿章明白，慈禧是要他带一个头，所贡之物必须在价值、式样、成色、外观等方面拔尖，排第一号的。他为此已伤了几个月的脑筋了，想好了，又推翻，一直不知道进贡什么好。最后，他只有命人下江南，赴西北，甚至托洋人购买稀罕之物，自己一件件比较，总想讨慈禧太后一个欢心。

挑选贡礼还在其次，重要的是不能让战事搅了太后的寿典。但他没有料到，日本人早已得到这个情报，知道中国朝廷集中在忙太后的寿典，才特意选定在这个期间，跨过鸭绿江，又大举登陆中国的。

李鸿章暗暗叫苦，明知战事吃紧，也不敢在这节骨眼上奏报朝廷。在官场几十年，他把皇家的事情看透了。从来都是：皇帝的家事就是国事，甚至比国事还重要。战局不利，最后总有说词，且可以弥补。但若让来自日本的战事冲击了太后的家事，胜仗打得再多也无济于事。反过来，太后或许因为你不关心她的家事而有意捣毁了你想办好的国事。整个国家都是她的，有什么办法呢？

他想到了不久前受太后之托前往俄国祝贺沙皇加冕。当时莫斯科霍登广场上人山人海。但由于组织不善，造成两千多人因踩踏而死伤。

坐在贵宾席上的李鸿章看到这死伤枕藉的惨景，便问身旁的俄国财政部大臣维特："你们会把这死伤的惨案禀奏沙皇么？"

维特答道："是的，这么大的事情不报不行呢！"

李鸿章道："在我们那儿，兵荒马乱、水灾旱灾、鼠疫泛滥，各地督抚们是不敢随便奏上去的。因为他朝廷只喜欢听好的，你要跟他说天下太平。否则，他就会斥你无能，罢你的官，弄不好还要株连九族。所以，督抚们都学会了讲假

话，学会了吹捧奉承。”

维特惊道：“这是多么丑陋的官场习气呀！像这样下去，中国落在别国的后头也就不足为奇了！”

李鸿章从俄国出访回来，一直在想着维特的这两句话。维特的话是对的，但自己又能有什么法子呢？太后、皇上是这个国家的主人，一切得按他们的心思去办，要设法让他们舒心。否则，纵是四朝老臣，也没有好果子吃的。丢了官亦罢，事情还是办不成。换一个人上来，或许情形更糟糕。

“也罢，也罢！又一场大战已经开始了，自己设法应付吧。可不能搅了太后的寿典。”李鸿章自言自语道。

但应付这场战争，最大的难处在于没有兵源了。他本来可以把北洋舰队投入作战的。但黄海上那场恶战使这支舰队受到重创，现在拉上去，不仅无济于事，说不定连这点仅有的老本也毁于一旦了。

但日本陆军已经登陆，北洋舰队总不可以坐视不管。李鸿章命令丁汝昌带领几艘战舰，加强旅顺口一带海域的巡逻，给自己的军队壮胆，也让日军有所忌惮。如果日军真的来攻，舰队就依傍炮台进行还击，阻止日军进犯旅顺。

给丁汝昌的电报发出去以后，李鸿章又投入了为慈禧太后操办大寿庆典的事务中去了。而日军完成了花园口登陆以后，蜂拥南进。各地清军则好像都是“事不关已”，无动于衷，坐在城楼上观看事态进展，打着自己的小算盘。战争，就要在这种官场的劣根性中输得精光了！

中国军队的互相推诿、空谈、观望，正是已登陆的日军所期望的。但他们仍不敢有丝毫的懈怠，选中的第一个目标就是拿下金州。

金州位于金州湾东侧辽东半岛的蜂腰部，城南陆地最窄的地方仅八里地，往南距旅顺口一百里，北距复州一百六十里，东面有一座大和尚山，可作为屏障。因此，从地理位置上讲，旅顺是渤海的咽喉，而金州则为旅顺的门户。金州城的构造也非同一般，东西走向六百米长，南北宽七百六十米，城墙系清一色的方砖砌成，高六米，顶部宽四米。城墙外围还挖了壕沟，壕中埋下了地雷、铁蒺藜。整座金州城依山傍海，素有“辽东半岛雄镇”之誉。

大山岩命令他的日军第一师团分三路向金州发起进攻。十一月三日，这支队伍从貔子窝出发，步兵大佐河野率第十五联队及先遣大队负责牵制清军，在金州外围吸引清军与之作战；由第一旅团长乃木希典少将指挥第一联队作为正面进攻部队，向清军东路阵地发起进攻；日军师团长山地元治中将则率领第二、第三联队组成师团本队，迂回到金州东部和北部地区，沿金州至复州大道南下，从背面向清军进攻。各队遵照大山岩尽快扫清金州外围的清军的命令，于十一月六日晨，也就是慈禧太后生日的前一天发动总攻。

在金州的城内和外围，主要有两支清军：一是连顺统带的捷胜营步队一营、马队两哨，共七百人。二是徐邦道的拱卫军，拥有步队三营、马队两营、炮队一营，共两千人马。徐邦道原来在天津军粮城驻扎。中日战争爆发后，李鸿章出于补充兵源的目的，令徐邦道招募新兵，扩编成拱卫军。因此，这支部队名为两千人，其实都是刚丢下农具穿上士兵号衣的新兵。且刚刚组建不过月余，大多数新兵连枪支都还不会使用，武器发下来才几天。

徐邦道此时驻扎在大连湾。日军进攻金州前，徐邦道还算机敏，把队伍拉上了金州东面的大和尚山，占领有利地形。十一月五日与日军交火，双方展开激战。日军利用炮火优势，掩护步兵反复冲锋，但多次被新扩编的拱卫军打退。

此时，日军第一师团本队在金州城北的八里庄与清军左翼部队展开激战。驻守八里庄的是铭军怀字营两哨人马，只有三百人。就是这点队伍还是连顺亲自到大连湾苦苦哀求、叩头作揖才借来的。但人马太少，不足抵抗。日军炮火猛烈，刚打了一会，这三百人马就溃逃到金州城内来了。

八里庄失守，右翼防线在大和尚山也站不住脚了。徐邦道撤离大和尚山，退到阎家楼。在阎家楼又与日军遭遇，再退到金州城里来了。

金州城就这样很快变成了一座孤城。

日军按计划，于十一月六日早上八时整向金州发起总攻。第一师团从东、北、西三面对金州城狂轰滥炸，一时间烟火腾空，人喊马叫，地动天摇。日军共投放三十六门大炮轰击城墙，打得城墙砖瓦乱飞。连顺、徐邦道在城头上来回督战，用仅有的几门野炮组织还击。城中的百姓也被动员起来了，拥上城头助战，仗打得十分艰苦。

仅半个小时后，清军的炮火便被压了下去。日军在城外叽里呱啦地喊叫着，手舞刀枪向城里冲锋。日军的敢死队在炮火掩护下越过了壕沟，冲到城门下。他们装药，起爆，只听“轰隆”一声巨响，金州的城门被炸开了。

北门、东门相继失守。日军蜂拥入城，与清军和百姓展开巷战。刚到十一点，清军守城无望，只好突围而去。通往大连、旅顺的门户就这样洞开了。

事后，李鸿章一道电令严斥赵怀业。但也只是严斥而已。明天就是太后寿典，他有什么办法？

而负责进攻金州的山地元治此时在他的指挥部里却在不停地对他的部下竖着大拇指。指挥部临时设在临近海岸的一排民房里。房子坐西朝东，一共四大间，木栅圈起的院子里拴了一匹枣红马。这是山地元治的坐骑。此马还是从日本出征前小松宫彰亲王送给山地元治的。山地元治把亲王的赏赐视为荣誉，侵入中国领土以后，自然是更加卖力。

金州已陷，山地元治将他的指挥部搬到城里来了。他刚在指挥部里坐定，就听说有一个中国人，名叫刘雨田，同其父一起拉了十辆车的粮食和蔬菜等来向日军献礼了。山地元治喜不自胜。

攻占金州的当晚，日军马不停蹄，立即布置了从北面进攻大连湾的计划，确定七日拂晓、也就是慈禧太后六十大寿这一天，分三路挺进。第一路以步兵第三联队、骑兵一小队及炮兵两个中队组成右路支队，由第二旅团长西宽二郎少将指挥，沿旅顺大道进发，目的是截断旅顺来援的清军之路。步兵第十五联队、骑兵一小队及工兵一中队组成中央支队，由河野通好大佐率领，进攻老龙岛炮台，这是第二路。第三路由步兵第一联队、骑兵一小队及工兵一中队组成，由乃木希典少将指挥，进攻和尚岛炮台。其余的日军部队作为预备队，暂在金州城南驻扎待命。

日军的第二个目标大连湾，位于辽东半岛最南端。其左右是山，东南面临海。湾的中央有两半岛突伸湾中，左为和尚岛，右为老龙岛。李鸿章自光绪十四年起，就投入巨资，在大连湾修建了海岸炮台五座，配备各种口径的大炮二十二门。大连湾的后路建有徐家山陆路炮台一座，配备大炮十六门。加上分散在各处的营炮，大连湾共有大炮一百二十门之多。作为李鸿章重要的军港，在这里储存各种炮弹二百四十六万发，子弹三千三百八十一万颗，真正是“严城巨防”。大连湾此时驻扎清兵三千三百人，垒坚炮锐，军储丰富，且凭险据守，理应能拒敌于大连湾之外。至少可以把日军拖在大连湾——这是李鸿章的估计和希望。

日军攻打大连湾的总指挥山地元治早已通过间谍侦探到了第一手资料。他的结论是：大连湾可能会成为对付日军的“绞肉机”。他没有把握能胜这一仗。因此，日军决定速战速决，打不下来就撤。

他过高地估计清军的实力了。当日军严格按计划小心翼翼地向大连湾推进时，一个令全体侵略者目瞪口呆的现实是：这儿的三千多清军早已闻风而逃了，全部阵地空无一人，只剩下数不清的大炮、粮食等战利品。

继叶志超、卫汝贵、方伯谦之后，大连湾的守将赵怀业成了李鸿章大出意外的又一个逃跑者。且他逃得最彻底，丢下全部武器弹药，一口气逃到了旅顺口。

“文官三只手，武官四只脚”，清廷里流传出来的这句话是对赵怀业之流的辛辣讽刺。自从日军从花园口登陆后，他没有丝毫的备战，一直准备的是：逃。部下们偷偷喊他“赵不打”。

奉命从海上赶来大连湾助战的日本联合舰队，料定这大连湾是最难啃的一块硬骨头，所以一下开来了十七艘战舰。舰队司令伊东佑亨还没有进入大连湾海域，就命令各舰全副戒备，炮弹上膛。但一进入大连湾时，伊东佑亨简直不敢相信自己的眼睛：湾头上，早有一面太阳旗在晨光中猎猎飘扬。

山地元治站在和尚岛坚固的炮台上对部下们说："有这样精良的西式炮台，若是由我日军防守，只需一个中队就可以挡得住百万之敌！"

这句话传回日本，各家报馆纷纷刊登。

大连湾失陷的电报雪片似的飞来，李鸿章正在北京参加慈禧太后六十大寿庆典。

李鸿章把大连湾失陷一事报到军机处。军机处岂敢上奏？太后说了："谁让我的生日过不好，我就叫他活不好！"军机大臣们手捏着前方电报面面相觑，一个个都没了主意，只好把电报压了下来。日军占领大连湾时，慈禧太后正在颐和园里接受恭贺。这里一下集中了全国各地督抚要员、朝中大臣数百名。按康熙、乾隆年间形成的惯例，慈禧太后受贺以后，还要乘"金辇"巡游。她沿途经过的街道全部装修一新，分六十段搭扎了经坛、经棚、经楼、灯楼、戏台等，鼓乐齐鸣，演戏歌唱。仅这一工程，就耗费了七百余万两白银。

大连湾易主的当天，慈禧太后在颐和园仁寿殿设宴招待前来敬献贡品的王公大臣及各省封疆大臣。李鸿章几次从腰中摸出电报，想递上去，但他又一次次收了起来。军机处都不敢上奏，自己这时候去禀报，不是明摆着要招惹杀身之祸么？李鸿章把目光投向已经年迈的总理大臣恭亲王身上，乘私下场合向他亮了亮前线的电报。恭亲王比众大臣更清楚这里面的轻重利害关系。所以他在抬了抬眼皮之后，赶快把头扭过去，坐在那里装糊涂，端着茶碗一口接一口地吹气，就是不搭话。

李鸿章实在无奈，只好开口："王爷，前线战事日紧，不知朝廷有何打算？"

恭亲王只含糊答道："军机上也收到电报了，再等几天好么？这会儿扫太后的兴，不大合适。我们再商量。"

李鸿章道："我看此事还要抓紧奏明太后和皇上，拿一个说法。"

翁同龢不知何时凑了过来，接过李鸿章的话说："我看前线的事情还是先奏明皇上，听听皇上的意思，请皇上转呈太后。这样，我们做大臣的也就没有责任了。"

李鸿章道："还是先奏报太后，至少应同时向皇上和太后奏明。否则……"

奕䜣听出了李鸿章的意思，那就是说皇上年轻气盛，满心想建立自己的文治武功，先奏了皇上，他一定是大发脾气，坚决主战。而太后实际上在操纵实权，处理起来要稳妥一些。因此，他打断李鸿章的话说："同时奏报甚好。不过这几天不能提这个事，等大典过去了，再做商议。"

李鸿章理解恭亲王的处境，也知道恭亲王的态度。多少年来，慈禧并没有真正地信任过他，几次罢免了他的职位。这回中日开战，慈禧又把他用起来，不外乎是想以他的声望和身份牵制皇帝身边的人，也让他在反反复复的升降中明白：

她太后才是大清国真正的当家人，想用他就用他，不想用他就一脚踢开。这次起用他，太后还有一个意思：是要借用他与西洋各国驻华领事、公使们周旋，以便请列强们出面调解中日争端，议和停战。所以，恭亲王在处理日军已进犯中国辽东半岛一事时，格外小心谨慎，必须秉承太后的旨意行事。总的原则是，力争议和，不能主战。

但李鸿章却心急如焚。别的大臣们可以对日本的入侵袖手旁观，没有责任。而他却兵权在握，万一真的打到旅顺，进而闯到直隶来了，危及北京，那自己便罪责难逃了。于是他仍然以请求的口气对恭亲王说："王爷，若等几天后再奏，恐怕就晚了。日军正在日夜向内地推进，时不我待呀！我看是不是等太后和皇上在看完戏休息时，找个太后正高兴的机会，把日军已大举登陆的事情禀报一下。只要话讲到了，相信太后可以谅解我们的。"

恭亲王思索了片刻，道："看来也只有这么办了。不过，这次奏报，我一人恐怕不行，还必须与李中堂你一起启奏。如果太后怪罪，人多要好一些。"

李鸿章点了点头。

见军机大臣孙毓汶来了，恭亲王又想到一招：请他出面去找宫内大总管李莲英。让李莲英从中帮忙盯着太后的情绪。太后什么时候高兴了，立即透个信过来。

现在的李鸿章是耐着性子坐在宴会厅里喝酒。好不容易才散了宴席，太后、皇上又到颐和园大戏楼看戏去了。

李鸿章远远地注意到了，太后看戏看得十分高兴，几次派李莲英往台上送赏钱。李鸿章心想：这下或许有门了，可以把电报呈上去了。

演完前两出戏，太后、皇上要休息一下。果然李莲英来到军机大臣和李鸿章的坐厢里，笑眯眯地对恭亲王及众大臣们说："六王爷和各位大臣不是说有要事启奏吗？我看这会儿去正合适。太后心情极好。"

孙毓汶起身迎到李莲英面前，道："多谢李公公，今后我们少不了要感谢你的。"

李莲英道："为王爷、中堂及各位大人们效力，还敢言谢么？应该，应该哩！"说着，他故意拿眼投向恭亲王和李鸿章。李鸿章并不答话，只微微点了点头。

大家起身，跟着李莲英来到慈禧和光绪的身旁。慈禧此时正在与光绪皇帝又说又笑，看样子心情的确不错。

恭亲王带头，李鸿章随后，再后面是翁同龢、孙毓汶等。恭亲王略施小计，把几位都邀上了，一块来启奏，这叫作"法不治众"，看她太后能把这么多重臣怎么样。

众大臣突然上前，一起给太后、皇上跪下施礼。

“都起来吧！”太后挥挥手，脸上挂着笑容。

但恭亲王、李鸿章等并不起身，反而又一阵磕头，请安。

慈禧有些明白了。大臣们每每久跪不起，定有重要军政大事奏报。她脸上的笑容突然褪去了多半，冷冷地道：“诸位大臣有什么事？就赶快讲吧！第三出戏更好看，马上就要开演了。”恭亲王低着头，瞅了一下李鸿章。李鸿章见他没有率先奏报的意思，只好又磕了三个头，道：“启奏皇太后、皇上，前方发来电报，称日军已占领大连湾了。臣防守不力，罪不可恕。但臣自己不敢做主，奏请皇太后、皇上决断。”

慈禧太后瞪了皇上一眼，示意他坐下，不要激动。她低声地问了一声：“六王爷，依你看日本人在三天之内能打到北京来么？”

“他们纵然会飞，三天内也不会进入北京的。何况还有那么多地方守军挡在那里。”恭亲王回答说。

“这不就得了？只要三天之内打不到北京，不要搅了我的六十大寿，过后就好办了。你们商量商量吧！但要把嘴放严一点，不要传得人心不安。谁弄得我的大寿过得不愉快，我是不会放了他的！”慈禧坚决地说。

光绪皇帝瞪大了眼睛，他想去召集群臣商议一番，做出安排，但被慈禧太后制止住了。光绪深深叹了一口气，狠狠地跺了一下脚，像泄了气的皮球，重新坐回了他的御座上。

恭亲王、李鸿章等失望地退了出来。刚走出几步，就听前面戏台上的锣鼓又“哐锵、哐锵”地响了起来。第三出戏开始了。

这戏要看三天三夜，每天至少近十个小时，慈禧一点不累，越看越上劲，能忘记一切。而恭亲王、李鸿章在这时看戏是活受洋罪，心中火烧火燎，但却不能走开。走开便等于搅了慈禧太后的寿典。这可如何是好？

借回到贤良寺休息的机会，李鸿章连夜给旅顺驻军发电：要求坚决把日军堵在旅顺之外，若有闪失，还要严惩！

所幸的是，日军不费一枪一炮得了大连湾之后，并没有马上向旅顺发起进攻。他们要休整一周，借机庆贺一下他们的胜利。山地元治已给日本国内发回捷报，很有把握地将旅顺划入了他们的占领区。在庆功大会上，山地元治频频举杯，称他的军队是世界上最勇猛的军队，所向无敌。

到十一月十二日，山地派出一支九十五人的侦察小队，从不同位置潜入旅顺，侦察清军的防御和地形。这九十五人分成三组。第一组三十人由山本小队长率领，大摇大摆地来到旅顺东南方向的刘家沟、岔沟和鞍山岭侦察。第二组由冈村中队长带领，负责侦察黄海北岸的小平岛。第三组由川崎中队长带领，共四十五人，侦察目标是三涧堡及清军水师营地至松树山以西的清军营垒。

这里毕竟是中国。这些日军侦察兵因为地形不熟，陷入了困境。川崎想了一个办法：派兵进入村庄，从老百姓中间寻找向导。过了一会，士兵终于请来了两个年轻的当地人。谁知这两个年轻人把四十五名日军领着转了两个多小时，最后又转回原地了。川崎大怒，挥刀杀害了他们。直到太阳落山，川崎所率的这一小组才摸到松树山，逐渐接近了清军营地。

冈村的小组在龙王塘与驻守的清军交上了火，一名日本兵被当场击毙。在回大连湾的路上，他们还遭到了一群中国百姓的伏击。这批老百姓用菜刀、铁锹为武器，与日军侦察兵周旋了一个多小时。

但日军还是完成了细致的侦察任务。十一月十七日，日军完成了进犯旅顺的准备。

这天上午八点整，日军集合完毕。第一联队第二大队留在金州驻守，第十五联队留在大连湾，其余是全体出动，由高家窑出发，向旅顺进军。东方平八郎率海军舰队从水路同时出发，配合陆军攻打旅顺。

驻守在旅顺的清军有前兵三营、庄字军五营、马队一哨、桂字军五营、和字军四营，计八千多人。另外，金州及大连湾后撤过来的清军还有三千六百人。加上捷胜营部分兵力，旅顺的守军总人数达到一万二千七百人。如此多的兵力，应该可以守住旅顺的。况且，李鸿章亲临旅顺数次，在建造堡垒炮台上，下的工夫比在大连湾还大。

十七日，进攻旅顺的日军右翼纵队率先与先锋队抵达土城子东北约二十八里处。遵照李鸿章的命令，徐邦道会同姜桂题、程允和所部计五千人到这里截击日军。山地元治一惊：这还是日军自登陆以来，清军首次主动迎战哩!

十八日晨，日军先锋队抵达土城子以北了。这里也有清军马步二百余人驻守。秋山好古见清军兵力较少，便下令进攻。但就在这时，他发现清军来了大批援军，转眼间多了六百多清兵。秋山好古见势不好，掉头就跑。但清军已分东西两路包抄过来。一路清军由正面进攻日军，一路则居高临下，向日军猛轰。

日军先锋队只好后撤。幸有步兵三队赶来相救，才使得秋山好古的先锋队冲出包围。日军刚到土城子东面的周家屯时，忽又遇一支清军迎头打了过来，日军先锋队又陷入困境。刚巧，日军第三联队第一大队在丸井正亚的率领下到达土城子东北约十八里地的双台沟了，秋山好古闻报，立即派出快马前往求援。丸井正亚立即率部赶来，但刚到周家屯附近，也被清军团团围住，救援无望了。

不久，日军先锋队遭重创，面临被全歼的危险。丸井正亚闻报，便设法从周家屯突围，率二、四两个中队增援先锋队，与清军展开激战。

中午时分，清军在长岭子南面架起两门大炮，向被围的日军轰击。清军的步

兵和马队也从左侧向日军发起进攻。日军见势不妙，准备冒险突围逃命。但徐邦道率骑兵已经切断了日军退路，将日军分割成几段，一阵猛打猛冲，使日军伤亡惨重。两个多小时后，日军余部才突围败退到双台沟以北去了。

这是一次洗刷耻辱的重大胜利。土城子反击战，鼓舞了清军的士气，灭了日军的威风。

次日，日军第二军三路纵队全部进入了旅顺清军的防御阵地。他们不敢盲动了，在人烟稀少的旷野上游荡了整整两天，不知从何处向清军发起进攻。直到二十一日，才决定分左右两翼及先锋队重新展开攻势。参加此次总攻的日军共达一万五千人，拥有各种大炮七十八门。

清军的阵势为：东线松树山、二龙山和东鸡冠山一带，由徐邦道、姜桂题驻守，总计有十四营两哨的兵力；西线案子山、椅子山一带由程允和的和字营一千五百人防守；白玉山东麓至旅顺城的通道上，由卫汝成的成字步队五营和马队一哨驻守。连顺、赵怀业的残部作为预备队留守旅顺城。海防一带及黄金山的各个炮台由黄仁林防守；海口两岸的威远炮台、馒头山炮台由张光前驻守。

日军确立的主攻方向是案子山、椅子山炮台，他们要先啃下这两块硬骨头。战斗一开始，日军就动用了三十多门大炮猛轰案子山炮台。清军还击也很勇猛，一时间炮声隆隆，烟尘滚滚，大有山崩地裂之势。相比较起来，还是日军的炮火激烈得多。在日军炮火的掩护下，西宽二郎指挥步兵、骑兵向案子山靠拢，发动冲锋。但守军和字营官兵用炮火猛打，几次把日军打得如雪球似的滚下山脚。日军由正面冲不上去，只好迂回到案子山西侧，将兵马隐藏在山林死角地带，架炮向山顶猛轰。但从低向高处开炮，命中率极低。清军凭借有利地形，加大火力向日军瞰射，使日军死伤多人。

日军玩命了！他们组成敢死队，一批接一批往上冲。二百米、一百米，只距离五十米了，日军终于一跃而上了，清军因寡不敌众，最终丢了案子山炮台。

日军攻下了案子山，接着全力围攻松树山。战斗刚打响，一颗炮弹落在清军设在炮台下的火药库里，引起巨响，大火燃烧，子弹四处飞射，使清军阵地大乱，慌忙向二龙山撤退。山地元治未费大劲就捡了个松树山炮台，欢喜得连蹦带跳。

几乎就在同时，日军长谷川少将指挥的混成二旅团在二龙山阵地上与清军激战。日军第二中队首先冒死往二龙山冲锋。清军居高临下，打退了日军多次冲锋，因而使日军伤亡惨重。日军指挥官下达了“踏尸猛进”的命令后，日军士兵一下冲到了离清军炮台三百米处。日军伏地轰击了一会，又发起冲锋。谁知炮台周围埋下了许多地雷，炸死炸伤日军多人。

一批倒下了，又一批冲上去，疯狂的日军不断增兵，终于在上午十一点三十

分夺下二龙山阵地，清军撤退而去。

旅顺东北部的战斗打得也异常激烈。清军在李鸿章的严令之下顽强抵抗，击毙日军前兵第十四联队第一大队长花岗正贞少佐。但不久，日军攻占了二龙山炮台后，很快使徐邦道所部陷入被动。日军援军不断增加，到中午时分，攻下了鸡冠山炮台。接着，清军大坡山、小坡山及蟠桃山炮台相继失陷，徐邦道只好率清兵退到旅顺城里了。

这时，清军中又出现了贪生怕死的败类了：驻守白玉山的卫汝成预备队，因卫汝成自己率亲兵逃跑，丢下所部无人指挥，士兵们也放弃了阵地，纷纷向海边炮台撤退，使日军不费力气地得到了白玉山炮台。到上午十一时五十分，旅顺口后路所有炮台全部被日军攻得。至此，旅顺成了一座孤城。

大山岩是在十二时二十分发布总攻旅顺城命令的。日军留下很少的兵力驻守攻占的炮台，调动全部主力从四面向旅顺城围攻。攻城之战最初是在城东的黄金山打响的。清军在这山上共架设大炮二十多门，其中有二十四公分远射程克虏伯重炮三门。这是李鸿章特意为旅顺城配备的。此炮可以做环形转动射击，技术先进，火力猛烈。在此炮的轰击下，城外攻军一时陷入被动，靠近不了城区。但主将黄仁林见后路失陷，立即恐慌起来，丢下士兵们不管，自己一个人溜了。士兵们无人指挥了，最后一哄而散，丢了黄金山阵地。

日军得了黄金山炮台，很快攻占了模珠礁和人字墙阵地。但城中将士仍顽强抵抗，直到日落天黑后，突然阴云密布，风雪交加。守将徐邦道、张光前、姜桂题、程允和等估计旅顺城难守了，才乘茫茫黑夜之机出城向北，取道南关岭退往复州。在撤退过程中，被城外日军发现，遭到截击。一部分将士没有来得及出城，被堵在城中。他们只好丢下武器，装扮成百姓，藏匿于百姓家中。但日军进城后，不分男女老幼，大肆屠杀，最后大都未能逃脱一死。

这一战，旅顺城血流成河，尸积如山。

李鸿章经营十四年之久的旅顺口就这样落入日军之手。

旅顺口失陷在李鸿章的内心中引起了强烈的震撼。这种震撼几乎达到了致命的程度。那天，寒风阵阵，枯叶飘飞，他正坐在书房的暖炉旁批阅公文。他边批阅着公文，边陷入沉思，设想着旅顺及鸭绿江边的战事，心情渐渐沉重起来。仆役们看惯了他这张脸，高兴与不高兴时大不一样。这会儿见他紧锁两道眉毛，不言不语的，一个个都小心翼翼，生怕弄出什么声响来，惹得李鸿章脾气大发。

李鸿章其实并没有注意到仆人们的表情变化，他只在想内廷里连日传来的责难：好像中日之战，失败的就是他李鸿章一人，与朝廷、与其他一切大臣毫无关系。他由此感到，北京紫禁城那班亲贵、重臣们，其实都是骑在自己头上的。尽管他们中绝大多数人的职位都比自己低，但由于在皇上、太后身边，讨巧的事情

都归他们了，而吃亏的事情便落在了他这里。他要钱没有，要兵没有。又想马儿跑得快，又想马儿不吃草，我李鸿章如何能办到？！

李鸿章正在想着这些，签押房突然送来急电：旅顺失守了！

一种从未有过的失败感、耻辱感攫住了他的心，他差点儿昏死过去。他无法相信自己苦心经营十四年之久的“铁打的堡垒”就这样土崩瓦解了。旅顺一失，他也想象不到战局还会发展到什么地步？自己还要面临什么样的厄运？

年老了，爱哭了，他的晚年已经历了几次痛心裂肺、无法制止的号啕大哭了。好像只有大哭一场，才能缓解积郁在他心中的哀怨，排除他满头脑的火气。对于旅顺一战，他是有布置，有准备的。每一处重要阵地的守将都是他亲自点名的。现在，他彻底失望了，甚至是绝望了。他的绝望其实还不仅仅在于前线的战事。

大连湾失守后，慈禧太后的寿典刚刚结束，光绪皇帝就成立了督办军务处，由恭亲王任督办，庆亲王任帮办，翁同龢、李鸿藻、荣禄、长麟任会办。光绪皇帝是想以这个机构的成立，作为指挥全国军事的中枢，统一进行战事部署，部队调遣、武器配备等。这本身就是在军事上不再信任李鸿章了，他也不再是可以指挥各地军队的统帅了。

他对此深感失望。他料定，旅顺失守的消息一传进朝廷，身后马上会有一帮人对他使绊子、捅刀子。这还不算，光绪也不会轻饶他的。果然，就在旅顺失陷的第二天下午，光绪皇帝降旨：对他严加处分，摘去顶戴，革职留任，以观后效！

至此，他能不绝望么？

哭了整整一天以后，他抹了一把泪水，不再哭了。他自言自语道：“也罢，也罢，无官一身轻，回合肥老家过几年平常人的日子吧！”

但，他是走不了的。北京方面很快传来了消息，令李鸿章对大局形势无法袖手旁观：慈禧太后得知旅顺失陷后，在仪鸾殿单独召见了军机大臣。这回她没有让皇帝参加，三言两语，在草草询问了一下战事后，突然扯出一个与战事不沾边的话题，几乎是吼道：“按本朝的家法，后妃不准干预朝政。瑾、珍二妃有此劣迹，该当何罪呀？”

恭亲王及众军机大臣们都惊呆了：好好地商量战事，怎么突然转了话题，责问起皇帝的后宫之事了？且光绪又不在场，谁敢回答这个问题？

慈禧太后见大家都吓得不敢吭声，便把冷冷的目光投向翁同龢。翁同龢更是吓得不轻，赶紧把头低了下去。作为光绪皇帝的师傅，他不仅知道瑾、珍二妃是皇帝最宠爱的女人，还知道自中日开战以来，二妃的确就前线战事向皇上、文廷式及自己有过不少进言。慈禧的耳目众多，或许对此已经了如指掌了。今天扯出二妃过问朝政之事，显然表明：她是要通过惩治二妃，敲山震虎。

这会儿见翁同龢也不表态，慈禧果断地亮开了嗓门：“将瑾、珍二妃降为贵

人！”这还不算，没过两天，满汉书房又被慈禧太后宣布撤销了。

这两招对主战的光绪震动极大，他不得不考虑自己的进退了。因此，他不敢再多言，生怕招惹不测。主战派们也立即缄默不语了，慈禧太后开始充当了未来局势的总导演。

李鸿章从慈禧太后这些动作中体会出了她的意图。他预感到自己又将身背骂名，忍辱负重地干下去了。然而，来自旅顺一战的耻辱却在他心头久久地盘桓，挥之不去。

日军全面占领旅顺口是十一月二十一日。山地元治一进城，就疯狂地下达了一个令全世界都为之震惊的大屠杀命令：“除妇女老幼外，统统格杀勿论！”

于是，一场灭绝人性的大屠杀开始了。

担任屠城任务的部队是主攻旅顺的日军第一师团和第二旅团。刽子手的领头人是乃木希典少将和西宽二良少将。屠杀是从东城原清军分统马玉昆的练兵场教场沟开始的。

大屠杀持续了三天三夜。杀红了眼的日军根本不分男女老幼了，挨门挨户，一户不漏，见人就杀。整个旅顺城笼罩在血光刀影之中。到处是枪声和中国百姓的惨叫声。他们手无寸铁，只能任人屠杀，其情景惨不忍睹，在世界战争史上没有先例。

从屠杀一开始，教场沟里就飘浮起数不清的妇女、儿童们残缺不全的尸体。接下来是四十八间房和通天间，还有那儿的和顺戏班的戏子们，无一幸免。接着，血红的屠刀杀向天后宫、太极观、火神庙、灵神庙、三官庙，和尚、道士、尼姑们也全部惨死在日本人的刀枪下。沿街店铺的店主、店员们被洗劫一空后，也是一死，尸体被吊在店铺里。妇女被奸污杀害后，裸体扔在街道上。许多街道横七竖八地尽是尸体。刽子手们踏尸而过，以致许多尸体被踩成了肉泥。

大山岩凶神似地站在街头，眼看自己的部下们烧杀奸掠，捧腹狂笑。这个自称被西方文明武装起来的将军，骨子里流淌的是法西斯的血液。他出生于鹿儿县的萨摩藩武士之家，继承了他父亲的好战、残暴性格，人性全无。

在中国这块土地上，他正在指挥着一场泯灭人性的大屠杀。旅顺城里两万民众被杀光了，他把屠刀一挥，命令他的士兵们杀到城外。旅顺周围的人们连同他们祖孙多少代居住的村庄一起，统统从这个地球上消失了……

李鸿章是从《申报》上读到日军在旅顺屠城的具体报道的。此前，前方的电报已向他报告过，他当时就吓昏了过去。醒来以后，女婿张佩伦手拿了一叠报纸从他的床边走过。李鸿章喊住了他，要过了从上海发送过来的各种报刊。当他把目光停留在两个外国通讯社记者联合采写的那篇洋洋万言的报道上时，他又一次经历了心灵的戳痛。外国记者的字里行间，流淌着无辜的鲜血和男女老幼的愤

怒。李鸿章看得心惊胆战，在他眼前展现的是一幅幅血淋淋的罪恶的画卷。李鸿章老泪横流，怒火满腔。但他又能如何呢？他内疚，他恨自己，他一拳砸在自己的大腿上。

李鸿章派出得力人员前往西洋各国驻华机构，得到的结论是：各国对日军侵入中国领土制造惨案反应十分强烈，纷纷表示震惊和谴责。李鸿章感到这是一个机会，可利用这个机会争取西洋各国对日本进行干涉，以此结束战争，使民众不再遭受战争之害。

李鸿章觉得，他现在要干的事情，就是抓住这个机会，替大清朝裹伤止血。

他估计，慈禧太后一定会要他来干这件事，躲是躲不过去的。

果然，慈禧太后与恭亲王议和的主意一定，便三番五次地催促李鸿章主办谈判。李鸿章恨不得把脖子缩到肚子里去，他不愿背这个骂名。实在推脱不了后，他想到派一个代表到日本去，自己不能露面。

但派谁去呢？他踌躇了几天。派自己的幕僚去，人微言轻，日本方面恐怕不会理睬；派规格高一点的人去，目标太大，风声也大，弄不好会授人以柄。忽然，李鸿章想到了一个人，他是一个德国人——天津海关税务司德璀琳。此人出面去日本最合适，一不招惹风声，二则有可能把中日双方都拉到会谈中来。只要西洋国家介入，牵制日本的效果就能产生。

四天后，德璀琳抵达神户。就像一个外出游玩的闲人，他只带了一名年轻的翻译和一名随员踏上那陌生的土地。一路打听，德璀琳找到了日本兵库县知事，请他把李鸿章的亲笔信转交给伊藤博文首相。之后，他们一行三人在一家小客栈住下了。

这是少见的程序。正式的外交文书，应经过外交大臣转呈总理。在日本官方看来，李鸿章的亲笔信毕竟不是国书，没有携带国书的人官方是不能接待的。何况，德璀琳到底还是一个身份不清的人，究竟怎样接待？日本官方在踌躇。

日本内阁书记官伊东代治到神户来了。在伊藤博文看来，德璀琳此来，虽然身份暧昧，但使命清楚——他除了打探媾和，别无他事。

伊东代治到神户后，并没有会见德璀琳，而是向兵库县知事传达了政府的意图：对大清政府暂不予理睬，要给中国以最严重打击后，提出苛刻的停战条件、夺取最大的侵略利益，方可答应停战。

李鸿章的这个特使吃了闭门羹，被晾在一边没人管了。德璀琳在神户的小客店里呆了十多天，日本方面既不接待，更不通报情况，完全无声无息了。德璀琳请求会晤伊藤博文，遭到拒绝。非但如此，连李鸿章的亲笔信都被退回了。

两天后，伊东书记官在兵库县知事官邸同德璀琳进行了短暂的会晤，且是非正式的。只是表达了日方的意见。

德璀琳没有再等下去，他接到了李鸿章要他“火速回津”的电报。临离开日本前，他将李鸿章的亲笔信在日本邮寄给了伊藤博文，就于次日乘船返回天津来了。

在李鸿章看来，德璀琳去日本虽然吃了闭门羹，但仍然是有作用的，起码是知道了日本的态度极其强硬，想继续把战争打下去。还有一条：将来议和时，若不履行正式手续，日本政府便不会理睬。

在日本广岛战时大本营的指挥部里，一张中国地图挂在墙上。标志着侵华日军在辽东半岛进攻的红色箭头迅速向南延伸着。日本国指挥这场战争的大小官员们，个个心花怒放。日本列岛陶醉在一片胜利的狂喜气氛之中。

在中国的第一军司令长官山县有朋已向大本营报来了一份征服中国的计划，提供三种方案供大本营决定：

第一办法：在山海关附近登陆，占领进攻北京的桥头堡，也就是攻占旅顺的第二军进行第二次登陆作战。

第二办法：控制辽东半岛，在不结冰的海岸设置兵站基地。

第三办法：立即攻克奉天，由奉天打到北京去，俘虏大清朝皇帝。

大本营的官员们一见这个计划，倍受鼓舞。日本议会也一改以前对政府吹毛求疵的面孔，只用了五分钟，就在第七届议会上一致通过由政府提出的请求：批准增拨临时军费一点五亿日元，并募集军事公债一亿日元，支持侵华战争。

“这是日本人最心齐的一刻！”欧洲评论家们为之惊叹不已。

现在该是对山县有朋的三条战略构想进行表决的时候了。日本的将军、大臣、参谋们在细细推敲这个计划时，发现这是一个十分冒险的计划。三种办法任选其一都很难办到。若采取第一种办法，李鸿章的北洋舰队尚在威海卫港内，渤海北岸冬季气候不明，向直隶进军必须重新派出军队，因而不可行；第二办法因日军在金州以东营地不足，造成行军困难，且与大本营作战方针不符，也不可行；第三办法实施起来，马上会出现运输困难，冒险进攻的话，随时会成为孤军，更不可行。

伊藤博文作出了新的决定：命令山县有朋的第一军在十一月九日退至九连城附近，在瑷河与大洋河之间建立冬季营地，休整待命，做好来年春雪融化后进攻直隶的准备。

山县有朋在自己的计划被全盘否决后十分恼火。于是，他在大山岩的第二军攻陷旅顺的三天后，独断地下令：向海城发起进攻！他还决定，在攻下海城后立即进攻山海关。

十二月一日，日军的部队由安东向岫岩集中，开始进攻海城。

消息传回日本国内的大本营最高统帅部，伊藤博文大为恼火：“这是对最高统帅部的公然冒犯！”他要求大本营立即制止山县有朋自作主张的独断行为。

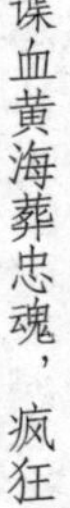

伊藤博文所担心的不仅是天寒地冻，取胜困难，他更担心若从山海关进攻北京，必然会引起清廷的恐慌，弄不好会使中国朝廷立即崩溃。走到这一步，日本便骑虎难下，失掉了讲和的对手，你还能与谁签约呢？既不能签约，即便把整个中国扫荡一遍，好处又能捞到多少呢？日本毕竟是一个小国，能经营的范围有限，清廷倒了，那就糟了。日本必定陷入进退两难的尴尬境地。没有可以缔结各种有利条约的清政府，列强们也不方便了。所以，只要日军真的进入山海关，列强们定不会坐视不管。那样，日本就要前功尽弃，甚至成为众矢之的。

作为军事家的山县有朋在对全局形势的把握上，要比作为政治家的伊藤博文差多了。山县有朋看不到这些后果，他只知道命令他的部队不顾一切地往前冲。他要进攻的海城是辽南的一个战略重镇，位于鞍山与盖平之间，地处交通要冲。日军要想北窥奉天、西出锦州、山海关，就必须经过海城一带。山县有朋正是看准了它是军事重镇，所以才急欲占领。

李鸿章对这一地区也早有部署，他在海城附近的牛庄、田庄台、盖平、鞍山至辽阳一带集结重兵数十万，摆开了大决战的架势。日军大本营乃至伊藤博文都认为：若山县有朋此时进攻海城，必与李鸿章的清军主力激烈交战，谁输谁赢实难料定。中国兵员充足，而日本的援兵实在有限，没有把握打赢此仗。所以，日本大本营要坚决制止山县有朋的冒险行动。

伊藤博文上奏明治天皇，请求将山县有朋召回日本，以此制止山县有朋抗拒命令的独断行为。

把一个战功显赫的司令官以抗拒军令为由而撤职，这是不妥的。所以，伊藤博文给了山县有朋一个面子，只请奏将他召回国内，实际上是免去了他的职务。

明治天皇接受了伊藤博文的请奏，决定“因病”必须更换出征中国的这个最高司令官。

十二月八日，天皇侍从武官中村觉中亲自乘船前往安东，向山县有朋宣读了天皇的诏书。

山县有朋明白：天皇的诏书虽只字未提他抗拒军令之事，更没有责难，但召回他的原因就因为他没有听伊藤博文的话。

山县有朋是闷闷不乐的，他为自己失去了攻占北京的机会而遗憾。面对迎接他的大小官员，他只挥了挥手就钻进了车厢里。

战时大本营“监军”兼陆军大臣的职位已由明治天皇为他安排好了。

天皇任命野津道贯中将为山县有朋的后任，接管第一军。

颇具讽刺意味的是：山县有朋虽然被撤换下来了，他进攻海城的命令却无法撤销。对海城的进攻仍然要按山县有朋已下达的命令进行。

十二月九日，第一军第三师团长桂太郎率军由岫岩进犯析木城。

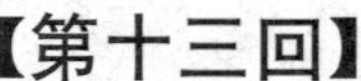

无援军北洋挽歌，订屈约中堂遗恨

光绪皇帝看着御案上的前线告急电文雪片一般地飞来，更是惊慌不已。

光绪还能指望谁？他想到了湘军。

其实，这个年轻的皇上对湘军并不了解，只是从慈禧太后、六王爷和李鸿章的口中零零碎碎地听说了一些。在他出生的前两年，湘军主帅曾国藩就已不在人世了。光绪皇帝甚至不清楚，打败了太平军后，原来的湘军已裁撤无几，所剩下的一点儿人马已是七零八散，且将士们也早已暮气沉沉，垂垂老矣，如何还能再赴前敌？因此，当光绪皇帝把自己所要重新起用湘军的主张拿出来征求李鸿章意见时，李鸿章差一点捧腹大笑，但毕竟没有笑出来。他只是摇摇头。

翁同龢凡事都要与李鸿章拧着劲。当他得知李鸿章不赞成起用湘军时，坚决地站出来支持光绪皇帝，并说：“我对湘军出征迎战日军充满信心！”

“太后会同意让湘军出征么？”光绪担忧地对翁同龢说。

光绪的担忧是有道理的。不久前，太后已贬抑了瑾、珍二妃，强令撤销满汉书房。这足以说明慈禧太后已从幕后走到了前台，直接干预中日战争了。她要议和，这一点路人皆知。光绪因此绝望了，所以他一天到晚提心吊胆地过日子。原来的那些“帝党”成员，有不少已闻出了气味，与光绪皇帝疏远了，不敢再上书言战了。唯有御史安维峻冒死上奏，参劾李鸿章派出私人代表德璀琳通日主和，写信给日本伊藤首相，卑躬至极，要求杀李鸿章以牵制皇太后。安维峻在奏折中也承认李鸿章是受了皇太后的指使，奏道：“议和出自皇太后，太监李莲英实左右之！”

安维峻可谓大胆直言，这一下子得罪了三个人：太后、李鸿章和李莲英。李鸿章听说安维峻要奏杀自己，大骂他狗屁不通，道：“贼娘养的！老子的头多少人要拿去呀！至今仍长在我的脖子上，你一个安维峻就想要老子的头么？恐怕要掉脑袋的是你安维峻！”

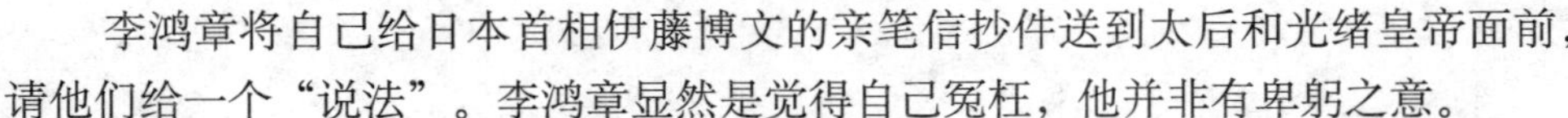

李鸿章将自己给日本首相伊藤博文的亲笔信抄件送到太后和光绪皇帝面前，请他们给一个“说法”。李鸿章显然是觉得自己冤枉，他并非有卑躬之意。

慈禧看了道：“李鸿章呀，你也不要太感到冤枉了。安维峻不仅想要你的命，也想要我的命呢！如今是皇上亲政了，就交给皇上处置吧！”

光绪吓出了一身冷汗。他明白：依太后的意思，有十个安维峻也该杀头了。但他必须救安维峻一命，幸好他在前一天就预感到李鸿章会来宫廷找麻烦，于是就以革职发配充军之刑，把安维峻送往新疆了。

慈禧太后及李鸿章听说安维峻已被处罚，尽管不足解恨，但也只好作罢。

现在要起用湘军，光绪皇帝的担忧早被翁同龢看出来了。因而翁同龢很有把握地说：“皇上，您现在起用湘军，正合太后的心意。太后也是主张以湘济淮的。李鸿章的淮军这些年桀骜难制，飞扬跋扈，现在把湘军用起来，正好可以压一压淮军的势力，也正好利用中日战争，消耗一下淮军的兵力。”

“那么，谁来出任湘军主帅呢？”光绪问。

翁同龢道：“启奏皇上，两江总督兼南洋大臣刘坤一可以担当此任。”

光绪犹豫了，他知道刘坤一当家理财尚可，带兵打仗未必是一把好手。但用人之际，光绪皇帝也想不出他人了。光绪更拿不准的是：把刘坤一从两江调赴前敌，他会干么？

光绪的担心是有道理的。黄海大战后，李鸿章感到急需加强北洋舰队实力，于是想到调南洋舰队到北洋助战。但李鸿章又不便贸然请调，便让盛宣怀出面，向朝廷求助。朝廷考虑到战事危急，于是下旨调“南瑞”“开济”“寰泰”三舰北上。谁知刘坤一竟婉拒了。他说：“前敌与饷源均关大局，不敢不兼筹并顾。再三思考，各船实难暂离。”

经他这么一驳，朝廷自然不便相强。李鸿章恼火，但也只得暂时作罢。光绪想到了这件事，所以才担心刘坤一不会服从调遣的。

翁同龢道：“皇上不必犹豫，刘坤一早来了几份言战的奏折，表示要保卫疆土，责无旁贷。相信他应该不会口是心非，只说不做的。”

光绪愿意试试。经太后批准后，于十二月二十二日下了圣旨，谕令刘坤一立即招募湘军旧营，北上助战。并任命他为前敌统帅，全权节制关内外防剿各军。

同日，刘坤一复电，称自己已年老体衰，不熟悉东北情形也不便节制关内外各省将军、巡抚，请朝廷收回成命。

果然不出光绪的预料，刘坤一不愿离开两江地盘。实际上，刘坤一还有一层不能为外人道的考虑：就是怕在山海关一带与淮军发生矛盾，从而引起李鸿章不快。时至今日，他还是很在乎李鸿章的威望与权势。

光绪皇帝又想到了李鸿章，希望他能在此时挂帅上阵，亲赴前敌。但对于李

鸿章，他知道自己更是搬不动了。于是，光绪再次发出上谕，颁给刘坤一钦差大臣关防，授权他有先斩后奏大权："各营将弁如有不遵调遣，不受约束者，即按军法从事，以一事权！"

光绪亲政以来，还是头一回破了这个先例。刘坤一思考再三，如果再不上任，就是不识抬举了。他只好上表谢恩，领命挂帅了。

光绪二十一年元月下旬，刘坤一从金陵抵达天津，二月九日进抵山海关。他所带的四十营湘军也已先期赶赴到山海关外，与宋庆、依克唐阿等部会合。这样，驻扎在辽阳、通化、盛京、营口、鞍山、锦州、田庄台及山海关、津沽一带的清军总兵力就达到了四百多营，计二十万人。

李鸿章将刘坤一送出天津城时道："这是近百年来我朝最大的一次用兵。兵力不可谓不多，声势不可谓不壮，皇上的决心也不可谓不大。老兄此番重任在肩，没有理由退缩了！"

刘坤一听出了李鸿章的言下之意，叹道："我也只能尽力而为，打胜打败，心中没底呀！这一次人数虽多，仅仅是换了一块'湘军'的牌子，还是那些老爷兵，能创造出奇迹来么？！"

这话更增添了李鸿章对刘坤一此行的忧虑。

日军大本营得到清军大举调兵的报告后，有人主张立即收缩战线，将第三师团向海城一带撤退，以此救援海城。但山县有朋极力反对撤退，认为这样做会"内招国民诽议，外张敌军之势"，从而影响日军的士气。实际上，他是害怕暴露他的冒险主义的指挥错误。

由于山县有朋的坚持，大本营只好命令第二军：至少派一个混成旅团迅速向盖平方向靠近，援助在海城的第三师团。

这日军第二军正急于进占山东半岛，很不情愿驰援海城。但迫于大本营的命令，不得不抽调部分兵力北上去进攻盖平。但该部将领同时严令：该部任务只限于牵制当面之敌，阻止其进攻第三师团的侧背；不准在北线寻找清军决战，并注意金州的防守。

日军对进占海城的第三师团的处境已经很悲观了。各方面的支援慢慢腾腾，直到一八九五年一月三日，乃木希典指挥的第一旅团才从普兰店出发，向盖平进犯。

这盖平位于辽东半岛之北的盖州河北岸，东连岫岩，北接海城，西临田庄台和营口，南通熊岳城、复州，是南进金州、旅顺，北通辽阳、海城，西出营口、锦州的交通要道。

一月十日早晨五点半，乃木希典指挥他的第一旅团分左、中、右三路向盖平发起进攻，到上午九时四十分，清军又被日军打败，退出盖平，向大石桥、营口

方向退却。

盖平失陷，海城的日军不再孤立无援了。这海城战略地位日显突出，成了日军第一、二两军的联络点，也成了向北京进军的重要基地，对日军占据辽东半岛，控制全局形势，意义十分重大。现在的海城日军不再惊慌失措了，而且对于集结在辽南田庄台、营口、牛庄一带的清军两翼构成了极大的威胁。

光绪皇帝紧张了。李鸿章也连连上奏，奉天的将军裕禄也再三请求，希望尽快收复海城。清廷下了决心，急令依克唐阿、长顺、宋庆各军，从一八九五年一月十七日至三月三日，先后对据守在海城的日军发动了五次大规模的进攻，但始终未能得手。刘坤一大军集结在山海关一带，朝廷不敢调集，怕有损北京的安全。

这五次进攻，清军以数倍于日本的兵力收复一个小小的海城，竟惨遭失败，李鸿章心灰意冷了，朝廷对李鸿章这支淮军也大大失望了。因为进攻海城的各部，基本上都是淮军的底子，而五战五败，则把淮系军队连同李鸿章的北洋水师一起推入尴尬境地。淮军名声狼藉，北洋水师也身价大跌。李鸿章节制半壁江山的兵权旁落便顺理成章了。

日军大本营见清军如此无能，海城等地如此易于得手，便将计就计了。山县有朋神气了，他不再承认他的作战方案是一个冒险行动。伊藤博文提出了一个新的扩大侵略的计划——进攻山东半岛。

受了前线胜利的鼓舞，日军大本营决定继续拒绝与中国和谈，对清政府实施更严厉的打击，以便将来在和谈中进行更大的勒索。所以，进攻山东半岛的计划很快实施起来。

日本首相伊藤博文看中了威海卫，还想借机攻占台湾，彻底把台湾划入日本的版图。依照这个计划，运兵并配合作战由日本的联合舰队承担，日本的海军可在黄海大战后再显身手，再立新功。联合舰队的目标是：占领威海卫，封锁直隶湾，消灭李鸿章的北洋海军，迫使清政府彻底投降。

为了完成这个计划，日军大本营以大山岩指挥的第二军第二师团及由日本国内调出的第六师团，编成“山东作战军”，由海路运输，在山东半岛登陆。

登陆地点选在山东半岛西南方向的荣成湾龙须岛。荣成湾西距威海卫海路三十里，湾口宽阔，能避强烈的西北风。该海湾为泥底，非常适于受锚。北岸还有一块长约两里地的沙滩，汽艇可驶至岸上，舢板也可以直接冲上岸去。沿岸丘陵起伏，适于掩护陆军登陆。日军通过侦探，认为这是一个最好的登陆地点。

日军计划于一八九五年元月十九日行动，分三批运送登陆部队和军需物资。伊东佑亨下达了命令：联合舰队主力在护卫运兵船到达登陆地点前，先派小分队上岸切断岸上电线；登陆前一天，派第一游击队从海上对登陆地点周围的清军炮

台进行炮击，捣毁这一带的防卫设施，并牵制清军；在护航运兵途中，如与敌舰遭遇，由第三游击队任护卫专责，专攻北洋舰队，不要影响其余各舰航行和登陆。登陆时，由第三、第四游击队担任掩护，其余各舰在成山角一带停泊或游弋，防止北洋舰队偷袭。白天派出侦察舰监视，夜间派鱼雷艇警戒。

按照伊东佑亨的计划，“吉野”“秋津洲”“浪速”三舰提前一天行驶到登州一带，对岸上进行炮击，声东击西，转移清军的视线，制造在登州一带登陆的假象，可牵制清军兵力。

同时，日舰“高千穗”号也开到了威海卫港外，监视北洋舰队行动。

一月十九日中午，日舰第一批十九艘军舰，满载日军一万五千人由大连湾出发，于二十日中午到达了荣成湾。在这之前，日军先遣舰“八重山”“摩耶”等四艘舰船已经到达，岸上电线已经切断。大批部队登陆时，被清军发现，但岸上守军力量单薄，虽开炮阻止登陆，但不一会就被日舰打退。清军西逃后，日军尚不敢贸然登陆，继续向岸上盲目发炮达两个多小时，见没有清军来了，才敢登陆。

先头部队一登陆就向西开拔，一面攻占成山角灯塔，一面占领电信局。午后三时，日军先头部队已到达荣成县。这儿的地方官员及驻守的清军早已逃之夭夭，日军一枪未发就占领了荣成县城。

日军大队人马开始登陆时，由于滩多水浅，大军舰无法靠岸，兵员和辎重上岸均依靠驳船。到次日，第一批部队一万五千人才全部登陆。两天后，第二批、第三批舰队也到达荣成湾，三批共运送官兵三万四千六百人，战马三千八百匹。

日军第二军司令大山岩是最后一个上岸的。他一上岸就住进了荣成县城，并在那里设立了“山东作战司令部”。他下达的第一道命令是：“进攻威海卫！”

“倭匪在荣成湾登陆了！”

这个消息在一天之内从威海传到济南，又从济南传到天津，传到北京。通过电报，日本人攻占荣成县的消息如同一枚炸弹，在李鸿章的总督衙门里炸开，在紫禁城里炸开，也在全体中国人的心头炸开。最令李鸿章和大清朝廷担心的事情终于发生了！

日军在荣成湾登陆后，丁汝昌按李鸿章下的指令，坚守威海基地。文武百官们恼火了，光绪皇帝更是火冒三丈，大骂他不敢出港迎战，眼睁睁看着日军登陆。

“贪生怕死，屡次不敢迎战，丁汝昌罪该万死！”

“丁汝昌带头宿妓聚赌，刘公岛成了妓院了！”

光绪皇帝盛怒之下发来一道圣旨，道：

“海军提督丁汝昌，统率海军多年。自倭人肇衅以来，迭经谕令统带师船出海援剿，该革员畏葸迁延，节节贻误。旅顺船坞是其专责，复不能率师援救，实属胆怯无能，罪无可恕，着即行起解，逮拿刑部治罪！”

跪接了这道圣旨，丁汝昌泪流满面。旅顺危急时，他曾亲往天津请求李鸿章：准予率舰驶援。但被李鸿章坚决拒绝。李鸿章要造就一种“猛虎在山”之势。在他看来，若经一战，北洋舰队必败。一败，就再也没有什么力量使日本舰队害怕的了。丁汝昌理解他的上司李鸿章，甚至也同意李鸿章的看法。

但年轻的光绪皇帝不这么想，他不管下一步如何，只希望兵来将挡，能打就打。所以，当他得知丁汝昌在威海按兵不动时，自然又恼火至极，便下了逮拿他的圣旨。

光绪皇帝要逮拿的是丁汝昌，其实真正的矛头是指向李鸿章的。李鸿章背后有慈禧太后撑腰，他不便拿李鸿章怎样，但却有权惩治一个海军提督。丁汝昌，成了光绪皇帝与李鸿章争斗过程中的牺牲品了。

接到光绪皇帝要将丁汝昌逮拿刑部的圣旨，北洋舰队的官兵们纷纷站了出来，给朝廷和李鸿章联名致电，恳请朝廷收回成命。

李鸿章当然不会坐视不管，相反，他比任何人都更加焦虑：威海正在危急之中，战时易将，必然致使军心大乱。他电请光绪皇帝暂缓处置丁汝昌，请求让其在军中戴罪立功。

光绪皇帝这会一硬到底了，只是在口气上轻了几分：“丁汝昌仍遵前旨！俟经手事件完成，即行起解，不得再行渎情！”

李鸿章对官场上的事摸透了。他接到光绪的这道圣旨后，心中有了底。于是示意丁汝昌：“查经手事件所包甚广，防务也在其内，丁提督照常办理，勿急交卸。”

一月二十五日，日军主帅大山岩下令向威海卫攻击前进了。二十九日，日军左翼纵队占领了威海卫东南二十余里的温泉场；右翼纵队占领了距南帮陆路炮台仅几里地之遥的九家屯，开始对威海卫南帮炮台后路进行包围。很显然，威海卫成了日军的主攻目标，他们正在一步步逼近。

丁汝昌陷入困境：两个主子，两种根本不一致的命令不断向他下达。光绪皇帝在三天中给他下了四道圣旨，一会儿叫他配合陆路防军堵截日军，一会儿又叫他设法保全舰队。而李鸿章也好像乱了方寸，前一天令他出海拼战，若战不能胜，就把舰队拉到烟台去。过了一天，他的命令又变了。李鸿章来电命令：北洋海军与陆军合力坚守，以待援军，不得出洋浪战。令丁汝昌不得轻离威海一步，如违令出战，虽胜亦罪！

丁汝昌不知道该听谁的，更不知该听他们其中的哪一道命令。他茫然了。

李鸿章要他合力坚守，以待援军的命令，丁汝昌一拿定主意要执行，便下决心死守威海了。

他认为威海不易被攻破。一是因为这里工事坚固，大炮多而精良，是清一色的洋炮，日本舰队无法向他靠近；二是有陆路大军配合，很容易对日军形成夹攻之势；三是光绪和李鸿章都不会对他这里坐视不管，一遇危急，定会增派援军相救。

还有一层意思是丁汝昌不愿想也不敢对部下们讲的。这就是：北洋舰队想走也走不掉了！日本联合舰队早已集中优势舰船，在威海口外围布下了天罗地网，一旦出海，就会被张网以待的日本舰队一网打尽。因此，死守威海成了丁汝昌的唯一选择。他知道这是一步死棋，但也只能在死中寻找活路了。

他与刘步蟾彻夜难眠，商讨办法。他们的方针是：水陆相依，以待援师。但是，有一点很叫他们心中无底：威海的陆军将领们能与北洋舰队同舟共济么？

那么，丁汝昌、刘步蟾所担心的这个陆军将领是谁呢？他就是与丁汝昌同属一个派系的原淮军道员戴宗骞。

李鸿章考虑到：丁、戴二人都系淮军宿将，又同是安徽老乡，因此才把他二人安排到了一起。八、九年来，两人相安无事，互不干涉，但中日战争爆发后，他两人的关系突然变得紧张起来。

戴宗骞规定：绥、巩两军新兵入伍，须先扣发饷银三个月，存到统领粮库作为购粮基金，到士兵离营回乡后再予发还。这实际上是一种克扣兵饷的行为，在各军中相沿成习。结果，人们不愿再到绥、巩两军中当兵，致使戴宗骞本人自统的绥军正营还不足三百人。他的各军中缺额严重，不少甚至缺额一半，而兵饷却按全额申领。这又是一笔糊涂账。因此，士兵们背后骂他“活剥皮”。

旅顺失陷，山东半岛局势紧张起来，士兵们的不满情绪也一天高过一天。胆小的士兵不辞而别，卷起铺盖走人；胆大的开始公开索饷。日军在荣成湾登陆前几天，戴宗骞的手下就发生了几起哗变事件。

丁汝昌从威海防务出发，加之同是李鸿章起用的缘故，亲自登门，劝戴宗骞在大战之前把扣下的兵饷发了，以此稳定军心，以免影响陆海两军防务。

“我看你是多管闲事，自己的舰队不也就是那个样子么？倒管起我陆军的事情来了！”戴宗骞很不讲情面地说。

的确，按北洋章程，海军提督的辖区是刘公岛和北洋舰队，而与刘公岛一水相连、密不可分的威海南、北帮炮台的管辖权在陆军，丁汝昌管不了。因此，戴宗骞才说出那番话，抱怨他管得太宽了。

戴宗骞对丁汝昌的劝说不予理睬。丁汝昌无奈，本着陆海本是一体的原则，从自己舰队的款项中挪借了一部分银子，给巩军垫了两个月的军饷。他希望通过

自己的努力，把炮台稳定住，积极配合舰队作战。

丁汝昌这一举动或许多少感动了戴宗骞。戴宗骞在战前对丁汝昌也进行了一次回访，推心置腹地商讨陆海两军作战计划。戴宗骞说："威海的防御弱点在陆路，如何有效地抵御日军从陆路进攻，将直接关系到整个威海基地的安危。"戴宗骞看丁汝昌听得很感兴趣，接着说："依我之见，要想守住威海，以战为守是必须的。我们只顾防守，没有主动的出击迎战，最终还是被动的。守是守不住的。如果不能把日军堵在境外，而让日本人冲进了山东腹地，威海势必要造成被日军合围之势。所以，与其束手待毙，不如先发制人，打出去才有望保威海。"

戴宗骞言下之意，有些是针对北洋舰队的。丁汝昌也承认戴宗骞讲得有些道理，但已经是办不到了。

戴宗骞此来还有一个意思：他要求把威海的陆上防务交给丁汝昌兼管，自己率威海陆军主力去打游击。

丁汝昌一愣，他好像才明白戴宗骞回访他的真正意图，不免更加担忧起来。日军侵入中国以来，一直采取速战速决的战略方针。如果清军能够实行机动有效的游击战、运动战，利用中国军队熟悉地形、地貌的优势来阻止日军的进攻，不失是一个好办法。

但是，如果应有这么一支部队，那也应该是山东的防军，而不应该是威海的炮台部队。南、北帮炮台的兵力，本来就少得可怜了，哪有什么多余的人可以抽出来去打游击呢？戴宗骞提出把炮台主力拉出去，这就意味着放弃炮台。他自己倒是轻松了，想到哪里去，就往哪里去。把炮台交给丁汝昌，丁汝昌怎么办？由此，丁汝昌感觉出了戴宗骞不怀好意，甚至是想临阵出逃。

丁汝昌理所当然地拒绝了戴宗骞的建议，认为威海炮台兵力已经过少，后路更是难以为继，总须陆海两军齐心协力，坚决固守，才有希望。否则，陆路炮台失守，海军舰队势难独撑危局，后果不堪设想。

戴宗骞的目的没有达到，十分不高兴地走了。不料，又一件事情引起戴宗骞的不满，还向李鸿章告了丁汝昌一状。

原来，在威海的南帮炮台中，龙庙嘴炮台的布防有严重问题。这个炮台被圈在了防御墙之外，一旦后路被抄，势难坚守，且必将为日军所利用。为此，丁汝昌提出陆海两军共同保护此炮。若万不得已，赶快拆卸炮栓、钢圈底归鹿角嘴炮台，以免被日军攻占后，利用这个炮台掉过头来打中国军队。丁汝昌还特派了十几名海军士兵，安插于守台的士兵之中，准备一旦遇到紧急情况时，拆毁大炮。

丁汝昌这个安排，事先没有跟戴宗骞商量。戴宗骞得知后怒火满腔，一状告到李鸿章那里。李鸿章已听说丁、戴二人不和，很是担忧。这次戴宗骞告状，李

鸿章只能把丁汝昌狠狠训斥一顿。然后分别给他二人发电报，极力调和。

然而，他二人积怨已深，非李鸿章三言两语所能化解。

威海陆海两军主将严重不和，这便为保卫威海之战种下了祸根。“三分天灾，七分人祸”，历史写下的教训是深刻的。

一八九五年一月二十五日，正是中国人举家欢庆的大年三十，日本“山东作战军”登陆以后，立即向陆路推进。

日军北路以第六师团为主力，由陆军中将黑木为桢任总指挥，从鲍家村、崮山后进逼威海南帮炮台；南路大军以第二师团为主力，由陆军中将佐久间马太为总指挥，沿桥头、温泉汤、虎山等地绕道逼近南帮炮台西侧，以此切断威海炮台守军的退路，与北路军共同对清军形成夹攻之势。

针对南帮炮台的总攻打响了。时间是一月三十日的黎明时分，地点是摩天岭。

从晨光中望去，摩天岭是威海南炮台唯一的制高点了，如巨人挺拔，很有气势。环视四方，这摩天岭当是整个威海在陆路的防御体系中最关键、也是最险要的一处要冲了。“山东作战军”司令大山岩早就瞄准了这一目标。的确，如果首先能把摩天岭攻下来，日军便等于拥有了“制空权”。因为，用摩天岭上的大炮可以对它北面的杨枫岭、百尺所、所城北、莲子顶、龙庙嘴等清军炮台进行瞰制性炮轰，基本上是想打哪里，就打哪里。

当日军的炮弹在摩天岭阵地上炸开的时候，戴宗骞作为陆路守将，才意识到自己失策了。他万万没有想到，日军会把进攻的矛头首先指向了这里。

李鸿章两年前来威海口基地视察时，曾一再提醒：摩天岭是威海陆路防御的支撑点，要大修炮台，多多架炮！然而，谁当时都没有把李中堂的话听到耳朵里去，都以为李中堂说说而已。他一走，事情就可以放到一旁去了。戴宗骞骨子里的想法是：日本人还会打到山东来么？不会的。

旅顺失守了，戴宗骞才紧张起来，想到了李鸿章曾经做过的吩咐。于是，抽调了几十个兵勇在摩天岭顶巅的一块平地上临时赶修了一个炮台，架上了八厘米口径的行营炮八门。炮小了，也少了，而炮台周围的环形墙筑得更糟糕，全部是土垒成的，用脚都可以蹬倒。土墙每隔十几步留一个垛口，用作炮手射击之用。唯一可抵挡一阵子的是：环形土堆外围挖有深壕，壕内外布置了鹿砦和地雷阵地。

也正是由于戴宗骞对这个要冲重视不够，所派驻守此炮台的全部是新兵，一共五百人，被称作“巩军新右营”。营官周家恩倒是老兵，口碑较好，素来就有“硬汉子”之称。

一天清早，远处村落里响起了新年的爆竹声，日军总攻摩天岭的大炮声也“轰隆隆”地响起来了。岭下的坡面上，出现了蚂蚁一般的日军。担任主攻的日

军第六师团主力第十一旅团，有步兵第十三联队、第二十三联队第一大队、骑兵第六大队和山炮第六大队。总人数有五千之多，相当于守军兵力的十倍！这十一旅团长是在日本军界号称“一代良将”的大寺安纯少将。

战斗一打响，大寺安纯就大喊大叫地把他的部队分成了左、右两翼，左翼担任主攻，右翼则从正面佯攻，以牵制摩天岭炮台的火力。同时，日军炮队向岭上开炮，以掩护日军往岭上冲锋。

周家恩则一声令下：“给我狠狠地打！”一时间，岭上炮台上的八门大炮吐出了愤怒的火焰。只见阵地上炮口低俯，向着山谷坡面上的日军猛烈射击。隆隆的炮声震得地动山摇，一颗颗炮弹在日军的队伍里炸开了花。

就在这时，丁汝昌指挥他的“定远”“镇远”“来远”三艘军舰从海面上为炮台助战。“镇远”虽受重创，不能出海，但舰上的大炮是好的，且口径大，威力猛，三舰数炮齐轰，在摩天岭的半山坡上炸得精彩，给岭上的守军很大支援。片刻工夫，摩天岭阵地前成了血与火的海洋，日军被打得无处藏身，死伤较大。

见此情景，大寺安纯像是疯了一般，在岭下对退下来的士兵乱骂乱砍，逼着他的士兵们向岭上硬冲。日军从山下对岭上进行狂轰，有些炮弹没有落到守军阵地上，反而在自己的队伍里炸开了花。守军在阵地前设置的地雷也发挥作用了，许多日军士兵误踩了地雷，顿时又死伤一片。

日军的大小军官们由于恼羞成怒，一个个亲自挥刀，带头冲锋，并分别驱赶着士兵们拼死猛冲。

日军在缓慢向岭上推进。他们为这种前进方式付出的代价是沉重的。在清军水、陆炮火交叉打击下，侵略者每推进一步，就会有一批人倒下去。以五千兵力对付岭上的五百守军，大寺安纯有些承受不住了，额头上的青筋突起，双眼充血，看样子再冲不上去，他就会抽刀自杀的。在他眼前，倒下去的全是日军的尸体。如此重大的伤亡，是中日开战以来极少碰到的。他没有想到战斗会出现这样的场面，只怕是冲上山岭了，也算是失败。

他吼叫起来：“赶快选一批敢死队！”

不一会儿，敢死队组织起来了。队员们个个头缠白布，腰悬军刀，手端着步枪，齐声喊叫着向山岭上冲去。

大寺安纯在摩天岭下手举着望远镜，只见他的敢死队接近了炮台的第一道防线了，队员们还在向上冲。他高兴地大叫起来：“好样的！好样的！”就在他话音刚落时，忽听两声巨响，两股黑烟腾空而起，敢死队的队员被炸得横飞起来。日军踩响了清军的地雷。而这种地雷是串在一起的连环雷，只要踩上一个，其他的也接连着爆炸。这一招是大寺安纯所始料不及的。他从望远镜里看得清楚：他

的敢死队员们没有一个爬起来，都报销了。

大寺安纯急得直跺脚，士兵们躲在掩体里或大树后面，没有人再敢向上冲了。在山岭转了一会儿，大寺安纯决定改变打法。他注意到摩天岭两侧有两个不太高的小山包，处于山顶炮台与山脚之间。他命令士兵们先占领两个小山包，然后集中炮火，掩护部队进行短距离冲锋。这个办法果然有效，两个山包都无清兵防守，日军很容易就登上了小山包，然后从两侧山包向山顶炮台发动冲锋，很快冲了上去。

周家恩果然是一条硬汉子，面对着潮水一般的日军，他始终顽强抵抗。就在日军踏上炮台后，周家恩手挥大刀，大吼一声，扑向日军。一阵乱刀挥舞，一场激烈的肉搏，全炮台五百将士全部阵亡，但也让侵略者尸横遍野。

这是一次了不起的战斗，也是威海陆路防御战中最为壮烈的一次战斗。日军组织了三次总冲锋，五千人马竟让五百清兵三次打退。其中还有分股的小冲锋不断进行。而周家恩所率的清兵，没有一个不是顽强坚持到最后的。周家恩身中数弹，仍用大刀砍死了三个日本兵。最后的肉搏中，有一百多个日本兵被守军砍死在阵地上。

大寺安纯见摩天岭已被日军占领，得意洋洋中也表现出了几分尴尬。他爬上了炮台，向他身后的日军《二六新报》随军记者远藤飞云叹了一声："唉，竟然付出了这么大的代价！不过，摩天岭现在属于我了！"

不料，他话音未落，就在他不远处，突然一声巨响，弹片横飞，又死了六、七个士兵。

这场战斗并没有就此结束。丁汝昌在望远镜中看见了日军攻上了炮台，急令他的战舰将大炮齐刷刷地转向了摩天岭，向山顶猛烈开炮。刹那间，整座山头硝烟再起，火光冲天，满山日军无处躲藏。

大寺安纯正在发呆，突然又一颗炮弹飞来，正好打中他的前胸，弹片四飞，又削去了随军记者远藤飞云的半个脑袋。

大寺安纯一命呜呼，给中日战争创造了一项纪录：他是自开战以来第一个被中国军队击毙的日本将军。这个消息传出，日军一片哀鸣，而中国军队则一片欢腾。

进攻杨枫岭的战斗是从上午八时起打响的，一直到十一时，日军都没有冲上去。日军见冲锋造成伤亡太大，在最后一次被清军打退后，集中了所有炮火猛轰杨枫岭炮台，炮台周围的树木全因被炮弹击中而起火，弹药库也被击中，发生爆炸，守军被烈火包围起来。最终，将士们伤亡过半，被迫撤离了炮台。杨枫岭由此才被日军占领。

与此同时，在南帮陆路炮台南侧的虎山阵地也陷入了日军的重重包围之中。

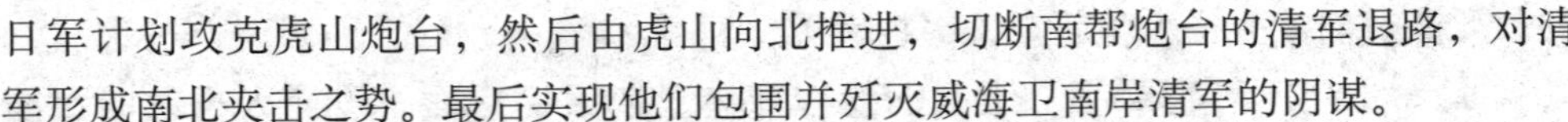

日军计划攻克虎山炮台，然后由虎山向北推进，切断南帮炮台的清军退路，对清军形成南北夹击之势。最后实现他们包围并歼灭威海卫南岸清军的阴谋。

丁汝昌又焦急万分地率“靖远”“镇南”“镇北”“镇西”“镇边”等舰驶至南岸杨家滩附近，用几艘军舰的排炮向日军发动攻击。丁汝昌打得猛烈，日军抵挡不住，仓皇败走。正被日军包围的守军在陈万清的率领下，乘机向西出击。但日军人马越来越多，向虎山发动总攻。坚守虎山炮台的将士们宁死不当俘虏，砸碎大炮、枪支后，全部跳海殉国。

日军攻占南帮陆路炮台后，立即对龙庙嘴、鹿角嘴、皂埠嘴的三座南帮海岸炮台进行了海陆夹击。

防守南帮海岸炮台的是巩字军，守将是总兵刘超佩。刘超佩是李鸿章的一个远房亲戚，在这十分紧急的关头，他却为李鸿章丢尽了脸，成了一名贪生怕死的懦夫。当日军刚对南帮陆路炮台发起进攻时，他就吓得屁滚尿流，赶忙乘坐早已准备好的汽艇跑到刘公岛上一个贩卖鸦片的安徽老乡家中躲藏起来。丁汝昌率舰队驶离刘公岛向岸边进发，配合陆路守军轰击日军时，他觉得刘公岛仍然危险很大，再次乘汽艇上岸，向烟台逃命去了。刘超佩逃走，这三座海岸炮台便群龙无首了。但士兵们见日军潮水般地涌来，却无人想到逃命，凭借手中的枪炮，对疯狂的日军自发组织还击。

南帮海岸炮台是德国人汉纳根经手设计修建的。这些炮台存在着严重缺陷。首先，所有大炮都对着海面，向陆地的一面没有防卫措施，好像专为对付海上来敌而设置的。但此时日军是从陆路而来，炮台显得心有余而力不足，使得日军对炮台的进攻十分容易。其次，最东面靠海的皂埠嘴炮台东侧有一块高地，影响了炮台视界，炮台上的大炮难以控制高地以远的地区，降低了炮台应有的威力。再之，最西边的龙庙嘴炮台深缩于港内，离港口较远，对保卫港口基本不起作用。而且，这个炮台距离鹿角嘴、皂埠嘴两个炮台也较远，日军由陆路来攻，炮台无法防守。一旦这个炮台为日军所得，日军就可以利用龙庙嘴炮台向刘公岛和港内的北洋舰队、日岛等进行炮轰。龙庙嘴炮台的守军力量也过于薄弱，总共才四十人。丁汝昌最不放心的就是这座炮台，早在日军进攻南帮炮台之前他就致电李鸿章，道：“南岸龙庙嘴炮台守兵单薄，敌若由后路抄入，此台难守，则刘公岛水师受敌……”

正如丁汝昌预料的这样，日军进攻海岸炮台，果然首先从龙庙嘴炮台开始。四十名清兵虽然奋力抵抗，但因众寡悬殊，最后全部阵亡，很快使龙庙嘴炮台沦入敌手。

日军得此炮台后，立即拥有了绝对优势。他们利用清军的大炮，向鹿角嘴炮台疯狂轰击。炮台的外长墙被日军轰倒了，日军从长墙缺口处蜂拥而上。鹿

角嘴炮台未配备近射武器，将士们眼睁睁看着日军冲上来，无法抵抗，也全部阵亡了。

海岸仅有的三座炮台丢失了两座，剩下只有皂埠嘴炮台了。而皂埠嘴炮台此时面临的是日军的水陆两面夹击，十分被动。

皂埠嘴炮台拥有五门重炮，是威海卫防御体系中威力最大的利器。日军组织进攻南帮海岸炮台，目的就是在占领它们后，由此向刘公岛和北洋舰队发动进攻。日军的目标越来越明显：他们最终要彻底吃掉丁汝昌的北洋舰队，以消除日本人多年来的心头之患。

正在皂埠嘴炮台的守军们组织还击的时候，丁汝昌挑选了一批敢死队员，支援皂埠嘴炮台，并准备在炮台即将失陷时，炸掉大炮，以免资敌。一直让丁汝昌恼火的是：已经丢失炮台的守军将士们，为什么不在失守之前，把炮台炸掉？现在好了，陆路日军正是利用了从杨枫岭、龙庙嘴、鹿角嘴等炮台上夺取的清军大炮，反过来猛击清军，造成了“炮资敌、敌杀我”的可悲局面。

眼看皂埠嘴炮台又守不住了，丁汝昌的敢死队在日军占领炮台前，将地雷引线点燃。当日军蜂拥进入炮台，正在炮台上悬挂太阳旗时，地雷轰然爆炸。一声巨响，把刚刚登上炮台的日军连同大炮一起，炸飞在了半空中。但丁汝昌的二十五名敢死队员也只有八人回到了战舰上。

南帮海岸炮台全部失陷后，日军又向北帮炮台发起了进攻。日军是想扫除一切障碍，最后一举对刘公岛和北洋舰队发起总攻。北帮炮台由戴宗骞的绥军六营驻守。开战前夕，戴宗骞已将炮台存银八千余两运往了烟台，令其子携这批银两返回安徽寿州老家去了。他自己也早已想寻机逃走，只是丁汝昌派兵暗中盯住了他，逼迫他留在营地里。

此时北帮炮台在日军刚来进攻时，就已经溃散了两营。虎山之战，戴宗骞又解散两营。因此，实际上在开战后，只剩下两营官兵了。日军组织对北帮炮台冲锋，清军阵地竟没有打一炮，这两营清兵只顾逃命了。戴宗骞只留下十几个亲兵护卫他，放了一阵空枪，也拔腿就跑。

丁汝昌看在眼里，为了不使北帮炮台再为日军所利用，在日军发动冲锋时，再派敢死队登上北帮炮台，炸了大炮，并将正在逃窜的戴宗骞截往刘公岛。当戴宗骞看到丁汝昌那怒不可遏的目光时，自知死罪难逃，在刘公岛服毒自杀了。

日军不费一枪一炮占领了北帮炮台后，刘公岛和北洋舰队便成了日军的主攻目标了。

一八九五年二月二日，日军在占领了南、北帮炮台后，又进占了威海卫城。陆路战事由此告一段落，侵略军的所有枪炮都对准了刘公岛、日岛和海港内的北洋舰队。丁汝昌想起了李鸿章的嘱托，暗自下了决心：与日军决一死

战，决不退缩！

现在是日本联合舰队司令伊东佑亨露一手的时候了。此时他站在“松岛”号旗舰上，手举望远镜向他将要发起海上进攻的目标看去，不觉露出了得意洋洋的神情。但是，当他把目光停留在海港内庞大的北洋舰队舰群上的时候，不免又在心头滋生出些许焦虑。他能像大山岩的陆路兵勇们那样，最终攻占全部目标吗？丁汝昌也像戴宗骞那样贪生怕死，不堪一击么？

从日军在荣成湾登陆时起，伊东佑亨用他的联合舰队对丁汝昌的北洋舰队实施海上封锁已经半月之久了。北洋般队既不投降，也不出海迎战，只是利用刘公岛和日岛的海岸炮台，采取水陆相济的办法，进行着顽强的抵抗。丁汝昌这一招令伊东佑亨头痛，但他又不敢像陆军那样，一阵冲锋，打到港内去。他已探知在港内和刘公岛外围，丁汝昌布下的水雷正等待着他的联合舰队哩！他不敢向海口内驶近一步，只好天天在威海口外徘徊不定。

伊东佑亨深知，丁汝昌的北洋舰队虽然在黄海大战中遭到了重创，但并没有被彻底击垮，它仍然是一支颇具战斗力的舰队。他知道这支舰队在李鸿章心目中的分量，因而想原封不动地得到这支舰队，让这些军舰为日本的扩张侵略服务。日本确定的下一个假想的敌人是俄国。日本人之所以还不敢公开与俄国人抗衡，就因为日本的联合舰队还斗不过俄国舰队。那么，如果能把丁汝昌的舰队夺到手，修整以后编入日本舰队，俄国佬就要甘拜下风了。

因此，还在山东半岛战役的准备阶段，日本海军方面就提出了此次的作战方针：围困威海，务必避免日舰受损，也不使敌舰沉没，待北洋舰队弹尽粮绝时，迫其投降，接收全部战舰！

伊东佑亨正在实施这一计划。早在三个月前，他亲赴金州，面见大山岩时，就与他商订了诱降北洋舰队的具体办法。日本海军教官高桥作卫也参加了商讨，并负责起草对北洋舰队及丁汝昌的劝降书。大山岩亲自修改了给丁汝昌的劝降书。劝降书由英国军舰“塞班”号转交到丁汝昌手上。前有日本舰队拦截，后有陆路炮台轰击，日本人这样做，也是看到了北洋舰队的困境和丁汝昌个人的艰难处境。不过，与丁汝昌见过两次面的伊东佑亨对劝降是不抱多大希望的。他也知道丁汝昌是一个极重民族气节的中国军人。唯独有点希望的是：光绪皇帝正要将丁汝昌逮拿刑部，日本人希望他一气之下投靠日本。

丁汝昌把日本的劝降书上交到李鸿章那里了。李鸿章为丁汝昌的民族气节击掌称赞，为北洋舰队鼓劲。他下令：“立即将所有军舰的炮口瞄准日本舰队！”

劝降无效，日本人毫不犹豫地决定强攻了。伊东佑亨率领他的联合舰队向北洋舰队发起了第一次进攻。

这天上午十时整，日本舰队本队和第一、第三、第四游击队共出动十六艘战

舰，排成单纵阵列，进逼威海港南口和北口。第三游击队的“筑紫”号战舰更是急不可耐，自告奋勇，率先闯向海口处。

丁汝昌立在甲板上，手举着望远镜下达了作战命令。威海港内一声汽笛长鸣，“定远”号战舰首先打出了愤怒的一炮。

这就是作战的命令。北洋舰队的舰群立即打出重炮，刘公岛、日岛的各个炮台也群炮齐轰，旋飞的炮弹激起浪花无数。炮弹与空气摩擦，发出呲呲的怪叫声，在海面的上空回荡。威海港内外顿时笼罩在硝烟火海之中。在丁汝昌的指挥下，各舰和各炮台打得有力，打出了气势。伊东佑亨睁大了眼睛发呆，不知如何是好。

好一会，他才好像清醒过来一样，下令：“全体后撤！”伊东佑亨有些胆怯了，他看到威海港火力凶猛，担心舰队受损，才让信号兵打出撤退旗语。

日本舰队十六艘战舰开始掉转方向，可是晚了：刘公岛炮台打来一颗炮弹，击中了日舰“筑紫”号左舷，穿透了中甲板，打死水兵三人，弹片飞迸，击伤水兵五人。巨大的响声过后，只见舰上的烟囱被炸裂了一道口子，浓烟喷涌而出，刹那间遮蔽了整个舰身。浓烟呛得水兵们无处躲藏。

刘公岛和日岛上的炮火太猛烈了，共有十三门二十八厘米口径的巨炮和四门二十四厘米口径的地阱炮。这些炮射程也很远，如果不是伊东佑亨下令撤退，受伤的肯定不止“筑紫”号一艘战舰了。

“第三游击队守住海口，其余战舰暂时退到荣成湾锚地待命！”伊东佑亨再次下达命令。他要调整进攻策略，另寻打法。

日军舰队第一次进攻无功而返了。而且，他们始终没能靠近港口一步，灰溜溜地败退了。

夜幕降临后，威海口才开始风平浪静。丁汝昌站在甲板上，望着荣成湾那边的点点星火，盘算着黎明后的又一场海战该如何打法。北洋舰队尽管初战告捷，但以后的战况定是不乐观的。但他还是那句话：以死相拼！

伊东佑亨怀着沉重的心情返回到锚地。通过一天的激战，证实了他对北洋舰队的估计：它仍然是一支颇具战斗力的舰队。看来，光靠他联合舰队在水上挑战，立刻吃掉北洋舰队是完全不可能的。他连夜与大山岩的司令部取得了联系，请求陆军以猛烈炮火给予配合，把北洋舰队的威风打下去。

这也是很合乎常理的，大山岩立即表示同意，并为此做了精心的部署。他命令日军炮兵部队连夜修整从清军手中夺过来的大炮。到次日凌晨，龙庙嘴炮台两门二十四厘米口径的大炮、一门十五厘米口径的轻炮修好了。鹿角嘴四门、皂埠嘴一门二十四厘米口径的大炮也修复完毕。数门大炮在天亮时分全部把炮筒对准了北洋舰队。

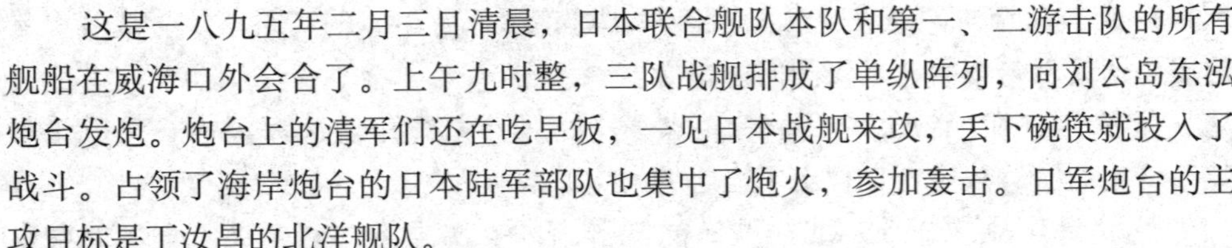

这是一八九五年二月三日清晨，日本联合舰队本队和第一、二游击队的所有舰船在威海口外会合了。上午九时整，三队战舰排成了单纵阵列，向刘公岛东泓炮台发炮。炮台上的清军们还在吃早饭，一见日本战舰来攻，丢下碗筷就投入了战斗。占领了海岸炮台的日本陆军部队也集中了炮火，参加轰击。日军炮台的主攻目标是丁汝昌的北洋舰队。

日军水、陆协同作战，炮火自然比前一天猛烈得多，而且是两面夹击。丁汝昌也很清楚：他们舰队所面临的是一次危难，决不可被敌军的气势打下去。一旦北洋舰队失去了气势，失败很快会降临到他的头上。丁汝昌咬紧牙关，发出了一道又一道命令，组织殊死的抵抗。到午后一时，北洋舰队打出的一颗炮弹再次击中了日舰“筑紫”号。炮弹穿透甲板，又打死打伤六个日军水兵。一小时以后，日舰“葛城”号也被中国炮手打中，舰体损坏。

第二天的战斗持续了一天，直到火红的太阳缓缓坠落在西边海面上的时候，两军才暂时停火。而灰溜溜撤退的依然是伊东佑亨的日本联合舰队。

又一次的失败使伊东佑亨丧气极了。他想到了利用鱼雷艇，采取夜间偷袭的手段，打北洋舰队一个出其不意。

鱼雷艇夜战，是他的联合舰队的拿手好戏。几年来，他的舰队曾为此进行过多次训练。但是，他也知道，夜间偷袭并非轻而易举，难度较大，风险也不小。尤其是刘公岛东、西两个海口封锁得都十分严密，水底下还布有木栏和水雷，一不小心就会艇毁人亡。在白天的海战中，伊东佑亨曾注意到刘公岛东海口上的那些拦坝，都是以长约丈许的五寸见方的木材编排而成的，以铁链相连，对口外纵向排列。为防止风浪的冲击，每十根方木下面都布下了一根铁锚，锚于海底。东口拦坝以日岛为中心向南北延伸，南侧直达龙庙嘴、鹿角嘴之间的海岸边缘，长约八里地。北端拦坝直达刘公岛，也有四、五里长。刘公岛南端留有一个十分狭窄的通道，宽不过百米，且无航标，在夜间闯入这个通道十分困难。靠南岸，拦坝与海岸紧挨在一起，没有间隙。而且在岸边上，还布满了岩石暗礁，根本驶不过去。

又是一个漆黑的夜晚，天上没有月光，只有繁星点点。伊东佑亨独自一人站在甲板上，思忖良久。他终于想起来了：别看这些木质拦坝设计巧妙，但破坏起来却难度不大。只要派出一支小队，让水兵们用铁斧砍断拦坝，通道就出来了。

伊东佑亨拿定了主意，决定冒险一试。就在二月三日这天半夜时分，两只鱼雷艇载着十个日本水兵消失在夜幕之下。他们偷偷地摸进了港内，用铁斧又砍又砸，谁知只四、五斧子就砍断了一根铁索，没过多大功夫，三根铁索全部被砍了下来，与方木脱离开来。方木随波流走了，铁索坠入了海底。可是这砍砸声惊动了港口内的守军，他们一阵乱枪扫射，偷袭者匆匆而退。

次日夜间，伊东佑亨决定多派鱼雷艇，分段对拦坝进行破坏。日艇以六号艇为先锋，依次为二十二号、五号、十号、二十一号、八号、十四号、九号、十八号、十九号共十艘，成鱼贯纵阵由阴山口出发，沿南岸边上航行。通过拦坝时，二十一号、八号、十四号艇在龙庙嘴炮台附近触礁，第十八号艇被拦坝卡住，动弹不了，其余各艇则通过了拦坝。可是，就在向右转弯时，被北洋舰队的夜间警戒艇发现。夜空中突然响起报警信号，几只警戒艇一边报警，一边向日军鱼雷艇开火，刺耳的子弹旋飞声打破了凌晨海面上的寂静。

日本海军第二十二号艇驶至刘公岛煤库南侧。他们发现了一艘北洋舰队的军舰停泊在不远的地方。二十二号艇正准备向中国军舰发射鱼雷，北洋舰队这艘军舰上的望哨发现了它。但是，由于天还不亮，哨兵没有搞清正在驶来的鱼雷艇是己方的，还是日军的。

“你们是哪里的？！”哨兵大声喝问着。

日本鱼雷艇慌了，艇长匆忙下令掉头，可是，刚逃出一段，这只鱼雷艇就在龙庙嘴附近撞上了暗礁，艇身倾覆，水兵们全部被扣在了冰冷的海水之下。

“嗖！”一枚火箭腾空而起。

港内的北洋舰队大小舰船顿时慌作一团，纷纷开动机关炮，向着海面上一阵扫射。这是盲目地瞎打，因为大多数中国战舰并没有发现敌方的鱼雷艇，本能地就开炮轰击了。

港内的混乱恰恰给日本鱼雷艇提供了可乘之机。更糟糕的是，北洋舰队的鱼雷艇小队此时正从日本鱼雷艇队的左右两侧驶来。他们是听到枪炮声后特意赶来察看的。两支鱼雷艇队几乎混在一起了，而北洋的鱼雷艇队还把日本的鱼雷艇当作自己的了。其中，日本九号艇公然与北洋鱼雷艇队并行着。影影绰绰之中，“定远”号战舰犹如一个庞然大物，横亘在日本九号艇的正前方。这九号艇发现了“定远”号，艇长一阵狂喜，悄悄脱离中国鱼雷艇队的队列，从侧翼靠近“定远”号。

在九号艇的前面，还有日本的三号和十号鱼雷艇，它们都混过了港内的警戒线。

当三只日本鱼雷艇悄悄向“定远”号靠近时，丁汝昌正在“定远”号上气得跺脚。丁汝昌气得真想煽自己两耳光。因为他万万没有想到：日军鱼雷艇队会在夜间如此大胆地闯入港内，对北洋舰队实施偷袭。但正是这支鱼雷艇队把他们舰队搅乱了。而且乱得几乎不可收拾。舰与舰之间，不辨方向，开炮乱打，许多次都险些误伤了自己的战舰。看见各舰炮火齐鸣，丁汝昌忙下令：“命令各舰暂停开炮，观察一下，找准目标再打！”

几分钟后，港内才恢复了宁静。

“日本鱼雷艇向我舰冲来了！”这是“定远”号哨兵发出的惊呼。

“开炮！快开炮！”丁汝昌急忙下达命令。

可是，这时已经晚了。日军十号艇、九号艇已经逼近“定远”号，一枚鱼雷从十号艇上射出。一声巨响，“定远”号被击中了，但被击中的是它的尾部。

十号鱼雷艇袭击成功，掉头就跑，全速向威海口外逃奔。

驾驶九号艇的是日本海军大尉真野岩次郎。他发现十号艇发射的鱼雷并没有击中“定远”号的要害部位，大骂一声：“笨蛋！”于是冒着被中国舰队炮火击中的危险，他又向“定远”号冲了上去。距“定远”号战舰只有五十米了，他来了一个艇身左旋，施放了艇首的一枚鱼雷。

之后，他又慌忙掉头就跑。慌忙之中，他也顾不上观察鱼雷艇的运行路线，在转舵的刹那间，被一发炮弹击中。真野岩次郎连同他的鱼雷艇一起，被炸成了两断。

几乎就在同时，“定远”号战舰剧烈地抖动起来。震耳欲聋的爆炸声令丁汝昌心头猛地一紧：“不好，‘定远’中雷了！”

舰上所有的将士们都被这突如其来的打击惊呆了。连中两雷，“定远”号会怎样？大家根据舰体抖动的程度估计，这枚鱼雷不仅击中了要害，而且可能是毁灭性的。

丁汝昌以最快的反应命令士兵们关闭防水门，立即投入抢救战舰的战斗。但是，一切都来不及了，当士兵们钻进底舱一看，凶猛的海水已从升降口喷涌而入了。不一会，海水竟由底舱涌上了甲板，整个舰体开始倾斜了。

“砍断锚链，驾舰撞滩！”丁汝昌表现出非凡的勇气，沉着果断地指挥着。

“定远”号响起一阵全速的马达轰鸣声，伴着滚滚煤烟，一溜歪斜着舰体，撞上了码头东侧的沙滩，搁浅了。

即将要沉没海底的“定远”号战舰保住了。但它却再也不能下水了，卧在沙滩上，就像一座耸立的大楼，更像一个不屈的斗士，炮筒依然怒指大海。

丁汝昌悔恨不已，为他的两条最具威力的铁甲舰失去机动性而流下了伤心的眼泪。“镇远”早因误擦暗礁不能出海，如今“定远”号也成了一条“死舰”，北洋海军的战斗能力大大消减，今非昔比了。他没有想到，自己苦心经营的海军基地，最终竟然成了自己舰队的乱葬场！

伊东佑亨得知“定远”号被打成了“死舰”，高兴极了。次日晚上，他又故伎重演，命令他的鱼雷艇队继续偷袭北洋舰队。他从夜袭中尝到了甜头，便把夜袭当作他歼灭北洋舰队的主要作战手段了。

丁汝昌的防备明显加强了，巡逻艇队昼夜不息地在港内巡视。夜幕降临后，各舰也都使用了探照灯，一束束光柱在如墨的海面上照来照去。然而，或许是人的目力不济，北洋舰队的探照灯两次从日本鱼雷艇队上方划过，却没有发现日本艇队。相反，日本艇队却借助探照灯光，轻易地找到了北洋舰队各舰所处的位置。

日艇“小鹰”号首先发现了中国的“来远”号，在距离二百五十米左右的地方，向“来远”号发射了一枚右舷鱼雷。紧接着，二十三号、十一号艇也向自己已捕捉到的目标发射了鱼雷。

“轰！轰！轰！”三声巨响掀起冲天海浪。人们惊呼：“‘来远’‘威远’‘宝筏’号中雷了！”

“威远”是北洋海军的巡练舰，而“宝筏”号是通讯舰。它们与“来远”号巡洋舰一起，不一会儿工夫便被升腾的烈焰包围起来。渐渐地，三艘军舰翻转了舰体，缓缓沉入了海底。

日艇十三号选定的目标是“镇远”号。但该艇几次寻找，都没有见到“镇远”号的踪影。天色渐渐亮了，日本鱼雷艇队立即会合，返回锚地去了。

这次夜袭对日本海军来说，战果是辉煌的。他们击沉北洋海军三艘军舰，加之使“定远”成为“死舰”，这不能不令伊东佑亨高兴得手舞足蹈起来。

丁汝昌深深地悲痛着，在他看来，自己心爱的战舰比自己的性命还重要。尤其是“定远”“来远”号战舰，都是黄海大战中的英雄舰。它们多年来威震敌胆，成为中国海军的形象。“来远”号巡洋舰在黄海大战中受伤最重，几乎被炸成了废舰。当其他舰船从黄海驶回威海口基地时，它却被留在旅顺船坞里大修。不等全部修复，因旅顺危急，又勉强开回威海口基地。丁汝昌曾蹲在“来远”号上三天三夜不下来，带领各岗位将士们精心维护，使它刷新如初。然而，英雄的“来远”舰却永远躺在海底了。丁汝昌含着泪水看着它那紫红色的舰底在水面上挣扎了许久，好似在向它的主人呼救。漂浮在海面上的一块巨大的油污聚集了两三天，就是不肯散去。那是“来远”号的血啊！还有那些英勇无畏的将士们，也同他们的战舰一起沉入海底了。被击沉的三舰上的将士，获救者仅二十多人。

日本鱼雷舰队的损失也是惨重的：有两只艇被击沉，一只被击伤，四只艇触礁。

伊东佑亨判断：北洋舰队的实力已经锐减，总攻北洋舰队的时间到了。二月六日，他召集了一个会议，决定从二月七日早晨七时开始，对威海守军和北洋舰队实施总进攻，打算全歼北洋舰队。

“二月七日，历史将记住这一天！北洋舰队将从这个海面上永远消失！”伊东佑亨挥动着大手为他的部下们鼓劲。为了确保成功，他请求威海南帮炮台的陆路日军给予火力支援，并改变了原来轮番进攻，强行突入的办法，决定从两翼进攻，先攻取炮台的新办法。

这一次日本联合舰队是倾巢出动，所有舰船全部上阵。总攻以第二、三、四游击队为左翼，炮击日岛；以本队及第一游击队为右翼，专攻刘公岛。

七日早晨七时出发，到七时二十分，联合舰队本队“松岛”“千代田”“严岛”“桥立”四艘战舰在前开路，第一游击队“吉野”“高千穗”“浪速”“秋津洲”继后，已经到达了刘公岛附近。与此同时，第二游击队的“扶桑”“比睿”“金刚”“高雄”四舰和第三游击队的“大和”“武藏”“天龙”“海门”“葛城”五舰以及第四游击队的“筑紫”“爱宕”“摩耶”“大岛”“鸟海”五舰，也已经驶抵距日岛四千多米处。

日岛地处刘公岛东侧，是海湾中的一个礁石小岛，只有十四亩地大小。日岛上装备有二十厘米口径的地阱炮两门，十二厘米口径的平射炮两门和六点五厘米口径的平射炮四门。日岛炮台与刘公岛上的东泓、迎门洞、旗顶上等炮台共同构成了威海港最前沿的一道防线，也是北洋舰队自己控制的唯一的一道防线。如果这道防线被日军攻破，北洋舰队将失去最后的阵地依托，只有被围打了。

日军因此才决定先攻取刘公岛和日岛防线，然后才来收拾舰队。丁汝昌自然更知道刘公岛、日岛阵地的重要。所以，在日本舰队来攻时，立即率领六艘炮舰给予全力支持，封锁威海南、北两个海口，决心拼死保护炮台。

伊东佑亨乘坐旗舰“松岛”号而来，跟随他的是联合舰队本队和第一游击队。队形为单纵队。日本舰队打出第一炮的时间是早上七点三十分，目标直接对准了刘公岛炮台。

刘公岛的守军在丁汝昌舰队炮火的支持下，顽强不屈，奋勇还击。炮战开始不到十分钟，刘公岛的炮火就击中了日军旗舰“松岛”号的舰桥，并击穿该舰的烟囱，炸伤日本兵三人。三十分钟后，“严岛”号速射炮的炮盾被击碎，舰上的甲板和传令管被击坏，该舰日军官兵因此死伤六人。不久，“浪速”舰上的煤库也被来自刘公岛上的炮弹击穿。日本联合舰队本队和第一游击队遭此打击，气焰为之一挫。

日岛方面的炮战比刘公岛打得更为激烈，炮声轰鸣，硝烟蔽海。守卫日岛炮台的三十名水兵打得十分英勇顽强。守将是“康济”舰管带萨镇冰。

这萨镇冰长得一副书生模样，清秀、高挑，是蒙古族人。他在此时的北洋海军里，是个典型的小字辈。一八六九年萨镇冰考入福州船政学堂，成为李鸿章拍定的第二届学员时，年仅十一岁。五年后，他从该学堂毕业，被李鸿章派往“扬威”舰上当见习生，随船到过新加坡、菲律宾和日本。一八七六年福州船政学堂选派第一批学员出国深造时，萨镇冰又被李鸿章派往英国格林尼茨海军学校学习，学的是航海驾驶专业。回国后，历任“澄庆”号炮船大副、天津水师学堂教官、“威远”炮舰舰长。从一八八七年始正式接任“康济”号巡练舰舰长。此后在辛亥革命中，他一度曾出任“中华民国”海军总长、福建省省长。一九四九年中华人民共和国成立后，他又被邀请担任中国人民政治协商会议全国委员会委员兼中央人民政府人民革命军事委员会委员。当然，此为后话。

这场保卫战一开始，丁汝昌就把他调往日岛。为了加强日岛炮台的防御力量，丁汝昌要他挑选了三十名水兵进驻日岛。

二月七日早上七点半，日本海军共出动十三艘战舰对日岛进行重炮轰击。地处不远的南帮炮台的一部分日军陆上炮火也对日岛组织了夹攻。萨镇冰毫不示弱，他带领三十名年轻的水兵拼命还击。吼着，叫着，炮弹不停地打着。这些炮都没有配备炮镜，开炮的水兵们一定要到炮台上面去打炮，十分危险。三个人操作一门炮，谁也离不开。不久，日军舰队一颗炮弹正好落在二号炮位正前方，三位炮手的身体都受了重伤，但他们仍然坚守在炮位上，忍着剧烈的疼痛继续开炮，终于打中了日舰“扶桑”号，打死日本水兵两人，打伤五人。“筑紫”号也被日岛的炮火击中甲板，有多名日军官兵伤亡。

这场战斗进行到早上八点左右，炮战打得仍很激烈。突然，日军皂埠嘴炮台打来一炮，击中了日岛炮台的火药库。爆炸的巨响地动山摇。火药库爆炸使日岛阵地陷入瘫痪：地阱炮架倒了，厨房和军官营房也被炸毁，炮弹也炸尽了。

“日岛已不可守，赶快撤离！”丁汝昌下达了命令，三只北洋小艇把将士们接到了刘公岛上。

一整天的炮战到天黑时分才暂告结束。北洋海军打退了日本舰队的多次进攻，日岛炮台丢失了，但刘公岛仍在北洋海军手里。丁汝昌拖着疲惫的身子回到指挥舱时，突然有人来报：“‘左一’鱼雷艇管带王平率鱼雷艇队出逃，已经被日军第一游击队全歼了！”

丁汝昌瘫倒在椅子里，半天说不出话来。过了好一会儿，他才长叹道：“天啊！怎么会这样？！”

丁汝昌虽两眼冒火，但已无可挽回了。更令丁汝昌愤怒不已的是：他的“福龙”号、“左一”号、“右三”号、“镇二”号四艇一夜之间成了日本舰队的鱼雷艇了。第一游击队缴获了这四艘鱼雷艇，把它们分别编成了“福龙”号、第二十六号、第二十七号、第二十八号！

王平没有死，王平侥幸逃生了，到了烟台。而“福龙”号艇艇长蔡廷干却成了日本海军的俘虏。他被日军抓到了“松岛”号上，一阵拳打脚踢之后，便向日本舰队供出了北洋舰队的所有情况。

蔡廷干的叛变使刘公岛和北洋舰队在日本人那里再无机密可言了。然而，事情并没有就此完结，还有更让人哭笑不得的事情在后头：

蔡廷干被俘后，被日本舰队在审讯完毕后送往日本大阪，关押在大阪的一

座寺院中。他原是李鸿章派往美国的海军留学生，授业老师是诺思罗普博士。蔡廷干被关押在日本期间，正好他的授业老师游访日本。更巧的是，第二军司令大山岩大将的夫人也是诺思罗普的学生。蔡廷干请求见到了诺思罗普，并请诺思罗普穿针引线巴结上了大山岩的夫人。蔡廷干要求暂留日本。他不是因临阵脱逃、叛变告秘而无脸再见江东父老，而是害怕回国后被大清朝廷斩首处死。一八九五年八月，中日双方交换战俘，在日方送还的清军官弁名单中，果然没有蔡廷干的名字。他是在何时通过何种途径回国的，人们都蒙在鼓里。在李鸿章死后十年左右，蔡廷干摇身一变，竟然又成了大清帝国海军部军制司的司长!

二月八日，白天无战事。日本海军可能也需要休整了。然而正是在这风平浪静的一天，威海港内的水陆两军的士兵们开始哗变了。

曾在“定远”号上供职的洋人泰莱在自己的日记中写下了如下情形：

“二月七日，晚七时，闻水兵违抗命令而上岸。约八时，陆军也不听命令而登舰。二月八日，终于度过了一个焦虑之夜。陆军里的混乱情况最为严重。他们扬言不再作战，或齐集防波堤下，或占据小船，或登上‘镇远’舰，要求载他们离开刘公岛。我们都相信，他们所说的不再作战是真话。溃乱表现在士兵，而首倡者却是北洋陆军的一些军官，其中的主谋则是李鸿章聘请的洋顾问……”

原来，德国退役陆军军官汉纳根离开北洋舰队后，天津海关税务司德璀琳为李鸿章推荐了英国人马格禄充任北洋舰队的总教习。这个马格禄根本不懂海战，接受李鸿章的聘书纯属一种不负责任的敷衍。他更是把这场关乎中国命运的战争当成了自己发冒险财的捷径。

李鸿章以每月三百两的重金，聘请了一个终日沉溺于醉乡的酒徒。威海之战打响后，他连甲板都不敢登，整天躲到刘公岛上喝酒作乐。眼看北洋舰队大难临头了，他立即开始在少数中国官兵中策动哗变，要士兵拒绝参加战斗，采取威胁手段，诱导官兵们登岸逃跑。马格禄看出了这场战争的结局，做这一切也是为了自己能够逃命。

还有两个洋人，一个叫宴汝德，一个叫浩威。他们在策划兵变逃跑方面，比马格禄显得更加无耻和卑鄙。

宴汝德和浩威都来自美国，而且到北洋舰队效力不过两个月。他们在来华途中曾被日本人扣留过，实际上私下里已经有了一种不可告人的交易，这就是帮助日本人在北洋舰队内部提供情报和策动兵变。被日本人放行来到中国后，他俩找到了李鸿章的顾问毕德格，极力吹嘘他们有毁船却敌的绝技，希望毕德格把他俩推荐给李鸿章。毕德格听信了他们的吹嘘，积极向李鸿章举荐，终于被李鸿章聘用，派往北洋舰队效力。李鸿章还一直满怀希望地指靠他们用“绝技”却敌哩!

马格禄、浩威等洋人与几个北洋官兵密谋了几天的结果是：由海军教习泰

莱和炮兵教习德国人瑞乃尔出面，对丁汝昌实施劝降，劝降不成，再采取果断行动。

二月八日大清早，日本联合舰没有再露面，泰莱和瑞乃尔却露面了。他们来到北洋海军寓所，求见丁汝昌。丁汝昌接见了他们。这两个洋教官首先向丁汝昌描绘了北洋舰队目前所处的危险境地，接着又夸大其词地推算了日本舰队所拥有的实力，最后劝道：

“可战则战，否则，士兵不愿战，则投降也不失为一个适当的选择。而且，事已至此，再打下去，徒然多伤生灵；以船舰让敌，全岛军民还有望能够保全……”

丁汝昌拍案而起：“我早就知道你们这些贪生怕死的洋人们在我军中不会起好的作用！你们煽动军民哗变，谋划投降，这是本提督坚决不会答应的！告诉你们，本提督只要还有一口气，就要率众将士坚持到最后！”

泰莱、端乃尔被愤怒的丁汝昌痛骂一阵子后，夹着尾巴退去了。但他俩走出了丁汝昌的房间之后，便编造谎言，说丁汝昌有意投降，但迫于上司李鸿章的压力，不敢公开表示。他听任将士们自作主张。于是，一场中国海陆兵勇的哗变发生了。

二月九日早上八点整，日本联合舰队又一次全体出动，对北洋舰队组织进攻了。这已是日本军队对北洋舰队发动的第六次总攻。威海北岸的日本陆军炮台架起了十二门大炮，直指刘公岛。南岸也有日军的七门大炮，参加对刘公岛发动的排轰。

日本舰队主攻北洋的舰船，不一会就把丁汝昌的“靖远”号打成重伤，搁浅在沙滩上。丁汝昌亲自督战，率刘公岛部分将士奋力抵抗。然而，将士们太疲惫了，准备投降的一帮士兵又在东躲西藏，坚持在前沿阵地上的将士伤亡惨重。刘公岛上的医务人员紧缺，医疗设备更是简陋，药品已尽，伤员们得不到应有的治疗，重伤即面临死亡。加之弹药消耗无从补充，紧急请调援军，也不见踪影，刘公岛面临绝境了，北洋舰队也走到了尽头。

就在这时，北洋水陆士兵的哗变达到了高潮。加之泰莱、马格禄、浩威在背后煽动，一批官兵成群结队，你推我拥，有的提枪，有的手举大刀，冲进了丁汝昌的提督衙门。他们是要来威逼丁汝昌投降或逃跑。

“姓丁的，你若坚持打下去，就是死路一条了！”有人指着丁汝昌大喊起来。

“丁军门，北洋舰队已经山穷水尽了，赶快向日军投降吧！”后面的人也在狂叫。

“你率领我们逃命吧！再迟一点，跑都跑不掉了！”有人这样说。

“你如果不放我们走，我们就只好先杀了你再逃了！”一些士兵们公开表现

出了强硬的逃跑态度。

丁汝昌尽管心中气愤，但却没有轻易责怪这些已经冲动起来的将士们。中日战争打到今天这个份上，哪能只怪北洋的将士们打得不好呢？朝廷连同自己的上司李鸿章，都有一份推卸不了的责任。自己当然也有许多失误，甚至是错误，不能全怪眼前这些将士们呀！

丁汝昌现在也只能从国家的角度，从李鸿章对北洋舰队寄予厚望的角度，给大家晓以大义了。他奉劝大家不要听信洋人们的煽动，齐心协力，拼死一战，让历史记住这场战争。他当场宣布：“如果到正月十七，也就是二月十一日，朝廷的援兵还不能到达，届时大家自有生路！”

“为什么非要等到正月十七不可呢？”有些士兵们虽在下面嘀咕，但又不敢大声来问。

又有人小声问：“自有生路是什么意思？是放大家逃跑，还是向日本人投降？”

丁汝昌听到了这些话，但他未做回答。他不能回答，只有把这些答案放在自己肚子里来揣摸。从目前的情况来看，固守威海是一个错误，而且得不偿失。北洋舰队在此坚守，下的无疑是一着死棋。要想让北洋舰队起死回生，走出绝境，唯有大批援军来救，对日军形成内外夹攻之势，才有希望救出这支已遭重创的海军舰队。

丁汝昌几乎把全部希望都寄托在援军来救这一点上了。

李鸿章几乎是一天一份电报，一再申明铁甲舰系大清帝国万里海疆的唯一屏障，必须全力保全，不惜牺牲一切。还在日军在荣成湾登陆之前，李鸿章就明确电告丁汝昌：“若水师至力不能支撑时，不如出海拼战，即战不胜，或能留铁甲舰退往烟台。”

南帮炮台失守，北洋舰队腹背受敌时，李鸿章仍电令丁汝昌：“万一刘公岛不保，要设法挟舰冲出，或烟台，或吴淞，勿被倭全灭，稍赎重愆！”

丁汝昌何尝不想率队冲出港外呢？但是，日军水陆两军早已把北洋舰队里三层、外三层地包围起来了，冲出港口必是全军覆灭。自己的舰队航速慢，舰只少，火力弱，一出海便是四面遭击。留在港内坚守当然也是死路一条，但还可以等待援兵。若这时能兵从天降，以强大的火力扫平陆路日军，夺回被日军占领的各个炮台，这样，接济有了，兵源有了，北洋舰队凭借陆路大军做后盾，还有希望击退日本舰队。

山东巡抚李秉衡来电了，丁汝昌高兴得半宿没合眼。李秉衡告诉丁汝昌：“北洋舰队若能坚持二十天，大队援军就可以到达。同时告诉了另一个消息：李鸿章已请求朝廷火速发兵，命北上的贵州总兵丁槐率五营、徐州镇总兵陈凤楼率

五营、皖南镇总兵李占椿率步队十五营火速赶往山东来了，他们是专程来救援北洋舰队的。”

丁汝昌屈指一算，自收到李秉衡电报之日算起，二十天恰好是正月十七日，即二月十一日。所以，丁汝昌才公开许诺，要士兵们坚守阵地到这一天，方才有生路。

丁汝昌是在屈指渴盼援军的到来。李鸿章自然也十分关切，可叹的是：除北洋舰队属于他直接指挥外，其他陆路兵勇的指挥大权已经旁落，李鸿章也是干急无汗呀！

大批援军能准时到达威海沿岸么？在李鸿章看来，这还是一个难解之谜。而丁汝昌对援军到达与否，是坚信不疑的。他怎么也没有想到，所谓的大队援兵，对北洋舰队来说，只是天上的馅饼。陈凤楼马队五营，一月二十二日就已经到达潍县，李秉衡再三致电催行，称：“北洋舰队已十万火急，盼公来如望云霓！”但这陈凤楼一到潍县就按兵不动了，直到一月二十六日才拨出两营先行一步。但此时慈禧太后突然插上一手，电令李鸿章“加大天津沿海防守”！李鸿章深知慈禧太后是怕日军窜入天津，威胁北京，所以最终这两营人马被调往天津了。

丁汝昌根本无法设想这以后的现实。直到威海陷落，所期盼的援军也没有出现。大清的军队已腐败到这个地步，北洋舰队最后全军覆灭，便是不足为奇的了。

稍稍平息了将士们“逼宫”哗变以后，丁汝昌是在数着手指头过日子。二月九日夜，丁汝昌与刘步蟾商定：在“定远”号铁甲舰的中央部位装上火药，准备在万不得已时炸毁此舰，以免资敌。刘步蟾率士兵们把火药装好以后，绝望了。他是这艘铁甲舰的管带，又是右翼总兵。“定远”舰落到今天这个地步，他悲痛欲绝，连夜服毒自杀了。临死之前，他安排好全舰将士转移岛上，并交代：“定远”号若自爆不彻底，要用水雷将舰体轰散，以免被日军捞获。他同“定远”号一起，结束了自己的生命。

听得一声巨响，又得知自己的得力助手刘步蟾身亡，丁汝昌遭受的打击是致命性的。二月十日，日军水陆进攻的火力明显加大。一些贪生怕死的将士又来逼他投降了。丁汝昌见援军仍无踪影，而他许诺的最后期限就在眼前。他沉思良久之后，用自己沙哑颤抖的声音下达命令：“诸将候令，同时沉船！”

但是，一些怯懦无能、毫无骨气的将领得令后，暗自另搞一套：他们担心徒手受降，没有战舰拱手送给日军，性命一定难保。所以，他们完全拒绝执行“同时沉船”的命令。

二月十一日，这便是援军应该到达的最后期限了。日军从上午九日开始，对威海港内的北洋舰队进行水面强攻。日军采取了狂轰滥炸的方法，想尽早结束这

场战斗，摧毁北洋舰队。丁汝昌率兵拼死还击，想把一切可以利用的火力全部打到敌舰上去。就在这一天，英勇的水兵们仍击中了日军“天龙”号军舰，打死副舰长中野大尉等官兵四人，伤其四人。日本“葛城”号军舰也被丁汝昌的火力击中，打死、打伤舰上人员七名。日本“盘城”号也被击成重伤。

然而，所有的弹药都将尽了，再打下去，北洋舰队全军官兵只有徒手被擒了。就在这时，丁汝昌收到烟台密信，得知山东巡抚李秉衡已由烟台逃往莱州，援兵不可能到来了。丁汝昌此时反而镇定下来，召集诸位将领开会，决定最后的行动。大家认为：既然援军无望来援，与其坐以待毙，不如率残余几艘舰船拼命突围而去，或许可以幸存几舰，开到烟台去。这样，总比全军覆灭要好。

丁汝昌不考虑生命问题了。他已从多侧面分析了突围的问题，得到的结论是：只要舰船驶入海口，不可能突围而去，必然要被日军缴获。所以，他再次命令：赶快沉船，赶快把“镇远”号炸掉。

但是，诸位将领已各怀心思，没有人肯动手来炸船。一些士兵和水手们甚至拔出了腰刀，威胁丁汝昌：“不许炸船！”

“老天呀，我已经尽了最大的努力了！”丁汝昌自言自语地说着。丁汝昌的想法是：哪怕有万分之一的可能性，都要争取战斗下去，与日本舰队拼一个鱼死网破。

一些洋人们又出面了，想极力劝说丁汝昌投降。丁汝昌摇了摇头。

丁汝昌对“投降”二字不仅鄙视，而且从心里面痛恨。

二月十一日又要过去了。这一天是日本的纪元节，联合舰队在举行遥祭仪式之后，发动了对刘公岛的第七次总进攻。

就在这一天，丁汝昌接到了李鸿章发自天津的电报。这是他这一生最后一次收到李中堂的电报了。电报上说：“水师苦战无援，昼夜焦系，丁汝昌同马格禄等可带舰乘黑夜冲出威海，向南奔赴吴淞，只要能保住铁甲舰，其他舰船或损或沉，不至于资敌，就能符合皇帝之意。丁汝昌必不会再被治罪。十万火急，望速图之。”

这份电报是刘含芳派人从水路、陆路历尽千难万险才送到丁汝昌手中的。然而，这份电报能帮他多少忙呢？若能冲出重围，若能把铁甲舰带出去，还用您李中堂讲么？丁汝昌自言自语道：“我缺的不是主意，更不是命令。我缺的是援军！你们的援军上哪儿去了？难道那么多陆路大军都死光了么？！”

一想到援军迟迟不到，丁汝昌就火冒三丈。但他能有什么办法？若是一切都不顾了，一气之下，还真不如投降日军算了！

但是，一种前所未有的耻辱感早已穿透了丁汝昌的心。他的心在滴血，他不愿再伤害自己不屈的人格和自尊心。更何况，北洋舰队是他的生命，是他的信仰

和灵魂的寄托。这里的一船一舰，一枪一炮，无不灌注着他的心血。如今，既然北洋舰队要不存在了，他的人生之旅也该就此了结了。即便可以苟且偷生，但活着还能有什么意义呢？

“镇远”号左翼总兵、舰长林泰曾忧愤自杀了，“定远”号右翼总兵、舰长刘步蟾也去了。这是两位名副其实的左膀右臂，都是用生命实践了自己的人生诺言的。

那么，丁汝昌自己呢？他在想着。

早在黄海大战之前，他就抱定了拼死一战的决心。半年前，他就派人把儿子、媳妇送回安徽老家，明确告诉他们：“我已以身许国！”威海被围之前，他派士兵把舰队所有重要文件送到烟台，表示了“誓以必死”的打算。几天前，他还给老中堂李鸿章发出电报，表示：“死守阵地，舰没人尽而已！”伊东佑亨多次来信劝降，他给伊东佑亨的回答是愤怒的炮声。所以，几天来劝降者络绎不绝，甚至以武力相威逼，他并不害怕。丁汝昌怕死么？他对持刀向他挥舞的士兵说：“你们要杀汝昌就快点动手吧！我岂会吝惜这把骨头？！但我要让你们明白，当你挥刀向我砍来时，会发现我的骨头不是软的。眼下只有战斗，投降之事决不能在我还活着的时刻发生！”

因为他大义凛然，有崇高的威严，所以令任何一个失去信心的士兵们都不敢对丁汝昌真的下毒手。

但是，现在已到了了结一切的时候了。

丁汝昌看着围在自己身旁的将士们，目光里充满了一如既往的信任和赞许。

丁汝昌微笑着看了一眼这些与自己朝夕相处的将士们，一字一顿地说道：“与舰队共存亡，这是我的职责！”

说完，他退回屋里，掩上房门。

他喝下了满满一杯鸦片。

这鸦片的药力是缓慢发作的，恍恍惚惚之中，他好像看见了牛昶炳闪进门来。丁汝昌突然想起了一件大事——提督大印还在抽屉里！

牛昶炳正是为这件事进门来的，他找到了提督大印，说要将这枚大印毁掉。否则，丁汝昌死后，难免会有人要利用这枚大印，并盗用丁汝昌的名义，向日军投降。

黎明之前，丁汝昌咽下了最后一口气。那是一八九五年二月十二日，凌晨四时许。

深冬里的太阳出来了，升起在威海的东方。那太阳鲜红鲜红的，像鲜血一般。

牛昶炳并没有毁印，他欺骗了已奄奄一息的上司丁汝昌。丁汝昌一死，牛昶炳成了掌印人。他把提督大印交给了洋人浩威。而且，牛昶炳等人事后为了推卸

责任，竟串通一气，将主降的罪名强加在了丁汝昌的头上。根据呢，也就是所谓投降书上盖了这枚提督大印。既然丁汝昌投降了，所以在他死后，李鸿章也气愤不已。皇上下了圣旨："丁汝昌既降而死，朝旨褫职，籍没家产。"

没有正义，没有公理了么？可叹丁汝昌的儿孙们因此被逼得走投无路，还要背着一个本不存在的骂名。直到宣统二年，威海等地绅民和广东水师提督萨镇冰联名上书朝廷，强烈要求为丁汝昌昭雪，朝廷才恍然大悟，准予已死多年的丁汝昌恢复名誉，并恢复原官原衔。

与丁汝昌同时自杀的还有记名总兵张文宣。张文宣的死给李鸿章以很大打击，这不仅因为张文宣曾是北洋舰队里最出色的炮手，更因为他是李鸿章的亲外甥。为了这个衰落的朝廷，李鸿章付出的也太多了。

威海之战的最后一幕由主降派和洋人们在操纵着。丁汝昌自杀殉国，反而使这帮败类和洋人们看到了一线生机。

此刻，这帮人欢天喜地地聚集到牛昶柄在刘公岛上的家里。牛昶柄却不愿意执掌大印，他虽然渴望投降求生，可是又不愿意承担投降的罪名。于是，大家一致推选新任署理左翼总兵、"镇远"号舰长杨用霖出面主持投降事宜。

杨用霖严词拒绝，愤然离开牛昶柄家，回到了自己的舰上。一声枪响传来，杨用霖也不屈地去了。

面对这些悲愤而死的英灵，牛昶柄等人胆怯至极。其他活着的北洋将士们愕然了。一些人没有勇气与这些不屈的身躯告别。

浩威站了出来，他没有丝毫的犹豫，他只要活命。这个骗子加无赖提出，盗用丁汝昌的名义向日军投降。而且，他还亲自起草了强加在北洋将士们和丁汝昌头上的投降书。

他为了达到这个无耻目的，要求所有人对丁汝昌的死严格保密。日本随军记者在事后详尽报道了他们向日军投降的情形，道：

"这一天午前八时三十分，一炮舰'镇北'前樯悬白旗，后樯悬黄龙旗，拖一舢板自东南口驶出。将士们异口同声：'这是中国军队的请降使者。'炮舰至英、德两国军舰旁抛锚，有九人改乘舢板，我鱼雷艇驶近舢板，拖向我旗舰。舢板前是白旗，尾部树一黄底黑龙旗。舢板接近后撤去白旗，摇橹靠上'松岛'舰，有二人悄然登上左舷梯，舢板则退至'松岛'舰旁停住。转瞬间，我十余艘鱼雷艇自各处岩石后驶出，在敌炮舰周围游弋，颇有剑拔弩张之势。不久，第一游击队司令官被传呼至旗舰，然后返回……"

投降书是由"广丙"号舰长程壁光送出的。伊东佑亨接受了投降书，只见这份盗用了丁汝昌名义的投降书写道：

"本军门始意决战至船没人尽而后已，今因欲保全生灵，愿停战事，将在岛

上现有之船及刘公岛炮台、军械献与贵国，只求勿伤害水陆中西官员兵勇民人等命，并许其出岛而去。是所切望。如蒙允许，则请英国水师提督为证。”

落款是“丁汝昌”的大名，提督大印也清晰地盖在上面。

伊东佑亨冷笑了几声，立即召集幕僚们开会，商讨接受投降事宜。这正是日本人所期望的。他们其实也无力再战了，不仅粮草接济不上，弹药也将用尽了。然而，中方主动投降了。

会上，坪井首先建议：“军舰、炮台等要接收，中国军队的军官们却要统统都抓起来！”

伊东佑亨摇了摇头，道：“丁汝昌是大清国的海军名将，自居北洋水师提督以来，辛苦经营，二十年如一日。今虽然被迫投降，但也绝不是可以任意受侮辱的将军。为促成此事，应以不激怒丁汝昌为前提。否则，李鸿章陆路援军一来，战败的可能是我们自己。”

伊东佑亨深知他们舰队的处境，不知丁汝昌已含愤而死，故做此表示。

“我请求把北洋的战舰、炮台统统收下，然后把投降的清军官兵统统押到日本去。”联合舰队参谋长说。

伊东佑亨点了点头。

下午三时左右，程壁光带着伊东佑亨给丁汝昌的受降书返回了刘公岛，还带回了伊东佑亨赠予丁汝昌的香槟酒等数种礼物。

“交收期限定在明天十时之前，恐难办到。”牛昶柄提出异议，大家也认为时间太紧了。

于是，大家推举程壁光再到“松岛”号上跑一趟，请求伊东佑亨宽限三天。

丁汝昌已死的事情，大家认为已瞒不住了。程壁光再次乘“镇边”号炮舰到日本舰队停泊地点时，下半旗，并由浩威执笔，冒充丁汝昌写了一封复信。程壁光在见到伊东佑亨时诡称昨夜丁提督写完复信后自杀了。

伊东佑亨看见退回来的香槟酒等礼物，听说丁汝昌在写完上述复信后自杀，不禁一怔。于是给北洋海军写下一份复函，道：

“小官顷接华历一月十八日水师提督丁汝昌来函，但据携此函前来的使者口述，水师提督丁汝昌业已自杀，不胜哀悼。关于缴交军舰炮台及其他军器，申请展限至华历一月二十二日一事，当在所开条件之下予以承认。

“其条件即，限于本日下午六时由一负责中国士官前来我旗舰，就上述军舰炮台及其他军器之缴交，并就放还在威海卫之中国人及外国人事项订定确实条约若干项。

“小官致已故水师提督丁汝昌的最后一函说，缴交时刻及其他细节当于明日与贵提督协商协定，兹该官既已逝去，此等细节希与负有代理丁提督和小官协商

任务的官吏协商。兹并须言明，为此项协商前来我旗舰的士官应为中国人，不得为外国人。凡是中国人，小官将予欢迎。”

伊东佑亨这一招让牛昶炳等一帮人滑不过去了。当天下午五点二十分，北洋海军以牛昶炳为投降谈判代表，在程璧光的陪同下来到日本舰队旗舰“松岛”号上。

牛昶炳自我介绍道：“丁提督临死时，把后事托付给了马格禄。现在，刘公岛陆海两军都由马格禄执掌。马格禄不是华人，不参与议事。我在刘公岛，职位仅次于丁提督，受降事宜，与我讨论即可。”

直到此时，这牛昶炳还是满口谎言。当他听到日军要把投降的官兵统统押送到日本时，顿时慌了手脚，道：“交出刘公岛、军械、军舰，我完全同意。只是不要把投降的官兵们押往日本，请贵军能垂恩典，允许他们回到烟台。”

伊东佑亨抬起眼皮扫了牛昶炳一眼，觉得眼前这个代表自称在职位上仅次于丁汝昌，水平却比丁汝昌差了十万八千里。伊东佑亨认识丁汝昌多年了，不觉把牛昶炳与丁汝昌比较了一下，冷冷笑道：“倘若丁提督还在，他是知道目前日中两国，仍处于战争状态。因此，你不觉得你提的要求过分了一些么？”

牛昶炳不敢吭声了。

次日下午三时半，牛昶炳、程璧光再次前往日舰停泊地点，向日本舰队交出了中国将官、洋员名册及陆军编制表，并报告了负责武器、炮台、舰船的兵员的姓名。

看到伊东佑亨在翻阅这些资料时得意洋洋的神情，牛昶炳小心翼翼地问道：“昨夜所议，中国将士和外国人都不大同意，他们请求贵军能垂恩典，准许已降的兵员由海路返回烟台，与家人团聚。这也是望外之幸呀。”

伊东佑亨没法不同意这个请求。否则，上万军民统统押送日本，他的政府也不会允许的。伊东佑亨故作为难状，沉思良久，一拍大腿，答应了牛昶炳的请求，但要求所签《威海降约》各条款，中方要全部答应下来。

牛昶炳大喜过望，当即站起身来，向伊东佑亨深深鞠了一躬，随后，在由日军起草的《威海降约》上签下了自己的名字。

伊东佑亨一阵冷笑，随手将牛昶炳的一封来信扔给了随军记者。不多日后，日本的大小报刊上登出了牛昶炳的信：

“……‘广丙’舰属广东舰队，因此没有参加战斗。去年春末，李鸿章中堂校阅海军，即调‘广甲’‘广乙’诸舰共来北洋，及校阅完毕，将要回粤，赶上两国战事爆发，因而暂时留居北洋。现在，‘广甲’‘广乙’已经沉坏，粤东三舰只残留‘广丙’一舰了。广东军舰不关今日战事，若全舰沉坏，将有何面目见广东总督？愿贵官垂大恩，收其兵器铳炮，以虚舰返还，则感贵官功

德无量。”

日军岂会返还“广西”舰？一时间，在日本全国上下，将牛昶炳此信传为笑谈。

二月十七日，北洋挽歌已近尾声。

上午八点半，日军舰队以“松岛”号为首舰，本队“千代田”“桥立”“严岛”，第一、三、四游击队紧随其后，排成单纵陈列，大摇大摆地开来了。这儿便是北洋舰队的大本营，是禁区，然而却让日本海军以主人的姿态进驻了。

刘公岛上，升起了一面太阳旗，日军各舰的桅顶上，也高悬着日本的太阳旗。下午一时，北洋舰队的“镇远”“济远”“平远”“广西”“镇东”“镇西”“镇南”“镇北”“镇中”“镇边”等十艘舰船被迫降下了黄龙旗，升起了太阳旗。由此，这些曾作为大清朝廷海防依靠的兵舰被编入了日本联合舰队。

下午四时，“康济”舰一声汽笛哀鸣，缓缓驶离威海港。

“康济”舰最后一趟载的是丁汝昌、刘步蟾、杨用霖、沈寿昌等人的灵柩。天空中，飘下一阵冷雨。

日本联合舰队降半旗、鸣礼炮，为死者送行。潇潇细雨突然间密集起来。人们说那是北洋将士屈辱的泪。

四天后，五千一百二十名北洋水陆将士和十三个洋人全部凄然登岸。

李鸿章的梦，在这场冷雨中彻底破碎了。等待他的，是更大的耻辱。

天津总督衙陡然间冷静多了。北洋舰队覆灭，电报少了，登门者也少了多半。过了好长一会，才听到有脚步声上楼来。李鸿章扭头一看，原来是经方手捧着一个兵部的大信封，上面还用火漆烙了一片羽毛，一看便知这是军机处的加急谕旨。

经方面带忧虑之色，对父亲说：“六百里加急，军机处来的。”

李鸿章叹了一口气，道：“不用拆看就应该可以推测出来。北洋舰队完了，朝廷要拿我开刀了。做好准备，回合肥老家去吧。我还真想回去看看那包公祠，那逍遥津，那大蜀山哩。一八八二年时，由我私人出资两千八百两白银，把毁于兵火的包公祠修好了。对合肥的其他名胜古迹，我也投资不少，听说家乡人还为我竖碑纪念！”

李鸿章说着，李经方已用剪刀挑开了大信封的封口，抽出军机咨文，自己先迅速地瞄了一眼，突然惊呼道：“父亲大人，这不是拿我们开刀的圣旨，恰恰相反，是赏还您三眼花翎、黄马褂，作为头等全权大臣，择日赴日本商定和约哩！”

李鸿章大惊，李经方却不能理会。在李鸿章看来，这比拿他革职处分还糟糕几倍。

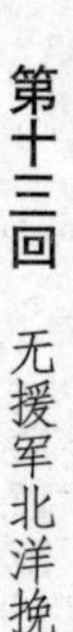

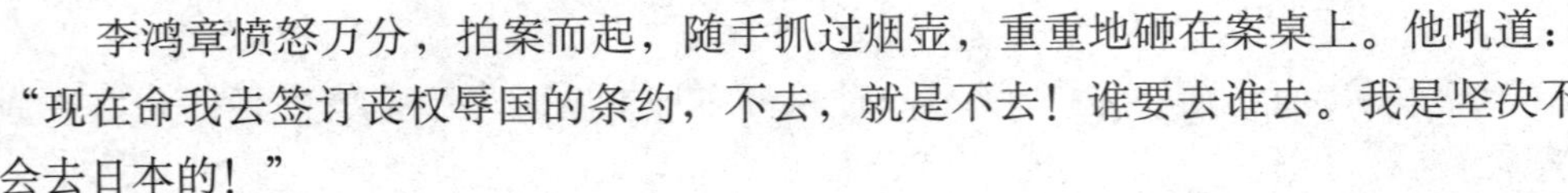

李鸿章愤怒万分，拍案而起，随手抓过烟壶，重重地砸在案桌上。他吼道：“现在命我去签订丧权辱国的条约，不去，就是不去！谁要去谁去。我是坚决不会去日本的！”

经方在一旁劝道：“父亲，您怎么就知道去签订的，一定是丧权辱国的条约呢？说不定是真正的和约，条件不会太苛刻呢？”

“你懂什么？这个事我比任何人都清楚。中国是战败了，不是打了胜仗了。日本之所以向中国兴师动众，最后一招就是这个。天啦！这个差事无论如何不能落到我的头上呀！”

经方仍然坚持说道：“父亲不要生气，我看不一定会是丧权辱国的和谈。若是那样，就不用谈了。日本人写个东西递过来，由小日本说了算不就行了。朝廷何必还要任命您为头等全权大臣坐到谈判桌上去呢？”

李鸿章瞪着双眼，像要吃人似的，骂道：“贼娘养的，我看你真是个糊涂蛋！远的不说了，就从我已经历过来的一系列所谓的和谈说起：道光二十一年一月二十五日，英国战舰闯进香港，在船长拜尔秋的率领下，耀武扬威地占领了我们的领土。而此时离给英国以条约为依据占领香港的《中英南京条约》的签订，还有一年零七个月的时间。钦差大臣琦善在人家生米煮成熟饭以后，不是照样私许割地，默认那个《穿鼻条约》了么？此后签订的《南京条约》，使道光皇帝都痛不欲生，深感愧对祖宗。十二年后，英国驻华公使伙同法国、美国公使，又一次向大清朝廷发出了照会，要求修改《南京条约》《黄浦条约》、《望厦条约》，增加了更加苛刻的条款。咸丰皇帝让洋人把手枪抵在了咽喉上，清军不战自败，英法等联军兵临京城，一把火烧了圆明园，竟在最后又‘烧’出了一个《北京条约》。九龙司割让了，还赔偿英法联军军费八百万两。奕王爷被迫在中英、中法、中俄《北京条约》上签字，大清国遭受了极大的勒索。咸丰八年五月二日与俄国人签订的《瑷珲条约》使大清国丧失了外兴安岭以南的广大地区，掠夺了我东北大片沃土。这个《瑷珲条约》墨迹未干，仅仅十五天后，俄国熊又以武力相威胁，故伎重演，陈兵谈判，使大清国土再失，《中俄天津条约》使我们一次丢失了四十四万平方公里的国土！同治十年，沙皇俄国乘我们新疆发生内乱，一举攻占了伊犁。大清特使崇厚视立权为儿戏，信口许诺，导致《伊犁条约》签了下来。大清国又是割地，又是赔款，几乎要整个国家倾家荡产了。光绪十年，由我和法国人签订的《中法新约》，虽经我据理力争，与以前所有条约比较起来，真正体现了我国的利益，那也仅仅是胜利者给失败者的一种安慰。你看看，你看看呀！自乾隆盛世以后，大清朝日落西山，仅列数以上条约，有哪一个和谈是谈出来的？有哪一个条约不是丧权辱国呀？此次更是刀架在脖子上了，去日本能有中国人好果子吃么？说不定更加苛刻。蒙受奇耻大辱，遭后人唾骂，我李鸿章弄不好还要搭上一条老命。所以，朝廷在这个时候给我官复原职，赏还顶戴花翎，还我黄马褂，实在是把我老夫装扮一下，让我替他们受过，把我向火坑里推呀！”

李鸿章所担心的事终于来临了。朝廷连下三道圣旨，严限他五日内到京听训。听谁的训？皇上、太后有话要向李鸿章当面交代。

他又住进了贤良寺。二十五年来，他究竟在贤良寺住了多少回？李鸿章自己也说不清了。贤良寺给他的总体印象不错，条件优越，照顾周到，小桥流水，环境幽静。但这一次住进贤良寺，他的感觉糟透了，处处不顺眼，事事不顺心，动辄就“贼娘养的”骂个不停。

他呆呆地坐在炕沿上，设想着将要由他来主演的一出屈辱戏，这或许是他有生以来最不愿干的一件事。窗外寒风在吹，树在簌簌作响，他感到了他人生中最大的一场暴风雪就在眼前了。

刚刚赴日本和谈未成而灰溜溜地回到北京的张荫桓、邵友濂面带着一脸的尴尬来拜望这位老中堂了。张、邵二人向李鸿章详细讲述了这次东渡日本的全部情况。只有一点，是他们在回国时才醒悟过来的：中国政府和谈使团，遇上了一个吃里扒外的和谈顾问！

李鸿章愤然道：“这些年来，我大清国一有与外国交涉事宜，这些列强们动不动就搬出国际公法来吓唬我们，老朽我处置外交事务这么多年来，听够了他们宣扬的那一套。他们常常指责我大清朝廷不明事理，不懂公法，是个十足的法盲。而他们自己呢？一再侵略我们，攻城略地，签订和约，割我大清土地，掠夺我们的财富，好像都是在‘依据公法’行事。公法是他们的‘保护神’么？非也！”

张荫桓道：“中堂大人所言极是。国际公法成了他们侵略和凌辱中国的武器，我们在被侵吞、被宰割，我们反而有罪了！这叫什么国际公法？！”

李鸿章叹气道：“唉！什么国际公法呢？那都是列强们围坐在一起制订的。受欺凌的国家在制订公法过程中没有发言权。而在执行过程中，又是由他们来执行。你看，这个所谓的国际公法事实上就是强盗的玩偶和工具。这些强盗们论势不论理，我要把这个情况向皇太后、皇上讲清楚。其实这么多年来我已不断地在讲，只可惜有些人根本不愿听，有些人听不懂，听懂了也无济于事。大清朝的强国富民之梦已经破灭，没有实力跟他们一争高低，只有听他们指责你，侵害你，盘剥你了！”

“这些洋人们，我们对他们敬如上宾，他们对我们却吃里扒外，拿我们当猴耍。”张荫桓说。

原来，张、邵等人去日本求和，朝廷为他们花高价请了一个法律顾问。他就

是美国人科士达。

科士达是律师出身，曾参加过美国南北战争，获上校军衔，并历任驻墨西哥、西班牙和俄国公使。他卸任以后，成了中国驻美国公使馆的法律顾问。由于这一层关系，大清朝廷才聘请他担任中日和谈的法律顾问。

但科士达与日本却有着很深的关系。就在陆奥宗光担任日驻美公使期间，科士达与陆奥宗光便处成了关系密切的朋友。日美在修约谈判过程中，科士达曾为日本人四处奔走，说服美国政府不要过多地侵占日本利益，使日本政府对科士达大为感激。

一八九四年十二月底，科士达接到大清朝廷聘请他担任中日和谈中方法律顾问的电报后，高兴地跳起来。他想到的第一件事就是前去拜访现任日本驻美公使栗野慎一郎。

"您来得不巧，公使今天一大早就外出了。"

日本驻美公使馆的门卫告诉他。他并不罢休，在当天晚上又来到日本驻美公使馆，与栗野慎一郎进行了半夜的密谈。

很快，栗野慎一郎给他的政府发出了密电，道："我们秘密进行了推心置服的谈话。科士达向我保证，此次虽应清国之聘东行，但因与陆奥大臣有亲交之谊，对日本所怀之友谊将一如既往。"

陆奥笑了。精明绝顶的陆奥对科士达的保证并不信任，他当即电告栗野慎一郎：

"虽然，我认识到，作为我的私人朋友，科士达会在一些事情上对我们有所方便这一事实。但我认为，让我的一位私人朋友站出来，站在我们的敌人一边，是很失策的。因此，如有可能，我特别希望能阻止他来。为达此目的，需要花费必要的费用，我不会反对的。务望尽最大的努力，千方百计地阻止他协助中国的全权代表，应让他充分了解，在取得如此巨大成功的战争中，目前日本所处的地位和具有的伟大雄心，是很重要的。即使三个月前，当英国政府作出努力时，日本尚不愿接受以朝鲜独立、战争赔款作为终止敌对行动的条件，时至今日更加不可能了。因此，极为明显，在今日取得双倍胜利之时，日本至少要多得些东西。事实上，中国尽其最大努力而给予者，在日本看来仍是不够的。科士达应该记住这些，这是很重要的。但务须小心，勿以官方身份，而以个人意见告诉他。"

收到陆奥的电报，栗野当天就秘密拜访了即将前往中国的科士达，把陆奥的指示作为自己的意见告诉了科士达。科士达心领神会，日本人给予了他巨额数字的金钱，彻底收买了他。科士达对栗野一再表示："我认为日本政府当前所采取的种种措施是极为得当的。日本国家的富强将由此开始，这是我早已充分了解

的。因此，我对清国之处境将给予相当的忠告，并全力斡旋，以使中国付出代价，使日本满意，继而答应媾和。”

栗野放心了，陆奥在了解到科士达的表态后也满意了。

科士达从美国启程，栗野亲自送到码头，与他握手道别。科士达带着日本人的托付来到了中国。他果然不负日本人的希望，在随同张荫桓、邵友濂赴日期间，不断将中国代表方面的主张及计划情况向日本密报，并积极将日本方面的意图灌输给中国代表，多次指责中国代表及大清朝廷办事不妥。

遗憾的是，张荫桓、邵友濂虽然已经察觉到科士达吃里扒外的丑恶行径，但并未说服朝廷对他实施防范。以致在李鸿章作为全权大臣赴日和谈时，所聘的法律顾问仍然是科士达。在和谈期间，这个科士达与日本人一个唱白脸，一个唱红脸。科士达暗中配合日本人牵制李鸿章，演起了双簧戏。事后，他对自己在中日和谈中所发挥的作用沾沾自喜，自言自语道："假如不是我从中斡旋，和谈就完了，日本政府绝对捞不到他们所期望得到的种种好处。"

和谈结束后，恭亲王奕䜣竟然一笔付给科士达十五万两白银的酬劳。他回国前，途经东京，又向日本人伸出了双手。伊藤博文在东京亲切会见了他，并给了他一笔好处费。

李鸿章事后叹道："家中不和，外人欺辱；若想人尊，必先自强自重！"

而此时，李鸿章呆在北京贤良寺里，仍在盘算着如何能躲开这个难以肩任的差事。北洋舰队覆灭的阴影，仍然萦绕在他的心头。失去了这支舰队的支撑，他就如同失去了精神的依靠，实在没有信心在未来挺起胸膛前行。

而事情却是不容商量地定了下来。还是在二月十二日，在光绪皇帝和满朝文武都无计可施时，慈禧太后在养心殿东暖阁召见军机大臣，专门研究与日本议和之事。

慈禧太后道："既然日本人已指明让李鸿章赴日和谈，那就派李鸿章去吧！要免于对李鸿章的革职留任处分，赏还他的黄马褂和三眼花翎，一切开复，令他立即来京请训，做好赴日准备。"

奕䜣一惊，道："太后圣明。只是这恐怕与皇上的意见不符。就在不久前，已有人提出让李鸿章主办这次和谈，但被皇上否决了。"

慈禧太后把脸一扬："我既然召见你们，作出安排了，就能当得了这个家。皇上那边由我来说，不用你们管！"

奕䜣听出了太后的不悦，不敢吭声了。

次日，一道圣旨急送天津。再次日，又是两道谕旨送来，李鸿章还是不愿进京。他电告恭亲王奕䜣："此时议和，简直就是乞降。想单单以口舌相争，老朽无法办到。"

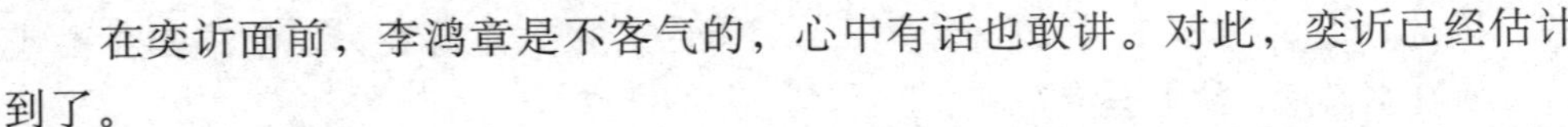

在奕䜣面前，李鸿章是不客气的，心中有话也敢讲。对此，奕䜣已经估计到了。

消息在直隶总督衙门里传开，众幕僚们也反对李鸿章出面与日本人议和。连他的总税务司赫德也鼓动李鸿章拒绝承担这个使命。他说：“中堂大人，您此去将会招天下人之怨。东渡签约，是一件既危险又屈辱的差事，是沉重而不得人心的任务。和约一旦签订，不仅国人会大骂您是卖国奸臣，满朝文武也会把罪责强加在您头上的。尽管他们知道这件事让谁去都一样！”

李鸿章道：“此中厉害，老朽我比你们看得还清楚。”

平壤战败，那个新科状元张謇还不明底细，就跳出来要弹劾他主和误国；旅顺失守后，御史安维峻等也上奏皇帝，说李鸿章的儿子李经方竟娶了一个日本女人，并在日本购置了房产，寄存了一笔钱财，早就想投靠日本，背叛朝廷了。皇上对此大为恼火，李鸿章极力申辩，说那是经方在日本任上期间，自由谈的女人。而日本女人跟日本的侵略军们并不是一码事。至于买了一处房子，并不豪华，是他夫妻俩生活居住的场所。存了点钱也是事实，既要生活，就必须花费，这是正常的。但光绪皇帝哪里肯听他的辩解？依然又一次摘去了他的三眼花翎，革职留用。当时他并不在乎，因为他手中仍掌握着大量军队，北洋舰队还在，洋务要靠他，外交也要靠他。他知道革去他的职务只是一种形式，丝毫不影响他大权在握，呼风唤雨。可是现在不同了，他的军队完了，根基也垮了，对洋务与外交的控制大权不少也已经旁落，朝廷不在乎他了。给他留一个位子，也仅仅是给他面子。这次如果再去日本乞降签约，成与不成都难以保住乌纱帽了，弄不好老命也要丢掉。丁汝昌当年率舰队访问日本，街头遭击，一贯仇视中国人的日本人见到中国人就要攻击，他李鸿章是记忆犹新的。他为此担心不已。况且，自道光皇帝开始，五十年来，有哪个与洋人打交道的大臣们有好下场的？又有哪一个不在死后仍然身败名裂？林则徐发配伊犁，耆英赐死当场，崇厚被定斩监候，曾纪泽郁郁而终，郭嵩涛投闲归里，死后慈禧还不准给他立传……自己岂不是在步这些人的后尘么？

七十三岁了，李鸿章深知自己已经不能经受折腾了。他只觉得心里发凉，沟壑纵横的前额上冷汗直冒。

没有退路了，退路已经被慈禧太后堵死了：“星速来京请训，切勿刻迟！”李鸿章觉得，如果自己再拒绝下去，慈禧太后便会把他撕成两半了。自己岁数大了，倒也不太紧要。而自己的儿孙们、亲戚们及那些仰仗自己谋了一官半职的朋友们就或许会受到连累。忍着一点吧！个人受些委屈，哪怕真的丢了老命，只要能保全家族、不要让别人受连累，也就得了。

“掉脑袋也只有去日本了。”他对儿子经方说。

李经方把父亲送到了北京，在贤良寺里陪伴着老父。

光绪皇帝在乾清宫召见了他，军机大臣全班人马同时陪见。光绪皇帝显得成熟多了，在打量了一会李鸿章后，问：

“李鸿章，你久办外交，又曾出访过好几个国家，对当前中日议和有何打算？”

李鸿章行了礼后，答道：“皇上圣明，臣以为日本来我国逞威撒野，为的主要是两条：一是要我割地，二是向我索银。如果不满足他们这两条，和谈么，那是谈不下去的。”

李鸿章向光绪皇帝讲出日本和谈的两个前提，是有根据的。美国驻华公使已向李鸿章透露：“日本希望赴日和谈的全权大臣，必须有割地权，否则就不必去日本了！”

光绪皇帝又问：“李鸿章，你既然已经估计到日本政府议和是为了割地，为了索银，那么，你认为他们想要什么地方？要我们赔多少银子？”

李鸿章答道：“眼下国外都在猜测，日本一是要台湾，二是要辽东半岛，这两个地方都能抢到手最好，如果两者只得其一，日本最想要的可能是台湾。而臣以为，日本人的胃口总不能大到这样的程度吧？狮子大张口是可能的，但依他们区区一个小国，能一口吃下我台湾么？强大的英国才占了一个香港，我想日本人总不会比英国人胃口更大吧？关于赔款的数目，请皇上恕罪，臣无法猜得准。但有一条可以肯定，他们要的不可能是一个小数目，可能很大，大到户部乃至各省地方都无法承受。日本眼下还很穷，有些老百姓生活过得还不如我国平民。他们此次是准备大捞一把，想通过掠夺我大清国的财富而富裕起来。臣是猜想，皇上明察。”

光绪皇帝始终没有打断李鸿章的分析。相反，正是李鸿章这段分析才使得皇上感觉到：李鸿章虽然老了，但脑子不乱，思路仍然清晰，分析问题有理有据，不禁点头道：“李鸿章，朕的想法与你一样，朕也以为小小的日本，总不能侵吞我大片疆土吧？不过，对此尚不可定论，要走一步看两步。朕还要问你，如果在割地和赔款两个方面，朕只准他日本人一条，依你看准他们哪一条好呢？”

“回皇上，那当然是宁肯多赔几个钱，也不能割地的。损失一点钱，我们苦一点也能过。而丢了疆土，我们就成了千古罪人了。”李鸿章说。

光绪皇帝又点点头，以从前对李鸿章少有的和善目光看着他，又道：“那么，宁肯多赔钱，日本人的索银总数会是多少呢？”

李鸿章思索着：当年《南京条约》的赔款额是两千一百万两；第二次鸦片战争的赔款总额是一千六百万两；光绪元年日本进攻台湾，军费总赔偿是五十万两。相比较之下，日本人的胃口大不过英国人和法国人。想到这里，他战战兢兢地回答道：“启奏皇上，我以为此次日本人索银，数字尽管很大，但也不会大于

当年英、法两国提出的数字吧？如果再多，户部也掏不起了。”

军机大臣孙毓汶、徐用仪一直心思沉重，听到这里，才表示了他们的看法。他俩认为：这次求和，如果清廷不准割地，恐怕是谈不下去的。

李鸿章也有这个估计。光绪却出其不意地提出一个新想法：“依朕的希望，此时若能集中水陆兵力，与日本人狠狠打一仗，使日军重挫一场，或许事情就好谈多了。”

李鸿章沮丧极了，答道：“启奏皇上，北洋舰队覆灭之后，臣不敢再对现在的水陆兵勇有所粉饰了。目前受重创的不是日军，而是我们自己的各路兵勇。如果再打，臣不敢妄言取胜。”

光绪皇帝默然了，摆摆手，让大家跪安而出。李鸿章扭头看一眼年轻的皇上，觉得他也怪可怜的，一个人端坐在宝座上紧锁着眉头。

李鸿章与各位军机大臣们一同来到军机处议事厅。军机大臣们见李鸿章仍紧锁眉头，便一个个小心翼翼地开始讨论起来。

翁同龢道：“赔款总是胜于割地。李中堂此行，要设法破了日本人要求割地的愿望。”

孙毓汶、徐用仪还是那个分析：不割地，恐怕日本人是不答应开议的。

大家在割地与不割地的问题上争论不休。对于不割地而势必将导致谈判破裂后的战争问题，却没有一个人敢站出来提及。他们都怕沾上了这个话题，甩都甩不掉了。

争论了好一会，奕䜣仍想请李鸿章谈谈对策。李鸿章道：“我在想，日本人如果坚持割地条款，势必就要引起俄、英、法等国不安了。这些列强们也一定不希望把中国的地盘变成日本人的。因此，我认为可以先探一探这些国家的意见，并争取他们来牵制日本，利用他们的力量，迫使日本收回割地之议。”

奕䜣和翁同龢当即表示同意。李鸿章不是等闲之辈。他深知，以屈辱的条件签署条约，肯定要招来劈头盖脸的辱骂。尤其是“帝党”成员，更须提防。翁同龢是其中的核心人物，李鸿章争取事事让他表态，把他的话记录在案，日后作为证据。一则证明自己并非软弱、卑怯，二则以此证实自己的主张都是经过研究并获得过“帝党”成员们支持的。

此时既然奕䜣和翁同龢都主张先探探列强们的意思，李鸿章便道：“事不宜迟，说去就去！”他第一站就直奔英国驻华公使馆。

但是，李鸿章对英国人彻底失望了。

英国驻华公使欧格纳表示：英国政府业已宣布中立，自然不便对中日议和之事有所干预，也不能说三道四。

李鸿章仍不死心，建议道：“我们把台湾抵押给英国，由英国代为管理如

何？”在李鸿章看来，把台湾暂存英国名下，日本就不敢动它了，总比彻底地、永久性地割让日本要好。

但是，欧格纳还是笑嘻嘻地拒绝了。英国为何对这桩送上门的好事都丝毫不动心呢？原来，英国政府在这之前对台湾做了一次考察，认为台湾没有什么战略价值，最多只值两千万英镑。台湾若被日本所占，对英国并无损失，他们犯不着为了台湾而得罪日本人。他们更怕把日本推进俄国的怀抱。

李鸿章又到了德国驻中国公使馆。德国人的态度更令李鸿章大吃一惊，他们说："在我国政府看来，中日之战如果再打下去，或是清廷迁都，或是干脆把台湾割让给日本，别无办法！"

迁都，就是放弃北京，迁至西安。这是下决心抗战，但能否保全领土，仍没有百分之百的把握。德国人的意思实际上只有一条：你们把台湾割让给日本吧！用领土换取平安。

李鸿章去征求俄国人的意见，请求牵制日本。俄国人对台湾更没有兴趣，既不愿意代管，也不愿过问中日和谈之事。

大清朝廷在冷静思考以后，觉得只有割让领土才能真正解决问题，于是，明确给李鸿章授予了割让领土的全权。

李鸿章在朝廷允准割让领土之后，仍不甘心，他想争取以不割让领土为前提展开和谈。在北京贤良寺里，他给驻国外的中国公使们分别发去急电，命令他们去做所在国的工作，一方面争取第三国站出来干预日本对中国的侵吞，一方面看看有没有哪个国家愿意出面来代管台湾。

几天后，中国驻外的公使都分别给李鸿章回电了。总的情况是：各国都反应冷淡，仍然不愿意插手此事。

西方及周边各国袖手旁观的态度伤透了一个中国老臣的心。坐在贤良寺的暖炕上，李鸿章真想大哭一场。多年来经办外交，李鸿章对这些国家的公使们是敬如上宾，诚心相待，可换取的是什么呢？在中国危难之时，一个个都坐视不管了，甚至还想乘机大捞一把。

该启程去日本了。他要挑选随员，便请已去上海的张荫桓给他推荐人选。

张荫桓复电举荐两个人：徐寿朋和李经方。

徐寿朋当然很合适，有胆有识又精通国际公法。李经方是李鸿章的儿子，曾为驻日公使，日语、英语都讲得地道，也是最佳人选之一。张荫桓在电报中还特意加了一句："去日本时，陆奥外相曾几次询问李经方。"

就这样定下来了。

临出发前，慈禧太后称病不出面了。她也知道这是一件要遭后人唾骂的事情，一脚踢给了光绪皇帝："国家大事由你做主，不用再事事都来找皇额娘商

量了！”

生性懦弱的光绪明知太后在推卸责任，但也有口难言。他只觉得两眼一阵发黑，半晌缓不过气来。在与李鸿章启程前的最后一次见面中，他讲不出一句话，只向李鸿章挥挥手，请他赶快上路。

然而，李鸿章却有话要讲：“启奏皇上，据日本方面透出来的风声说，日本此次议和，不仅仅是要台湾，而且还要我们割让辽东半岛哇！”

光绪惊得更说不出话来，只拿眼死死盯住李鸿章，像呆了一样。

李鸿章心酸了，他可怜起这位论年龄算是他孙辈的皇上。既是皇上无话可说了，他便打道回府，着手在天津进一步挑选媾和使团的其他人选。

一八九五年三月七日，李鸿章回到天津后，首先给离得较远的马建忠发了急电。十三年前，朝鲜发生壬午军变时，正是李鸿章派遣马建忠赶赴朝鲜，逮捕了大院君，并将他押到中国来的。对于中日战争，马建忠是最知底细的，而且曾在中法战争媾和过程中当过李鸿章的助手。当年马建忠留学法国，专攻法律，并在巴黎取得律师资格。他还为鸦片税收一事，同驻印度的英国总督办过交涉。在朝鲜期间，他也有过与外国使团斡旋的成功经历。

慈禧太后和光绪皇帝都讲话了：李经方是要去日本的。于私来讲，他可以照顾业已年迈的老父。于公来讲，李经方在日本政界的熟人、朋友很多，明白对日事务。他的品级也很高，要出任李鸿章的参议。这一职务，使他实际上成了副全权大使。由这一对父子出面议和，齐心协力，成功的希望要大得多。

罗丰禄是李鸿章做主挑选的。他长期在李鸿章身边充任幕僚之长，是直隶衙门里极有分量的人物。就才能和见识来看，他的特点是善于妥帖地处理细微的杂务，既得体，又热心，人缘很好。他出任参赞，比李经方低一个档次。

此外还有伍廷芳、于式枚等人，一律作为使团成员。

三月十四日清晨，李鸿章率领庞大的和谈使团登上了专门租来的德国商船“公义”号。

李鸿章一抵天津码头，眼睛就盯在了船头、船尾那醒目的“公义”二字，胸中如大海的波涛，翻滚不息。

离春暖花开的时节已经不远，但一场来自西伯利亚的寒流却席卷了整个华北大地。就在李鸿章登舟赴日的这个清晨，阴霾低垂，天津港口好像变得异常沉默和孤独了。没有鲜花，没有仪式，甚至没有送行的队伍。李鸿章率领他的赴日使团缓缓离港。一声汽笛长鸣，就如同老人沙哑的哀号声。只见李鸿章的两行浊泪从苍老的眼眶中流下来，在皱纹密布的脸颊上凝结成一条线。

这是委屈的泪，好像在他生命的长河中，必定要经受一场足以毁灭他一生荣誉的委屈。他个人受这场委屈也就罢了，而古老的大清国更是屈辱难当。站在船头，他面向西边在悲叹。这悲叹像一个阴影，与寒流融会在一起，俯伏在大清国的旷野之上，城市和乡村之上。

李鸿章含泪的双眼望向渐渐远离的土地。

人到弯腰时，不得不弯腰了。日本的马关红石山就在眼前，一百多人的和谈使团将在这里登陆，然后去红石山下的接引寺下榻。这是日本方面指定的地点。在两国之间保持联系的，是美国驻北京和东京的公使。

日本外相陆奥几天前还在东京。欧洲各国的动向极其微妙，为收集更多，更准确的消息，各国记者已云集东京。日本政府宣布与李鸿章会谈的地点定在马关后，记者们便一窝蜂地往马关而来。

陆奥从驻日美国公使那里接到李鸿章已经启程的通知后，立即从东京前往广岛。在大本营，陆奥和伊藤博文首相又一次从天皇手里接过了担任全权办理大臣的诏命。

陆奥乘三月十七日的夜车去马关，伊藤则从宇品港乘船于十九日午后到达马关。他们在马关等候中国使团的到来。

载着清政府和谈使团的挂着黄龙旗的德国商船，几乎与伊藤首相同时抵达马关。日本的“太湖号”领航进港，但仍在船上待了一天，到第二天下午才获准上岸。

“这是什么鬼天气！”李鸿章骂了一声，推开舷窗。直到中午，雾气还从海面上缓缓飘来，使整个港口乃至这座小城时隐时现。浓浓的雾气里，精巧的佛塔和古式的铁灰飞檐也影影绰绰，刺耳的钟声从不远处阵阵传来。

李鸿章的心情烦躁透顶，在船舱里踱来踱去，整个情绪就如同这鬼天气一样。

今天是与日本议和全权大臣正式会晤的日子。日本方面对和约的内容只字不露，他的所有判断都来自他的揣摩。外交谈判，既不能知彼，一时间就不知如何下手了。

“但能争回一分，即少一分之害！”临上岸之前，他召集了使团成员会议，这样告诉他的随员们。他想，如果能在日本提出的和约的规定下，据理力争，挽回哪怕是一点点损失，也算是不辱使命了。会谈地点就在马关的春帆楼。这座楼房依山傍水，环境清幽。在会谈之前，日本方面对春帆楼进行了全面的修整，从正厅到楼上的走道都铺上了嫣红色的地毯，装饰得十分豪华。

下午三点，李鸿章率李经方、罗丰禄、伍廷芳、马建忠及东文翻译卢永铭、罗庚龄，步入了会议大厅，在会议桌西向坐下。日方出席会谈的也是七人：伊藤首相、陆奥宗光及内阁书记官伊东已代治、外务书记官井上胜之助、外务大臣秘书中田敬义和翻译陆奥广吉、原陈政。他们在会议桌东向坐下。

双方没有任何客套的问候，一坐定就交换验看了对方的全权证书。李鸿章

让罗丰禄宣读拟请停战的英文备忘录。罗丰禄一字一顿地念道："于开议和约之始，拟请两国水陆各军即行一律停战，以为彼此商议和约地步……"

李鸿章想为大清国首先争得一份暂时的安宁。他在罗丰禄读完备忘录后，板着面孔向日方指出："立即停止战争，应该是中日双方会谈的前提。否则，我们双方仍在开战中，必将严重影响到会谈。这也是根据国际惯例，交战国双方必须首先同意停战，才能进入正常的和平谈判阶段。谅我方要求是合情合理的，也是国际公法之规定！"

伊藤暗暗吃惊：李鸿章果然厉害！一开始就给日方一个下马威，让日方措手不及。日方以胜利者姿态出现，尚未考虑到李鸿章一张口就提出这个要求。因此，伊藤笑道："此事容我方明日作答。中日双方今天是第一次会面。我本人与李中堂已经是十年未见了，不妨先闲谈几句。"李鸿章道："十年未见，贵国已经今非昔比。老夫我已早过古稀，仍东渡来此，也算得是对首相的一次拜访吧。所以，借此机会，我想请贵国首先休战。"

伊藤点上一支烟，慢慢吸了一口，皱了皱眉头，把上次与张荫桓、邵友廉会谈的旧话重提起来，道："李中堂，上次张、邵二人来我国没有完成使命，持节空自归去，我们甚感遗憾。但当时贵国全权证书既不完备，又似乎没有诚心修好的表示。由此我想到一个问题：李中堂此次亲自出马，该不会没有诚心修好的打算吧？"

李鸿章徐徐答道："我以为伊藤首相这是明知故问。我国政府从来都是恪守修好原则的。如无修好之心，大清皇帝便不会派我率使团东渡来此。我本人也是这样，如不是诚心想为大清国求得一份安宁，也不会来到日本。在我看来，中国与日本是亚洲的两个大国，相距很近，利害攸关。贵国近年来发展很快，已跻身于西洋强国之列，实在令人羡慕不已。然如伊藤及其他大臣所知，我国待革除之弊端很多，实行之中不如意的事情往往十居八九。我国当在一些方面向贵国学习，与贵国携手，共图进步。这样才能与欧洲争衡，防止白色人种的东侵。我想，贵国大概也应该有这个愿望。今虽一时交战，终不可不恢复和平。已经过去的一些战争，已对两国民众造成了极大伤害，民众需要和平安宁啊！"

李鸿章与张荫桓不同，他是四朝元老，又是内阁首相，在气势上、口才上都是有口皆碑的，连日本方面也不得不佩服。李鸿章讲到这里本准备暂停一下，让日方代表有说话的机会，但突然想到上次张、邵二人跑一趟日本却没有捞到说话机会，便干咳了一声，继续说道：

"这次中日之战，虽给两国民众都带来痛苦，但从国家军事方面来看，得到了两点可喜的验证。其一，证明欧洲人那种陆海军作战方式及攻击技巧，并非是白种之民所独擅，黄种人也可以运用，并以其独特的创造力获取成功；

其二，贵国之长足进步，使我国从长夜之迷梦中觉醒，得益匪浅，看到了自己与贵国的差距，由此将发愤努力，迎头赶上来。因此，中日之战，将会成为促进我国发愤图强的起点，国家步入强盛的起点。现在倘能谋取两国永久和平，以其唇齿相依关系携手共进，不仅可以为两国发展提供良好的条件，也会对整个亚洲的和平、稳定和发展做出应有贡献。放眼东亚，最大的国家是我大清帝国。我国只有完备海陆军队，开发无尽的宝藏，并与贵国相互合作，才有可能如同巨人一般地站起来，与欧洲列强分庭抗礼。只要我国与贵国联合起来，实现这个目标绝非难事。”

李鸿章侃侃而谈，伊藤不想听也得听下去。伊藤是谈判桌上的老手，对李鸿章一番宏论的含义焉能不知。他想把李鸿章的思路尽可能拉到自己设置的框架中来，在李鸿章收住话题之后，只淡淡地回答道：

“当年我去天津拜会中堂阁下时，已经就这些问题交换过意见。但那已经是十年前的事了。如今时过境迁，这些事岂能一成不变？”

伊藤是要叫李鸿章碰一个软钉子，以此告诉他：当时是当时，当时日本还很弱小，所以希望与中国和平合作。现在不同了，明显弱小下去的是你们中国，而日本已成了战胜国，不想再坚持当年的主张了。因此，今天你李鸿章重提十年前的旧话，早已过时了。

其实李鸿章对此又何尝不懂呢？当年伊藤赴天津，与李鸿章大谈和平，乞求合作，他就压根儿没有相信。他不相信日本这个民族，能与中国真心谋求睦邻友好。十年前不信，现在就更不相信了。但既然是奉了太后和皇上之命来日本求和息战，明知是一段毫无指望的空谈，但他也不得不这样谈开来。

陆奥始终一言不发，伊藤是第一代表，他也不便插话。只是在第一次会谈结束后，他才在私下场合对李鸿章的讲话发表了评论。他道：“李鸿章的谈论虽然是今日东方政界人士的老生常谈，但是他如此高谈阔论，目的无非是借此引起我国的同情，间用冷嘲热讽以掩盖其战败者的屈辱地位。尽管他狡猾而机敏，却也令人可爱，到底不愧为中国当代的一个杰出人物。”

第二天，日方请李鸿章一行人移住到接引寺公馆。他原来坚持在谈判期间一直住在船上，但日方一再相邀，也只好听从了伊藤的安排，不便执意坚持自己的主张了。

下午，第二次会谈在日方安排下正常进行。在李鸿章的要求下，伊藤把一份答复中方停战的复议交给了李鸿章。复议如下：

“大日本帝国全权办理大臣体察目前军务情形，并顾虑因停战所生局面，兹将停战要款胪列如下：日本军队应占守大沽、天津、山海关，并所有该处之城池堡垒，驻上开列各处之清国军队，须将一切军器、军需交与日本军队暂管；天津

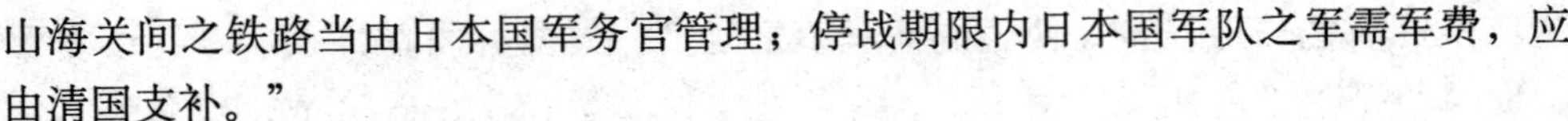

山海关间之铁路当由日本国军务官管理；停战期限内日本国军队之军需军费，应由清国支补。”

李鸿章面对日本提出的这个停战条件，惊呆了。一股愤怒的火焰在心中升腾。他想骂娘了，骂这个强盗也不如的日本。当他提出让日本停战的要求时，在心理上是做了充分准备的，估计日本方面会提出对已占领地点暂时不撤，给予军需补助等要求。他万万没有想到，日本人会提出如此苛刻的条件，彻头彻尾地蛮不讲理。

压了压怒火，他当着日方代表的面反复重复一句话：“太苛刻了，太不像话了！太苛刻了，太不像话了！”他请伊藤、陆奥等设身处地为中国方面及他李鸿章本人考虑一下。他生气地说：“贵方所指之天津、大沽、山海关三地，实为我京都之咽喉，直隶之锁钥，如果贵军占领这三处要地，中国则反主为客，岂不令人有身在异国领土之感受？而且，这三处都归直隶所辖，身为直隶总督，这样的停战条件，岂不让我丢尽了脸面？大清国自己的领土、自己的铁路和军事设施，为何要交给贵国军队代管呢？伊藤、陆奥大人，试问设身处地，你们将何以为情？”伊藤看着李鸿章气得通红的脸，回道：“两国相争，各为其主。国事与交情，互不相干！”伊藤心中估计：李鸿章要骂日本是强盗了。如果他敢骂，伊藤便会回他一句：“强盗就强盗吧！”但细察李鸿章的表情，气归气，到底还是压住了火气。伊藤接着说：“况且，李中堂东渡之时，两国并没有停战，我军正在大踏步推进。因而也请李中堂为我想一想：我们在没有停战之时，答应李中堂先议停战，这本身就是给了李中堂的面子，做了让步了。但停战是有条件的，我认为我们的条件并不苛刻。”

李鸿章道：“贵国要求我们真心求和，我以为贵国也应拿出一些真心议和的姿态。比如说你们已经提出的停战条件，这是以极苛刻的条件迫使我方放弃停战要求，是不是呢？”

李鸿章一言道破日本方面的“天机”。他们就是要让李鸿章彻底打消停战的念头，直接进入议和条款的谈判，争取速战速决。在中国战场上，日军已无力再战。所谓“大踏步推进”只是吓唬中国而已。所以，他们要趁日军在中国战场上气势未减之际，尽快完成条约的签订。所以，伊藤建议道：

“既然我们的停战条件李中堂不能接受。这也无防，我们就直接进入和约条款的谈判吧！”

李鸿章也知道停战一事只有暂时搁在一边了。于是道：“我可以同意先行开始和约条款谈判，但中国方面提出的停战要求，还请伊藤、陆奥二位大人尽快给予商议，算是我个人请求二位大人从中帮忙了。”

在李鸿章看来，久拖不决，对中国是不利的。北京已经来电：辽东的日军正在向营口、辽阳逼近。如若再拖下去，这两地可能会失陷。这样，就更会抬高日本方面提出的要价。那么，让日军不战而进占天津、大沽、山海关，就等于要中国让出北京。大清国由此将名存实亡。李鸿章处于了进退两难的境地。

其实，李鸿章并不了解另一个现实：把会谈拖下去，对日本方面是更加不利的。大清朝廷也不了解这个现实。中日战争已进行八个月了，日本军队虽然在辽东、山东半岛节节获胜，但对日本经济和物质上的损耗也是惊人的。这是其一。其二，说要向北京进逼，日本方面在吹牛。俄国正在盯着日军的行动呢！俄国人一直图谋把满洲划入自己的势力范围，日军在辽东无止境地推进，俄国人就不能坐视不管了。对于来自俄国的干预，日本人很清楚，因而提心吊胆。他们深知自己在冒险，俄国人已开始向远东调遣军队，大有与日军一触即发之势。除此以外，美国人也在不断提醒日本：在中国所进行的这场战争要适可而止，不可无限期地拖下去！来自世界列强的种种迹象表明，其他国家要干涉中日战争的危险已愈来愈大，英国、法国等也不希望日本人在中国抢夺的地盘太多。而一旦日本成了众矢之的，日本陆军派往中国的五个主力师团与国内的联系就将被彻底切断。那时，已进入中国的大批日军想回国也办不到了，很快会面临被全歼的危局。因此，伊藤与陆奥才定下了逼迫李鸿章直接进入议和条款谈判的策略。

可惜李鸿章被日本人的假象吓唬住了。来自朝廷的电报恰恰帮了日本人的忙，说日军气势空前，随时可能进攻北京。

李鸿章请求道："让我再考虑几天，四天以后给予明确答复。"

伊藤道："三天，只能是三天。越快越好。"

返回接引寺，李鸿章立即把日本提出的停战条件电告总理衙门，并告知：据日本报纸报道，日本又向大沽海面增派二十艘兵船，征清大都督小松亲王即将亲赴旅顺督师作战。

李鸿章上当了。日本对大沽既无兵船可派，小松亲王更没有去旅顺。这是日本报纸有意报道出来的假信息。他们是想借此恫吓讹诈李鸿章和中国政府。

李鸿章的电报让光绪皇帝大为震惊，当即吓得面色灰白。苛刻的停战条件和大沽危急的假象令光绪皇帝不知所措。他自言自语道："不能再拖了，不能再拖了！"但怎样结束这场战争？他只有去请皇额娘定夺了。

慈禧太后正在宁寿宫看戏，光绪直奔宁寿宫，却被李莲英挡在门外："老佛爷贵体未复，心神不佳，不能见驾，皇上请回去吧！"

慈禧太后深知此事棘手，只能躲在幕后。她仍坚持要把卖国求和的责任一脚踢给光绪和李鸿章。光绪怔怔地站在宁寿宫大门外，两眼一阵发黑。

无奈之下，光绪召见了庆亲王奕劻、军机大臣孙毓汶和徐用仪："你们几个立即分头去与外国公使们商量一下，求一个对策来！"

几个人分头去了。当天，外国公使们的意见报到了光绪皇帝这里。出奇的是，英、法、德、俄驻华公使们对日本提出的停战条件都不感兴趣，而一致认为应该先把日本方面的和约条款搞清楚。

于是，光绪皇帝要军机处赶快给李鸿章发电："停战条件万难应允，总以先得议和条款为要！"三月二十四日，中日双方开始了第三次会谈。李鸿章正式提出撤回停战之议，希望日方尽快出示和约条款，以便中方及早研究答复。

伊藤得意地笑了，他在谈判桌上更加明显地摆出了一副战胜者的姿势，气焰也比前两次会谈更加嚣张，开口就道："不知李中堂是否知晓，就在昨天，三月二十三日，我强大的日军猛烈进攻了你们的澎湖岛，守军或死或降，澎湖岛已被日军攻陷了。而且，目前正在向纵深推进！"李鸿章尴尬极了。坐在这里的谈判桌上，他是多么希望大清国的军队能打一两场胜仗呀！"无能的清军！"他在心里真想痛骂一场。战场上连连失利，让李鸿章在谈判桌上直不起腰来。满脸得意之情的伊藤见李鸿章收回了停战要求，便答应第二天向中方提供议和条款的全部内容。

然而，一波未平，一波又起。

伊藤以极其傲慢而又强硬的口气把话锋一转，突然把台湾问题搬了出来，道："我大日本决定向台湾进发。但现在尚未接到来自台湾方面的消息，不知现在的台湾是否已经在我日军猛烈的炮火轰击之下了！"

伊藤说得轻松，李鸿章却听得心惊肉跳。他想：这日本人的胃口果然不小，看来国外早有的一些传闻并非是空穴来风。

但李鸿章仍然表现得异常镇定，反问伊藤："几日前议及停战，贵大臣不肯轻许。看来你们是早有准备，就是为了进占我台湾岛吧？"

"绝非如此。我大日本军队是刚刚才作出决定的！"伊藤狡黠地回答。

李鸿章看出伊藤不讲真话了，眼珠一转，道："贵国军队要进攻我台湾岛，恐怕英国不会袖手旁观的。假如英国军队也要在台湾问题上插上一手，试问贵国政府将做如何打算？"

伊藤一惊，但很快恢复镇静，答道："英国政府早已恢复中立，我们以为他们不会插手台湾问题的。"

李鸿章笑了，道："不！依我看伊藤大人是过于乐观了。英国的利益中心在中国南疆，你们攻打旅顺、威海，英国人是可以袖手旁观的。而目前贵国要的是台湾，那正是英国人利害攸关的所在。你们打到他们的眼皮子底下了，他们能坐视不管么？"

伊藤摆手道："利害攸关者并不是英国，而仅仅是中国。"

李鸿章摇了摇头，道："非也！须知，英国人就在香港，台湾与香港很近哩！"

伊藤冷笑在心：李鸿章分明是想以英国干预来吓唬日本，也未免天真了一些。台湾固然离已被英国占领的香港很近，同样不是也离日本很近么？于是伊藤回道："台湾地近香港又有何妨？日本进攻的是敌对国的领土，我们会处理好与英国的关系！"

李鸿章明知这样的提醒对疯狂的日本来说，是不会产生明显效果的。但他仍然不甘心，于是索性把话儿挑明了说："据我所知，英国反对别的任何国家进占台湾！"

伊藤大笑起来，一种笑不出来的大笑。笑了一阵后，他说："他们要反对别国进占的岂只台湾？不论贵国版图内的什么地方，他们都是只希望自己割取，而反对别国进占的。但现在我国要去进占，有哪一个国家来出面干预了呢？"

伊藤话一出口，就知道大话吹过头了。其实日本最担心的就是别的国家实行武力和舆论干涉。李鸿章是极力想把第三国的干涉拉进谈判中来，以此牵制日本。他这样做，对日本人来说，是哪壶不开提哪壶。伊藤此时想尽力向李鸿章表达一个意思：日本是不害怕任何国家干涉的，他们也只是嘴上说说而已，真正让列强们出面用武力干涉，恐怕就没有人干了。仅就台湾来说，英国人的确是反对别国进占的。但日本去进占，情况就不同了。如果真的要英国与日本开战，英国马上会处于劣势。因为英国离台湾太远，而日本近在咫尺。故而日本估计，英国是不会轻易插手这场战争的。

李鸿章近乎绝望了，他为此作出的努力几乎无效。他该怎么办？无奈之下，他援引美国前总统格兰德"不可轻言战事"的话，指出日本对中国发动的侵略战争非仁人所为，是惨无人道的。他提到旅顺惨案，说日本人在中国滥杀无辜，奸淫烧杀，使千千万万个中国家庭家破人亡，有目共睹，举世震惊。

伊藤却把发动战争的罪责推与中国，但被李鸿章驳得无言以对。

第三次会谈就这样不欢而散了。

离开春帆楼，是三月二十四日下午四时十五分。李鸿章是乘轿离去的，要返回住地接引寺。

轿子是用蓝色丝布做成的，四面镶有一尺见方的玻璃。李鸿章坐在轿子中，可以看到外面，外面的人也自然可以看见里面坐着的人。

在日本的街头，坐这样的轿子是难受的。一路上到处是拥挤围观、指指点点的日本人。从这些人的脸上，李鸿章读出了日本人对中国的鄙视和仇恨。李鸿章实在弄不清楚：中国自古以来，从没有欺凌过这个民族，即便在以前强盛时，也没有动过这个民族一个手指头，为何这个民族似乎是天生地要与中国为敌呢？

望着街头两旁的日本人对他乘坐的轿子指指点点，李鸿章是既恼怒，又凄凉。他不禁自言自语道："悲哀衰落的大清国哟，我成了你被人耻笑的展览品了！"

李鸿章催促轿夫加快步伐，赶快离开这令人生厌的街头。轿夫们小跑起来，前面不远就是接引寺了。

突然，从街道左侧的人群中间闪出一个青年。他如同猛虎扑食一般，直冲蓝色大轿而来。他满脸凶相，手中还挥着一把手枪。轿夫们愣神了：居然有人敢冲撞中国政府头等全权大臣的专轿？

他不仅是冲撞，他还举起了手枪。坐在轿子里的李鸿章也看得清楚：这个青年是想刺杀自己的。

李鸿章本能地将身子向后靠去，想躲开这个日本青年的视线。但是稍晚了一点：枪声响了，一颗子弹打来，击中了李鸿章。李鸿章在剧烈的疼痛之中，分不清子弹击中了自己头部的什么位置，他只知道自己被击中了，一股鲜血喷了出来，溅在已经破碎的玻璃上。他仰倒在轿座上。

子弹是从轿外约两米远的地方穿过玻璃窗击中他的。李鸿章的左眼眼镜被击碎，弹丸击中他的左颊，深入到左眼下侧。李鸿章用手捂住左眼，满手都是自己的鲜血，身上的袍服有几处已被鲜血浸透。

“必死无疑了。”李鸿章心想。但他心神还算镇定，并没有昏迷。只是在轿子被抬回接引寺后，他才感到晕眩难支，昏了过去。

金边眼镜掉在轿座上，左边残留的镜片是鲜红的。所幸的正是这只镜片，减弱了子弹的势头，而且没有伤到眼球。

李鸿章遇刺时，李经方并不在现场。他是使团参议，而且在担任驻日公使时结识了陆奥，双方都是老熟人。因此，第三次会谈结束后，陆奥把李经方留了下来，商讨第四次会谈的具体事项。李经方呢，也正想借此机会，向陆奥探听一下日方的打算。所以，李鸿章坐蓝色大轿回接引寺时，李经方仍留在春帆楼。罗丰禄、伍廷芳、马建忠等人是乘坐人力车跟在大轿后面的，对已经发生的这场刺杀看得清清楚楚。

暗杀李鸿章的凶手名叫小山本太郎，其父在群马县当过县议会议员。本太郎进过庆应义塾，但不久就退学了。他拜评书艺人伊藤痴游为师，学了一段时间后，他又因无心钻研技艺，回到家中。这时，他加入了一个叫神刀馆的右翼团体。当时还没有右翼一词，所以一般人都把这个团体称作壮士团体。

这个群马县的二十六岁的青年本太郎事先了解到中国的头等全权大臣将要乘轿从春帆楼出来，沿阿弥陀寺町向西，转过外滨町的拐角，进入他下榻的接引寺。于是，他提前躲在外滨町的拐角处。这里有日本的宪兵队，过桥的对面又有日本的警察派出所。从常识来看，是最不易出事的地方。

然而，正是在这个警戒森严的地段，小山本太郎还是抓住了行刺的机会，出手了。

李鸿章被小山本太郎疯狂的子弹击中时，儿子李经方正在春帆楼用日语同陆奥交谈。李经方的日语讲得十分流利。在这一点上，唯有曾国藩的长子曾纪泽可以与之一比高低。

春帆楼的走廊上突然骚动起来，有许多人在奔跑，大声喊叫。虽然下午的会谈结束了，但在如此重要的场所，大声走动都是不允许的。安排在春帆楼的人，都是经过专门挑选并且训练有素的卫兵、警察和外务省官员，他们是不会随意大声喧哗的。

“出了什么事？”李经方或许得到了一种感应，他抬头问陆奥。

陆奥也感到奇怪，一脸不理解的表情。

一阵急促的脚步声过来了，门是被人猛地推开的。这里居然会有人来不及敲门就闯了进来，有什么样的事情发生了？陆奥刚要厉声叱责，但抬头一看见来人，他愣住了。从来人的脸部表情上，陆奥已经意识到一定有极不寻常的事情发生了。

破门而入的是陆奥的部下，外务省的官员。只见他脸色苍白，好像是跑了很远的路才赶到这里的。他进屋以后，上气不接下气，僵立在那儿，许久不说话，只是呆呆地看着陆奥，又瞅瞅李经方。

陆奥问：“发生了什么事？”

“李鸿章中堂大人在十五分钟前，被暴徒用手枪击伤！”

“什么？！”陆奥和李经方几乎同时惊叫起来。

陆奥愣了好长时间，然后才反应过来，连忙询问李鸿章的伤势如何。

“是左颊中弹，现在正在抢救，我方医生已经赶赴接引寺了。”

“凶手呢？”陆奥问。

“当场被捕，是群马县的小山本太郎。”

陆奥把脸转向李经方，道：“请阁下速回行馆，看护令尊大人。我这就去见总理大臣伊藤。发生这样不幸的事件，我表示万分歉意。不过，请中方代表放心，我们一定会严惩凶手的！而且，将以最快的速度让你们满意。”

李经方的嘴角在抖动，泪水已经滚落下来。他顾不上再听陆奥安慰什么，不打招呼就独自奔出春帆楼。

不一会，伊藤博文首相和陆奥宗光外相及内阁书记官长伊代治也赶到了接引寺。

李鸿章已经苏醒过来，子弹也已经取出，终于脱离了生命危险。

他双目都被包缠住了，听到伊藤和陆奥在他的床边向他表示道歉，致以问候，李鸿章说的第一句话是：“在日本，发生这样的事件，我在思想上多少是有准备的！”

李鸿章清醒地记得：四年前，在日本的大津，有个叫津田三藏的暴徒袭击了俄国的皇太子。有人说，对外国政界要人搞行刺是日本民族的风气。

伊藤和陆奥低下了头。他们承认，在今天的日本，国内的主战派气焰十分嚣张。特别是在日军内部，主战的呼声一浪高过一浪，他们要求政府，不占领北京不可与大清国言和。小山本太郎正是在这样歇斯底里的战争气氛的影响下，决定行刺中国谈判代表的。他被当场捉住后就宣称："日军放弃占领北京，意味着日本民族的耻辱，目前同中国只有打仗，绝对不可言和！"

李鸿章在日本遇刺的事件发生以后，世界舆论哗然。这一恶性事件很快使日本政府陷入了被动。一个个谴责日本和同情中国的呼声响起来了。

一个国家，在一个交战国的议和代表来进行谈判的时候，其国人对议和代表进行刺杀，这是国际上公认的极端野蛮和极端丑恶的行径，不可饶恕。日本国内由此立即呈现出一派狼狈紧张的局面。两年后，陆奥在他的回忆录中谈到此事，依然心有余悸。他写道：

"我观察内外人心所向，认为如不采取善后措施，即有发生不测之危机。内外形势，已至不许继续交战的时机。若李鸿章以负伤作借口，中途归国，对日本国民的行为痛加非难，巧诱欧美各国，要求他们再度居中周旋，至少不难博得欧洲二、三强国的同情。而在此时，如一度引出欧洲列强的干涉，我国对中国的要求亦将陷于不得不大为让步的地步。当然，如果从纯理论上讲，可能有人认为这件事件完全是一个暴徒的犯罪行为，与我国政府或国民根本没有丝毫关系，只要对该罪犯科以应有的刑罚，就毫无其他责任。然而现在正在交战中的两国，特别是在战胜者的我国国内，对待敌国使臣，自应给予相当的保护和礼遇，此为国际公法的通例；而此种事变如果一旦激起社会之感情，当然不是以上一片理论所能清除的。而况位高望重之李鸿章大人，以古稀高龄初次出使异国便遭此凶变，显然容易引起世界的同情。故若某一强国想乘机进行干预，完全可以李鸿章大人负伤为最好的借口……"

陆奥站在李鸿章的床前，最担心此事会引发第三国出面干预。他当天连夜与伊藤商量对策。陆奥提出：现在对日本来讲，仅靠给予中国使臣的优渥待遇和外交的情谊，恐怕是无法让中国方面感到满意的，也无法向国际社会表示日本的歉意。因而，必须采取最具有现实意义的措施，以挽回日本的被动。

陆奥还说："现在最主要的是避免李鸿章中堂提出回国的要求。如果他要回国，我国没有理由挽留，谈判便由此中断。一旦中断谈判，日军则又不宜坚持久战，必然招致强国的干涉。所以，应该立即无条件地宣布暂时停战。"

伊藤也正在思考这个问题。他当即表示同意。于是，伊藤立即致电广岛大本营的文武重臣，向他们征求意见。战时大本营的西乡从道、川上操六和桦山

资纪一致反对停战，唯有军界元老山县有朋意外地表示支持停战，或许是因为他刚从中国战场上回国不久，对日军在中国战场上所能承受的战争期限心中有数的缘故。

三月二十五日夜，伊藤专程赶往广岛，向睦仁天皇禀报李鸿章遇刺及应采取的对策。睦仁天皇派出特使前往马关接引寺，看望李鸿章。伊藤则在广岛四处游说，说动了日本军界的首脑们。日本在权衡利弊得失之后，终于批准了伊藤、陆奥的停战协议。

这是古稀高龄、位高望重的李鸿章险些用一条性命换来的让步。

由天皇侍从武官带领的军医总监和宫内御医们也到接引寺来了，天皇的皇后亲手为李鸿章制作了一条绷带，护士们当场换下了李鸿章裹满了大半张脸的绷带，让他没有受伤的右眼露在外面。

他可以看到围坐在他病床上的日本官员和御医们。李鸿章淡淡地重复着已经表达过的意思：

“我这次奉大清皇上之命到日本来。临行时，我的中外朋友们都警告我：不要到日本去，这个民族与世界上的其他民族是不一样的！来日本可能会遇到谋杀。但是，美国、英国、法国的公使则对我说：你肩负重任，只管放心去吧！我们保证你去日本以后，不会遇到任何危险。你们看，我的中外朋友们的担心应验了，而那些公使们却把牛皮吹破了！”

李鸿章说痛快了，日本各方面人士却羞红了脸。日本人现在的目标只有一个，那就是想方设法把李鸿章稳住，不让和谈中断，以最大努力平息国际舆论的谴责。

军医总监石黑和佐藤、陆军二等军医正古宇田、内务技师中滨博士等，共同组成了一个强大的医疗班子，一天二十四小时守卫在李鸿章的病床前。

日本警方怕再出纰漏，几乎到了神经过敏的程度，警戒声势相当浩大，里三层外三层地把接引寺布上了岗哨。

山口县知事原保太郎与县警部长后藤松吉郎立即递上请罪书，但仍不能抵消罪过，很快被撤职了。

伊藤首相和陆奥外相当面向李鸿章承诺：日本决定在和谈之前无条件休战。但由于日军正在进攻台湾，仅台湾不在休战之列。

同一日，日本山口地方法院以预谋杀人未遂罪判处凶手小山本太郎无期徒刑。

李鸿章感到了一丝欣慰。他转过脸来，对伊藤、天皇特使、陆奥等前来探伤表示感谢。但是，接下来他说的几句话却把日本方面的官员们吓得半死：“我的随员们在劝告我，让我搬回到船上去住。他们说日本的土地是不安全的，难免还会有新的暴力事件发生。另外，原定的谈判我无法出席了……”

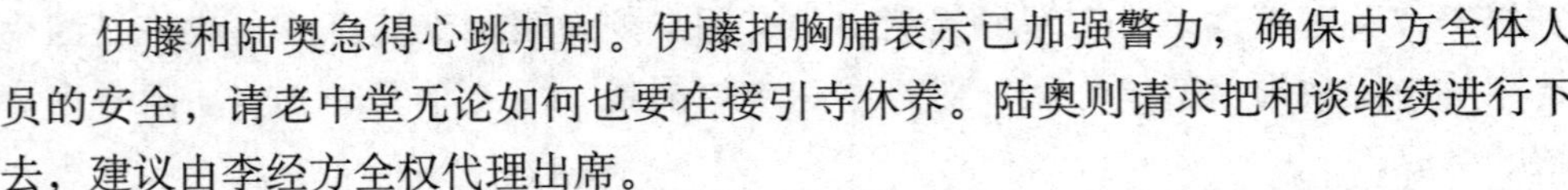

伊藤和陆奥急得心跳加剧。伊藤拍胸脯表示已加强警力，确保中方全体人员的安全，请老中堂无论如何也要在接引寺休养。陆奥则请求把和谈继续进行下去，建议由李经方全权代理出席。

李鸿章沉思了好一会儿，应允了。伊藤、陆奥等心里这才一块石头落了地。但来自欧美等国的谴责舆论通过日本驻外使馆不断地传到日本国内来了。

国际舆论普遍视日本为“恶人”。他们说日本“胜于武器之战，败于道德之战”。也有的国家表示，日本“戴着文明的假面具，时时暴露出野蛮本性”。

一张王牌握在李鸿章手中了。他想：自己是可以带着来自各国的同情，从日本撤回本国的。中方是因为日本的野蛮行径中断谈判的，铁证如山，日本难以自圆其说。无论是哪个国家站出来评论，谈判破裂的责任也应该在日本。

但是，李鸿章却没有勇气亮出这张王牌。日军蓄意制造的种种扩大战争的假象把李鸿章蒙骗住了，也把大清朝廷和一大堆文武百官蒙骗住了。最主要的是把那个慈禧太后吓唬住了。中国方面获悉：日本的小松亲王刚刚亲自挂帅出征中国，他把日本近卫师团和北海道屯田兵全部动员起来，大举向中国出兵了。

但李鸿章和大清朝廷的当家人们有所不知的是：小松亲王如此不遗余力地向中国派兵，却使日本的本土上几乎没有军队了。日本自身的防务已空虚到了极点，这个情报早有驻日本的各国公使馆报给了各自的国家。这时如果有哪个国家站出来向日本大喝一声，日军就得赶快从中国撤退。

还有一个重要情报也让中国方面蒙在鼓里：俄国为了防止日本人无休止地侵占辽东半岛，已向中俄边界调集了三万兵力，这支部队是针对日军的。日本方面为此心惊肉跳，中国的大清朝廷和李鸿章却全然不知。

李鸿章现在想的是赶快进入实质性谈判，掌握日本拟定的和约的具体内容，尽早完成朝廷交给的这个差事，快快回国，离开这个令人毛骨悚然的国家。朝廷军机处也连连来电，催促李鸿章尽快了结此事，结束中日战争。

于是，李鸿章在刚刚脱离危险后，就不想再躺下去了。他要带着伤痛重新恢复谈判。在他看来，这样才是为自己的国家贡献最后一份力量。李鸿章对国家、对大清朝廷的忠诚对日本人来说是求之不得的。

这天晚上，李鸿章的面颊经几次换药之后感觉稍稍好了一点，没有前几天那种火烧火燎的剧痛了，只是钝痛在折磨着他，头脑感到有些阵痛。李经方让厨师为父亲煮了两碗燕窝稀饭，由仆人一口一口地喂他。他却挥挥手，让身边的人都退下去。他不愿让别人看着自己头裹纱布的狼狈样子，他更担心随员们受他这副狼狈样子影响，振作不起精神。所以，他有时尽管很痛苦，也坚持忍着，装作若无其事的样子。

李鸿章知道饥饿了。躺在病床上几天没有吃上正经饭，肚子觉得空空的。

仆人用汤勺把稀饭送到他的嘴边，他吃力地张开嘴，把冒着热气的稀饭咽到肚子里去。两碗燕窝稀饭不一会吃完了，李经方很高兴，李鸿章自己也觉得身上有气力了，精神好了许多。他提出要下床，医生不允许，但他坚持要到椅子上坐一会儿。

坐在宽大的沙发椅上，他伸出两只手想活动一下筋骨。但是仍不可以大幅度活动，那会挣得伤口痛。于是他老老实实地靠在沙发椅上闭目养神。他想着几天来发生的一切，打算给朝廷写一篇奏折。但受过这场意外的惊吓以后，他的脑子无论如何也集中不起来，思想跑得很远，一会儿东一会儿西，有点乱糟糟的。

他能给朝廷写些什么呢？对于紫禁城乃至北京的整个官场，他摸得太透了。光绪皇帝年轻气盛，空有一腔热血。本性的柔弱，使他注定支撑不起这么大的江山。有时看起来，年轻的光绪还是很有个性的，但是一见到慈禧太后，他就像老鼠见了猫一样。十几岁时，听到打雷声都害怕，只想往人怀里钻。

李鸿章想起一个宫廷秘闻：光绪皇帝结婚时，慈禧太后派人听闹。听到了半夜，只听得洞房花烛中的皇后长叹一声："唉！这是怎么啦？这都是你们祖宗作的孽，这是你们爱新觉罗氏的家病。"阳刚不起，老之将至。曾国藩在早年曾悄悄对李鸿章讲过一句话："牝鸡司晨，国之不祥。"果然，从咸丰皇帝到同治皇帝，再到现在的光绪皇帝，不仅自己不祥，还给整个大清国都带来了不祥。

对于一个没有指望的朝廷，李鸿章还能讲些什么呢？自己为大清朝廷已经贡献出毕生的精力，可因为国家的衰落腐败，使他个人遭受了无数的屈辱和残害。想到这，怨气顿时从他心头升腾起来。

三月三十日，李经方代表父亲与日本方面签订为期三周的停战协定六款。

四月一日，中日双方代表重开谈判。这是议和以来的第四次会谈。李鸿章因伤痛没有出席。陆奥把日本提出的媾和条约方案亲手递给了李经方，并要求中方在四日内给予答复。

条约方案主要包括：清政府承认朝鲜之独立自主；清政府向日本割让奉天南部、台湾、澎湖列岛；清政府赔偿日本军费三亿两白银；中国向日本增开顺天府、沙市、湘潭、重庆、梧州、苏州、杭州七处通商口岸；日本商民运进中国各口岸的货物要减税并免除厘金，日本可在中国开设工厂，进行开采，从事各种制造业，并输入机器等权力。

李经方目瞪口呆了。这份条约正是与自己私交甚好的陆奥主持起草的，它也正是连日来中方代表们苦苦渴求得到的东西，而陆奥等人却一直守口如瓶，秘而不宣。如今亮相了，但李经方只扫了一眼，仿佛觉得它上面写满的其实就是一句

话："战争就是掠夺！"李经方不敢耽搁，立即将这个条约草案送回接引寺，给父亲过目。

因为左眼受伤的缘故，李鸿章十分吃力地看完了并不太长但字字揪心的条约，半晌无言。李经方突然发现，老父的一双青筋突暴的手已经抖个不停，全身也好像痉挛起来了。

良久，李经方才听到父亲在喃喃低语："我办理大清国外交二十年了，还从来没有见过如此苛刻的条约。日本人是强盗呀！"

他对李经方道："赶快电告总理衙门，并让朝廷将日本的这个苛刻至极的条约内容迅速密告英、法、俄三国公使，请他们尽快作出反应。"

李鸿章口述着给总理衙门的电文："日本所索兵费过奢，无论如何中国万不能从……且奉天等为满洲腹地，中国亦万不能让……"李鸿章提出了自己这些主张。自己虽为全权大臣，但此类重大条款内容，必须由总理衙门奏明皇上、太后才能定夺。

发走了电文，李鸿章又主持起草了一个"说帖"递给日本方面，希望就条约内容同日本方面交涉。

仍然是李鸿章口述，道："……以赔费太多，让地太广，通商新章与两国订约不符，要求日本方面重新考虑……"

这个"说帖"写了数千言，对日方提出的苛刻内容一一加以驳斥。"说帖"由李经方直送伊藤和陆奥。但日方蛮横无理，当日就给李鸿章发来照会，胁迫中国面对媾和条约作出全面明确的答复。否则，立即进攻北京。

四天的最后期限已经过去了，大清朝廷议论多日没有一个结果。日本人逼着李鸿章，李鸿章在等着朝廷的指令。

北京的大清朝廷内部，此时正在对日本的媾和条约争论不休。文武大臣看法不一。光绪皇帝之意："总在速成。"奕䜣、孙毓汶等人断言"战"字不能再提，主张割让台湾，保全奉天。翁同龢则力陈台湾不可割弃，"恐从此失天下人心"……几种意见无法统一，光绪皇帝便难以做出抉择。

直到四月七日，朝廷才经慈禧太后恩准电告李鸿章："南北两地，朝廷视为并重，非至万不得已，极尽驳论而不能得，何忍轻言割弃。先将让地以一处为断，赔费应以一万万为断……"

李鸿章接电后，又口述"说帖"，与日方交涉。李鸿章还提出了中国方面的和约修正案，一起送到了春帆楼。

"笔意精到，仔细周详，将自己想说的话尽情说出来了，不失为一篇好文章啊！李中堂果然才高艺精，佩服！"陆奥一边看着李鸿章的"说帖"，一边赞不绝口。

“但是，李中堂错了！我们不会被一篇好文章打动的。你看中国的李中堂，除承认朝鲜自主外，让地、兵费、通商权利这三项实质性内容，都被他否定了！”陆奥对伊藤首相说。

伊藤讲得更为干脆：“要让李鸿章和他的大清国明白自己所处的地位！”

陆奥表示同意，恶狠狠地击掌说道：“与其在空洞的理论上与李鸿章纠缠不休，还不如在事实面前使他自己就范！”

但是，日本人也只是自我打气而已，他们可以采取的军事行动很有限。商量来，商量去，他们决定先从使团的第二号人物李经方身上动脑筋。

四月八日，伊藤派人到接引寺邀请李经方到他的梅坊行馆面谈。坐在豪华无比的客厅里，伊藤满脸堆笑，对李经方说：

“我们的媾和条件早在一个星期前就已提出，中国使臣至今还在同我们绕圈子，对实质性问题为什么一概加以婉拒呢？”

接着，伊藤很快收起了笑脸，气势汹汹地威胁起来：“此次停战，是我极力坚持的，完全是看在李中堂遭遇到不幸的面子上。军部大臣们也是由我出面，一个个做工作，他们才勉强同意的。现在离休战期限还有十一天，如果因为贵方浪费时日，以致再动干戈，恐怕这不是我们双方所愿意看到的吧？”

李经方哭丧着脸，答道：“请首相大人体谅一下。现在我父子二人的处境都极为艰难，朝廷从来没有见过这么一份苛刻的条约，我父亲也认为赔款和割地两项关系过于重大。他希望，在双方作出正式书面答复之前，再坐到一起磋商一下。”

“李中堂大人的心思我们是清楚的。他是想逼我们一步步退让，最后只允许割让辽东、台湾两处中的一个地方。但我方是万万不会同意的！”伊藤不容李经方插话解释，突然伸出一只手，猛地向下一劈，道：“南北两地缺一不可，都必须割让给我们！”

看着伊藤这个蛮不讲理的样子，李经方觉得：如果再辩解下去，他会下令抓人了。日本人什么事干不出来？老父的伤口还没有好呢！他吓呆了。

伊藤知道自己有些失态，稍稍缓和了一下口气，接着说：“此次战争，我国所用兵费甚多，为出兵中国花了那么多钱，叫你们赔偿三万万两白银，那算是客气的了。即使有可能减少一点，那也绝不会太多。这是我国文武大臣经过反复商量所确定的数目。看在李中堂德高望重、亲赴日本谈判的分上，我才把实情告诉你们。所以，请你们不要抱太大的希望。”

李经方战战兢兢，呆呆地望着伊藤。他在心里想：你们日本出兵中国，又不是我大清朝廷请你们去的。是你们擅自闯入，杀我同胞，占我城乡，凭什么要我们承担你们的军费？！然而这话他咽到肚子中去了，说出来的话却是：“首相大

人，三亿两白银对我大清朝廷是一个天文数字哩！朝廷的户部，十年也没有这个收入哩！你让我们拿什么赔你呀？”

“这些我们不管！”伊藤又一次凶相毕露了，几乎是吼叫起来：“哪怕你们中国卖人、卖地，也要把钱赔给我们。我希望中国的全权大臣能够认真考虑现在两国之间的形势，这就是：日本是战胜国，中国是战败国！中国有句俗话，叫做‘胜者为王，败者为寇’，这个含义你们应该比我们懂得！”

说着，伊藤站起身来，急步走到窗前，伸手推开了面朝海港的那扇窗户。他把李经方喊到窗前，往海港一指，道：“你看！我们的军舰正在整装待发！”

李经方看见了，海港里仅停泊着三艘吨位不大的战舰，伊藤拿他当小孩来吓唬了。伊藤继续威胁道：“如果这次谈判不幸因你们拒绝我们的条件而破裂，只需我在这间客厅里一声令下，就会有六七十艘兵船驶往你父亲管辖的直隶，从天津登陆，人山人海、漫无边际的日军将向北京冲锋，一举捣毁你们的紫禁城。到那一天，我就会成为你们北京的主人之一！还有一条，既然谈判破裂，中国的使团全体人员就回不了中国了。在日本的安危我无法保证。即使李中堂乘船强行离开日本，我想，他出不了日本的海域，就会葬身大海了！”

伊藤赤裸裸的恫吓，其表情和语调完全不像一个首相，而是一个活生生的老痞子。李经方本来红润的脸盘顿时变得惨白。他在心中暗暗为老父、也为自己叫苦。

“上茶！”直到这时，伊藤才好像恢复了人性，想到应该为自己请上门的客人泡一杯热茶了，于是吩咐了仆人。

李经方哪还有心思在这个鬼地方喝茶？他谢绝了上茶，哆哆嗦嗦地告诉伊藤：自己的父亲已经年过古稀，本来是极不情愿当这个全权大臣的，老人家又正值养伤期间，不要对他进行过分的威胁。他答应伊藤，回到接引寺后，尽快与老父商量一下，争取马上给日本方面一个答复。

临走时，李经方又道：“希望首相大人不要以过激语言激怒我的父亲，他的脾气十分不好。激怒了他，很可能会导致谈判破裂。”

李经方缺少了骨气，在敌人的恫吓面前的表现，比他的父亲李鸿章相差太远了。

所以，在送走了李经方后，伊藤得意洋洋地骂了一句：“胆小如鼠的草包！”他想：我的目的达到了，就让一个胆小的草包去对付他那老奸巨猾的父亲吧！

李经方回到接引寺，绘声绘色地把伊藤的恫吓当作日本方面的“内部消息”报告了李鸿章。李鸿章此时正在为朝廷含糊不清、空洞无物的指令而生气。听了李经方的报告，两股怒火集中到一块儿了。他猛地高举起薄如羽翼的景德镇上等瓷茶碗，重重地摔在地板上，大骂道："贼娘养的！国将不国了，山河已经破碎，朝廷上下还在互相推诿！贪得无厌的日本人，卑鄙下流，想要我老朽一条命，拿去好了！"

四月十日，双方又举行了一次会谈。

李鸿章亲自出马了。他头缠绷带走进了春帆楼。双方代表坐定后，伊藤首先开了腔。他先向李鸿章带着伤痛参加会议表示敬佩，然后切入正题，道："根据李中堂大人送达我方的和约修正案，大日本帝国政府进行了认真的研究，也提出了一个和约改定条款。根据这个条款，中国应将下属领土永远割让给日本：一、盛京省南部地方，从鸭绿江起，溯江抵安平河口，以此划线直抵凤凰城、海城及营口，并包括这三座城市；二、辽东湾东岸及黄海北岸在奉天省所属的各个岛屿；三、澎湖列岛、台湾全岛及所属各岛屿。此外，赔款总额减为两万万两。其他原条款不变。"

伊藤刚一念完和约内容，马上把日方的条款修改稿推到李鸿章面前，笑着说："李中堂大人不必多加申辩了。我们一条一条商议，你只要答'允'或'不允'即可！"

李鸿章闻之一怔，明显带了火气，道："怎么？为何不许申辩？那样的话，还叫什么谈判？又怎么能言'商议'呢？！"

伊藤道："中堂大人如果真的想商议，要申辩，那你就只管开口好了，但我要告诉中堂的是，无论你怎么申辩，我方主意已定，不会再做让步了！"

李鸿章摇了摇头，仍坚持道："你们出兵中国，中国因此劫难无尽。现在要我们拿出两亿两白银，恐怕难以办到！"

伊藤微微一笑，道："日本政府也知道你们暂时拿不出这些钱。但事在人为，你们可以借洋债嘛。李中堂送给我们的修正案上说，若赔款一万万两，借洋债需二十年才能还清。既是如此，那就延至四十年还清好了。这样下了决心，就可以筹到两万万两了。据我所知，时间越长，洋债的利息还越低呢！"

"心狠手毒的日本人！"李鸿章暗自骂了一句，然后提高声音，说："自中日开战以来，中国军队之所以难以再展当年雄风，原因之一就是国库早已空虚。如今说一万万两，是必须借洋债的。中国要因此背上二十年的沉重包袱，你们还觉得时间短么？"

伊藤又笑了一下，但脸上略显尴尬之色，道："中国之地，十倍于日本；中国之民，四亿多人。这便是财源，一个无穷的财源。试想，这次要贵国赔偿两亿两白银，按人口计，每人不过半两白银，此难何在？而且，中国不是提倡'国家兴亡，匹夫有责'么？现在国家有难了，所有民众都应作出一点牺牲才是。"

李鸿章笑道："伊藤首相为我们民众所算的这笔账，大概也包括中国的妇孺

儿童、老弱病残在内吧？甭说人均半两白银，许多家庭连一个铜板也拿不出来！即便有少数勉强可过者能拿出半两银子，但他们自己不活啦？孩子不养啦？老人不要啦？”

李鸿章说得很动感情，从他仅露在外面的一只眼中，已经看见有一颗晶亮的泪珠要滚落下来。伊藤一时无言以对。李鸿章接着说：“日本现在又要割地，又要赔款，还要占我大量通商口岸，这是逼人太甚，欺人太甚。”李鸿章再也压不住火气了，他用一只拳头重重地砸在谈判桌上，道：“就拿营口为例吧，中国在那里设关收税，它是中国饷源的重要之地。满洲大地，货物大都由此出口。你们又要中国赔款，又要夺关以得地税，还要在我国各重要通商地减免税收和厘金。如此一来，中国岂不是更加贫瘠？你们是诚心要搞垮中国啊！”说到这里，李鸿章又砸了一拳，以此发泄火气。

这次针锋相对的会谈持续了两个多小时。最后伊藤摆出了吓唬人的架势，告诉李鸿章：日本对这个条约是不会更改了。广岛已集结了六十艘兵船，兵马齐备。之所以还没有开赴中国，仅是双方已签订了暂时停战协议而已……

伊藤这一着立即奏效，李鸿章由此开始让步了，声音也开始显得有气无力了：

“赔款还请减去五千万两，台湾仍然不能割让。”

“如果中堂大人坚持不允割让台湾，我们就只好派兵攻取台湾了！”伊藤这句话不是恫吓，而是事实。日军已攻占了澎湖岛，正在向台湾推进。

李鸿章道：“中日两国比邻，不必如此大动干戈。两国总归是要和好的。”

伊藤也缓和了一下口气，说：“赔款割地，犹如欠债，债还清了，两国自然就会和好。”

说完，伊藤突然站起身来，看样子是要结束这场太累、太长的谈判了。

李鸿章看到伊藤起身，也立即站了起来，又向伊藤追了一句：“无论如何还请日本方面把赔款的数额再减一点。”

“无法再减了！”伊藤微笑着摇摇头。

日本给中国方面三天的考虑时间。

李鸿章心想：还考虑什么？既然寸步不让了，中国还有什么能力去考虑推翻这个令人难以接受的条约呢？

次日，伊藤派人送来一封他写给李鸿章的亲笔信，声明昨天日方递交的改正和约条款是最终决定的条款，中国的选择只有“允”“否”二字，不必再做商议了。

李鸿章立即下令将伊藤的改正和约条款及其声明原文照抄，电送北京的总理衙门和朝廷军机处。他请求朝廷：“我已力竭计穷，恳请速旨定夺。”同时，李鸿章告知北京：据伊藤称，广岛已派出运兵船三十艘驶往大连湾。如果中方再商改条款，日本即照停战协定中和议决裂办法行动。

在李鸿章的催促下，朝廷于四月十四给李鸿章复电了："奉旨：原冀争得一分有一分之益，如竟无可商改，即照前约与之定约。钦此。"

谕旨既下，签订和约也只是一种形式、一个手续了。

四月十五日，中日双方举行最后一次谈判。如果不计李鸿章因受伤未能出席的那次谈判，这次应该是第五次谈判。

这天的会谈整整进行了五个小时。李鸿章再三争辩，伊藤毫不松口。陆奥在记述当时情景时这样写道：

"会见的时间虽长，散会时已到上灯时间，而其结果，他唯有完全接受我方的要求。李鸿章自到马关以来，从来没有像今天会晤这样不惜费尽唇舌进行辩论的。他也许已经知道我方决意的主要部分不能变动，所以在本日的会谈中，只是在枝节问题上斤斤计较而已。例如最初要求从赔款两万万两中削减五千万两，看见达不到目的，又要求减少两千万两。甚至最后竟向伊藤全权哀求，以此少许之减额，赠作回国的旅费。此种举止，大抵是出于'争得一分有一分之益'的意思。这也实在是难为这位老中堂了……"

四月十七日上午十一时四十分，《马关条约》在春帆楼里正式签字。日方代表执笔签字的是伊藤，中方自然是李鸿章。这个条约共有十一个条款，主要内容是：一、清政府承认朝鲜独立自主；二、清政府将辽东半岛、台湾全岛及其附属各岛屿、澎湖列岛永久性割让给日本；三、清政府赔偿日本军费库平银两亿两，分八次交清；四、清政府开放沙市、重庆、苏州、杭州为商埠，日本船只可以沿内河驶入以上各口岸；五、日本臣民可以在各通商口岸设厂制造工业品，并免征一切杂税。

清朝朝廷最想抵制的是割让辽东半岛。

努尔哈赤迁都奉天之前，都城设在辽阳。根据日本的方案，辽阳便处在割让之列了。这就是说，大清朝的第一个首都都割让给日本人了。

【第十四回】

海外尘氛犹未息，诸君莫作等闲观

辽东半岛为日本人所占有，旅顺就变成了直布罗陀了。这就使日本能控制渤海，随时可以进攻北京。清廷认可的是割让鸭绿江西岸以凤凰城为中心与朝鲜接壤的领土。但日本岂能满足于这么一小块地方？

就在李鸿章四月十一日收到伊藤最后通牒式信件的同时，他还收到了来自天津的电报，是德璀琳打来的。德璀琳告诉李鸿章："前任德国驻中国公使来电称，列强对中国割让领土问题颇为关注，皆认为日本要求不当，中国不必急于议和。"

次日，伊藤也接到日本驻俄国公使的密电："俄国陆海军联合委员会讨论了阻止日军进攻北京的问题，结论是以俄法联合舰队共同准备达成其目的。"这份电报令日方人员心急如焚，伊藤感到，如果不能尽快签约，事情可能就会发生不利于日本的变化了。

但李鸿章还是被日本方面大举增派援兵的军事行动吓住了。北京也无可奈何，只好如此了。四月十四日夜里和四月十五日午后，光绪皇帝两次下令发电给李鸿章，批准签约。北京是怕误事，发生不虞，所以才重复发电。

李鸿章在马关期间，为发电报就花去一万五千美元。

一八九五年四月十八日，《马关条约》签订的第二天，在日本马关港口。李鸿章呆呆地在这里站了好长一会儿。一场浓雾是从广岛方向的海面上缓缓飘来的，李鸿章站在浓雾中，回首望一眼马关小城，实在看不清、猜不透这座小城，这个岛国。

这次赴日谈判、签约，对李鸿章的打击实在是太大了。他以古稀之年，负显赫盛名，屈尊就驾到日本，却不料日本人步步紧逼。不仅如此，还居然挨了一枪，心中实在不是个滋味。他算把日本看透了，一个半开化的海盗的聚集地而已！与这里野蛮的人打交道，他觉得亏了自己，也亏了整个大清国了。

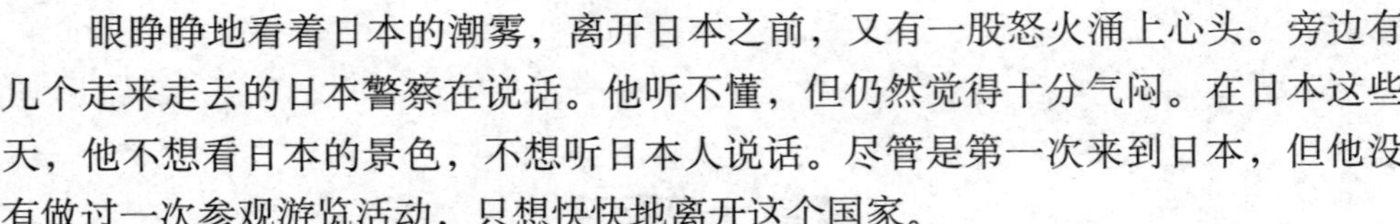

眼睁睁地看着日本的潮雾，离开日本之前，又有一股怒火涌上心头。旁边有几个走来走去的日本警察在说话。他听不懂，但仍然觉得十分气闷。在日本这些天，他不想看日本的景色，不想听日本人说话。尽管是第一次来到日本，但他没有做过一次参观游览活动，只想快快地离开这个国家。

今天早晨，他起得很早。天刚亮，他就要上船。潮雾很大，轮船不能航行，他还是早早地来到码头，不想在接引寺多待一分钟。

没有人来码头送行，伊藤没来，陆奥没来，外务省的其他官员也没有来码头。他要悄悄地走，不想以自己的屈辱面对他们的狂喜。

日本的所有人的确都沉浸在和约签署的狂喜之中了。他们或许是忘记了李鸿章今天要率他的随员们回国了。

坐在自己的船舱里，李鸿章心潮起伏。就在昨天，他在伊藤、陆奥冷酷而得意的俯视中，用颤抖的手在《马关条约》上签下了自己曾经辉煌过的名字。而今天，这个名字与一场彻底的民族灾难联系在了一起，与屈辱联系在了一起。

他知道，条约签订了，一场侵略战争结束了，而大清国更为深重的苦难、辛酸和屈辱开始了。

这场灾难首先表现为经济上的大崩溃。两亿两白银，加上不久后“赎还”本来就是中国国土的辽东半岛而赔付的三千万两，再加上日本以“中国库存银两成色分量有问题”，要求大清朝廷“贴实足色”而敲诈增赔的五千万两，中国实际上被日本抢去两亿八千万两白银！

支付这笔赔款是要大举借债的，借债就须支付高额利息。为了这次赔款，大清政府不得不向俄、英、法、德借债了。自一八九五年七月起，仅三年时间借债总额就高达三亿两。扣除回扣，又被债主们敲诈去四千万两。借债加国库收入，几乎全部交给了日本。与此同时，大清政府为借外债被迫承担了最苛刻的条件：借款本息必须在三十六年或四十五年内还清，不得提前，也不得推后，以海关、税收、铁路、矿山等权益作为抵押。中国为此要支付的借款本息超过了六亿两白银！

而小日本呢？这个人口不足五千万、国土面积也不足中国十分之一的岛国，在这场八个多月的战争中一下子就掠得了相当于四亿多日元的暴利。这笔暴利，相当于日本全国六年的全部财政收入！而且，这还不包括从中国战场上掠走的一亿多日元的战利品。

李鸿章已经感到：经济上始料不及的成功令日本人为之陶醉和癫狂。日本，成了这个世界上空前绝后的“战争暴发户”了！从此，日本国民的民族优越感也空前膨胀起来。在血与火之中，狭隘、自恋、充满血腥敌意与扩张欲的“大和魂”，徘徊游荡于世界的东方。

躺在船舱的软床上，他一整天不吃不喝。到日本一趟，又老了许多，李鸿章闭上双眼，用枕头塞垫在耳朵旁。他仿佛听见了孔夫子在颜回死后的哀号："天丧予，天丧予，天丧予。"他喃喃道："这就是命数么？"

睁开眼睛后，望望船舱外，从西天隐隐透出几丝阳光来。"那儿就是我可怜的国家么？"他仍然自言自语道。

是的，那是中国，此时却成了上帝的弃儿，任由列强们宰割玩弄，鲸吞蚕食！李鸿章滚下床沿，吃力地步出船舱，走上船头。天津，已隐约就在眼前了。但不知为何，他没有丝毫归国的欢喜，心情却由此变得更加沉重。沉沦的灭顶之灾困扰着这位可怜的老人。宿命的失败，卑屈，失落，浮躁的心灵，立刻扩散到他的全身；往日的自尊、自信、自豪之情被一个《马关条约》摧残干净了。

李鸿章被李经方搀扶着，摇摇晃晃地倚靠在船栏上。血一样的太阳出来了，李鸿章在心底里问自己："这太阳属于大清国、属于我么？"

遮天蔽日了八个多月的甲午风云过去了，悲哀、屈辱笼罩在一八九五年的神州大地上。《马关条约》敲响了一个朝代的丧钟，从而也震撼了亿万炎黄子孙的心灵。

李鸿章自日本回到了天津，脸上的绷带还没拆除，就又病倒了。

迎接他归来的是风涌全国的抗议浪潮。千千万万个民众走上街头，他们奔走呼号，痛哭流涕。他们要求拒和废约，迁都再战的口号声淹没了整个北京城。

正在北京参加会试的各省举人一千三百多人大骂李鸿章赴日签约是卖国行为。其中有一个叫康有为的举人上书光绪皇帝，不仅大骂，而且发出改良政治、挽救民族危机的强烈呼吁。台湾举人汪春元上书都察院，强烈抗议割让台湾，表述了台湾民众"如其生为降虏，不如死为义民"的决心。

督抚公卿们也接连给光绪皇帝上了一百余道奏折，要求皇上拒绝批准《马关条约》。湖广总督张之洞的奏章尤其激烈，甚至要求严办签约全权大臣李鸿章和他的长子李经方。"杀李鸿章以谢天下"的呼声很高。

在天津的病床上，李鸿章也清楚地听到了大街上传来的这样的口号声。他委屈得流泪了："老朽死不足惜。只是我已经为大清国尽力了……这个结局能怪我么？！"

光绪皇帝此时的处境比李鸿章好不了多少。围绕废除条约还是批准条约的问题，他一时被推到了最前沿。光绪皇帝举棋不定，茶饭不思，面色憔悴，痛苦到了极点。

眼看规定的换约期限已近。到了五月二日，军机大臣们都应召来到他的宝座前。清政府所聘的法律顾问、美国人科士达也参加了这次军机大臣会议。会上，

科士达的一段话把光绪皇帝吓唬住了，他说：

“现在的条约已经不是李鸿章大人的条约了，而是皇帝所签的条约。因为在签字前，李中堂把每一个字，每一个情况都发电报告了北京，皇帝根据军机处的意见，才授权签字的。假如现在拒绝批准这个条约的话，那在文明世界面前，皇帝将因此丢掉体面。对于皇帝的不体面，军机们是要负责任的。”

奕、孙毓汶、徐用仪等都主张批准《马关条约》，不可废约拒和。光绪皇帝在大殿里快步走来走去，绕大殿十几周方才被迫挥笔，批准条约，并在《马关条约》上盖上国玺。

五月八日，光绪命钦差换约大臣伍廷芳、联芳等前往烟台，与日本全权办理大臣在烟台顺德饭店完成了互换条约手续，《马关条约》正式生效了。

抗议浪潮更加高涨了，这一次不是针对李鸿章，而是矛头直指批准换约的光绪皇帝。光绪无奈，于五月十七日明发朱谕，向全国臣民痛陈万不得已的苦衷。

与此同时，从日本方面传来一个消息，令全国民众稍稍得到一些安慰：日本外相陆奥被迫宣布：“日本帝国政府根据俄、德、法三国政府之友谊的忠告，约定放弃辽东半岛之永久占领。”

原来，就在《马关条约》签订后第六天，俄、德、法三国公使一起来到日本外务省。外务省次官林董慌忙恭迎。

这三国公使向日本政府递交了一份备忘录，称：

“……兹查阅日本国向中国所要求之媾和条件，对辽东半岛归日本所有一节，不但认为有危及中国首都之虞，同时亦使朝鲜国之独立成为有名无实。以上实对将来远东永远之和平发生障碍，因此，……兹特劝告日本国政府放弃占有辽东半岛一事。”

这三国不仅是口头上恫吓日本，大批军舰同时出现在日本近海的海面上，大有大战一触即发之势。

日本人从喜悦中惊醒过来，犹如被人突然泼来一盆冷水，吓得不知所措了。天皇在广岛紧急召开御前会议，深知由于对华战争，国内防务十分空虚，根本无力与这三个国家兵戎相见。日本想拉拢英、美两国作自己的后盾，表示把辽东半岛的营口提供给英、美两国做自由港。然而，英、美两国拒绝了，他们从中日和谈中已经看出日本人所包藏的祸心，担心其在华势力过分膨胀，也主张日本放弃辽东半岛。至此，日本才不得不吐出已经到嘴的这块肥肉。

李鸿章几个月的外交斡旋由此见了效果。“以夷制夷”是他多年努力的结果。他在天津，一边养病，一边不停地往来于俄、德、法三国公使之间，竭尽最后的努力，终于促成了此事。

两个月后，光绪皇帝下旨，把李鸿章召入京师，让他入阁办事。他坐了二十五年之久的直隶总督、北洋大臣的宝座让给别人了。

贤良寺，是他每一次进京所居住的地方。此次入阁办事，正式住进了贤良寺。“唉，由此超脱滚滚红尘之外，休养生息，倒也算惬意！”他叹道。他想到要回合肥老家，但皇上、太后不允。他到底还是首席大学士嘛，多年来空戴了这顶帽子，现在才算实际到位了。

初入贤良寺，基本上是闲居。与往日的世事纷争相比，李鸿章这时才有了些许返朴归真的感慨。

“可惜呀，太晚了，自己太老了。”李鸿章对妻子、子孙们道。然而他是深得老来养生真谛的。紧紧张张一辈子，现在才可以手捧一杯清茶慢慢地品，坐在园林之中，侍弄花草，欣赏珍禽异兽。他甚至想要种一小块菜地，把家乡合肥的苋菜种成功。正值七、八月的季节，他让仆人们翻了一小块空地，亲自动手平整，把种子撒上去，很快就出苗了。远远看过去，那里就好像有一块紫红的毯子铺在地上。

一连许多天里，他就守在菜地旁，心情平静如枯井，无波无澜。只有当随从、仆人和家人们围坐在他身边时，有了与人说话的机会，他才多了几分感慨。这时候，他会谈笑风生，看起来也其乐融融。他说：“我少年科举，壮年戎马，中年封疆，晚年洋务，一路扶摇，遭遇不谓不幸。自问亦未有何等殒越，乃无端发生中日交涉，才至一生事业，扫地无遗！”

说到这里，他多少有了一种失落感，禁不住老泪盈眶，心中不是滋味。他接着说道：“我办了一辈子的事，练兵也，海军也，皆属纸糊之虎，何尝能实在放手办理？不过勉强涂饰，虚有其表，无有其实，不揭破犹可敷衍一时，如破屋一间，裱糊匠东补西贴，居然成一净室。虽明知为纸片糊裱，然究竟决不定里面是何等材料；即有小小风雨，打成几个窟窿，随时补葺，亦可支吾对付。乃必欲爽手扯破，又未预备何种修葺材料、何种改造方式，自然真相破露，不可收拾。然裱糊匠又何术能负其责？”

李鸿章讲的是肺腑之言，幕僚、随从们佩服不已。其实李鸿章一生成就辉煌，他能反思出其中的一些弊端，正表明他的不凡。他毕竟是经历了太多的人生风雨，太多的坎坷。生为人臣，苦衷太多，无奈太多，说不清、道不明的纷争太多，有时只能是哑巴吃黄连，有苦说不出。

如今是奉旨入阁办事，其实就是保留文华殿大学士头衔，以全勋臣脸面。他在北京没有片瓦，只得借住贤良寺。一生难得有这样清闲的日子，但他极少外出访亲拜友。门生故吏，大多纷纷叛离、或死或走了，绝少客人来访，倒也自在。只是闲得久了，犹如从云端跌落地面，他心情怎么能始终平静呢？他感受到世态炎凉，忧谗畏讥，苦闷无聊。所以，伤感起来，也不免唉声叹气的。而种种苦恼主

要还是来自这个衰落的国家，这个无能的朝廷。此类彷徨苦闷终日交织、缠绕，煎熬于胸。他找不到解脱苦闷之路，只有重新捡起他的养生之术，保持以前在军营中的习惯，早晨六、七点钟起床，吃少许早点后，就开始批阅公文。公文很少，一会儿便干完了，然后开始练字、看书。

到了中午，练字练得一头大汗，洗一把脸，开始吃饭。他的饭量很大，无非山珍海味之类。饭后还要喝一碗稠粥，饮一杯清鸡汁。过一会儿再饮一盅以人参、黄芩等配制出来的铁水。然后，他脱去长衫，短衣负手，开始在廊下散步。从走廊的这头，走到那一头，每天往返几十次，并让一个仆人在一旁记数，到了三千步时，仆人就会大声禀报："够矣！"这时，他才会缓缓停下来，伸伸膀子，弯弯腰，然后掀帘而入，在一个宽大的椅子上坐下来。

这时，会有一个仆人递上一把热毛巾，让他擦一把脸。又端过来一盅铁酒，让他一仰脖子饮下。他开始闭目养神了，静静躺在椅子里，将双脚蹬在一个踏板上。仆人过来了，不管他是睡着了，还是醒着，极讲程序地给他按摩两腿。按摩结束，他仍然闭着眼，许久后才睁开双眼，又伸胳膊伸腿地甩几下子，便走到桌边喝一杯清茶。

他做完了这些以后，还要睡午觉。午觉的时间是一两个小时。当仆人通报："中堂大人已起"之后，幕僚们才可以掀帘入室，同他忙一会公务，说古道今，谈天说地。

李鸿章的晚餐食量很少。依他的话说，叫作"早上吃好，中午吃饱，晚上吃少"。他的晚餐少而随便，烧什么，吃什么。吃完以后，看一会书，有时也练一会字，或写上几封信函，然后就上床睡觉。极有规律的生活，使他在投闲京师不久，身体就胖了起来，脸盘红润了，精神也好了。

他在贤良寺寓所度过了他一生中难得的悠然清闲的岁月。就像大潮退去以后的宁静，也预示着又一次潮水的来临。他想象不到的是，自己已经七十三、四岁高龄，却还要在清政府的政务、政要中，如日中天，扮演无可替代的角色。他可谓呕心沥血，为大清帝国殚精竭虑，鞠躬尽瘁了。同时，他对清宫秘要更可谓谙熟于心，养成了一种特有的嗅觉。他预感到自己是在养精蓄锐，以备非常之用。尽管是老了，但或许还能做人生的最后一搏。

一八九六年，即光绪二十三年。

日本由于在甲午战争中从中国捞取了太多的利益，一跃而成为新兴的军事强国。而俄国不甘落后，侵略野心也迅速膨胀，竭力向远东扩张势力。日俄矛盾日益突出，英国与日本却在逐渐靠拢。他们的共同目标仍然是软弱无能的中国。列强们争先恐后地向中国这块土地猛扑过来，亡国大祸迫在眉睫了。

李鸿章虽然闲居京师，但对这些形势，他不仅在了解，而且在研究。他隐约感到，这些空前的民族危机与他紧密相连，说不定哪一天，朝廷还是要将他搬出来的。

李鸿章是主张“联俄制日”的。瞧，俄国人不声不响地来了。就在李鸿章住进贤良寺仅月余后，俄国人未经清政府旨准，便擅自派员赴中国东北勘测路线，准备要修建一条横贯东北、连接莫斯科、海参崴的西伯利亚大铁路。一八九五年十一月，俄国人向中国驻俄大使许景澄提出“俄人成立一公司，承造此路，与中国订立合同”的要求，他们名义上说是中俄联办，实际上是要独占东北，控制这一地区。不久，俄国外交部电令其驻华公使喀西尼与中国的总理衙门商办此事。为此，俄国人还准备了一笔款子，专门让喀西尼贿赂“清帝亲信近臣”。

但是，俄国人考虑到北京众目睽睽，不利于秘密谈判，于是提出借沙皇尼古拉二世将要举行加冕典礼之机，在彼得堡与中国代表秘密会谈。

沙皇尼古拉二世加冕典礼定于一八九六年五月举行，各国均派特使前往致贺。光绪皇帝拟派布政使王之春前往。

俄国人闻讯提出抗议道：“皇帝加冕，俄国最重之礼也。故从事斯役者，必须是中国最著名之人，有声誉于列国者方可。王之春人微言轻，不足担当此责。可胜任者，独李鸿章中堂大人耳。”

俄国人直接点名请李鸿章前往，光绪皇帝只好决定：改派李鸿章为专使赴俄。

其实，决定让李鸿章出任“钦差头等出使大臣”赴俄，不只是屈从于俄国点名请他，而是基于“联俄制日”战略考虑的。光绪皇帝早有此意，但他怕李鸿章借口年事已高不便出使，拒绝到俄国去。李鸿章虽闲住贤良寺，但对王公大臣仍是一副不卑不亢的架势，连皇帝也要让他一分。现在既然是俄国人点名请李鸿章去，光绪皇帝谅李鸿章不好坚辞，朝廷也正好可以利用一下。俄国人很敬重李鸿章，而朝廷上下“联俄制日”呼声很高，让李鸿章从中斡旋此事，当然是最合适不过了。

《马关条约》签订后，旧恨新仇，使中国上下产生了强烈的反日情绪。与咄咄逼人的日本不同，俄国人毕竟公开出面，干涉日本，迫使日本向中国归还了辽东半岛。这其中虽是李鸿章暗中活动的结果，但朝廷内外对俄国人开始有了好感。连一贯对李鸿章抱有成见的张之洞、刘坤一、翁同龢等这回也为李鸿章投了赞成票，上奏朝廷，要求李鸿章出马，与俄国结成同盟，以此抵制日本。

投闲京师半年后，光绪皇帝终于下旨把李鸿章召到了勤政殿前。他此时尚不知道光绪皇帝对他做何打算，加之久未觐见，不免有些忐忑不安：“老臣叩见吾皇万岁，万万岁！”

“李爱卿免礼，平身。”光绪笑着道。

“老臣蒙皇上恩准，投闲京师，日子过得也还平安宁静。不知皇上今日召见老臣，有何事训示？”多少年来，李鸿章还是第一次听皇上称他为“爱卿”，估计有难事要与他商量，所以就主动问上了。

光绪摇头笑道：“李爱卿，你不是投闲京师，明明是另有重任嘛。朕考虑你多年披肝沥胆，功勋卓著，加之年事已高，有意让你消闲几日，养养身子。瞧，你比出使日本前，气色不是好多了么？”

李鸿章道：“感谢皇上圣恩，老臣永世不忘。若能准老臣开缺还乡，回合肥安度晚年，老臣将更加感恩不尽！”

聪明的李鸿章欲擒故纵，他已猜出皇上要请他办差了，所以干脆提出还乡，以表明自己的态度。

光绪皇帝明显慌了手脚，急忙道：“李爱卿忠心报国，朕心中有数。虽因《马关条约》招致许多非议，朕不也是同样遭到世人抱怨了么？日本人亡我之心不死，我们总得寻求个对策才好。朕记得你数年前就提出‘联俄制日’的主张，今天看来可以付诸实践了。朕准备命你为‘钦差头等出使大臣’赴俄，参加沙皇加冕典礼，借机与俄国人密商，订立密约，结成联盟，共同对日，爱卿以为如何？”

“皇上圣明。此事关系重大，也理当如此。只是老臣年老体弱，加之路程遥远，恐完成不了朝廷重托，还是请皇上另择高明吧。”李鸿章其实已喜上心头，但依然故作姿态。

光绪当然不准，马上降旨慰勉，把事情定下了。李鸿章立即拜命，上疏谢恩。

圣旨下来了，李鸿章在贤良寺的寓所顿时热闹起来了，王公大臣们一个接一个登门拜访，翁同龢竟然也弯下腰来，上门找李鸿章商谈密结外援之事。

一八九六年二月二十八日，慈禧太后召见李鸿章，单独同他密谈了半日之久。

三月十二日，李鸿章上奏皇上、太后：“我唯有勉竭愚诚，敷宣德意，以期永敦于和好，希望能仰答于朝廷知遇之恩。”同日，李鸿章进宫辞别皇上、太后。光绪念其垂老远行他国，恩赏其公子李经述三品之衔，以便一路侍奉。长子李经方，谙熟与洋人交涉事宜，也由光绪皇帝恩准，一并随侍左右，同赴俄国。

李鸿章叹道：“还是皇上、太后想得周到。我老了，最惧孤独。此行有二子相随，作为左膀右臂，老朽知足了。”

李鸿章在两个儿子的陪同下，带随员、仆人、厨师、医生共四十五人离京

了。他们第一站抵达天津。这是李鸿章呆了二十五年的地方，天津旧日部下同僚们争先恐后地前来车站迎接，重叩起居，隆礼以待。直隶总督王夔石，顺天府尹兼督办铁路大臣胡芸楣，京兆及天津司、道等百余名地方要员有迎有送。天津税务司德璀琳、北洋大学堂总教习丁家立，分别为李鸿章排队设筵，既洗尘，又饯行。

连日酒宴，李鸿章开怀畅饮，以释情怀。比原定计划已经推迟一天启程了，酒宴还是吃不完。天津的大街小巷，勾起李鸿章无尽的回忆，使他感慨万千。往事仍历历在目，更让他对这座美丽的城市充满了感情，自言自语道："二十五年了，不知此行还能否再见天津？"

直到"海晏"号轮船的船长来催行时，李鸿章才恋恋不舍地辞别天津同僚，迤逦南下，驶往上海。海面上碧波万顷，白鸥飞翔。那海天连接之处，让李鸿章分不清前方究竟是云还是雾，是海还是天。他突然觉得仿佛有某种阴影相伴左右，有些头晕目眩了。

次日，李鸿章的坐船驶进上海港，各炮台及中西兵舰均鸣炮致礼。还有早已排列成行的水兵在海滨齐放排枪，以示欢迎。"海晏"号驶经陆家嘴时，水师炮艇数炮齐放，一时间震耳欲聋。

李鸿章满面红光，站在船头向各处频频挥手。他是中国海军的创始人、缔造者，尽管这是一支不怎样的队伍。各国兵舰大都鸣炮以示敬意。驻守在吴淞口的各营兵士，队列整齐，跪接江滨，其场面壮观，气氛热烈，令李鸿章没有下船就激动得热泪滚滚，当年率近七千淮军进驻上海的情景又浮现在眼前……

上海的文武要员、中外人士两百多人先后登船迎接。"海晏"停泊的码头内外，早已是三步一岗、五步一哨，警卫森严。

在上海地方官员和各国领事们的簇拥之下，李鸿章离舟登岸。他双手抱拳，拱手作揖。只见他双目炯炯有神，仪表威严，冠飘三眼花翎，身穿御赐黄马褂，神采飞扬地健步而行，根本看不出已是七十五岁高龄的老人。

码头上已摆满了绿呢、蓝呢大轿，大道两旁夹道欢迎者已排成了人墙。未上轿之前，李鸿章就被英、法、德国的使臣们团团围住了。他们向李鸿章双手捧送各自政府的邀请函，请李鸿章访问欧美。在他们眼里，李鸿章是中国规格最高的代表，能把他邀请到自己的国家去，好处就大了。

李鸿章迟疑不决了。离京时，他也曾有过经由法、德两国转赴俄国的打算。但是，俄国人担心李鸿章首先出访法、德，有损于中俄交涉。所以，便由喀西尼出面，与李鸿章商定路程：乘法国轮船从上海出发，穿越红海和苏伊士运河，在埃及塞得港换乘俄国轮船，由地中海进入黑海，到达俄国港口城市敖德萨，然后乘专车前往莫斯科。对这个路线，李鸿章已经欣然表示赞同了，如

今怎么好随意更改？

加拿大总督之英还电报打到上海，邀请李中堂改乘加拿大公司轮船，不取分文舟金，以表示对李鸿章的仰慕之情。

一番你吵我争之后，李鸿章决定乘法国邮船。但这趟邮船在李鸿章到达上海的次日就要开船，时间太过仓促，再加上船舱里已进去了一个日本贺使山县的伯爵，李鸿章不干了。他道："日本人与我大清不共戴天，我岂可与日本人同船而渡？！"

李鸿章要在上海稍作逗留了。消息传出，各国驻沪领事们立即作出反应，纷纷上门晋谒，再次邀请李鸿章出访他们的国家。对各国来访者，李鸿章下令："一律鸣炮致礼！"于是，从早到晚，在李鸿章所下榻的公馆门前炮声不绝于耳。

前台湾巡抚邵筱村也前来拜会李鸿章了。李鸿章破例鸣炮，道："台湾割让，纯属迫不得已。但在你跟前，我便是罪人了！"

沪上招商、织布、电报三局，都是李鸿章一手创办起来的。这三局首先联合盛情邀请，在上海味莼园宴请李鸿章及全体出使人员。晚上，上海道黄幼农率地方一批文武要员，就地在味莼园再次摆下公宴，招待李鸿章一行。接着，李鸿章一一拜答外国驻上海各领事馆的领事们。法国总领事吕班君出面，在其住处摆下大宴，接待李鸿章。

就在这时，已回乡养病的前两广总督李瀚章也到上海来了。李鸿章高兴得热泪横流，几年未见到大哥了。美国总领事佑尼干抓住这个机会，在理查客馆设宴，为李氏兄弟、伯侄们相见致以庆贺。李鸿章与大哥共叙天伦，嘘寒问暖，非常亲热。

李鸿章拉着大哥李瀚章的手说："大哥呀，兄弟六人中就剩你我了。鹤章、蕴章、凤章、昭庆早已作古了。今日得见大哥一面，足慰弟之平生了。"说着，李鸿章又落泪不止。李经方、李经述在一旁相劝，李鸿章方才稍安。美国人的接待是精心安排的，一同赴宴的还有美国海军提督、上海地方要员、各国驻沪领事。美国总领事还邀请了若干名流、美女作陪，用心良苦，盛况空前。

随后是俄国总领事聂鼎在领事馆设宴，双方杯盏相撞，气氛融洽。李鸿章在酒席间专门与聂鼎就此次访俄进行了交谈，就双方合作及结盟事宜初步谈出了意向。聂鼎还就俄国的风土人情、名胜古迹等作了粗略的介绍。

离沪登程前，上海绅士、前陕西布政使王竹鸥、方承基，李鸿章的同乡张心铭、刘世玮、黄镇心等，邀请李鸿章兄弟俩及所有随行人员参观了皖中官绅会馆后，也在味莼园为李鸿章一行设宴饯行。

接连不断的来访、宴请，使李鸿章累得不轻。他毕竟是七十五岁的老翁了，

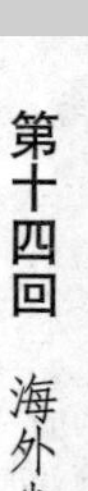
怎么能经得起如此折腾？他渐渐感觉到体力不支，招架不住了。这天晚上从味莼园回到公馆，躺在床上就不想动了。不一会儿，觉得恶心，直想呕吐。李经方、李经述慌作一团，忙叫来医生诊治。医生把脉、看舌，断定为连日劳顿，外加气候差异造成的不适，生理功能紊乱了。医生当即连夜配药，亲自熬制，侍候李鸿章服下。至下半夜，恶心、呕吐的症状消失了。

李经方、李经述担心父亲登程后支撑不住，劝父亲推迟两天上路。李鸿章摆手道："如再住两天，我恐怕就上不了路了。"他决定赶快启程，躲开沪上过度的热情。

一八九六年三月二十八日，李鸿章率李经方、李经述、于式枚、罗丰禄、柯乐德、德璀林等四十五人，乘法国邮船"爱纳司托西蒙"号，从上海出洋，开始了周游列国之行。

邮船上高悬了龙旗及头等钦差大臣旗。上海各级官员及国外驻沪领事、友人等夹道相送，官兵们罗列成阵，鸣枪鸣炮为李鸿章送行。

大哥李瀚章登船与胞弟话别。李鸿章拉着大哥的手道："我奉皇上、太后之命率团出使，目的只有一个：联络西洋，牵制东洋。"为了这个使命，皇帝在李鸿章离开上海前特意发来秘密电报，要他另加出使西洋四国的任务。这样，在各国间看起来，李鸿章此行纯属环游欧美，而不是专赴俄国。为了掩人耳目，朝廷也会动脑筋了。

邮船展轮而去，迅速驶出吴淞口，一缕缕青烟冉冉升腾于广阔的大海之上。上海已被远远地甩在身后，但仍然可以听见兵营鸣枪、军舰鸣炮的声响。

英国方面最早探知李鸿章的邮船将经过香港。英国政府立即电告香港总督，指示盛情接待这个中国头等钦差。可是，此时香港正在流行疫病，港方为了保证李中堂的身体不受感染，不敢让邮船靠岸。可惜香港各界隆重的迎宾仪式已经准备就绪，蔚为壮观。他们得知李鸿章不能登岸，怅然若失。

李鸿章一行一路风光地出了大清万里海疆，不日到达了新加坡。驻新加坡英国总督下令以中国各地迎接头等钦差大臣的礼节鸣炮欢迎。驻新加坡的大清政府领事乘船到海口外迎接李鸿章。李鸿章在新加坡只能逗留半日，英总督抢在前面，设盛宴款待他们一行。中国钦差大臣有史以来第一次成为英国总督的座上宾，让使团一行人感到脸上有了光彩。然而，几乎所有的使团成员都在纳闷：难道太阳要从西边出来了？一个刚刚因为《马关条约》而受尽屈辱的李中堂，为何转眼成了中外人士渴盼的人物？

现在，人们还看不清，连李鸿章自己也未必能揭示真谛。李鸿章只管远涉重洋，行他的万里路。

在出洋途中，李鸿章在经过各口岸时，都要飞电向朝廷报告平安。朝廷也在

关注着李鸿章的行程。

四月二十二日，李鸿章率领的使团到波赛。波赛王爵吴克德托密斯受俄方指派，先期到这里迎接，并随船陪同李鸿章一行进入俄国境内。俄国对李鸿章的来访做了精心安排，在李鸿章一进入俄国境内后，即派水陆提督和各地的地方要员恭敬迎送。

四月二十七日，李鸿章抵达俄国敖德萨，此地为李鸿章一行的到来举行了隆重的欢迎仪式。李鸿章电告北京总理衙门说："初抵敖德萨，俄水陆提督及地方文武官员对我接待之礼节甚为恭敬。……俄皇帝命外交部电催，趁此余暇，先赴彼得堡递国书见。"

英国人十分关注李鸿章访俄，派出多名记者跟踪来访，报道俄国人对李鸿章的高规格接待。但他们此时还不知道，俄国人为何如此一反常态地盛情接待中国使臣呢?

沙皇已秘密做出部署，决定在举行加冕仪式之前，在彼得堡与李鸿章进行秘密谈判。所以，他们没有让李鸿章先到莫斯科，而是在彼得堡恭迎李鸿章。

李鸿章与他的两个儿子商议，认为事已至此，唯有悉听尊便。于是，李鸿章一行于四月三十日乘俄方专列抵达彼得堡。清廷驻俄公使许景澄在彼得堡迎接李鸿章，并将中国使团一行人安排住进了富商巴劳辅的私人府邸。巴劳辅十分熟悉中国习俗，当晚为这位早已过了七十四岁生日的李中堂补办了隆重的祝寿典礼，还率全家人为来自中国的尊贵客人献花、敬酒。李鸿章十分开心，不胜感激，竟忘记自己是身在异国他乡了。

沙皇没有露面，指派他的特使与李鸿章先行接触。这个特使就是维特，他也是个中国通，一切遵从中国礼仪，一步步把李鸿章推进了预设的陷阱里。

但李鸿章也是十分警觉的。五月三日，维特再次会晤李鸿章，提出了"借地修路"的问题。维特以俄国"支持中国领土完整性"的承诺为诱饵，迫使李鸿章对俄国人"借地修路"这种侵害中国主权的要求做出让步。维特说："中国东北这条铁路，如果是自办，恐十年无成。最好还是由我们来推荐公司承办这条铁路。"

李鸿章不以为然，道："你们推荐公司，实际上就成了俄方单方承办，这与大清国主权有妨碍了。如果各国纷纷效仿，我们就将没有领土了！"

维特在与李鸿章的交锋中碰了钉子。无奈，他建议沙皇接见李鸿章，由沙皇亲自提出要求。沙皇答应了。

五月四日，沙皇在皇村接见了李鸿章。李鸿章向沙皇面呈了国书，还给沙皇带了一份礼物：是清政府专门在法国订制的，名谓"宝星"，上面遍缀金刚钻石及金银珠宝，价值白金万两。清政府想以此表示睦邻友好之谊。除了这座宝星之外，李鸿章还向俄国沙皇献上了中国的大烛一对，白璧一双，色丝顾绣大红毯一幅，古铜瓶一对，嵌宝的砝蓝碟等物。这些礼物华贵异常，令沙皇欢喜不已。

李鸿章又向沙皇三揖，致词晋颂，道："我代表大清皇帝申谢俄国沙皇拒日夺辽之美意，敬贺俄皇加冕之上仪，更愿永敦和睦！"

沙皇起身致谢，答道："俄皇答谢大清皇帝，也感谢头等钦差大臣出使俄国。"

从皇村出来，一辆五马金朝车已在等候李鸿章。他刚走到车门前，就被一帮记者团团围住，他们纷纷向他提问，打探他访俄的意图。

李鸿章笑道："与各国使臣一样，专贺沙皇加冕，顺便游历各国，以资博考，为他日回华图谋整顿吏治，裨得良法。仅此而已！"

三天后，沙皇再次秘密接见李鸿章。这次安排更为谨慎，除士兵警卫林立外，另让李经方在前厅把守。李鸿章缓步跟随沙皇进入小殿，对面而坐，畅谈起来。沙皇道：

"我国地广人稀，无意侵占他国尺寸疆土。中俄交情历史悠久，如今更加亲近。修建贵国东北铁路，实为来日调兵迅捷之便。此事不仅惠加俄国，更有益于贵国。贵国自办此路恐怕力不从心吧？不如令在沪的俄华银行代为承办，妥立章程，并由贵国节制，料无什么偏差。各国在这一点上早有先例，劝请酌办。此条约唯求互助。一旦贵国遭英、日等国侵扰，俄国即可以利用这条铁路资助贵国。"

李鸿章将俄国沙皇的意图电告总理衙门。他自己对此不加肯定，请朝廷辨识定夺。总理衙门召集翁同龢、张荫桓会同奕䜣、奕劻等商议，同样没有结论。奕䜣电示李鸿章提出看法。李鸿章认为：中国的目的是想与俄国建立共同抗日的军事联盟，而俄国借地修路，有干涉中国主权之嫌。双方各有目的，相互利用。然而，问题的焦点是：中国如果不答应"借地修路"，沙皇就不会同意与中国缔结军事同盟，那么，"联俄制日"就要落空。

北京回电，认为李鸿章的分析切中要害，符合事实，要李鸿章讨价还价，与俄国人展开深入谈判。

"谈何容易啊！"李鸿章叹道。

五月十八日，谈判地点转至莫斯科，李鸿章率随行人员到了莫斯科。李鸿章首先参加了沙皇尼古拉二世的加冕典礼，并应邀入宫庆贺。他被安排在各国专使的首班就座，还被授予头等宝星两枚，一大一小，全部用钻石嵌成。俄国人对李鸿章的接待，优礼有加，始终高看一眼。为的自然是拉拢李鸿章。

典礼进行过程中，李鸿章率随员晋谒了俄皇及皇后。中国使团成员作了三次

揖拜，然后离开红村，偕同俄国礼官乘其国车，前往亚历山大故宫。上驷院有官骑在前引导，又有骑兵作为后卫，浩浩荡荡。到了故宫，这里早已准备好了丰盛的筵宴，满桌的山珍海味、珍禽异兽。李鸿章吃惊地发现：这丰盛的菜肴，全部是按中国传统方式制作的，清一色的中国菜。这让李鸿章及所有随员大开眼界。原来，在沙俄宫廷中，竟也不乏中国高厨。

连日来谈判进展缓慢，双方仍在僵持之中。夜晚回到住处，李鸿章无法睡得安稳。回想一年多前的马关谈判，可谓前车之鉴，令他一阵心痛，额上冒出细汗。这次与俄国密谈，虽然他本人备受俄方尊重，但他仍然担心俄国人居心不良，使中国最终有丧国权。这样，李鸿章就要再次成为千秋罪人了。

隔着宽大的玻璃窗，李鸿章抬头望见夜空中的点点繁星，怎么也睡不着。上午，他已给北京的总理衙门拍去电报："时促事烦，请求及早请旨，电复遵办。"朝廷到底对中俄密谈抱什么态度？俄国人"借地修路"真的无碍国权么？中国与俄国的军事联盟到底有什么分量？这些都令李鸿章不安。

次日，朝廷经过与翁同龢、张荫桓、奕䜣、奕劻、李鸿藻、荣禄等人商议后，给李鸿章回电了："着李鸿章为全权大臣，与俄国外交部大臣画押。约内字句均按照所改订定。"

朝廷这是批准了李鸿章与俄国人签约了。李鸿章心中一下轻松了许多。既是经这么多文武要员商量定议，若在今后出现偏差，责任也不在自己一人了。

俄国人已拟定了一份《中俄密约》。这份密约是由俄外交部大臣罗拔诺夫亲自起草的。其中第一款规定中俄军事同盟必须共同对付"日本国或与日本同盟之国"。但俄国财政大臣维特给沙皇建议："这条规定会使俄国承担不必要的风险，或许会招致欧洲列强们的反对。我认为应该删去这项条款。"沙皇表示同意，并责令罗拔诺夫予以更改。

六月二日夜，李鸿章召集全体随从人员，商讨对俄签约事宜，并将俄方提供的密约草案提交会议讨论。大家在讨论中虽也觉得条约的一些内容对清政府不利，但却认为基本可行。于是，会议通过了这个密约。

翌日，李鸿章同俄外交部大臣罗拔诺夫、财政大臣维特分别代表两国政府出席了签订仪式。仪式由罗拔诺夫主持。他首先做了一个简短的讲话，道：

"经过中俄双方代表的共同努力，中俄军事同盟条约就要正式诞生了。今天恭请中国政府头等钦差大臣李鸿章中堂出席这个具有重要意义的签约仪式，本大臣深表谢意。中俄条约的签订，必将会促进两国关系健康发展，并将给远东及亚太地区带来和平、富强的曙光。"

仪式上响起了一阵热烈的掌声。维特接着罗拔诺夫的话站起身来说道："连日来，本大臣同中国的李鸿章中堂大人进行了多次友好的接触和会谈，深为李中

堂的才识所倾倒。我们也深知李中堂此来与俄国缔结同盟条约的诚意。本大臣也感到，本条约的各项规定，完全符合双方利益，着眼于长远发展，并坚信中俄军事同盟条约会使两国获益无穷。”

又是一阵掌声。李鸿章在掌声中缓缓起身，道：

“本大臣受大清皇帝之命专贺沙皇加冕大典，幸得俄皇、俄后及各位大臣的盛情款待，在此一并深表谢忱。本大臣也认为，中俄建立军事同盟，实为两国共同利益之所在。为了使这个条约更臻完美无缺，本大臣特建议做一些修正：第一款中‘如侵占俄国亚洲东方土地’宜改为‘属地’；第二款之末尾宜增‘如非敌国，不在此例’八个字；第四款‘议于’应改为‘中国国家允于’，其后应添上‘中国’二字；第五款中‘无论和时或战时，俄国可用上款所开之铁路运兵、运粮、运军械”一句应删去；第六款‘届时……’一句也应删去。”

李鸿章提出修改的都是事关中国主权和利益分配的关键所在。为此，双方争论不休，唇枪舌剑，各不相让。不过，最终还是按照李鸿章的意见对条约做了部分修改。李经方担任谈判的中方翻译，也绞尽脑汁，在父亲严厉的目光关注下，对条约进行了语言文字上的修饰和加工。在此次出访的所有人员中，懂俄文的仅李经方一人。在李经方的笔下，一份被李鸿章认可的最终的条约修改稿完成了。

此时，双方可以进行最后一道程序：签字了。中俄双方代表最后一次把《中俄密约》细看一遍。只见维特突然面带吃惊之色，将主持仪式的罗拔诺夫叫到一旁，小声道：“沙皇已令你删去‘或与日本同盟之国’这一句，为何到现在还没有删去？”

罗拔诺夫猛地在自己的前额上拍了一巴掌，道：“哦，真糟糕，我忘记对秘书交代了，忘记要他们把这个条款改写成初稿的那个样子了！”

不过，罗拔诺夫到底是一位外交高手，处事不惊，随机应变。他看了一下手表，时间已经是十二点一刻了。他对着门外拍了几下巴掌，马上就有几个侍役进来。然后，他面朝李鸿章道：“中堂大人，现在已经过了十二点了，肚子饿了。让我们先去吃午饭，吃饱了肚子以后再来签字。”

李鸿章点头同意。于是大家纷纷起身离去，罗拔诺夫乘机做了安排，留下两个秘书，将条约文本重新作了修改，誊录一遍。这样一来，餐后摆在谈判桌上的已经不是刚才那两份条约文本了，而是一个有一款已被改动的文本了。

已七十五岁高龄的李鸿章做梦也没有想到，自己经过一番讨价还价谈下来的条款，在他吃了一顿饭之后，就被俄国人以江湖骗子式的“调包计”给调换了。午饭后，李鸿章以为摆放在原座位上的条约就是原来的那份，抓笔便签下了自己的名字。

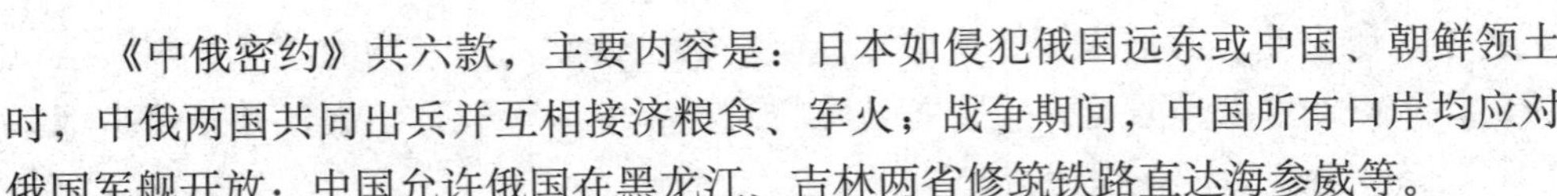

《中俄密约》共六款，主要内容是：日本如侵犯俄国远东或中国、朝鲜领土时，中俄两国共同出兵并互相接济粮食、军火；战争期间，中国所有口岸均应对俄国军舰开放；中国允许俄国在黑龙江、吉林两省修筑铁路直达海参崴等。

这个密约在中俄共同御敌的幌子下，不仅使俄国人骗取了在中国东北修建过境铁路的特权，而且为其海陆军队侵入中国领土打开了方便之门。

密约签订后，中俄双方均严守秘密。李鸿章在俄国的四十多天时间里，与俄皇尼古拉二世、外交部大臣罗拔诺夫、财政大臣维特进行过多次密谈。此间与朝廷军机处的来往密电，也全部采用特殊密码，由军机大臣亲自翻译，进呈光绪和慈禧御览后，不再存入军机处档案，故后人很长时间里无从获悉此事的具体内容。慈禧太后为不使此条约成为国人唾骂的根据，还将密约作为绝密件，存于原清政府、后转入"中华民国"外交部的档案库里。

传说李鸿章顺利在这个密约上签字，同维特用重金贿赂李鸿章有关。此后出版的《俄国在满洲》一书中，说维特答应："如果建筑铁路一事顺利成功，将付给李鸿章三百万卢布。"又有一本书上说："李鸿章带着这个签了字的条约和袋子里的两百万卢布返回了北京。"

其实，在中俄密约签字后的第二天，俄国财政部办公厅主任罗曼诺夫与华俄道胜银行董事长乌赫托姆斯基、总办罗启泰签署了一份《协定书》，决定由俄国拨出三百万卢布作为"抵偿与中东铁路租让权有关的费用的特别基金"。后人捕风捉影，将其俗称为"李鸿章基金"。维特奏明沙皇后，在《协定书》上写下了"同意"二字。此乃李鸿章通过最后努力，为大清帝国争得的一份收益。这笔款子由银行方面作为铁路修建费用，记入中东铁路公司的账上。李鸿章回北京后就有谣言传出，说他收受了俄国人的重金贿赂。俄国当事人维特获悉后，当即发表声明，否认有向李鸿章行贿之事。

密约的签订，绝非李鸿章一人所能决断。上至光绪、慈禧，下到李鸿章、翁同龢、奕䜣、奕劻、张之洞等等，无不寄希望于列强之间的互相制衡，以致陷入引狼拒虎的怪圈。

李鸿章及大清朝廷的当家人们没有料到：此时中国"联俄"，"联"的其实是一个背信弃义的国家。

按照《中俄密约》的规定，横贯中国东北的铁路修筑起来了。然而，俄国人对大清帝国并没有实行实质性的"保护"及"援助"。密约墨迹未干，德国人强租中国胶州湾，李鸿章两次找俄国公使求援，俄国并无反应。沙皇尼古拉二世还给德国皇帝威廉拍电报云："我既不能赞成，也不能不赞成您派遣舰队到胶东去。"俄国人实际上睁一只眼，闭一只眼，不反对德国侵占胶州湾，反而以"保护中国"为名先占旅顺。至此，李鸿章对沙皇俄国在谈判桌上的漂亮言辞之下所掩盖的卑鄙野心才有了觉察。但生米已经煮成了熟饭，悔之晚矣！

如同在《马关条约》签订后一样，李鸿章很快成为万人诟骂的人物了。世上没有不透风的墙，《中俄密约》渐渐为世人所知。山东巡抚李秉衡、河南巡抚刘树棠等上疏反对；要弹劾李鸿章的奏章、规谏之书札，讥刺之诗歌一时间如雪片一般飞来。李鸿章再次成为众矢之的。

对于这些，李鸿章怎能视而不见、充耳不闻呢？

沙俄侵占旅顺，又占大连，英国借口保持势力均衡，又强租威海卫军港。李鸿章硬着头皮找俄国人、英国人大发脾气，据理申辩。英国人却说道："中堂大人无辩论之必要。阁下如能以您之辩才令俄国交还旅顺、大连，则英国决不租借威海卫！"

继而，法国人强占广州湾，英国又以均衡势力之说强租九龙。面对纷至沓来的无穷的索要，光绪皇帝竟毫无抗拒之策，只能把一切怨恨都集中到李鸿章身上，说他联俄误国，招致如此瓜分大清之祸。

李鸿章叹道："饭入千人口，罪过一人担，老朽无奈呀！"他回味俄国之行：那是俄国人点名道姓、大清皇帝下旨要他去的呀！自始至终，你皇上、太后及满朝文武大员都是支持"联俄制日"，主张签订密约的嘛，何故在俄国人食言之后，把脏水都泼到我李鸿章一个人的头上呢？！

六月十五日，李鸿章率随行人员离开俄国，乘火车到达德国访问。车停柏林，中国驻德国大臣及其他官员列队在柏林车站的站台上恭迎李鸿章的到来。德国御前大臣、九门提督及柏林卫队，奉德国皇帝之命也前来车站迎候李鸿章，并为之准备四轮六马之车等在站内。

李鸿章等一行人下车，中方官员上前鞠躬施礼，德国官员脱帽握手致意。德方提督率德国骑兵列队夹道护卫，前往柏林那著名的恺撒大旅馆。德国人对李鸿章的来访极为重视，对他的接待周到、细致，既恭敬，又隆重。德国人甚至十分细心地研究了李鸿章平常的嗜好，知道他喜欢吃什么东西，看什么颜色，听什么音乐，一一投其所好，作了安排。

李鸿章不久前才爱上抽雪茄烟，一进恺撒大旅馆的豪华卧房里，上等的雪茄烟就已经摆放在案台上了。他喜欢玩画眉鸟，打开通往甬道的房门，已有两只画眉鸟笼挂在了甬道上。李鸿章还注意到，寝室的墙壁上，高悬着两个巨大的镜框。左边镜框里的照片是李鸿章，右边的是俾斯麦。这俾斯麦历任德国三皇之宰相，是他缔造了德国。所以，德国人对俾斯麦的敬重往往高于对皇帝的敬重。德国人把李鸿章当作自己的俾斯麦看待了。

六月十四日，李鸿章率部分随员驱车到耐芝堂拜见了德国皇帝威廉二世，向其呈递国书，并致颂词。李鸿章到达耐芝堂时的仪式是隆重的，红楼大门前，不

仅仪仗兵林立，众文武官员也侍立两旁，恭迎李鸿章等人进入大堂。李鸿章、李经方、罗丰禄等拾阶而上，挺身阔步，向威廉二世行了三揖之礼。李鸿章的颂词抑扬顿挫，德国皇帝不断点头称赞。

威廉二世高兴地听完了李鸿章的颂词之后，从案头取过早已备好的答词，亲自向李鸿章诵读。

与德国皇帝的晤面是愉快的，登车返回恺撒大旅馆后，李鸿章又专门拜访了德国外长马歇尔。李鸿章目的是要与马歇尔商讨增加洋货关税事宜，以期给大清国增加一份收益。

李鸿章对马歇尔说："贵国给予我的盛情接待，本大臣深表谢忱。近年来德国与我国贸易与日俱增，本于互利之原则，关税也应该适当增加。我们希望中德两国在互惠互利基础上共同发展，永久合作。"

马歇尔道："阁下的建议值得考虑。德国人赞同贵国的主张。但是，远东地区的商务，英国人份额最大，故，一切商务应以英国人意志为转移，别国似无能为力。"

德国实际上是在与英国人攀比，那意思就是告诉李鸿章：你们若能把英国人的关税增加上去，我们就同意增加。

预期的关税问题没有能得到解决，李鸿章是满心的不高兴。刚刚从马歇尔处返回恺撒大旅馆，马歇尔跟着也来了。他是来向李鸿章作礼节性的拜访，并代表德国皇帝向李鸿章赠送了"红鹰大十字头宝星"。而且，德国人还给李经方、李经述各赠送了一尊宝星。李鸿章的情绪这才渐渐好转了。

同日下午，李鸿章率全体使团成员晋谒了德皇威廉一世皇陵及皇帝祖母之陵。李鸿章向皇陵敬献了两只精美的花圈。

翌日，德国御前大臣传德国皇帝、皇后之意，特请李鸿章前往波斯坦德国新宫，参加由德国皇帝、皇后举办的欢迎茶会。这个茶会规模空前，所有驻德使臣及德国政府的文武要员都陪同出席了茶会。中方使团全体成员被邀请在主席台上就座。茶会之后举行了隆重的阅兵大典。德国人是有意要向这位来自中国的靠军事起家的大臣展现他们的实力。

阅兵大典是在御教场举行的。李鸿章与威廉二世并排坐在阅兵台上。李鸿章坐的是一张虎皮椅，显得不卑不亢。

只听御林军总统领一声令下，各军列队齐出，一个个方阵整齐划一，高呼口号，正步向前。接着，台下的德军举行了实弹和练武表演，一时间枪声大作，震耳欲聋。李鸿章感叹道："苟使臣有此军十营，于愿足矣，况更多多益善，尚何妖魔小丑之足为华患哉？！"

同日，李鸿章由德国官员陪同，同登朝车，参观了附近的来复枪厂。仅该

厂就有工人六千名，机器四千台，规模宏大，李鸿章眼界大开。该厂高薪聘请了美国人麦新做顾问，李鸿章与之进行了亲切的交谈。有一个车间是专门制造手枪的，李鸿章驻足细看。该厂厂长娄君向李鸿章介绍说：“此手枪于临阵之际，也可以改作长枪使用，极为灵便。”李鸿章抓起一支枪，在娄君厂长指点下果然使此枪由短变长。李鸿章对此枪给予了高度评价，表示：“回国后将向贵厂大批购买此枪。”

六月十九日，德国宰相何恩禄举行盛大宴会，以欢迎中国使团为主题，所邀贵宾近两千人。李鸿章却无心大吃大喝，他在想着一件事：要去一趟司坦丁造船厂。当年雄冠北洋舰队的“定远”“镇远”两舰，正是该厂所造。何恩禄理解李鸿章的心情，在宴会上当场表示：愿意亲自陪同参观。

李鸿章到底没有能止住自己涌动的泪水。司坦丁造船厂的一切勾起了他对甲午海战的回忆。北洋舰队全军覆灭，丁汝昌至死不降，往事历历在目。想到他曾引以为豪的两艘铁甲舰从这里出厂而如今舰去人亡时，他的心中翻江倒海，悲凉万分。

从司坦丁造船厂前往德国基尔军港，李鸿章的心情仍然十分沉重。这个军港为波罗的海与北海之间的咽喉所在，有一条人工运河与之相接。李鸿章一行来到此港，引起各国普遍关注。分析家认为：李鸿章来到基尔军港，必定有其特殊使命，因而纷纷派出记者采访。

有舆论认为中德之交由于李鸿章的来访日趋密切，李中堂是为了谋求商务合作。李鸿章对采访者一概不拒。尽管已是风烛残年，但仍旧精神饱满，坦诚布公，对答如流。有人就《中俄密约》、东北铁路等发问，李鸿章笑着回答说：“中俄并无什么密约，有妄言予往俄都觐面画诺者，误之甚者也。予之往俄，专为联络邦交起见，与今之来德无异。若论俄国铁路而经过中国东北一事，则的确有之。但那无碍于华地，也无损于华权也。”

还有记者问中国想增加关税一事，李鸿章答道：“中国的确有此意，将借之以还对各国的借款。同时，也是为了争得应有收益。”

李鸿章在西方各国极负盛名，连光绪皇帝都为之惊叹：“世界不知中国皇帝之名，却知李鸿章嗜好矣！”光绪皇帝因之隐隐不快。

六月二十七日，李鸿章到达了德国前任宰相俾斯麦的故乡。李鸿章对普鲁士这位铁血宰相景仰已久，德国人将自己与他相提并论，这就更加引起了李鸿章对这位人物的兴趣。俾斯麦故乡离汉堡港不远，那天丽日高照，风平浪静。只见李鸿章身穿黄马褂，头戴三眼花翎，步履轻盈地到了俾斯麦的官邸。周围民众听说“东方俾斯麦”李鸿章来访，有许多人从数十里以外特意赶来，想一睹这位中国四朝元老的风采。一时间人山人海，夹道围观者绵延好几里地，犹

如蜂屯蚁聚一般。

俾斯麦早已穿戴整齐，迎候于大门之外。二人遥遥相见，互相施礼，然后都快步走近，紧紧地握手，一见如旧识。

随后，宾主入座，亲切交谈。

俾斯麦与李鸿章互致问候，然后切入正题。俾斯麦问："李中堂是大国位尊望重之名臣，何故愿意屈临敝地，与我这个辞职宰相一会？"

李鸿章看了俾斯麦一眼，笑而答道："久闻阁下大功大德，几乎到了神妙不测的地步。所以，老朽我早有心愿，想会一会你。"

俾斯麦答道："阁下亦早已成就奇勋也！办军队，搞洋务，富国强民，开创大清帝国数不清的第一，佩服，佩服！"

李鸿章笑道："若与阁下相比，差之十万八千里呀！"

俾斯麦发现李鸿章果然谈吐不俗，便命人安排了酒筵，边吃边谈。中方随从人员、翻译及各国新闻报馆记者在一旁边听边记。

李鸿章说："我这次专程来拜访阁下，有一事乞垂请诲哩。"

俾斯麦问："什么事情？"

李鸿章道："欲中国之复兴，请问可用什么办法？"

俾斯麦笑答："这个问题令我为难了。德国离中国较远，我既没有去过贵国，又缺少研究，没有发言权呢。"

李鸿章道："那么，请问何以胜政府？"

俾斯麦答道："为人臣子，总不能与政府相争。故各国大臣，遇到政府有龃龉之处，非俯首以从命，即直言以纳诲耳。"

李鸿章问："但则为政府言，请问何以图治？"

俾斯麦："我认为应以练兵为立国之基，舍此别无长策。"

李鸿章点点头，道："中国之患，不是缺少兵源，而是缺少可以带兵打仗的将领，还缺少练兵打仗之法。我在三十多年来，总想把这个道理给国人讲清楚，但收效甚微。这次来德国，亲眼见到贵国军队演练，心中赞叹不已。不久回国后，必将仿照贵国军制，以练新兵。但我们还需聘请教习，请贵国给予支持。"

俾斯麦道："练兵之法，更有进者。一国立定一军，不必分驻全国，只须选择重镇扼要之处，群聚屯扎。不论何时何地，若需兵力，一闻军令，立即成行，然又不可不预备军行之路。想来阁下对此运筹已熟矣。"

李鸿章听到这话，犹如被蚊虫叮咬了一口。中国用兵，败在驻兵分散，各自为阵，无法集中统一调配。他叹道："若能再退回二十年，若再节制军权，定要克服这一弊端了！"

这两位老臣交谈了很长时间。有记者主动请求为两位老臣合影留念，他们都

欣然应允。

分手时，俾斯麦取出一本册子来，其中已留下世界许多著名人物的签名、题词。俾斯麦请李鸿章留下墨宝，李鸿章挥笔写下了自己的大名。七月二日，李鸿章应克虏伯炮厂的邀请，到该厂参观。该厂成立时，所有雇工不过百人，此时却拥有将近十万工人。李鸿章惊叹不已，想到自己创办的几个制造局，与这个炮厂相比，自觉望尘莫及。

李鸿章在德国期间，之所以不顾年老体弱，到处走访、参观，正是因为他比较了解德国。他深知德国是欧洲强国，很想知道其发达之术，探讨一下它富强的奥秘。他对德国军械制造技术羡慕不已，想尽可能探其一二，用以匡扶大清社稷。而德国军火商和贸易界则把李鸿章当成了世界上最大的买主，希望通过李鸿章进一步打开中国市场。因而商会宴请，工厂参观接连不断。

七月四日，李鸿章一行离开德国，前往荷兰。次日，中国使团到达荷兰首都海牙。荷兰国王先期派前驻华公使赶往德国克累弗迎接。李鸿章一行乘火车到达海牙，受到荷兰官方的热烈欢迎。当天晚上，李鸿章一行应邀出席了荷兰政府为他举行的宴会和歌舞晚会。他品尝着西方风味佳肴，欣赏着“珠喉玉貌、举世无双”的歌舞，飘然欲仙，即席赋诗，道：

出入承明四十年，忽来海外地行仙。

华筵盛会娱丝竹，千岁灯花喜报传。

七月六日，李鸿章率众进入荷兰王宫，觐见荷兰国王、王太妃和女幼公主，呈递国书，并敬呈大清皇帝所馈赠的礼品：古磁、古铜器皿、丝绸、名茶等。荷兰国王赠给李鸿章“金狮子大十字宝星”。所有中方随员也都获得了赠品。

次日，李鸿章率团到达阿姆斯特丹，这里是荷兰通商大港。七月八日，李鸿章急匆匆地离开了荷兰，前往比利时首都布鲁塞尔。荷兰和比利时在李鸿章眼中，都是小国，因而不被他重视。他只想走一个过场，完成礼节性访问后，尽快前往法国巴黎。

李鸿章是七月十三日到达巴黎的。还没有下车，李鸿章就看见车站内悬出彩旗和中国的龙旗。站台内外已遍设步兵护卫，李鸿章从中看出了法国人的热情。他获悉：马上就是法国的国庆节了，有许多重要的活动在等待他这位中国使臣来参加呢!

次日，李鸿章拜访了法国外交部长汉诺多，并晋谒了法国总统福尔。到达爱丽舍宫时，李鸿章拾级而上，向福尔总统鞠躬施礼，呈递国书，并代表光绪皇帝致词。

福尔听完李鸿章的颂词，喜溢眉宇，致词答谢。当晚，李鸿章一行同福尔总统乘船观看了巴黎焰火之戏，并出席了由法国外交部举办的盛大宴会。

次日始，李鸿章与俄国全权代表罗启泰、法国外交部长汉诺多分别就“借地修路”和“照镑收税”问题举行了会谈。罗启泰是受维特派遣专程到巴黎来会见李鸿章的。俄国人准备先派员前往黑龙江、吉林勘路测量，请求中国发给护照。李鸿章答应下来，立即电请北京总理衙门照办。接着，经总理衙门同意，《合办东省铁路公司合同章程》正式签字了。

李鸿章与汉诺多就“照镑收银”一事进行磋商，汉诺多提出两项先决条件：“必须各国皆允，越南陆路不改，请由驻京各使公议”；允许“法员襄助福州船政局，划定一处未定的中越边界”。李鸿章看出了汉诺多的狡诈，公开提出异议。

李鸿章就借款问题也想做些调查。七月十八日，他参观了巴黎大银行，看了金库。巴黎银行的金库当时拥有的黄金储备量居世界之首，李鸿章印象极深。在银行参观过程中，银行总办见识很广，与李鸿章娓娓而谈。李鸿章乘机切入正题，道：“本国今欲多借巨款，但不欲与国政相关。如若径向大银行商借，不知可否？”

银行总办答道：“站在本银行的立场上，我愿意向贵国贷款，且利息也不会高。”

李鸿章心中一喜，道：“那么，我们今天可以谈一谈这件事么？”

总办露出为难之色，道：“今天有所不便。银行有通例，一定要议有规约，以告众人。”

李鸿章幽默地说：“我国借款之后，若不能如期偿还，贵国会不会发兵舰以索国债呢？”

总办好像没有听懂李鸿章话中的含意，答道：“兵舰是皇家的，银行岂可借兵舰讨债？”

李鸿章一笑而别，临行前淡淡说了一句：“我国将来兴办实业，再来向贵行大举借款吧。”

李鸿章在法国马不停蹄地参观了报馆、学校、博物馆、工厂、矿山等。巴黎的博物馆占地面积令李鸿章吃惊，相当于中国一个小县城的规模。这里珍藏着世界各地的奇珍异宝，让人目不暇接。其中还陈列有大量中国的古玩、佛教文物、金银制器等。当年收藏在圆明园里的许多珍宝，如今却陈列在这里了。李鸿章仿佛觉得，这里是强盗的收藏，因而心中不快。

一八九六年八月一日，李鸿章一行离开法国，越过多佛尔海峡。第二天便进入英国境内。负责送李鸿章一行的法国轮船停泊在南安普敦港口，英国方面派员迎接他们进入英国。在英期间，李鸿章晋见了英国维多利亚女皇。这个大名鼎鼎的女皇端坐在金漆靠椅上，穿一身黑色衣裙，头披一块白纱，左肩系一条白罗

带，下悬一只金盒。她的左侧肃立的是太子、太孙妃、皇族爵妃及宫主、郡主、县君、乡君等一班贵女；右侧站的是太子、太孙及亲贵上公；她的身后则是宫中奉事的男子。

李鸿章由英国首相兼外交部尚书沙里士保陪同，进入正殿。只听沙里士保启奏道："大清国宰相、头等钦差大臣李鸿章到！"

女王弯腰以示欢迎，李鸿章向女王三鞠躬，然后手执颂词，用汉语朗诵一遍。李经方接着用英语宣读道："上启大君主，使臣奉本国大皇帝钦命，航海至大英国，敬问大君主起居万福，万寿无疆。今日使臣得觐玉容，更蒙礼接，实属三生有幸。更愿两国之交，永敦辑睦。"

接着，李鸿章次子李经述手捧金龙黄缎大御封国书，递给沙里士保，由沙里士保再转递女王。女王致词答谢，道："卿跋涉长途，远适我国，朕甚喜卿之至。卿言中英辑睦，正合朕意。"译官翻译一遍后，女王起身，弯腰相送。

次日，李鸿章拜访了英国前首相格莱斯顿，并同外交大臣索尔兹伯就"照镑加税"问题进行了会谈。李鸿章深知，只要英国同意给中国增加关税，其他国家就没有拒绝的理由了。索尔兹伯则主张，此事可等到两国修约时再议，他个人会尽力促成此事。

会谈没有取得实质性突破，但李鸿章在英国的参观访问收益良多。他首先到下议院，英国方面已为他特设了一个座位，他旁听了议员们讨论国事。下午，他又到上议院，观看了院中特设的"君主御座"，并同许多议员们进行了交谈。

朴次茅斯港给李鸿章留下了非常深刻的印象。他前往参观时，正值英国一年一度大阅海军。这天港口内外聚集了一百多艘军舰。李鸿章应邀乘坐御船，驶出海港。所有军舰分列两行，鸣笛致意。水兵们整齐地肃立于甲板之上，军容威武。李鸿章恍如在梦中一般。他实在不敢想象，仅在一个朴次茅斯港，就有这么多军舰，而他竭尽全力几十年，也没有让他的北洋舰队多添一舰。他想：清廷国势，果然难以与这些列强们抗衡了。北洋舰队屡战不力，最终失败，亦不足为奇了！

李鸿章怀着复杂的心情参观了英国的造船厂、枪炮厂、钢铁厂、电报局和几家银行。这一处处都令这位老人感叹不已。在伦敦汇丰银行，李鸿章一行受到热烈欢迎。银行在水晶宫为李鸿章举办了盛大的招待会，英国各界名流三百余人参加，一顿饭耗资六千英镑，折合三万多两白银。伦敦商业总局更是别出心裁，召开由一千多人参加的欢迎大会；伦敦华人会馆也特设盛筵，邀请英国官方人士作陪。宾主举杯畅谈间，礼极备至，罗丰禄还代表李鸿章致词答谢。英国大亨们慷慨解囊，不仅是出于对李鸿章的敬重，更为了通过李鸿章拓宽中国市场。他们称

李鸿章是“中国大臣之领袖”，建议大清采取“通商兴国”之策。李鸿章表示愿意尽力推动此事。

在英国访问了二十二天后，李鸿章离英赴美，横渡大西洋，于一周后抵达纽约。美国人比照前年西班牙公爵访美时的礼节接待了李鸿章。李鸿章率使团进入纽约港时，炮台鸣十九响礼炮；过美国海军驻泊处，美国海军鸣二十一响礼炮以示欢迎。美国各报界视李鸿章访美为绝大新闻，纷纷抢先登上李鸿章的坐船进行采访。李鸿章登岸后，美国水陆官兵擎枪列队，敬礼致意。数万名美国民众手执中、美两国旗帜涌上街头。

七月三十日，李鸿章率使团全体成员到格兰特总统墓上敬献了花圈。八月二十一日，李鸿章由纽约赶往华盛顿访问。当时美国总统克利夫兰正在休假，听说中国特使李鸿章中堂来访，递交国书，特地赶回华盛顿，接待李鸿章，并与他进行了交谈。当晚，清廷驻美领事、公使及各级官员和大小商人集资宴请了李鸿章和全体使团成员。

美国基督教会诸位领袖也前来拜会李鸿章，感谢美国在华教友受到了中国的保护。李鸿章不卑不亢，推心置腹地谈了自己的观点，对美国基督教多年来远涉重洋，在中国各地兴办医院、学校，组织募捐赈灾表示赞赏，同时也指出少数传教士刺探情报、干涉内政、侵犯官权的不良行为。李鸿章认为，无论是孔子之道还是耶稣之道，都是大同小异的，“二教相近”。他说：“唯一则‘己所不欲，勿施于人’；一则‘己所欲者，必施于人’！”

九月一日，李鸿章在美国举办记者招待会。李鸿章泰然回答了他们的各种各样的问题。

例如，有记者问，觉得美国有什么地方不好时，李鸿章回答说，他不想批评美国，美国政府对他的接待让他满意。要说有什么吃惊的地方，就是美国居然有那么多的政党，这些政党形形色色，他们会不会使国家处于混乱状态呢?

在美国，除了让人“闹心”的政党，李鸿章也见到了许多让他喜欢的东西。那个时候，对于清朝来说，摩天大楼是不可想象的事物。因此，看到美国二十层或者更高的摩天大楼的时候，李鸿章十分惊讶，并且表现出很大的兴趣。他对美国记者说，他在中国和欧洲从来没有见过这么高的楼，这些楼安全吗？它们看上去很牢固，可是它们能抵挡住大风么？如果有台风，它们会不会被吹倒啊？他对美国高楼里边的电梯也比较感兴趣，赞叹电梯使人们在高楼里的活动变得十分方便。

对于一个国家来说，最大的财富是人才。国家之间的竞争，最关键的是人才的竞争。在百多年前，人们已经开始关注这一问题，有记者在记者会上问李鸿章，中国的老百姓是否都能够接受教育。对于这个问题，李鸿章是这样回答

的：我们中国人的习惯是送所有的男孩子去学校上学，我们的学校条件很好，但是付得起好学校学费的只有富家子弟，穷人家的孩子付不起学费的话，就不能上学。

紧接着，记者又问李鸿章对于妇女接受教育的看法。对此，李鸿章回答得很谨慎，他说，在中国，只要有经济条件，所有家庭都会给家里的女孩子请家庭女教师。中国还没有让女孩子就读的学校，也没有更高一级的学校。中国这样做，有自己风俗习惯的原因。这跟美国不一样。也许，中国该跟美国学习。

以上这些问题，李鸿章回答时都是心平气和的。

后来，记者又问到了李鸿章对于美国的排华法案的看法。回答这个问题的时候，李鸿章有些激动。他对于美国的制度也有不少的了解，他说，知道美国又要进行选举了，他希望新政府能有一些变化。虽然不指望美国政府能够废除排华法案，但是希望美国的舆论能够对在美国的华工给予支持，希望美国的报界能够呼吁一下，最好还是能够废除这个排华法案。这个排华法案是十分不合理的。

见李鸿章不客气地批评了美国前几年掀起的禁止华工风潮。有记者想钻钻这个年迈老翁的空子，问道："李中堂刚从英国而来，请问英国与美国比较起来，哪个更好一些呢？"李鸿章笑着答道："你本来就是英国人。美国人才都是从英国那里过来的，谁好谁坏，我怎么能评定呢？"

次日上午十点，李鸿章抵达费城。他参观了著名的独立厅。费城地方当局在此举行了盛大的欢迎仪式，中美双方还在仪式上互致颂词。费城市民们都在各自家门口悬旗表示欢迎。费城官员为李鸿章一行导游各处名胜，全城人以一睹中国伟人为生平幸事。下午，李鸿章重回华盛顿，发生了一件小事：因昨日李鸿章批评美国排挤华工时，曾涉及到爱尔兰人。于是，爱尔兰籍的人们就相约不给李鸿章抬轿子。李鸿章心中未免不愉快。

九月三日，李鸿章想参观华盛顿山陵，因下雨未能成行。下午微晴，他看到城内街上到处是水泥建筑物，光滑如镜，十分高兴。只见街头行人多数都是骑自行车往来，道路干净，很觉得新奇。有人要送他一辆自行车，他接收后说："我已年迈，又从未骑过这玩意儿，在中国，尚无这样的水泥路可供往来，罢了！罢了！"他让李经方骑了一圈，并命人把这辆自行车带回中国。自此以后，中国才有了这辆自行车的仿制品，进而在中国的城市中间，渐渐出现了自行车这种既简单又方便的交通工具。

美国华侨对李鸿章的到来表示了极大的热情，几乎家家悬旗欢迎。华侨们联合起来，准备设宴接待，李鸿章却因手指被车门挤伤不能到场，华侨们大失所望。在李鸿章离开纽约去费城那天，纽约华商五十多人公送银瓶一座，略表对李

鸿章的心意。

临离开美国前，李鸿章想到：华侨需要本国的支持，应郑重看望一下他们。他特地前往华人街，顿时触动了乡情，两眼流泪。毕竟离开中国的时间不短了。而且，他突然来了食欲，让华人餐馆做几道中国菜来吃吃。没有想到美国人对他的一举一动都十分注意，纷纷围观李鸿章进餐。只见李鸿章吃得有滋有味，再细看那一桌饭菜，热气蒸腾，色香味俱佳，真正是前所未见，闻所未闻。美国人大为惊奇，一个劲地问李鸿章的随从：这是什么？那叫什么？问得随员们应接不暇。老实说，有些菜，他的随从们也说不上名来，只好统称为“杂烩”。李鸿章曾对他的部下们说过：他多次招待洋人，为了避免浪费，把上顿吃剩下的几种菜放在一起再烧，这便是“杂烩”了，洋人们竟然吃得连声赞叹。

美国人如同探得了秘宝一样，争相传告：李鸿章的大杂烩最好吃。于是，“李鸿章大杂烩”作为中国美食的代称不胫而走。美国人掀起了一阵“中国菜热”，华人餐馆业为之大盛。仅纽约一地，在李鸿章离开美国不久，就出现了三四百家“李鸿章杂烩店”。中国菜向来讲究色香味俱美，“什锦”式的大菜更是无丽不臻，山珍海味，万般皆备。中国菜以及李鸿章的杂烩从此风靡世界了。

结束了在美国各地的访问，九月五日，李鸿章一行离开华盛顿前往加拿大，在美、加交界处，参观了著名景观尼亚加拉大瀑布。到达加拿大后，同样参观游览了一番，然后从多伦多转往西海岸的温哥华。九月十四日，中国使团搭乘美国太平洋轮船公司的远洋客船，横渡太平洋，踏上了归途。

客船途经日本横滨，李鸿章拒不登岸。他说：“日本是我终身不履之地！”

十月三日，李鸿章回到了他久别的天津。此次古稀之旅，他从三月二十八日离沪至十月三日返津，历时一百九十天，行程九万里，遍访欧美五大强国和一些小国，创造清代出游之最，实属自古以来的罕见之举。

在天津港，他对迎接他归来的文武官员说：“忽从西海，重复东华，去日几何，辄有东坡还朝如梦中之慨！”

李鸿章出访欧美各国的真正感受却不在于此。他郑重谈到：“此次欧美之行，其扼要处在于，实在彼国上下一心，以至于通力合作，故能无事不举，积富为强。而我国则政杂言庞，而生财之道又弗如远甚。每于纵观之际，时增内顾之忧。”此时，李鸿章对自己“以夷制夷”的思想仍充满自信。他还沉浸、陶醉在甜蜜的梦中。

他对天长叹：大清国呀，老臣为你竭尽全力了，以致早过古稀之年，还远涉重洋，报效于你！老臣一趟欧美之行，可保你十年平安哩！

梦，是一个很快破灭的梦。

不久，风云突变，俄国熊变了模样：《中俄密约》签订不过年余时间，俄国人翻脸不认人了，向清政府下达最后通牒，要永占旅顺、大连，并严限期限表态，要中国“即行办理”。一八九八年三月二十七日，李鸿章奉旨同沙俄重新进行谈判，订立《旅大租地条约》。五月七日，又订《续订旅大租地条约》。这两个条约的主要内容是：

俄国租借旅顺、大连及附近海面，租地内军政大权归俄国所有，中国不得在租借地内驻军，租借期为二十五年；租地之北，划一“隙地”；不经沙俄同意，中国人不得入内；此地区内之土地、路矿及一切通商利益，不得租让他国；允许俄国从东三省修筑一条铁路支线以达旅顺、大连，铁路所经地区之铁路权利，不得转让别国……

李鸿章手捧着这些条约，顿觉无地自容。所谓的“盟国”也竟然如此贪欲无限，大出意料，自己被俄国人骗了！他这时才感到所谓“联俄制日”“以夷制夷”“可保十年无事”早已是个空想，以至于现在都成了对自己的讽刺！李鸿章就好像被人重重地在脸上打了一巴掌。

他哀叹道：“胶澳议租专条业已画押，此案遂已归束。俄人复请租旅大，横生波澜，环伺纷争，徒恃笔舌，如何能够支持？”顿了顿，他又说：“一味迷恋于向西人讨教自强求富之良方济世，无异于与虎谋皮、缘木求鱼而万万不可得的。”

李鸿章醒悟了，但他也无计可施了。一个七十五岁高龄的老人遇上这些“受谤之辱”，其自身价值当然丧失殆尽。他无力再为朝廷冲锋陷阵，朝廷因而也不再需要他了。当他环游欧美满怀喜悦地回到北京后，即受到了朝廷的冷落。一八九六年十月二十四日，光绪下旨：命李鸿章为总理衙门大臣上行走。这是一个徒有虚名的位子，标志着他的地位由此一落千丈，大权旁落了。总理衙门大臣分为三类，即总理各国事务亲王、郡王、贝勒；总理衙门大臣，由军机大臣兼任；总理衙门大臣上行走，由内阁、各部院满汉堂官等担任。李鸿章属于第三类，最无实权。

就在光绪皇帝任命他为总理衙门大臣上行走的同一天，朝廷又以李鸿章擅入圆明园为由，将他“着交部议处”。原来，李鸿章访欧美归来，自天津往北京途中，曾便道经游圆明园，凭吊废墟遗址。秋风乍起，吹起他零乱稀疏的白发。他看到被列强们毁坏的名园已成颓败之境，一时悲从中来，老泪横流。加之联想到自己晚年的遭遇，更是伤感万分。

殊不知此时慈禧和光绪皇帝正在主持修复圆明园，每隔几天就要到这里督视一番。因而这里虽为废墟，却成禁地了。李鸿章数月出访，不知底细，贸然入游，便算犯下大罪了。部议的结果是：革职。

他已记不清在这一辈子中，有多少次准备返回故里了。但每一次都没有真正获准回去。这一次也不例外。光绪皇帝前一天对他下了革职的圣旨，次日又改为："罚俸一年，不准抵消！"李鸿章又投闲贤良寺了。整日公务全无，只有同一班幕僚们枯坐庭院，说今道古，消忧解闷。经方、经述仍陪伴左右，日子过得也还自在。只有当独自冥思苦想时，才觉得凄然难耐。

到了一八九八年十一月十三日，慈禧太后忽然想起了已是近七十七岁高龄的李鸿章，便下旨派他前往山东，主持治理黄河的水患工程。

次日，李鸿章怀着满腔怒火上奏朝廷，坚持不去。理由是：山东黄河连年溃决，积弊已深，即使设法筹办，因自己年事已高，没有把握了，请另派大员负责此事。

慈禧不允，再次下旨，令李鸿章总办。他只有勉为其难了，于十二月十一日乘火车抵达济南，随员有吴廷斌、于式枚、孙宝瑞、袁大化等人。时值三九严寒，风雪交加。李鸿章以将届八旬的老迈之躯，徒步跋涉于泥泞之途，亲往黄河上下游督促勘测，内心的感受和身体的苦痛可想而知了。

一张黄河全程地图绘出来了，并写出了《勘筹山东黄河会议大治办法折》。提出了十条根治办法，要求先培修堤岸、购地迁民、疏通海口等，可谓远近兼顾，标本兼治。李鸿章完成了前期准备工作，历时四个月，行程两千余里，终于奉旨回京了。

大哥李瀚章病逝的噩耗传来，李鸿章痛哭了几天，心情悲凉至极。他仍处于悲痛之中时，慈禧太后又一道圣旨送到贤良寺，命他出任商务大臣，前往全国各通商口岸考察商务。李经述叹道："父亲呀，朝廷是要将您的一点油水榨干哩！"

李鸿章这时却不以为然了，回道："没有几年活了，能为这个国家多做一件事情，在所不辞。"但他尚未成行，荣禄便来找他了。是慈禧派他来的，她想废掉被软禁于瀛台的光绪皇帝了。荣禄道："太后懿旨，命你暂缓出行，出面到各国驻京使馆探听情况，以资太后废帝之主张。若是各国无意反对，太后就下手了。"

李鸿章一惊，深知此事重大，在晚年不能再卷入帝后之争了，于是回道："我已久为闲人，长时期不与外人交往了。如今身无实职，有哪个洋人还能与我通报实情？"

荣禄回宫后原话照传，慈禧从话中体悟一番，于一八九八年一月任命李鸿章接任谭钟麟的两广总督之职。之后，李鸿章频繁接待各国使节，闲聊中探得：除俄国外，其余所有国家都反对废除光绪皇帝。

李鸿章为光绪帮了一个大忙。慈禧太后不得不将废帝之事搁置下来。

一八九九年一月二十八日，李鸿章正式离京前往广东，在广州就职视事。

不久，慈禧派出许多杀手前往香港和日本，捉拿康有为、梁启超。于一八九九年二月十一日传旨，命李鸿章铲平康、梁在广东的祖坟。李鸿章明拖暗抗，迟迟不做安排。李经述从京城给父亲发来急电：慈禧为李鸿章拒不平坟十分恼火，将要追究。李鸿章再无借口，只好下令平了康、梁两家的祖坟后上报。

一九〇〇年春夏之交，在北京、天津、保定三角地带，爆发了声势浩大的义和团运动，锋芒直指外国侵略者。外国驻华公使们胁迫清廷剿灭义和团，慈禧太后摇摆不定。孙中山站出来了，乘势而上，谋求与李鸿章合作，争取两广独立，建立一个共和国。孰知一九〇〇年五月二十八日，英、俄、日、法、德、美、意、奥八国联军以义和团危害外国侨民安全为借口进犯北京。大敌当前，清廷内部意见分歧，有的主张开战，有的主张求和。

慈禧太后一反常态，于六月二十六日发出对外宣战书。她想利用义和团惩治一下列强们。慈禧召李鸿章立即进京，李鸿章虽表示“遵旨北上”，但却没有离开广州一步。他已看出：“群小把持，慈禧回护，必酿大变。”于是，他会同刘坤一、张之洞联衔会奏，提出应付时局的具体办法：一、清廷明降诏书，令各省督抚、将军按以往之条约，确保各省洋商及传教士之生命财产安全；二、请求清廷明谕降旨，对德国公使被杀事件深表惋惜；三，请求朝廷下令各省，清查开战区外各省洋人、传教士被义和团杀死之人数、财产，由清政府赔偿、抚恤；四、请求清廷下令直隶督抚、统兵大员，如有义和团“扰害良民”，严加镇压。

晚年的李鸿章糊涂了，给慈禧太后献上了一个“安内才可攘外”的馊主意。

一九〇〇年七月十七日，李鸿章终于奉旨离粤。但他未去北京，却到了上海。他身穿蓝短衫登上“安平”轮，靠在小藤榻上，心潮翻滚。他意识到此番奉旨进京，等待自己的绝不会是烟花美景，而必将是满目疮痍。但他仍然决定北上了。船抵上海时，他又决定暂缓进京。他给慈禧上奏，道：“连日盛暑驰驱，感冒腹泻，衰年孱躯，眠食俱废……”他要求太后赏假二十天，暂住上海。

很快，李鸿章接到李经述从德州发来的电报：天津失守，直隶总督逃走，北京已成瓮中之鳖。得知这个消息，李鸿章就更是不能尽快北上了。慈禧准予李鸿章在沪休养二十天。

在上海的第十天，李鸿章接到慈禧懿旨，旨中措辞婉转，大有系全国之力于李鸿章一身之倾向，道：“此时危局，唯李鸿章可挽之耳。”

李鸿章苦笑道：“老朽哪有那个本事哟！大势已去，纵是三头六臂也绝无回天之力了。”李鸿章捧着太后的懿旨，从中读出了她的内疚之情：颐和园工程、六十寿典所耗财力太大，以致北洋舰队一日不如一日，陆军军需全无，才导致今

日之败啊！

“她居然也有醒悟之日？”李鸿章喃喃道，心中好似得到了些许安慰。他也清楚：慈禧急于把他召进北京，是想让他出面与八国联军周旋，以期退兵。李鸿章电复慈禧：“当今之群雄并起之局面，非臣区区绵力之所能挽回，望酌派亲信晓事之王公大臣，与诸国会同筹议。臣老之将至，恐为国不能尽力……”

军机处将李鸿章复电转给慈禧。慈禧见了，一声不吭。她也上了岁数，转摇羽扇多年，又迷恋佛事，早已泯了是非之心，只觉得有些悲凉。对李鸿章拒绝她的指派，也只好忍气吞声了。

果不出李鸿章所料，到八月十四日，八国联军如潮水一般地涌进了北京城，次日占领北京全城。稍前几天里，东北已被俄国攻占。百年帝都、直隶和东北广大地区又遭涂炭，无数百姓惨遭烧杀淫掠。慈禧太后带着一直被她软禁的光绪皇帝西逃而去。仓皇之中，一把羽扇掉在车轮下，被轧得粉碎。慈禧在逃亡中，于八月二十四日给李鸿章发来懿旨，任命李鸿章为全权大臣，令他“将应办事宜，迅速办理”，且朝廷“不为遥控”。一个大清帝国交到李鸿章一人之手了，太后、皇上则躲到开封去了。

李鸿章没有退路了，短短半月，大清国已危如累卵，紫禁城无数宝藏已落入强盗们之手，花了几千万两白银修起来的颐和园可能将成为灰烬，半壁江山尸横遍野……李鸿章只能把生与死置之度外，冒着极大危险于九月十五日从沪北上。俄国人又想拉拢李鸿章，要派军舰护送他赴津，他拒绝了，乘招商局的“安平”轮启程了。

在上海的日子里，他深居简出，时刻关念着北方的局势。北京失守，使他的心如灌了铅一般沉重。此时上路，他虽无把握可以挽救大清，扭转局势，但却决心豁出一条老命，竭尽全力。九月十八日，他抵达塘沽，住进了海防公所。次日，慈禧以光绪皇帝的名义又在他头上加了一个头衔：直隶总督。十月一日，又给他钦差大臣关防。他一生以来，还从没有同时戴过这么多顶“帽子”。

朝廷是迫不得已而为之。李鸿章也深知，这些“帽子”只有一个意义：议和签约。这种事，他已做过太多、太多。而这一次，却比以前任何一次都难。他李鸿章这根老胳膊，能拧得过八国联军的大腿么？以年近八旬之身出面，自有两种结果——成或不成。成，无非又是割地，又是赔款；不成，则自己身家性命难保，等待他的可能就是万刃分尸。

但是，在这样的时候，大清朝或许只有他出面才有可能办好这件事情。前面就是通往地狱之门的冥途，他也只好走下去了。

十月十一日，他在八国联军的枪炮声中进入北京，住进了老地方贤良寺。李经方闻讯赶来，父子俩久别重逢，抱头痛哭。首先映入这一对父子眼帘的是一片

劫后的惨景：北京城被蹂躏得混乱不堪。断壁之下，到处可见横七竖八的尸体。八国联军对北京城分段占领，实行殖民管治。经李鸿章力争：唯西城外这个贤良寺被承认为“中国地方”，其余全部被八国瓜分。即便是全权大臣的住所，贤良寺门外也出现了俄兵把守。李鸿章道：“老朽成了受礼遇的俘虏了！”

李鸿章到达北京的消息传出去了，八国联军万分欣喜。在许多国家看来，这些年来，中国唯有李鸿章才是“幕后的皇帝”，是最有资格也有实权代表大清国讲话的。所以，李鸿章出面调停，八国立即为他大开了方便之门。

十一月十五日，李鸿章拜访了八国联军统帅瓦德西。瓦德西虽对李鸿章十分敬重，但为了捞取更多的好处，却卖起了关子：“如今是八国来华，各国间利益互有冲突，各不相让。我虽名为八国统帅，但在利益上是做不了主的，还须找各国商量，力争在华利益均等。”

李鸿章已探知：八国已密议了一个要旨，正是“利益均等”。说来可怜，以李鸿章首相身份，向来受惯了外国公使们的奉承。如今国破兵败，他就是一身的头衔也不值钱了。为了笼络感情，李鸿章此时反而对瓦德西赔上笑脸，道：“我希望力保京津，其他议和条款都好商量，只是不要太苛刻。”

瓦德西道：“对不起中堂大人了。八国联军已决定在直隶过冬。因此，请你的清军尽快撤出直隶！”

“尊敬的大帅阁下！”李鸿章突然亮开嗓门，道：“我中华地大物博，人口众多当数世界第一。只怕八国要求条件过苛，会引起极大民愤。那时大清朝廷垮了，而你们恐怕也收拾不了这个残局了。无人与你们议和，你们又能捞到什么呢？”

这话使瓦德西猛地一惊。但他还是故作镇定地说：“我们早已看到，贵国虽然民众最多，但犹如一堆土豆，散了阵，没有抵抗力的。义和团人多吧？还不是一击就败了么？”

说到这里，瓦德西向李鸿章跟前凑了凑，压低声音说：“李中堂，我这次带来了德国皇帝陛下的密谕：德国政府切愿中国昌盛和平，以利两国邦交敦睦。但贵国皇太后、皇上没有统治中央大国的能力，应该废除。如果李中堂阁下有意继承皇位，德国政府将联合其他强国共同推戴你为中国皇帝，再派出相当兵力，协助你训练新军，稳定局势。据我们所知，八国之中除英国外，都愿推尊阁下为帝。望阁下切勿错过这个千载难逢之机。”

李鸿章一到天津，天津税务司德璀琳就向他透露了外国公使们打算拥他为帝的消息。他当时只当是笑话，不以为意。不料现在还真的被瓦德西讲出来了。此事张扬出去，将有灭门之祸。李鸿章到底是外交老手，听了这话以后淡淡一笑，指着坐在一旁的儿子李经迈说：“本部堂已年近八旬，死在眼前了。你看我的儿

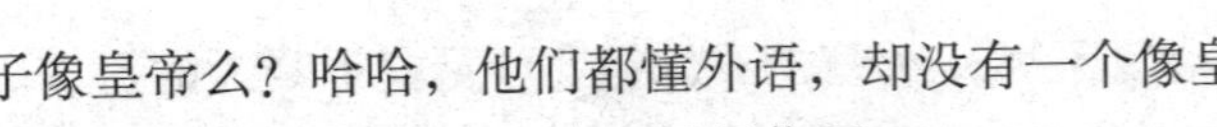

子像皇帝么？哈哈，他们都懂外语，却没有一个像皇帝的！”

瓦德西耸肩笑了一笑，只好作罢。

次日，李鸿章命人把外交照会送给各国公使，通知各国开始商议条约。李鸿章本人也接连拜会了十一国的公使，终于累得病了。躺在炕上，他顿觉筋疲力尽，神气全无，四肢听任仆人摆布，口中喘息不止。经迈是几天前到北京的，加上经方，都慌张不已，立即请来颇通医术的明静大和尚，让他调治。明静见李鸿章面容憔悴，却又两颊绯红，吃惊不小，立即诊脉开方。可是，京师大劫，百姓逃散，店铺关门，硬是一整天没有配上药。直到次日，还是明静大和尚亲自送药，给李鸿章煎熬，让他服下，才使他稍稍好转。

这日，新任德国公使突然来贤良寺拜会李鸿章。经迈陪老父出来，邀入客厅坐下谈话。德国公使告诉李鸿章：“议和条款经由各国公使与驻华统兵军官先行商酌，所以还得等两个月后才有可能拿出草案。”

李鸿章叹道：“等就等吧，反正由你们摆布好了！”

瓦德西唆使各国军队对华采取强硬措施，派兵四出攻掠了：南至正定，北至张家口、东至山海关，很快都成了联军的地盘。李鸿章焦急万分，抱病与各国公使进行紧急磋商，催促尽快提出方案，尽快停战。十月四日，法国首先提出备忘录，要以惩凶、赔款、在北京驻扎军队、毁掉炮台、禁止输入武器、占领大沽至北京的铁路线等，作为议和初步条件。十月十六日，英、德两国也提出了条件，主要包括赔款和开放所有重要口岸及中国内河航道。俄国则提出监理东三省，同时把中国东北周边地区交由俄国驻军，“以环绕之势呵护中国”。

李鸿章气愤至极，大骂列强们的无耻要求，但却无力抵挡。他只有互传信息，在八国联军之间制造矛盾。一时间，各国为谋求最大利益开始出现了分歧，争得沸沸扬扬。李鸿章频繁往来于各国公使之间，期望他们各自做出让步，至少应保全中国领土、保住大清朝廷。没日没夜地奔波，使李鸿章又一次病倒了。所幸有经方、经迈守在病床前，他精神上得到一些安慰。但这次一病，比以前哪一次都重。几日里言语模糊，吐字不清，似醒似睡。李经方出面找了洋医，诊断为年迈劳累所致，心力衰竭。调养几日后，才见好转，勉强可以行走了。

八国联军这边，因利益相争，吵得不可开交。李鸿章心中痛快，暗想：你们去吵吧！吵好了再来议和，我正好可以从中压低条件。

果然，李鸿章不急于议和，列强们却急了。他们只好同意李鸿章的要求：保持中国领土完整和行政完整；承认清政府，让两宫回銮；不再深究所谓‘惩祸首’等。李鸿章至此由被动变为主动，他隐约感到：这是各国政府给他个人的一个面子。其实难怪李鸿章有这个想法，在他生病期间，英、法、美、日等国都派人登门看望并送来大量补品。俄国还专门派来医生、护士，守候左右，照顾十分周到，连经方、经迈都插不上手。李鸿章在晚年影响如此之大，备受洋人推崇，连他自已也深感吃惊，朝廷上下更受震动。

到了十二月二十四日，这是西方人眼中的平安夜。奕劻受慈禧委派到了贤良寺，来会同李鸿章主持议和谈判。李鸿章带上奕劻到西班牙驻京使馆，会晤英、法、美、意等十一国公使。西班牙公使葛络代表十一国将《议和大纲》交给了李鸿章和奕劻，要求中方尽快呈递皇上。他们期望得到中方最快的答复。

在这样的场合里，奕劻充当了一个笑面佛的角色，对议和过程和条款的内容一概不通。李鸿章则不会唯唯诺诺，一副威严、郑重的样子，被十一国公使称为“大中华之风”，深得好感。李鸿章仰靠在沙发里把《议和大纲》粗看了一遍，然后随手甩给奕劻。洋人们注意到李鸿章脸部表情的变化：“由晴转阴”了。李鸿章对《议和大纲》很不满意。“大纲”规定：外国使臣在中国被杀，应由中国派亲王谢罪，并在遇害之所，树立铭志之碑；出事的城镇，停止科考五年；永远禁止军民人等参加仇视各国的各种组织……

李鸿章压住火气，思忖再三，觉得自己无法决断，便将《议和大纲》电奏皇帝和太后，由他们做主。

慈禧太后看罢《议和大纲》，也十分生气，大骂李鸿章老奸巨猾，将难题一脚踢给了她。她道：“李鸿章不置可否，岂不让朝廷白养了一个全权大臣！”慈禧给李鸿章发电，希望他能够再费些力气，把洋人的条件再降低一些。

就在慈禧这份电报还没有到李鸿章手上时，李鸿章与奕劻联名给慈禧又发了一封急电：请求朝廷尽快答应洋人要求，并说八国联军统帅瓦德西又要出兵，是他们竭力相求，方才稳住。

李鸿章两头难以做人了：一边是十一国公使相逼，一边是慈禧太后抱怨，骂他是饭桶。得知慈禧对这个调停结果不满，李鸿章愤然给慈禧又发一电：“大清已无回天之力，请问谁能轻易成功？”

十二月二十七日，慈禧太后复电李鸿章：“所有十二条大纲应即照允。惟其中利害轻重，详细条目，设法婉商磋磨，尚冀稍资补救。”

慈禧这便是批准了《议和大纲》，李鸿章心中有底了。洋人由此被李鸿章稳住了，不再向非占领区扩大，一时平安无事。不料朝廷内部又出了乱子，一些文武大臣见局势稳定，便开始表现自己了。他们中有一些人认为：如此草率地答应联军条件，大清利益受损，遗患无穷。湖广总督张之洞提出：“大纲固不能改，细目必当切商。”他要求朝廷暂缓回銮，建立行都，以防止列强用武力挟制朝廷。

刚被任命为“电商大臣”的刘坤一怨愤之情，更是跃然纸上。他向太后上

奏，说李鸿章自赴欧美之时便有卖国求荣之嫌。否则，各国政府为何如此相信一个年近八旬的老朽！因此，他主张不仅要防列强，更要防李鸿章从中搞鬼。

这些异议的提出正中慈禧的下怀。她想推卸责任，让李鸿章成为“公敌”，当她的替罪羊。列强们见大清朝廷有反悔之意，又兴风波，通知李鸿章：如果再犹豫下去，各国马上用武。此时李鸿章虽然得到慈禧太后的应允，但没有急于签约，想吊吊洋人的胃口，尽可能把条件降低一些。洋人们等不及了，又以武力相威胁，李鸿章被迫在《议和大纲》上签字画押，并于次日将这份正式议定书交给了各国公使。

一九〇一年一月中旬，《议和大纲》刚刚签订，慈禧就翻起了干支表，要择日回京了。但八国联军仍在北京，她不敢靠近京城一步，便令李鸿章劝联军撤兵。李鸿章四处哀求，瓦德西却又提出了已经搁置很久的话题：一是“惩祸首”，二是落实赔款。瓦德西列出了一个曾支持过义和团的官员名单：载勋、载漪、载澜、董福祥、毓贤、英年、赵舒翘、启秀、徐丞煜……八国联军要求大清朝廷务必立即查办这些人，否则，决不议和，更不撤兵。

“这些列强们在得寸进尺，让我一个老朽如何是好呀？！”李鸿章不禁一阵剧咳，就着痰盂吐出了好多浓痰，痰中夹带着鲜红的血丝。咳到最后，吐出的不是痰，全是鲜红的浓血了。经方、经迈慌忙取了温茶，让父亲漱口，劝道：“父亲，您就躺下休息吧，干脆别管那些难办的事了。慈禧太后要联军退兵，让她自己跟洋人讲好了，您实在不能再为这些鬼事情两头受气了！”

李鸿章被搀扶着上了床，盖上一条薄被，上气不接下气地说：“孩子们呀，你们不要管我了，我想早一点死了就好。你们的大伯已死了，淮军老将刘省三已死了。看来，我不死也不行了。什么时候咽了这口气，慈禧太后就不找我的麻烦了。”

经方、经迈流着眼泪去给老父亲请医生。各国公使闻讯，都害怕李鸿章突然真的死了，那样的话，大清朝廷就找不出合适的全权代表与他们议和了。所以，洋医生一批又一批地来到贤良寺，为李鸿章治病。吃了几天药，李鸿章的咳血症暂时止住了，但仍然时好时坏，昏睡在床上的时间居多。

李鸿章病重，八国联军并没有放弃他们得寸进尺的附加条件。要求惩处的名单传到了慈禧太后手中，慈禧吓得双手发抖。她恐怕洋人们把她列入名单，所以一个个名字细看，确认没有自己时，心里方才一块石头落下去，放心了，顿时来了精神，道：“我大清国有救了，我们可以重回紫禁城了！只要按照洋人的意思严惩几个曾支持过义和团的人，一切就没事了。”

慈禧于一九〇一年二月十三、十四日连下两道懿旨，宣布严加惩办“祸首”：赐载勋自尽，载漪、载澜监禁新疆，将毓贤就地正法，董福祥革职缓办，

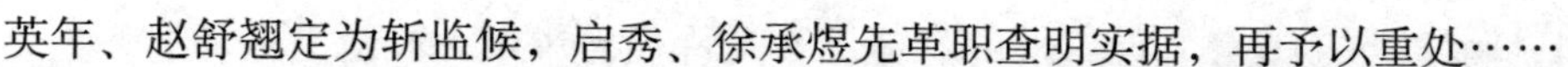

英年、赵舒翘定为斩监候，启秀、徐承煜先革职查明实据，再予以重处……

一九〇一年八月，即光绪二十七年八月，李鸿章的身体一日不如一日，但仍然坚持从病榻上爬起来，勉强支撑着病体处理议和之事。近来的议和进度十分缓慢，联军强行在直隶不撤兵，他已无奈。

现在该是把赔款一事提到议程上来的时候了。洋人追得紧迫，李鸿章也的确重病在身，他也不能再出面招骂名了，便躺在病床上当一次幕后指挥，派那桐、周馥等人前往德国驻京使馆商洽。结果，他们所带回的赔款数目让李鸿章差点儿一口气接不上来，直惊得昏死过去：白银总数四点五亿两，加利摊还，以三十九年为期，年息四厘，以关税、盐厘、常关收入抵押。大清国再一次“倾家荡产”了！

从昏迷中醒来之后，李鸿章虽有全权，但不敢承诺，电告慈禧。不料慈禧自有她的算盘：“我还能活几年？只要能求得几年安宁，赔偿是大清国后人的事！”于是，马上给李鸿章来电：“除我国财政不许洋人干涉外，款项分期付清，可以接受，望从速办理，以便回銮。”

慈禧迫不及待地想回她的紫禁城、她的颐和园了。她也老了，要过几年清静日子了。而李鸿章见老佛爷如此慷慨，心如刀绞。

朝廷已答应赔款，然而列强们又开始为争夺中国的地盘吵了起来。俄国人早已看中了东三省，大有势在必得的决心。东北人民不干了，纷纷走上街头抗议。俄国又遭到英、日强烈反对，只得同意在形式上暂时保留清政府地方政权，实际上由俄国人在此经营，实行军事强占。而对蒙古、新疆以至中国整个北方，必须划为俄国人的势力范围。俄国人提出了书面十二条，一方面强逼大清朝廷，一方面向只有一口气的李鸿章展开攻势：愿出五十万卢布作为感谢费用，请求李鸿章促成此事。

李鸿章岂肯在行将就木之时为一点恩惠折腰？他坚辞俄国人的“好意”，暗中致电英、美、德、日各国，直陈俄国人十二条，让俄国人的贪欲和野心暴露于光天化日之下，请他们出面调停，牵制俄国。这一招果然奏效，其他国家获悉俄国人的计划，顿兴风波，一起把矛头指向俄国人。俄国人被迫让步了，宣布“暂缓提议此事”。

李鸿章竭尽最后一点努力，还是为自己苦难的民众做了一件好事。列强们得知俄国人的野心后，屡次敦促李鸿章与俄国人交涉，要俄国人从中国领土上撤走。这事谈何容易？李鸿章刚刚才把俄国人“出卖了”，这会儿再出面与他们交涉，能办到么？

但他还得硬着头皮去做这件事情，交涉、谈判一直拖到七月初才进行。此次由张之洞、刘坤一出面。由于二人措辞过厉，不善于外交斡旋，使谈判久拖无果。

李鸿章虽焦急万分，但虚弱的身体已不允许他再风风火火地干一场了。连日来所受的刺激太大、太深，又开始吐血了。李鸿章终于奄奄一息了。他知道自己大去之日就在眼前，却还想在有生之年为大清再做一件事情。

慈禧太后感动了，听说李鸿章抱病视事，立刻来电："着李鸿章中堂多多保重。"

仅此一句电文，便令李鸿章老泪纵横，他想：这慈禧虽昏聩至极，但对于有功之臣，尤其是对自己，仍然是有关切之情的。都是老人了，多年来的恩恩怨怨，是是非非，不计较也罢，统统带到黄土堆里去吧！

九月七日，奕劻陪同李鸿章正式与十一国政府签订了《最后议定书》，即《辛丑条约》。这个条约共十二款，另有附件十九个，其主要内容是：中国向十一国共赔偿白银四点五亿两，加上年息、本息等，实际总数达九点八亿两；准许各国在北京到山海关的铁路沿线十二个战略要地派兵驻扎；大沽炮台以及大沽到北京的沿线炮台，一律削平；天津周围二十里之内不许中国军队进入；将东交民巷划为使馆区，北京人不准入内，皆由外国军队驻扎；永远禁止中国人成立参加"与诸国仇视"的各种组织，违者一律处死，地方官员所管辖的地区如再出现类似"违约行为"，必须立即弹压惩办，否则即行革职，永不叙用；按外国的意愿修改与各国的通商行航条约；改总理衙门为外交部，班列六部之首位。

一份《辛丑条约》给四亿民众的头上套了一个沉重的枷锁。九月二十二日，李鸿章给朝廷上了一份《和议合同画押折》。

他以一己之力，尽心尽力为大清朝廷办事，也算得呕心沥血，死而后已了。

因不遵医嘱，抱疾前往西班牙使馆在《辛丑条约》上签字，李鸿章返回贤良寺后就吐血不止，饮食不进，起不了床了。

九月二十五日深夜，下弦月明净如钩，星空低垂，夜色茫茫。贤良寺李鸿章寓所里却灯烛通明，香烟缭绕，诵佛念经之声悠扬传出。明静大和尚戚容满面，背对昏迷之中的李鸿章凄然泪滚。他强忍着，率众僧齐诵经咒，为大学士李鸿章求福祈寿。一种悲哀恐怖的气氛笼罩着贤良寺，所有在场的人都在为李鸿章担忧。

他是在三天前就昏迷了，昏迷前的最后一句话是："我恩师曾公在唤我了……"

李经方、李经迈听了这句话，泪如雨下，刚喊了几声"父亲大人"，李鸿章就不省人事了。李经方的儿子李国熙也从合肥老家赶来陪伴爷爷了，他尽管还是个孩子，但他也感觉到：他最敬爱的爷爷快要死了。

快信、快电向各处发出，不几天，经述、经远、经进都相继赶到了贤良寺。

儿孙们守在病榻前，一连许多天以泪洗面。慈禧太后闻讯，从开封发来专电，赞扬他力疾从公，忠爱性成，给他赏假二十日，安心调理，期望就痊。

儿孙们都来到身边，朝廷又来了谕旨，李鸿章果然从昏迷中醒来。贤良寺如临大喜，人们奔走相告，好像云开雾散了。经几天调治，李鸿章竟能在儿孙们的搀扶下站起身来了。

李鸿章想到院中见见阳光，刚出门就见院外有俄国士兵在持枪守卫，便道："把这些俄兵给我赶走！"这话声音很弱，但李经方等却听出了气愤的威严。

俄国士兵们离得远了，李鸿章眼不见、心不烦，精神好了许多。李经方安慰道："父亲大人，我看您这是恢复健康了，这下就好了。听说皇上和太后要御驾回銮了，朝廷知您已恢复健康，都会高兴的。"

李鸿章吃力地摆摆手，那意思是说：你别说了，我早就估计到了。接着他声音很低地说："赐我荣宠者太后也！断我名声者太后也！"说完，突然"咳、咳"不止，不一会儿"哇"地一声吐出一口鲜血来。这口血很猛，溅在地上，立即染红了一片地……

李鸿章倒下去了。儿孙们把他抬到床上，他就开始迷迷糊糊了。恍惚之中，李鸿章觉得有千只手指着他骂："卖国贼！"昏迷中，人们看他两只眼眶满含着泪水。刚替他抹去，又流出来了。

他终于合上双眼，再也不说话了。他是把满腔的冤屈咽到肚子里去了。

一九〇一年十一月七日，即光绪二十七年九月二十六日，天还未明，黑云沉沉，贤良寺的梵钟突然响个不停，这是凄凉悲恸的报丧钟。

李鸿章含泪而去，走完了他辉煌而又夹带着屈辱的人生之路。

贤良寺以众人悲痛的哭声和梵钟的撞击声迎来十一月七日的黎明。经方、经述、经迈、经远、经进等一起跪倒在已故老父的面前，国熙更是扑在了爷爷的身上，同父辈们一起为已逝者哭诉不止。

突然有两匹快马直奔而来。差役翻身下马，跑着进了大殿，口喊着："谕旨到！"

众人跪接谕旨。读完谕旨，众儿孙、幕僚、随从、仆人等更是放声大哭，哭声震动四方，令人为之心碎。这位老人已无须皇上、太后赏假了。

李鸿章逝世之际，慈禧太后和光绪皇帝正在回京城的途中。大队人马离了开封，仍在河南境内时，慈禧太后得到李鸿章病危的奏报，大惊失色，为之流涕，道："大局未定，倘使李鸿章真有个三长两短，朝廷面对如此重荷，有谁来代替这位老中堂呀！"她立刻下了谕旨，于李鸿章逝世前一天晨送出。她又加赏了他十天假期，可惜谕旨送到贤良寺时，李鸿章已经逝世了。众人怎能不为之更加难受呢？

哀悼李鸿章之死，牵动了朝廷上上下下所有人的心。连曾经上疏弹劾过李鸿章的一班文武要员们得知李鸿章已死的消息后，也泣不成声。他们叹道：李鸿章经历了七十九度春秋，遥执大清朝政，以一身系天下安危三十余年，世人尊为“合肥相国”，现在可怜他心怀满腔遗恨离开了令他绝望的尘世。

李鸿章的书房里，由他手书的“虚怀若谷”的大字条幅仍高悬于东墙之上。临死前，李鸿章曾拉着李经方的手说：“儿呀，此生谁料？汝等要切记老父的‘虚怀若谷’四个字。一生再有功绩也切莫骄人。否则，败者必己也。我这辈子，世人褒贬不一，或许还会在死后遗臭无穷哩！当然，这些都生不带来，死不带去，没有什么可多虑的。我自以为，今生之所为，没有损国泯心之处。即便真有，那也属迫不得已。”

李鸿章说着，命李经方笔墨侍候，代父笔录一首七律，道：

劳劳车马未离鞍，临事方知一死难；
三百年来伤国步，八千里外吊民残；
秋风宝剑孤臣泪，落日旌旗大将坛；
海外尘氛犹未息，请君莫作等闲看。

李鸿章逝世后，由李经方代为笔录的这首遗诗被悬于灵堂之上。人们读之，深信不疑。

李经方还从父亲的案头上发现一份未来得及呈递的奏折，其上写道：

“伏念臣受知最早，荣恩最深，每念时局艰危，不敢自称衰痛；惟冀稍延余息，重睹中兴，赍志以终，殁身难瞑。现值京师初复，銮辂未归。和议新成，东事尚棘，根本至计，处处可虞。窃念多难兴邦，殷忧自圣。伏读迭次谕旨，举行新政，力图自强。庆亲王等皆臣久经共事之人，此次复同更患难，定能一心勰力，翼赞讦谟，臣在九泉，庶无遗憾。”

这份遗折立即被送到了慈禧太后的手中，慈禧读后，震悼痛惜，好几天精神恍惚，若有所失。无论如何，李鸿章是一位与大清王朝的脉搏和命运息息相关了几十年的风云人物。大清帝国这套破旧的马车，还需要李鸿章这位谙于“外须和戎，内须变法”的洋务大师执鞭作驭。然而，李鸿章却无可挽回地死去了，慈禧太后怎么能平静呢？她吩咐军机大臣荣禄：“李鸿章走得太突然、太快了。多年来，他为我大清办事忠心耿耿，耗尽了心血，朝中大政多亏了这么一位元老。他现在为朝廷操劳死了，我很难过。该好好地赏他恩典，要胜过当年的曾国藩，盖过咱大清立国二百多年的任何一个大臣。周馥跟随李鸿章最久，他的老上司走了，就要周馥署理直隶总督吧。李鸿章的人，我信得过。”

荣禄秉承懿旨，立刻下诏褒扬李鸿章一生功绩；赐祭一坛；赏银五千两治丧；赠太傅；晋封一等肃毅侯，谥号“文忠”，入祀京师贤良寺，并在北京设李鸿章专祠。这在清代汉大臣中，李鸿章可谓第一人，他得到了任何汉大臣都没有得到过的恩典殊荣。不仅如此，朝廷还令安徽、江苏、浙江、上海、江宁、天津等地都要建祠祭祀。一时间各地破土动工，纷纷建起来了。

慈禧太后又下一道懿旨，将李鸿章生平战功政绩，宣付国史馆立传；伊子李经述承袭一等侯爵。李经述的长子，即李鸿章的长孙也最终成了末代侯爷，他就是李国杰。其父李经述死时，李国杰才二十一岁，不仅在继续沾着爷爷的光，而且还当上了户部员外郎，后来出使比利时，又被封为钦差大臣。不过，就在李国杰出使归来时，革命党人起义于武昌，全国响应，清朝灭亡，已是民国了。

李国杰自比利时回来，袁世凯成了民国大总统。袁世凯念其祖父提携之恩，想给这位李鸿章的长孙安排一个高位。不料李国杰当着袁世凯的面口口声声说皇恩难忘，使袁世凯极为不快。李国杰去拜谒逊清隆裕皇太后时，又痛骂袁世凯。这一骂很快传到了袁世凯的耳朵里，气得袁世凯要发兵捉拿李国杰。这个末代侯爷一夜之间躲到上海去了。

李国杰在上海当了几年遗老后，终于不甘寂寞，于一九二二年接任轮船招商局董事长，算是正经继承了祖父开辟的一份事业。到一九二七年，北伐胜利，国民党势力进入上海，派张静江出面，组成整理招商局委员会，查封其中属于盛宣怀的财产。后经国民党交通部长王伯群周旋，由赵铁桥担任招商局总办。赵铁桥倚仗有国民党政府撑腰，上任后大权独揽，致使李国杰这个董事长徒有虚名。那招商局由于系李鸿章创办，几十年来都是以李府为尊，李国杰闷气在胸，岂肯拱手让位?

李国杰忍无可忍，便通过合肥老乡关系，找到名震上海的职业杀手王亚樵，许以十万银元，请王亚樵把赵铁桥杀了；事成之后，还将招商局最大的“江安”号轮船的用人权和营运收入归王亚樵。王亚樵当时正在从事暗杀蒋介石的活动，对暗杀蒋的部下便一口答应下来。王亚樵派王干庭、费祥元、牛安如等杀手，很快将赵铁桥杀死在招商局大门口，算是为李国杰出了一口气。

赵铁桥被杀，蒋介石异常震怒，责令宋子文赴沪查办，很快将费祥元、牛安如等缉获，并判处徒刑。王亚樵则出逃香港。宋子文又查出李国杰将轮船码头和货栈作抵押，向英国汇丰银行贷款资助王亚樵的情节，以擅卖国土、虚报价款、蒙骗政府等罪名，判处末代侯爷有期徒刑八年。

抗日战争爆发后，李国杰仍留在上海未走，于一九四〇年左右被军统特务暗杀于住宅的弄堂口。李鸿章的世袭嫡传由此不复存在。

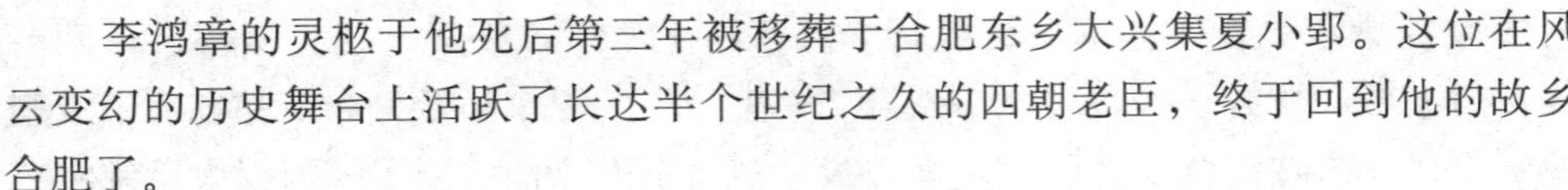

李鸿章的灵柩于他死后第三年被移葬于合肥东乡大兴集夏小郢。这位在风云变幻的历史舞台上活跃了长达半个世纪之久的四朝老臣，终于回到他的故乡合肥了。

一九〇四年四月，李鸿章的子孙们回乡祭祖，在李鸿章的坟边订立了一份遗产分配“合同”。美国学者福尔索姆在李经迈的儿子李国超的住处见过这份“合同”。他征得李国超的同意，将这份“合同”收在了自己的专著中。“合同”内容如下：

（一）庄田十二块、坟田一块、堰堤一道、安徽桐城县城内产业四处，另加省城安庆房地产十四处，均留作李鸿章发妻周氏祠堂开销之用。由经方经管。

（二）合肥县撮镇庄田一处留作祭祀葬于该处之李鸿章两妾及经方发妻开销之用。由经方经管。

（三）合肥县庄田两处为经述之祭田（他葬在其中一处），由经述之子国杰经管。

（四）合肥县田产两处，庄田三处，墓地一处，留与经迈为其殁后之祭田及墓地，由经迈本人经管。

（五）李鸿章在合肥县、巢县、六安州、霍山县之其余田产及其在庐州府、巢县、柘村、六安州及霍山县之房产，均为李鸿章祭田及恒产。上述田产房产永不分割、抵押或出售，其岁入用于祭祀和维修庐州府城祠堂之外，所余部分用于扩置房地产，由国杰经管。

（六）合同签订之日起十年后，若李鸿章祭田及恒产岁入逾两万担，除上述开销外，所有盈余部分由三位继承人平分，本规定永不变更。

（七）合肥县东乡李文安之墓地及祭田继续保留，不得分割，抵押或出售。

（八）上海一价值四万五千两白银之中西合璧式房产出售，其中两万两用于上海李氏祠堂之开销，其余两万五千两用于在上海外国租界买地建屋，该幢房屋为三位继承人之公有居处，归三人共同拥有，共同管理。

（九）江苏扬州府一当铺之收入用于省城江宁李鸿章祠堂之开销。

（十）分别位于江宁、扬州之两处房产出售，卖房所得用于扩建上海之公有居处。

（十一）根据李鸿章生前指示，江宁学馆分与国杰作宅邸，扬州一处房产分与经迈作宅邸。

李鸿章富甲天下，但终究是生不带来，死不带去。如今，在李鸿章的家乡合肥仅存两处李氏家宅，一处是李鸿章故宅，一处是李鸿章侄孙李国衡的住宅。李鸿章享堂是在一九〇三年初建成的。李鸿章灵柩下葬于享堂西侧墓地。享堂坐北朝南，由门房、大殿、耳房组成四合院，并有库房、花房，共九十九间。现存房屋全是穿斗式木构架，纹饰简单。正殿前梁上刻有人物故事群雕。屋内立柱下的石墩上刻有阴线缠枝花草。门前有石鼓，两侧墓地前建有神道。吴汝纶先生为李鸿章墓地所撰的“神道碑”如今仍清晰可辨：“赐银五千两治丧，祀贤良寺，本籍及立功各行省及京师皆建专祠。”碑上还记载：李鸿章去世后，李鸿章之子经方、经述、经迈、经进及孙子辈的国杰、国燕、国煦、国熊、国涛及李鸿章妻妾们均有封赏。享堂和墓地方圆数百米范围内，另有北宋包孝肃公及元末明初蔡国公的墓地。因此，合肥人称之为“一里葬三公”。

李鸿章住宅和享堂历经百年变迁，均遭受不同程度的损坏。李鸿章故居临街一进在二十世纪五十年代分别被改建成淮河路百货公司和其他商店，门面墙及内室都已作了适合营业性的改动。二至四进为皖北人民银行和安徽省人民银行使用数十年，由合肥市工商银行管理，当作宿舍暂用。“文革”中只因李鸿章故居已被改作他用，才得以幸存，使整体风貌维持了原状。但内部的一些珍贵用材、木雕等，或被改作他用，或被铲除变卖了。

李鸿章享堂和墓地原来是由李氏后人照看的，以田租维持用度。一九三八年五月，日本军队兵临合肥，城中百姓纷纷“跑鬼子反”，享堂遭到第一次破坏。挂于享堂正殿的那件有斑斑血渍的黄马褂也毁于日本人之手。享堂第二次遭破坏源于五十年代末的“大跃进”“大炼钢铁”时，享堂周围一带都被扩进工厂。享堂内的木材被拆去“喂”停电的炼铁炉，部分房间改做了工厂的办公室、幼儿园和库房。而墓地则被削平，尸首未留。两棵相传是德国皇帝送给慈禧，慈禧又转赠李鸿章的广玉兰树死了一棵。四尊“龟驮碑”被重磅大锤和铲车肢解，身首异处。许多石条和碑身被工人们抬到家门口砌了小厨房。

到一九八五年七月，李鸿章故居和享堂才被一同列为“市级文物保护单位”。但由于文物部门无钱修复、开发、利用，使这两处文物一直处于自生自灭的境地。

“以合肥之大，何不能留下李氏这区区几间旧房？”史学家们在呼吁，热情的合肥人民在呼吁。合肥市委、市政府终于要全力保护和修复李鸿章故居了。一九九七年十月，李鸿章故居周围的一些附属建筑已被拆除，按照有关专家的设计方案进行修复、补齐、复原。与此同时，合肥郊区大兴乡政府与文物部门合作，也开始了对李鸿章墓园的修复工作。不久，李鸿章故居和墓园便对人们开放了。

今天的人们已不再盲目仰视李鸿章，因为这样，犹如戴上了“政治的有色眼镜”，看不到真实的李鸿章了。人们开始正视，唯有正视才能真实。寻着他真实的足迹看下去，才能读懂李鸿章，才能读懂晚清那漫长的历史。